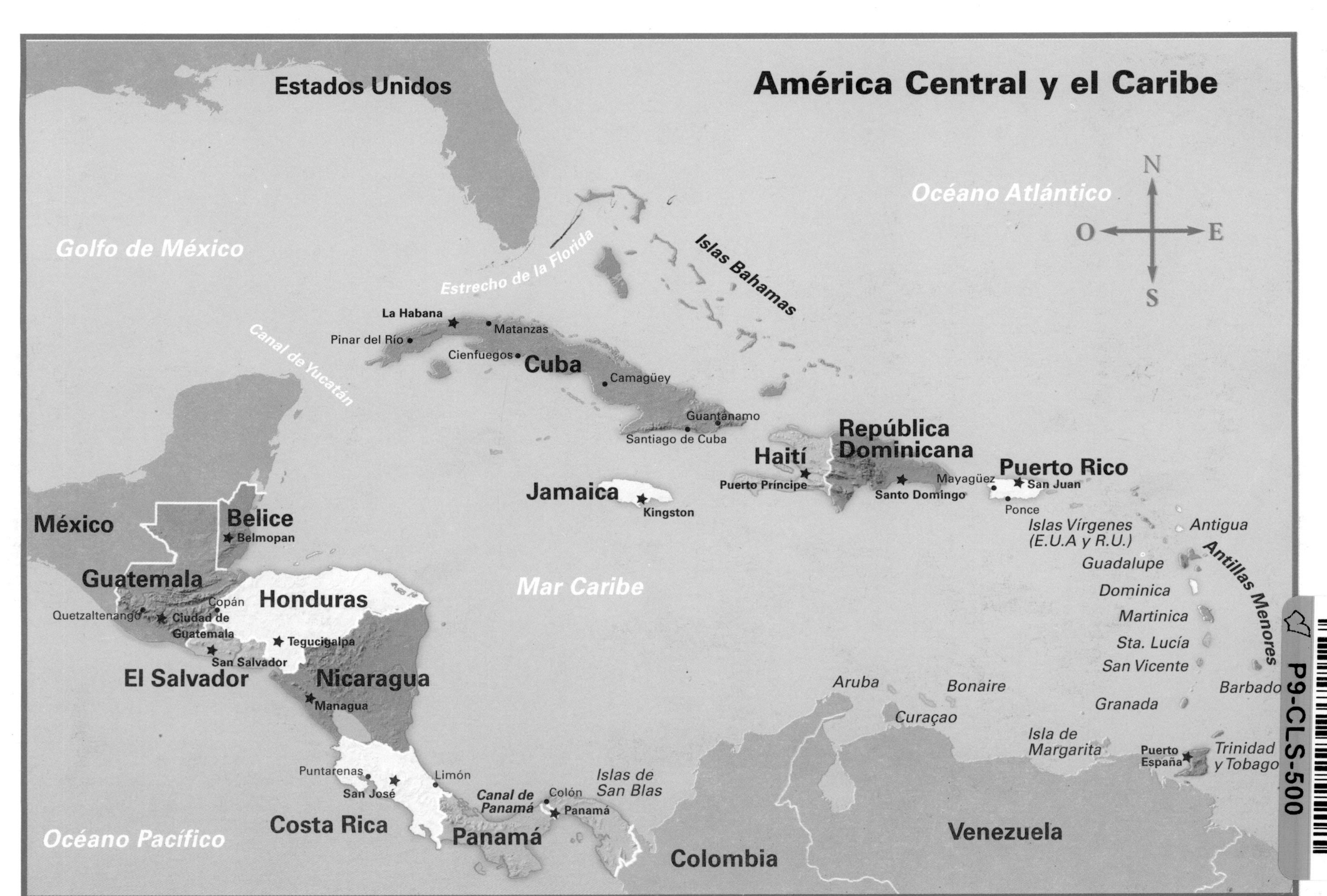
América Central y el Caribe
Estados Unidos
Golfo de México
Océano Atlántico
N
O
E
S
Estrecho de la Florida
Islas Bahamas
Canal de Yucatán
La Habana
Matanzas
Pinar del Río
Cienfuegos
Cuba
Camagüey
Guantánamo
Santiago de Cuba
República Dominicana
Haití
Puerto Príncipe
Santo Domingo
Mayagüez
Puerto Rico
San Juan
Ponce
Jamaica
Kingston
México
Belice
Belmopan
Guatemala
Quetzaltenango
Ciudad de Guatemala
Copán
Honduras
Tegucigalpa
San Salvador
El Salvador
Nicaragua
Managua
Mar Caribe
Islas Vírgenes (E.U.A y R.U.)
Antigua
Antillas Menores
Guadalupe
Dominica
Martinica
Sta. Lucía
San Vicente
Barbado
Granada
Aruba
Bonaire
Curaçao
Isla de Margarita
Puerto España
Trinidad y Tobago
Puntarenas
San José
Limón
Canal de Panamá
Colón
Panamá
Islas de San Blas
Costa Rica
Panamá
Océano Pacífico
Venezuela
Colombia

# VISTAS

## Introducción a la lengua española

**SECOND EDITION**

**José A. Blanco**

**Philip Redwine Donley, Late**

Austin Community College

Boston, Massachusetts

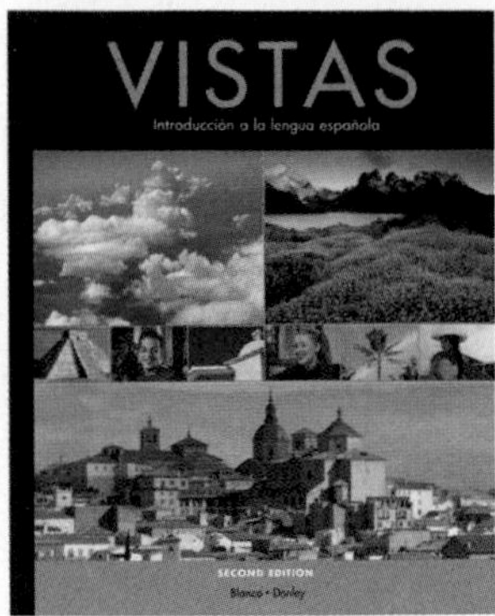


The **VISTAS, Second Edition**, cover celebrates the diversity of the Spanish-speaking world you will find throughout the text and all its ancillaries. Cover photos include images of Chile, Mexico, Peru, and Spain.

**Publisher:** José A. Blanco

**President:** Stephen Pekich

**Editorial Director:** Denise St. Jean

**Art Director:** Linda Jurras

**Design Manager:** Polo Barrera

**Project Managers:** Armando Brito, Kristen Odlum Chapron

**Staff Editors:** María Cinta Aparisi, María Isabel García, Sarah Kenney, Paola Ríos Schaaf, Alicia Spinner

**Contributing Writers and Editors:** Mary Ann Dellinger, Carmela Fazzino-Farah, Gabriela Ferland, Adriana Lavergne, Magdalena Malinowska, Lourdes Murray-Eljach

**Design, Production, and Manufacturing Team:** Linde Gee; Oscar Díez, Mauricio Henao, Jonathan Gorey; Gustavo Cinci



Student Text ISBN 1-59334-340-X
Instructor's Annotated Edition ISBN 1-59334-341-8

Library of Congress Card Number: 2004102457

4 5 6 7 8 9 VH 09 08 07 06 05

# TO THE STUDENT

To Vista Higher Learning's great pride and gratification, **VISTAS** became the best-selling new introductory college Spanish program in more than a decade in its first edition. It is now our distinct pleasure to welcome you to **VISTAS, Second Edition**, your gateway to the Spanish language and to the vibrant, diverse cultures of the Spanish-speaking world.

A direct result of extensive reviews and ongoing input from students and instructors using the First Edition, **VISTAS 2/e** includes both the highly successful, ground-breaking features of the original program, plus many exciting new features, designed to keep **VISTAS** the most student-friendly program available. In light of this, here are just some of the elements you will encounter:

### Original, hallmark features

- A unique, easy-to-navigate design built around color-coded sections that appear either completely on one page or on spreads of two facing pages
- Integration of an appealing video, up-front in each lesson of the student text
- Practical, high-frequency vocabulary in meaningful contexts
- Clear, comprehensive grammar explanations with high-impact graphics and other special features that make structures easier to learn and use
- Ample guided, focused practice to make you comfortable with the vocabulary and grammar you are learning and to give you a solid foundation for communication
- An emphasis on communicative interactions with a classmate, small groups, the full class, and your instructor
- Careful development of reading, writing, and listening skills incorporating learning strategies and a process approach
- Integration of the culture of the everyday lives of Spanish speakers and coverage of the entire Spanish-speaking world
- Unprecedented learning support through on-the-spot student sidebars and on-page correlations of the print and technology ancillaries for each lesson section
- A complete set of print and technology ancillaries to help you learn Spanish more easily

### New to the Second Edition

- Revised grammar scope and sequence for improved coverage within and across lessons
- Jump-start **A primera vista** activities on each lesson's opening page
- Engaging information gap activities in diverse formats
- Increased coverage of culture and opportunities for reading
- New ancillaries like Vocabulary CDs, **Panorama cultural** Video, DVDs, and the online **VISTAS** eText, all closely integrated with your student text

**VISTAS 2/e** has eighteen lessons, each of which is organized exactly the same way. To familiarize yourself with the organization of the text, as well as its *original* and *new* features, turn to page xiv and take the **at-a-glance** tour.

# table of contents

| | contextos | fotonovela |
|---|---|---|

## Lección 1
## Hola, ¿qué tal?

## Lección 2
## En la universidad

## Lección 3
## La familia

## Lección 4
## Los pasatiempos

| estructura | adelante | panorama |
|---|---|---|

# table of contents

| | contextos | fotonovela |
|---|---|---|

# table of contents

| | contextos | fotonovela |
|---|---|---|

**Lección 9**

## Las fiestas

**Lección 10**

## En el consultorio

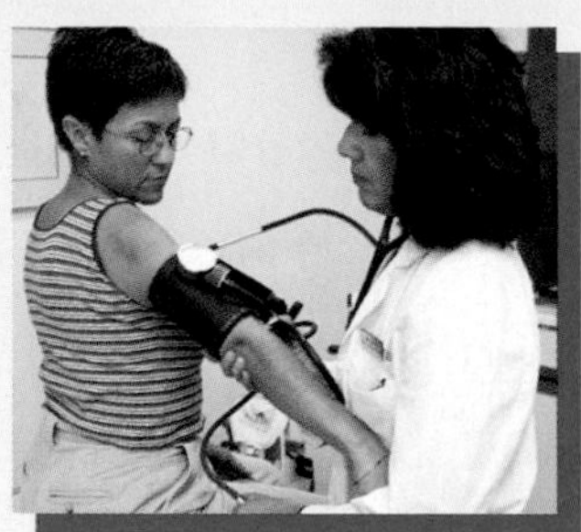



**Lección 11**

## La tecnología

**Lección 12**

## La vivienda

| estructura | adelante | panorama |
|---|---|---|

# table of contents

| | contextos | fotonovela |
|---|---|---|
| **Lección 13** La naturaleza  | Nature . . . 396<br>The environment . . . 396<br>Recycling and conservation . . . 398 | **¡Qué paisaje más hermoso!** . . . 400<br>**Enfoque cultural** El ecoturismo . . . 401<br>**Ortografía** Los signos de puntuación . . 403 |
| **Lección 14** En la ciudad  | City life . . . 426<br>Daily chores. . . 426<br>Money and banking . . . 426<br>At a post office . . . 428 | **Estamos perdidos** . . . 430<br>**Enfoque cultural** Las tiendas especializadas. . . 431<br>**Ortografía** Las abreviaturas . . . 433 |
| **Lección 15** El bienestar  | Health and well-being . . . 454<br>Exercise and physical activity . . . 454<br>Nutrition . . . 456 | **¡Qué buena excursión!** . . . 458<br>**Enfoque cultural** Para estar en buena forma 459<br>**Ortografía** Las letras **b** y **v** . . . 461 |
| **Lección 16** El mundo del trabajo  | Professions and occupations . 482<br>The workplace . . . 482<br>Job interviews . . . 484 | **¡Es un plan sensacional!** . . . 486<br>**Enfoque cultural** Las mujeres en el mundo del trabajo . . . 487<br>**Ortografía** Las letras **y, ll** y **h** . . . 489 |

| estructura | adelante | panorama |
| --- | --- | --- |

**Lección 17**

## Un festival de arte

**Lección 18**

## Las actualidades

## Consulta (*Reference*)

| estructura | adelante | panorama |
|---|---|---|

## Lesson Openers
## outline the content and features of each lesson

**New! A primera vista** activities jump-start the lessons, allowing you to use the Spanish you know to talk about the photos.

**Communicative goals** highlights the real-life tasks you will be able to carry out in Spanish by the end of each lesson.

# Contextos presents vocabulary in meaningful contexts

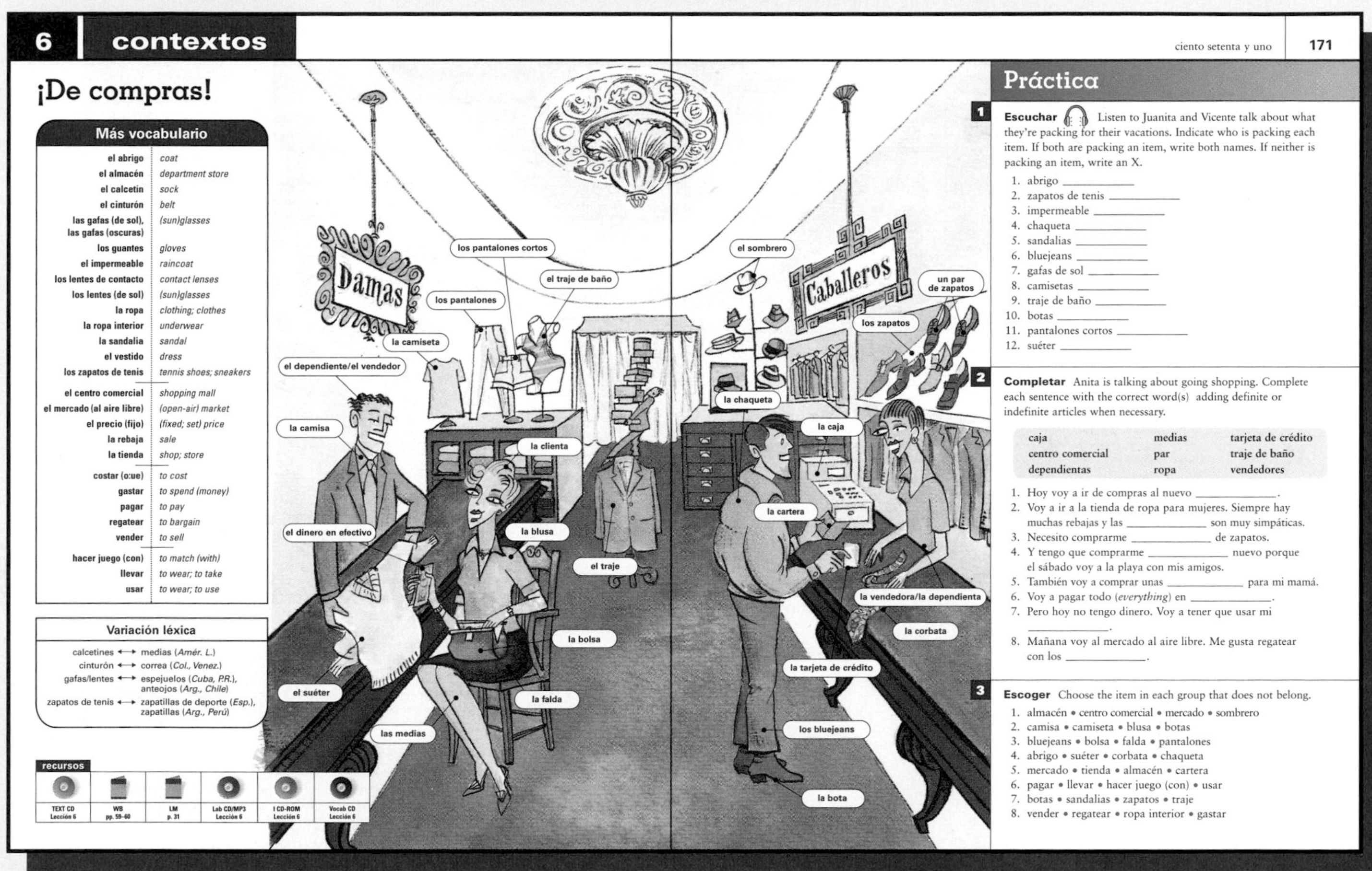

6 contextos

ciento setenta y uno 171

## ¡De compras!

### Más vocabulario

| | |
|---|---|
| **el abrigo** | *coat* |
| **el almacén** | *department store* |
| **el calcetín** | *sock* |
| **el cinturón** | *belt* |
| **las gafas (de sol), las gafas (oscuras)** | *(sun)glasses* |
| **los guantes** | *gloves* |
| **el impermeable** | *raincoat* |
| **los lentes de contacto** | *contact lenses* |
| **los lentes (de sol)** | *(sun)glasses* |
| **la ropa** | *clothing; clothes* |
| **la ropa interior** | *underwear* |
| **la sandalia** | *sandal* |
| **el vestido** | *dress* |
| **los zapatos de tenis** | *tennis shoes; sneakers* |
| **el centro comercial** | *shopping mall* |
| **el mercado (al aire libre)** | *(open-air) market* |
| **el precio (fijo)** | *(fixed; set) price* |
| **la rebaja** | *sale* |
| **la tienda** | *shop; store* |
| **costar (o:ue)** | *to cost* |
| **gastar** | *to spend (money)* |
| **pagar** | *to pay* |
| **regatear** | *to bargain* |
| **vender** | *to sell* |
| **hacer juego (con)** | *to match (with)* |
| **llevar** | *to wear; to take* |
| **usar** | *to wear; to use* |

### Variación léxica

calcetines ⟷ medias (*Amér. L.*)
cinturón ⟷ correa (*Col., Venez.*)
gafas/lentes ⟷ espejuelos (*Cuba, P.R.*), anteojos (*Arg., Chile*)
zapatos de tenis ⟷ zapatillas de deporte (*Esp.*), zapatillas (*Arg., Perú*)

**recursos**

| TEXT CD Lección 6 | WB pp. 59–60 | LM p. 31 | Lab CD/MP3 Lección 6 | I CD-ROM Lección 6 | Vocab CD Lección 6 |
|---|---|---|---|---|---|



### Práctica

**1 Escuchar** Listen to Juanita and Vicente talk about what they're packing for their vacations. Indicate who is packing each item. If both are packing an item, write both names. If neither is packing an item, write an X.

1. abrigo ____________
2. zapatos de tenis ____________
3. impermeable ____________
4. chaqueta ____________
5. sandalias ____________
6. bluejeans ____________
7. gafas de sol ____________
8. camisetas ____________
9. traje de baño ____________
10. botas ____________
11. pantalones cortos ____________
12. suéter ____________

**2 Completar** Anita is talking about going shopping. Complete each sentence with the correct word(s) adding definite or indefinite articles when necessary.

| | | |
|---|---|---|
| caja | medias | tarjeta de crédito |
| centro comercial | par | traje de baño |
| dependientas | ropa | vendedores |

1. Hoy voy a ir de compras al nuevo ____________.
2. Voy a ir a la tienda de ropa para mujeres. Siempre hay muchas rebajas y las ____________ son muy simpáticas.
3. Necesito comprarme ____________ de zapatos.
4. Y tengo que comprarme ____________ nuevo porque el sábado voy a la playa con mis amigos.
5. También voy a comprar unas ____________ para mi mamá.
6. Voy a pagar todo (*everything*) en ____________.
7. Pero hoy no tengo dinero. Voy a tener que usar mi ____________.
8. Mañana voy al mercado al aire libre. Me gusta regatear con los ____________.

**3 Escoger** Choose the item in each group that does not belong.

1. almacén • centro comercial • mercado • sombrero
2. camisa • camiseta • blusa • botas
3. bluejeans • bolsa • falda • pantalones
4. abrigo • suéter • corbata • chaqueta
5. mercado • tienda • almacén • cartera
6. pagar • llevar • hacer juego (con) • usar
7. botas • sandalias • zapatos • traje
8. vender • regatear • ropa interior • gastar

**Más vocabulario** boxes call out other important theme-related vocabulary in easy-to-reference Spanish-English lists.

**Illustrations** High-frequency vocabulary is introduced through expansive, full-color illustrations.

**Práctica** This section always begins with a listening exercise and continues with activities that practice the new vocabulary in meaningful contexts.

**Variación léxica** presents alternate words and expressions used throughout the Spanish-speaking world.

**New! Recursos** The icons in the **recursos** boxes are color-coded to match those of the actual components, making it even easier for you to know exactly what print and technology ancillaries you can use to reinforce and expand on every section of every lesson.

# Contextos
## practices vocabulary in a variety of formats

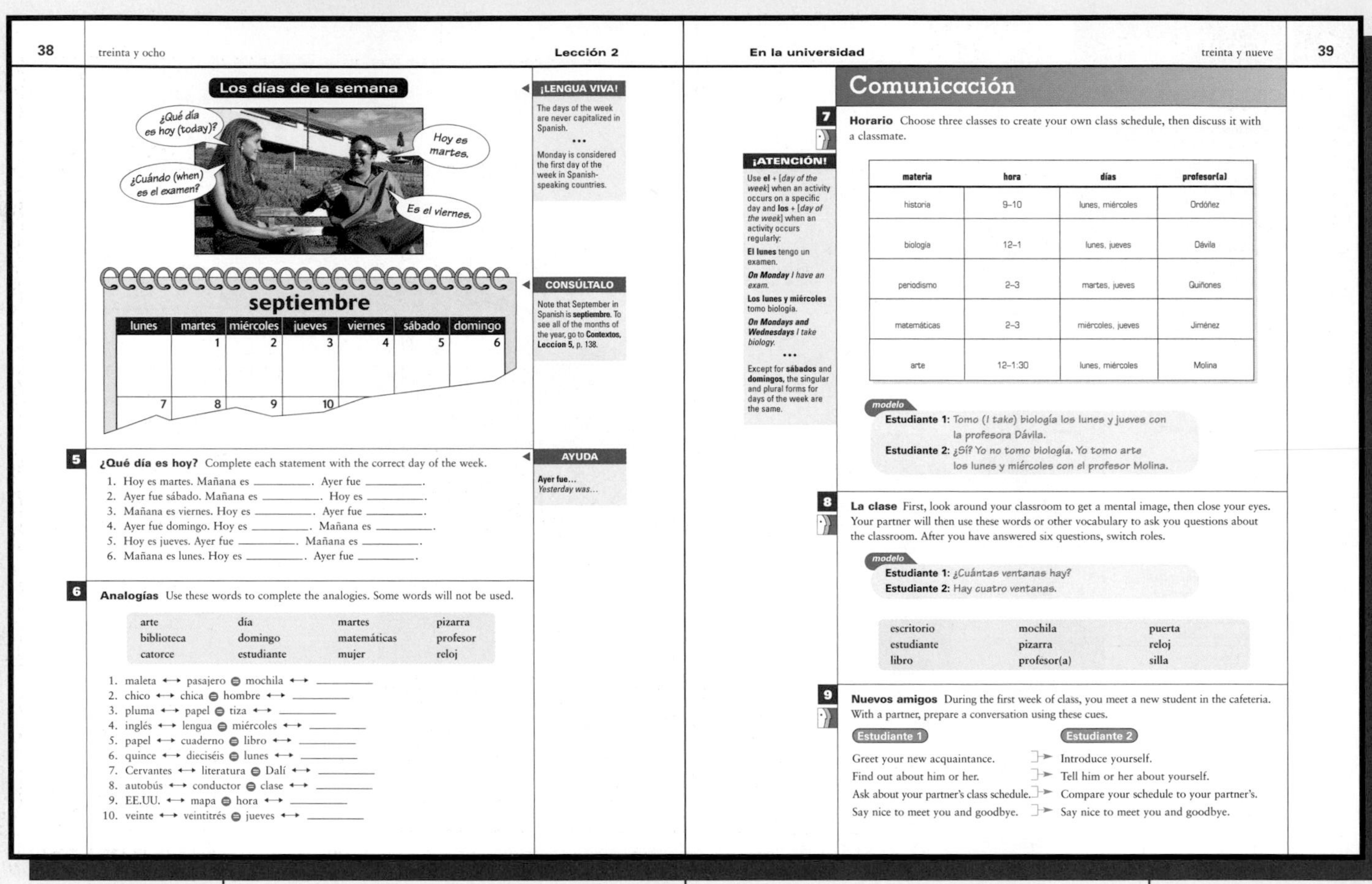

38 treinta y ocho | Lección 2

### Los días de la semana



**septiembre**

| lunes | martes | miércoles | jueves | viernes | sábado | domingo |
|---|---|---|---|---|---|---|
| | 1 | 2 | 3 | 4 | 5 | 6 |
| 7 | 8 | 9 | 10 | | | |

**¡LENGUA VIVA!**

The days of the week are never capitalized in Spanish.

• • •

Monday is considered the first day of the week in Spanish-speaking countries.

**CONSÚLTALO**

Note that September in Spanish is **septiembre**. To see all of the months of the year, go to **Contextos, Leccion 5**, p. 138.

**AYUDA**

**Ayer fue...**
*Yesterday was...*

**5** **¿Qué día es hoy?** Complete each statement with the correct day of the week.

1. Hoy es martes. Mañana es ________. Ayer fue ________.
2. Ayer fue sábado. Mañana es ________. Hoy es ________.
3. Mañana es viernes. Hoy es ________. Ayer fue ________.
4. Ayer fue domingo. Hoy es ________. Mañana es ________.
5. Hoy es jueves. Ayer fue ________. Mañana es ________.
6. Mañana es lunes. Hoy es ________. Ayer fue ________.

**6** **Analogías** Use these words to complete the analogies. Some words will not be used.

| | | | |
|---|---|---|---|
| arte | día | martes | pizarra |
| biblioteca | domingo | matemáticas | profesor |
| catorce | estudiante | mujer | reloj |

1. maleta ⟷ pasajero ⊜ mochila ⟷ ________
2. chico ⟷ chica ⊜ hombre ⟷ ________
3. pluma ⟷ papel ⊜ tiza ⟷ ________
4. inglés ⟷ lengua ⊜ miércoles ⟷ ________
5. papel ⟷ cuaderno ⊜ libro ⟷ ________
6. quince ⟷ dieciséis ⊜ lunes ⟷ ________
7. Cervantes ⟷ literatura ⊜ Dalí ⟷ ________
8. autobús ⟷ conductor ⊜ clase ⟷ ________
9. EE.UU. ⟷ mapa ⊜ hora ⟷ ________
10. veinte ⟷ veintitrés ⊜ jueves ⟷ ________

En la universidad | treinta y nueve 39

### Comunicación

**7** **Horario** Choose three classes to create your own class schedule, then discuss it with a classmate.

| materia | hora | días | profesor(a) |
|---|---|---|---|
| historia | 9–10 | lunes, miércoles | Ordóñez |
| biología | 12–1 | lunes, jueves | Dávila |
| periodismo | 2–3 | martes, jueves | Quiñones |
| matemáticas | 2–3 | miércoles, jueves | Jiménez |
| arte | 12–1:30 | lunes, miércoles | Molina |

*modelo*

**Estudiante 1:** *Tomo (I take) biología los lunes y jueves con la profesora Dávila.*
**Estudiante 2:** *¿Sí? Yo no tomo biología. Yo tomo arte los lunes y miércoles con el profesor Molina.*

**¡ATENCIÓN!**

Use **el** + [*day of the week*] when an activity occurs on a specific day and **los** + [*day of the week*] when an activity occurs regularly:

**El lunes** tengo un examen.

***On Monday** I have an exam.*

**Los lunes y miércoles** tomo biología.

***On Mondays and Wednesdays** I take biology.*

• • •

Except for **sábados** and **domingos**, the singular and plural forms for days of the week are the same.

**8** **La clase** First, look around your classroom to get a mental image, then close your eyes. Your partner will then use these words or other vocabulary to ask you questions about the classroom. After you have answered six questions, switch roles.

*modelo*

**Estudiante 1:** *¿Cuántas ventanas hay?*
**Estudiante 2:** *Hay cuatro ventanas.*

| | | |
|---|---|---|
| escritorio | mochila | puerta |
| estudiante | pizarra | reloj |
| libro | profesor(a) | silla |

**9** **Nuevos amigos** During the first week of class, you meet a new student in the cafeteria. With a partner, prepare a conversation using these cues.

| Estudiante 1 | | Estudiante 2 |
|---|---|---|
| Greet your new acquaintance. | → | Introduce yourself. |
| Find out about him or her. | → | Tell him or her about yourself. |
| Ask about your partner's class schedule. | → | Compare your schedule to your partner's. |
| Say nice to meet you and goodbye. | → | Say nice to meet you and goodbye. |

**Práctica** exercises reinforce the vocabulary through varied and engaging formats.

**Student sidebars** provide handy, on-the-spot information that helps you complete the activities.

**Comunicación** activities allow you to use the vocabulary creatively in interactions with a partner, a small group, or the entire class.

**Icons** provide on-the-spot visual cues for various types of activities: pair, small group, listening-based, video-related, handout-based, and information gap. For a legend explaining all icons used in the student text, see page xxviii.

# Fotonovela
## tells the story of four students traveling in Ecuador

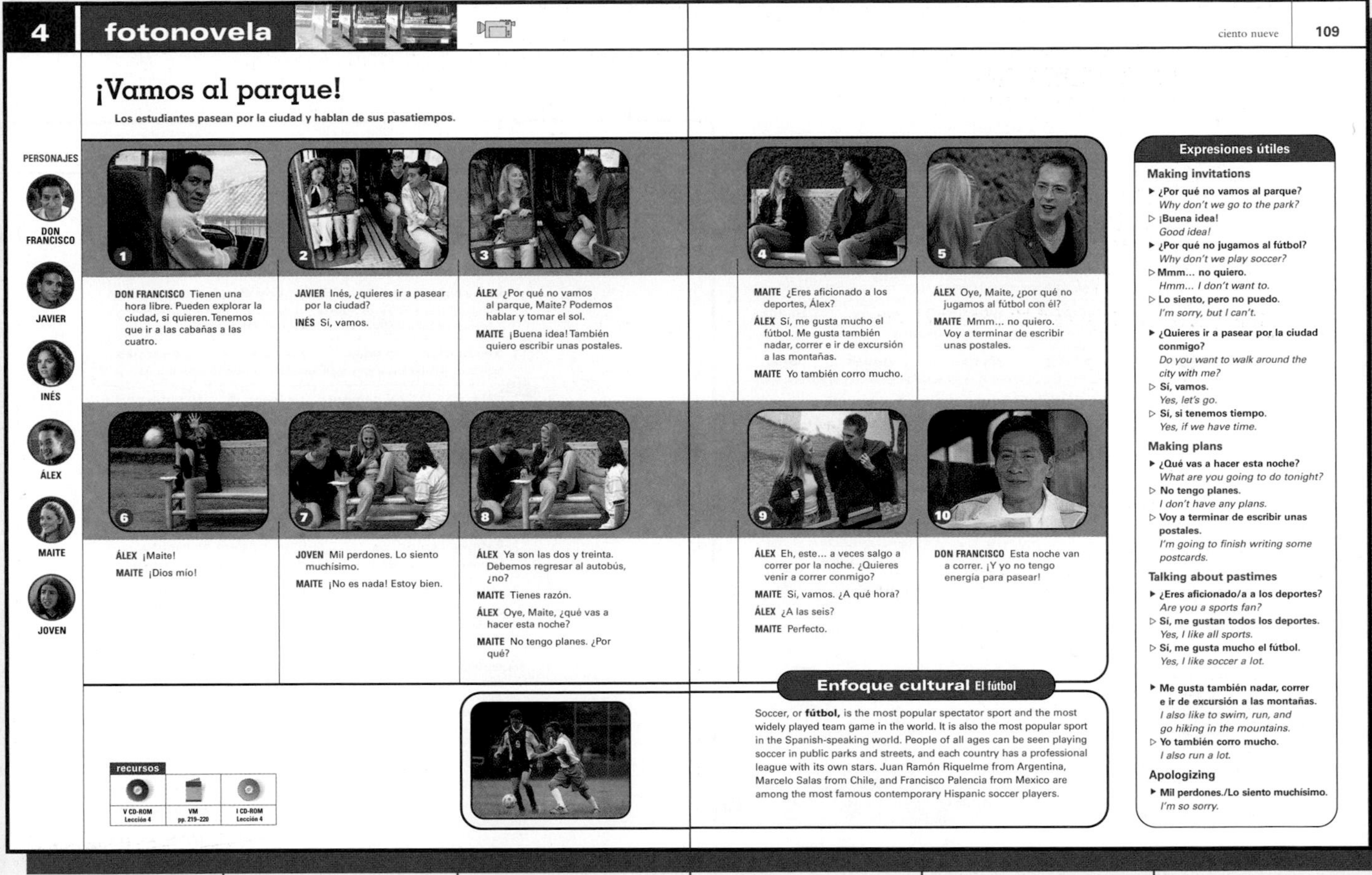
4 fotonovela

ciento nueve 109

## ¡Vamos al parque!

Los estudiantes pasean por la ciudad y hablan de sus pasatiempos.

PERSONAJES: DON FRANCISCO, JAVIER, INÉS, ÁLEX, MAITE, JOVEN

1 **DON FRANCISCO** Tienen una hora libre. Pueden explorar la ciudad, si quieren. Tenemos que ir a las cabañas a las cuatro.

2 **JAVIER** Inés, ¿quieres ir a pasear por la ciudad?
**INÉS** Sí, vamos.

3 **ÁLEX** ¿Por qué no vamos al parque, Maite? Podemos hablar y tomar el sol.
**MAITE** ¡Buena idea! También quiero escribir unas postales.

4 **MAITE** ¿Eres aficionado a los deportes, Álex?
**ÁLEX** Sí, me gusta mucho el fútbol. Me gusta también nadar, correr e ir de excursión a las montañas.
**MAITE** Yo también corro mucho.

5 **ÁLEX** Oye, Maite, ¿por qué no jugamos al fútbol con él?
**MAITE** Mmm... no quiero. Voy a terminar de escribir unas postales.

6 **ÁLEX** ¡Maite!
**MAITE** ¡Dios mío!

7 **JOVEN** Mil perdones. Lo siento muchísimo.
**MAITE** ¡No es nada! Estoy bien.

8 **ÁLEX** Ya son las dos y treinta. Debemos regresar al autobús, ¿no?
**MAITE** Tienes razón.
**ÁLEX** Oye, Maite, ¿qué vas a hacer esta noche?
**MAITE** No tengo planes. ¿Por qué?

9 **ÁLEX** Eh, este... a veces salgo a correr por la noche. ¿Quieres venir a correr conmigo?
**MAITE** Sí, vamos. ¿A qué hora?
**ÁLEX** ¿A las seis?
**MAITE** Perfecto.

10 **DON FRANCISCO** Esta noche van a correr. ¡Y yo no tengo energía para pasear!

**Expresiones útiles**

**Making invitations**
- ¿Por qué no vamos al parque? *Why don't we go to the park?*
- ¡Buena idea! *Good idea!*
- ¿Por qué no jugamos al fútbol? *Why don't we play soccer?*
- Mmm... no quiero. *Hmm... I don't want to.*
- Lo siento, pero no puedo. *I'm sorry, but I can't.*
- ¿Quieres ir a pasear por la ciudad conmigo? *Do you want to walk around the city with me?*
- Sí, vamos. *Yes, let's go.*
- Sí, si tenemos tiempo. *Yes, if we have time.*

**Making plans**
- ¿Qué vas a hacer esta noche? *What are you going to do tonight?*
- No tengo planes. *I don't have any plans.*
- Voy a terminar de escribir unas postales. *I'm going to finish writing some postcards.*

**Talking about pastimes**
- ¿Eres aficionado/a a los deportes? *Are you a sports fan?*
- Sí, me gustan todos los deportes. *Yes, I like all sports.*
- Sí, me gusta mucho el fútbol. *Yes, I like soccer a lot.*
- Me gusta también nadar, correr e ir de excursión a las montañas. *I also like to swim, run, and go hiking in the mountains.*
- Yo también corro mucho. *I also run a lot.*

**Apologizing**
- Mil perdones./Lo siento muchísimo. *I'm so sorry.*

**Enfoque cultural** El fútbol

Soccer, or **fútbol,** is the most popular spectator sport and the most widely played team game in the world. It is also the most popular sport in the Spanish-speaking world. People of all ages can be seen playing soccer in public parks and streets, and each country has a professional league with its own stars. Juan Ramón Riquelme from Argentina, Marcelo Salas from Chile, and Francisco Palencia from Mexico are among the most famous contemporary Hispanic soccer players.

recursos: V CD-ROM Lección 4 | VM pp. 219–220 | I CD-ROM Lección 4

**Personajes** The photo-based conversations take place among a cast of recurring characters—four college students on vacation in Ecuador and the bus driver who accompanies them.

***Fotonovela* Video** The **Fotonovela** episode appears in the **Fotonovela** Video Program. To learn more about the video, turn to page xxvi.

**Conversations** Taken from the **Fotonovela** video, the conversations reinforce vocabulary from **Contextos**. They also preview structures from the upcoming **Estructura** section in context *and* in a comprehensible way.

**Enfoque cultural** provides detailed cultural information on a topic related to the **Fotonovela** conversation.

**Expresiones útiles** organizes new, active words and expressions by language function so you can focus on using them for real-life, practical purposes.

# Pronunciación & Ortografía present the rules of Spanish pronunciation and spelling

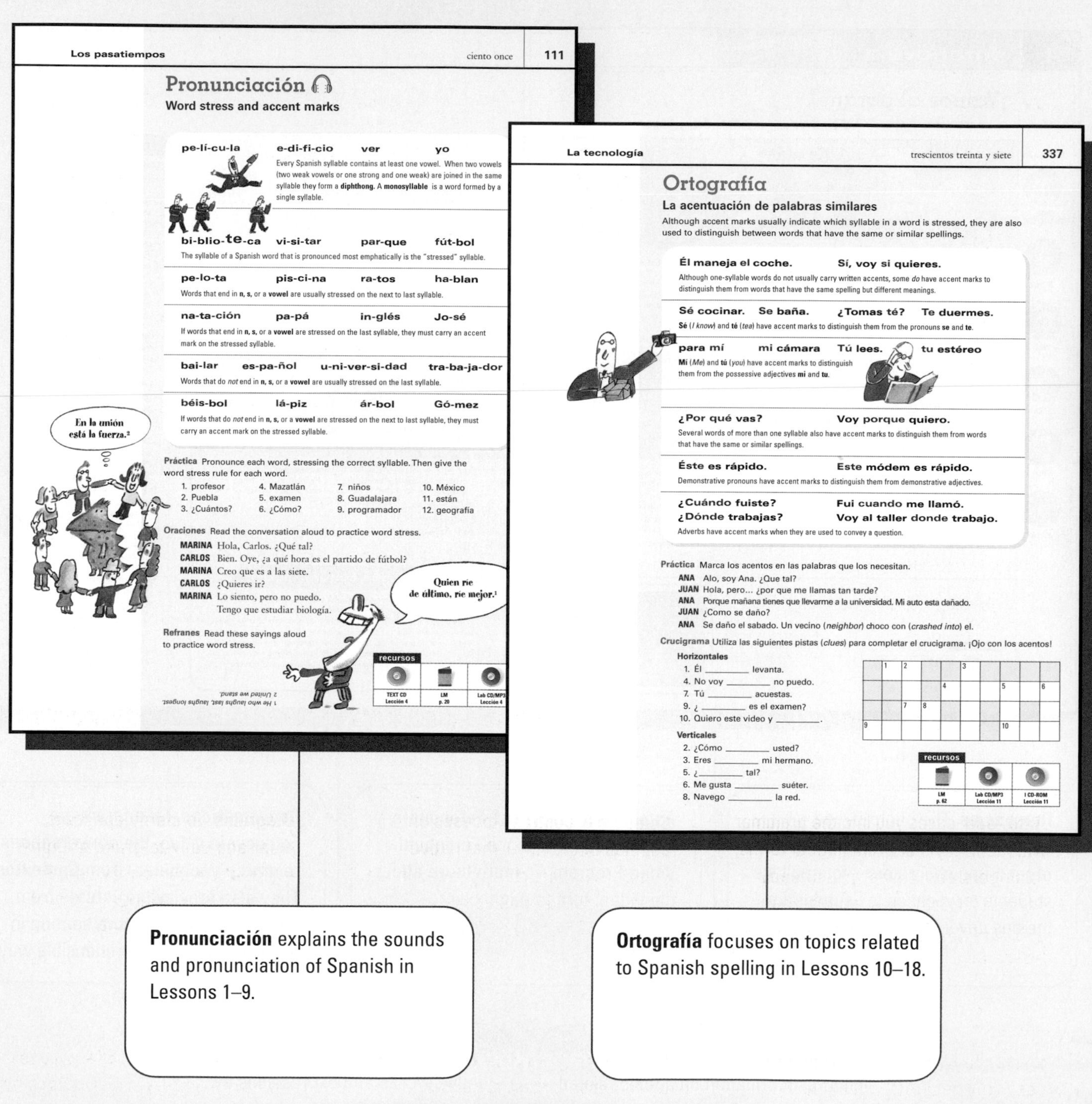
Los pasatiempos ciento once 111

## Pronunciación

Word stress and accent marks

**pe-lí-cu-la** **e-di-fi-cio** **ver** **yo**

Every Spanish syllable contains at least one vowel. When two vowels (two weak vowels or one strong and one weak) are joined in the same syllable they form a **diphthong**. A **monosyllable** is a word formed by a single syllable.

**bi-blio-te-ca** **vi-si-tar** **par-que** **fút-bol**

The syllable of a Spanish word that is pronounced most emphatically is the "stressed" syllable.

**pe-lo-ta** **pis-ci-na** **ra-tos** **ha-blan**

Words that end in **n**, **s**, or a **vowel** are usually stressed on the next to last syllable.

**na-ta-ción** **pa-pá** **in-glés** **Jo-sé**

If words that end in **n**, **s**, or a **vowel** are stressed on the last syllable, they must carry an accent mark on the stressed syllable.

**bai-lar** **es-pa-ñol** **u-ni-ver-si-dad** **tra-ba-ja-dor**

Words that do *not* end in **n**, **s**, or a **vowel** are usually stressed on the last syllable.

**béis-bol** **lá-piz** **ár-bol** **Gó-mez**

If words that do *not* end in **n**, **s**, or a **vowel** are stressed on the next to last syllable, they must carry an accent mark on the stressed syllable.

**Práctica** Pronounce each word, stressing the correct syllable. Then give the word stress rule for each word.

1. profesor
2. Puebla
3. ¿Cuántos?
4. Mazatlán
5. examen
6. ¿Cómo?
7. niños
8. Guadalajara
9. programador
10. México
11. están
12. geografía

**Oraciones** Read the conversation aloud to practice word stress.

**MARINA** Hola, Carlos. ¿Qué tal?
**CARLOS** Bien. Oye, ¿a qué hora es el partido de fútbol?
**MARINA** Creo que es a las siete.
**CARLOS** ¿Quieres ir?
**MARINA** Lo siento, pero no puedo. Tengo que estudiar biología.

**Refranes** Read these sayings aloud to practice word stress.



1 He who laughs last, laughs longest. 2 United we stand.

recursos: TEXT CD Lección 4 | LM p. 20 | Lab CD/MP3 Lección 4

La tecnología trescientos treinta y siete 337

## Ortografía

**La acentuación de palabras similares**

Although accent marks usually indicate which syllable in a word is stressed, they are also used to distinguish between words that have the same or similar spellings.

**Él maneja el coche.** **Sí, voy si quieres.**

Although one-syllable words do not usually carry written accents, some *do* have accent marks to distinguish them from words that have the same spelling but different meanings.

**Sé cocinar.** **Se baña.** **¿Tomas té?** **Te duermes.**

**Sé** (*I know*) and **té** (*tea*) have accent marks to distinguish them from the pronouns **se** and **te**.

**para mí** **mi cámara** **Tú lees.** **tu estéreo**

**Mí** (*Me*) and **tú** (*you*) have accent marks to distinguish them from the possessive adjectives **mi** and **tu**.

**¿Por qué vas?** **Voy porque quiero.**

Several words of more than one syllable also have accent marks to distinguish them from words that have the same or similar spellings.

**Éste es rápido.** **Este módem es rápido.**

Demonstrative pronouns have accent marks to distinguish them from demonstrative adjectives.

**¿Cuándo fuiste?** **Fui cuando me llamó.**
**¿Dónde trabajas?** **Voy al taller donde trabajo.**

Adverbs have accent marks when they are used to convey a question.

**Práctica** Marca los acentos en las palabras que los necesitan.

**ANA** Alo, soy Ana. ¿Que tal?
**JUAN** Hola, pero... ¿por que me llamas tan tarde?
**ANA** Porque mañana tienes que llevarme a la universidad. Mi auto esta dañado.
**JUAN** ¿Como se daño?
**ANA** Se daño el sabado. Un vecino (*neighbor*) choco con (*crashed into*) el.

**Crucigrama** Utiliza las siguientes pistas (*clues*) para completar el crucigrama. ¡Ojo con los acentos!

**Horizontales**
1. Él ________ levanta.
4. No voy ________ no puedo.
7. Tú ________ acuestas.
9. ¿ ________ es el examen?
10. Quiero este video y ________.

**Verticales**
2. ¿Cómo ________ usted?
3. Eres ________ mi hermano.
5. ¿ ________ tal?
6. Me gusta ________ suéter.
8. Navego ________ la red.

recursos: LM p. 62 | Lab CD/MP3 Lección 11 | I CD-ROM Lección 11

**Pronunciación** explains the sounds and pronunciation of Spanish in Lessons 1–9.

**Ortografía** focuses on topics related to Spanish spelling in Lessons 10–18.

# Estructura
## presents Spanish grammar in a graphic-intensive format

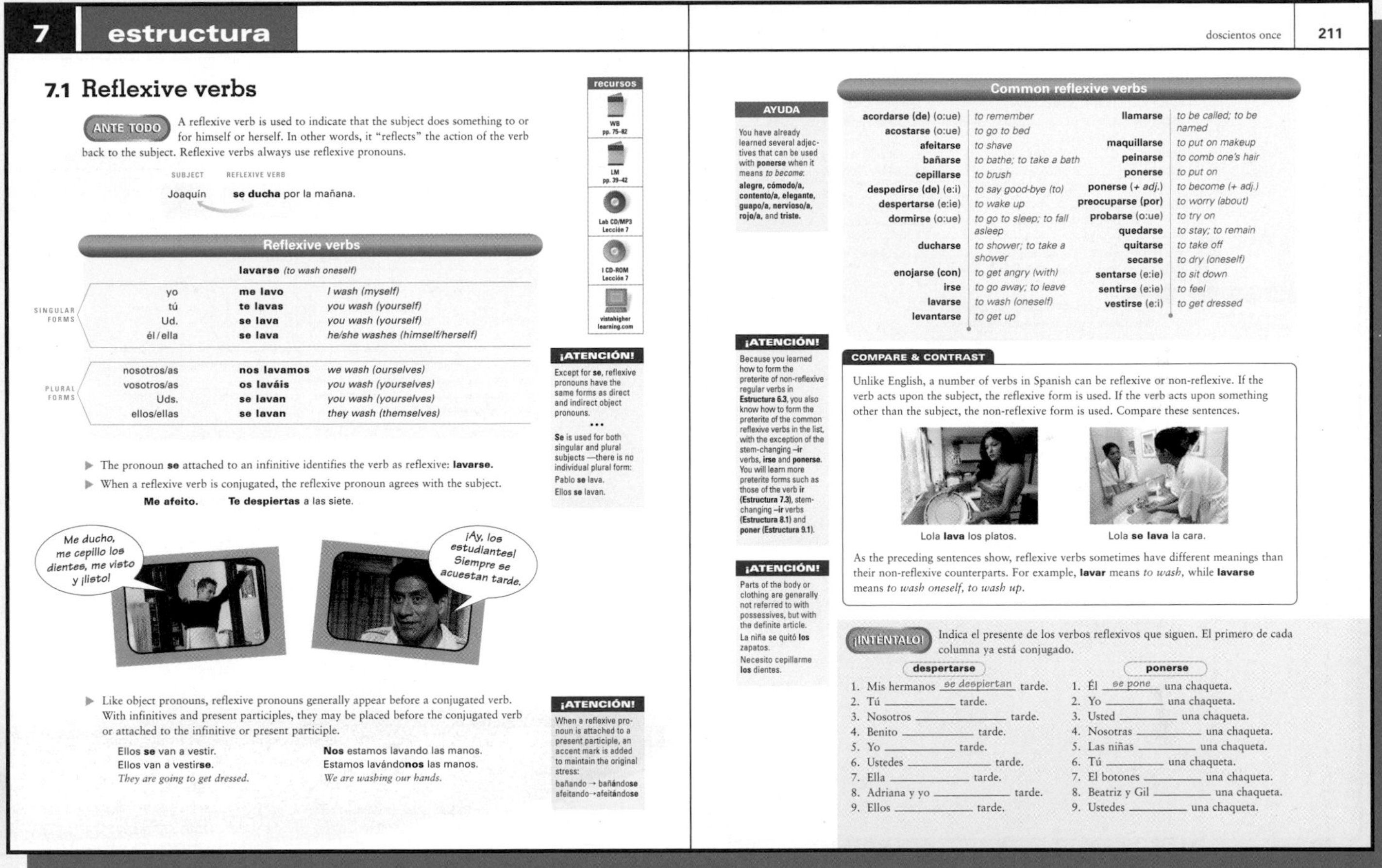

7 estructura

doscientos once 211

### 7.1 Reflexive verbs

**ANTE TODO** A reflexive verb is used to indicate that the subject does something to or for himself or herself. In other words, it "reflects" the action of the verb back to the subject. Reflexive verbs always use reflexive pronouns.

SUBJECT — REFLEXIVE VERB
Joaquín **se ducha** por la mañana.

recursos: WB pp. 75–82; LM pp. 39–42; Lab CD/MP3 Lección 7; I CD-ROM Lección 7; vistahigherlearning.com

**Reflexive verbs**

**lavarse** *(to wash oneself)*

| | | | |
|---|---|---|---|
| SINGULAR FORMS | yo | **me lavo** | *I wash (myself)* |
| | tú | **te lavas** | *you wash (yourself)* |
| | Ud. | **se lava** | *you wash (yourself)* |
| | él / ella | **se lava** | *he/she washes (himself/herself)* |
| PLURAL FORMS | nosotros/as | **nos lavamos** | *we wash (ourselves)* |
| | vosotros/as | **os laváis** | *you wash (yourselves)* |
| | Uds. | **se lavan** | *you wash (yourselves)* |
| | ellos/ellas | **se lavan** | *they wash (themselves)* |

**¡ATENCIÓN!** Except for **se**, reflexive pronouns have the same forms as direct and indirect object pronouns.

...

**Se** is used for both singular and plural subjects —there is no individual plural form:
Pablo **se** lava.
Ellos **se** lavan.

- The pronoun **se** attached to an infinitive identifies the verb as reflexive: **lavarse.**
- When a reflexive verb is conjugated, the reflexive pronoun agrees with the subject.

**Me afeito.** **Te despiertas** a las siete.



- Like object pronouns, reflexive pronouns generally appear before a conjugated verb. With infinitives and present participles, they may be placed before the conjugated verb or attached to the infinitive or present participle.

Ellos **se** van a vestir.
Ellos van a vestir**se**.
*They are going to get dressed.*

**Nos** estamos lavando las manos.
Estamos lavándo**nos** las manos.
*We are washing our hands.*

**¡ATENCIÓN!** When a reflexive pronoun is attached to a present participle, an accent mark is added to maintain the original stress:
bañando → bañándo**se**
afeitando → afeitándo**se**

**AYUDA** You have already learned several adjectives that can be used with **ponerse** when it means *to become*: **alegre, cómodo/a, contento/a, elegante, guapo/a, nervioso/a, rojo/a,** and **triste.**

**Common reflexive verbs**

| | | | |
|---|---|---|---|
| **acordarse (de)** (o:ue) | *to remember* | **llamarse** | *to be called; to be named* |
| **acostarse** (o:ue) | *to go to bed* | **maquillarse** | *to put on makeup* |
| **afeitarse** | *to shave* | **peinarse** | *to comb one's hair* |
| **bañarse** | *to bathe; to take a bath* | **ponerse** | *to put on* |
| **cepillarse** | *to brush* | **ponerse** (+ *adj.*) | *to become (+ adj.)* |
| **despedirse (de)** (e:i) | *to say good-bye (to)* | **preocuparse (por)** | *to worry (about)* |
| **despertarse** (e:ie) | *to wake up* | **probarse** (o:ue) | *to try on* |
| **dormirse** (o:ue) | *to go to sleep; to fall asleep* | **quedarse** | *to stay; to remain* |
| **ducharse** | *to shower; to take a shower* | **quitarse** | *to take off* |
| **enojarse (con)** | *to get angry (with)* | **secarse** | *to dry (oneself)* |
| **irse** | *to go away; to leave* | **sentarse** (e:ie) | *to sit down* |
| **lavarse** | *to wash (oneself)* | **sentirse** (e:ie) | *to feel* |
| **levantarse** | *to get up* | **vestirse** (e:i) | *to get dressed* |

**¡ATENCIÓN!** Because you learned how to form the preterite of non-reflexive regular verbs in **Estructura 6.3**, you also know how to form the preterite of the common reflexive verbs in the list, with the exception of the stem-changing **–ir** verbs, **irse** and **ponerse**. You will learn more preterite forms such as those of the verb **ir** **(Estructura 7.3)**, stem-changing **–ir** verbs **(Estructura 8.1)** and **poner (Estructura 9.1)**.

**COMPARE & CONTRAST**

Unlike English, a number of verbs in Spanish can be reflexive or non-reflexive. If the verb acts upon the subject, the reflexive form is used. If the verb acts upon something other than the subject, the non-reflexive form is used. Compare these sentences.

Lola **lava** los platos.

Lola **se lava** la cara.

As the preceding sentences show, reflexive verbs sometimes have different meanings than their non-reflexive counterparts. For example, **lavar** means *to wash*, while **lavarse** means *to wash oneself, to wash up*.

**¡ATENCIÓN!** Parts of the body or clothing are generally not referred to with possessives, but with the definite article.
La niña se quitó **los** zapatos.
Necesito cepillarme **los** dientes.

**¡INTÉNTALO!** Indica el presente de los verbos reflexivos que siguen. El primero de cada columna ya está conjugado.

**despertarse**
1. Mis hermanos *se despiertan* tarde.
2. Tú ________ tarde.
3. Nosotros ________ tarde.
4. Benito ________ tarde.
5. Yo ________ tarde.
6. Ustedes ________ tarde.
7. Ella ________ tarde.
8. Adriana y yo ________ tarde.
9. Ellos ________ tarde.

**ponerse**
1. Él *se pone* una chaqueta.
2. Yo ________ una chaqueta.
3. Usted ________ una chaqueta.
4. Nosotras ________ una chaqueta.
5. Las niñas ________ una chaqueta.
6. Tú ________ una chaqueta.
7. El botones ________ una chaqueta.
8. Beatriz y Gil ________ una chaqueta.
9. Ustedes ________ una chaqueta.

**Ante todo** eases you into the grammar with definitions of grammatical terms, reminders about what you already know of English grammar, and Spanish grammar you have learned in earlier lessons.

**Compare & contrast** focuses on aspects of grammar that native speakers of English may find difficult, clarifying similarities and differences between Spanish and English.

**Diagrams** To clarify concepts, clear and easy-to-grasp grammar explanations are reinforced by diagrams that colorfully present sample words, phrases, and sentences.

**Charts** To help you learn, colorful, easy-to-use charts call out key grammatical structures and forms, as well as important related vocabulary.

**Student sidebars** provide you with on-the-spot linguistic, cultural, or language-learning information directly related to the materials in front of you.

**¡Inténtalo!** exercises offer an easy first step in your practice of each new grammar point. They get you working with the grammar right away in simple, easy-to-understand formats.

# VISTAS-at-a-glance

## Estructura
## provides directed and communicative practice

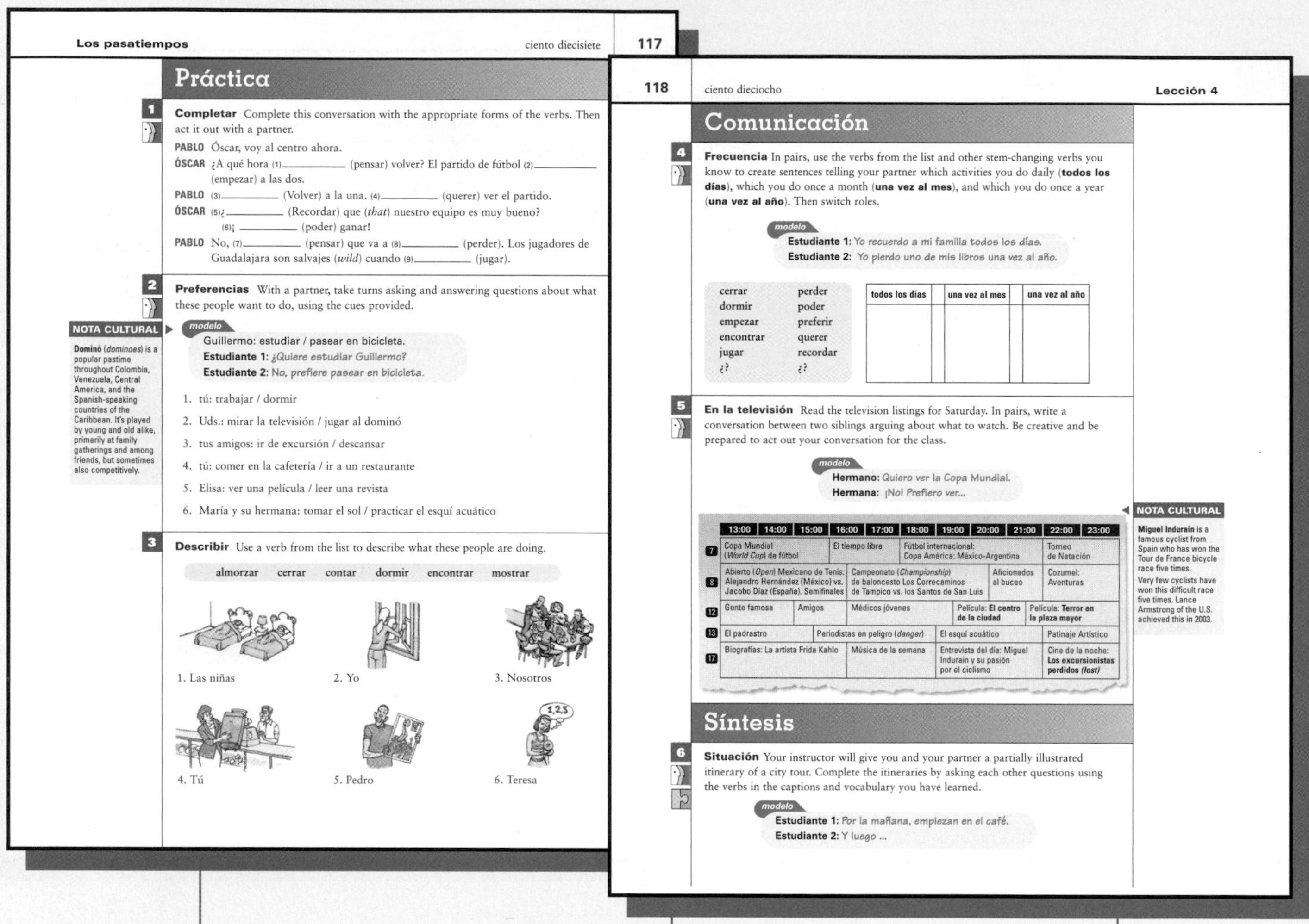



### Práctica

**1** **Completar** Complete this conversation with the appropriate forms of the verbs. Then act it out with a partner.

PABLO Óscar, voy al centro ahora.
ÓSCAR ¿A qué hora (1)________ (pensar) volver? El partido de fútbol (2)________ (empezar) a las dos.
PABLO (3)________ (Volver) a la una. (4)________ (querer) ver el partido.
ÓSCAR (5)¿________ (Recordar) que (*that*) nuestro equipo es muy bueno? (6)¡________ (poder) ganar!
PABLO No, (7)________ (pensar) que va a (8)________ (perder). Los jugadores de Guadalajara son salvajes (*wild*) cuando (9)________ (jugar).

**2** **Preferencias** With a partner, take turns asking and answering questions about what these people want to do, using the cues provided.

*modelo*
Guillermo: estudiar / pasear en bicicleta.
**Estudiante 1:** *¿Quiere estudiar Guillermo?*
**Estudiante 2:** *No, prefiere pasear en bicicleta.*

1. tú: trabajar / dormir
2. Uds.: mirar la televisión / jugar al dominó
3. tus amigos: ir de excursión / descansar
4. tú: comer en la cafetería / ir a un restaurante
5. Elisa: ver una película / leer una revista
6. María y su hermana: tomar el sol / practicar el esquí acuático

**NOTA CULTURAL**
**Dominó** (*dominoes*) is a popular pastime throughout Colombia, Venezuela, Central America, and the Spanish-speaking countries of the Caribbean. It's played by young and old alike, primarily at family gatherings and among friends, but sometimes also competitively.

**3** **Describir** Use a verb from the list to describe what these people are doing.

almorzar cerrar contar dormir encontrar mostrar

1. Las niñas 2. Yo 3. Nosotros
4. Tú 5. Pedro 6. Teresa



### Comunicación

**4** **Frecuencia** In pairs, use the verbs from the list and other stem-changing verbs you know to create sentences telling your partner which activities you do daily (**todos los días**), which you do once a month (**una vez al mes**), and which you do once a year (**una vez al año**). Then switch roles.

*modelo*
**Estudiante 1:** *Yo recuerdo a mi familia todos los días.*
**Estudiante 2:** *Yo pierdo uno de mis libros una vez al año.*

cerrar, dormir, empezar, encontrar, jugar, ¿?
perder, poder, preferir, querer, recordar, ¿?

| todos los días | una vez al mes | una vez al año |
|---|---|---|
| | | |

**5** **En la televisión** Read the television listings for Saturday. In pairs, write a conversation between two siblings arguing about what to watch. Be creative and be prepared to act out your conversation for the class.

*modelo*
**Hermano:** *Quiero ver la Copa Mundial.*
**Hermana:** *¡No! Prefiero ver...*

| | 13:00 | 14:00 | 15:00 | 16:00 | 17:00 | 18:00 | 19:00 | 20:00 | 21:00 | 22:00 | 23:00 |
|---|---|---|---|---|---|---|---|---|---|---|---|
| 7 | Copa Mundial (*World Cup*) de fútbol | | | El tiempo libre | | Fútbol internacional: Copa América: México-Argentina | | | | Torneo de Natación | |
| 8 | Abierto (*Open*) Mexicano de Tenis: Alejandro Hernández (México) vs. Jacobo Díaz (España). Semifinales | | | Campeonato (*Championship*) de baloncesto Los Correcaminos de Tampico vs. los Santos de San Luis | | | | Aficionados al buceo | | Cozumel: Aventuras | |
| 12 | Gente famosa | | Amigos | Médicos jóvenes | | | Película: **El centro de la ciudad** | | Película: **Terror en la plaza mayor** | | |
| 13 | El padrastro | | Periodistas en peligro (*danger*) | | | El esquí acuático | | | | Patinaje Artístico | |
| 17 | Biografías: La artista Frida Kahlo | | | Música de la semana | | Entrevista del día: Miguel Indurain y su pasión por el ciclismo | | | | Cine de la noche: **Los excursionistas perdidos (*lost*)** | |

**NOTA CULTURAL**
**Miguel Indurain** is a famous cyclist from Spain who has won the Tour de France bicycle race five times.
Very few cyclists have won this difficult race five times. Lance Armstrong of the U.S. achieved this in 2003.

### Síntesis

**6** **Situación** Your instructor will give you and your partner a partially illustrated itinerary of a city tour. Complete the itineraries by asking each other questions using the verbs in the captions and vocabulary you have learned.

*modelo*
**Estudiante 1:** *Por la mañana, empiezan en el café.*
**Estudiante 2:** *Y luego ...*

**Práctica** activities provide a wide range of guided, yet meaningful exercises that weave current and previously learned vocabulary together with the current grammar point.

**Comunicación** offers opportunities for creative expression using the lesson's grammar and vocabulary. These take place with a partner, in small groups, or with the whole class.

**Síntesis** integrates the current grammar point with previously learned points, providing built-in, consistent review and recycling as you progress through the text.

**New! Information Gap activities** engage you and a partner in problem-solving and other situations based on handouts your instructor gives you. However, you and your partner each have only half of the information you need, so you must work together to accomplish the task at hand.

**Expanded! New reading-based activities** involving authentic documents, dialogues, and other brief texts provide increased reading opportunities throughout the textbook.

**Expanded! Increased *Nota cultural* sidebars** expand coverage of the cultures of the Spanish-speaking peoples and countries with a special emphasis on everyday-life practices. In Spanish as of Lesson 7, the cultural notes also provide additional reading practice.

# Adelante

## *Lectura* develops reading skills in the context of the lesson theme

4 | adelante



# Lectura

## Antes de leer

### Estrategia

**Predicting content from visuals**

When you are reading in Spanish, be sure to look for visual clues that will orient you as to the content and purpose of what you are reading. Photos and illustrations, for example, will often give you a good idea of the main points that the reading covers. You may also encounter very helpful visuals that are used to summarize large amounts of data in a way that is easy to comprehend; these include bar graphs, pie charts, flow charts, lists of percentages, and other sorts of diagrams.

**Examinar el texto**

Take a quick look at the visual elements of the magazine article in order to generate a list of ideas about its content. Then compare your list with a classmate's. Are your lists the same or are they different? Discuss your lists and make any changes needed to produce a final list of ideas.

**Contestar**

Read the list of ideas you wrote in **Examinar el texto,** and look again at the visual elements of the magazine article. Then answer these questions:

1. Who is the woman in the photo, and what is her role?
2. What is the article about?
3. What is the subject of the pie chart?
4. What is the subject of the bar graph?

**por María Úrsula Echevarría**

El fútbol es el deporte más popular en el mundo* hispano, según* una encuesta* reciente realizada entre jóvenes universitarios. Mucha gente practica este deporte y tiene un equipo de fútbol favorito. Cada cuatro años se realiza la Copa Mundial*. Argentina y Uruguay han ganado* este campeonato* más de una vez*. Los aficionados siguen los partidos de fútbol en casa por tele y en muchos otros lugares como los bares, los restaurantes, los estadios y los clubes deportivos. Los jóvenes juegan al fútbol con sus amigos en parques y gimnasios.

**Países hispanos en campeonatos mundiales de fútbol (1930-2002)**

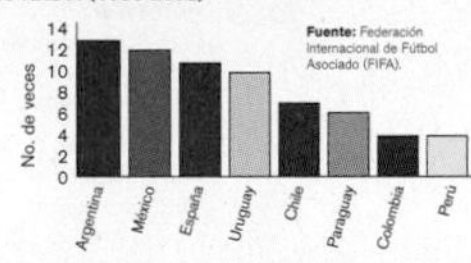


Pero, por supuesto*, en los países de habla hispana también hay otros deportes populares. ¿Qué deporte sigue al fútbol en estos países? Bueno, ¡depende del país y de otros factores!

# No sólo el fútbol

**Donde el fútbol es más popular**

En México el béisbol es el segundo* deporte más popular después* del fútbol. Pero en Argentina, después del fútbol, el rugby tiene mucha importancia. En Perú a la gente le gusta mucho ver partidos de vóleibol. ¿Y en España? Mucha gente prefiere el baloncesto, el tenis y el ciclismo.

En Colombia, por ejemplo, el béisbol es muy popular después del fútbol, aunque* esto varía según la región del país. En la costa del norte de Colombia, el béisbol es una pasión. Y el ciclismo también es un deporte que los colombianos siguen con mucho interés.

**Donde el béisbol es más popular**

En los países del Caribe, el béisbol es el deporte predominante. Éste es el caso en Puerto Rico, Cuba y la República Dominicana. Los niños empiezan a jugar cuando son muy pequeños. En Puerto Rico y la República Dominicana, la gente también quiere participar en otros deportes como el baloncesto, o ver los partidos en la tele. Y para los espectadores aficionados del Caribe, el boxeo es número dos.

**Deportes más populares**

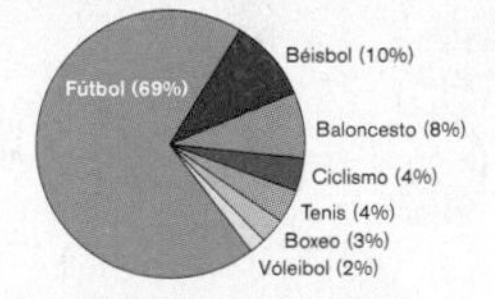


**mundo** *world* **según** *according to* **encuesta** *survey* **se realiza la Copa Mundial** *the World Cup is held* **han ganado** *have won* **campeonato** *championship* **más de una vez** *more than once* **por supuesto** *of course* **segundo** *second* **después** *after* **aunque** *although*

## Después de leer

**Evaluación y predicción**

Which of the following sports events would be most popular among the college students surveyed? Rate them from one (most popular) to five (least popular). Which would be the most popular at your college or university?

_______ 1. La Copa Mundial de Fútbol
_______ 2. Los Juegos Olímpicos
_______ 3. El torneo de tenis de Wimbledon
_______ 4. La Serie Mundial de Béisbol
_______ 5. El Tour de Francia

**¿Cierto o falso?**

Indicate whether each sentence is **cierto** or **falso,** then correct the false statements.

| | Cierto | Falso |
|---|---|---|
| 1. El vóleibol es el segundo deporte más popular en México. | ❍ | ❍ |
| 2. En España a la gente le gustan varios deportes como el baloncesto y el ciclismo. | ❍ | ❍ |
| 3. En la costa del norte de Colombia, el tenis es una pasión. | ❍ | ❍ |
| 4. En el Caribe el deporte más popular es el béisbol. | ❍ | ❍ |

**Preguntas**

Answer these questions in Spanish.

1. ¿Dónde ven los aficionados el fútbol? Y tú, ¿cómo ves tus deportes favoritos?
2. ¿Te gusta el fútbol? ¿Por qué?
3. ¿Miras la Copa Mundial en la televisión?
4. ¿Qué deportes miras en la televisión?
5. En tu opinión, ¿cuáles son los tres deportes más populares en tu universidad? ¿en tu comunidad? ¿en los Estados Unidos?
6. ¿Qué haces en tu tiempo libre?

**Antes de leer** presents valuable reading strategies and pre-reading activities that strengthen your reading abilities in Spanish.

**Readings** are specifically related to the lesson theme and recycle vocabulary and grammar you have learned. The selections in Lessons 1–12 are cultural texts, while those in Lessons 13–18 are literary pieces.

**Después de leer** includes post-reading exercises that review and check your comprehension of the reading.

**New! Three cultural and three literary readings** are new to **VISTAS, Second Edition**. Lessons 4, 7, and 11 feature high-interest, culturally-oriented texts; Lessons 13, 15, and 17 offer new highly accessible, theme-related poems.

## Adelante

# *Escritura* develops writing skills in the context of the lesson theme

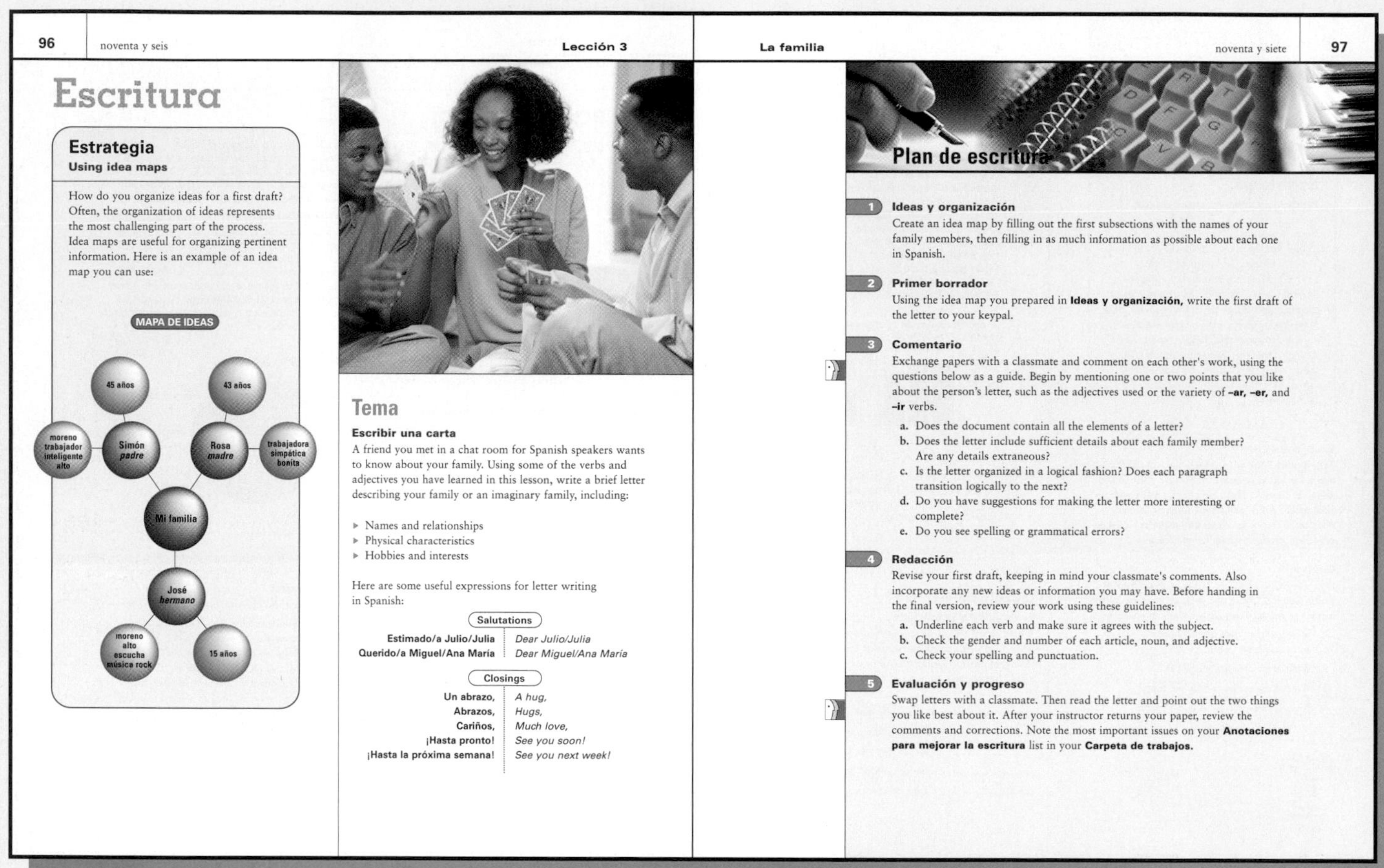

96 noventa y seis Lección 3

# Escritura

**Estrategia**
**Using idea maps**

How do you organize ideas for a first draft? Often, the organization of ideas represents the most challenging part of the process. Idea maps are useful for organizing pertinent information. Here is an example of an idea map you can use:



**Tema**

**Escribir una carta**

A friend you met in a chat room for Spanish speakers wants to know about your family. Using some of the verbs and adjectives you have learned in this lesson, write a brief letter describing your family or an imaginary family, including:

- Names and relationships
- Physical characteristics
- Hobbies and interests

Here are some useful expressions for letter writing in Spanish:

**Salutations**

| | |
|---|---|
| Estimado/a Julio/Julia | *Dear Julio/Julia* |
| Querido/a Miguel/Ana María | *Dear Miguel/Ana María* |

**Closings**

| | |
|---|---|
| Un abrazo, | *A hug,* |
| Abrazos, | *Hugs,* |
| Cariños, | *Much love,* |
| ¡Hasta pronto! | *See you soon!* |
| ¡Hasta la próxima semana! | *See you next week!* |

La familia noventa y siete 97

**Plan de escritura**

1 **Ideas y organización**
Create an idea map by filling out the first subsections with the names of your family members, then filling in as much information as possible about each one in Spanish.

2 **Primer borrador**
Using the idea map you prepared in **Ideas y organización,** write the first draft of the letter to your keypal.

3 **Comentario**
Exchange papers with a classmate and comment on each other's work, using the questions below as a guide. Begin by mentioning one or two points that you like about the person's letter, such as the adjectives used or the variety of **-ar, -er,** and **-ir** verbs.

a. Does the document contain all the elements of a letter?
b. Does the letter include sufficient details about each family member? Are any details extraneous?
c. Is the letter organized in a logical fashion? Does each paragraph transition logically to the next?
d. Do you have suggestions for making the letter more interesting or complete?
e. Do you see spelling or grammatical errors?

4 **Redacción**
Revise your first draft, keeping in mind your classmate's comments. Also incorporate any new ideas or information you may have. Before handing in the final version, review your work using these guidelines:

a. Underline each verb and make sure it agrees with the subject.
b. Check the gender and number of each article, noun, and adjective.
c. Check your spelling and punctuation.

5 **Evaluación y progreso**
Swap letters with a classmate. Then read the letter and point out the two things you like best about it. After your instructor returns your paper, review the comments and corrections. Note the most important issues on your **Anotaciones para mejorar la escritura** list in your **Carpeta de trabajos.**

**Estrategia** provides strategies that help you prepare for the writing task presented in the next section.

**Tema** describes the writing topic and includes suggestions for approaching it.

**Plan de escritura** takes you step-by-step through the writing process, including planning, creating a first draft, peer review, and checking your work.

# Adelante

## *Escuchar & Proyecto* provide more listening practice and a task-based project

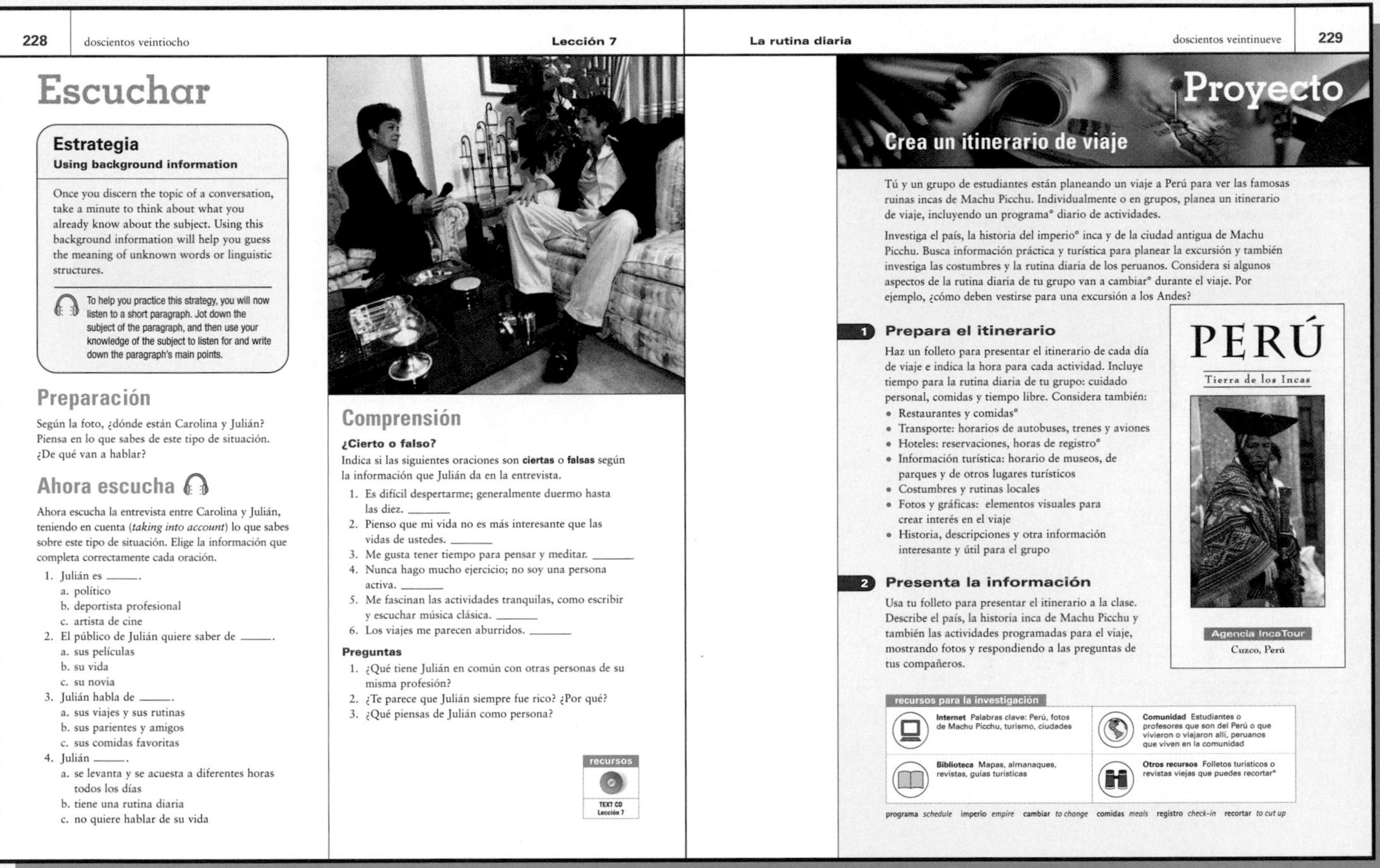

228 doscientos veintiocho — Lección 7

# Escuchar

**Estrategia**
**Using background information**

Once you discern the topic of a conversation, take a minute to think about what you already know about the subject. Using this background information will help you guess the meaning of unknown words or linguistic structures.

To help you practice this strategy, you will now listen to a short paragraph. Jot down the subject of the paragraph, and then use your knowledge of the subject to listen for and write down the paragraph's main points.

**Preparación**

Según la foto, ¿dónde están Carolina y Julián? Piensa en lo que sabes de este tipo de situación. ¿De qué van a hablar?

**Ahora escucha**

Ahora escucha la entrevista entre Carolina y Julián, teniendo en cuenta (*taking into account*) lo que sabes sobre este tipo de situación. Elige la información que completa correctamente cada oración.

1. Julián es ______.
   a. político
   b. deportista profesional
   c. artista de cine
2. El público de Julián quiere saber de ______.
   a. sus películas
   b. su vida
   c. su novia
3. Julián habla de ______.
   a. sus viajes y sus rutinas
   b. sus parientes y amigos
   c. sus comidas favoritas
4. Julián ______.
   a. se levanta y se acuesta a diferentes horas todos los días
   b. tiene una rutina diaria
   c. no quiere hablar de su vida

**Comprensión**

**¿Cierto o falso?**

Indica si las siguientes oraciones son **ciertas** o **falsas** según la información que Julián da en la entrevista.

1. Es difícil despertarme; generalmente duermo hasta las diez. ______
2. Pienso que mi vida no es más interesante que las vidas de ustedes. ______
3. Me gusta tener tiempo para pensar y meditar. ______
4. Nunca hago mucho ejercicio; no soy una persona activa. ______
5. Me fascinan las actividades tranquilas, como escribir y escuchar música clásica. ______
6. Los viajes me parecen aburridos. ______

**Preguntas**

1. ¿Qué tiene Julián en común con otras personas de su misma profesión?
2. ¿Te parece que Julián siempre fue rico? ¿Por qué?
3. ¿Qué piensas de Julián como persona?

recursos
TEXT CD Lección 7

La rutina diaria — doscientos veintinueve 229

# Proyecto

**Crea un itinerario de viaje**

Tú y un grupo de estudiantes están planeando un viaje a Perú para ver las famosas ruinas incas de Machu Picchu. Individualmente o en grupos, planea un itinerario de viaje, incluyendo un programa° diario de actividades.

Investiga el país, la historia del imperio° inca y de la ciudad antigua de Machu Picchu. Busca información práctica y turística para planear la excursión y también investiga las costumbres y la rutina diaria de los peruanos. Considera si algunos aspectos de la rutina diaria de tu grupo van a cambiar° durante el viaje. Por ejemplo, ¿cómo deben vestirse para una excursión a los Andes?

**1 Prepara el itinerario**

Haz un folleto para presentar el itinerario de cada día de viaje e indica la hora para cada actividad. Incluye tiempo para la rutina diaria de tu grupo: cuidado personal, comidas y tiempo libre. Considera también:

- Restaurantes y comidas°
- Transporte: horarios de autobuses, trenes y aviones
- Hoteles: reservaciones, horas de registro°
- Información turística: horario de museos, de parques y de otros lugares turísticos
- Costumbres y rutinas locales
- Fotos y gráficas: elementos visuales para crear interés en el viaje
- Historia, descripciones y otra información interesante y útil para el grupo

**2 Presenta la información**

Usa tu folleto para presentar el itinerario a la clase. Describe el país, la historia inca de Machu Picchu y también las actividades programadas para el viaje, mostrando fotos y respondiendo a las preguntas de tus compañeros.



**recursos para la investigación**

**Internet** Palabras clave: Perú, fotos de Machu Picchu, turismo, ciudades

**Comunidad** Estudiantes o profesores que son del Perú o que vivieron o viajaron allí, peruanos que viven en la comunidad

**Biblioteca** Mapas, almanaques, revistas, guías turísticas

**Otros recursos** Folletos turísticos o revistas viejas que puedes recortar°

**programa** *schedule* **imperio** *empire* **cambiar** *to change* **comidas** *meals* **registro** *check-in* **recortar** *to cut up*

**Escuchar** presents a recorded conversation or narration to develop your listening skills in Spanish. **Estrategia** and **Preparación** prepare you for listening to the recorded passage.

**Ahora escucha** tracks you through the passage, and **Comprensión** checks your understanding of what you heard.

**Proyecto** gets you involved in a project by researching and creating a tangible product such as a brochure, a radio broadcast, or a Web page.

**Recursos para la investigación** points you toward research resources on the Web, in the library, and in your community.

## Panorama

# presents the nations of the Spanish-speaking world

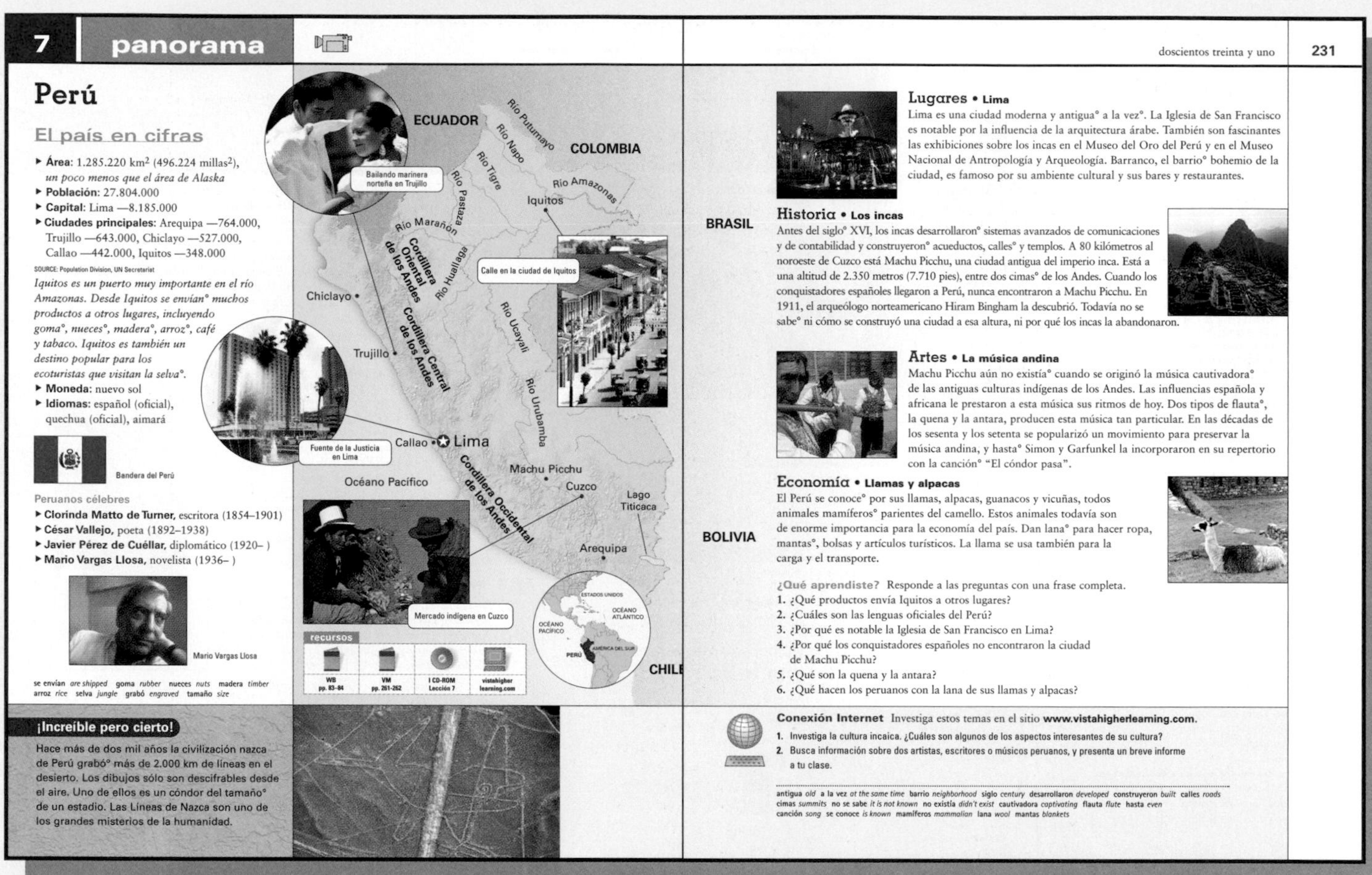


7 panorama

doscientos treinta y uno 231

**Perú**

**El país en cifras**

- **Área:** 1.285.220 km² (496.224 millas²), *un poco menos que el área de Alaska*
- **Población:** 27.804.000
- **Capital:** Lima —8.185.000
- **Ciudades principales:** Arequipa —764.000, Trujillo —643.000, Chiclayo —527.000, Callao —442.000, Iquitos —348.000

SOURCE: Population Division, UN Secretariat

*Iquitos es un puerto muy importante en el río Amazonas. Desde Iquitos se envían° muchos productos a otros lugares, incluyendo goma°, nueces°, madera°, arroz°, café y tabaco. Iquitos es también un destino popular para los ecoturistas que visitan la selva°.*

- **Moneda:** nuevo sol
- **Idiomas:** español (oficial), quechua (oficial), aimará

Bandera del Perú

**Peruanos célebres**

- **Clorinda Matto de Turner,** escritora (1854–1901)
- **César Vallejo,** poeta (1892–1938)
- **Javier Pérez de Cuéllar,** diplomático (1920– )
- **Mario Vargas Llosa,** novelista (1936– )

Mario Vargas Llosa

se envían *are shipped* goma *rubber* nueces *nuts* madera *timber* arroz *rice* selva *jungle* grabó *engraved* tamaño *size*

**¡Increíble pero cierto!**

Hace más de dos mil años la civilización nazca de Perú grabó° más de 2.000 km de líneas en el desierto. Los dibujos sólo son descifrables desde el aire. Uno de ellos es un cóndor del tamaño° de un estadio. Las Líneas de Nazca son uno de los grandes misterios de la humanidad.

**Lugares • Lima**

Lima es una ciudad moderna y antigua° a la vez°. La Iglesia de San Francisco es notable por la influencia de la arquitectura árabe. También son fascinantes las exhibiciones sobre los incas en el Museo del Oro del Perú y en el Museo Nacional de Antropología y Arqueología. Barranco, el barrio° bohemio de la ciudad, es famoso por su ambiente cultural y sus bares y restaurantes.

**Historia • Los incas**

Antes del siglo° XVI, los incas desarrollaron° sistemas avanzados de comunicaciones y de contabilidad y construyeron° acueductos, calles° y templos. A 80 kilómetros al noroeste de Cuzco está Machu Picchu, una ciudad antigua del imperio inca. Está a una altitud de 2.350 metros (7.710 pies), entre dos cimas° de los Andes. Cuando los conquistadores españoles llegaron a Perú, nunca encontraron a Machu Picchu. En 1911, el arqueólogo norteamericano Hiram Bingham la descubrió. Todavía no se sabe° ni cómo se construyó una ciudad a esa altura, ni por qué los incas la abandonaron.

**Artes • La música andina**

Machu Picchu aún no existía° cuando se originó la música cautivadora° de las antiguas culturas indígenas de los Andes. Las influencias española y africana le prestaron a esta música sus ritmos de hoy. Dos tipos de flauta°, la quena y la antara, producen esta música tan particular. En las décadas de los sesenta y los setenta se popularizó un movimiento para preservar la música andina, y hasta° Simon y Garfunkel la incorporaron en su repertorio con la canción° "El cóndor pasa".

**Economía • Llamas y alpacas**

El Perú se conoce° por sus llamas, alpacas, guanacos y vicuñas, todos animales mamíferos° parientes del camello. Estos animales todavía son de enorme importancia para la economía del país. Dan lana° para hacer ropa, mantas°, bolsas y artículos turísticos. La llama se usa también para la carga y el transporte.

**¿Qué aprendiste?** Responde a las preguntas con una frase completa.

1. ¿Qué productos envía Iquitos a otros lugares?
2. ¿Cuáles son las lenguas oficiales del Perú?
3. ¿Por qué es notable la Iglesia de San Francisco en Lima?
4. ¿Por qué los conquistadores españoles no encontraron la ciudad de Machu Picchu?
5. ¿Qué son la quena y la antara?
6. ¿Qué hacen los peruanos con la lana de sus llamas y alpacas?

**Conexión Internet** Investiga estos temas en el sitio **www.vistahigherlearning.com.**

1. Investiga la cultura incaica. ¿Cuáles son algunos de los aspectos interesantes de su cultura?
2. Busca información sobre dos artistas, escritores o músicos peruanos, y presenta un breve informe a tu clase.

antigua *old* a la vez *at the same time* barrio *neighborhood* siglo *century* desarrollaron *developed* construyeron *built* calles *roads* cimas *summits* no se sabe *it is not known* no existía *didn't exist* cautivadora *captivating* flauta *flute* hasta *even* canción *song* se conoce *is known* mamíferos *mammalian* lana *wool* mantas *blankets*

**El país en cifras** presents interesting, key facts about the featured country.

**Maps** point out major cities, rivers, and geographical features and situate the country in the context of its immediate surroundings and the world.

**Readings** A series of brief paragraphs explores facets of the country's culture such as history, places, fine arts, literature, and aspects of everyday life.

**¡Increíble pero cierto!** highlights an intriguing fact about the country or its people.

**Conexión Internet** offers Internet activities on the **VISTAS** Web Site for additional avenues of discovery.

**New! *Panorama cultural* Video** The authentic footage of this video takes you to the featured Spanish-speaking country, letting you experience the sights and sounds of an aspect of its culture. To learn more about the video, turn to page xxvii.

# Vocabulario
## summarizes all the active vocabulary of the lesson

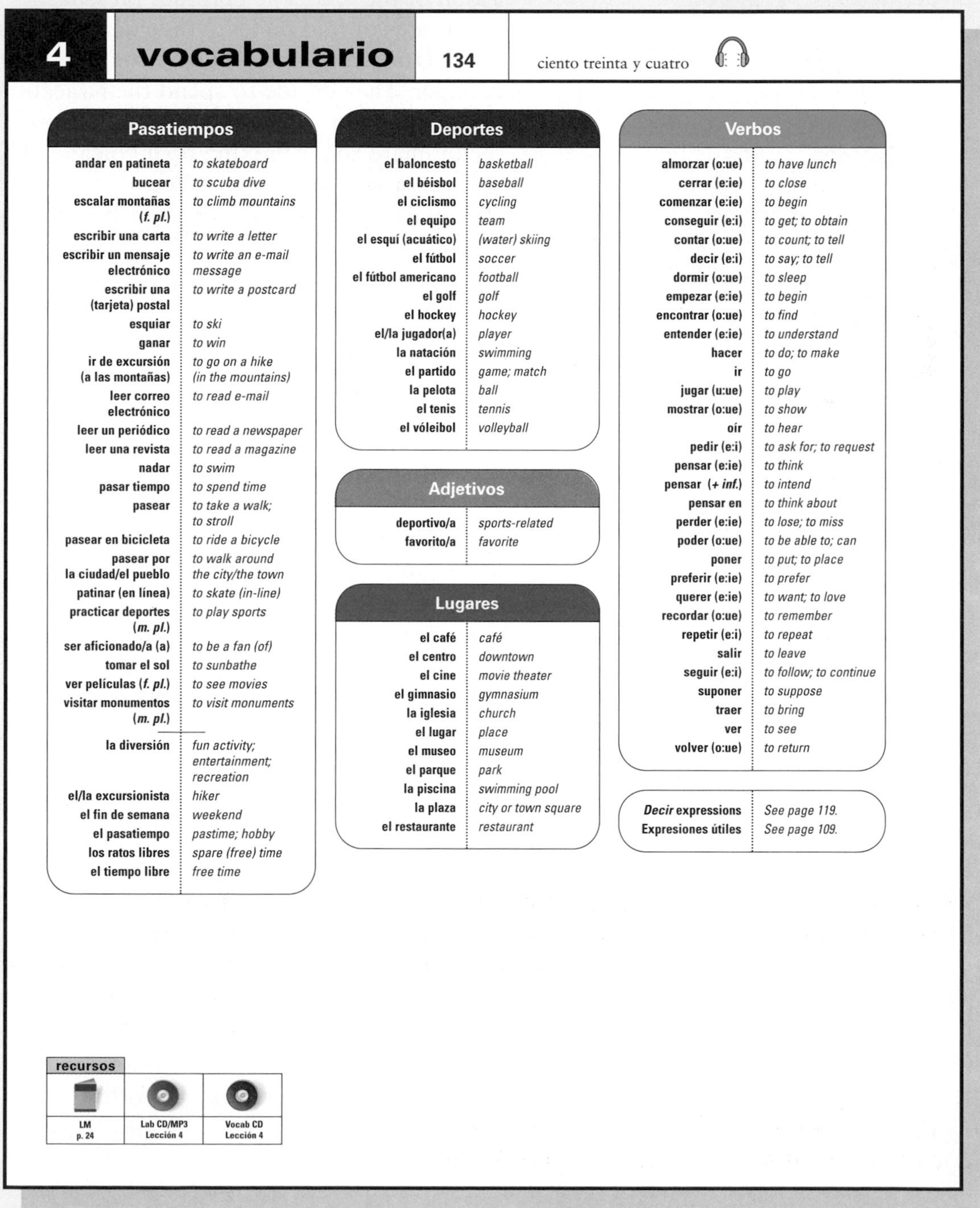

4 **vocabulario** 134 ciento treinta y cuatro

### Pasatiempos

| | |
|---|---|
| **andar en patineta** | *to skateboard* |
| **bucear** | *to scuba dive* |
| **escalar montañas (*f. pl.*)** | *to climb mountains* |
| **escribir una carta** | *to write a letter* |
| **escribir un mensaje electrónico** | *to write an e-mail message* |
| **escribir una (tarjeta) postal** | *to write a postcard* |
| **esquiar** | *to ski* |
| **ganar** | *to win* |
| **ir de excursión (a las montañas)** | *to go on a hike (in the mountains)* |
| **leer correo electrónico** | *to read e-mail* |
| **leer un periódico** | *to read a newspaper* |
| **leer una revista** | *to read a magazine* |
| **nadar** | *to swim* |
| **pasar tiempo** | *to spend time* |
| **pasear** | *to take a walk; to stroll* |
| **pasear en bicicleta** | *to ride a bicycle* |
| **pasear por la ciudad/el pueblo** | *to walk around the city/the town* |
| **patinar (en línea)** | *to skate (in-line)* |
| **practicar deportes (*m. pl.*)** | *to play sports* |
| **ser aficionado/a (a)** | *to be a fan (of)* |
| **tomar el sol** | *to sunbathe* |
| **ver películas (*f. pl.*)** | *to see movies* |
| **visitar monumentos (*m. pl.*)** | *to visit monuments* |
| **la diversión** | *fun activity; entertainment; recreation* |
| **el/la excursionista** | *hiker* |
| **el fin de semana** | *weekend* |
| **el pasatiempo** | *pastime; hobby* |
| **los ratos libres** | *spare (free) time* |
| **el tiempo libre** | *free time* |

### Deportes

| | |
|---|---|
| **el baloncesto** | *basketball* |
| **el béisbol** | *baseball* |
| **el ciclismo** | *cycling* |
| **el equipo** | *team* |
| **el esquí (acuático)** | *(water) skiing* |
| **el fútbol** | *soccer* |
| **el fútbol americano** | *football* |
| **el golf** | *golf* |
| **el hockey** | *hockey* |
| **el/la jugador(a)** | *player* |
| **la natación** | *swimming* |
| **el partido** | *game; match* |
| **la pelota** | *ball* |
| **el tenis** | *tennis* |
| **el vóleibol** | *volleyball* |

### Adjetivos

| | |
|---|---|
| **deportivo/a** | *sports-related* |
| **favorito/a** | *favorite* |

### Lugares

| | |
|---|---|
| **el café** | *café* |
| **el centro** | *downtown* |
| **el cine** | *movie theater* |
| **el gimnasio** | *gymnasium* |
| **la iglesia** | *church* |
| **el lugar** | *place* |
| **el museo** | *museum* |
| **el parque** | *park* |
| **la piscina** | *swimming pool* |
| **la plaza** | *city or town square* |
| **el restaurante** | *restaurant* |

### Verbos

| | |
|---|---|
| **almorzar (o:ue)** | *to have lunch* |
| **cerrar (e:ie)** | *to close* |
| **comenzar (e:ie)** | *to begin* |
| **conseguir (e:i)** | *to get; to obtain* |
| **contar (o:ue)** | *to count; to tell* |
| **decir (e:i)** | *to say; to tell* |
| **dormir (o:ue)** | *to sleep* |
| **empezar (e:ie)** | *to begin* |
| **encontrar (o:ue)** | *to find* |
| **entender (e:ie)** | *to understand* |
| **hacer** | *to do; to make* |
| **ir** | *to go* |
| **jugar (u:ue)** | *to play* |
| **mostrar (o:ue)** | *to show* |
| **oír** | *to hear* |
| **pedir (e:i)** | *to ask for; to request* |
| **pensar (e:ie)** | *to think* |
| **pensar (+ *inf.*)** | *to intend* |
| **pensar en** | *to think about* |
| **perder (e:ie)** | *to lose; to miss* |
| **poder (o:ue)** | *to be able to; can* |
| **poner** | *to put; to place* |
| **preferir (e:ie)** | *to prefer* |
| **querer (e:ie)** | *to want; to love* |
| **recordar (o:ue)** | *to remember* |
| **repetir (e:i)** | *to repeat* |
| **salir** | *to leave* |
| **seguir (e:i)** | *to follow; to continue* |
| **suponer** | *to suppose* |
| **traer** | *to bring* |
| **ver** | *to see* |
| **volver (o:ue)** | *to return* |

| | |
|---|---|
| ***Decir* expressions** | *See page 119.* |
| **Expresiones útiles** | *See page 109.* |

**recursos**

| | | |
|---|---|---|
| LM p. 24 | Lab CD/MP3 Lección 4 | Vocab CD Lección 4 |

**New! Recorded vocabulary** The headset icon at the top of the page and the **recursos** box at the bottom of the page highlight that the active lesson vocabulary is recorded for convenient study on both the Lab Audio Program and the new Vocabulary CDs.

## FOTONOVELA VIDEO PROGRAM

Fully integrated with your textbook, the **VISTAS** video contains eighteen episodes, one for each lesson of the text. The episodes present the adventures of four college students who are studying at the **Universidad de San Francisco** in Quito, Ecuador. They decide to spend their vacation break on a bus tour of the Ecuadorian countryside with the ultimate goal of hiking up a volcano. The video, shot in various locations in Ecuador, tells their story and the story of Don Francisco, the tour bus driver who accompanies them.

The **Fotonovela** section in each textbook lesson is actually an abbreviated version of the dramatic episode featured in the video. Therefore, each **Fotonovela** section can be done before you see the corresponding video episode, after it, or as a section that stands alone in its own right.

As you watch each video episode, you will first see a live segment in which the characters interact using vocabulary and grammar you are studying. As the video progresses, the live segments carefully combine new vocabulary and grammar with previously taught language. You will then see a **Resumen** section in which one of the main video characters recaps the live segment, emphasizing the grammar and vocabulary you are studying within the context of the episode's key events.

In addition, in most of the video episodes, there are brief pauses to allow the characters to reminisce about their home country. These flashbacks—montages of real-life images shot in Spain, Mexico, Puerto Rico, and various parts of Ecuador—connect the theme of the video to everyday life in various parts of the Spanish-speaking world.

## THE CAST

Here are the main characters you will meet when you watch the **VISTAS** video:

From Ecuador,
**Inés Ayala Loor**

From Spain,
**María Teresa (Maite) Fuentes de Alba**

From México,
**Alejandro (Álex) Morales Paredes**

From Puerto Rico,
**Javier Gómez Lozano**

And, also from Ecuador,
**don Francisco Castillo Moreno**

## PANORAMA CULTURAL VIDEO PROGRAM

The new **Panorama cultural** video is integrated with the **Panorama** section in each lesson of **VISTAS, Second Edition**. Each segment is 2–3 minutes long and consists of documentary footage from each of the countries featured. The images were specially chosen for interest level and visual appeal, while the all-Spanish narrations were carefully written to reflect the vocabulary and grammar covered in the textbook.

As you watch the video segments, you will experience a diversity of images and topics: cities, monuments, traditions, festivals, archaeological sites, geographical wonders, and more. You will be transported to each Spanish-speaking country including the United States and Canada, thereby having the opportunity to expand your cultural perspectives with information directly related to the content of **VISTAS, Second Edition**.

# ICONS AND RECURSOS BOXES

## Icons

Familiarize yourself with these icons that appear throughout **VISTAS, Second Edition**.

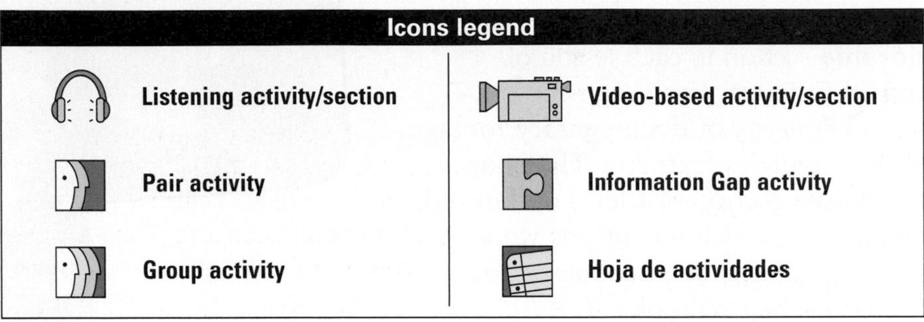


- The Information Gap activities and those involving **Hojas de actividades** (*activity sheets*) require handouts that your instructor will give you.
- You will see the listening icon in each lesson's **Contextos**, **Pronunciación**, **Escuchar** and **Vocabulario** sections.
- The video icon appears in the **Fotonovela** and the **Panorama** sections of each lesson.

## Recursos

**Recursos** boxes let you know exactly what print and technology ancillaries you can use to reinforce and expand on every section of the lessons in your textbook. They even include page numbers when applicable. In **VISTAS 2/e**, the colors of the icons match those of the actual ancillaries, making it even easier for you to use the complete program. See the next page for a description of the ancillaries.

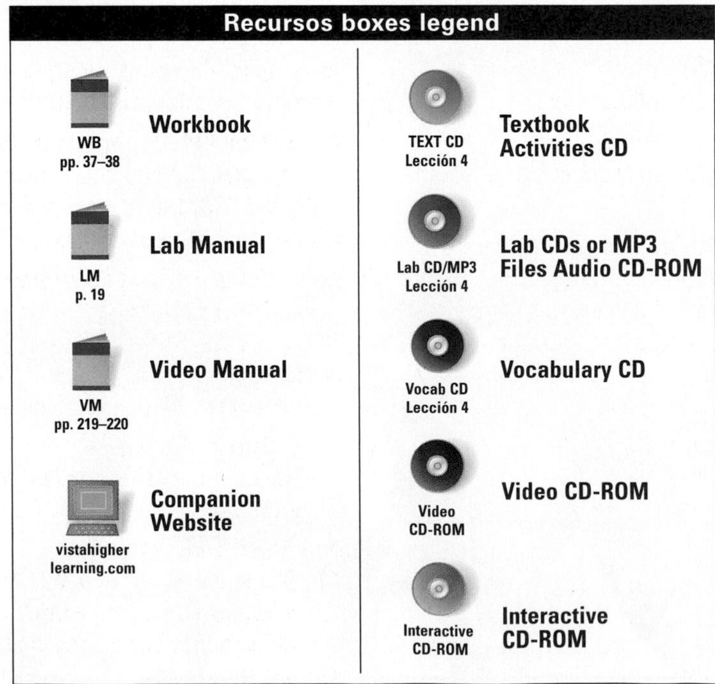

Rebecca Friedman

1 She looks at herself
Ella se mira.

2 Se sabe la verdad
3 Se venden los libros
4 A Don Francisco ~~lo se pueden en~~ siempre encontrar sus llaves.
5 A Se la damos. se le

(lose)

9 ½

11

## STUDENT ANCILLARIES

- **Workbook/Video Manual**
  The Workbook/Video Manual contains the workbook activities for each textbook lesson, activities for the **Fotonovela** Video, and new pre-, while-, and post-viewing activities for the **Panorama cultural** Video.
- **Lab Manual**
  The Lab Manual contains lab activities for each textbook lesson for use with the Lab Audio Program.
- **Lab Audio Program**
  18 CDs or 1 MP3 Files Audio CD-ROM
- **Textbook Activities CDs***
  The Textbook Activities CDs contain the audio recordings for the listening-based activities in the student text.
- New! **Vocabulary CDs***
  The Vocabulary CDs contain recordings of the active vocabulary in each lesson of the student text.
- ***Fotonovela* Video CD-ROM***
  The **Fotonovela** Video CD-ROM provides the complete **Fotonovela** Video Program with videoscripts, note-taking capabilities and navigation tools.
- **Significant Revision! Interactive CD-ROMs***
  These interactive CD-ROMs, overwhelmingly popular among students, contain multimedia practice of the language taught in each lesson. Improved **Panorama** sections feature interactive geographical maps, comprehension checks, and footage from the new **Panorama Cultural** Video Program.
- **VHL Intro Spanish Pocket Dictionary and Language Guide***
  The VHL Intro Spanish Pocket Dictionary and Language Guide is a portable reference for Spanish words, expressions, idioms, and more, created expressly to complement and extend the student text.
- **Web-SAM** (online Workbook/Video Manual/Lab Manual)
- New! **VISTAS eText**
  The **VISTAS eText** is a ground-breaking online version of **VISTAS 2/e**. It allows students to interact with the textbook, do practice activities, complete tests, and communicate with their instructors and e-partners online. For instructors, it also has complete classroom management tools.
- **Expanded! Companion Website***
  (www.vistahigherlearning.com)

**Free with purchase of a new Student Text*

## INSTRUCTOR ANCILLARIES

- New! **Instructor's Annotated Edition (IAE)**
  The IAE contains a wealth of teaching information. The expanded trim size and enhanced design of **VISTAS 2/e** make the annotations and facsimile student pages easier to read and reference in the classroom.
- **Expanded! Instructor's Resource Manual (IRM)**
  The IRM contains Tapescripts, Videoscripts, English translations of both the **Fotonovela** conversations and the **Panorama cultural** Video, **Hojas de actividades** for selected textbook activities, **Vocabulario adicional** handouts for each lesson, and answers to the **¡Inténtalo!** and **Práctica** activities in the student text.
- New! **Information Gap Activities Booklet**
  This booklet contains the handouts for the information gap activities in the student text, plus additional activities.
- New! **Workbook/Video Manual/Lab Manual Answer Key**
- **Major Revision! Testing Program**
  The tests and exams are more contextualized and communicative and include reading sections. Two new communicative tests are offered for each lesson. Optional sections now include alternate listening sections and test items for the **Fotonovela** Video, the **Panorama** sections, and the **Panorama cultural** Video.
- **Testing Program Audio CD**
- **Major Revision! Test Files CD-ROM**
- New! ***Panorama cultural* Video Program (VHS)**
  The **Panorama cultural** Video Program consists of authentic footage from each of the Spanish-speaking countries featured in each lesson's Panorama section. The images were specifically chosen for interest level and visual appeal, while the all-Spanish narrations were specially written to reflect the vocabulary and grammar taught in the text.
- ***Fotonovela* Video Program (VHS)**
  This specially-shot video, a favorite among students using **VISTAS, 1/e**, is closely and distinctively integrated with each lesson of the textbook.
- New! ***Contextos* and *Estructura* Presentations CD-ROM**
  This CD-ROM contains images of the Overhead Transparencies and Microsoft PowerPoint® presentations of the grammar explanations in the **Estructura** sections of the student text.
- New! **DVD**
  Both the complete **Fotonovela** Video and the new **Panorama cultural** Video are available on DVD.
- **Overhead Transparencies**
  The Transparencies consist of the maps of the countries of the Spanish-speaking world, the **Contextos** vocabulary drawings, and other selected illustrations from the student text.

# acknowledgments

On behalf of its authors and editors, Vista Higher Learning expresses its sincere appreciation to the many college professors nationwide who contributed their ideas and suggestions to **VISTAS, First Edition**. We are grateful to the more than fifty members of the Spanish-teaching community who participated in focus groups and class tested materials at the initial stages of the program, as well as the more than sixty instructors who reviewed it. Their insights and detailed comments were invaluable to us as we created the First Edition.

- **VISTAS, Second Edition** is the direct result of extensive reviews and ongoing input from both students and instructors using the First Edition. Accordingly, we gratefully acknowledge those who shared their suggestions, recommendations, and ideas as we prepared this Second Edition.
- A special nod of gratitude goes to Mary Ellen Brines of Alma College and her students for their generous feedback.
- We extend our appreciation to Julio Rivera and his students at Foothill College for their valuable input.
- We thank Dr. Antonio Velásquez of McMaster University in Ontario, Canada for his contributions regarding the presence and influence of the Spanish language and Hispanic cultures in Canada.
- We acknowledge Mary Ann Dellinger of Virginia Military Institute for her work with us on the First Edition, and we thank her for her contributions to the Instructor's Annotated Edition of **VISTAS 2/e**.
- We thank Mercedes Valle of the University of Massachusetts, Amherst and Smith College for her contributions to the **VISTAS 2/e** Testing Program.
- We express our gratitude to José Cruz of Fayetteville Technical Community College for his thorough comments and suggestions for improving the **VISTAS 1/e** Web-SAM that have resulted in an enhanced Web-SAM for **VISTAS 2/e**.
- We express our sincere appreciation to the almost one hundred instructors using **VISTAS 1/e** who completed our online review. Their comments and suggestions were instrumental in shaping the entire **VISTAS 2/e** program.
- Finally, we extend a special thank-you to the six instructors who provided in-depth reviews of **VISTAS 1/e** based on the everyday use of the materials in their classrooms. Their ideas played a critical role in helping us to fine-tune virtually every page of every lesson.

## In-depth reviewers

María I. Fleck
Cerritos College, CA

Jerome Miner
Knox College, IL

Michael Panbehchi
Virginia Commonwealth University, VA

Joyce Pinkard
Fresno City College, CA

Claire Reetz
Florida Community College, Jacksonville, FL

Julio C. Rivera
Foothill College, CA

## Reviewers

Amanda Amend
St. Michael's College, VT

Renée Andrade
Mount San Antonio College, CA

David Arbesú Fernández
University of Massachusetts, Amherst, MA

Rafael Arias
Los Angeles Valley College, LA

Emily Ballou
University of Calgary, Canada

Amy R. Barber
Grove City College, PA

Allen Bertsche
Augustana College, IL

Jane Harrington Bethune
Salve Regina University, RI

Patrick Brady
Tidewater Community College, VA

Mary Ellen Brines
Alma College, MI

Veronica Burke
Lyon College, AR

Karen Burrell
Mary Washington College, VA

Billy Bussell-Thompson
Hofstra University, NY

Danielle Cahill
Christopher Newport University, VA

Fernando Canto-Lugo
Yuba Community College, CA

Patricia H. Carlin
University of Central Arkansas, AR

Irene Chico-Wyatt
University of Kentucky, KY

Kimberly Contag
Minnesota State University, Mankato MN

Lisa Contreras
Transylvania University, KY

Marzia Corni-Benson
Indian Hills Community College, IA

Linda Crawford
Salve Regina University, RI

José Cruz
Fayetteville Technical Community College, NC

Maria D. Delgado-Hellin
Willamette University, OR

Rocío Domínguez
Carnegie Mellon University, PA

Deborah M. Edson
Tidewater Community College, VA

John L. Finan
William Rainey Harper College, IL

María I. Fleck
Cerritos College, CA

Roberto Fuertes-Manjón
Midwestern State University, TX

Adalberto García
Midwestern State University, TX

Lourdes Girardi
Glendale Community College, CA

James Grabowska
Minnesota State University, Mankato MN

Linda Hollabaugh
Midwestern State University, TX

Patricia G. Horner
Stanly Community College, NC

Nan Hussey
Houghton College, NY

Chuck Hutchings
Central Oregon Community College, OR

Alfonso Illingworth-Rico
Eastern Michigan University, MI

Franklin Inojosa
Richard J. Daley College, IL

Joseph C. Jeter
Alabama A & M University, AL

Eric Jewell
Truman State University, MO

Steven D. Kirby
Eastern Michigan University, MI

M. Phillip Kristiansen
University of the Ozarks, AR

Lora Looney
University of Portland, OR

# acknowledgments

## Reviewers

Esteban E. Loustaunau
Augustana College, IL

Bernard Manker
Grand Rapids Community College, MI

Carol Marshall
Truman State University, MO

Gianna M. Martella
Western Oregon University, OR

Vidal Martín
Everett Community College, WA

Laurie Mattas
College of DuPage, IL

Haven McBee
Middle Tennessee State University, TN

Suzanne McLaughlin
Chemeketa Community College, OR

Jerome Miner
Knox College, IL

Carrie Mittleman
University of Massachusetts, Amherst, MA

Charles H. Molano
Dodge City Community College, KS

Karen-Jean Muñoz
Florida Community College, Jacksonville, FL

Nancy C. Mustafa
Virginia Commonwealth University, VA

M. Margarita Nodarse
Barry University, FL

Kathleen D. O'Connor
Tidewater Community College, VA

Milagros Ojermark
Diablo Valley College, CA

Daniel Onorato
Modesto Junior College, CA

Michael Panbehchi
Virginia Commonwealth University, VA

John Parrack
University of Central Arkansas, AR

Peregrina Pereiro
Washburn University, KS

Gladys A. Perez
University of Portland, OR

Martha Perez
Kirkwood Community College, Iowa City, IA

Inmaculada Pertusa
University of Kentucky, KY

Joyce Pinkard
Fresno City College, CA

Ruth Ellen Porter
Brewton-Parker College, GA

Karry Putzy
Kirkwood Community College, Iowa City, IA

Richard Reid
Grand Rapids Community College, MI

Claire Reetz
Florida Community College, Jacksonville, FL

Rita Ricaurte
Nebraska Wesleyan University, NE

Julio C. Rivera
Foothill College, CA

Anthony J. Robb
Rowan University, NJ

Cathy A. Robison
Clemson University, SC

Theresa E. Ruiz-Velasco
College of Lake County, IL

José Carlos Saa-Ramos
Washburn University, KS

Jan Satterlee
Richland Community College, IL

Kathy Schmidt
Minneapolis Community Technical College, MN

Mary Shea
Napa Valley College, CA

Juanita Shettlesworth
Tennessee Technological University, TN

Roger Simpson
Clemson University, SC

Laurel Sparks
North Dakota State University, ND

Daniela Stewart
Everett Community College, WA

Cristobal Trillo
Joliet Junior College, IL

Alejandro Varderi
Borough of Manhattan Community College of CUNY, NY

David J. Viera
Tennessee Technological University, TN

Keith Watts
Grand Valley State University, MI

James Reese Weckler
Minnesota State University, Moorhead, MN

Georgina Whittingham
Oswego, State University of New York, NY

Terri Wilbanks
University of South Alabama, AL

Diane Wright
Grand Valley State University, MI

Laura Yocom
Centralia College, WA

Mary F. Yudin
Mary Washington College, VA

# Hola, ¿qué tal?

# 1

**Communicative Goals**

***You will learn how to:***

- **Greet people in Spanish**
- **Say goodbye**
- **Identify yourself and others**
- **Talk about the time of day**

**A PRIMERA VISTA**

- **Guess what the people in the photo are saying:**
  **a. Adiós b. Hola c. Salsa**
- **Most likely they would also say:**
  **a. Gracias b. Fiesta c. Buenos días**
- **The women are:**
  **a. amigas b. chicos c. señores**

## contextos

**pages 2–5**

- Greetings and leave-takings
- Identifying yourself and others
- Expressions of courtesy

## fotonovela

**pages 6–9**

Mrs. Ramos, from the travel agency Ecuatur, greets the students and hands out their travel papers. Don Francisco, the driver, introduces himself and asks the students to board the bus.

## estructura

**pages 10–25**

- Nouns and articles
- Numbers 0-30
- Present tense of **ser**
- Telling time

## adelante

**pages 26–31**

**Lectura:** Read a telephone list.
**Escritura:** Create an address list in Spanish.
**Escuchar:** Listen to a conversation in a bus station.
**Proyecto:** Research the influence of Hispanic culture in a U.S. or Canadian city.

## panorama

**pages 32–33**

**Featured Countries: Estados Unidos y Canadá**

- Cities and states with the largest Hispanic populations
- Influence of Hispanic culture in the U.S. and Canada

# Hola, ¿qué tal?

## Más vocabulario

| | |
|---|---|
| **Buenos días.** | *Good morning.* |
| **Buenas tardes.** | *Good afternoon.* |
| **Buenas noches.** | *Good evening./night.* |
| **Hasta la vista.** | *See you later.* |
| **Hasta pronto.** | *See you soon.* |
| **¿Cómo se llama usted?** | *What's your name? (form.)* |
| **Le presento a...** | *I would like to introduce (name) to you. (form.)* |
| **Te presento a...** | *I would like to introduce (name) to you. (fam.)* |
| **nombre** | *name* |
| **¿Cómo estás?** | *How are you? (fam.)* |
| **No muy bien.** | *Not very well.* |
| **¿Qué pasa?** | *What's happening?; What's going on?* |
| **por favor** | *please* |
| **De nada.** | *You're welcome.* |
| **No hay de qué.** | *You're welcome.* |
| **Lo siento.** | *I'm sorry.* |
| **(Muchas) gracias.** | *Thank you (very much); Thanks (a lot).* |

## Variación léxica

*Items are presented for recognition purposes only.*

Buenos días. ⟷ Buenas.
De nada. ⟷ A la orden.
Lo siento. ⟷ Perdón.
¿Qué tal? ⟷ ¿Qué hubo? (*Col.*)
chau ⟷ ciao

**recursos**

| 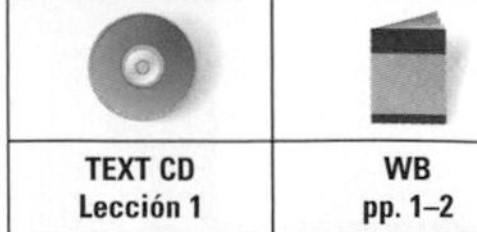 | 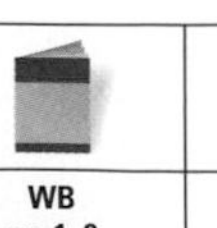 |  | 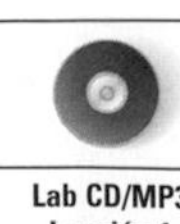 | 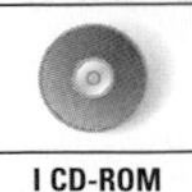 | 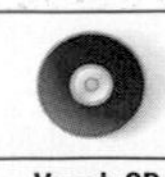 |
|---|---|---|---|---|---|
| TEXT CD Lección 1 | WB pp. 1–2 | LM p. 1 | Lab CD/MP3 Lección 1 | I CD-ROM Lección 1 | Vocab CD Lección 1 |

1

**ELENA** Patricia, éste es el señor Perales.
**PATRICIA** Encantada.
**SEÑOR PERALES** Igualmente. ¿De dónde es usted, señorita?
**PATRICIA** Soy de México. ¿Y usted?
**SEÑOR PERALES** De Puerto Rico.

2

**TOMÁS** ¿Qué tal, Alberto?
**ALBERTO** Regular. ¿Y tú?
**TOMÁS** Bien. ¿Qué hay de nuevo?
**ALBERTO** Nada.

3

**SEÑOR VARGAS** Buenas tardes, señora Wong. ¿Cómo está usted?
**SEÑORA WONG** Muy bien, gracias. ¿Y usted, señor Vargas?
**SEÑOR VARGAS** Bien, gracias.
**SEÑORA WONG** Hasta mañana, señor Vargas. Saludos a la señora Vargas.
**SEÑOR VARGAS** Adiós.

# Práctica

**1** **Escuchar** Listen to each question or statement, then choose the correct response.

1. a. Muy bien, gracias. b. Me llamo Graciela.
2. a. Lo siento. b. Mucho gusto.
3. a. Soy de Puerto Rico. b. No muy bien.
4. a. No hay de qué. b. Regular.
5. a. Mucho gusto. b. Hasta pronto.
6. a. Nada. b. Igualmente.
7. a. Me llamo Guillermo Montero. b. Muy bien, gracias.
8. a. Buenas tardes. ¿Cómo estás? b. El gusto es mío.
9. a. Saludos a la Sra. Ramírez. b. Encantada.
10. a. Adiós. b. Regular.

**2** **Escoger** For each expression, write another word or phrase that expresses a similar idea.

*modelo*

¿Cómo estás?
*¿Qué tal?*

1. De nada. __________
2. Encantado. __________
3. Adiós. __________
4. Te presento a Antonio. __________
5. Hasta la vista. __________
6. Mucho gusto. __________

**3** **Ordenar** Work with a classmate to put this scrambled conversation in order. Then act it out.

—Muy bien, gracias. Soy Rosabel.
—Soy del Ecuador. ¿Y tú?
—Mucho gusto, Rosabel.
—Hola. Me llamo Carlos. ¿Cómo estás?
—Soy de Argentina.
—Igualmente. ¿De dónde eres, Carlos?

**CARLOS** __________
**ROSABEL** __________
**CARLOS** __________
**ROSABEL** __________
**CARLOS** __________
**ROSABEL** __________

**4**

**Completar** Work with a partner to complete these exchanges.

*modelo*

**Estudiante 1:** ¿Cómo estás?
**Estudiante 2:** Muy bien, gracias.

1. **Estudiante 1:** ______________
   **Estudiante 2:** Buenos días. ¿Qué tal?
2. **Estudiante 1:** ______________
   **Estudiante 2:** Me llamo Carmen Sánchez.
3. **Estudiante 1:** ______________
   **Estudiante 2:** De México.
4. **Estudiante 1:** Te presento a Marisol.
   **Estudiante 2:** ______________
5. **Estudiante 1:** Gracias.
   **Estudiante 2:** ______________
6. **Estudiante 1:** ______________
   **Estudiante 2:** Regular.
7. **Estudiante 1:** ______________
   **Estudiante 2:** Nada.
8. **Estudiante 1:** ¡Hasta la vista!
   **Estudiante 2:** ______________

**5**

**Cambiar** Work with a partner and correct the second part of each conversation to make it logical.

**Estudiante 1:** ¿Qué tal?
**Estudiante 2:** ~~No hay de qué.~~ Bien. ¿Y tú?

1. **Estudiante 1:** Hasta mañana, señora Ramírez. Saludos al señor Ramírez.
   **Estudiante 2:** *Muy bien, gracias.*
2. **Estudiante 1:** ¿Qué hay de nuevo, Alberto?
   **Estudiante 2:** *Sí, me llamo Alberto. ¿Cómo te llamas tú?*
3. **Estudiante 1:** Gracias, Tomás.
   **Estudiante 2:** *Regular. ¿Y tú?*
4. **Estudiante 1:** Miguel, ésta es la señorita Perales.
   **Estudiante 2:** *No hay de qué, señorita.*
5. **Estudiante 1:** ¿De dónde eres, Antonio?
   **Estudiante 2:** *Muy bien, gracias. ¿Y tú?*
6. **Estudiante 1:** ¿Cómo se llama usted?
   **Estudiante 2:** *El gusto es mío.*
7. **Estudiante 1:** ¿Qué pasa?
   **Estudiante 2:** *Hasta luego, Alicia.*
8. **Estudiante 1:** Buenas tardes, señor. ¿Cómo está usted?
   **Estudiante 2:** *Soy de Puerto Rico.*

**¡LENGUA VIVA!**

The titles **señor, señora,** and **señorita** are abbreviated **Sr., Sra.** and **Srta.** Note that these abbreviations are capitalized.

•••

There is no Spanish equivalent for the English title *Ms.;* women are addressed as **señora** or **señorita.**

# Comunicación

6

**Diálogos** With a partner, complete and act out these conversations.

Conversación 1

—Hola. Me llamo Teresa. ¿Cómo te llamas tú?
—______________________________
—Soy de Puerto Rico. ¿Y tú?
—______________________________

Conversación 2

—______________________________
—Muy bien, gracias. ¿Y usted, señora López?
—______________________________
—Hasta luego, señora. Saludos al señor López.
—______________________________

Conversación 3

—______________________________
—Regular. ¿Y tú?
—______________________________
—Nada.

7

**Conversaciones** This is the first day of class. Write four short conversations based on what the people in this scene would say.

8

**Situaciones** In groups of three, write and act out these situations.

1. On your way out of class on the first day of school, you strike up a conversation with the two students who were sitting next to you. You find out each student's name and where he or she is from before you say goodbye and go to your next class.
2. At the next class you meet up with a friend and find out how he or she is doing. As you are talking, your friend Elena enters. Introduce her to your friend.
3. As you're leaving the bookstore, you meet your parents' friends Mrs. Sánchez and Mr. Rodríguez. You greet them and ask how each person is. As you say goodbye, you send greetings to Mrs. Rodríguez.
4. Make up and act out a real-life situation that you and your classmates can imagine yourselves in.

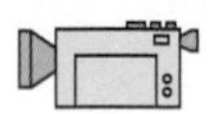

# ¡Todos a bordo!

**Los cuatro estudiantes, don Francisco y la Sra. Ramos se reúnen (*meet*) en la universidad.**

**PERSONAJES**

**DON FRANCISCO**

**SRA. RAMOS**

**ÁLEX**

**JAVIER**

**INÉS**

**MAITE**

1

**SRA. RAMOS** Buenos días, chicos. Yo soy Isabel Ramos de la agencia Ecuatur.

**DON FRANCISCO** Y yo soy don Francisco, el conductor.

2

**SRA. RAMOS** Bueno, ¿quién es María Teresa Fuentes de Alba?

**MAITE** ¡Soy yo!

**SRA. RAMOS** Ah, bien. Aquí tienes los documentos de viaje.

**MAITE** Gracias.

3

**SRA. RAMOS** ¿Javier Gómez Lozano?

**JAVIER** Aquí... soy yo.

6

**JAVIER** ¿Qué tal? Me llamo Javier.

**ÁLEX** Mucho gusto, Javier. Yo soy Álex. ¿De dónde eres?

**JAVIER** De Puerto Rico. ¿Y tú?

**ÁLEX** Yo soy de México.

7

**DON FRANCISCO** Bueno, chicos, ¡todos a bordo!

8

**INÉS** Con permiso.

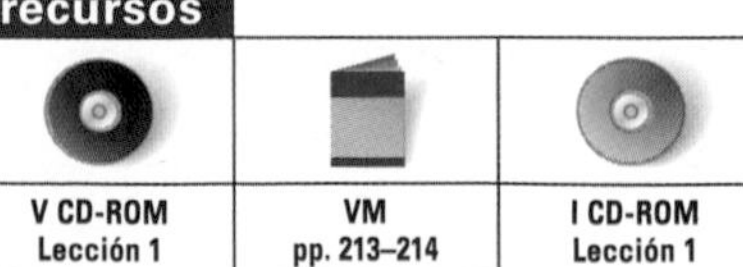

**SRA. RAMOS** Y tú eres Inés Ayala Loor, ¿verdad?

**INÉS** Sí, yo soy Inés.

**SRA. RAMOS** Y tú eres Alejandro Morales Paredes, ¿no?

**ÁLEX** Sí, señora.

**INÉS** Hola. Soy Inés.

**MAITE** Encantada. Yo me llamo Maite. ¿De dónde eres?

**INÉS** Soy del Ecuador, de Portoviejo. ¿Y tú?

**MAITE** De España. Soy de Madrid, la capital. Oye, ¿qué hora es?

**INÉS** Son las diez y tres minutos.

**ÁLEX** Perdón.

**DON FRANCISCO** ¿Y los otros?

**SRA. RAMOS** Son todos.

**DON FRANCISCO** Está bien.

## Enfoque cultural Saludos y presentaciones

In the Hispanic world, it is customary for men and women to shake hands when meeting someone for the first time and when saying hello and goodbye to people they already know. Men greet female friends and family members with a brief kiss on the cheek, and they greet males they know well with an **abrazo**—a quick hug and pat on the back. Women of all ages frequently greet good friends, family members, and other loved ones with a brief kiss on one or both cheeks.

## Expresiones útiles

### Identifying yourself and others

▶ **¿Cómo se llama usted?**
*What's your name?*
▷ **Yo soy don Francisco, el conductor.**
*I'm Don Francisco, the driver.*

▶ **¿Cómo te llamas?**
*What's your name?*
▷ **Me llamo Javier.**
*My name is Javier.*

▶ **¿Quién es... ?**
*Who is... ?*
▷ **Aquí... soy yo.**
*Here... that's me.*

▶ **Tú eres... , ¿verdad?/¿no?**
*You are ..., right?/no?*
▷ **Sí, señora.**
*Yes, ma'am.*

### Saying what time it is

▶ **¿Qué hora es?**
*What time is it?*
▷ **Es la una.**
*It's one o'clock.*
▷ **Son las dos.**
*It's two o'clock.*
▷ **Son las diez y tres minutos.**
*It's 10:03.*

### Saying "excuse me"

▶ **Con permiso.**
*Pardon me; Excuse me. (to request permission)*
▶ **Perdón.**
*Pardon me; Excuse me. (to get someone's attention or to ask forgiveness)*

### When starting a trip

▶ **¡Todos a bordo!**
*All aboard!*
▶ **¡Buen viaje!**
*Have a good trip!*

### Getting a friend's attention

▶ **Oye...**
*Listen...*

# Reacciona a la fotonovela

**1** **¿Cierto o falso?** Indicate if each statement is **cierto** or **falso**. Then correct the false statements.

| | Cierto | Falso |
|---|---|---|
| 1. Javier y Álex son pasajeros (*passengers*). | ❍ | ❍ |
| 2. Javier Gómez Lozano es el conductor. | ❍ | ❍ |
| 3. Inés Ayala Loor es de la agencia Ecuatur. | ❍ | ❍ |
| 4. Inés es del Ecuador. | ❍ | ❍ |
| 5. Maite es de España. | ❍ | ❍ |
| 6. Javier es de Puerto Rico. | ❍ | ❍ |
| 7. Álex es del Ecuador. | ❍ | ❍ |

**NOTA CULTURAL**

**Maite** is a shortened version of the name **María Teresa**.

Other popular "combination names" in Spanish are **Juanjo: Juan José** and **Maruja: María Eugenia**.

**2** **Identificar** Indicate which person would make each statement. One name will be used twice.

1. Yo soy de México. ¿De dónde eres tú?
2. ¡Atención! ¡Todos a bordo!
3. ¿Yo? Soy de la capital de España.
4. Y yo soy del Ecuador.
5. ¿Qué hora es, Inés?
6. Yo soy de Puerto Rico. ¿Y tú?

ÁLEX INÉS MAITE

DON FRANCISCO JAVIER

**¡LENGUA VIVA!**

In Spanish-speaking countries, **don** and **doña** are used with men's and women's first names to show respect: **don Francisco, doña Rita.** Note that these words are not capitalized.

**3** **Completar** Complete this slightly altered version of the conversation that Inés and Maite had.

**INÉS** Hola. ¿Cómo te (1)__________?
**MAITE** Me llamo Maite. ¿Y (2)__________?
**INÉS** Inés. Mucho (3)__________.
**MAITE** (4)__________ gusto es mío.
**INÉS** ¿De (5)__________ eres?
**MAITE** (6)__________ España. ¿Y (7)__________?
**INÉS** Del (8)__________.

**4** **Conversar** Imagine that you are chatting with a traveler you just met at the airport. With a partner, prepare a conversation using these cues.

| Estudiante 1 | Estudiante 2 |
|---|---|
| Say "good afternoon" to your partner and ask for his or her name. | → Say hello and what your name is. Then ask what your partner's name is. |
| Say what your name is and that you are glad to meet your partner. | → Say that the pleasure is yours. |
| Ask how your partner is. | → Say that you're doing well, thank you. |
| Ask where your partner is from. | → Say where you're from. |
| Wish your partner a good trip. | → Say thank you and goodbye. |

# Pronunciación

## The Spanish alphabet

The Spanish alphabet consisted of 30 letters until 1994, when the **Real Academia Española** removed **ch (che)** and **ll (elle)**. You may still see **ch** and **ll** listed as separate letters in reference works printed before 1994. Two Spanish letters, **ñ (eñe)** and **rr (erre)**, don't appear in the English alphabet. The letters **k (ka)** and **w (doble ve)** are used only in words of foreign origin.

**NOTA CULTURAL**

The **Real Academia Española** (Royal Spanish Academy) is based in Madrid, Spain. Founded in 1713, the goal of the RAE is to preserve and update the Spanish language throughout the Spanish-speaking world.

| Letra | Nombre(s) | Ejemplos | Letra | Nombre(s) | Ejemplos |
|---|---|---|---|---|---|
| **a** | a | adiós | **ñ** | eñe | mañana |
| **b** | be | bien, problema | **o** | o | once |
| **c** | ce | cosa, cero | **p** | pe | profesor |
| **d** | de | diario, nada | **q** | cu | qué |
| **e** | e | estudiante | **r** | ere | regular, señora |
| **f** | efe | foto | **rr** | erre | carro |
| **g** | ge | gracias, Gerardo, regular | **s** | ese | señor |
| **h** | hache | hola | **t** | te | tú |
| **i** | i | igualmente | **u** | u | usted |
| **j** | jota | Javier | **v** | ve | vista, nuevo |
| **k** | ka, ca | kilómetro | **w** | doble ve | *walkman* |
| **l** | ele | lápiz | **x** | equis | existir, México |
| **m** | eme | mapa | **y** | i griega, ye | yo |
| **n** | ene | nacionalidad | **z** | zeta, ceta | zona |

**El alfabeto** Repeat the Spanish alphabet and example words after your instructor.

**Práctica** Spell these words aloud in Spanish.

1. nada
2. maleta
3. quince
4. muy
5. hombre
6. por favor
7. San Fernando
8. Estados Unidos
9. Puerto Rico
10. España
11. Javier
12. Ecuador
13. Maite
14. gracias
15. Nueva York

**Refranes** Read these sayings aloud.

1 Seeing is believing.
2 Silence is golden.

**recursos**

| TEXT CD | LM | Lab CD/MP3 | I CD-ROM |
|---|---|---|---|
| Lección 1 | p. 2 | Lección 1 | Lección 1 |

# 1.1 Nouns and articles

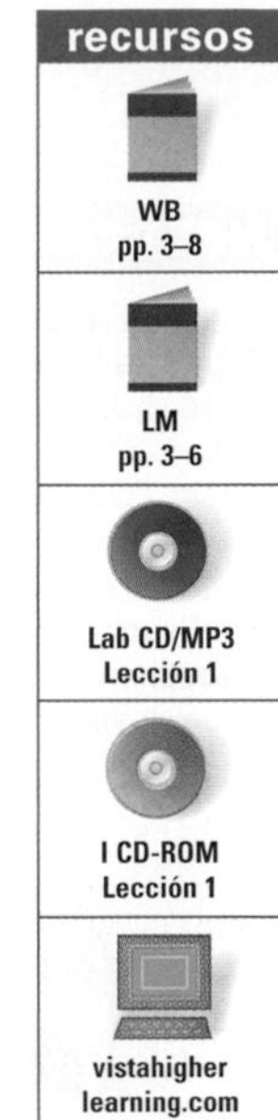


## Spanish nouns

**ANTE TODO** A noun is a word used to identify people, animals, places, things, or ideas. Unlike English, all Spanish nouns, even those that refer to non-living things, have gender; that is, they are considered either masculine or feminine. As in English, nouns in Spanish also have number, meaning that they are either singular or plural.

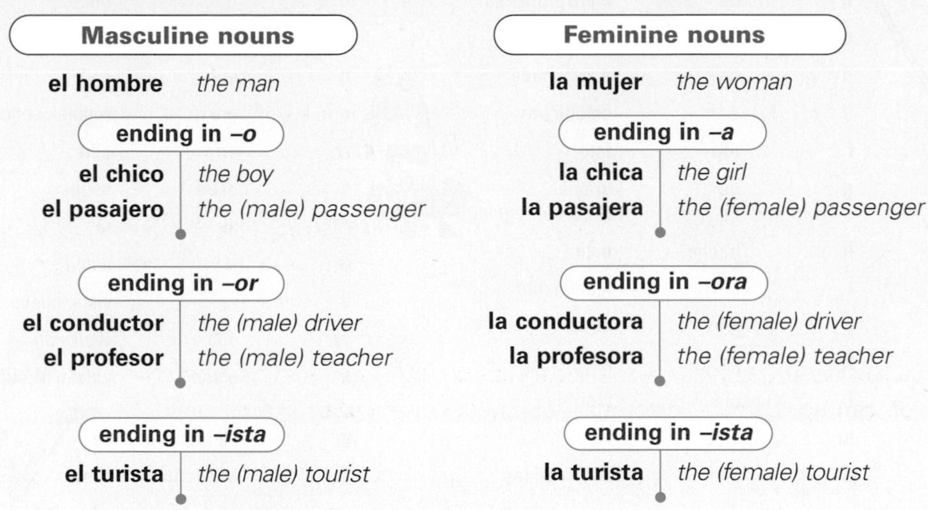

**Nouns that refer to living things**

| Masculine nouns | | Feminine nouns | |
|---|---|---|---|
| **el hombre** | *the man* | **la mujer** | *the woman* |
| **ending in –*o*** | | **ending in –*a*** | |
| **el chico** | *the boy* | **la chica** | *the girl* |
| **el pasajero** | *the (male) passenger* | **la pasajera** | *the (female) passenger* |
| **ending in –*or*** | | **ending in –*ora*** | |
| **el conductor** | *the (male) driver* | **la conductora** | *the (female) driver* |
| **el profesor** | *the (male) teacher* | **la profesora** | *the (female) teacher* |
| **ending in –*ista*** | | **ending in –*ista*** | |
| **el turista** | *the (male) tourist* | **la turista** | *the (female) tourist* |

- As shown above, nouns that refer to males, like **el hombre**, are generally masculine, while nouns that refer to females, like **la mujer**, are generally feminine.

- Many nouns that refer to male beings end in **–o** or **–or**. Their corresponding feminine forms end in **–a** and **–ora**, respectively.

el conductor

la profesora

- The masculine and feminine forms of nouns that end in **–ista,** like **turista**, are the same, so gender is indicated by the article **el** (masculine) or **la** (feminine). Some other nouns have identical masculine and feminine forms.

**el** joven
*the youth; the young man*

**la** joven
*the youth; the young woman*

**el** estudiante
*the (male) student*

**la** estudiante
*the (female) student*

**¡LENGUA VIVA!**

**Profesor(a)** and **turista** are *cognates*— words that share similar spellings and meanings in Spanish and English. Recognizing cognates will help you determine the meaning of many Spanish words. Here are some other cognates: **la administración, el animal, el apartamento, el cálculo, el color, la decisión, la historia, la música, el restaurante, el/la secretario/a**

**CONSEJOS**

Cognates can certainly be very helpful in your study of Spanish. Beware, however, of "false" cognates, those that have similar spellings in Spanish and English, but different meanings:
**la carpeta** *file folder*
**el conductor** *driver*
**el éxito** *success*
**la fábrica** *factory*

**Nouns that refer to non-living things**

**Masculine nouns**

| ending in *–o* | |
|---|---|
| **el cuaderno** | *the notebook* |
| **el diario** | *the diary* |
| **el diccionario** | *the dictionary* |
| **el número** | *the number* |
| **el video** | *the video* |

| ending in *–ma* | |
|---|---|
| **el problema** | *the problem* |
| **el programa** | *the program* |

| ending in *–s* | |
|---|---|
| **el autobús** | *the bus* |
| **el país** | *the country* |

**Feminine nouns**

| ending in *–a* | |
|---|---|
| **la cosa** | *the thing* |
| **la escuela** | *the school* |
| **la grabadora** | *the tape recorder* |
| **la maleta** | *the suitcase* |
| **la palabra** | *the word* |

| ending in *–ción* | |
|---|---|
| **la lección** | *the lesson* |
| **la conversación** | *the conversation* |

| ending in *–dad* | |
|---|---|
| **la nacionalidad** | *the nationality* |
| **la comunidad** | *the community* |

**¡LENGUA VIVA!**

The Spanish word for *video* can be pronounced with the stress on the **i** or the **e**. For that reason, you might see the word written with or without an accent: **video** or **vídeo**.

- As shown above, certain noun endings are strongly associated with a specific gender, so you can use them to determine if a noun is masculine or feminine.
- Because the gender of nouns that refer to non-living things cannot be determined by foolproof rules, you should memorize the gender of each noun you learn. It is helpful to memorize each noun with its corresponding article, **el** for masculine and **la** for feminine.
- Another reason to memorize the gender of every noun is that there are common exceptions to the rules of gender. For example, **el mapa** (*map*) and **el día** (*day*) end in **–a,** but are masculine. **La mano** (*hand*) ends in **-o,** but is feminine.

## Plural of nouns

**¡ATENCIÓN!**

In general, when a singular noun has an accent mark on the last syllable, the accent is dropped from the plural form:
**la lección →**
**las lecciones**
**el autobús →**
**los autobuses**
You will learn more about accent marks in **Lección 4, Pronunciación,** p. 111.

- In Spanish, nouns that end in a vowel form the plural by adding **-s.** Nouns that end in a consonant add **-es**. Nouns that end in **-z** change the **-z** to **-c**, then add **-es**.

el chic**o** → los chic**os** | la nacionalida**d** → las nacionalida**des**
el diari**o** → los diari**os** | el paí**s** → los paí**ses**
la palabr**a** → las palabr**as** | el profeso**r** → los profeso**res**
el problem**a** → los problem**as** | el lápi**z** (*pencil*) → los lápi**ces**

- You use the masculine plural form of the noun to refer to a group that includes both males and females.

1 pasajer**o** + 2 pasajer**as** = 3 pasajer**os**

2 chic**os** + 2 chic**as** = 4 chic**os**

## Spanish articles

**ANTE TODO** As you know, English often uses definite articles (**the**) and indefinite articles (**a, an**) before nouns. Spanish also has definite and indefinite articles. Unlike English, Spanish articles vary in form because they agree in gender and number with the nouns they modify.

### Definite articles

| **el** diccionario | **los** diccionarios | **la** computadora | **las** computadoras |
|---|---|---|---|
| *the dictionary* | *the dictionaries* | *the computer* | *the computers* |

- Spanish has four forms that are equivalent to the English definite article *the*. You use definite articles to refer to specific nouns.

**¡LENGUA VIVA!**

Feminine singular nouns that begin with **a-** or **ha-** require the masculine articles **el** and **un**. This is done in order to avoid repetition of the **a** sound:

**el agua** *water*
**las aguas** *waters*
**un hacha** *ax*
**unas hachas** *axes*

### Indefinite articles

| **un** pasajero | **unos** pasajeros | **una** fotografía | **unas** fotografías |
|---|---|---|---|
| *a (one) passenger* | *some passengers* | *a (one) photograph* | *some photographs* |

- Spanish has four forms that are equivalent to the English indefinite article, which according to context may mean *a*, *an*, or *some*. You use indefinite articles to refer to unspecified persons or things.

**¡LENGUA VIVA!**

Since **la fotografía** is feminine, so is its shortened form, **la foto,** even though it ends in **–o.**

Provide a definite article for each noun in the first column and an indefinite article for each noun in the second column. The first item has been done for you.

| **¿el, la, los o las?** | **¿un, una, unos o unas?** |
|---|---|
| 1. __la__ chica | 1. __un__ autobús |
| 2. ________ chico | 2. ________ escuelas |
| 3. ________ maleta | 3. ________ computadora |
| 4. ________ cuadernos | 4. ________ hombres |
| 5. ________ lápiz | 5. ________ señora |
| 6. ________ mujeres | 6. ________ lápices |

# Práctica

**1** **¿Singular o plural?** If the word is singular, make it plural. If it is plural, make it singular.

1. el número
2. un diario
3. la estudiante
4. el conductor
5. el país
6. las cosas
7. unos turistas
8. las nacionalidades
9. unas computadoras
10. los problemas
11. una fotografía
12. los profesores
13. unas señoritas
14. el hombre
15. la grabadora
16. la señora

**2** **Identificar** For each drawing, provide the noun with its corresponding definite and indefinite articles.

*modelo*

las maletas, unas maletas

1. ________________ 2. ________________

3. ________________ 4. ________________ 5. ________________

6. ________________ 7. ________________ 8. ________________

# Comunicación

**3** **Charadas** In groups, play a game of charades. Individually, think of two nouns for each charade, for example, a boy using a computer (**un chico; una computadora**). The first person to guess correctly acts out the next charade.

## 1.2 Numbers 0–30

**Los números 0 a 30**

| | | | | | |
|---|---|---|---|---|---|
| **0** | cero | | | | |
| **1** | uno | **11** | once | **21** | veintiuno |
| **2** | dos | **12** | doce | **22** | veintidós |
| **3** | tres | **13** | trece | **23** | veintitrés |
| **4** | cuatro | **14** | catorce | **24** | veinticuatro |
| **5** | cinco | **15** | quince | **25** | veinticinco |
| **6** | seis | **16** | dieciséis | **26** | veintiséis |
| **7** | siete | **17** | diecisiete | **27** | veintisiete |
| **8** | ocho | **18** | dieciocho | **28** | veintiocho |
| **9** | nueve | **19** | diecinueve | **29** | veintinueve |
| **10** | diez | **20** | veinte | **30** | treinta |

- The number **uno** (*one*) and numbers ending in **–uno**, such as **veintiuno**, have more than one form. Before masculine nouns, **uno** shortens to **un**. Before feminine nouns, **uno** changes to **una**.

  **un** hombre → veinti**ún** hombres    **una** mujer → veinti**una** mujeres

- To ask *how many* people or things there are, use **cuántos** before masculine nouns and **cuántas** before feminine nouns.

- The Spanish equivalent of both *there is* and *there are* is **hay**. Use **¿Hay...?** to ask *Is there...?* or *Are there...?* Use **no hay** to express *there is not* or *there are not*.

—¿**Cuántos** estudiantes **hay**?
*How many students are there?*

—**Hay** tres estudiantes en la foto.
*There are three students in the photo.*

—¿**Hay** chicas en la fotografía?
*Are there girls in the picture?*

—**Hay** cuatro chicos, y **no hay** chicas.
*There are four guys, and there are no girls.*

**¡ATENCIÓN!**

The numbers sixteen through nineteen can also be written as three words: **diez y seis, diez y siete...**

• • •

The forms **uno** and **veintiuno** are used when counting (**uno, dos, tres...veinte, veintiuno, veintidós...**). They are also used when the number *follows* a noun, even if the noun is feminine: **la lección uno.**

**¡INTÉNTALO!** Provide the Spanish words for these numbers.

| | | | |
|---|---|---|---|
| 1. **7** | 6. **15** | 11. **30** | 16. **10** |
| 2. **16** | 7. **21** | 12. **4** | 17. **2** |
| 3. **29** | 8. **9** | 13. **12** | 18. **5** |
| 4. **1** | 9. **23** | 14. **28** | 19. **22** |
| 5. **0** | 10. **11** | 15. **14** | 20. **13** |

# Práctica

**1**

**Contar** Following the pattern, provide the missing numbers in Spanish.

1. 1, 3, 5, .., 29
2. 2, 4, 6, .., 30
3. 3, 6, 9, .., 30
4. 30, 28, 26, .., 0
5. 30, 25, 20, .., 0
6. 28, 24, 20, .., 0

**2**

**Resolver** Solve these math problems with a partner.

**AYUDA**

+ → **más**
– → **menos**
= → **es/son**

*modelo*

5 + 3 =
**Estudiante 1:** *cinco más tres son...*
**Estudiante 2:** *ocho*

1. **2 + 15 =**
2. **20 – 1 =**
3. **5 + 7 =**
4. **18 + 12 =**
5. **3 + 22 =**
6. **6 – 3 =**
7. **11 + 12 =**
8. **7 – 7 =**
9. **8 + 5 =**
10. **23 – 14 =**

**3**

**¿Cuántos hay?** How many persons or things are there in these drawings?

*modelo*

Hay cuatro maletas.

1. ____________________

2. ____________________

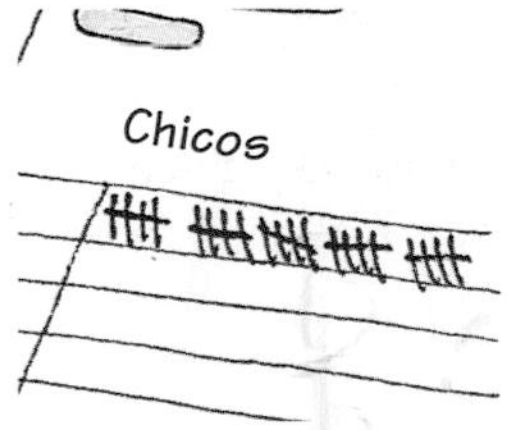

3. ____________________

4. ____________________

5. ____________________

6. ____________________

7. ____________________

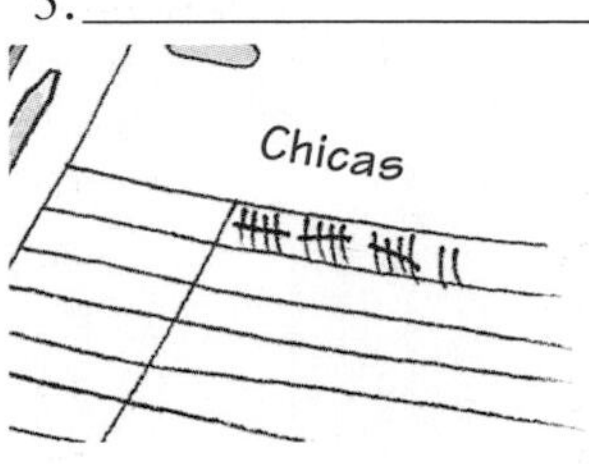


8. ____________________

# Comunicación

**4** **En la clase** With a classmate, take turns asking and answering these questions about your classroom.

1. ¿Cuántos estudiantes hay?
2. ¿Cuántos profesores hay?
3. ¿Hay una computadora?
4. ¿Hay una maleta?
5. ¿Cuántos mapas hay?
6. ¿Cuántos lápices hay?
7. ¿Hay cuadernos?
8. ¿Cuántas grabadoras hay?
9. ¿Hay hombres?
10. ¿Cuántas mujeres hay?

**5** **Preguntas** With a classmate, take turns asking and answering questions about the drawing. Talk about:

1. How many children there are
2. How many women there are
3. If there are some photographs
4. If there is a boy
5. How many notebooks there are
6. If there is a bus
7. If there are tourists
8. How many pencils there are
9. If there is a man
10. How many computers there are

# 1.3 Present tense of ser

## Subject pronouns

**ANTE TODO** In order to use verbs, you will need to learn about subject pronouns. A subject pronoun replaces the name or title of a person or thing and acts as the subject of a verb. In both Spanish and English, subject pronouns are divided into three groups: first person, second person, and third person.

### Subject pronouns

| | SINGULAR | | PLURAL | |
|---|---|---|---|---|
| FIRST PERSON | **yo** | *I* | **nosotros** | *we* (masculine) |
| | | | **nosotras** | *we* (feminine) |
| SECOND PERSON | **tú** | *you* (familiar) | **vosotros** | *you* (masc., fam.) |
| | **usted (Ud.)** | *you* (formal) | **vosotras** | *you* (fem., fam.) |
| | | | **ustedes (Uds.)** | *you* (form.) |
| THIRD PERSON | **él** | *he* | **ellos** | *they* (masc.) |
| | **ella** | *she* | **ellas** | *they* (fem.) |

**¡LENGUA VIVA!**

In Latin America, **ustedes** is used as the plural for both **tú** and **usted**. In Spain, however, **vosotros** and **vosotras** are used as the plural of **tú**, and **ustedes** is used only as the plural of **usted**.

• • •

**Usted** and **ustedes** are abbreviated as **Ud.** and **Uds.**, or occasionally as **Vd.** and **Vds.**

- Spanish has two subject pronouns that mean *you* (singular). Use **tú** when addressing a friend, a family member, or a child you know well. Use **usted** to address a person with whom you have a formal or more distant relationship, such as a superior at work, a professor, or an older person.

- The masculine plural forms **nosotros**, **vosotros**, and **ellos** refer to a group of males or to a group of males and females. The feminine plural forms **nosotras**, **vosotras**, and **ellas** can refer only to groups made up exclusively of females.

nosotros, vosotros, ellos

nosotros, vosotros, ellos

nosotras, vosotras, ellas

- There is no Spanish equivalent of the English subject pronoun *it*. Generally it is not expressed in Spanish.

| | |
|---|---|
| Es un problema. | Es una computadora. |
| *It's a problem.* | *It's a computer.* |

## The present tense of *ser*

**ANTE TODO** In **Contextos** and **Fotonovela**, you have already used several forms of the present tense of **ser** (*to be*) to identify yourself and others and to talk about where you and others are from. **Ser** is an irregular verb, which means its forms don't follow the regular patterns that most verbs follow. You need to memorize the forms, which appear in the following chart.

**ser**

| | | **ser** *(to be)* | |
|---|---|---|---|
| SINGULAR FORMS | yo | **soy** | *I am* |
| | tú | **eres** | *you are* (fam.) |
| | Ud./él/ella | **es** | *you are* (form.)*; he/she is* |
| PLURAL FORMS | nosotros/as | **somos** | *we are* |
| | vosotros/as | **sois** | *you are* (fam.) |
| | Uds./ellos/ellas | **son** | *you are* (form.)*; they are* |

### Uses of *ser*

▶ To identify people and things

—¿Quién **es** él?
*Who is he?*

—**Es** Javier Gómez Lozano.
*He's Javier Gómez Lozano.*

—¿Qué **es**?
*What is it?*

—**Es** un mapa de España.
*It's a map of Spain.*

▶ To express possession, with the preposition **de**

—¿**De** quién **es**?
*Whose is it?*

—**Es** el diario **de** Maite.
*It's Maite's diary.*

—**Es** la computadora **de** Álex.
*It's Alex's computer.*

—¿**De** quiénes **son**?
*Whose are they?*

—**Son** los lápices **de** la chica.
*They are the girl's pencils.*

—**Son** las maletas **del** chico.
*They are the boy's suitcases.*

**¡ATENCIÓN!**

When **de** is followed by the article **el**, the two combine to form the contraction **del**.
**De** does *not* contract with **la**, **las**, or **los**.

•••

There is no Spanish equivalent of the English construction [*noun*] +'s (*Maite's*). In its place, Spanish uses [*noun*] + **de** + [*owner*]: **el diario de Maite**.

**¡LENGUA VIVA!**

Some geographic locations can be referred to either with or without a definite article:

**Soy de Ecuador./Soy del Ecuador.**

• • •

Sometimes a definite article is a part of a proper name, as in **El Salvador, El Paso, and Los Ángeles.** In these cases, **de** and **el** do not contract:

**Soy de El Salvador.**

▶ To express origin, using the preposition **de**

—¿**De** dónde **es** Javier?
*Where is Javier from?*

—Es **de** Puerto Rico.
*He's from Puerto Rico.*

—¿**De** dónde **es** Inés?
*Where is Inés from?*

—**Es del** Ecuador.
*She's from Ecuador.*

**¡ATENCIÓN!**

Unlike English, Spanish does not use the indefinite article (**un**, **una**) after **ser** when referring to professions, unless accompanied by an adjective or other description:

**Marta es profesora.**

**Marta es una profesora excelente.**

You will learn more about adjectives in **Estructura 3.1**, pp. 78–80.

▶ To express profession or occupation

Don Francisco **es conductor**.
*Don Francisco is a driver.*

Yo **soy estudiante**.
*I am a student.*

**¡INTÉNTALO!** Provide the correct present forms of **ser** in the column. The first item has been done for you.

1. Gabriel ___*es*___
2. Juan y yo (*m.*) ________
3. Óscar y Flora ________
4. Adriana ________
5. las turistas ________
6. el chico ________
7. los conductores ________
8. el señor y la señora Ruiz ________

# Práctica

**1** **Pronombres** What subject pronouns would you use to a) talk to these people directly and b) talk about them?

1. una chica
2. el presidente de México
3. tres chicas y un chico
4. un estudiante
5. la señora Ochoa
6. dos profesoras

**2** **Identidad y origen** With a partner, take turns asking and answering questions about these people: **¿Quién es?/¿Quiénes son?** and **¿De dónde es?/¿De dónde son?**

Ricky Martin (Puerto Rico)

**Estudiante 1:** *¿Quién es?*
**Estudiante 2:** *Es Ricky Martin.*

**Estudiante 1:** *¿De dónde es?*
**Estudiante 2:** *Es de Puerto Rico.*

1. Enrique Iglesias (España)
2. Sammy Sosa (República Dominicana)
3. Rebecca Lobo y Martin Sheen (Estados Unidos)
4. Carlos Santana y Salma Hayek (México)
5. Shakira (Colombia)
6. Antonio Banderas y Penélope Cruz (España)
7. Edward James Olmos y Jimmy Smits (Estados Unidos)
8. Gloria Estefan (Cuba)

**3** **¿Qué es?** Ask your partner what each object is and to whom it belongs.

*modelo*

**Estudiante 1:** *¿Qué es?*
**Estudiante 2:** *Es una grabadora.*

**Estudiante 1:** *¿De quién es?*
**Estudiante 2:** *Es del profesor.*

1. 

2. 

3. 

4. 

# Comunicación

4 **Preguntas** Using the items in the word bank, ask your partner questions about the ad. Be imaginative in your responses.

| | | |
|---|---|---|
| ¿Quién? | ¿De dónde? | ¿Cuántos? |
| ¿Qué? | ¿De quién? | ¿Cuántas? |

**SOMOS ECUATURISTA, S.A.**

**El autobús nacional del Ecuador**

- 25 autobuses en total
- 30 conductores del Ecuador
- pasajeros internacionales
- mapas de las regiones del país

**¡Todos a bordo!**

5 **¿Quién es?** In small groups, take turns pretending to be a person from Spain, Mexico, Puerto Rico, Cuba, or the United States who is famous in these professions. Your partners will try to guess who you are.

**NOTA CULTURAL**

**Rita Moreno**, a Puerto Rican actress, is the only female performer to have won all four prestigious entertainment awards: the Oscar, the Emmy, the Grammy, and the Tony. She played Anita in *West Side Story,* a role for which she won an Oscar.

| | | |
|---|---|---|
| actor *actor* | deportista *athlete* | escritor(a) *writer* |
| actriz *actress* | cantante *singer* | músico/a *musician* |

*modelo*

**Estudiante 3:** ¿Eres de Puerto Rico?
**Estudiante 1:** Sí. Soy de Puerto Rico.
**Estudiante 2:** ¿Eres hombre?
**Estudiante 1:** No. Soy mujer.
**Estudiante 3:** ¿Eres escritora?
**Estudiante 1:** No. Soy actriz.
**Estudiante 2:** ¿Eres Rita Moreno?
**Estudiante 1:** ¡Sí! ¡Sí!

# 1.4 Telling time

In both English and Spanish, the verb *to be* (**ser**) and numbers are used to tell time.

- To ask what time it is, use **¿Qué hora es?** When telling time, use **es + la** with **una** and **son + las** with all other hours.

**Es la** una.

**Son las** dos.

**Son las** seis.

- As in English, you express time from the hour to the half-hour in Spanish by adding minutes.

Son las cuatro **y cinco.**

Son las once **y veinte.**

- You may use either **y cuarto** or **y quince** to express fifteen minutes or quarter past the hour. For thirty minutes or half past the hour, you may use either **y media** or **y treinta**.

Es la una **y cuarto.**

Son las doce **y media.**

Son las nueve **y quince.**

Son las siete **y treinta.**

- You express time from the half-hour to the hour in Spanish by subtracting minutes or a portion of an hour from the next hour.

Es la una **menos cuarto.**

Son las tres **menos quince.**

Son las ocho **menos veinte.**

Son las tres **menos diez.**

**¡LENGUA VIVA!**

Other useful expressions for telling time:

**Son las doce (del día).**
It is twelve o'clock (p.m.).

**Son las doce (de la noche).**
It is twelve o'clock (a.m.).

▶ To ask at what time a particular event takes place, use the phrase **¿A qué hora (...)?** To state at what time something takes place, use the construction **a la(s)** + *time*.

**¿A qué hora** es la clase de biología?
*(At) what time is biology class?*

La clase es **a las dos**.
*The class is at two o'clock.*

**¿A qué hora** es la fiesta?
*(At) what time is the party?*

**A las ocho**
*At eight*

▶ Here are some useful words and phrases associated with telling time:

Son las ocho **en punto**.
*It's 8 o'clock on the dot/sharp.*

Es **el mediodía**.
*It's noon.*

Es **la medianoche**.
*It's midnight.*

Son las nueve **de la mañana**.
*It's 9 a.m. (in the morning).*

Son las cuatro y cuarto **de la tarde**.
*It's 4:15 p.m. (in the afternoon).*

Son las diez y media **de la noche**.
*It's 10:30 p.m. (at night).*

**¡INTÉNTALO!** Practice telling time by completing these sentences. The first item has been done for you.

1. (1:00 a.m.) Es la ____una____ de la mañana.
2. (2:50 a.m.) Son las tres ________ diez de la mañana.
3. (4:15 p.m.) Son las cuatro y ________ de la tarde.
4. (8:30 p.m.) Son las ocho y ________ de la noche.
5. (9:15 a.m.) Son las nueve y quince de la ________.
6. (12:00 p.m.) Es el ________.
7. (6:00 a.m.) Son las seis de la ________.
8. (4:05 p.m.) Son las cuatro y cinco de la ________.
9. (12:00 a.m.) Es la ________.
10. (3:45 a.m.) Son las cuatro menos ________ de la mañana.

# Práctica

**1** **Ordenar** Put these times in order, from the earliest to the latest.

a. Son las dos de la tarde.
b. Son las once de la mañana.
c. Son las siete y media de la noche.
d. Son las seis menos cuarto de la tarde.
e. Son las dos menos diez de la tarde.
f. Son las ocho y veintidós de la mañana.

**2** **¿Qué hora es?** Give the times shown on each clock or watch.

*modelo*
Son las cuatro y cuarto/quince de la tarde.

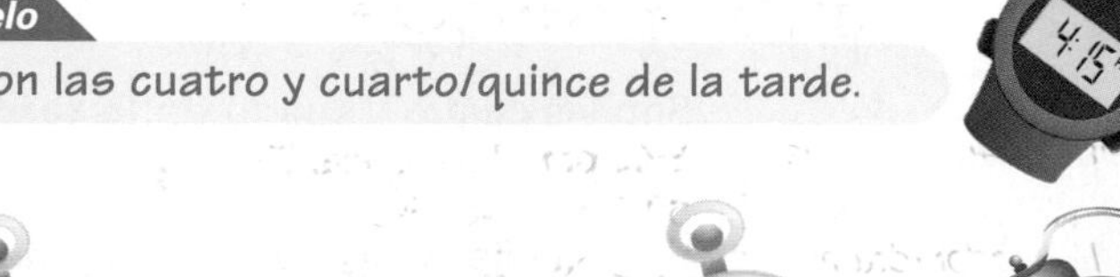

1. ________ 2. ________ 3. ________ 4. ________ 5. ________

6. ________ 7. ________ 8. ________ 9. ________ 10. ________

**NOTA CULTURAL**

Many Spanish-speaking countries use both the 12-hour clock and the 24-hour clock (that is, military time). The 24-hour clock is commonly used in written form on signs and schedules. For example, 1p.m. is 13h, 2 p.m. is 14h and so on. See the photo on p. 30 for a sample schedule.

**3** **¿A qué hora?** Ask your partner at what time these events take place. Your partner will answer according to the cues provided.

*modelo*
la clase de matemáticas (2:30 p.m.)
**Estudiante 1:** ¿A qué hora es la clase de matemáticas?
**Estudiante 2:** Es a las dos y media de la tarde.

1. el programa *Las cuatro amigas* (*11:30 a.m.*)
2. el drama *La casa de Bernarda Alba* (*7:00 p.m.*)
3. el programa *Las computadoras* (*8:30 a.m.*)
4. la clase de español (*10:30 a.m.*)
5. la clase de biología (*9:40 a.m. sharp*)
6. la clase de historia (*10:50 a.m.*)
7. el partido (*game*) de béisbol (*5:15 p.m.*)
8. el partido de tenis (*12:45 p.m. sharp*)
9. el partido de baloncesto (*basketball*) (*7:45 p.m.*)
10. la fiesta (*8:30 p.m.*)

**NOTA CULTURAL**

**La casa de Bernarda Alba** is a famous play by Spanish poet and playwright **Federico García Lorca** (1898-1936). Lorca was one of the most famous writers of the 20th century and a close friend of Spain's most talented artists, including the painter Salvador Dalí and the filmmaker Luis Buñuel.

# Comunicación

**NOTA CULTURAL**

**Telenovelas** are the Latin American version of soap operas, but they differ from North American soaps in many ways. Many **telenovelas** are prime-time shows enjoyed by a large segment of the population. They seldom run for more than one season and they are sometimes based on famous novels.

**4** **En la televisión** With a partner, take turns asking and answering questions about these television listings.

*modelo*

**Estudiante 1:** ¿A qué hora es el documental *Las computadoras*?
**Estudiante 2:** Es a las nueve en punto de la noche.

## TV Hoy – Programación

| | |
|---|---|
| **11:00 am** | Telenovela: *Cuatro viajeros y un autobús* |
| **12:00 pm** | Película: *El cóndor* (drama) |
| **2:00 pm** | Telenovela: *Dos mujeres y dos hombres* |
| **3:00 pm** | Programa juvenil: *Fiesta* |
| **3:30 pm** | Telenovela: *¡Sí, sí, sí!* |
| **4:00 pm** | Telenovela: *El diario de la Sra. González* |
| **5:00 pm** | Telenovela: *Tres mujeres* |
| **6:00 pm** | Noticias |
| **7:00 pm** | Especial musical: *Música folklórica de México* |
| **7:30 pm** | La naturaleza: *Jardín secreto* |
| **8:00 pm** | Noticiero: *Veinticuatro horas* |
| **9:00 pm** | Documental: *Las computadoras* |

**5** **Preguntas** With a partner, answer these questions based on your own knowledge.

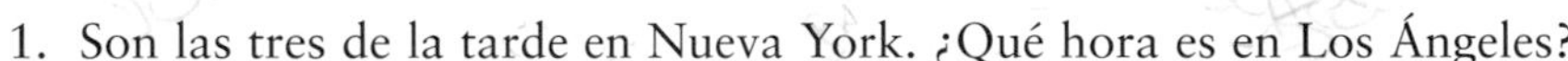

1. Son las tres de la tarde en Nueva York. ¿Qué hora es en Los Ángeles?
2. Son las ocho y media en Chicago. ¿Qué hora es en Miami?
3. Son las dos menos cinco en San Francisco. ¿Qué hora es en San Antonio?
4. ¿A qué hora es el programa *60 Minutes*?; ¿A qué hora es el programa *Today Show*?

**6** **Más preguntas** Using the questions in the previous activity as a model, make up four questions of your own. Then, get together with a classmate and take turns asking and answering each other's questions.

# Síntesis

**7**  **Situación** With a partner, play the roles of a journalism student interviewing a visiting literature professor (**profesor(a) de literatura**) from Venezuela. Be prepared to act out the conversation for your classmates.

| Estudiante | Profesor(a) de literatura |
|---|---|
| Ask professor his/her name | → Ask student his/her name |
| Ask professor what time his/her literature class is | → Ask student where he/she is from |
| Ask how many students are in his/her class | → Ask to whom his/her tape recorder belongs |
| Say thank you and goodbye. | → Say thank you and you are pleased to meet him/her. |

# Lectura

## Antes de leer

### Estrategia
**Recognizing cognates**

As you learned earlier in this lesson, cognates are words that share similar meanings and spellings in two or more languages. When reading in Spanish, it's helpful to look for cognates and use them to guess the meaning of what you're reading. But watch out for false cognates. For example, **librería** means *bookstore,* not *library,* and **embarazada** means *pregnant,* not *embarrassed.* Look at this list of Spanish words, paying special attention to prefixes and suffixes. Can you guess the meaning of each word?

| | |
|---|---|
| importante | oportunidad |
| farmacia | cultura |
| inteligente | activo |
| dentista | sociología |
| decisión | espectacular |
| televisión | restaurante |
| médico | policía |

**Examinar el texto**

Glance quickly at the reading selection and guess what type of document it is. Explain your answer.

**Cognados**

Read the document and make a list of the cognates you find. Guess their English equivalents, then compare your answers with those of a classmate.

recursos
vistahigher learning.com

Teléfonos importantes

Policía

Médico

Dentista

Pediatra

Farmacia

Banco Central

Aerolíneas Nacionales

Cine Metro

Hora/Temperatura

Profesora Salgado (universidad)

Felipe (oficina)

Gimnasio Gente Activa

Restaurante Roma

Supermercado Famoso

Librería El Inteligente

54.11.11

54.36.92

54.87.11

53.14.57

54.03.06

54.90.83

54.87.40

53.45.96

53.24.81

54.15.33

54.84.99

54.36.04

53.75.44

54.77.23

54.66.04

# Después de leer

**¿Cierto o falso?**

Indicate whether each statement is **cierto** or **falso**. Then correct the false statements.

1. There is a child in this household.
2. To renew a prescription you would dial 54.90.83.
3. If you wanted the exact time and information about the weather you'd dial 53.24.81.
4. Felipe probably works outdoors.
5. This household probably orders a lot of Chinese food.
6. If you had a toothache, you would dial 54.87.11.
7. You would dial 54.87.40 to make a flight reservation.
8. To find out if a best-selling book was in stock, you would dial 54.66.04.
9. If you needed information about aerobics classes, you would dial 54.15.33.
10. You would call **Cine Metro** to find out what time a movie starts.

**Hacer una lista**

Make your own list of phone numbers like the one shown in this reading. Include emergency phone numbers as well as frequently called numbers. Use as many cognates from the reading as you can.

# Escritura

## Estrategia

**Writing in Spanish**

Why do we write? All writing has a purpose. For example, we may write a poem to reveal our innermost feelings, a letter to impart information, or an essay to persuade others to accept a point of view. Proficient writers are not born, however. Writing requires time, thought, effort, and a lot of practice. Here are some tips to help you write more effectively in Spanish.

**DO**

- Try to write your ideas in Spanish
- Use the grammar and vocabulary that you know
- Use your textbook for examples of style, format, and expression in Spanish
- Use your imagination and creativity
- Put yourself in your reader's place to determine if your writing is interesting

**AVOID**

- Translating your ideas from English to Spanish
- Simply repeating what is in the textbook or on a web page
- Using a dictionary until you have learned how to use foreign language dictionaries

## Tema

**Hacer una lista**

Create a telephone/address list that includes important names, numbers, and websites that will be helpful to you in your study of Spanish. Make whatever entries you can in Spanish without using a dictionary. You might want to include this information:

- The names, phone numbers, and e-mail addresses of at least four classmates
- Your professor's name, e-mail address, and office hours
- Three phone numbers and e-mail addresses of campus offices or locations related to your study of Spanish
- Five electronic resources for students of Spanish, such as chat rooms, international keypal sites, and sites dedicated to the study of Spanish as a second language

Nombre Sally (la chica de Indiana)
Teléfono 655-8888
Dirección electrónica sally@uru.edu

Nombre Profesor José Ramón Casas
Teléfono 655-8090
Dirección electrónica jrcasas@uru.edu
Horas de oficina 12 a 12:30

Nombre Biblioteca 655-7000
Dirección electrónica library@uru.edu

# Plan de escritura

**1 Ideas y organización**

Begin by making a list of all your campus resources, including your professor, campus facilities, and your classmates. Then spend some time exploring web resources and jotting down the addresses of several sites. Choose various types of web pages; they shouldn't all be keypal sites or chat rooms.

**2 Primer borrador**

Using the lists you prepared in **Ideas y organización,** write a first draft of the new section for your telephone/address book.

**3 Comentario**

Exchange first drafts with a classmate and comment on each other's work using the questions below as a guide. Begin by mentioning what you like best about his or her telephone/address book, such as the organization of the entries, or a resource you didn't know about.

**a.** Is all the required information included and logically organized?
**b.** Are the websites included pertinent to Spanish students?
**c.** Do the entries appear in Spanish whenever possible?
**d.** Do you have any suggestions for additional or different entries in Spanish?
**e.** Are there any spelling or grammatical errors?

**4 Redacción**

Revise your first draft, keeping in mind your classmate's comments. Also incorporate any new ideas or information you may have. Before handing in the final version, use these suggestions to help you review your work:

**a.** Be sure you have included as much Spanish as possible.
**b.** Check for errors in spelling and punctuation.

**5 Evaluación y progreso**

Share your final draft with three classmates. Note the addresses of campus resources or websites mentioned on your classmates' lists; you might want to add them to your list. After your instructor has returned your paper, keep your list on hand with your other study aids.

# Escuchar

## Estrategia

**Listening for words you know**

You can get the gist of a conversation by listening for words and phrases you already know.

To help you practice this strategy, listen to the following sentence and make a list of the words you have already learned.

## Preparación

Based on the photograph, what do you think Dr. Cavazos and Srta. Martínez are talking about? How would you get the gist of their conversation, based on what you know about Spanish?

## Ahora escucha 

Now you are going to hear Dr. Cavazos's conversation with Srta. Martínez. List the familiar words and phrases each person says.

| Dr. Cavazos | Srta. Martínez |
|---|---|
| 1. ________ | 9. ________ |
| 2. ________ | 10. ________ |
| 3. ________ | 11. ________ |
| 4. ________ | 12. ________ |
| 5. ________ | 13. ________ |
| 6. ________ | 14. ________ |
| 7. ________ | 15. ________ |
| 8. ________ | 16. ________ |

With a classmate, use your lists of familiar words as a guide to come up with a summary of what happened in the conversation.

## Comprensión

### Identificar

Who would say the following things, Dr. Cavazos or Srta. Martínez?

1. Me llamo...
2. De nada.
3. Gracias. Muchas gracias.
4. Aquí tiene usted los documentos de viaje, señor.
5. Usted tiene tres maletas, ¿no?
6. Tengo dos maletas.
7. Hola, señor.
8. ¿Viaja usted a Buenos Aires?

### Contestar

1. Does this scene take place in the morning, afternoon, or evening? How do you know?
2. How many suitcases does Dr. Cavazos have?
3. Using the words you already know to determine the context, what might the following words and expressions mean?
   - boleto
   - pasaporte
   - un viaje de ida y vuelta
   - ¡Buen viaje!

# Proyecto

## Describe una ciudad°

Imagine that you are a journalist reporting on the influence of Hispanic cultures on cities in the United States and Canada. You have been asked to present a report to a Spanish class, focusing on one American or Canadian city.

### 1 Prepara una presentación

Prepare a brief presentation about how Hispanic cultures have influenced a city in the United States or Canada. Using the research tools in **Recursos para la investigación,** choose a city and take notes about how it has been affected by Hispanic cultures. Your presentation might include these elements:

- A description of the city, its location, its history, and its population
- Explanations of how the city has been influenced by Hispanic cultures: for example, its cuisine, arts, politics, and architecture
- Descriptions and photos of famous people, places, and things in the city that are related to Hispanic cultures

### 2 Presenta la información

Using an outline and your photos, tell the class about the city you chose and how it reflects the influence of Hispanic cultures. Make your presentation vivid so that your classmates will want to learn more about Hispanic cultures in the United States and Canada. Use as much Spanish as possible in your presentation, especially to greet the class, to introduce youself, to say where you are from, and to state that you are a journalist (**Soy periodista**).

**recursos para la investigación**

| | | | |
|---|---|---|---|
|  | **Internet** Palabras clave°: United States, Canada, city, cities, Hispanic influence(s) |  | **Comunidad** Faculty members and residents of your community who have lived in the city you chose |
|  | **Biblioteca°** Almanacs, encyclopedias, history books, maps, newspapers |  | **Otros recursos°** Brochures from travel agencies |

ciudad *city* Palabras clave *keywords* Biblioteca *library* Otros recursos *other resources*

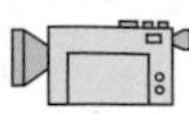

# Estados Unidos

## El país en cifras°

- **Población° de EE.UU.:** 296 millones
- **Población de origen hispano:** 39 millones
- **País de origen de hispanos en EE.UU.:**

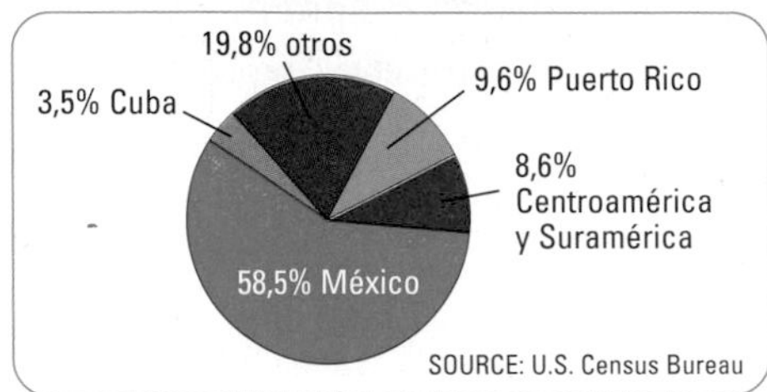


- **Estados con la mayor población hispana:**

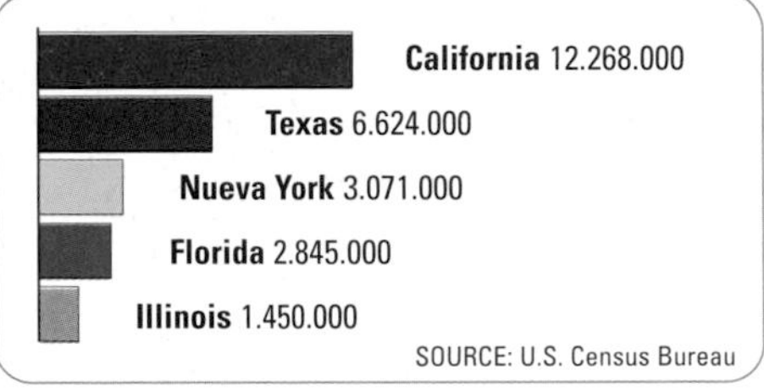


# Canadá

## El país en cifras

- **Población del Canadá:** 32 millones
- **Población de origen hispano:** 300.000
- **País de origen de hispanos en Canadá:**

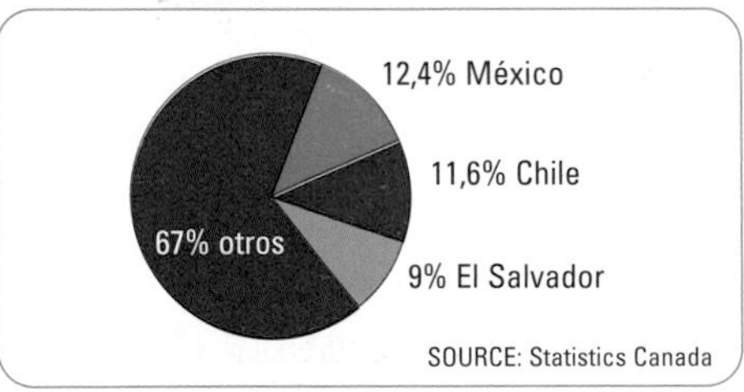


- **Ciudades con la mayor población hispana:** Montreal, Toronto, Vancouver

en cifras *in figures* población *population* mayor *largest* creció *grew* cada *each* niños *children* Se estima *It is estimated* va a ser *is going to be*

AK HI CANADÁ Vancouver Calgary Ottawa Montreal Toronto San Francisco Chicago Nueva York Las Vegas EE. UU. Los Ángeles San Diego Washington DC San Antonio Océano Atlántico Miami Golfo de México MÉXICO Mar Caribe

Mission District, en San Francisco

El Álamo, en San Antonio, Texas

**recursos**

| WB | VM | I CD-ROM | vistahigher |
|---|---|---|---|
| pp. 9–10 | pp. 249–250 | Lección 1 | learning.com |

### ¡Increíble pero cierto!

La población hispana en los Estados Unidos creció° un 58% entre los años 1990 y 2000 (casi 13 millones de personas más). Hoy, uno de cada° seis niños° en los Estados Unidos es de origen hispano. Se estima° que en el año 2020 va a ser° uno de cada cuatro.

SOURCE: U.S. Census Bureau and The Associated Press

## Comida° • La comida mexicana

La comida° mexicana es muy popular en los Estados Unidos. Los tacos, las enchiladas, las quesadillas y los frijoles son platos° mexicanos que frecuentemente forman parte de las comidas de muchos norteamericanos. También° son populares las variaciones de la comida mexicana en los Estados Unidos... el tex-mex y el cali-mex.

## Lugares • La Pequeña Habana

La Pequeña Habana° es un barrio° de Miami, Florida, donde viven° muchos cubanoamericanos. Es un lugar° donde se encuentran° las costumbres° de la cultura cubana, los aromas y sabores° de su comida y la música salsa. La Pequeña Habana es una parte de Cuba en los Estados Unidos.

## Costumbres • Desfile puertorriqueño

Cada junio desde° 1951 (mil novecientos cincuenta y uno), los puertorriqueños celebran su cultura con un desfile° en Nueva York. Es un gran espectáculo con carrozas° y música salsa, flamenco y hip-hop. Muchos espectadores llevan° la bandera° de Puerto Rico en su ropa° o pintada en la cara°.

## Sociedad° • La influencia hispánica en Canadá

La presencia hispana en Canadá es importante en la cultura del país. En 1998 (mil novecientos noventa y ocho) se establecieron° los *Latin American Achievement Awards Canada*, para reconocer° los logros° de la comunidad en varios campos°. Dos figuras importantes de origen argentino son Alberto Manguel (novelista) y Sergio Marchi (Embajador° de Canadá en las Naciones Unidas°). Osvaldo Núñez es un político° de origen chileno. Hay grupos musicales que son parte de la cultura hispana en Canadá: Dominicanada, Bomba, Norteño y Rasca.

**¿Qué aprendiste?** Completa las frases con la información adecuada (*appropriate*).

1. Hay __________ de personas de origen hispano en los Estados Unidos.
2. Los cuatro estados con las poblaciones hispanas más grandes son (en orden) __________, Texas, __________ y Florida.
3. Toronto, Montreal y __________ son las tres ciudades con mayor población hispana del Canadá.
4. Las quesadillas y las enchiladas son platos ________.
5. La Pequeña __________ es un barrio de Miami.
6. En Miami hay muchas personas de origen ________.
7. Cada junio se celebra en Nueva York un gran desfile para personas de origen ___________.
8. Dominicanada es un ___________ del Canadá.

**Conexión Internet** Investiga estos temas en el sitio **www.vistahigherlearning.com.**

1. Haz (*Make*) una lista de seis hispanos célebres de EE.UU. o Canadá. Explica (*Explain*) por qué (*why*) son célebres.
2. Escoge (*Choose*) seis lugares en los Estados Unidos con nombres hispanos y busca información sobre el origen y el significado (meaning) de cada nombre.

Comida *Food* platos *dishes* También *Also* La Pequeña Habana *Little Havana* barrio *neighborhood* viven *live* lugar *place* se encuentran *are found* costumbres *customs* sabores *flavors* Cada junio desde *Each June since* desfile *parade* con carrozas *with floats* llevan *wear* bandera *flag* ropa *clothing* cara *face* Sociedad *Society* se establecieron *were established* reconocer *to recognize* logros *achievements* campos *fields* Embajador *Ambassador* Naciones Unidas *United Nations* político *politician*

## Saludos

| | |
|---|---|
| **Hola.** | *Hello; Hi.* |
| **Buenos días.** | *Good morning.* |
| **Buenas tardes.** | *Good afternoon.* |
| **Buenas noches.** | *Good evening; Good night.* |

## Despedidas

| | |
|---|---|
| **Adiós.** | *Good-bye.* |
| **Nos vemos.** | *See you.* |
| **Hasta luego.** | *See you later.* |
| **Hasta la vista.** | *See you later.* |
| **Hasta pronto.** | *See you soon.* |
| **Hasta mañana.** | *See you tomorrow.* |
| **Saludos a...** | *Greetings to ...* |
| **Chau.** | *Bye.* |

## ¿Cómo está?

| | |
|---|---|
| **¿Cómo está usted?** | *How are you?* (form.) |
| **¿Cómo estás?** | *How are you?* (fam.) |
| **¿Qué hay de nuevo?** | *What's new?* |
| **¿Qué pasa?** | *What's happening?; What's going on?* |
| **¿Qué tal?** | *How are you?; How is it going?* |
| **(Muy) bien, gracias.** | *(Very) well, thanks.* |
| **Nada.** | *Nothing.* |
| **No muy bien.** | *Not very well.* |
| **Regular.** | *So so; OK.* |

## Expresiones de cortesía

| | |
|---|---|
| **Con permiso.** | *Pardon me; Excuse me.* |
| **De nada.** | *You're welcome.* |
| **Lo siento.** | *I'm sorry.* |
| **(Muchas) gracias.** | *Thank you (very much); Thanks (a lot).* |
| **No hay de qué.** | *You're welcome.* |
| **Perdón.** | *Pardon me; Excuse me.* |
| **por favor** | *please* |

## Títulos

| | |
|---|---|
| **señor (Sr.); don** | *Mr.; sir* |
| **señora (Sra.)** | *Mrs.; ma'am* |
| **señorita (Srta.)** | *Miss* |

## Presentaciones

| | |
|---|---|
| **¿Cómo se llama usted?** | *What's your name?* (form.) |
| **¿Cómo te llamas (tú)?** | *What's your name?* (fam.) |
| **Me llamo...** | *My name is ...* |
| **¿Y tú?** | *And you?* (fam.) |
| **¿Y usted?** | *And you?* (form.) |
| **Mucho gusto.** | *Pleased to meet you.* |
| **El gusto es mío.** | *The pleasure is mine.* |
| **Encantado/a.** | *Delighted; Pleased to meet you.* |
| **Igualmente.** | *Likewise.* |
| **Éste/Ésta es...** | *This is ...* |
| **Le presento a...** | *I would like to introduce* (name) *to you...* (form.) |
| **Te presento a...** | *I would like to introduce* (name) *to you...* (fam.) |
| **nombre** | *name* |

## ¿De dónde es?

| | |
|---|---|
| **¿De dónde es usted?** | *Where are you from?* (form.) |
| **¿De dónde eres?** | *Where are you from?* (fam.) |
| **Soy de...** | *I'm from ...* |

## Palabras adicionales

| | |
|---|---|
| **¿cuánto(s)/a(s)?** | *how much/many?* |
| **¿de quién...?** | *whose ...?* (sing.) |
| **¿de quiénes...?** | *whose ...?* (plural) |
| **(no) hay** | *there is (not); there are (not)* |

## Países

| | |
|---|---|
| **Ecuador** | *Ecuador* |
| **España** | *Spain* |
| **Estados Unidos (EE.UU.; E.U.)** | *United States* |
| **México** | *Mexico* |
| **Puerto Rico** | *Puerto Rico* |

## Verbos

| | |
|---|---|
| **ser** | *to be* |

## Sustantivos

| | |
|---|---|
| **el autobús** | *bus* |
| **la capital** | *capital city* |
| **el chico** | *boy* |
| **la chica** | *girl* |
| **la computadora** | *computer* |
| **la comunidad** | *community* |
| **el/la conductor(a)** | *driver* |
| **la conversación** | *conversation* |
| **la cosa** | *thing* |
| **el cuaderno** | *notebook* |
| **el día** | *day* |
| **el diario** | *diary* |
| **el diccionario** | *dictionary* |
| **la escuela** | *school* |
| **el/la estudiante** | *student* |
| **la foto(grafía)** | *photograph* |
| **la grabadora** | *tape recorder* |
| **el hombre** | *man* |
| **el/la joven** | *youth; young person* |
| **el lápiz** | *pencil* |
| **la lección** | *lesson* |
| **la maleta** | *suitcase* |
| **la mano** | *hand* |
| **la mujer** | *woman* |
| **la nacionalidad** | *nationality* |
| **el número** | *number* |
| **el país** | *country* |
| **la palabra** | *word* |
| **el/la pasajero/a** | *passenger* |
| **el problema** | *problem* |
| **el/la profesor(a)** | *teacher* |
| **el programa** | *program* |
| **el/la turista** | *tourist* |
| **el video** | *video* |



| | |
|---|---|
| **Numbers 0–30** | *See page 14.* |
| **Telling time** | *See pages 22-23.* |
| **Expresiones útiles** | *See page 7.* |



**recursos**

| LM p. 6 | Lab CD/MP3 Lección 1 | Vocab CD Lección 1 |
|---|---|---|

# En la universidad 2

**Communicative Goals**

***You will learn how to:***

- **Talk about your classes and school life**
- **Discuss everyday activities**
- **Ask questions in Spanish**
- **Describe the location of people and things**

**A PRIMERA VISTA**

- *¿Hay dos chicas en la foto?*
- *¿Hay un libro o dos?*
- *¿Son turistas o estudiantes?*
- *¿Qué hora es, la una de la mañana o de la tarde?*

# En la universidad

## Más vocabulario

| | |
|---|---|
| la biblioteca | *library* |
| la cafetería | *cafeteria* |
| la casa | *house; home* |
| el estadio | *stadium* |
| el laboratorio | *laboratory* |
| la librería | *bookstore* |
| la residencia estudiantil | *dormitory* |
| la universidad | *university; college* |
| el/la compañero/a de clase | *classmate* |
| el/la compañero/a de cuarto | *roommate* |
| la clase | *class* |
| el examen | *test; exam* |
| el horario | *schedule* |
| la prueba | *test; quiz* |
| el semestre | *semester* |
| la tarea | *homework* |
| el trimestre | *trimester; quarter* |
| la administración de empresas | *business administration* |
| el arte | *art* |
| la especialización | *major* |
| la biología | *biology* |
| las ciencias | *sciences* |
| la computación | *computer science* |
| la contabilidad | *accounting* |
| el curso | *course* |
| la economía | *economics* |
| el español | *Spanish* |
| la física | *physics* |
| la geografía | *geography* |
| la música | *music* |

## Variación léxica

pluma ⟷ bolígrafo
pizarra ⟷ tablero (*Col.*)

**recursos**

|  | 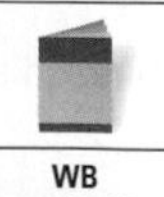 | 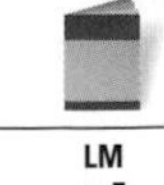 | 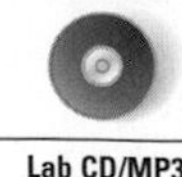 | 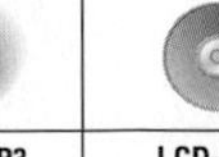 | |
|---|---|---|---|---|---|
| TEXT CD Lección 2 | WB pp. 11–12 | LM p. 7 | Lab CD/MP3 Lección 2 | I CD-ROM Lección 2 | Vocab CD Lección 2 |

# Práctica

**1** **Escuchar** Listen to Professor Morales talk about her Spanish classroom, then check the items she mentions.

| | | | |
|---|---|---|---|
| puerta | ❍ | sillas | ❍ |
| ventanas | ❍ | libros | ❍ |
| pizarra | ❍ | plumas | ❍ |
| borrador | ❍ | mochilas | ❍ |
| tiza | ❍ | papel | ❍ |
| escritorios | ❍ | reloj | ❍ |

**2** **Emparejar** Match each question with its most logical response. ¡Ojo! (*Careful!*) Two of the responses will not be used.

1. ¿Qué clase es?
2. ¿Quiénes son?
3. ¿Quién es?
4. ¿De dónde es?
5. ¿A qué hora es la clase de inglés?
6. ¿Cuántos estudiantes hay?

a. Hay veinticinco.
b. Es un reloj.
c. Es del Perú.
d. Es la clase de química.
e. Es el señor Bastos.
f. Mucho gusto.
g. Es a las nueve en punto.
h. Son los profesores.

**3** **Identificar** Identify the word that does not fit in each group.

1. examen • grabadora • tarea • prueba
2. economía • matemáticas • biblioteca • contabilidad
3. pizarra • tiza • borrador • librería
4. lápiz • cafetería • papel • cuaderno
5. veinte • diez • pluma • treinta
6. conductor • laboratorio • autobús • pasajero
7. humanidades • mesa • ciencias • lenguas extranjeras
8. papelera • casa • residencia estudiantil • biblioteca

**4** **¿Qué clase es?** Use the clues to name the subject matter of each class.

**modelo**

los elementos, los átomos
*Es la clase de química.*

1. Abraham Lincoln, Winston Churchill
2. Picasso, Leonardo da Vinci
3. Freud, Jung
4. África, el océano Pacífico
5. la cultura de España, verbos
6. Hemingway, Shakespeare
7. geometría, trigonometría
8. las plantas, los animales

**septiembre**

| lunes | martes | miércoles | jueves | viernes | sábado | domingo |
|---|---|---|---|---|---|---|
| | 1 | 2 | 3 | 4 | 5 | 6 |
| 7 | 8 | 9 | 10 | | | |

**5** **¿Qué día es hoy?** Complete each statement with the correct day of the week.

1. Hoy es martes. Mañana es __________. Ayer fue __________.
2. Ayer fue sábado. Mañana es __________. Hoy es __________.
3. Mañana es viernes. Hoy es __________. Ayer fue __________.
4. Ayer fue domingo. Hoy es __________. Mañana es __________.
5. Hoy es jueves. Ayer fue __________. Mañana es __________.
6. Mañana es lunes. Hoy es __________. Ayer fue __________.

**6** **Analogías** Use these words to complete the analogies. Some words will not be used.

| | | | |
|---|---|---|---|
| arte | día | martes | pizarra |
| biblioteca | domingo | matemáticas | profesor |
| catorce | estudiante | mujer | reloj |

1. maleta ⟷ pasajero ⊜ mochila ⟷ __________
2. chico ⟷ chica ⊜ hombre ⟷ __________
3. pluma ⟷ papel ⊜ tiza ⟷ __________
4. inglés ⟷ lengua ⊜ miércoles ⟷ __________
5. papel ⟷ cuaderno ⊜ libro ⟷ __________
6. quince ⟷ dieciséis ⊜ lunes ⟷ __________
7. Cervantes ⟷ literatura ⊜ Dalí ⟷ __________
8. autobús ⟷ conductor ⊜ clase ⟷ __________
9. EE.UU. ⟷ mapa ⊜ hora ⟷ __________
10. veinte ⟷ veintitrés ⊜ jueves ⟷ __________

**¡LENGUA VIVA!**

The days of the week are never capitalized in Spanish.

•••

Monday is considered the first day of the week in Spanish-speaking countries.

**CONSÚLTALO**

Note that September in Spanish is **septiembre**. To see all of the months of the year, go to **Contextos, Lección 5,** p. 138.

**AYUDA**

**Ayer fue…**
*Yesterday was…*

# Comunicación

7

**Horario** Choose three classes to create your own class schedule, then discuss it with a classmate.

| materia | hora | días | profesor(a) |
|---|---|---|---|
| historia | 9–10 | lunes, miércoles | Ordóñez |
| biología | 12–1 | lunes, jueves | Dávila |
| periodismo | 2–3 | martes, jueves | Quiñones |
| matemáticas | 2–3 | miércoles, jueves | Jiménez |
| arte | 12–1:30 | lunes, miércoles | Molina |

*modelo*

**Estudiante 1:** Tomo (*I take*) biología los lunes y jueves con la profesora Dávila.

**Estudiante 2:** ¿Sí? Yo no tomo biología. Yo tomo arte los lunes y miércoles con el profesor Molina.

**¡ATENCIÓN!**

Use **el** + [*day of the week*] when an activity occurs on a specific day and **los** + [*day of the week*] when an activity occurs regularly:

**El lunes** tengo un examen.

***On Monday** I have an exam.*

**Los lunes y miércoles** tomo biología.

***On Mondays and Wednesdays** I take biology.*

• • •

Except for **sábados** and **domingos,** the singular and plural forms for days of the week are the same.

8

**La clase** First, look around your classroom to get a mental image, then close your eyes. Your partner will then use these words or other vocabulary to ask you questions about the classroom. After you have answered six questions, switch roles.

*modelo*

**Estudiante 1:** ¿Cuántas ventanas hay?

**Estudiante 2:** Hay cuatro ventanas.

| | | |
|---|---|---|
| escritorio | mochila | puerta |
| estudiante | pizarra | reloj |
| libro | profesor(a) | silla |

9

**Nuevos amigos** During the first week of class, you meet a new student in the cafeteria. With a partner, prepare a conversation using these cues.

| Estudiante 1 | Estudiante 2 |
|---|---|
| Greet your new acquaintance. | Introduce yourself. |
| Find out about him or her. | Tell him or her about yourself. |
| Ask about your partner's class schedule. | Compare your schedule to your partner's. |
| Say nice to meet you and goodbye. | Say nice to meet you and goodbye. |

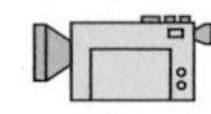

# ¿Qué clases tomas?

**Maite, Inés, Javier y Álex hablan de las clases.**

**PERSONAJES**

MAITE

INÉS

ÁLEX

JAVIER

**ÁLEX** Hola, Ricardo... Aquí estamos en la Mitad del Mundo. ¿Qué tal las clases en la UNAM?

**MAITE** Es exactamente como las fotos en los libros de geografía.

**INÉS** ¡Sí! ¿También tomas tú geografía?

**MAITE** Yo no. Yo tomo inglés y literatura. También tomo una clase de periodismo.

**MAITE** Muy buenos días. María Teresa Fuentes, de Radio Andina FM 93. Hoy estoy con estudiantes de la Universidad San Francisco de Quito. ¡A ver! La señorita que está cerca de la ventana... ¿Cómo te llamas y de dónde eres?

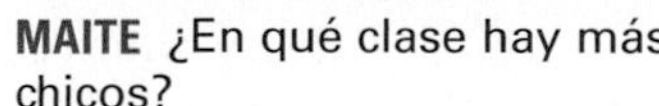

**MAITE** ¿En qué clase hay más chicos?

**INÉS** Bueno, eh... en la clase de historia.

**MAITE** ¿Y más chicas?

**INÉS** En la de sociología hay más chicas, casi un ochenta y cinco por ciento.

**MAITE** Y tú, joven, ¿cómo te llamas y de dónde eres?

**JAVIER** Me llamo Javier Gómez y soy de San Juan, Puerto Rico.

**MAITE** ¿Tomas muchas clases este semestre?

**JAVIER** Sí, tomo tres: historia y arte los lunes, miércoles y viernes y computación los martes y jueves.

**MAITE** ¿Te gustan las computadoras, Javier?

**JAVIER** No me gustan nada. Me gusta mucho más el arte... y sobre todo me gusta dibujar.

**ÁLEX** ¿Cómo que no? ¿No te gustan las computadoras?

**recursos**

| V CD-ROM Lección 2 | VM pp. 215–216 | I CD-ROM Lección 2 |
|---|---|---|

4

**INÉS** Hola. Me llamo Inés Ayala Loor y soy del Ecuador... de Portoviejo.

**MAITE** Encantada. ¿Qué clases tomas en la universidad?

**INÉS** Tomo geografía, inglés, historia, sociología y arte.

5

**MAITE** Tomas muchas clases, ¿no?

**INÉS** Pues sí, me gusta estudiar mucho.

9

**ÁLEX** Pero si son muy interesantes, hombre.

10

**JAVIER** Sí, ¡muy interesantes!

## Enfoque cultural La vida universitaria

Universities in Spanish-speaking countries differ from those in the United States. In most cases students enroll in programs that prepare them for a specific career, rather than choosing a major. The courses for these programs are standardized within each country, so students take few elective courses. The classes themselves are also taught differently. Most are conducted as lectures that meet one or two times weekly. Grades are often based on a scale of one to ten, where five is passing.

## Expresiones útiles

### Talking about classes

▶ **¿Qué tal las clases en la UNAM?**
*How are classes going at UNAM?*

▶ **¿También tomas tú geografía?**
*Are you also taking geography?*

▷ **No, tomo inglés y literatura.**
*No, I'm taking English and literature.*

▶ **Tomas muchas clases, ¿no?**
*You're taking lots of classes, aren't you?*

▷ **Pues sí.** *Well, yes.*

▶ **¿En qué clase hay más chicos?**
*In which class are there more guys?*

▷ **En la clase de historia.**
*In history class.*

### Talking about likes/dislikes

▶ **¿Te gusta estudiar?**
*Do you like to study?*

▷ **Sí, me gusta mucho. Pero también me gusta mirar la televisión.**
*Yes, I like it a lot. But I also like to watch television.*

▶ **¿Te gusta la clase de sociología?**
*Do you like sociology class?*

▷ **Sí, me gusta muchísimo.**
*Yes, I like it very much.*

▶ **¿Te gustan las computadoras?**
*Do you like computers?*

▷ **No, no me gustan nada.**
*No, I don't like them at all.*

### Talking about location

▶ **Aquí estamos en...**
*Here we are at/in...*

▶ **¿Dónde está la señorita?**
*Where is the young woman?*

▷ **Está cerca de la ventana.**
*She's near the window.*

### Expressing hesitation

▶ **A ver...**
*Let's see...*

▶ **Bueno...**
*Well...*

# Reacciona a la fotonovela

1 **Escoger** Choose the answer that best completes each sentence.

1. Maite toma (*is taking*) __________ en la universidad.
   a. geografía, inglés y periodismo b. economía, periodismo y literatura
   c. periodismo, inglés y literatura
2. Inés toma sociología, geografía, __________.
   a. inglés, historia y arte b. periodismo, computación y arte
   c. historia, literatura y biología
3. Javier toma __________ clases este semestre.
   a. cuatro b. tres c. dos
4. Javier toma historia y __________ los __________.
   a. computación; martes y jueves b. arte; lunes, martes y miércoles
   c. arte; lunes, miércoles y viernes

2 **Identificar** Indicate which person would make each statement. The names may be used more than once.

1. Sí, me gusta estudiar.
2. ¡Hola! ¿Te gustan las clases en la UNAM?
3. ¿La clase de periodismo? Sí, me gusta mucho.
4. Hay más chicas en la clase de sociología.
5. Buenos días. Yo soy de Radio Andina FM 93.
6. ¡Uf! ¡No me gustan las computadoras!
7. Las computadoras son muy interesantes. Me gustan muchísimo.
8. Me gusta dibujar en la clase de arte.

INÉS

JAVIER MAITE

ÁLEX

**NOTA CULTURAL**

Álex is a student at **la UNAM,** or **Universidad Nacional Autónoma de México** (*National Autonomous University of Mexico*). Founded in 1551, it is now one of the largest universities in the world, with an annual enrollment of over 250,000 students.

3 **Completar** These sentences are similar to things said in the **Fotonovela.** Complete each sentence with the correct word(s).

| la sociología | el arte | la Universidad San Francisco de Quito |
|---|---|---|
| la clase de historia | geografía | la Mitad del Mundo |

1. Maite, Javier, Inés y yo estamos en...
2. Hay fotos impresionantes de la Mitad del Mundo en los libros de...
3. Me llamo Maite. Estoy aquí con estudiantes de...
4. Hay muchos chicos en...
5. No me gustan las computadoras. Me gusta más...

**NOTA CULTURAL**

In the **Fotonovela,** Álex, Maite, Javier, and Inés visit **la Mitad del Mundo** (*Center of the World*), a monument north of Quito, Ecuador. It marks the line at which the equator divides the Earth's northern and southern hemispheres.

4 **Preguntas personales** Interview a classmate about his/her likes and dislikes of the university and university life.

*modelo*

**Estudiante 1:** *¿Te gusta la cafetería?*
**Estudiante 2:** *No, no me gusta la cafetería. Pero me gusta la residencia estudiantil.*
**Estudiante 1:** *¿Te gustan las computadoras?*
**Estudiante 2:** *Sí, me gustan mucho. Tomo una clase de computación.*

# Pronunciación

## Spanish vowels

**a** **e** **i** **o** **u**

Spanish vowels are never silent; they are always pronounced in a short, crisp way without the glide sounds used in English.

| | | | |
|---|---|---|---|
| **Álex** | **clase** | **nada** | **encantada** |

The letter **a** is pronounced like the *a* in *father*, but shorter.

| | | | |
|---|---|---|---|
| **el** | **ene** | **mesa** | **elefante** |

The letter **e** is pronounced like the *e* in *they*, but shorter.

| | | | |
|---|---|---|---|
| **Inés** | **chica** | **tiza** | **señorita** |

The letter **i** sounds like the *ee* in *beet*, but shorter.

| | | | |
|---|---|---|---|
| **hola** | **con** | **libro** | **don Francisco** |

The letter **o** is pronounced like the *o* in *tone*, but shorter.

| | | | |
|---|---|---|---|
| **uno** | **regular** | **saludos** | **gusto** |

The letter **u** sounds like the *oo* in *room*, but shorter.

**Práctica** Practice the vowels by saying the names of these places in Spain.

1. Madrid
2. Alicante
3. Tenerife
4. Toledo
5. Barcelona
6. Granada
7. Burgos
8. La Coruña

**Oraciones** Read the sentences aloud, focusing on the vowels.

1. Hola. Me llamo Ramiro Morgado.
2. Estudio arte en la Universidad de Salamanca.
3. Tomo también literatura y contabilidad.
4. Ay, tengo clase en cinco minutos. ¡Nos vemos!

**Refranes** Practice the vowels by reading these sayings aloud.

**AYUDA**

Although **ay** and **hay** are pronounced identically, they do not have the same meaning. **¡Ay!** is an exclamation expressing pain, shock, or affliction: *Oh, dear; Woe is me!* As you learned in **Lección 1**, **hay** is a verb form that means *there is, there are*. **Hay veinte libros.** (*There are twenty books.*)

recursos

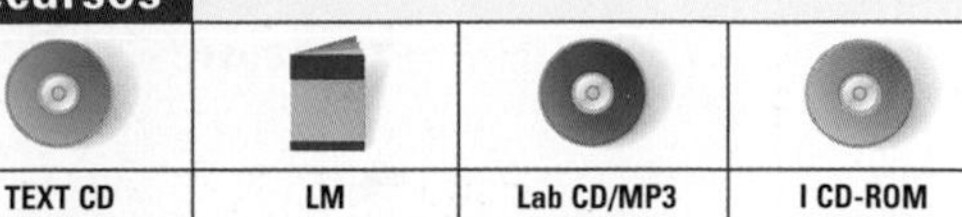


1 Easier said than done.
2 To each his own.

# 2 estructura

## 2.1 Present tense of –ar verbs

**ANTE TODO** In order to talk about activities, you need to use verbs. Verbs express actions or states of being. In English and Spanish, the infinitive is the base form of the verb. In English, the infinitive is preceded by the word *to*: *to study, to be*. The infinitive in Spanish is a one-word form and can be recognized by its endings: **–ar, –er,** or **–ir.** In this lesson, you will learn the forms of regular **–ar** verbs.

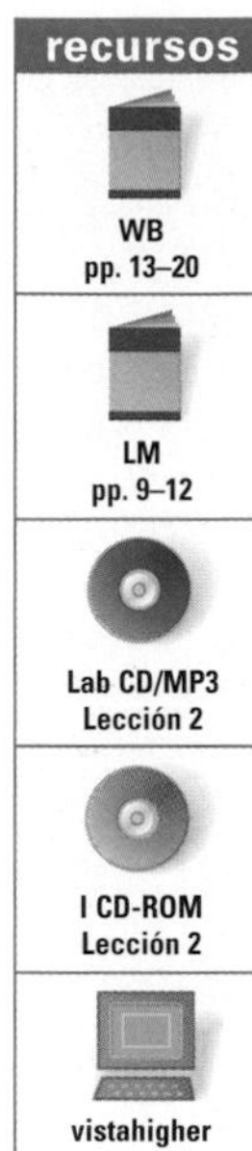


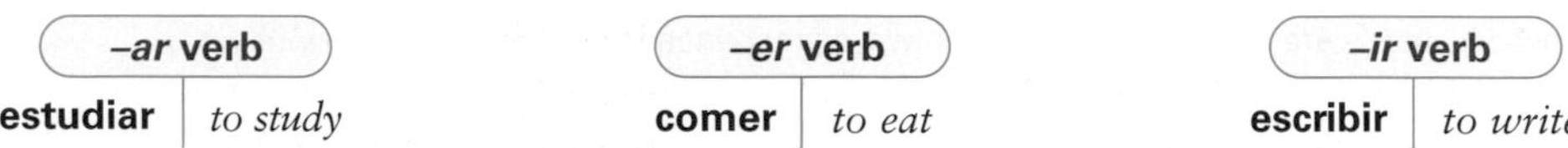


**Present tense of *estudiar***

**estudiar** *(to study)*

| | | | |
|---|---|---|---|
| SINGULAR FORMS | yo | estudi**o** | *I study* |
| | tú | estudi**as** | *you* (fam.) *study* |
| | Ud./él/ella | estudi**a** | *you* (form.) *study; he/she studies* |
| PLURAL FORMS | nosotros/as | estudi**amos** | *we study* |
| | vosotros/as | estudi**áis** | *you* (fam.) *study* |
| | Uds./ellos/ellas | estudi**an** | *you* (form.) *study; they study* |

- To create the forms of most regular verbs in Spanish, you drop the infinitive endings (**–ar, –er, –ir**). You then add to the stem the endings that correspond to the different subject pronouns. The following diagram will help you visualize the process by which verb forms are created.

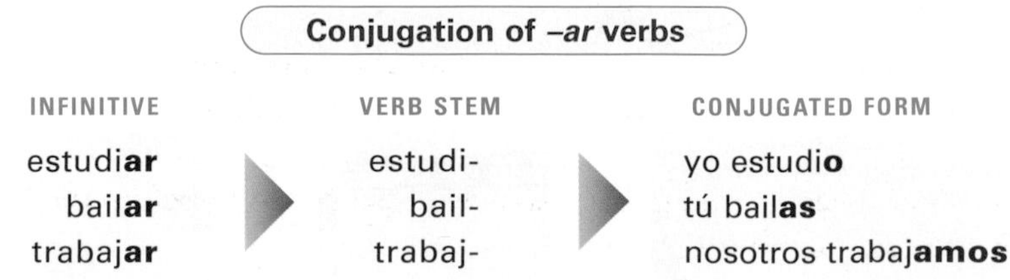

## Common *-ar* verbs

| | | | |
|---|---|---|---|
| **bailar** | *to dance* | **estudiar** | *to study* |
| **buscar** | *to look for* | **explicar** | *to explain* |
| **caminar** | *to walk* | **hablar** | *to talk; to speak* |
| **cantar** | *to sing* | **llegar** | *to arrive* |
| **cenar** | *to have dinner* | **llevar** | *to carry* |
| **comprar** | *to buy* | **mirar** | *to look (at); to watch* |
| **contestar** | *to answer* | **necesitar ( + *inf.*)** | *to need* |
| **conversar** | *to converse, to chat* | **practicar** | *to practice* |
| **desayunar** | *to have breakfast* | **preguntar** | *to ask (a question)* |
| **descansar** | *to rest* | **preparar** | *to prepare* |
| **desear ( + *inf.*)** | *to desire; to wish* | **regresar** | *to return* |
| **dibujar** | *to draw* | **terminar** | *to end; to finish* |
| **enseñar** | *to teach* | **tomar** | *to take; to drink* |
| **escuchar** | *to listen (to)* | **trabajar** | *to work* |
| **esperar ( + *inf.*)** | *to wait (for); to hope* | **viajar** | *to travel* |

**¡ATENCIÓN!**

The Spanish verbs **buscar, escuchar, esperar,** and **mirar** do not need to be followed by prepositions as they do in English.

**Busco la tarea.**
*I'm looking for the homework.*

**Escucho la música.**
*I'm listening to the music.*

**Espero el autobús.**
*I'm waiting for the bus.*

**Miro la pizarra.**
*I'm looking at the blackboard.*

**COMPARE & CONTRAST**

Compare the verbs in the English sentences to the verb in the Spanish equivalent.

Paco **trabaja** en la cafetería.

1. *Paco works in the cafeteria.*
2. *Paco is working in the cafeteria.*
3. *Paco does work in the cafeteria.*

English uses three sets of forms to talk about the present: 1) the simple present (*Paco works*), 2) the present progressive (*Paco is working*), and 3) the emphatic present (*Paco does work*). In Spanish, the simple present can be used in all three cases.

In both Spanish and English, the present tense is also sometimes used to express future action.

Marina **viaja** a Madrid mañana.

1. *Marina travels to Madrid tomorrow.*
2. *Marina will travel to Madrid tomorrow.*
3. *Marina is traveling to Madrid tomorrow.*

- In Spanish, as in English, when two verbs are used together with no change of subject, the second verb is generally in the infinitive.

**Deseo hablar** con don Francisco.
*I want to speak with don Francisco.*

**Necesitamos comprar** cuadernos
*We need to buy notebooks.*

- To make a sentence negative in Spanish, the word **no** is placed before the conjugated verb. In this case, **no** means *not*.

Ellos **no** miran la televisión.
*They don't watch television.*

Alicia **no** desea bailar ahora.
*Alicia doesn't want to dance now.*

▶ Note that no subject pronouns were used in the Spanish conversation depicted above. Spanish speakers often omit them because the verb endings indicate who the subject is. In Spanish, subject pronouns are used for emphasis, clarification, or contrast, as in the examples below.

**Clarification/Contrast**

—¿Qué enseñan **ellos**?
*What do they teach?*

—**Ella** enseña arte y **él** enseña física.
*She teaches art, and he teaches physics.*

**Emphasis**

—¿Quién desea trabajar hoy?
*Who wants to work today?*

—**Yo** no deseo trabajar hoy.
*I don't want to work today.*

**¡INTÉNTALO!** Provide the present tense forms of these verbs. The first items have been done for you.

**hablar**

1. Yo ___hablo___ español.
2. Ellos __________ español.
3. Inés __________ español.
4. Nosotras __________ español.
5. Tú __________ español.
6. Los estudiantes __________ español.
7. Usted __________ español.
8. Javier y yo __________ español.

**trabajar**

1. Ustedes ___trabajan___ mucho.
2. Juanita y yo __________ mucho.
3. Nuestra profesora __________ mucho.
4. Tú __________ mucho.
5. Yo __________ mucho.
6. Las chicas __________ mucho.
7. Él __________ mucho.
8. Tú y Álex __________ mucho.

**desear**

1. Usted ___desea___ viajar.
2. Yo __________ viajar.
3. Nosotros __________ viajar.
4. Lourdes y Luz __________ viajar.
5. Tú __________ viajar.
6. Ella __________ viajar.
7. Marco y yo __________ viajar.
8. Ustedes __________ viajar.

# Práctica

**1**

**Completar** Complete the conversation with the appropriate forms of the verbs. Then act it out with a partner.

**AYUDA**

The Spanish **no** translates to both *no* and *not* in English. In negative answers to questions, you will need to use **no** twice:

**¿Estudias geografía?**

**No, no estudio geografía**

**JUAN** ¡Hola, Linda! ¿Qué tal las clases?

**LINDA** Bien. (1)__________ (tomar) tres clases... química, biología y computación. Y tú, ¿cuántas clases (2)__________ (tomar)?

**JUAN** (3)__________ (tomar) cuatro... sociología, biología, arte y literatura. Yo (4)__________ (tomar) biología a las cuatro con el doctor Cárdenas. ¿Y tú?

**LINDA** Lily, Alberto y yo (5)__________ (tomar) biología a las diez, con la profesora Garza.

**JUAN** ¿(6)__________ (estudiar) ustedes mucho?

**LINDA** Sí, porque hay muchos exámenes. Alberto y yo (7)__________ (estudiar) dos horas juntos todos los días (*together every day*).

**JUAN** ¿Lily no (8)__________ (estudiar) con ustedes?

**LINDA** Shhh... No, ella (9)__________ (estudiar) con su novio (*boyfriend*), Arturo.

**2**

**Oraciones** Form sentences using the words provided. Remember to conjugate the verbs and add any other necessary words.

1. Ustedes / practicar / vocabulario
2. (Yo) desear / practicar / verbos / hoy
3. ¿Preparar (tú) / tarea?
4. clase de español / terminar / once
5. ¿Qué / buscar / ustedes?
6. (Nosotros) buscar / pluma
7. (Yo) comprar / computadora
8. Mi (*My*) compañera de cuarto / regresar / lunes
9. Ella / bailar / y / cantar / muy bien
10. jóvenes / desear / descansar / ahora

**3**

**Actividades** Get together with a classmate and take turns asking each other if you do these activities.

| | | |
|---|---|---|
| bailar merengue | escuchar música rock | practicar el español |
| cantar bien | estudiar física | trabajar en la universidad |
| dibujar en clase | mirar la televisión | viajar a Europa |

*modelo*

tomar el autobús

**Estudiante 1:** ¿Tomas el autobús?

**Estudiante 2:** Sí, tomo el autobús. / No, no tomo el autobús.

# Comunicación

4 **Describir** With a partner, describe what you see in the pictures using the given verbs.

modelo

enseñar
La profesora enseña química.

1. caminar, hablar, llevar

2. buscar, descansar, estudiar

3. dibujar, cantar, escuchar

4. llevar, tomar, viajar

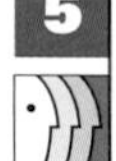

5 **Charadas** In groups of three students, play a game of charades using the verbs in the word bank. For example, if someone is studying, you say "**Estudias.**" The first person to guess correctly acts out the next charade.

| | | | | |
|---|---|---|---|---|
| bailar | cantar | descansar | enseñar | mirar |
| caminar | conversar | dibujar | escuchar | preguntar |

# Síntesis

6 **Conversación** Get together with a classmate and pretend that you are friends who have not seen each other on campus for a few days. Have a conversation in which you catch up on things. Mention how you're feeling, what classes you're taking, what days and times you have classes, and what classes you like and don't like.

# 2.2 Forming questions in Spanish

**ANTE TODO** There are three basic ways to ask questions in Spanish. Can you guess what they are by looking at the photos and photo captions on this page?

**CONSEJOS**

With a partner, take turns saying the example statements and questions on this page out loud. With books closed, your partner should guess whether you are making a statement or asking a question. Make sure to raise the pitch of your voice at the end of the questions. Then take turns making up statements of your own and turning them into questions, using all three of the methods described on this page.

- One way to form a question is to raise the pitch of your voice at the end of a declarative sentence. When writing any question in Spanish, be sure to use an upside down question mark (**¿**) at the beginning and a regular question mark (**?**) at the end of the sentence.

| **Statement** | **Question** |
|---|---|
| Ustedes trabajan los sábados.<br>*You work on Saturdays.* | ¿Ustedes trabajan los sábados?<br>*Do you work on Saturdays?* |
| Miguel busca un mapa.<br>*Miguel is looking for a map.* | ¿Miguel busca un mapa?<br>*Is Miguel looking for a map?* |

- As in English, you can form a question by inverting the order of the subject and the verb of a declarative statement. The subject may even be placed at the end of the sentence.

| **Statement** | **Question** |
|---|---|
| SUBJECT VERB<br>**Ustedes trabajan** los sábados.<br>*You work on Saturdays.* | VERB SUBJECT<br>¿**Trabajan ustedes** los sábados?<br>*Do you work on Saturdays?* |
| SUBJECT VERB<br>**Carlota regresa** a las seis.<br>*Carlota returns at six.* | VERB SUBJECT<br>¿**Regresa** a las seis **Carlota**?<br>*Does Carlota return at six?* |

- Questions can also be formed by adding the tags **¿no?** or **¿verdad?** at the end of a statement.

| **Statement** | **Question** |
|---|---|
| Ustedes trabajan los sábados.<br>*You work on Saturdays.* | Ustedes trabajan los sábados, **¿verdad?**<br>*You work on Saturdays, right?* |
| Carlota regresa a las seis.<br>*Carlota returns at six.* | Carlota regresa a las seis, **¿no?**<br>*Carlota returns at six, doesn't she?* |

## Question words

### Interrogative words

| | | | |
|---|---|---|---|
| **¿Cómo?** | *How?* | **¿De dónde?** | *From where?* |
| **¿Cuál?, ¿Cuáles?** | *Which?; Which one(s)?* | **¿Por qué?** | *Why?* |
| **¿Cuándo?** | *When?* | **¿Cuánto/a?** | *How much?* |
| **¿Qué?** | *What?; Which?* | **¿Cuántos/as?** | *How many?* |
| **¿Dónde?** | *Where?* | **¿Quién?** | *Who?* |
| **¿Adónde?** | *Where (to)?* | **¿Quiénes?** | *Who* (plural)? |

- To ask a question that requires more than a simple *yes* or *no* answer, an interrogative word is used.

¿**Cuál** de ellos estudia en la biblioteca?
*Which of them studies in the library?*

¿**Cuándo** descansan ustedes?
*When do you rest?*

¿**Cuántos** estudiantes hablan español?
*How many students speak Spanish?*

¿**Dónde** trabaja Ricardo?
*Where does Ricardo work?*

¿**Qué** clases tomas?
*What classes are you taking?*

¿**Adónde** caminamos?
*Where are we walking?*

¿**De dónde** son Álex y Javier?
*Where are Alex and Javier from?*

¿**Por qué** necesitas hablar con ella?
*Why do you need to talk to her?*

¿**Quién** enseña la clase de arte?
*Who teaches the art class?*

¿**Cuánta** tarea hay?
*How much homework is there?*

**CONSÚLTALO**

**¿Qué?** and **¿cuál(es)?** You will learn more about the difference between **qué** and **cuál** in **Estructura 9.3**, pp. 284–285.

- When pronouncing this type of question, the pitch of your voice falls at the end of the sentence.

¿**Cómo** llegas a clase?
*How do you get to class?*

¿**Por qué** necesitas estudiar?
*Why do you need to study?*

- In Spanish **no** can mean both *no* and *not*. Therefore, when answering a yes/no question in the negative, you need to use **no** twice.

¿Caminan a la universidad?
*Do you walk to the university?*

**No, no** caminamos a la universidad.
*No, we do **not** walk to the university.*

Make questions out of these statements. Use intonation in column 1 and the tag **¿no?** in column 2. The first item has been done for you.

| Statement | Intonation | Tag questions |
|---|---|---|
| 1. Hablas inglés. | ¿Hablas inglés? | Hablas inglés, ¿no? |
| 2. Trabajamos mañana. | | |
| 3. Ustedes desean bailar. | | |
| 4. Raúl estudia mucho. | | |
| 5. Enseño a las nueve. | | |
| 6. Luz mira la televisión. | | |
| 7. Los chicos descansan. | | |
| 8. Él prepara la prueba. | | |

# Práctica

**1**

**Preguntas** Change these sentences into questions by inverting the word order.

*modelo*
Ernesto habla con su compañero de clase.
¿Habla Ernesto con su compañero de clase? /
¿Habla con su compañero de clase Ernesto?

1. La profesora Cruz prepara la prueba.
2. Sandra y yo necesitamos estudiar.
3. Los chicos practican el vocabulario.
4. Jaime termina la tarea.
5. Tú trabajas en la biblioteca.

**2**

**¡ATENCIÓN!**

Notice the difference between **¿por qué?**, which is written as two words and has an accent, and **porque**, which is written as one word without an accent:
**¿por qué?** *why?*
**porque** *because*

**Completar** Irene and Manolo are chatting in the library. Complete their conversation with the appropriate questions.

**IRENE** Hola, Manolo. (1) ____________
**MANOLO** Bien, gracias. (2) ____________
**IRENE** Muy bien. (3) ____________
**MANOLO** Son las nueve.
**IRENE** (4) ____________
**MANOLO** Estudio historia.
**IRENE** (5) ____________
**MANOLO** Porque hay un examen mañana.
**IRENE** (6) ____________
**MANOLO** Sí, me gusta mucho la clase.
**IRENE** (7) ____________
**MANOLO** El profesor Padilla enseña la clase.
**IRENE** (8) ____________
**MANOLO** No, no tomo psicología este semestre.
**IRENE** (9) ____________
**MANOLO** Regreso a la residencia a las once.
**IRENE** (10) ____________
**MANOLO** No, no deseo tomar soda. ¡Deseo estudiar!

**3**

**Dos profesores** In pairs, create a dialogue, similar to the one in **Actividad 2**, between profesor Padilla and his colleague profesora Martínez. Use question words.

*modelo*
**Prof. Padilla:** ¿Qué enseñas este semestre?
**Prof. Martínez:** Enseño dos cursos de sociología.

# Comunicación

4 **Encuesta** Your instructor will give you a worksheet. Change the categories in the first column into questions, then use them to survey your classmates. Find at least one person for each category. Be prepared to report the results of your survey to the class.

| Categorías | Nombres |
|---|---|
| 1. Estudiar computación | |
| 2. Tomar una clase de psicología | |
| 3. Dibujar bien | |
| 4. Cantar bien | |
| 5. Escuchar música clásica | |
| 6. Escuchar jazz | |
| 7. Hablar mucho en clase | |
| 8. Desear viajar a España | |

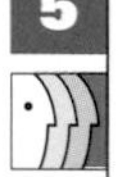

5 **Un juego** (*A game*) In groups of four or five, play a game of *Jeopardy.®* Each person has to write two clues. Then take turns reading the clues and guessing the questions. The person who guesses correctly reads the next clue.

| **Es algo que...** | **Es un lugar donde...** | **Es una persona que...** |
|---|---|---|
| *It's something that...* | *It's a place where...* | *It's a person that...* |

*modelo*

**Estudiante 1:** Es un lugar donde estudiamos.
**Estudiante 2:** ¿Qué es la biblioteca?

**Estudiante 1:** Es algo que escuchamos.
**Estudiante 2:** ¿Qué es la música?

**Estudiante 1:** Es un director de España.
**Estudiante 2:** ¿Quién es Pedro Almodóvar?

**NOTA CULTURAL**

**Pedro Almodóvar** is an award-winning film director from Spain. His films are full of both humor and melodrama, and their controversial subject matter has often sparked great debate. His 1999 film **Todo sobre mi madre** (*All About My Mother*) received an Oscar for Best Foreign Film and Best Director at the Cannes Film Festival.

# Síntesis

6 **Entrevista** Imagine that you are a reporter for the school newspaper. Write five questions about student life at your school and use them to interview two classmates. Be prepared to report your findings to the class.

# 2.3 Present tense of estar

**CONSÚLTALO**

To review the forms of **ser**, see **Estructura 1.3**, pp. 17–19.

**ANTE TODO** In **Lección 1**, you learned how to conjugate and use the ver **ser** *(to be)*. You will now learn a second verb which means *to be*, the verb **estar**. Although **estar** ends in **–ar**, it does not follow the pattern of regular **–ar** verbs. The **yo** form (**estoy**) is irregular. Also, all forms have an accented **á** except the **yo** and **nosotros/as** forms.

**Present tense of *estar***

**estar** *(to be)*

| | | | |
|---|---|---|---|
| SINGULAR FORMS | yo | est**oy** | *I am* |
| | tú | est**ás** | *you* (fam.) *are* |
| | Ud./él/ella | est**á** | *you* (form.) *are; he/she is* |
| PLURAL FORMS | nosotros/as | est**amos** | *we are* |
| | vosotros/as | est**áis** | *you* (fam.) *are* |
| | Uds./ellos/ellas | est**án** | *you* (form.) *are; they are* |

**COMPARE & CONTRAST**

In the following chart, compare the uses of the verb **estar** to those of the verb **ser**.

**Uses of *estar***

**Location**
**Estoy** en casa
*I am at home.*

Inés **está** al lado de Javier.
*Inés is next to Javier.*

**Health**
Álex **está** enfermo hoy.
*Álex is sick today.*

**Well-being**
—¿Cómo **estás**, Maite?
*How are you, Maite?*

—**Estoy** muy bien, gracias.
*I'm very well, thank you.*

**Uses of *ser***

**Identity**
Hola, **soy** Maite.
*Hello, I'm Maite.*

**Occupation**
**Soy** estudiante.
*I'm a student.*

**Origins**
—¿**Eres** de España?
*Are you from Spain?*

—Sí, **soy** de España.
*Yes, I'm from Spain.*

**Time-telling**
**Son** las cuatro.
*It's four o'clock.*

**¡ATENCIÓN!**

You use **la casa** to express *the house*, but **en casa** to express *at home*.

## Prepositions often used with *estar*

| | | | |
|---|---|---|---|
| **al lado de** | *next to; beside* | **delante de** | *in front of* |
| **a la derecha de** | *to the right of* | **detrás de** | *behind* |
| **a la izquierda de** | *to the left of* | **encima de** | *on top of* |
| **en** | *in; on* | **entre** | *between; among* |
| **cerca de** | *near* | **lejos de** | *far from* |
| **con** | *with* | **sin** | *without* |
| **debajo de** | *below* | **sobre** | *on; over* |

▶ **Estar** is often used with certain prepositions to describe the location of a person or an object.

La clase **está al lado de** la biblioteca.
*The class is next to the library.*

Los libros **están encima del** escritorio.
*The books are on top of the desk.*

El laboratorio **está cerca de** la clase.
*The lab is near the classroom.*

Maribel **está delante de** José.
*Maribel is in front of José.*

El estadio no **está lejos de** la librería.
*The stadium isn't far from the bookstore.*

El mapa está **entre** la pizarra y la puerta.
*The map is between the blackboard and the door.*

Los estudiantes **están en** la clase.
*The students are in class.*

El libro **está sobre** la mesa.
*The book is on the table.*

**¡INTÉNTALO!** Provide the present tense forms of **estar**. The first item has been done for you.

1. Ustedes ___están___ en la clase.
2. José __________ en la biblioteca.
3. Yo __________ en el estadio.
4. Nosotras __________ en la cafetería.
5. Tú __________ en el laboratorio.
6. Elena __________ en la librería.
7. Ellas __________ en la clase.
8. Ana y yo __________ en la clase.
9. Usted __________ en la biblioteca.
10. Javier y Maribel __________ en el estadio.
11. Nosotros __________ en la cafetería.
12. Yo __________ en el laboratorio.
13. Carmen y María __________ en la librería.
14. Tú __________ en la clase.

# Práctica

**1**

**NOTA CULTURAL**

In many Spanish-speaking countries, students attend the university in their home city. Because of this, they tend to live at home instead of in a college dormitory. However, students from small towns without universities typically study away from home.

**Completar** Daniela has just returned home from her classes at the local university. Complete this conversation with the appropriate forms of **ser** or **estar**.

**MAMÁ** Hola, Daniela. ¿Cómo (1)__________?

**DANIELA** Hola, mamá. (2)__________ bien. ¿Dónde (3)__________ papá? ¡Ya (*already*) (4)__________ las ocho de la noche!

**MAMÁ** No (5)__________ aquí. (6)__________ en la oficina.

**DANIELA** Y Andrés y Margarita, ¿dónde (7)__________ ellos?

**MAMÁ** (8)__________ en el restaurante La Palma con Martín.

**DANIELA** ¿Quién (9)__________ Martín?

**MAMÁ** (10)__________ un compañero de clase. (11)__________ de México.

**DANIELA** Ah. Y el restaurante La Palma, ¿dónde (12)__________?

**MAMÁ** (13)__________ cerca de la Plaza Mayor, en San Modesto.

**DANIELA** Gracias, mamá. Voy (*I'm going*) al restaurante. ¡Hasta pronto!

**2**

**Escoger** Choose the preposition that best completes each sentence.

1. La pluma está (encima de / detrás de) la mesa.
2. La ventana está (a la izquierda de / debajo de) la puerta.
3. La pizarra está (debajo de / delante de) los estudiantes.
4. Las sillas están (encima de / detrás de) los escritorios.
5. Los estudiantes llevan los libros (en / sobre) la mochila.
6. La biblioteca está (sobre / al lado de) la residencia estudiantil.
7. España está (cerca de / lejos de) Puerto Rico.
8. Cuba está (cerca de / lejos de) los Estados Unidos.
9. Felipe trabaja (con / en) Ricardo en la cafetería.

**3**

**NOTA CULTURAL**

Many universities in the Spanish-speaking world do not have a central campus bookstore. Students generally purchase their texts at designated commercial bookstores.

**¿Dónde está...?** Imagine that you are in the school bookstore and can't find various items. Ask the clerk (your partner) where the items in the drawing are located. Then switch roles.

*modelo*

**Estudiante 1:** ¿Dónde están los diccionarios?
**Estudiante 2:** Los diccionarios están debajo de los libros de literatura.

# Comunicación

4 

**¿Dónde estás...?** Get together with a partner and take turns asking each other where you are at these times.

*modelo*

lunes / 10:00 a.m.
**Estudiante 1:** ¿Dónde estás los lunes a las diez de la mañana?
**Estudiante 2:** Estoy en la clase de español.

1. sábados / 6:00 a.m.
2. miércoles / 9:15 a.m.
3. lunes / 11:10 a.m.
4. jueves / 12:30 a.m.
5. viernes / 2:25 p.m.
6. martes / 3:50 p.m.
7. jueves / 5:45 p.m.
8. miércoles / 8:20 p.m.

5

**La ciudad universitaria** You are an exchange student at a Spanish university. Tell a classmate which buildings you are looking for and ask for their location relative to where you are.

*modelo*

**Estudiante 1:** ¿La Facultad de Medicina está lejos?
**Estudiante 2:** No, está cerca. Está a la izquierda de la Facultad de Administración de Empresas.

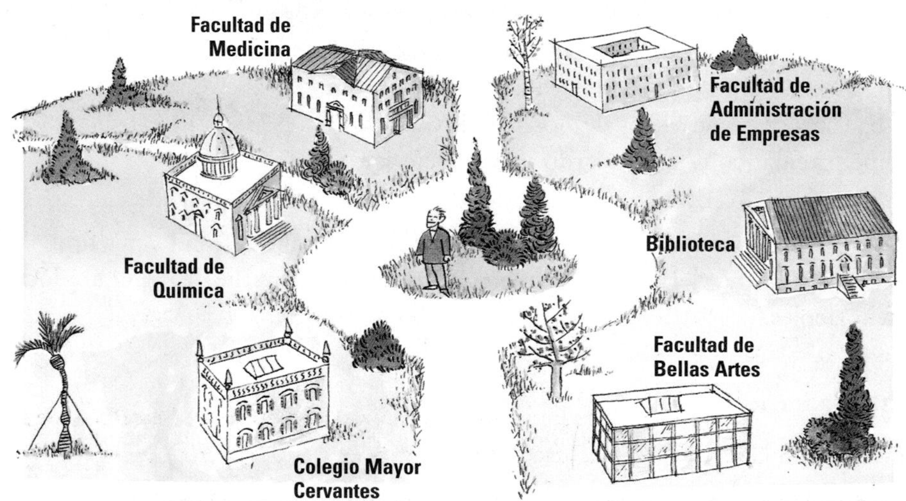


**¡LENGUA VIVA!**

**La Facultad (*School*) de Filosofía y Letras** includes departments, such as language, literature, philosophy, history, and linguistics. Fine Arts can be studied in **la Facultad de Bellas Artes.** In Spain the Business School is sometimes called **la Facultad de Ciencias Empresariales. Residencias estudiantiles** are referred to as **colegios mayores.**

# Síntesis

6 

**Entrevista** Use these questions to interview two classmates. Then switch roles.

1. ¿Cómo estás?
2. ¿Dónde estamos ahora?
3. ¿Dónde está tu (*your*) compañero/a de cuarto ahora?
4. ¿Cuántos estudiantes hay en la clase de español?
5. ¿Quién(es) no está(n) en la clase hoy?
6. ¿A qué hora termina la clase hoy?
7. ¿Estudias mucho?
8. ¿Cuántas horas estudias para (*for*) una prueba?

# 2.4 Numbers 31–100

**Los números 31 – 100**

| | | | | | |
|---|---|---|---|---|---|
| **31** | treinta y uno | **37** | treinta y siete | **50** | cincuenta |
| **32** | treinta y dos | **38** | treinta y ocho | **60** | sesenta |
| **33** | treinta y tres | **39** | treinta y nueve | **70** | setenta |
| **34** | treinta y cuatro | **40** | cuarenta | **80** | ochenta |
| **35** | treinta y cinco | **41** | cuarenta y uno | **90** | noventa |
| **36** | treinta y seis | **42** | cuarenta y dos | **100** | cien, ciento |
| | | | (*and so on*) | | |

▶ **Y** is used in most numbers from **31** through **99**.

Hay **ochenta y cinco** exámenes.
*There are eighty-five exams.*

Hay **cuarenta y dos** estudiantes.
*There are forty-two students.*

▶ With numbers that end in **uno** (31, 41, etc.), **uno** becomes **un** before a masculine noun and **una** before a feminine noun.

Hay **treinta y un** chicos.
*There are thirty-one guys.*

Hay **treinta y una** chicas.
*There are thirty-one girls.*

▶ **Cien** is used before nouns and in counting. The words **un**, **una**, and **uno** are never used before **cien** in Spanish. **Ciento** is used for numbers over one hundred.

¿Cuántos libros hay? **Cientos.**
*How many books are there? Hundreds.*

Hay **cien** libros y **cien** sillas.
*There are one hundred books and one hundred chairs.*

**¡INTÉNTALO!** Provide the words for these numbers.

1. **56** ____________
2. **31** ____________
3. **84** ____________
4. **99** ____________
5. **43** ____________
6. **68** ____________
7. **72** ____________
8. **35** ____________
9. **87** ____________
10. **59** ____________
11. **100** ____________
12. **61** ____________
13. **96** ____________
14. **74** ____________
15. **42** ____________

# Práctica

**1**

**Baloncesto** Provide these basketball scores in Spanish.

1. Ohio State 76, Michigan 65
2. Florida 92, Florida State 84
3. Stanford 58, UCLA 49
4. Purdue 81, Indiana 78
5. Princeton 67, Harvard 55
6. Duke 100, Virginia 91
7. Kansas 95, Colorado 53
8. Texas 79, Oklahoma 47
9. Army 86, Navy 71
10. Kentucky 98, Tennessee 74

**NOTA CULTURAL**

Basketball (**baloncesto** or **básquetbol**) is a popular sport in many Spanish-speaking countries. Spain, Puerto Rico, Argentina, and Mexico, for example, have national leagues and champion teams often go on to international competitions.

**2**

**Números de teléfono** What courses would you take if you were studying at a university in Spain? Take turns deciding and having your partner give you the phone number for enrollment information.

*modelo*

**Estudiante 1:** Necesito tomar una clase de química.
**Estudiante 2:** El número del departamento es el noventa y uno, cuarenta y siete, uno, veintinueve, ochenta y siete.

**NOTA CULTURAL**

In Spanish-speaking countries, the number of digits in phone numbers may vary from four to seven; they are often said in pairs.

**DIRECTORIO**

| Departamento | Número de teléfono |
|---|---|
| Administración de empresas | (91) 758-6562 |
| Arte | (91) 944-1216 |
| Biología | (91) 634-3211 |
| Computación | (91) 472-2350 |
| Contabilidad | (91) 419-7660 |
| Economía | (91) 773-1382 |
| Español | (91) 944-3915 |
| Física | (91) 634-7148 |
| Geografía | (91) 834-5238 |
| Historia | (91) 834-3371 |
| Literatura | (91) 552-6359 |
| Psicología | (91) 564-8799 |
| Química | (91) 471-2987 |
| Sociología | (91) 837-2225 |

**3**

**Números** In pairs, take turns reading aloud telephone numbers at random from the list in **Actividad 2** without mentioning the associated department. Your partner must provide the department.

*modelo*

**Estudiante 1:** (91) 564-8799.
**Estudiante 2:** Es el departamento de psicología.

# Comunicación

4 **Precios** (*Prices*) With a partner, take turns asking how much the items in the ad cost.

> **AYUDA**
>
> **una caja de** *a box of*
> **un paquete de** *a package of*
>
> • • •
>
> Note that in Spanish, a comma is used in place of a decimal point, which is the standard in the U.S.
>
> | U.S. | Spanish |
> |---|---|
> | $4.95 | $4,95 |
> | $12.50 | $12,50 |
>
> Conversely, Spanish uses a period instead of a comma to indicate thousands.
>
> | U.S. | Spanish |
> |---|---|
> | 1,500 | 1.500 |
> | 50,000 | 50.000 |

*modelo*

**Estudiante 1:** Deseo comprar papel.
¿Cuánto cuesta (*How much does it cost*)?
**Estudiante 2:** Un paquete cuesta (*it costs*) cuatro dólares y cuarenta y un centavos.

5 **Entrevista** Find out the telephone numbers and e-mail addresses of four classmates.

> **AYUDA**
>
> **arroba** at (@)
> **punto** *dot* (.)

*modelo*

**Estudiante 1:** ¿Cuál es tu (*your*) número de teléfono?
**Estudiante 2:** Es el 6-35-19-51.
**Estudiante 1:** ¿Y tu dirección de correo electrónico?
**Estudiante 2:** Es jota-Smith-arroba-pe-ele-punto-e-de-u. (*jsmith@pl.edu*)

# Síntesis

6 **¿A qué distancia...?** Your instructor will give you and a partner incomplete charts that indicate the distances between Madrid and various locations. Fill in the missing information on your chart by asking your partner questions.

*modelo*

**Estudiante 1:** ¿A qué distancia está Arganda del Rey?
**Estudiante 2:** Está a veintisiete kilómetros de Madrid.

# Lectura

## Antes de leer

### Estrategia

**Predicting Content Through Formats**

Recognizing the format of a document can help you to predict its content. For instance, invitations, greeting cards, and classified ads follow an easily identifiable format, which usually gives you a general idea of the information they contain. Look at the text and identify it based on its format.

| | lunes | martes | miércoles | jueves | viernes |
|---|---|---|---|---|---|
| 8:30 | biología | | biología | | biología |
| 9:00 | | historia | | historia | |
| 9:30 | inglés | | inglés | | inglés |
| 10:00 | | | | | |
| 10:30 | | | | | |
| 11:00 | | | | | |
| 12:00 | | | | | |
| 12:30 | | | | | |
| 1:00 | | | | | |
| 2:00 | arte | | arte | | arte |

If you guessed that this is a page from a student's schedule, you are correct. You can now infer that the document contains information about a student's weekly schedule, including days, times, and activities.

**Cognados**

With a classmate, make a list of the cognates in the text and guess their English meanings. What do cognates reveal about the content of the document?

**Examinar el texto**

Look at the format of the document entitled ***¡Español en Madrid!*** What type of text is it? What information do you expect to find in a document of this kind?

## Después de leer

**Correspondencias**

Provide the letter of each item in Column B that matches the words in Column A. Two items will not be used.

| A | B |
|---|---|
| 1. profesores | a. (34) 91 523 4500 |
| 2. vivienda | b. (34) 91 524 0210 |
| 3. Madrid | c. 23 junio – 30 julio |
| 4. número de teléfono | d. capital cultural de Europa |
| 5. Español 2B | e. 16 junio – 22 julio |
| 6. número de fax | f. especializados en enseñar español como lengua extranjera |
| | g. (34) 91 523 4623 |
| | h. familias españolas |

**¿Dónde?**
En el campus de la UAM, edificio° de la Facultad de Filosofía y Letras.

**¿Quiénes son los profesores?**
Son todos hablantes nativos del español y catedráticos° de la UAM especializados en enseñar el español como lengua extranjera.

**¿Qué niveles se ofrecen?**
Se ofrecen tres niveles° básicos:

1. Español Elemental, A, B y C
2. Español Intermedio, A y B
3. Español Avanzado, A y B

**Viviendas**
Para estudiantes extranjeros se ofrece vivienda° con familias españolas.

**¿Cuándo?**
Este verano desde° el 16 de junio hasta el 10 de agosto. Los cursos tienen una duración de 6 semanas.

| Cursos | Empieza° | Termina |
|---|---|---|
| Español 1A | 16 junio | 22 julio |
| Español 1B | 23 junio | 30 julio |
| Español 1C | 30 junio | 10 agosto |
| Español 2A | 16 junio | 22 julio |
| Español 2B | 23 junio | 30 julio |
| Español 3A | 16 junio | 22 julio |
| Español 3B | 23 junio | 30 julio |

**Información**
Para mayor información, sirvan comunicarse con la siguiente° oficina:

**Universidad Autónoma de Madrid**
**Programa de Español como Lengua Extranjera**
**Ctra. Colmenar Viejo, Km. 15**
**28049 Madrid, ESPAÑA**
**Tel. (34) 91 523 4500**
**Fax (34) 91 523 4623**
**www.uam.es**

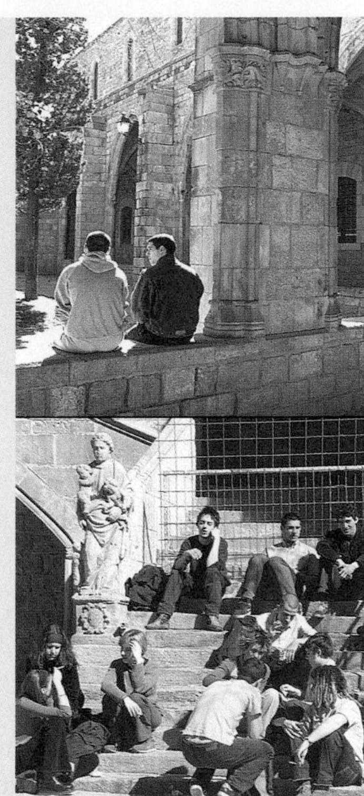

**verano** *summer* **aprender** *to learn* **nunca antes** *never before* **edificio** *building* **catedráticos** *professors* **niveles** *levels* **vivienda** *housing* **desde** *from* **Empieza** *Begins* **siguiente** *following*

## ¿Cierto o falso?

Indicate whether each statement is **cierto** (*true*) or **falso** (*false*). Then correct the false statements.

| | Cierto | Falso |
|---|---|---|
| 1. La Universidad Autónoma de Madrid ofrece (*offers*) cursos intensivos de italiano. | ❍ | ❍ |
| 2. La lengua nativa de los profesores del programa es el inglés. | ❍ | ❍ |
| 3. Los cursos de español son en la Facultad de Ciencias. | ❍ | ❍ |
| 4. Los estudiantes pueden vivir (*can live*) con familias españolas. | ❍ | ❍ |
| 5. La universidad que ofrece los cursos intensivos está en Salamanca. | ❍ | ❍ |
| 6. Español 3B termina en agosto. | ❍ | ❍ |
| 7. Si deseas información sobre (*about*) los cursos intensivos de español, es posible llamar al (34) 91 523 4500. | ❍ | ❍ |
| 8. Español 1A empieza en julio. | ❍ | ❍ |

# Escritura

## Estrategia

### Brainstorming

How do you find ideas to write about? In the early stages of writing, brainstorming can help you generate ideas on a specific topic. You should spend ten to fifteen minutes brainstorming and jotting down any ideas about the topic that occur to you. Whenever possible, try to write down your ideas in Spanish. Express your ideas in single words or phrases, and jot them down in any order. While brainstorming, don't worry about whether your ideas are good or bad. Selecting and organizing ideas should be the second stage of your writing. Remember that the more ideas you write down while you're brainstorming, the more options you'll have to choose from later when you start to organize your ideas.

*Me gusta*

*bailar*
*viajar*
*mirar la televisión*
*la clase de español*
*la clase de psicología*

*No me gusta*

*cantar*
*dibujar*
*trabajar*
*la clase de química*
*la clase de biología*

## Tema

### Una descripción

Write a description of yourself to post in a chat room on a website in order to meet Spanish-speaking people. Include this information in your description:

- Your name and where you are from, and a photo (optional) of yourself
- Your major and where you go to school
- The courses you are taking
- Where you work if you have a job
- Some of your likes and dislikes

*¡Hola! Me llamo Alicia Roberts. Estudio matemáticas en la Universidad de Nueva York.*

# Plan de escritura

1 **Ideas y organización**

Spend ten to fifteen minutes brainstorming information to put in your description. Then, on a separate sheet of paper, write the five points from the **Tema** section, leaving some blank space under each point. In a logical order, list under the corresponding points the ideas you just brainstormed. Eliminate ideas that don't pertain to the topic and add any missing information. Try to write your ideas in Spanish; doing so will make your first draft easier.

2 **Primer borrador**

Using the lists you prepared in **Ideas y organización,** write the first draft of your description.

3 **Comentario**

Exchange papers with a classmate and comment on each other's work, using these questions as a guide. Mention what you like about the person's writing, such as a certain description or style.

- **a.** Does the description include all necessary information? Is any information extraneous?
- **b.** Does the description include a sufficient number of details?
- **c.** Are the ideas expressed clearly? Do they have the proper focus?
- **d.** Do the ideas flow logically from one to another?
- **e.** Do you have any other suggestions for making the description more interesting or complete?
- **f.** Do you see any spelling or grammatical errors?

4 **Redacción**

Revise your first draft, keeping in mind your classmate's comments. Also incorporate any new ideas you may have. Before handing in the final version, use these suggestions to help you review your work:

- **a.** Underline each verb and make sure that it agrees with its subject.
- **b.** Check the gender and number of each noun and article.
- **c.** Check your spelling and punctuation.

5 **Evaluación y progreso**

In groups, take turns reading your descriptions aloud. Point out the best three features of each description, then choose one to read aloud to the class. After your instructor has returned your paper, review the comments and corrections. On a separate sheet of paper, write the heading **Anotaciones para mejorar** (*Notes for improving*) **la escritura,** and list your most common errors so that you can avoid them in the future. Place this list and your corrected description in a folder labeled **Carpeta de trabajos.** This will become your writing portfolio, which you will use to review your progress.

# Escuchar

## Estrategia
**Listening for cognates**

You already know that cognates are words that have similar spellings and meanings in two or more languages: for example, *group* and **grupo** or *stereo* and **estéreo**. Listen for cognates to increase your comprehension of spoken Spanish.

To help you practice this strategy, you will now listen to two sentences. Make a list of all the cognates you hear.

## Preparación

Based on the photograph, who do you think Armando and Julia are? What do you think they are talking about?

## Ahora escucha 

Now you are going to hear Armando and Julia's conversation. Make a list of the cognates they use. Then complete the Spanish sentence with the topic of their conversation.

| Armando | Julia |
|---|---|
| ____________ | ____________ |
| ____________ | ____________ |
| ____________ | ____________ |
| ____________ | ____________ |

Based on your knowledge of cognates, decide whether the following statements are **cierto** or **falso**.

| | Cierto | Falso |
|---|---|---|
| 1. Armando y Julia hablan de la familia. | ❍ | ❍ |
| 2. Armando y Julia toman una clase de matemáticas. | ❍ | ❍ |
| 3. Julia toma clases de ciencias. | ❍ | ❍ |
| 4. Armando estudia lenguas extranjeras. | ❍ | ❍ |
| 5. Julia toma una clase de religión. | ❍ | ❍ |

## Comprensión

### Preguntas

Answer these questions about Armando and Julia's conversation.

1. ¿Qué clases toma Armando?
   ________________________
2. ¿Qué clases toma Julia?
   ________________________

### Seleccionar

Choose the answer that best completes each sentence.

1. Armando toma _________ clases en la universidad.
   a. cuatro b. cinco c. seis
2. Julia toma dos clases de _________.
   a. matemáticas b. lengua c. ciencia
3. Armando toma italiano y _________.
   a. astronomía b. japonés c. geología
4. Armando y Julia estudian _________ los martes y jueves.
   a. filosofía b. matemáticas c. italiano

### Preguntas personales

1. ¿Cuántas clases tomas tú este semestre?
2. ¿Qué clases tomas tú este semestre?
3. ¿Qué clases te gustan y qué clases no te gustan?

recursos

TEXT CD
Lección 2

# Proyecto

## Representa a una universidad

Imagine that you are enrolled in a university in Spain as part of a "Year Abroad" program. You're about to return home, and the Spanish university has asked you to be its goodwill ambassador. In this role, you will disseminate information about the university in Spain to your classmates.

### 1 Diseña un cartel

Create a vibrant and appealing poster that is intended to attract students to study in your program. Using the research tools found in **Recursos para la investigación,** select the institution you would like to represent. Make notes about programs and courses the university offers, and gather photographs that illustrate the school's appeal and the town or city where it is located. Then create your poster, which might include these elements:

- A simple, descriptive title
- A few lines inviting students to study at the university
- Photos of university locations and/or a campus map
- A summary of the courses offered
- Photos and a description of the town where the university is located

### 2 Presenta la información

Give a brief presentation to your classmates about the Spanish university. Bring your poster and use it as a guide. Try to convince your classmates of the benefits of studying at this Spanish university.

**recursos para la investigación**

**Internet** Palabras clave: Spain, Spanish, university, universities

**Comunidad** Exchange students, faculty members, and residents in your community who are from Spain or have lived in Spain

**Biblioteca** Encyclopedias, almanacs, guidebooks, travel magazines

**Otros recursos** Your school's International Studies Office, the Spanish embassy or consulates, and travel agencies

# España

## El país en cifras

- **Área:** 504.750 km² (kilómetros cuadrados) ó 194.884 millas cuadradas°, incluyendo las islas Baleares y las islas Canarias
- **Población:** 39.874.000
- **Capital:** Madrid—3.976.000
- **Ciudades principales:** Barcelona—2.729.000, Valencia—2.149.171, Sevilla—1.727.304, Zaragoza—827.730

SOURCE: Instituto Nacional de Estadística

- **Moneda°:** euro
- **Idiomas°:** español o castellano, catalán, gallego, valenciano, eusquera

Bandera de España

### Españoles célebres

- **Miguel de Cervantes,** escritor° (1547–1616)
- **Pedro Almodóvar,** director de cine° (1949– )
- **Rosa Montero,** escritora y periodista° (1951– )
- **Pedro Duque,** astronauta (1963– )
- **Arantxa Sánchez Vicario,** tenista (1971– )

millas cuadradas *square miles* Moneda *Currency* Idiomas *Languages* escritor *writer* cine *film* periodista *reporter* pueblo *town* Cada año *Every year* Durante todo un día *All day long* miles *thousands* se tiran *throw at each other* varias toneladas *many tons*

OCÉANO ATLÁNTICO
EUROPA
ESPAÑA
ÁFRICA

Plaza Mayor en Madrid

La Sagrada Familia en Barcelona

Mar Cantábrico
FRANCIA
La Coruña
San Sebastián
ANDORRA
Pirineos
Zaragoza
Río Ebro
Barcelona
Salamanca
PORTUGAL
ESPAÑA
Madrid
Valencia
Menorca
Mallorca
Ibiza
Islas Baleares
Sevilla
Sierra Nevada
Mar Mediterráneo
Estrecho de Gibraltar
Ceuta
Melilla
MARRUECOS

El baile flamenco

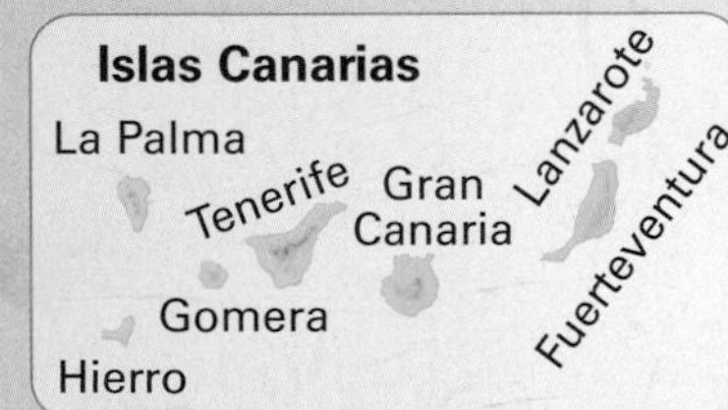


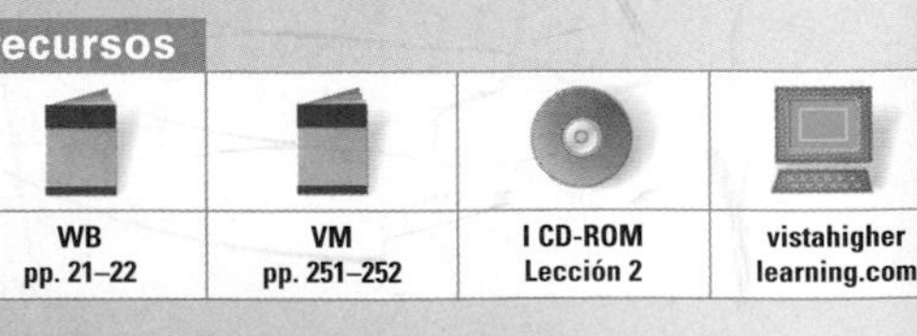


## ¡Increíble pero cierto!

En Buñol, un pueblo° de Valencia, la producción de tomates es un recurso económico muy importante. Cada año° se celebra el festival de *La Tomatina.* Durante todo un día°, miles de personas se tiran° tomates. Llegan turistas de todo el país, y se usan varias toneladas° de tomates.

## Lugares • La Universidad de Salamanca

La Universidad de Salamanca, fundada en 1218 (mil doscientos dieciocho), es la más antigua° de España. Más de 35.000 (treinta y cinco mil) estudiantes toman clases en la universidad. La universidad está en la ciudad de Salamanca, famosa por sus edificios° históricos, tales como° los puentes° romanos y las catedrales góticas.

## Economía • La Unión Europea

Desde° 1992 (mil novecientos noventa y dos) España es miembro de la Unión Europea, un grupo de países europeos que trabaja para desarrollar° una política° económica y social común en Europa. La moneda de los países de la Unión Europea es el euro.

*Las meninas,* Diego Velázquez, 1656.

## Artes • Velázquez y el Prado

El Prado, en Madrid, es uno de los museos más famosos del mundo°. En el Prado hay pinturas° importantes de Botticelli, del Greco, y de los españoles Goya y Velázquez. *Las Meninas* es la obra más conocida° de Diego Velázquez, pintor° oficial de la corte real° durante el siglo° XVII.

## Comida • La paella

La paella es uno de los platos más típicos de España. Siempre se prepara° con arroz° y azafrán°, pero hay diferentes recetas°. La paella valenciana, por ejemplo, es de pollo° y conejo°, y la paella marinera es de mariscos°.

Una playa de Ibiza

**¿Qué aprendiste?** Completa las frases con la información adecuada.

1. La __________ trabaja para desarrollar una política económica común en Europa.
2. El arroz y el azafrán son ingredientes básicos de la __________.
3. El Prado está en __________.
4. La universidad más antigua de España es la ____________________.
5. La ciudad de __________ es famosa por sus edificios históricos, tales como los puentes romanos.
6. El gallego es una de las lenguas oficiales de __________.

**Conexión Internet** Investiga estos temas en el sitio **www.vistahigherlearning.com.**

1. Busca (*Look for*) información sobre la Universidad de Salamanca u otra universidad española. ¿Qué cursos ofrece (*does it offer*)? ¿Ofrece tu universidad cursos similares?
2. Busca información sobre un español o una española célebre (por ejemplo, un(a) político/a, un actor, una actriz, un(a) artista). ¿De qué parte de España es, y por qué es célebre?

más antigua *oldest* edificios *buildings* tales como *such as* puentes *bridges* Desde *Since* desarrollar *develop* política *policy* mundo *world* pinturas *paintings* más conocida *best-known* pintor *painter* corte real *royal court* siglo *century* Siempre se prepara *It is always prepared* arroz *rice* azafrán *saffron* recetas *recipes* pollo *chicken* conejo *rabbit* mariscos *seafood*

## La clase y la universidad

| | |
|---|---|
| **el borrador** | *eraser* |
| **la clase** | *class* |
| **el/la compañero/a de clase** | *classmate* |
| **el/la compañero/a de cuarto** | *roommate* |
| **el escritorio** | *desk* |
| **el/la estudiante** | *student* |
| **el libro** | *book* |
| **el mapa** | *map* |
| **la mesa** | *table* |
| **la mochila** | *backpack* |
| **el papel** | *paper* |
| **la papelera** | *wastebasket* |
| **la pizarra** | *blackboard* |
| **la pluma** | *pen* |
| **el/la profesor(a)** | *teacher* |
| **la puerta** | *door* |
| **el reloj** | *clock; watch* |
| **la silla** | *seat* |
| **la tiza** | *chalk* |
| **la ventana** | *window* |
| **la biblioteca** | *library* |
| **la cafetería** | *cafeteria* |
| **la casa** | *house; home* |
| **el estadio** | *stadium* |
| **el laboratorio** | *laboratory* |
| **la librería** | *bookstore* |
| **la residencia estudiantil** | *dormitory* |
| **la universidad** | *university; college* |
| **el curso, la materia** | *course* |
| **la especialización** | *major* |
| **el examen** | *test; exam* |
| **el horario** | *schedule* |
| **la prueba** | *test; quiz* |
| **el semestre** | *semester* |
| **la tarea** | *homework* |
| **el trimestre** | *trimester; quarter* |

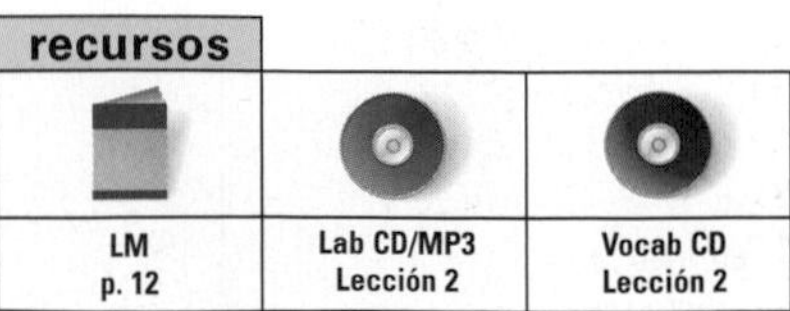


## Las materias

| | |
|---|---|
| **la administración de empresas** | *business administration* |
| **el arte** | *art* |
| **la biología** | *biology* |
| **las ciencias** | *sciences* |
| **la computación** | *computer science* |
| **la contabilidad** | *accounting* |
| **la economía** | *economics* |
| **el español** | *Spanish* |
| **la física** | *physics* |
| **la geografía** | *geography* |
| **la historia** | *history* |
| **las humanidades** | *humanities* |
| **el inglés** | *English* |
| **las lenguas extranjeras** | *foreign languages* |
| **la literatura** | *literature* |
| **las matemáticas** | *mathematics* |
| **la música** | *music* |
| **el periodismo** | *journalism* |
| **la psicología** | *psychology* |
| **la química** | *chemistry* |
| **la sociología** | *sociology* |

## Preposiciones

| | |
|---|---|
| **al lado de** | *next to; beside* |
| **a la derecha de** | *to the right of* |
| **a la izquierda de** | *to the left of* |
| **en** | *in; on* |
| **cerca de** | *near* |
| **con** | *with* |
| **debajo de** | *below; under* |
| **delante de** | *in front of* |
| **detrás de** | *behind* |
| **encima de** | *on top of* |
| **entre** | *between; among* |
| **lejos de** | *far from* |
| **sin** | *without* |
| **sobre** | *on; over* |

## Palabras adicionales

| | |
|---|---|
| **¿Adónde?** | *(to) Where?* |
| **ahora** | *now* |
| **¿Cuál?, ¿Cuáles?** | *Which?; Which one(s)?* |
| **¿Por qué?** | *Why?* |
| **porque** | *because* |

## Verbos

| | |
|---|---|
| **bailar** | *to dance* |
| **buscar** | *to look for* |
| **caminar** | *to walk* |
| **cantar** | *to sing* |
| **cenar** | *to have dinner* |
| **comprar** | *to buy* |
| **contestar** | *to answer* |
| **conversar** | *to converse, to chat* |
| **desayunar** | *to have breakfast* |
| **descansar** | *to rest* |
| **desear** | *to wish; to desire* |
| **dibujar** | *to draw* |
| **enseñar** | *to teach* |
| **escuchar la radio/música** | *to listen (to) the radio/music* |
| **esperar ( + *inf.*)** | *to wait (for); to hope* |
| **estar** | *to be* |
| **estudiar** | *to study* |
| **explicar** | *to explain* |
| **hablar** | *to talk; to speak* |
| **llegar** | *to arrive* |
| **llevar** | *to carry* |
| **mirar** | *to look (at); to watch* |
| **necesitar ( + *inf.*)** | *to need* |
| **practicar** | *to practice* |
| **preguntar** | *to ask (a question)* |
| **preparar** | *to prepare* |
| **regresar** | *to return* |
| **terminar** | *to end; to finish* |
| **tomar** | *to take; to drink* |
| **trabajar** | *to work* |
| **viajar** | *to travel* |

## Los días de la semana

| | |
|---|---|
| **¿Cuándo?** | *When?* |
| **¿Qué día es hoy?** | *What day is it?* |
| **Hoy es...** | *Today is ...* |
| **la semana** | *week* |
| **lunes** | *Monday* |
| **martes** | *Tuesday* |
| **miércoles** | *Wednesday* |
| **jueves** | *Thursday* |
| **viernes** | *Friday* |
| **sábado** | *Saturday* |
| **domingo** | *Sunday* |

| | |
|---|---|
| **Numbers 31–100** | *See page 57.* |
| **Expresiones útiles** | *See page 41.* |

# La familia

# 3

**Communicative Goals**

***You will learn how to:***

- **Talk about your family and friends**
- **Describe people and things**
- **Express ownership**

**A PRIMERA VISTA**

- ¿Hay cuatro personas en la foto?
- ¿Hay una mujer a la izquierda? ¿Y a la derecha?
- ¿Está el hombre lejos de la mujer o al lado de ella?
- ¿Conversan ellos? ¿Trabajan? ¿Viajan? ¿Caminan?

# La familia

## Más vocabulario

| | |
|---|---|
| **los abuelos** | *grandparents* |
| **el/la bisabuelo/a** | *great-grandfather/great-grandmother* |
| **la familia** | *family* |
| **el/la gemelo/a** | *twin* |
| **el/la hermanastro/a** | *stepbrother/stepsister* |
| **el/la hijastro/a** | *stepson/stepdaughter* |
| **la madrastra** | *stepmother* |
| **el medio hermano/ la media hermana** | *half-brother/ half-sister* |
| **el padrastro** | *stepfather* |
| **los padres** | *parents* |
| **los parientes** | *relatives* |
| **el/la cuñado/a** | *brother-in-law/ sister-in-law* |
| **la nuera** | *daughter-in-law* |
| **el/la suegro/a** | *father-in-law/ mother-in-law* |
| **el yerno** | *son-in-law* |
| **el/la amigo/a** | *friend* |
| **el apellido** | *last name* |
| **la gente** | *people* |
| **el/la muchacho/a** | *boy/girl* |
| **el/la niño/a** | *child* |
| **el/la novio/a** | *boyfriend/girlfriend* |
| **la persona** | *person* |
| **el/la artista** | *artist* |
| **el/la ingeniero/a** | *engineer* |
| **el/la doctor(a), el/la médico/a** | *doctor; physician* |
| **el/la periodista** | *journalist* |
| **el/la programador(a)** | *computer programmer* |

## Variación léxica

madre ⟷ mamá, mami (*colloquial*)
padre ⟷ papá, papi (*colloquial*)
muchacho/a ⟷ chico/a

**recursos**

| TEXT CD Lección 3 | WB pp. 23–24 | LM p. 13 | Lab CD/MP3 Lección 3 | I CD-ROM Lección 3 | Vocab CD Lección 3 |
|---|---|---|---|---|---|

## La familia de José Miguel Pérez Santoro

**Juan Santoro Sánchez**

**mi abuelo** (*my grandfather*)

**Ernesto Santoro González** — **Marina Gutiérrez de Santoro**

**mi tío** (*uncle*)
**hijo** (*son*) **de Juan y Socorro**

**mi tía** (*aunt*)
**esposa** (*wife*) **de Ernesto**

**Silvia Socorro Santoro Gutiérrez** — **Héctor Manuel Santoro Gutiérrez** — **Carmen Santoro Gutiérrez**

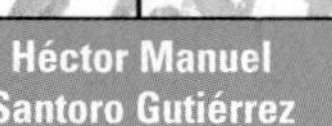

**mi prima** (*cousin*)
**hija** (*daughter*) **de Ernesto y Marina**

**mi primo** (*cousin*)
**nieto** (*grandson*) **de Juan y Socorro**

**mi prima**
**hija de Ernesto y Marina**

### ¡LENGUA VIVA!

In Spanish-speaking countries, it is common:

- for people to go by both first name and middle name, such as **José Miguel.**
- for people to have two last names: first the father's, then the mother's (the first last name of each parent) such as **Pérez Soto.**
- for wives sometimes to replace their second last name with their husband's first last name, preceded by **de: Mirta Santoro de Pérez.**

Socorro González de Santoro

mi abuela (*my grandmother*)

Mirta Santoro de Pérez

mi madre (*mother*)
hija de Juan y Socorro

Rubén Ernesto Pérez Gómez

mi padre (*father*)
esposo de mi madre

José Miguel Pérez Santoro

hijo de Rubén y de Mirta

Beatriz Alicia Pérez de Morales

mi hermana (*sister*)

Felipe Morales Zapata

esposo (*husband*) de Beatriz Alicia

Víctor Miguel Morales Pérez

mi sobrino (*nephew*)
hermano (*brother*) de Anita

Anita Morales Pérez

mi sobrina (*niece*)
nieta (*granddaughter*) de mis padres

los hijos (*children*) de Beatriz Alicia y de Felipe

# Práctica

**1** **Escuchar** Listen to each statement made by José Miguel Pérez Santoro, then indicate whether it is **cierto** or **falso,** based on his family tree.

| | Cierto | Falso | | Cierto | Falso |
|---|---|---|---|---|---|
| 1. | ❍ | ❍ | 6. | ❍ | ❍ |
| 2. | ❍ | ❍ | 7. | ❍ | ❍ |
| 3. | ❍ | ❍ | 8. | ❍ | ❍ |
| 4. | ❍ | ❍ | 9. | ❍ | ❍ |
| 5. | ❍ | ❍ | 10. | ❍ | ❍ |

**2** **Emparejar** Provide the letter of the phrase that matches each description. Two items will not be used.

1. Mi hermano programa las computadoras.
2. Son los padres de mi esposo.
3. Son los hijos de mis (*my*) tíos.
4. Mi tía trabaja en un hospital.
5. Es el hijo de mi madrastra y el hijastro de mi padre.
6. Es el esposo de mi hija.
7. Es el hijo de mi hermana.
8. Mi primo dibuja y pinta mucho.
9. Mi hermanastra da (*gives*) clases en la universidad.
10. Mi padre trabaja con planos (*blueprints*).

a. Es médica.
b. Es mi hermanastro.
c. Es programador.
d. Es ingeniero.
e. Son mis suegros.
f. Es mi novio.
g. Es mi padrastro.
h. Son mis primos.
i. Es artista.
j. Es profesora.
k. Es mi sobrino.
l. Es mi yerno.

**3** **Definiciones** Define these family terms in Spanish.

*modelo*

hijastro
*Es el hijo de mi esposo/a, pero no es mi hijo.*

1. abuela
2. bisabuelo
3. tío
4. parientes
5. suegra
6. cuñado
7. nietos
8. yerno
9. medio hermano
10. hermanastro

**4** **Escoger** Complete the description of each photo using words you have learned in **Contextos.**

**NOTA CULTURAL**

In the U.S., it is common for family members to live at great distances from one another. However, in Latin America and Spain, extended families tend to live near each other in the same neighborhood, town, city or region.

1. La ________ de Sara es muy grande.

2. Héctor y Lupita son ________.

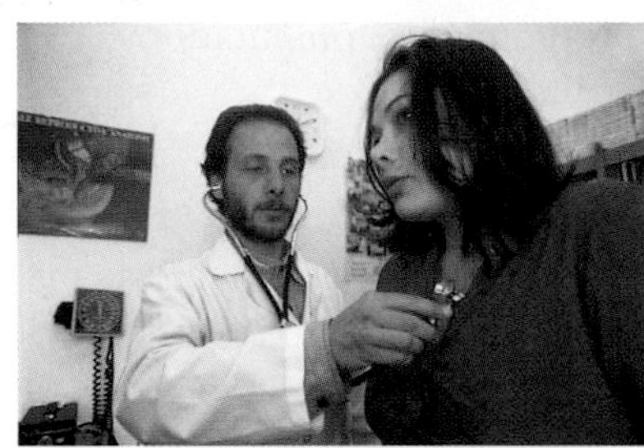

3. Alberto Díaz es ________.

4. Elena Vargas Soto es ________.

5. Los dos ________ están en el parque.

6. Don Manuel es el ________ de Martín.

7. Rubén camina con su ________.

8. Irene es ________.

# Comunicación

**5**

**Una familia** With a classmate, identify the members in the family tree by asking questions about how each family member is related to Graciela Vargas García.

**CONSÚLTALO**

Cities and towns where family members are from can be seen in **Panorama** on p.100.

*modelo*

**Estudiante 1:** *¿Quién es Beatriz Pardo de Vargas?*
**Estudiante 2:** *Es la abuela de Graciela.*

Now take turns asking each other these questions. Then invent three original questions.

1. ¿Cómo se llama el primo de Graciela?
2. ¿Cómo se llama la hija de David y de Beatriz?
3. ¿De dónde es María Susana?
4. ¿De dónde son Ramón y Graciela?
5. ¿Cómo se llama el yerno de David y de Beatriz?
6. ¿De dónde es Carlos Antonio?
7. ¿De dónde es Ernesto?
8. ¿Cuáles son los apellidos del sobrino de Lupe?

**6**

**Preguntas personales** With a classmate, take turns asking each other these questions.

**AYUDA**

**tengo** *I have*
**tienes** *you have*
**tu** *your* (sing.)
**tus** *your* (plural)
**mi** *my* (sing.)
**mis** *my* (plural)

1. ¿Cuántas personas hay en tu familia?
2. ¿Cómo se llaman tus padres? ¿De dónde son? ¿Dónde trabajan?
3. ¿Cuántos hermanos tienes? ¿Cómo se llaman? ¿Dónde estudian o trabajan?
4. ¿Cuántos primos tienes? ¿Cuáles son los apellidos de ellos? ¿Cuántos son niños y cuántos son adultos? ¿Hay más chicos o más chicas en tu familia?
5. ¿Eres tío/a? ¿Cómo se llaman tus sobrinos/as? ¿Dónde estudian o trabajan?
6. ¿Quién es tu pariente favorito?
7. ¿Tienes novio/a? ¿Tienes esposo/a? ¿Cómo se llama?

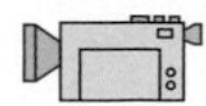

# ¿Es grande tu familia?

**Los chicos hablan de sus familias en el autobús.**

**PERSONAJES**

**MAITE**

**INÉS**

**DON FRANCISCO**

**ÁLEX**

**JAVIER**

**MAITE** Inés, ¿tienes una familia grande?

**INÉS** Pues, sí... mis papás, mis abuelos, cuatro hermanas y muchos tíos y primos.

**INÉS** Sólo tengo un hermano mayor, Pablo. Su esposa, Francesca, es médica. No es ecuatoriana, es italiana. Sus papás viven en Roma, creo. Vienen de visita cada año. Ah... y Pablo es periodista.

**MAITE** ¡Qué interesante!

**INÉS** ¿Y tú, Javier? ¿Tienes hermanos?

**JAVIER** No, pero aquí tengo unas fotos de mi familia.

**INÉS** ¡Ah! ¡Qué bien! ¡A ver!

**INÉS** ¿Y cómo es él?

**JAVIER** Es muy simpático. Él es viejo pero es un hombre muy trabajador.

**MAITE** Oye, Javier, ¿qué dibujas?

**JAVIER** ¿Eh? ¿Quién? ¿Yo? ¡Nada!

**MAITE** ¡Venga! ¡No seas tonto!

**MAITE** Jaaavieeer... Oye, pero ¡qué bien dibujas!

**JAVIER** Este... pues... ¡Sí! ¡Gracias!

**JAVIER** ¡Aquí están!

**INÉS** ¡Qué alto es tu papá! Y tu mamá, ¡qué bonita!

**JAVIER** Mira, aquí estoy yo. Y éste es mi abuelo. Es el padre de mi mamá.

**INÉS** ¿Cuántos años tiene tu abuelo?

**JAVIER** Noventa y dos.

**MAITE** Álex, mira, ¿te gusta?

**ÁLEX** Sí, mucho. ¡Es muy bonito!

**DON FRANCISCO** Epa, ¿qué pasa con Inés y Javier?

## Enfoque cultural La familia hispana

It is difficult to generalize about families in any culture, not just among Spanish speakers. There are many kinds of Hispanic families—large and small, close-knit and distant, loving and contentious. Traditionally, however, the family is one of the most important social institutions for Spanish speakers. Extended families, consisting of nuclear families and grandparents, aunts, and uncles, may reside in the same dwelling. Unmarried children often may live with their parents while attending college or working full-time.

## Expresiones útiles

### Talking about your family

▶ **¿Tienes una familia grande?**
*Do you have a large family?*

▷ **Sí… mis papás, mis abuelos, cuatro hermanas y muchos tíos.**
*Yes… my parents, my grandparents, four sisters, and many (aunts and) uncles.*

▷ **Sólo tengo un hermano mayor/menor.**
*I only have one older/younger brother.*

▶ **¿Tienes hermanos?**
*Do you have siblings (brothers or sisters)?*

▷ **No, soy hijo único.**
*No, I'm an only (male) child.*

▷ **Su esposa, Francesca, es médica.**
*His wife, Francesca, is a doctor.*

▷ **No es ecuatoriana, es italiana.**
*She's not Ecuadorian; she's Italian.*

▷ **Pablo es periodista.**
*Pablo is a journalist.*

▷ **Es el padre de mi mamá.**
*He is my mother's father.*

### Describing people

▶ **¡Qué alto es tu papá!**
*How tall your father is!*

▶ **Y tu mamá, ¡qué bonita!**
*And your mother, how pretty!*

▶ **¿Cómo es tu abuelo?**
*What is your grandfather like?*

▷ **Es simpático.**
*He's nice.*

▷ **Es viejo.**
*He's old.*

▷ **Es un hombre muy trabajador.**
*He's a very hard-working man.*

### Saying how old people are

▶ **¿Cuántos años tienes?**
*How old are you?*

▶ **¿Cuántos años tiene tu abuelo?**
*How old is your grandfather?*

▷ **Noventa y dos.**
*Ninety-two.*

# Reacciona a la fotonovela

**1** **¿Cierto o falso?** Indicate whether each sentence is **cierto** or **falso.** Correct the false statements.

| | Cierto | Falso |
|---|---|---|
| 1. Inés tiene una familia grande. | ❍ | ❍ |
| 2. El hermano de Inés es médico. | ❍ | ❍ |
| 3. Francesca es de Italia. | ❍ | ❍ |
| 4. Javier tiene cuatro hermanos. | ❍ | ❍ |
| 5. El abuelo de Javier tiene ochenta años. | ❍ | ❍ |
| 6. Javier habla del padre de su (*his*) padre. | ❍ | ❍ |

**2** **Identificar** Indicate which person would make each statement. The names may be used more than once. **¡Ojo!** One name will not be used.

1. ¡Tengo una familia grande! ¡Tengo un hermano, cuatro hermanas y muchos primos!
2. Mi abuelo tiene mucha energía. Trabaja mucho.
3. ¿Es tu mamá? ¡Es muy bonita!
4. Oye, chico... ¿qué dibujas?
5. ¿Fotos de mi familia? ¡Tengo muchas!
6. Mmm... Inés y Javier... ¿qué pasa con ellos?
7. ¡Dibujas muy bien! Eres un artista excelente.
8. Mmm... ¿Yo? ¡No dibujo nada!

ÁLEX

JAVIER

INÉS

MAITE

DON FRANCISCO

**3** **Escribir** In pairs, choose don Francisco, Álex, or Maite and write a brief description of his or her family. Be creative!

MAITE

Maite es de España. ¿Cómo es su familia?

ÁLEX

Álex es de México. ¿Cómo es su familia?

DON FRANCISCO

Don Francisco es del Ecuador. ¿Cómo es su familia?

**4** **Conversar** With a partner, use these questions to talk about your families.

1. ¿Cuántos años tienes?
2. ¿Tienes una familia grande?
3. ¿Tienes hermanos o hermanas?
4. ¿Cuántos años tiene tu abuelo (tu hermana, tu primo, etc.)?
5. ¿De dónde son tus padres?

**AYUDA**

**Yo tengo... años.**
**Mi abuelo tiene... años.**

# Pronunciación

## Diphthongs and linking

**hermano** **niña** **cuñado**

In Spanish, **a**, **e**, and **o** are considered strong vowels. The weak vowels are **i** and **u**.

**ruido** **parientes** **periodista**

A diphthong is a combination of two weak vowels or of a strong vowel and a weak vowel. Diphthongs are pronounced as a single syllable.

**la abuela**

**mi hijo** **una clase excelente**

Two identical vowel sounds that appear together are pronounced like one long vowel.

**con Natalia** **sus sobrinos** **las sillas**

Two identical consonants together sound like a single consonant.

**es ingeniera** **mis abuelos** **sus hijos**

A consonant at the end of a word is linked with the vowel at the beginning of the next word.

**mi hermano** **su esposa** **nuestro amigo**

A vowel at the end of a word is linked with the vowel at the beginning of the next word.

**Práctica** Say these words aloud, focusing on the diphthongs.

1. historia
2. nieto
3. parientes
4. novia
5. residencia
6. prueba
7. puerta
8. ciencias
9. lenguas
10. estudiar
11. izquierda
12. ecuatoriano

**Oraciones** Read these sentences aloud to practice diphthongs and linking words.

1. Hola. Me llamo Anita Amaral. Soy del Ecuador.
2. Somos seis en mi familia.
3. Tengo dos hermanos y una hermana.
4. Mi papá es del Ecuador y mi mamá es de España.

**Refranes** Read these sayings aloud to practice diphthongs and linking sounds.

Cuando una puerta se cierra, otra se abre.[1]

Hablando del rey de Roma, por la puerta se asoma.[2]

1 When one door closes, another opens.
2 Speak of the devil and he will appear.

**recursos**

|  | 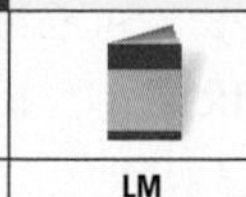 |  |  |
| --- | --- | --- | --- |
| TEXT CD Lección 3 | LM p. 14 | Lab CD/MP3 Lección 3 | I CD-ROM Lección 3 |

# 3.1 Descriptive adjectives

recursos

WB pp. 25–32

LM pp. 15–18

Lab CD/MP3 Lección 3

I CD-ROM Lección 3

vistahigher learning.com

**ANTE TODO** Adjectives are words that describe people, places, and things. In Spanish, descriptive adjectives are often used with the verb **ser** to point out the characteristics or qualities of nouns or pronouns, such as nationality, size, color, shape, personality, and appearance.

| NOUN | ADJECTIVE | PRONOUN | ADJECTIVE |
|---|---|---|---|
| **El abuelo** de Maite es | **alto.** | **Él** es muy | **simpático** también. |

## Forms and agreement of adjectives

**COMPARE & CONTRAST**

In English, the forms of descriptive adjectives do not change to reflect the gender (masculine/feminine) and number (singular/plural) of the noun or pronoun they describe.

*Juan is **nice**.* *Elena is **nice**.* *They are **nice**.*

In Spanish, the forms of descriptive adjectives agree in gender and/or number with the nouns or pronouns they describe.

Juan es simpátic**o.** Elena es simpátic**a.** Ellos son simpátic**os.**

▶ Adjectives that end in **–o** have four different forms. The feminine singular is formed by changing the **–o** to **–a.** The plural is formed by adding **–s** to the singular forms.

| Masculine | | Feminine | |
|---|---|---|---|
| SINGULAR | PLURAL | SINGULAR | PLURAL |
| el muchach**o** alt**o** | los muchach**os** alt**os** | la muchach**a** alt**a** | las muchach**as** alt**as** |

Mi abuelo es muy simpático.

▶ Adjectives that end in **–e** or a consonant have the same masculine and feminine forms.

| Masculine | | Feminine | |
|---|---|---|---|
| SINGULAR | PLURAL | SINGULAR | PLURAL |
| el muchacho inteligent**e** | los muchachos inteligent**es** | la muchacha inteligent**e** | las muchachas inteligent**es** |
| el examen difíci**l** | los exámenes difíci**les** | la clase difíci**l** | las clases difíci**les** |

▶ Adjectives that end in **–or** are variable in both gender and number.

| Masculine | | Feminine | |
|---|---|---|---|
| SINGULAR | PLURAL | SINGULAR | PLURAL |
| el hombre trabajad**or** | los hombres trabajad**ores** | la mujer trabajad**ora** | las mujeres trabajad**oras** |

▶ Adjectives that refer to nouns of different genders use the masculine plural form.

Manuel es alt**o.** Lola es alt**a.** Manuel y Lola son alt**os.**

## Common adjectives

| | | | | | |
|---|---|---|---|---|---|
| **alto/a** | *tall* | **gordo/a** | *fat* | **moreno/a** | *brunet(te)* |
| **antipático/a** | *unpleasant* | **grande** | *big; large* | **mucho/a** | *much; many; a lot of* |
| **bajo/a** | *short (in height)* | **guapo/a** | *handsome; good-looking* | **pelirrojo/a** | *red-haired* |
| **bonito/a** | *pretty* | **importante** | *important* | **pequeño/a** | *small* |
| **bueno/a** | *good* | **inteligente** | *intelligent* | **rubio/a** | *blond(e)* |
| **delgado/a** | *thin; slender* | **interesante** | *interesting* | **simpático/a** | *nice; likeable* |
| **difícil** | *hard; difficult* | **joven** | *young* | **tonto/a** | *silly; foolish* |
| **fácil** | *easy* | **malo/a** | *bad* | **trabajador(a)** | *hard-working* |
| **feo/a** | *ugly* | **mismo/a** | *same* | **viejo/a** | *old* |

**AYUDA**

Remember to be aware of cognates, that is words that share similar spellings and meanings in Spanish and English.

A cognate can be a noun like **profesor** or a descriptive adjective like **interesante**.

## Adjectives of nationality

**¡ATENCIÓN!**

Unlike in English, Spanish adjectives of nationality are **not** capitalized. Proper names of countries, however, are capitalized.

**México** **Canadá**
**China** **Perú**

• • •

Note that adjectives of nationality which carry an accent mark on the last syllable, drop it in the feminine and plural forms.

**inglés → inglesa**
**alemán → alemanes**

▶ Adjectives of nationality are formed like other descriptive adjectives. Adjectives of nationality that end in **–o** form the feminine by changing the **–o** to **–a.**

chin**o** → chin**a** mexican**o** → mexican**a**

The plural is formed by adding an **–s** to the masculine or feminine form.

chin**o** → chin**os** mexican**a** → mexican**as**

▶ Adjectives of nationality that end in **–e** have only two forms, singular and plural.

canadiens**e** → canadiens**es** estadouniden**se** → estadounidens**es**

▶ Adjectives of nationality that end in a consonant form the feminine by adding **–a.**

alemá**n** → alema**na** españo**l** → españo**la**
japoné**s** → japone**sa** inglé**s** → ingle**sa**

## Some adjectives of nationality

| | | | |
|---|---|---|---|
| **alemán, alemana** | *German* | **inglés, inglesa** | *English* |
| **canadiense** | *Canadian* | **italiano/a** | *Italian* |
| **chino/a** | *Chinese* | **japonés, japonesa** | *Japanese* |
| **ecuatoriano/a** | *Ecuadorian* | **mexicano/a** | *Mexican* |
| **español(a)** | *Spanish* | **norteamericano/a** | *(North) American* |
| **estadounidense** | *from the U. S.* | **puertorriqueño/a** | *Puerto Rican* |
| **francés, francesa** | *French* | **ruso/a** | *Russian* |

## Position of adjectives

▶ Descriptive adjectives and adjectives of nationality generally follow the nouns they modify.

El chico **rubio** es de España.
*The blond boy is from Spain.*

La mujer **española** habla inglés.
*The Spanish woman speaks English.*

▶ Unlike descriptive adjectives, adjectives of quantity are placed before the modified noun.

Hay **muchos** libros en la biblioteca.
*There are many books in the library.*

Hablo con **dos** turistas puertorriqueños.
*I am talking with two Puerto Rican tourists.*

▶ **Bueno/a** and **malo/a** can be placed before or after a noun. When placed before a masculine singular noun, the forms are shortened: **bueno** → **buen; malo** → **mal.**

Joaquín es un **buen** amigo.
Joaquín es un amigo **bueno.** → *Joaquín is a good friend.*

Hoy es un **mal** día.
Hoy es un día **malo.** → *Today is a bad day.*

▶ When **grande** appears before a singular noun, it is shortened to **gran,** and the meaning of the word changes: **gran** = *great* and **grande** = *big, large.*

Don Francisco es un **gran** hombre.
*Don Francisco is a great man.*

La familia de Inés es **grande**.
*Inés' family is large.*

**¡LENGUA VIVA!**

Like **bueno** and **grande**, **santo** is also shortened before masculine nouns (unless they begin with **To-** or **Do-**): **San Francisco, San José, Santo Tomás. Santa** is used with the names of female saints: **Santa Bárbara, Santa Clara**.

**¡INTÉNTALO!** Provide the appropriate forms of the adjectives. The first item in each group has been done for you.

**simpático**

1. Mi hermano es simpático.
2. La profesora Martínez es __________.
3. Rosa y Teresa son __________.
4. Nosotros somos __________.

**español**

1. Luis es __________.
2. Mis primas son __________.
3. Rafael y yo somos __________.
4. Mi tía es __________.

**difícil**

1. Clara es difícil.
2. El periodista es __________.
3. Ellas son __________.
4. Los turistas son __________.

**guapo**

1. Su esposo es guapo.
2. Mis sobrinas son __________.
3. Los padres de ella son __________.
4. Marta es __________.

# Práctica

**1**

**Emparejar** Find the words in column B that are the opposite of the words in column A. One word in B will not be used, and another will be used twice.

| A | B |
|---|---|
| 1. guapo | a. delgado |
| 2. moreno | b. pequeño |
| 3. alto | c. malo |
| 4. gordo | d. feo |
| 5. joven | e. viejo |
| 6. grande | f. rubio |
| 7. simpático | g. antipático |
| 8. bonito | h. bajo |

Marcos

Jorge

**2**

**Completar** Indicate the nationalities of the following people by selecting the correct adjectives and changing their forms when necessary.

1. Una persona del Ecuador es ______.
2. Carlos Fuentes es un gran escritor (*writer*) de México; es ______.
3. Los habitantes de Vancouver son ______.
4. Armani es un diseñador de modas (*fashion designer*) ______.
5. Gérard Depardieu es un actor ______.
6. Tony Blair y Margaret Thatcher son ______.
7. Claudia Schiffer y Boris Becker son ______.
8. Los habitantes de Puerto Rico son ______.

**NOTA CULTURAL**

**Carlos Fuentes** (1928– ) is one of Mexico's best known living writers. His novel, ***La muerte*** (*death*) ***de Artemio Cruz***, explores the psyche of a Mexican revolutionary.

**3**

**Describir** Look at the drawing and describe each family member using as many adjectives as possible.

1. Susana Romero Barcos es ______.
2. Tomás Romero Barcos es ______.
3. Los dos hermanos son ______.
4. Josefina Barcos de Romero es ______.
5. Carlos Romero Sandoval es ______.
6. Alberto Romero Pereda es ______.
7. Tomás y su (*his*) padre son ______.
8. Susana y su (*her*) madre son ______.

# Comunicación

**4**

**¿Cómo es?** With a partner, take turns describing each item on the list. Tell your partner whether you agree (**Estoy de acuerdo.**) or disagree (**No estoy de acuerdo.**) with the descriptions.

*modelo*

San Francisco
**Estudiante 1:** *San Francisco es una ciudad muy bonita.*
**Estudiante 2:** *No estoy de acuerdo. Es muy fea.*

1. Nueva York
2. Jim Carrey
3. Celine Dion
4. El presidente de los Estados Unidos
5. Steven Spielberg
6. La primera dama (*first lady*) de los Estados Unidos
7. El/La profesor(a) de español
8. Los Ángeles
9. Mi universidad
10. Mi clase de español

**AYUDA**

Here are some tips to help you complete the descriptions:

- **Jim Carrey es actor de cine.**
- **Celine Dion es cantante.**
- **Steven Spielberg es director de cine.**

**5**

**Anuncio personal** Write a personal ad that describes yourself and your ideal boyfriend, girlfriend, or mate. Then compare your ad with a classmate's. How are you similar and how are you different? Are you looking for the same things in a boyfriend, girlfriend, or mate?

**AYUDA**

**casado/a** *married*
**divorciado/a** *divorced*
**soltero/a** *single; unmarried*

These words and others like them are presented in **Contextos, Lección 9**, p. 272.

# Síntesis

**6**

**Diferencias** Your instructor will give you and a partner each a drawing of a family. Find the six differences between your picture and your partner's.

**Estudiante 1:** *La madre es rubia.*
**Estudiante 2:** *No, la madre es morena.*

# 3.2 Possessive adjectives

Possessive adjectives, like descriptive adjectives, are words that are used to qualify people, places, or things. Possessive adjectives express the quality of ownership or possession.

## Forms of possessive adjectives

| SINGULAR FORMS | PLURAL FORMS | |
|---|---|---|
| **mi** | **mis** | *my* |
| **tu** | **tus** | *your* (fam.) |
| **su** | **sus** | *his, her, its, your* (form.) |
| **nuestro/a** | **nuestros/as** | *our* |
| **vuestro/a** | **vuestros/as** | *your* (fam.) |
| **su** | **sus** | *their, your* (form.) |

**COMPARE & CONTRAST**

In English, possessive adjectives are invariable; that is, they do not agree in gender and number with the nouns they modify. Spanish possessive adjectives, however, do agree in number with the nouns they modify.

| *my cousin* | *my cousins* | *my aunt* | *my aunts* |
|---|---|---|---|
| **mi** primo | **mis** primos | **mi** tía | **mis** tías |

The forms **nuestro** and **vuestro** agree in both gender and number with the nouns they modify.

nuestr**o** prim**o** nuestr**os** prim**os** nuestr**a** tí**a** nuestr**as** tí**as**

- Possessive adjectives are always placed before the nouns they modify.

—¿Está **tu novio** aquí?
*Is your boyfriend here?*

—No, **mi novio** está en la biblioteca.
*No, my boyfriend is in the library.*

**CONSEJOS**

Look at the context, focusing on nouns and pronouns, to help you determine the meaning of **su(s)**.

- Because **su** and **sus** have multiple meanings (*your, his, her, their, its*), you can avoid confusion by using this construction instead: [*article*] + [*noun*] + **de** + [*subject pronoun*].

**sus** parientes 

| | |
|---|---|
| los parientes **de él/ella** | *his/her relatives* |
| los parientes **de Ud./Uds.** | *your relatives* |
| los parientes **de ellos/ellas** | *their relatives* |

**¡INTÉNTALO!** Provide the appropriate form of each possessive adjective. The first item in each column has been done for you.

1. Es ___mi___ (*my*) libro.
2. ______ (*My*) familia es ecuatoriana.
3. ____ (*Your,* fam.) esposo es italiano.
4. ______ (*Our*) profesor es español.
5. Es ________ (*her*) reloj.
6. Es ________ (*your,* fam.) mochila.
7. Es ________ (*your,* form.) maleta.
8. ______ (*Their*) sobrina es alemana.

1. ___Sus___ (*Her*) primos son franceses.
2. ________ (*Our*) primos son canadienses.
3. Son ________ (*their*) lápices.
4. ________ (*Their*) nietos son japoneses.
5. Son ________ (*our*) plumas.
6. Son ________ (*my*) papeles.
7. ________ (*My*) amigas son inglesas.
8. Son ________ (*his*) cuadernos.

# Práctica

1 **La familia de Manolo** Complete each sentence with the correct possessive adjective. Use the subject of each sentence as a guide.

1. Me llamo Manolo, y __________ (nuestro, mi, sus) hermano es Federico.
2. __________ (Nuestra, Sus, Mis) madre Silvia es profesora y enseña química.
3. Ella admira mucho a __________ (tu, nuestro, sus) estudiantes porque trabajan mucho.
4. Yo estudio en la misma universidad, pero no tomo clases con __________ (mi, nuestras, tus) madre.
5. Federico trabaja en una oficina con __________ (mis, tu, nuestro) padre.
6. __________ (Mi, Su, Tu) oficina está en el centro de Quito.
7. Javier y Óscar son __________ (mis, mi, sus) tíos de Guayaquil.
8. ¿Y tú? ¿Cómo es __________ (mi, su, tu) familia?

2 **Clarificar** Clarify each sentence with a prepositional phrase. Follow the model.

**modelo**
Su hermana es muy bonita. (ella)
*La hermana de ella es muy bonita.*

1. Su casa es muy grande. (ellos) __________________________
2. ¿Cómo se llama su hermano? (ellas) __________________________
3. Sus padres trabajan en el centro. (ella) __________________________
4. Sus abuelos son muy simpáticos. (él) __________________________
5. Maribel es su prima. (ella) __________________________
6. Su primo lee los libros. (ellos) __________________________

3 **¿Dónde está?** With a partner, imagine that you can't remember where you put some of the belongings you see in the pictures. Your partner will help you by reminding you where your things are. Take turns playing each role.

**modelo**
**Estudiante 1:** *¿Dónde está mi mochila?*
**Estudiante 2:** *Tu mochila está encima del escritorio.*

1. 2. 3.

4. 5. 6.

**CONSÚLTALO**

For a list of useful prepositions for this exercise, refer to the table: *Prepositions often used with* ***estar,*** in **Estructura 2.3**, p. 54.

# Comunicación

4

**Describir** Get together with a partner and take turns describing the people and places on the list.

*modelo*

La biblioteca de su universidad

La biblioteca de nuestra universidad es muy grande. Hay muchos libros en la biblioteca. Mis amigos y yo estudiamos en la biblioteca.

1. Tu profesor favorito
2. Tu profesora favorita
3. Su clase de español
4. La librería de su universidad
5. Tus padres
6. Tus abuelos
7. Tu mejor (*best*) amigo
8. Tu mejor amiga
9. Su universidad
10. Tu país de origen

5

**Una familia** In small groups, each student pretends to be a different member of the family pictured and shares that person's private thoughts about the others in the family. Make two positive comments and two negative ones.

*modelo*

**Estudiante 1:** Mi hijo Roberto es muy trabajador. Estudia mucho y termina su tarea.

**Estudiante 2:** Nuestra familia es difícil. Mis padres no escuchan mis opiniones.

# Síntesis

6

**Describe a tu familia** Get together with two classmates and describe your family to them in several sentences (**Mi padre es alto y moreno. Mi madre es delgada y muy bonita. Mis hermanos son...**). They will work together to try to repeat your description (**Su padre es alto y moreno. Su madre...**). If they forget any details, they will ask you questions (**¿Es alto tu hermano?**). Alternate roles until all of you have described your families.

# 3.3 Present tense of –er and –ir verbs

**ANTE TODO** In **Lección 2,** you learned how to form the present tense of regular **–ar** verbs. You also learned about the importance of verb forms, which change to show who is performing the action. The chart below shows the forms of verbs from two other important verb groups, **–er** verbs, and **–ir** verbs.

**CONSÚLTALO**

To review the conjugation of **–ar** verbs, see **Estructura 2.1**, p. 44.

**Present tense of *–er*, and *–ir* verbs**

| | | **comer** *(to eat)* | **escribir** *(to write)* |
|---|---|---|---|
| SINGULAR FORMS | yo | com**o** | escrib**o** |
| | tú | com**es** | escrib**es** |
| | Ud./él/ella | com**e** | escrib**e** |
| PLURAL FORMS | nosotros/as | com**emos** | escrib**imos** |
| | vosotros/as | com**éis** | escrib**ís** |
| | Uds./ellos/ellas | com**en** | escrib**en** |

▶ **-Er** and **-ir** verbs have very similar endings. Study the preceding chart to detect the patterns that make it easier for you to use them to communicate in Spanish.

**CONSEJOS**

Here are some tips on learning Spanish verbs:
1) Learn to identify the stem of each verb, to which all endings attach.
2) Memorize the endings that go with each verb and verb tense.
3) As often as possible, practice using different forms of each verb in speech and writing.
4) Devote extra time to learning irregular verbs, such as **ser** and **estar.**

▶ Like **-ar** verbs, the **yo** forms of **-er** and **-ir** verbs end in **-o.**

Yo com**o**. Yo escrib**o**.

▶ Except for the **yo** form, all of the verb endings for **-er** verbs begin with **-e.**

| | | |
|---|---|---|
| **-es** | **-emos** | **-en** |
| **-e** | **-éis** | |

▶ **-Er** and **-ir** verbs have the exact same endings, except in the **nosotros/as** and **vosotros/as** forms.

nosotros: com**emos**, escrib**imos**

vosotros: com**éis**, escrib**ís**

## Common *–er* and *–ir* verbs

| –er verbs | | –ir verbs | |
|---|---|---|---|
| **aprender (a + *inf.*)** | *to learn* | **abrir** | *to open* |
| **beber** | *to drink* | **asistir (a)** | *to attend* |
| **comer** | *to eat* | **compartir** | *to share* |
| **comprender** | *to understand* | **decidir (+ *inf.*)** | *to decide* |
| **correr** | *to run* | **describir** | *to describe* |
| **creer (en)** | *to believe (in)* | **escribir** | *to write* |
| **deber (+ *inf.*)** | *should; must; ought to* | **recibir** | *to receive* |
| **leer** | *to read* | **vivir** | *to live* |

Ellos **corren** en el parque.

Él **escribe** una carta.

**¡INTÉNTALO!** Provide the appropriate present tense forms of these verbs. The first item in each column has been done for you.

**correr**

1. Graciela *corre*.
2. Tú __________.
3. Yo __________.
4. Sara y Ana __________.
5. Usted __________.
6. Ustedes __________.
7. La gente __________.
8. Marcos y yo __________.

**abrir**

1. Ellos *abren* la puerta.
2. Carolina __________ la maleta.
3. Yo __________ las ventanas.
4. Nosotras __________ los libros.
5. Usted __________ el cuaderno.
6. Tú __________ la ventana.
7. Ustedes __________ las maletas.
8. Los muchachos __________ los cuadernos.

**aprender**

1. Él *aprende* español.
2. Maribel y yo __________ inglés.
3. Tú __________ japonés.
4. Tú y tu hermanastra __________ francés.
5. Mi hijo __________ chino.
6. Yo __________ alemán.
7. Usted __________ inglés.
8. Nosotros __________ italiano.

# Práctica

1

**Completar** Complete Susana's sentences about her family with the correct forms of the verbs in parentheses. One of the verbs will remain in the infinitive.

1. Mi familia y yo __________ (vivir) en Guayaquil.
2. Tengo muchos libros. Me gusta __________ (leer).
3. Mi hermano Alfredo es muy inteligente. Alfredo asiste (asistir) a clases los lunes, miércoles y viernes.
4. Los martes y jueves Alfredo y yo corremos (correr).
5. Mis padres comen (comer) mucho.
6. Yo creo (creer) que (*that*) mis padres deben comer menos (*less*).

2

**Oraciones** Juan is talking about what he and his friends do after school. Form complete sentences.

*modelo*

Yo / correr / amigos / lunes y miércoles

*Yo corro con mis amigos los lunes y miércoles.*

1. Manuela / asistir / clase / yoga
2. Eugenio / abrir / correo electrónico (*e-mail*)
3. Isabel y yo / leer / biblioteca
4. Sofía y Roberto / aprender / hablar / inglés
5. Tú / comer / cafetería / universidad
6. Mi novia y yo / compartir / libro de historia

3

**Consejos** Mario teaches Japanese at a university in Quito and is spending a year in Tokyo with his family. In pairs, use the words below to say what he and/or his family members are doing or should do to adjust to life in Japan. Then, create one more sentence using a verb not in the list.

*modelo*

recibir libros / deber practicar japonés

**Estudiante 1:** *Mario y su esposa reciben muchos libros en japonés.*

**Estudiante 2:** *Los hijos deben practicar japonés.*

aprender japonés
asistir a clases
beber sake
deber comer cosas nuevas
¿?
decidir explorar el país
escribir listas de palabras en japonés
leer novelas japonesas
vivir con una familia japonesa
¿?

# Comunicación

4 **Entrevista** Get together with a classmate and use these questions to interview each other. Be prepared to report the results of your interviews to the class.

1. ¿Dónde comes al mediodía? ¿Comes mucho?
2. ¿Debes comer más (*more*) o menos (*less*)?
3. ¿Cuándo asistes a tus clases?
4. ¿Cuál es tu clase favorita? ¿Por qué?
5. ¿Dónde vives?
6. ¿Con quién vives?
7. ¿Qué cursos debes tomar el próximo (*next*) semestre?
8. ¿Lees el periódico (*newspaper*)? ¿Qué periódico lees y cuándo?
9. ¿Recibes muchas cartas (*letters*)? ¿De quién(es)?
10. ¿Escribes poemas?

5 **Encuesta** Your instructor will give you a worksheet. Walk around the class and ask a different classmate each question about his/her family members. Be prepared to report the results of your survey to the class.

| Actividades | Miembros de la familia |
|---|---|
| 1. Vivir en una casa | Los padres de Juan. |
| 2. Beber café | |
| 3. Correr todos los días (*every day*) | |
| 4. Comer mucho en restaurantes | |
| 5. Recibir mucho correo electrónico (*e-mail*) | |
| 6. Comprender tres lenguas | |
| 7. Deber estudiar más (*more*) | |
| 8. Leer muchos libros | |

# Síntesis

6 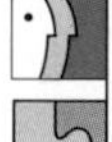 **Horario** Your instructor will give you and a partner incomplete versions of Alicia's schedule. Fill in the missing information on the schedule by talking to your partner. Be prepared to reconstruct Alicia's complete schedule with the class.

*modelo*

**Estudiante 1:** A las *ocho*, Alicia *corre*.
**Estudiante 2:** ¡Ah, sí! (*Writes down information*)
**Estudiante 2:** A las *nueve*, ella ...

# 3.4 Present tense of tener and venir

The verbs **tener** (*to have*) and **venir** (*to come*) are among the most frequently used in Spanish. Because most of their forms are irregular, you will have to learn each one individually.

***tener* and *venir***

| | | tener | venir |
|---|---|---|---|
| SINGULAR FORMS | yo | ten**go** | ven**go** |
| | tú | tien**es** | vien**es** |
| | Ud./él/ella | tien**e** | vien**e** |
| PLURAL FORMS | nosotros/as | ten**emos** | ven**imos** |
| | vosotros/as | ten**éis** | ven**ís** |
| | Uds./ellos/ellas | tien**en** | vien**en** |

- The endings are the same as those of regular **–er** and **–ir** verbs, except for the **yo** forms, which are irregular: **tengo, vengo.**

- In the **tú, Ud.,** and **Uds.** forms, the **e** of the stem changes to **ie** as shown below.

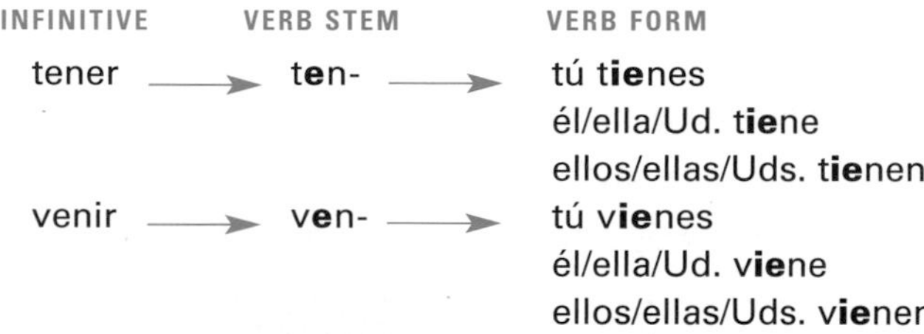

| INFINITIVE | VERB STEM | VERB FORM |
|---|---|---|
| tener → | ten- → | tú t**ie**nes |
| | | él/ella/Ud. t**ie**ne |
| | | ellos/ellas/Uds. t**ie**nen |
| venir → | ven- → | tú v**ie**nes |
| | | él/ella/Ud. v**ie**ne |
| | | ellos/ellas/Uds. v**ie**nen |

**CONSEJOS**

Use what you already know about regular **–er** and **–ir** verbs to identify the irregularities in **tener** and **venir**:
1) Which verb forms use a regular stem? Which use an irregular stem?
2) Which verb forms use the regular endings? Which use irregular endings?

- The **nosotros** and **vosotros** forms are the only ones which are regular. Compare them to the forms of **comer** and **escribir** that you learned on page 86.

| | tener | comer | venir | escribir |
|---|---|---|---|---|
| nosotros/as | ten**emos** | com**emos** | ven**imos** | escrib**imos** |
| vosotros/as | ten**éis** | com**éis** | ven**ís** | escrib**ís** |

## Expressions with *tener*

| | | | |
|---|---|---|---|
| **tener... años** | *to be... years old* | **tener (mucha) prisa** | *to be in a (big) hurry* |
| **tener (mucho) calor** | *to be (very) hot* | **tener razón** | *to be right* |
| **tener (mucho) cuidado** | *to be (very) careful* | **no tener razón** | *to be wrong* |
| **tener (mucho) frío** | *to be (very) cold* | **tener (mucha) sed** | *to be (very) thirsty* |
| **tener (mucha) hambre** | *to be (very) hungry* | **tener (mucho) sueño** | *to be (very) sleepy* |
| **tener (mucho) miedo (de)** | *to be (very) afraid/ scared (of)* | **tener (mucha) suerte** | *to be (very) lucky* |

- In certain idiomatic or set expressions in Spanish, you use the construction **tener** + [*noun*] to express *to be* + [*adjective*]. The chart above contains a list of the most common expressions with **tener.**

—¿**Tienen** hambre ustedes?
*Are you hungry?*

—Sí, y **tenemos** sed también.
*Yes, and we're thirsty, too.*

- To express an obligation, use **tener que** (*to have to*) + [*infinitive*].

—¿Qué **tienes que** estudiar hoy?
*What do you have to study today?*

—**Tengo que** estudiar biología.
*I have to study biology.*

- To ask people if they feel like doing something, use **tener ganas de** (*to feel like*) + [*infinitive*].

—¿**Tienes ganas de** comer?
*Do you feel like eating?*

—No, **tengo ganas de** dormir.
*No, I feel like sleeping.*

**¡INTÉNTALO!** Provide the appropriate forms of **tener** and **venir**. The first item in each column has been done for you.

**tener**

1. Ellos _tienen_ dos hermanos.
2. Yo __________ una hermana.
3. El artista __________ tres primos.
4. Nosotros __________ diez tíos.
5. Eva y Diana __________ un sobrino.
6. Usted __________ cinco nietos.
7. Tú __________ dos hermanastras.
8. Ustedes __________ cuatro hijos.
9. Ella __________ una hija.

**venir**

1. Mis padres _vienen_ de México.
2. Tú __________ de España.
3. Nosotras __________ de Cuba.
4. Pepe __________ de Italia.
5. Yo __________ de Francia.
6. Ustedes __________ del Canadá.
7. Alfonso y yo __________ de Portugal.
8. Ellos __________ de Alemania.
9. Usted __________ de Venezuela.

# Práctica

**1** **Emparejar** Find the phrase in column B that matches best with the phrase in column A. One phrase in column B will not be used.

| A | B |
|---|---|
| 1. el Polo Norte | a. tener calor |
| 2. una sauna | b. tener sed |
| 3. la comida salada (*salty food*) | c. tener frío |
| 4. una persona muy inteligente | d. tener razón |
| 5. un abuelo | e. tener ganas de |
| 6. una dieta | f. tener hambre |
| | g. tener 75 años |

**2** **Completar** Complete the sentences with the forms of **tener** or **venir.**

1. Hoy nosotros __________ una reunión familiar (*family reunion*).
2. Yo __________ en autobús de la Universidad de Quito.
3. Todos mis parientes __________, excepto mi tío Manolo y su esposa.
4. Ellos no __________ ganas de venir porque viven en Portoviejo.
5. Mi prima Susana y su novio no __________ hasta las ocho porque ella __________ que trabajar.
6. En las fiestas, mi hermana siempre __________ muy tarde.
7. Nosotros __________ mucha suerte porque las reuniones son divertidas (*fun*).
8. Mi madre cree que mis sobrinos son muy simpáticos. Creo que ella __________ razón.

**3** **Describir** Look at the drawings and describe what people are doing using an expression with **tener.**

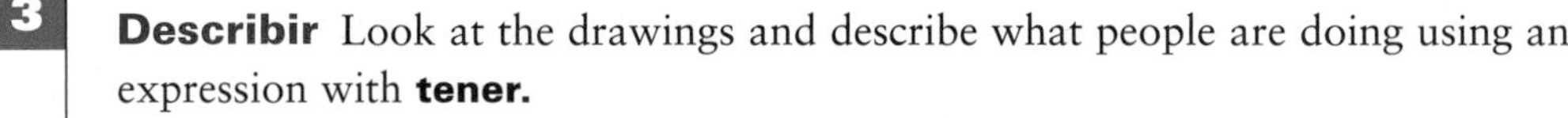

1. __________

2. __________

3. __________

4. __________

5. __________

6. __________

# Comunicación

4

**¿Sí o no?** Using complete sentences, indicate whether these statements apply to you.

1. Mi padre tiene 50 años.
2. Mis amigos vienen a mi casa todos los días (*every day*).
3. Vengo a la universidad los martes.
4. Tengo hambre.
5. Tengo dos computadoras.
6. Tengo sed.
7. Tengo que estudiar los domingos.
8. Tengo una familia grande.

Now interview a classmate by transforming each statement into a question. Be prepared to report the results of your interview to the class.

*modelo*

**Estudiante 1:** *¿Tiene tu padre 50 años?*
**Estudiante 2:** *No, no tiene 50 años. Tiene 65.*

5

**Preguntas** Get together with a classmate and ask each other the following questions.

1. ¿Tienes que estudiar hoy?
2. ¿Cuántos años tienes? ¿Y tus hermanos/as?
3. ¿Cuándo vienes a la clase de español?
4. ¿Cuándo vienen tus amigos a tu casa, apartamento o residencia estudiantil?
5. ¿De qué tienes miedo? ¿Por qué?
6. ¿Qué tienes ganas de hacer esta noche (*tonight*)?

6

**Conversación** Use an expression with **tener** to hint at what's on your mind. Your partner will ask questions to find out why you feel that way. If your partner cannot guess what's on your mind after three attempts, tell him/her. Then switch roles.

*modelo*

**Estudiante 1:** *Tengo miedo.*
**Estudiante 2:** *¿Tienes que hablar en público?*
**Estudiante 1:** *No.*
**Estudiante 2:** *¿Tienes un examen hoy?*
**Estudiante 1:** *Sí, y no tengo tiempo para estudiar.*

# Síntesis

7

**Minidrama** Act out this situation with a partner: you are introducing your boyfriend/girlfriend to your extended family. To avoid any surprises before you go, talk about who is coming and what each family member is like. Switch roles.

# Lectura

## Antes de leer

### Estrategia

**Guessing meaning from context**

As you read in Spanish, you'll often come across words you haven't learned. You can guess what they mean by looking at the surrounding words and sentences. Look at the following text and guess what **tía abuela** means, based on the context.

¡Hola, Claudia!

¿Qué hay de nuevo?

¿Sabes qué? Ayer fui a ver a mi tía abuela, la hermana de mi abuela. Tiene 85 años pero es muy independiente. Vive en un apartamento en Quito con su prima Lorena, quien también tiene 85 años.

If you guessed *great-aunt*, you are correct, and you can conclude from this word and the format clues that this is a letter about someone's visit with his or her great-aunt.

**Examinar el texto**

Quickly read through the paragraphs and find two or three words you don't know. Using the context as your guide, guess what these words mean. Then glance at the paragraphs where these words appear and try to predict what the paragraphs are about.

**Examinar el formato**

Look at the format of the reading. What clues do the captions, photos, and layout give you about its content?

recursos

vistahigher learning.com

# Gente • • • Las familias

1. Me llamo Armando y tengo setenta años pero no me considero viejo. Tengo seis nietas y un nieto. Vivo con mi hija y tengo la oportunidad de pasar mucho tiempo con ella y con mi nieto. Por las tardes salgo a pasear° por el parque con mi nieto y por la noche le leo cuentos°.

Armando. Tiene seis nietas y un nieto.

2. Mi prima Victoria y yo nos llevamos muy bien. Estudiamos juntas° en la universidad y compartimos un apartamento. Ella es muy inteligente y me ayuda con los estudios. Además, es muy simpática y generosa. Si no tengo dinero°, ¡ella me lo presta!

Diana. Vive con su prima.

3. Me llamo Ramona y soy paraguaya, aunque ahora vivo en los Estados Unidos. Tengo tres hijos, uno de nueve años, uno de doce y el mayor de quince. Es difícil a veces, pero mi esposo y yo tratamos° de ayudarlos y comprenderlos siempre.

Ramona. Sus hijos son muy importantes para ella.

**4.** Tengo mucha suerte. Aunque° mis padres están divorciados, tengo una familia muy unida. Tengo dos hermanos y dos hermanas. Me gusta hablar y salir a fiestas con ellos. Ahora tengo novio en la universidad y él no conoce a mis hermanos. ¡Espero que se lleven bien!

Ana María.
Su familia es muy unida.

**5.** Antes quería° tener hermanos pero ya no es tan importante. Ser hijo único tiene muchas ventajas°: no tengo que compartir mis cosas con hermanos, no hay discusiones° y, como soy nieto único también, ¡mis abuelos piensan que soy perfecto!

Fernando.
Es hijo único.

**6.** Como soy joven todavía°, no tengo ni esposa ni hijos. Pero tengo un sobrino, el hijo de mi hermano, que es muy especial para mí. Se llama Benjamín y tiene diez años. Es un muchacho muy simpático. Siempre tiene hambre y por lo tanto vamos frecuentemente a comer hamburguesas. Nos gusta también ir al cine° a ver películas de acción. Hablamos de todo. ¡Creo que ser tío es mejor que ser padre!

Santiago. Ser tío es divertido.

salgo a pasear *I go take a walk* cuentos *stories* juntas *together* dinero *money* tratamos *we try* Aunque *Although* quería *I wanted* ventajas *advantages* discusiones *arguments* todavía *still* ir al cine *go to the movies*

# Después de leer

## Emparejar

Glance at the paragraphs and see how the words and phrases in column A are used in context. Then find their definitions in column B.

| A | B |
|---|---|
| 1. me lo presta | a. the oldest |
| 2. nos llevamos bien | b. movies |
| 3. no conoce | c. the youngest |
| 4. películas | d. loans it to me |
| 5. mejor que | e. borrows it from me |
| 6. el mayor | f. we see each other |
| | g. doesn't know |
| | h. we get along |
| | i. portraits |
| | j. better than |

## Seleccionar

Choose the sentence that best summarizes each paragraph.

1. Párrafo 1
   a. Me gusta mucho ser abuelo.
   b. No hablo mucho con mi nieto.
   c. No tengo nietos.
2. Párrafo 2
   a. Mi prima es antipática.
   b. Mi prima no es muy trabajadora.
   c. Mi prima y yo somos muy buenas amigas.
3. Párrafo 3
   a. Tener hijos es un gran sacrificio pero es muy bonito también.
   b. No comprendo a mis hijos.
   c. Mi esposo y yo no tenemos hijos.
4. Párrafo 4
   a. No hablo mucho con mis hermanos.
   b. Comparto mis cosas con mis hermanos.
   c. Mis hermanos y yo somos como (*like*) amigos.
5. Párrafo 5
   a. Me gusta ser hijo único.
   b. Tengo hermanos y hermanas.
   c. Vivo con mis abuelos.
6. Párrafo 6
   a. Mi sobrino tiene diez años.
   b. Me gusta mucho ser tío.
   c. Mi esposa y yo no tenemos hijos.

# Escritura

## Estrategia

### Using idea maps

How do you organize ideas for a first draft? Often, the organization of ideas represents the most challenging part of the process. Idea maps are useful for organizing pertinent information. Here is an example of an idea map you can use:

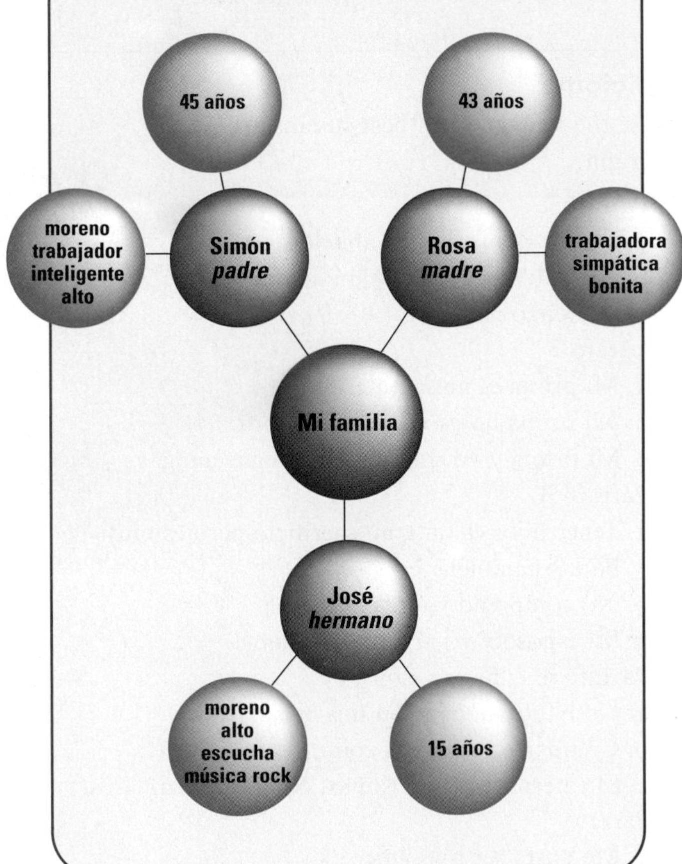

## Tema

### Escribir una carta

A friend you met in a chat room for Spanish speakers wants to know about your family. Using some of the verbs and adjectives you have learned in this lesson, write a brief letter describing your family or an imaginary family, including:

- Names and relationships
- Physical characteristics
- Hobbies and interests

Here are some useful expressions for letter writing in Spanish:

**Salutations**

| | |
|---|---|
| **Estimado/a Julio/Julia** | *Dear Julio/Julia* |
| **Querido/a Miguel/Ana María** | *Dear Miguel/Ana María* |

**Closings**

| | |
|---|---|
| **Un abrazo,** | *A hug,* |
| **Abrazos,** | *Hugs,* |
| **Cariños,** | *Much love,* |
| **¡Hasta pronto!** | *See you soon!* |
| **¡Hasta la próxima semana!** | *See you next week!* |

# Plan de escritura

**1** **Ideas y organización**

Create an idea map by filling out the first subsections with the names of your family members, then filling in as much information as possible about each one in Spanish.

**2** **Primer borrador**

Using the idea map you prepared in **Ideas y organización,** write the first draft of the letter to your keypal.

**3** **Comentario**

Exchange papers with a classmate and comment on each other's work, using the questions below as a guide. Begin by mentioning one or two points that you like about the person's letter, such as the adjectives used or the variety of **-ar, -er,** and **-ir** verbs.

a. Does the document contain all the elements of a letter?
b. Does the letter include sufficient details about each family member? Are any details extraneous?
c. Is the letter organized in a logical fashion? Does each paragraph transition logically to the next?
d. Do you have suggestions for making the letter more interesting or complete?
e. Do you see spelling or grammatical errors?

**4** **Redacción**

Revise your first draft, keeping in mind your classmate's comments. Also incorporate any new ideas or information you may have. Before handing in the final version, review your work using these guidelines:

a. Underline each verb and make sure it agrees with the subject.
b. Check the gender and number of each article, noun, and adjective.
c. Check your spelling and punctuation.

**5** **Evaluación y progreso**

Swap letters with a classmate. Then read the letter and point out the two things you like best about it. After your instructor returns your paper, review the comments and corrections. Note the most important issues on your **Anotaciones para mejorar la escritura** list in your **Carpeta de trabajos.**

# Escuchar

## Estrategia

**Asking for repetition/ Replaying the recording**

Sometimes it is difficult to understand what people say, especially in a noisy environment. During a conversation, you can ask someone to repeat by saying **¿Cómo?** (*What?*) or **¿Perdón?** (*Pardon me?*). In class, you can ask your teacher to repeat by saying **Repita, por favor** (*Repeat, please*). If you don't understand a recorded activity, you can simply replay it.

To help you practice this strategy, you will listen to a short paragraph. Ask your professor to repeat it or replay the recording, and then summarize what you heard.

## Preparación

Based on the photograph, where do you think Cristina and Laura are? What do you think Laura is saying to Cristina?

## Ahora escucha

Now you are going to hear Laura and Cristina's conversation. Use **R** to indicate which adjectives describe Cristina's boyfriend, Rafael. Use **E** for adjectives that describe Laura's boyfriend, Esteban. Some adjectives will not be used.

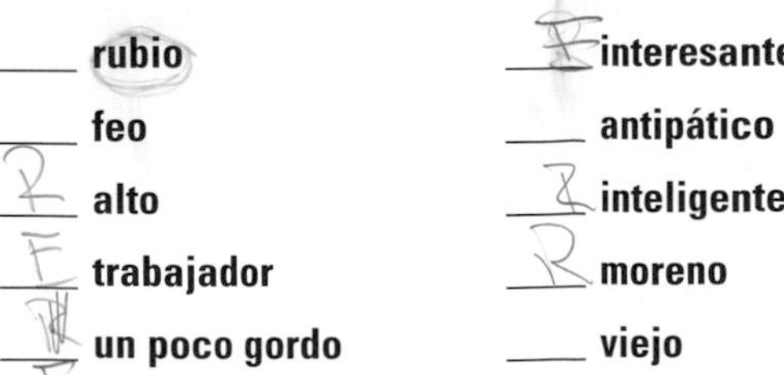

____ **rubio**
____ **feo**
____ **alto**
____ **trabajador**
____ **un poco gordo**
____ **interesante**
____ **antipático**
____ **inteligente**
____ **moreno**
____ **viejo**

**recursos**

TEXT CD
Lección 3

## Comprensión

**Identificar**

Which person would make each statement: Cristina or Laura?

| | Cristina | Laura |
|---|---|---|
| 1. Mi novio habla sólo de fútbol y de béisbol. | ❍ | ❍ |
| 2. Tengo un novio muy interesante y simpático. | ❍ | ❍ |
| 3. Mi novio es alto y moreno. | ❍ | ❍ |
| 4. Mi novio trabaja mucho. | ❍ | ❍ |
| 5. Mi amiga no tiene buena suerte con los muchachos. | ❍ | ❍ |
| 6. El novio de mi amiga es un poco gordo, pero guapo. | ❍ | ❍ |

**¿Cierto o falso?**

Indicate whether each sentence is **cierto** or **falso,** then correct the false statements.

| | Cierto | Falso |
|---|---|---|
| 1. Esteban es un chico interesante y simpático. | ❍ | ❍ |
| 2. Laura tiene mala suerte con los chicos. | ❍ | ❍ |
| 3. Rafael es muy interesante. | ❍ | ❍ |
| 4. Laura y su novio hablan de muchas cosas. | ❍ | ❍ |

# Proyecto

## Describe a tu familia

Imagine that you have just returned from a summer exchange program in Ecuador. Your Spanish instructor has asked you to give a short presentation about the Ecuadorian family you stayed with.

### 1 Haz un árbol genealógico

Create an illustrated family tree of your Ecuadorian family. Using the research tools found in **Recursos para la investigación,** collect photographs of the family members, as well as photographs and short descriptions of the cities in Ecuador where they live. Your family tree might include these elements:

- A simple, yet descriptive title
- A format that clearly shows the relationships between the family members
- Photographs of the family members
- The names of the family members, using Hispanic conventions for the way names are written
- The names and photographs of the cities where the family members live
- Three or four adjectives that describe each family member

### 2 Presenta la información

Using your family tree as a guide, give a brief presentation to the class about your Ecuadorian family. Make your descriptions of the family members and where they live as interesting as you can. Leave your classmates wanting to go to Ecuador and experience the country and its people.

**recursos para la investigación**

**Internet** Palabras clave: Ecuador, Ecuadorian, cities, geography, map(s)

**Comunidad** Exchange students, faculty members, and residents in your community who are from Ecuador or have lived in Ecuador

**Biblioteca** Newspapers, magazines, travel magazines

**Otros recursos** Your school's International Studies Office, the Ecuadorian embassy or consulates, Ecuadorian travel agencies

# Ecuador

## El país en cifras

- **Área:** 283.560 km² (109.483 millas²), *incluyendo las islas Galápagos, aproximadamente el área de Colorado*
- **Población:** 13.798.000
- **Capital:** Quito — 1.832.000
- **Ciudades principales:** Guayaquil — 2.359.000, Cuenca — 247.000, Machala — 191.000, Portoviejo — 164.000

SOURCE: Population Division, UN Secretariat

- **Moneda:** dólar estadounidense
- **Idiomas:** español (oficial), quichua

*La lengua° oficial del Ecuador es el español, pero también se hablan° otras° lenguas en el país. Aproximadamente unos 4.000.000 de ecuatorianos hablan lenguas indígenas; la mayoría° de ellos habla quichua. El quichua es el dialecto ecuatoriano del quechua, la lengua de los incas.*

Los indígenas del Ecuador hablan quichua.

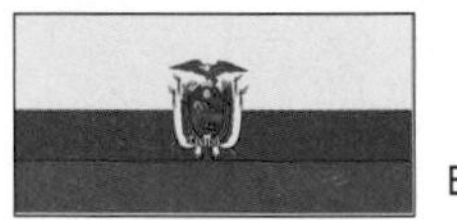
Bandera del Ecuador

ESTADOS UNIDOS
OCÉANO ATLÁNTICO
OCÉANO PACÍFICO
ECUADOR
AMÉRICA DEL SUR

Las islas Galápagos
COLOMBIA
Río Esmeraldas
Ibarra
Quito
Volcán Cotopaxi
Río Napo
Portoviejo
Volcán Tungurahua
Río Daule
Cordillera de los Andes
Río Pastaza
Guayaquil
Volcán Chimborazo
Océano Pacífico
Cuenca
Machala
Loja
PERÚ

Indígenas del Amazonas

La ciudad de Quito y la Cordillera de los Andes

### Ecuatorianos célebres

- **Francisco Eugenio De Santa Cruz y Espejo,** médico, periodista y patriota (1747–1795)
- **Juan León Mera,** novelista (1832–1894)
- **Eduardo Kingman,** pintor° (1913–1998)
- **Rosalía Arteaga,** abogada°, política y ex-vicepresidenta (1956– )

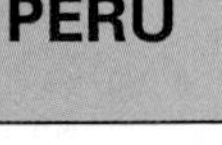
Catedral de Guayaquil

recursos

WB pp. 33–34

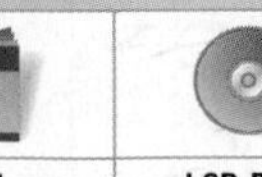
VM pp. 253–254

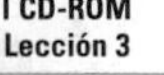
I CD-ROM Lección 3

vistahigher learning.com

lengua *language* se hablan *are spoken* otras *other* mayoría *majority* pintor *painter* abogada *lawyer* sur *south* mundo *world* pies *feet* dos veces más alto *twice as tall*

### ¡Increíble pero cierto!

El volcán Cotopaxi, situado a unos 60 kilómetros al sur° de Quito, es considerado el volcán activo más alto del mundo°. Tiene una altura de 5.897 metros (19.340 pies°). Es dos veces más alto° que el monte St. Helens (2.550 metros o 9.215 pies) en el estado de Washington.

## Lugares • Las islas Galápagos

Muchas personas vienen de lejos a visitar las islas Galápagos porque son un verdadero tesoro° ecológico. Aquí Charles Darwin estudió° las especies que inspiraron° sus ideas sobre la evolución. Como las islas están lejos del continente, sus plantas y animales son únicos. Las islas son famosas por sus tortugas° gigantes.

## Artes • Oswaldo Guayasamín

Oswaldo Guayasamín fue° uno de los artistas latinoamericanos más famosos del mundo. Fue escultor° y muralista. Su expresivo estilo viene del cubismo y sus temas preferidos son la injusticia y la pobreza° sufridas° por los indígenas de su país.

Madre y niño en azul, 1986, Oswaldo Guayasamín

## Deportes • El *trekking*

El sistema montañoso de los Andes cruza° y divide el Ecuador en varias regiones. La Sierra, que tiene volcanes, grandes valles y una variedad increíble de plantas y animales, es perfecta para el *trekking*. Muchos turistas visitan el Ecuador cada° año para hacer° *trekking* y escalar montañas°.

## Lugares • Latitud 0

Hay un monumento en el Ecuador, a unos 22 kilómetros (14 millas) de Quito, donde los visitantes están en el hemisferio norte y el hemisferio sur a la misma vez°. Este monumento se llama la Mitad del Mundo°, y es un destino turístico muy popular.

Explosión del volcán Tungurahua en 1999

**¿Qué aprendiste?** Completa las frases con la información correcta.

1. La ciudad más grande (*biggest*) del Ecuador es ________.
2. La capital del Ecuador es ________.
3. Unos 4.000.000 de ecuatorianos hablan ________.
4. Darwin estudió el proceso de la evolución en ____________.
5. Dos temas del arte de ________ son la pobreza y la ________.
6. Un destino turístico muy popular es ____________.
7. La Sierra es un lugar perfecto para el ________.
8. El volcán ________ es el volcán activo más alto del mundo.

**Conexión Internet** Investiga estos temas en el sitio **www.vistahigherlearning.com.**

1. Busca información sobre una ciudad del Ecuador. ¿Te gustaría (*would you like*) visitar la ciudad? ¿Por qué?
2. Haz una lista de tres animales o plantas que viven sólo en las islas Galápagos. ¿Dónde hay animales o plantas similares?

**verdadero tesoro** *true treasure* **estudió** *studied* **inspiraron** *inspired* **tortugas** *tortoises* **fue** *was* **escultor** *sculptor* **pobreza** *poverty* **sufridas** *suffered* **cruza** *crosses* **cada** *every* **hacer** *to do* **escalar montañas** *to climb mountains* **a la misma vez** *at the same time* **Mitad del Mundo** *Equatorial Line Monument (lit. Midpoint of the World)*

## La familia

| | |
|---|---|
| **el/la abuelo/a** | *grandfather/ grandmother* |
| **los abuelos** | *grandparents* |
| **el apellido** | *last name* |
| **el/la bisabuelo/a** | *great-grandfather/ great-grandmother* |
| **el/la cuñado/a** | *brother-in-law/ sister-in-law* |
| **el/la esposo/a** | *husband; wife; spouse* |
| **la familia** | *family* |
| **el/la gemelo/a** | *twin* |
| **el/la hermanastro/a** | *stepbrother/ stepsister* |
| **el/la hermano/a** | *brother/sister* |
| **el/la hijastro/a** | *stepson/ stepdaughter* |
| **el/la hijo/a** | *son/daughter* |
| **los hijos** | *children* |
| **la madrastra** | *stepmother* |
| **la madre** | *mother* |
| **el/la medio/a hermano/a** | *half-brother/ half-sister* |
| **el/la nieto/a** | *grandson/ granddaughter* |
| **la nuera** | *daughter-in-law* |
| **el padrastro** | *stepfather* |
| **el padre** | *father* |
| **los padres** | *parents* |
| **los parientes** | *relatives* |
| **el/la primo/a** | *cousin* |
| **el/la sobrino/a** | *nephew/niece* |
| **el/la suegro/a** | *father-in-law/ mother-in-law* |
| **el/la tío/a** | *uncle/aunt* |
| **el yerno** | *son-in-law* |

recursos

| LM p. 18 | Lab CD/MP3 Lección 3 | Vocab CD Lección 3 |
|---|---|---|

## Otras personas

| | |
|---|---|
| **el/la amigo/a** | *friend* |
| **la gente** | *people* |
| **el/la muchacho/a** | *boy/girl* |
| **el/la niño/a** | *child* |
| **el/la novio/a** | *boyfriend/girlfriend* |
| **la persona** | *person* |

## Profesiones

| | |
|---|---|
| **el/la artista** | *artist* |
| **el/la doctor(a), el/la médico/a** | *doctor; physician* |
| **el/la ingeniero/a** | *engineer* |
| **el/la periodista** | *journalist* |
| **el/la programador(a)** | *computer programmer* |

## Adjetivos

| | |
|---|---|
| **alto/a** | *tall* |
| **antipático/a** | *unpleasant* |
| **bajo/a** | *short (in height)* |
| **bonito/a** | *pretty* |
| **buen, bueno/a** | *good* |
| **delgado/a** | *thin; slender* |
| **difícil** | *difficult; hard* |
| **fácil** | *easy* |
| **feo/a** | *ugly* |
| **gordo/a** | *fat* |
| **gran, grande** | *big* |
| **guapo/a** | *handsome; good-looking* |
| **importante** | *important* |
| **inteligente** | *intelligent* |
| **interesante** | *interesting* |
| **joven** | *young* |
| **mal, malo/a** | *bad* |
| **mismo/a** | *same* |
| **moreno/a** | *brunet(te)* |
| **mucho/a** | *much; many; a lot of* |
| **pelirrojo/a** | *red-haired* |
| **pequeño/a** | *small* |
| **rubio/a** | *blond(e)* |
| **simpático/a** | *nice; likeable* |
| **tonto/a** | *silly; foolish* |
| **trabajador(a)** | *hard-working* |
| **viejo/a** | *old* |

## Nacionalidades

| | |
|---|---|
| **alemán, alemana** | *German* |
| **canadiense** | *Canadian* |
| **chino/a** | *Chinese* |
| **ecuatoriano/a** | *Ecuadorian* |
| **español(a)** | *Spanish* |
| **estadounidense** | *from the U. S.* |
| **francés, francesa** | *French* |
| **inglés, inglesa** | *English* |
| **italiano/a** | *Italian* |
| **japonés, japonesa** | *Japanese* |
| **mexicano/a** | *Mexican* |
| **norteamericano/a** | *(North) American* |
| **puertorriqueño/a** | *Puerto Rican* |
| **ruso/a** | *Russian* |

## Verbos

| | |
|---|---|
| **abrir** | *to open* |
| **aprender (a + *inf.*)** | *to learn* |
| **asistir (a)** | *to attend* |
| **beber** | *to drink* |
| **comer** | *to eat* |
| **compartir** | *to share* |
| **comprender** | *to understand* |
| **correr** | *to run* |
| **creer (en)** | *to believe (in)* |
| **deber (+ *inf.*)** | *should; must* |
| **decidir (+ *inf.*)** | *to decide* |
| **describir** | *to describe* |
| **escribir** | *to write* |
| **leer** | *to read* |
| **recibir** | *to receive* |
| **tener** | *to have* |
| **venir** | *to come* |
| **vivir** | *to live* |

| | |
|---|---|
| **Possessive adjectives** | *See page 83.* |
| **Expressions with *tener*** | *See page 91.* |
| **Expresiones útiles** | *See page 75.* |

# Los pasatiempos 4

## Communicative Goals

*You will learn how to:*

- **Talk about pastimes, weekend activities, and sports**
- **Make plans and invitations**

### A PRIMERA VISTA

- ¿Qué son estas personas, atletas o artistas?
- ¿En qué tienen interés, en el fútbol o el tenis?
- ¿Son viejos? ¿Son delgados?
- ¿Tienen frío o calor?

# Los pasatiempos

## Más vocabulario

| | |
|---|---|
| **el béisbol** | *baseball* |
| **el ciclismo** | *cycling* |
| **el esquí (acuático)** | *(water) skiing* |
| **el fútbol americano** | *football* |
| **el golf** | *golf* |
| **el hockey** | *hockey* |
| **la natación** | *swimming* |
| **el tenis** | *tennis* |
| **el vóleibol** | *volleyball* |
| **el equipo** | *team* |
| **el/la excursionista** | *hiker* |
| **el parque** | *park* |
| **el partido** | *game; match* |
| **la plaza** | *city or town square* |
| **andar en patineta** | *to skateboard* |
| **bucear** | *to scuba dive* |
| **escalar montañas** | *to climb mountains* |
| **esquiar** | *to ski* |
| **ganar** | *to win* |
| **ir de excursión (a las montañas)** | *to go on a hike (in the mountains)* |
| **practicar deportes (*m. pl.*)** | *to play sports* |
| **ser aficionado/a (a)** | *to be a fan (of)* |
| **escribir una carta/ un mensaje electrónico/ una tarjeta (postal)** | *to write a letter/ an e-mail message/ a postcard* |
| **leer correo electrónico** | *to read e-mail* |
| **leer una revista** | *to read a magazine* |
| **deportivo/a** | *sports-related* |

## Variación léxica

piscina ⟷ pileta (*Arg.*); alberca (*Méx.*)
baloncesto ⟷ básquetbol (*Amér. L.*)
béisbol ⟷ pelota (*P. Rico, Rep. Dom.*)

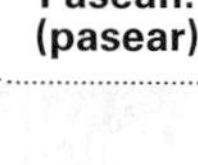

**recursos**

|  | 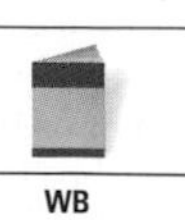 | 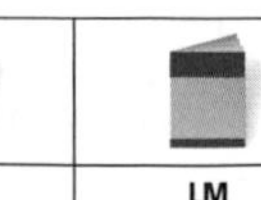 |  | 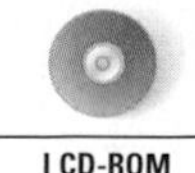 | 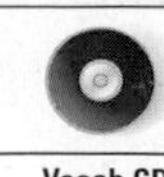  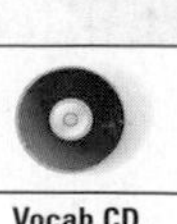 |
|---|---|---|---|---|---|
| TEXT CD Lección 4 | WB pp. 37–38 | LM p. 19 | Lab CD/MP3 Lección 4 | I CD-ROM Lección 4 | Vocab CD Lección 4 |

# Práctica

**1** **Escuchar** Indicate the letter of the activity in Column B that best corresponds to each statement you hear. Two items in Column B will not be used.

| A | B |
|---|---|
| 1. ____ | a. Leer correo electrónico |
| 2. ____ | b. Tomar el sol |
| 3. ____ | c. Pasear en bicicleta |
| 4. ____ | d. Ir a un partido de fútbol americano |
| 5. ____ | e. Escribir una tarjeta postal |
| 6. ____ | f. Practicar muchos deportes |
| | g. Nadar |
| | h. Ir de excursión a las montañas |

**2** **¿Cierto o falso?** Indicate whether each statement is **cierto** or **falso** based on the illustration.

| | Cierto | Falso |
|---|---|---|
| 1. Un hombre nada en la piscina. | ❍ | ❍ |
| 2. Un hombre lee una revista. | ❍ | ❍ |
| 3. Un chico pasea en bicicleta. | ❍ | ❍ |
| 4. Hay un partido de baloncesto en el parque. | ❍ | ❍ |
| 5. Dos muchachos esquían. | ❍ | ❍ |
| 6. Dos mujeres practican el golf. | ❍ | ❍ |
| 7. Una mujer y dos niños visitan un monumento. | ❍ | ❍ |
| 8. Un hombre bucea. | ❍ | ❍ |
| 9. Hay un excursionista. | ❍ | ❍ |
| 10. Una mujer toma el sol. | ❍ | ❍ |

**3** **Clasificar** Fill in the chart below with as many terms from **Contextos** as you can.

| Actividades | Deportes | Personas |
|---|---|---|
| ______ | ______ | ______ |
| ______ | ______ | ______ |
| ______ | ______ | ______ |
| ______ | ______ | ______ |
| ______ | ______ | ______ |
| ______ | ______ | ______ |
| ______ | ______ | ______ |
| ______ | ______ | ______ |
| ______ | ______ | ______ |

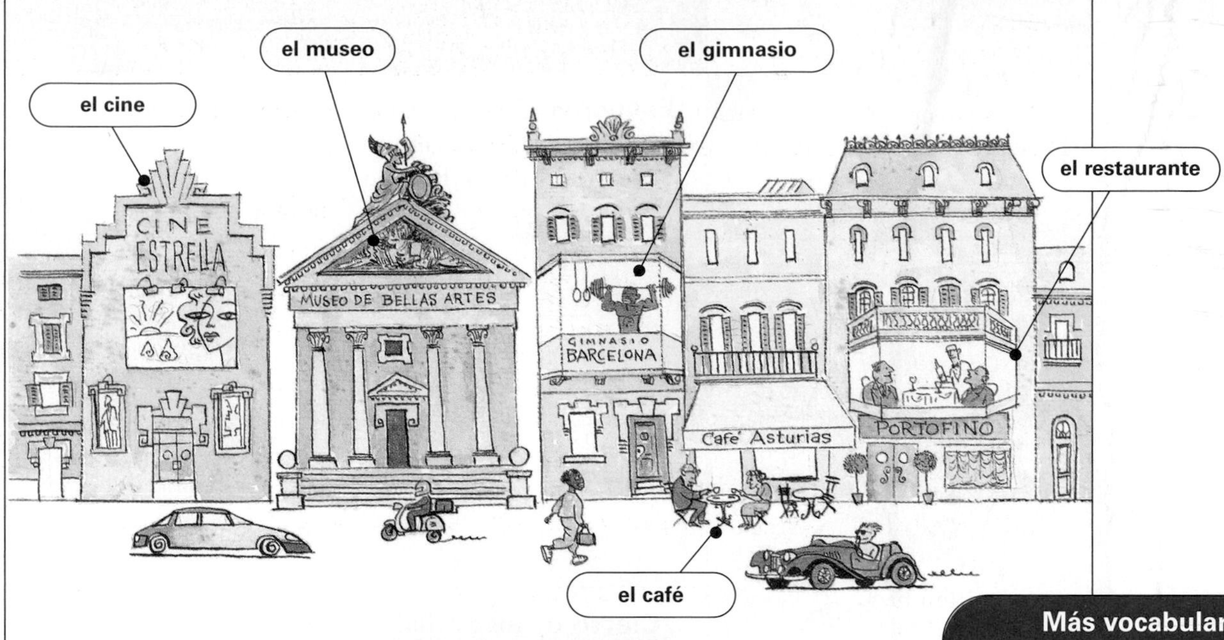


## En el centro

### Más vocabulario

| | |
|---|---|
| **la diversión** | *fun activity; entertainment; recreation* |
| **el fin de semana** | *weekend* |
| **el pasatiempo** | *pastime; hobby* |
| **los ratos libres** | *spare (free) time* |
| **el tiempo libre** | *free time* |
| **la iglesia** | *church* |
| **el lugar** | *place* |
| **pasar tiempo** | *to spend time* |
| **pasear por la ciudad/el pueblo** | *to walk around the city/the town* |
| **ver películas (*f. pl.*)** | *to see movies* |
| **favorito/a** | *favorite* |

**4** **Identificar** Identify the place where these activities would take place.

*modelo*

Esquiamos.
Es una montaña.

1. Tomamos una limonada.
2. Vemos una película.
3. Nadamos y tomamos el sol.
4. Hay muchos monumentos.
5. Comemos tacos y fajitas.
6. Miramos pinturas (*paintings*) de Diego Rivera y Frida Kahlo.
7. Hay mucho tráfico.
8. Practicamos deportes.

**5** **Entrevista** In pairs, take turns asking each other and answering the questions.

1. ¿Hay un café cerca de la universidad? ¿Dónde está?
2. ¿Cuál es tu restaurante favorito?
3. ¿Te gusta viajar y visitar monumentos? ¿Por qué?
4. ¿Te gusta ir al cine los fines de semana?
5. ¿Cuáles son tus películas favoritas?
6. ¿Te gusta practicar deportes?
7. ¿Cuáles son tus deportes favoritos? ¿Por qué?
8. ¿Cuáles son tus pasatiempos favoritos?

**CONSÚLTALO**

To review expressions with **gustar**, see **Lección 2, Expresiones útiles**, p. 41.

# Comunicación

6

**Preguntar** Ask a classmate what he or she does in the places mentioned below. Your classmate will respond using verbs from the word bank.

| | | |
|---|---|---|
| beber | leer | patinar |
| correr | mirar | practicar |
| escalar | nadar | tomar |
| escribir | pasear | visitar |

***modelo***

un pueblo interesante
**Estudiante 1:** *¿Qué haces (do you do) cuando estás en un pueblo interesante?*
**Estudiante 2:** *Paseo por el pueblo y busco lugares bonitos.*

1. una biblioteca
2. un estadio
3. una plaza
4. una piscina
5. las montañas
6. un parque
7. un café
8. un museo

7

**Conversación** Using the words and expressions provided, work with a partner to prepare a short conversation about your pastimes.

| | | |
|---|---|---|
| ¿a qué hora? | ¿cuándo? | ¿qué? |
| ¿cómo? | ¿dónde? | ¿con quién(es)? |

***modelo***

**Estudiante 1:** *¿Cuándo patinas en línea?*
**Estudiante 2:** *Patino en línea los domingos. Y tú, ¿patinas en línea?*
**Estudiante 1:** *No, no me gusta patinar en línea. Me gusta practicar el béisbol.*

8

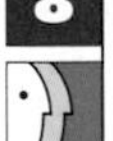

**Pasatiempos** In pairs, tell each other what pastimes three of your friends and family members enjoy. Be prepared to share with the class any pastimes you noticed they have in common.

***modelo***

**Estudiante 1:** *Mi hermana pasea mucho en bicicleta. Pero mis padres practican la natación. Mi hermano no nada, pero visita muchos museos.*
**Estudiante 2:** *Mi primo lee muchas revistas, pero no practica muchos deportes. Mis tíos esquían y practican el golf...*

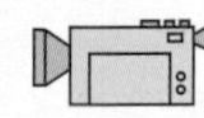

# ¡Vamos al parque!

**Los estudiantes pasean por la ciudad y hablan de sus pasatiempos.**

**PERSONAJES**

DON FRANCISCO

JAVIER

INÉS

ÁLEX

MAITE

JOVEN

**DON FRANCISCO** Tienen una hora libre. Pueden explorar la ciudad, si quieren. Tenemos que ir a las cabañas a las cuatro.

**JAVIER** Inés, ¿quieres ir a pasear por la ciudad?

**INÉS** Sí, vamos.

**ÁLEX** ¿Por qué no vamos al parque, Maite? Podemos hablar y tomar el sol.

**MAITE** ¡Buena idea! También quiero escribir unas postales.

**ÁLEX** ¡Maite!

**MAITE** ¡Dios mío!

**JOVEN** Mil perdones. Lo siento muchísimo.

**MAITE** ¡No es nada! Estoy bien.

**ÁLEX** Ya son las dos y treinta. Debemos regresar al autobús, ¿no?

**MAITE** Tienes razón.

**ÁLEX** Oye, Maite, ¿qué vas a hacer esta noche?

**MAITE** No tengo planes. ¿Por qué?

**recursos**

| V CD-ROM Lección 4 | VM pp. 219–220 | I CD-ROM Lección 4 |
|---|---|---|

4

**MAITE** ¿Eres aficionado a los deportes, Álex?

**ÁLEX** Sí, me gusta mucho el fútbol. Me gusta también nadar, correr e ir de excursión a las montañas.

**MAITE** Yo también corro mucho.

5

**ÁLEX** Oye, Maite, ¿por qué no jugamos al fútbol con él?

**MAITE** Mmm... no quiero. Voy a terminar de escribir unas postales.

9

**ÁLEX** Eh, este... a veces salgo a correr por la noche. ¿Quieres venir a correr conmigo?

**MAITE** Sí, vamos. ¿A qué hora?

**ÁLEX** ¿A las seis?

**MAITE** Perfecto.

10

**DON FRANCISCO** Esta noche van a correr. ¡Y yo no tengo energía para pasear!

## Enfoque cultural El fútbol

Soccer, or **fútbol,** is the most popular spectator sport and the most widely played team game in the world. It is also the most popular sport in the Spanish-speaking world. People of all ages can be seen playing soccer in public parks and streets, and each country has a professional league with its own stars. Juan Ramón Riquelme from Argentina, Marcelo Salas from Chile, and Francisco Palencia from Mexico are among the most famous contemporary Hispanic soccer players.

## Expresiones útiles

### Making invitations

- ▶ **¿Por qué no vamos al parque?** *Why don't we go to the park?*
- ▷ **¡Buena idea!** *Good idea!*
- ▶ **¿Por qué no jugamos al fútbol?** *Why don't we play soccer?*
- ▷ **Mmm... no quiero.** *Hmm... I don't want to.*
- ▷ **Lo siento, pero no puedo.** *I'm sorry, but I can't.*

- ▶ **¿Quieres ir a pasear por la ciudad conmigo?** *Do you want to walk around the city with me?*
- ▷ **Sí, vamos.** *Yes, let's go.*
- ▷ **Sí, si tenemos tiempo.** *Yes, if we have time.*

### Making plans

- ▶ **¿Qué vas a hacer esta noche?** *What are you going to do tonight?*
- ▷ **No tengo planes.** *I don't have any plans.*
- ▷ **Voy a terminar de escribir unas postales.** *I'm going to finish writing some postcards.*

### Talking about pastimes

- ▶ **¿Eres aficionado/a a los deportes?** *Are you a sports fan?*
- ▷ **Sí, me gustan todos los deportes.** *Yes, I like all sports.*
- ▷ **Sí, me gusta mucho el fútbol.** *Yes, I like soccer a lot.*

- ▶ **Me gusta también nadar, correr e ir de excursión a las montañas.** *I also like to swim, run, and go hiking in the mountains.*
- ▷ **Yo también corro mucho.** *I also run a lot.*

### Apologizing

- ▶ **Mil perdones./Lo siento muchísimo.** *I'm so sorry.*

# Reacciona a la fotonovela

**1** **Escoger** Choose the answer that best completes each sentence.

1. Inés y Javier ______.
   a. toman el sol b. pasean por la ciudad c. corren por el parque
2. Álex desea ______ en el parque.
   a. hablar y tomar el sol b. hablar y leer el periódico c. nadar y tomar el sol
3. A Álex le gusta nadar, ______.
   a. jugar al fútbol y escribir postales b. escalar montañas y esquiar
   c. ir de excursión y correr
4. A Maite le gusta ______.
   a. nadar y correr b. correr y escribir postales c. correr y jugar al fútbol
5. Maite desea ______.
   a. ir de excursión b. jugar al fútbol c. ir al parque

**2** **Identificar** Identify the person who would make each statement.

1. No me gusta practicar el fútbol pero me gusta correr. __________
2. ¿Por qué no vamos a pasear por la ciudad? __________
3. ¿Por qué no exploran ustedes la ciudad? Tienen tiempo. __________
4. ¿Por qué no corres conmigo esta noche? __________
5. No voy al parque. Prefiero estar con mi amigo. __________

JAVIER
INÉS
MAITE
ÁLEX
DON FRANCISCO

**3** **Preguntas** Answer the questions using the information from the **Fotonovela.**

1. ¿Qué desean hacer Inés y Javier?
2. ¿Qué desea hacer Álex en el parque?
3. ¿Qué desea hacer Maite en el parque?
4. ¿Qué deciden hacer Maite y Álex esta noche?

**4** **Conversación** With a partner, prepare a conversation in which you talk about pastimes and invite each other to do some activity together. Use the following expressions:

- ¿Eres aficionado/a a...?
- ¿Te gusta...?
- ¿Qué vas a hacer esta noche?
- ¿Por qué no...?
- ¿Quieres... conmigo?

**AYUDA**

**contigo** *with you*
**¿A qué hora?** *(At) What time?*
**¿Dónde?** *Where?*
**No puedo porque...** *I can't because...*
**Nos vemos a las siete.** *See you at seven.*

# Pronunciación

## Word stress and accent marks

**pe-lí-cu-la** **e-di-fi-cio** **ver** **yo**

Every Spanish syllable contains at least one vowel. When two vowels (two weak vowels or one strong and one weak) are joined in the same syllable they form a **diphthong.** A **monosyllable** is a word formed by a single syllable.

**bi-blio-te-ca** **vi-si-tar** **par-que** **fút-bol**

The syllable of a Spanish word that is pronounced most emphatically is the "stressed" syllable.

**pe-lo-ta** **pis-ci-na** **ra-tos** **ha-blan**

Words that end in **n, s,** or a **vowel** are usually stressed on the next to last syllable.

**na-ta-ción** **pa-pá** **in-glés** **Jo-sé**

If words that end in **n, s,** or a **vowel** are stressed on the last syllable, they must carry an accent mark on the stressed syllable.

**bai-lar** **es-pa-ñol** **u-ni-ver-si-dad** **tra-ba-ja-dor**

Words that do *not* end in **n, s,** or a **vowel** are usually stressed on the last syllable.

**béis-bol** **lá-piz** **ár-bol** **Gó-mez**

If words that do *not* end in **n, s,** or a **vowel** are stressed on the next to last syllable, they must carry an accent mark on the stressed syllable.

En la unión está la fuerza.[2]

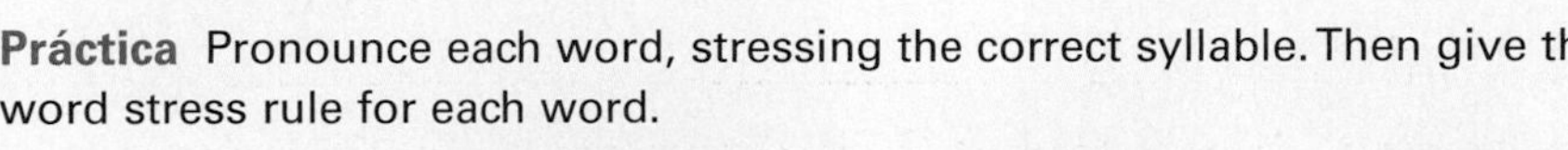

**Práctica** Pronounce each word, stressing the correct syllable. Then give the word stress rule for each word.

1. profesor
2. Puebla
3. ¿Cuántos?
4. Mazatlán
5. examen
6. ¿Cómo?
7. niños
8. Guadalajara
9. programador
10. México
11. están
12. geografía

**Oraciones** Read the conversation aloud to practice word stress.

**MARINA** Hola, Carlos. ¿Qué tal?
**CARLOS** Bien. Oye, ¿a qué hora es el partido de fútbol?
**MARINA** Creo que es a las siete.
**CARLOS** ¿Quieres ir?
**MARINA** Lo siento, pero no puedo. Tengo que estudiar biología.

Quien ríe de último, ríe mejor.[1]

**Refranes** Read these sayings aloud to practice word stress.

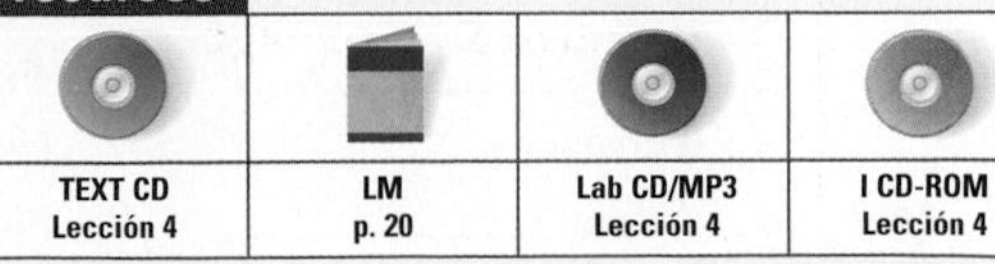


1 He who laughs last, laughs longest.
2 United we stand.

# 4.1 Present tense of **ir**

**ANTE TODO** The verb **ir** (*to go*) is irregular in the present tense. Note that, except for the **yo** form (**voy**) and the lack of a written accent on the **vosotros** form (**vais**), the endings are the same as those for **–ar** verbs.

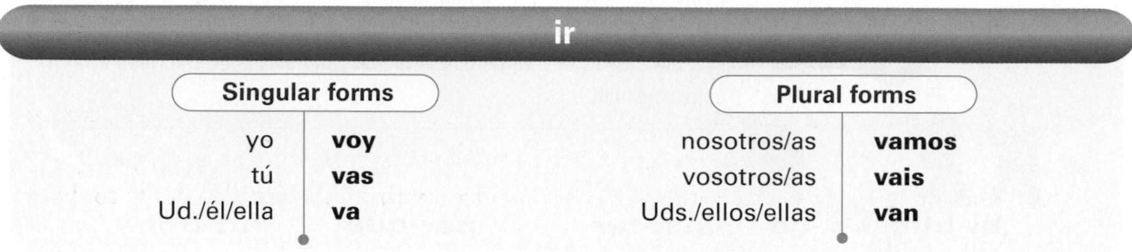

| ir | | | |
|---|---|---|---|
| **Singular forms** | | **Plural forms** | |
| yo | **voy** | nosotros/as | **vamos** |
| tú | **vas** | vosotros/as | **vais** |
| Ud./él/ella | **va** | Uds./ellos/ellas | **van** |

- **Ir** is often used with the preposition **a** (*to*). If **a** is followed by the definite article **el**, they combine to form the contraction **al**. If **a** is followed by the other definite articles (**la, las, los**), there is no contraction.

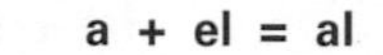

a + el = al

Voy **al** parque con Juan.
*I'm going to the park with Juan.*

Los excursionistas van **a las** montañas.
*The hikers are going to the mountains.*

- The construction **ir a** + *[infinitive]* is used to talk about actions that are going to happen in the future. It is equivalent to the English *to be going to* + *[infinitive]*.

**Va a leer** el periódico.
*He is going to read the newspaper.*

**Van a pasear** por el pueblo.
*They are going to walk around town.*

- **Vamos a** + *[infinitive]* can also express the idea of *let's (do something)*.

**Vamos a** pasear.
*Let's take a stroll.*

¡**Vamos a** ver!
*Let's see!*

**recursos**

WB pp. 39–46
LM pp. 21–24
Lab CD/MP3 Lección 4
I CD-ROM Lección 4
vistahigherlearning.com

**CONSÚLTALO**

To review the contraction **de** + **el**, see **Estructura 1.3**, pp. 18-19.

**¡ATENCIÓN!**

Remember to use **adónde** instead of **dónde** when asking a question that contains a form of the verb **ir**:

**¿Adónde vas?**
*(To) Where are you going?*

**¡INTÉNTALO!** Provide the present tense forms of **ir**. The first item has been done for you.

1. Ellos ___van___.
2. Yo __________.
3. Tu novio __________.
4. Adela __________.
5. Mi prima y yo __________.
6. Tú __________.
7. Ustedes __________.
8. Nosotros __________.
9. Usted __________.
10. Nosotras __________.
11. Miguel __________.
12. Ellos __________.

# Práctica

**1**

**CONSEJOS**

Remember that to avoid repetition, you can drop subject pronouns (**tú**, **nosotros**, etc.) when they are the subject of a sentence.

**¿Adónde van?** Everyone in your neighborhood is dashing off to various places. Say where they are going.

1. la señora Castillo / el centro
2. las hermanas Gómez / la piscina
3. tu tío y tu papá / el partido de fútbol
4. yo / el Museo de Arte Moderno
5. nosotros / el restaurante Miramar

**2**

**¿Qué van a hacer?** These sentences describe what several students in a college hiking club are doing today. Use **ir a** + [*infinitive*] to say that they are also going to do the same activities tomorrow.

*modelo*

Martín y Rodolfo nadan en la piscina.
*Van a nadar en la piscina mañana también.*

1. Sara lee una revista.
2. Yo practico deportes.
3. Ustedes van de excursión.
4. El presidente del club patina.
5. Tú tomas el sol.
6. Paseamos con nuestros amigos.

**3**

**Preguntas** With a partner, take turns asking and answering questions about where the people are going and what they are going to do there.

*modelo*

**Estudiante 1:** *¿Adónde va Estela?*
**Estudiante 2:** *Va a la Librería Sol.*
**Estudiante 1:** *Va a comprar un libro.*

1. Álex y Miguel

2. mi amigo

3. tú

**NOTA CULTURAL**

The **Estadio Azteca** in Mexico City is the largest stadium in the Spanish-speaking world. It has a seating capacity of 106,000.

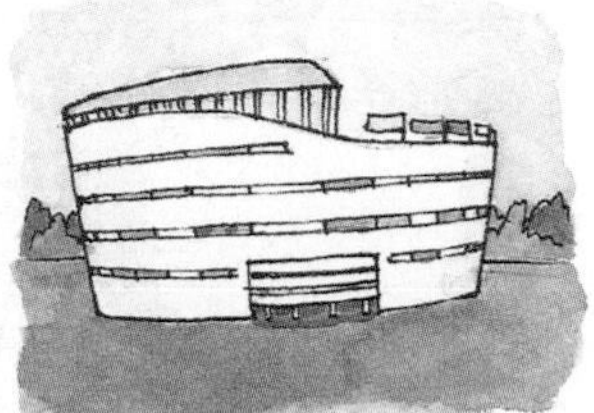
4. los estudiantes

5. profesora Torres

6. Uds.

# Comunicación

4

**Situaciones** Work with a partner and say where you and your friends go in the following situations.

1. Cuando deseo descansar...
2. Cuando mi novio/a tiene que estudiar...
3. Si mis compañeros de clase necesitan practicar el español...
4. Si deseo hablar con unos amigos...
5. Cuando tengo dinero (*money*)...
6. Cuando mis amigos y yo tenemos hambre...
7. Si tengo tiempo libre...
8. Cuando mis amigos desean esquiar...
9. Si estoy de vacaciones...
10. Si quiero leer...

5

**Encuesta** Your instructor will give you a worksheet. Walk around the class and ask your classmates if they are going to do these activities today. Find one person to answer **Sí** and one to answer **No** for each item and note their names on the worksheet in the appropriate column. Be prepared to report your findings to the class.

**modelo**

**Tú**: *¿Vas a leer el periódico hoy?*
**Ana**: *Sí, voy a leer el periódico hoy.*
**Luis**: *No, no voy a leer el periódico hoy.*

| Actividades | Sí | No |
|---|---|---|
| 1. Comer en un restaurante chino | | |
| 2. Leer el periódico | Ana | Luis |
| 3. Escribir un mensaje electrónico | | |
| 4. Correr 20 kilómetros | | |
| 5. Ver una película de horror | | |
| 6. Pasear en bicicleta | | |

6

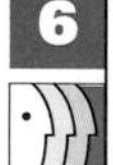

**Entrevista** Interview two classmates to find out where they are going and what they are going to do on their next vacation.

**modelo**

**Estudiante 1:** *¿Adónde vas de vacaciones (for vacation)?*
**Estudiante 2:** *Voy a Guadalajara con mis amigos.*
**Estudiante 1:** *¿Y qué van a hacer (to do) ustedes en Guadalajara?*
**Estudiante 2:** *Vamos a visitar unos monumentos y museos.*

# Síntesis

7

**El fin de semana** Create a schedule with your activities for this weekend.

- For each day, list at least three things you have to do.
- For each day, list at least two things you will do for fun.
- Tell a classmate what your weekend schedule is like. He or she will write down what you say.
- Switch roles to see if you have any plans in common.
- Take turns asking each other to participate in some of the activities you listed.

# 4.2 Stem-changing verbs: e→ie, o→ue

**CONSÚLTALO**

To review the present tense of regular **–ar** verbs, see **Estructura 2.1**, p. 44.

• • •

To review the present tense of regular **–er** and **–ir** verbs, see **Estructura 3.3**, p. 86.

**ANTE TODO** Stem-changing verbs deviate from the normal pattern of regular verbs. In stem-changing verbs, the stressed vowel of the stem changes when the verb is conjugated.

| INFINITIVE | VERB STEM | STEM CHANGE | CONJUGATED FORM |
|---|---|---|---|
| empezar | emp**e**z- | emp**ie**z- | emp**ie**zo |
| volver | v**o**lv- | v**ue**lv- | v**ue**lvo |

▶ In many verbs, such as **empezar** *(to begin)*, the stem vowel changes from **e** to **ie**. Note that the **nosotros/as** and **vosotros/as** forms don't have a stem change.

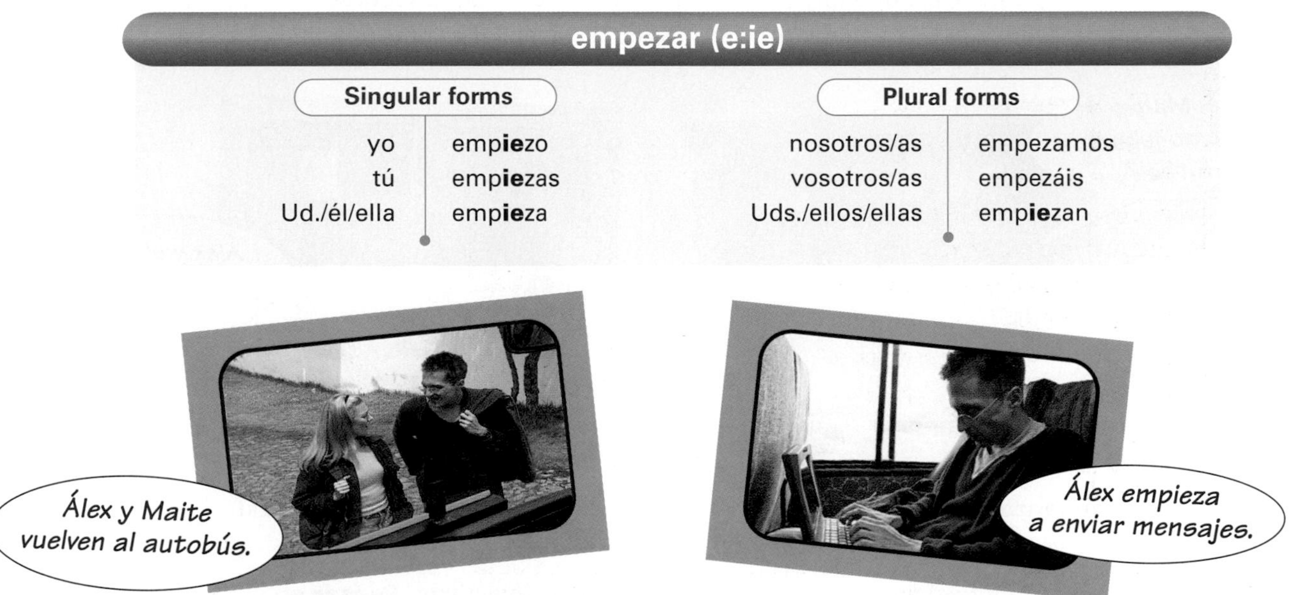

**empezar (e:ie)**

| Singular forms | | Plural forms | |
|---|---|---|---|
| yo | emp**ie**zo | nosotros/as | empezamos |
| tú | emp**ie**zas | vosotros/as | empezáis |
| Ud./él/ella | emp**ie**za | Uds./ellos/ellas | emp**ie**zan |



▶ In many other verbs, such as **volver** *(to return)*, the stem vowel changes from **o** to **ue**. The **nosotros/as** and **vosotros/as** forms have no stem change.

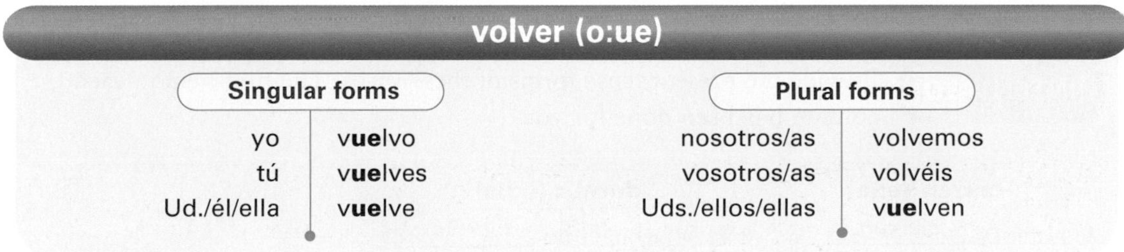

**volver (o:ue)**

| Singular forms | | Plural forms | |
|---|---|---|---|
| yo | v**ue**lvo | nosotros/as | volvemos |
| tú | v**ue**lves | vosotros/as | volvéis |
| Ud./él/ella | v**ue**lve | Uds./ellos/ellas | v**ue**lven |

▶ To help you identify stem-changing verbs, they will appear as follows throughout the text:

**empezar (e:ie), volver (o:ue)**

## Common stem-changing verbs

| e:ie | | o:ue | |
|---|---|---|---|
| **cerrar** | *to close* | **almorzar** | *to have lunch* |
| **comenzar (a+*inf.*)** | *to begin* | **contar** | *to count; to tell* |
| **empezar (a+*inf.*)** | *to begin* | **dormir** | *to sleep* |
| **entender** | *to understand* | **encontrar** | *to find* |
| **pensar (+*inf.*)** | *to think* | **mostrar** | *to show* |
| **perder** | *to lose; to miss* | **poder (+*inf.*)** | *to be able; can* |
| **preferir (+*inf.*)** | *to prefer* | **recordar** | *to remember* |
| **querer (+*inf.*)** | *to want; to love* | **volver** | *to return* |

**¡LENGUA VIVA!**

The verb **perder** can mean *to lose* or *to miss*, in the sense of "to miss a train":

**Siempre pierdo mis llaves.**
*I always lose my keys.*

**Es importante no perder el autobús.**
*It's important not to miss the bus.*

- **Jugar** (*to play* a sport or game), is the only Spanish verb that has a **u:ue** stem change. **Jugar** is followed by **a** + [*definite article*] when the name of a sport or game is mentioned.

- **Comenzar** and **empezar** require the preposition **a** when they are followed by an infinitive.

**Comienzan a** jugar a las siete.
*They begin playing at seven.*

Ana **empieza a** escribir una postal.
*Ana starts to write a postcard.*

- **Pensar** + [*infinitive*] means *to plan* or *to intend to do something*. **Pensar en** means *to think about someone* or *something*.

¿**Piensan** ir al gimnasio?
*Are you planning to go to the gym?*

¿**En** qué **piensas**?
*What are you thinking about?*

**¡INTÉNTALO!** Provide the present tense forms of these verbs. The first item in each column has been done for you.

**cerrar (e:ie)**

1. Ustedes cierran.
2. Tú ________.
3. Nosotras ________.
4. Mi hermano ________.
5. Yo ________.
6. Usted ________.
7. Los chicos ________.
8. Ella ________.

**dormir (o:ue)**

1. Mi abuela no duerme.
2. Yo no ________.
3. Tú no ________.
4. Mis hijos no ________.
5. Usted no ________.
6. Nosotros no ________.
7. Él no ________.
8. Ustedes no ________.

# Práctica

**1**

**Completar** Complete this conversation with the appropriate forms of the verbs. Then act it out with a partner.

**PABLO** Óscar, voy al centro ahora.

**ÓSCAR** ¿A qué hora (1) piensas (pensar) volver? El partido de fútbol (2) empieza (empezar) a las dos.

**PABLO** (3) Volvo (Volver) a la una. (4) Quieres (querer) ver el partido.

**ÓSCAR** (5) ¿Recordas (Recordar) que (*that*) nuestro equipo es muy bueno? (6) ¡Pued (poder) ganar!

**PABLO** No, (7) pienso (pensar) que va a (8) pierdo (perder). Los jugadores de Guadalajara son salvajes (*wild*) cuando (9) juego (jugar).

**2**

**Preferencias** With a partner, take turns asking and answering questions about what these people want to do, using the cues provided.

**NOTA CULTURAL**

**Dominó** (*dominoes*) is a popular pastime throughout Colombia, Venezuela, Central America, and the Spanish-speaking countries of the Caribbean. It's played by young and old alike, primarily at family gatherings and among friends, but sometimes also competitively.

*modelo*

Guillermo: estudiar / pasear en bicicleta.
**Estudiante 1:** *¿Quiere estudiar Guillermo?*
**Estudiante 2:** *No, prefiere pasear en bicicleta.*

1. tú: trabajar / dormir
2. Uds.: mirar la televisión / jugar al dominó
3. tus amigos: ir de excursión / descansar
4. tú: comer en la cafetería / ir a un restaurante
5. Elisa: ver una película / leer una revista
6. María y su hermana: tomar el sol / practicar el esquí acuático

**3**

**Describir** Use a verb from the list to describe what these people are doing.

almorzar cerrar contar dormir encontrar mostrar

1. Las niñas duermen
2. Yo cerro
3. Nosotros almorcamos
4. Tú encuentras
5. Pedro mostra
6. Teresa conta

# Comunicación

**4** **Frecuencia** In pairs, use the verbs from the list and other stem-changing verbs you know to create sentences telling your partner which activities you do daily (**todos los días**), which you do once a month (**una vez al mes**), and which you do once a year (**una vez al año**). Then switch roles.

*modelo*

**Estudiante 1:** *Yo recuerdo a mi familia todos los días.*
**Estudiante 2:** *Yo pierdo uno de mis libros una vez al año.*

| | |
|---|---|
| cerrar | perder |
| dormir | poder |
| empezar | preferir |
| encontrar | querer |
| jugar | recordar |
| ¿? | ¿? |

| todos los días | | una vez al mes | | una vez al año |
|---|---|---|---|---|
| | | | | |

**5** **En la televisión** Read the television listings for Saturday. In pairs, write a conversation between two siblings arguing about what to watch. Be creative and be prepared to act out your conversation for the class.

*modelo*

**Hermano:** *Quiero ver la Copa Mundial.*
**Hermana:** *¡No! Prefiero ver...*

| | 13:00 | 14:00 | 15:00 | 16:00 | 17:00 | 18:00 | 19:00 | 20:00 | 21:00 | 22:00 | 23:00 |
|---|---|---|---|---|---|---|---|---|---|---|---|
| 7 | Copa Mundial (*World Cup*) de fútbol | | | El tiempo libre | | Fútbol internacional: Copa América: México-Argentina | | | | Torneo de Natación | |
| 8 | Abierto (*Open*) Mexicano de Tenis: Alejandro Hernández (México) vs. Jacobo Díaz (España). Semifinales | | | Campeonato (*Championship*) de baloncesto Los Correcaminos de Tampico vs. los Santos de San Luis | | | | Aficionados al buceo | | Cozumel: Aventuras | |
| 12 | Gente famosa | | Amigos | Médicos jóvenes | | | Película: **El centro de la ciudad** | | Película: **Terror en la plaza mayor** | | |
| 13 | El padrastro | | Periodistas en peligro (*danger*) | | | | El esquí acuático | | | Patinaje Artístico | |
| 17 | Biografías: La artista Frida Kahlo | | | Música de la semana | | | Entrevista del día: Miguel Indurain y su pasión por el ciclismo | | | Cine de la noche: **Los excursionistas perdidos *(lost)*** | |

**NOTA CULTURAL**

**Miguel Indurain** is a famous cyclist from Spain who has won the Tour de France bicycle race five times.

Very few cyclists have won this difficult race five times. Lance Armstrong of the U.S. achieved this in 2003.

# Síntesis

**6** **Situación** Your instructor will give you and your partner a partially illustrated itinerary of a city tour. Complete the itineraries by asking each other questions using the verbs in the captions and vocabulary you have learned.

*modelo*

**Estudiante 1:** *Por la mañana, empiezan en el café.*
**Estudiante 2:** *Y luego ...*

# 4.3 Stem-changing verbs: e→i

**ANTE TODO** You've already seen that many verbs in Spanish change their stem vowel when conjugated. There is a third kind of stem-vowel change in some verbs, such as **pedir** (*to ask for; to request*). In these verbs, the stressed vowel in the stem changes from **e** to **i**, as shown in the diagram.

▶ As with other stem-changing verbs you have learned, there is no stem change in the **nosotros/as** or **vosotros/as** forms in the present tense.

**¡LENGUA VIVA!**

As you learned in **Lección 2, preguntar** *means to ask a question*. **Pedir,** however, means *to ask for something*:

**Ella me pregunta cuántos años tengo.**
*She asks me how old I am.*

**Él me pide ayuda.**
*He asks me for help.*

**pedir (e:i)**

| Singular forms | | Plural forms | |
|---|---|---|---|
| yo | **pi**do | nosotros/as | pedimos |
| tú | **pi**des | vosotros/as | pedís |
| Ud./él/ella | **pi**de | Uds./ellos/ellas | **pi**den |

▶ To help you identify verbs with the **e:i** stem change, they will appear as follows throughout the text:

**pedir (e:i)**

**¡ATENCIÓN!**

While **decir** follows the stem-change pattern of **e** to **i**, its **yo** form is irregular: **yo digo**. You will learn other verbs whose **yo** forms end in **–go** in **Estructura 4.4**, pp. 122–123.

•••

Here are some common expressions with **decir**:

**decir la verdad**
*to tell the truth*

**decir mentiras**
*to tell lies*

**decir que**
*to say that*

**decir la respuesta**
*to say the answer*

▶ The following are the most common **e:i** stem-changing verbs:

| **conseguir** | **decir** | **repetir** | **seguir** |
|---|---|---|---|
| *to get; to obtain* | *to say; to tell* | *to repeat* | *to follow; to continue; to keep (doing something)* |

**Pido** favores cuando es necesario.
*I ask for favors when it's necessary.*

Javier **dice** la verdad.
*Javier is telling the truth.*

**Sigue** esperando.
*He keeps waiting.*

**Consiguen** ver buenas películas.
*They get to see good movies.*

▶ The **yo** forms of **seguir** and **conseguir** have a spelling change as well as the stem change **e→i.**

**Sigo** su plan.
*I'm following their plan.*

**Consigo** novelas en la librería.
*I get novels at the bookstore.*

**¡INTÉNTALO!** Provide the correct forms of the verbs.

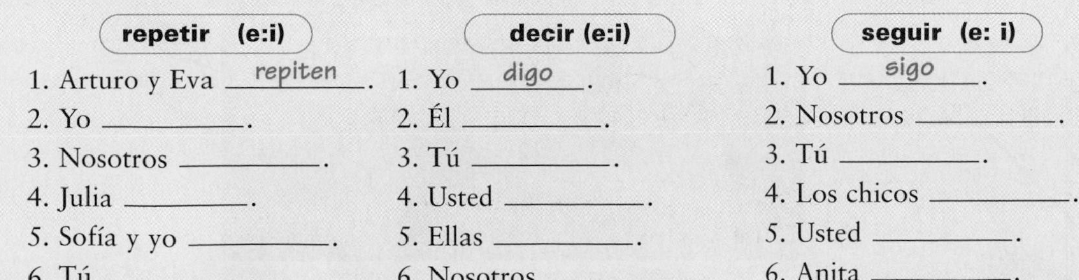

**repetir (e:i)**

1. Arturo y Eva repiten.
2. Yo ________.
3. Nosotros ________.
4. Julia ________.
5. Sofía y yo ________.
6. Tú ________.

**decir (e:i)**

1. Yo digo.
2. Él ________.
3. Tú ________.
4. Usted ________.
5. Ellas ________.
6. Nosotros ________.

**seguir (e: i)**

1. Yo sigo.
2. Nosotros ________.
3. Tú ________.
4. Los chicos ________.
5. Usted ________.
6. Anita ________.

# Práctica

**1**

**Completar** Complete these sentences with the correct form of the verb provided.

1. Cuando mi familia pasea por la ciudad, mi madre siempre va al café y ________ (pedir) una soda.
2. Pero mi padre ________ (decir) que perdemos mucho tiempo. Tiene prisa por llegar al bosque de Chapultepec.
3. Mi padre tiene suerte, porque él siempre ________ (conseguir) lo que (*that which*) desea.
4. Cuando llegamos al parque, mis hermanos y yo ________ (seguir) conversando (*talking*) con nuestros padres.
5. Mis padres siempre ________ (repetir) la misma cosa: "Nosotros tomamos el sol aquí sin ustedes."
6. Yo siempre ________ (pedir) permiso para volver a casa un poco más tarde porque me gusta mucho el parque.

**NOTA CULTURAL**

A popular weekend destination for residents and tourists, **El bosque de Chapultepec** is a beautiful park located in Mexico City. It occupies over 1.5 square miles and includes lakes, wooded areas, several museums, and a botanical garden.

**2**

**Combinar** Combine words from the columns to create sentences about yourself and people you know.

| A | B |
|---|---|
| Yo | (no) pedir muchos favores |
| Mi compañero/a de cuarto | nunca (*never*) pedir perdón |
| Mi mejor (*best*) amigo/a | nunca seguir las instrucciones |
| Mi familia | siempre seguir las instrucciones |
| Mis amigos/as | conseguir libros en Internet |
| Mis amigos y yo | repetir el vocabulario |
| Mis padres | (no) decir mentiras |
| Mi hermano/a | |
| Mi profesor(a) de español | |

**3**

**Opiniones** Work in pairs to guess how your partner completed the sentences from **Actividad 2**. If you guess incorrectly, your partner must supply the correct answer. Switch roles.

*modelo*

**Estudiante 1:** En mi opinión, tus padres consiguen libros en Internet.
**Estudiante 2:** ¡No! Mi hermana consigue libros en Internet.

**CONSÚLTALO**

To review possessive adjectives, see **Estructura 3.2**, p. 83.

# Comunicación

**4**

**Las películas** Use these questions to interview a classmate.

1. ¿Prefieres las películas románticas, las películas de acción o las películas de horror? ¿Por qué?
2. ¿Dónde consigues información sobre (*about*) una película?
3. ¿Dónde consigues las entradas (*tickets*) para una película?
4. Para decidir qué películas vas a ver, ¿sigues las recomendaciones de los críticos? ¿Qué dicen los críticos en general?
5. ¿Qué cines en tu comunidad muestran las mejores (*best*) películas?
6. ¿Vas a ver una película esta semana? ¿A qué hora empieza la película?

# Síntesis

**5**

**El cine** In pairs, first scan the ad and jot down all the stem-changing verbs. Then answer the questions. Be prepared to share your answers with the class.

1. ¿Qué palabras indican que *Un mundo azul oscuro (Dark Blue World)* es una película dramática?
2. ¿Cuántas personas hay en el póster?
3. ¿Cómo son las personas del póster? ¿Qué relación tienen?
4. ¿Te gustan las películas como ésta (*this one*)?
5. Describe tu película favorita con los verbos de la **Lección 4.**

# 4.4 Verbs with irregular yo forms

**ANTE TODO** In Spanish, several verbs have irregular **yo** forms in the present tense. You have already seen three verbs with the **-go** ending in the **yo** form: **decir → digo**, **tener → tengo**, and **venir → vengo**. Now you will learn several more.

**Verbs with irregular *yo* forms**

| | **hacer** *(to do; to make)* | **poner** *(to put; to place)* | **salir** *(to leave)* | **suponer** *(to suppose)* | **traer** *(to bring)* |
|---|---|---|---|---|---|
| SINGULAR FORMS | **hago** | **pongo** | **salgo** | **supongo** | **traigo** |
| | haces | pones | sales | supones | traes |
| | hace | pone | sale | supone | trae |
| PLURAL FORMS | hacemos | ponemos | salimos | suponemos | traemos |
| | hacéis | ponéis | salís | suponéis | traéis |
| | hacen | ponen | salen | suponen | traen |

- The verbs **hacer**, **poner**, **salir**, **suponer**, and **traer** have **yo** forms that end in **-go**. The other forms are regular.

*Nunca salgo a correr, no hago ejercicio, pero sí tengo energía... ¡para leer el periódico y tomar un café!*

- **Poner** can also mean *to turn on* a household appliance.

Carlos **pone** la radio.
*Carlos turns on the radio.*

María **pone** la televisión.
*María turns on the television.*

- **Salir de** is used to indicate that someone is leaving a particular place.

Hoy **salgo del** hospital.
*Today I leave the hospital.*

**Sale de** la clase a las cuatro.
*He leaves class at four.*

- **Salir para** is used to indicate someone's destination.

Mañana **salgo para** México.
*Tomorrow I leave for Mexico.*

Hoy **salen para** España.
*Today they leave for Spain.*

- **Salir con** means *to leave with someone* or *something*, or *to date someone.*

Alberto **sale con** su mochila.
*Alberto is leaving with his backpack.*

Margarita **sale con** Guillermo.
*Margarita is going out with Guillermo.*

Hoy voy a **salir con** mi hermana.
*Today I'm going out with my sister.*

Mi primo **sale con** una chica muy bonita.
*My cousin is going out with a very pretty girl.*

## The verbs ver and oír

▶ The verb **ver** (*to see*) has an irregular **yo** form. The other forms of **ver** are regular.

**ver**

| Singular forms | | Plural forms | |
|---|---|---|---|
| yo | **veo** | nosotros/as | vemos |
| tú | ves | vosotros/as | veis |
| Ud./él/ella | ve | Uds./ellos/ellas | ven |

▶ The verb **oír** (*to hear*) has an irregular **yo** form and the spelling change **i→y** in the **tú, usted, él, ella, ustedes, ellos,** and **ellas** forms. The **nosotros/as** and **vosotros/as** forms have an accent mark.

**oír**

| Singular forms | | Plural forms | |
|---|---|---|---|
| yo | **oigo** | nosotros/as | o**í**mos |
| tú | o**y**es | vosotros/as | o**í**s |
| Ud./él/ella | o**y**e | Uds./ellos/ellas | o**y**en |

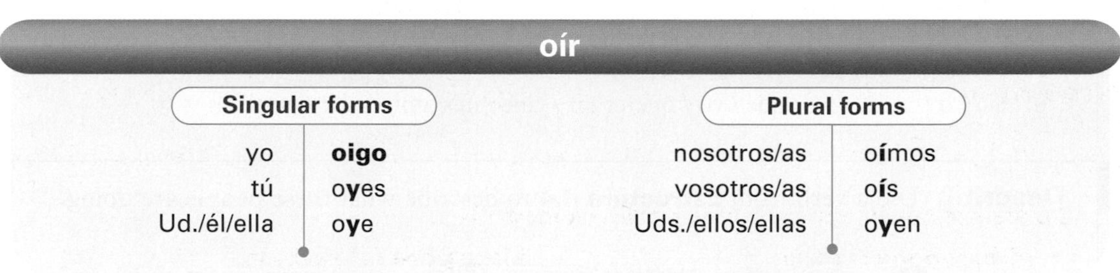

**Oigo** a unas personas en la otra sala.
*I hear some people in the other room.*

¿**Oyes** música latina?
*Do you hear Latin music?*

**¡INTÉNTALO!** Provide the appropriate forms of these verbs. The first item has been done for you.

| | | | |
|---|---|---|---|
| **1. salir** | Isabel <u>sale</u> | Nosotros ______ | Yo ______ |
| **2. ver** | Yo ______ | Uds. ______ | Tú ______ |
| **3. poner** | Rita y yo ______ | Yo ______ | Los niños ______ |
| **4. hacer** | Yo ______ | Tú ______ | Ud. ______ |
| **5. oír** | Él ______ | Nosotros ______ | Yo ______ |
| **6. traer** | Ellas ______ | Yo ______ | Tú ______ |
| **7. suponer** | Yo ______ | Mi amigo ______ | Nosotras ______ |

# Práctica

**1** **Completar** Complete this conversation with the appropriate forms of the verbs. Then act it out with a partner.

**ERNESTO** David, ¿qué (1)________ (hacer) hoy?

**DAVID** Ahora estudio biología, pero esta noche (2)________ (salir) con Luisa. Vamos al cine. Los críticos (3)________ (decir) que la nueva (*new*) película de Almodóvar es buena.

**ERNESTO** ¿Y Diana? ¿Qué (4)________ (hacer) ella?

**DAVID** (5)________ (Salir) a comer con sus padres.

**ERNESTO** ¿Qué (6)________ (hacer) Andrés y Javier?

**DAVID** Tienen que (7)________ (hacer) las maletas. (8)________ (Salir) para Monterrey mañana.

**ERNESTO** Pues, ¿qué (9)________ (hacer) yo?

**DAVID** (10)________ (Suponer) que puedes estudiar o (11)________ (ver) la televisión.

**ERNESTO** No quiero estudiar. Mejor (12)________ (poner) el televisor. Mi programa favorito empieza en unos minutos.

**2** **Oraciones** Form sentences using the cues provided and verbs from **Estructura 4.4**.

*modelo*

Tú / ________ / cosas / en / su lugar / antes de (*before*) / salir

*Tú pones las cosas en su lugar antes de salir.*

1. Mis amigos / ________ / conmigo / centro
2. Tú / ________ / cámara
3. Alberto / ________ / música del café Pasatiempos
4. Yo / no / ________ / muchas películas
5. domingo / nosotros / ________ / mucha / tarea
6. Si / yo / ________ / que / yo / querer / ir / cine / mis amigos / ir / también

**3** **Describir** Use a verb from **Estructura 4.4** to describe what these people are doing.

1. Fernán

2. Los aficionados

3. Yo

4. Nosotros

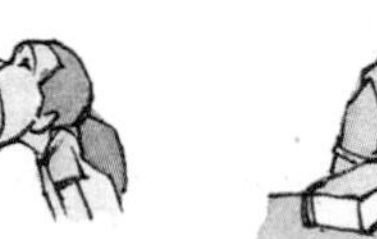

5. La señora Vargas

6. El estudiante

# Comunicación

4

**Preguntas** Get together with a classmate and ask each other these questions.

1. ¿Qué traes a clase?
2. ¿Quiénes traen un diccionario a clase? ¿Por qué traen un diccionario?
3. ¿A qué hora sales de tu residencia o de tu casa por la mañana? ¿A qué hora sale tu compañero/a de cuarto o tu esposo/a?
4. ¿Dónde pones tus libros cuando regresas de clase? ¿Siempre (*Always*) pones tus cosas en su lugar?
5. ¿Pones fotos de tu familia en tu casa? ¿Quiénes son las personas que están en las fotos?
6. ¿Oyes la radio cuando estudias?
7. ¿En qué circunstancias dices mentiras?
8. ¿Haces mucha tarea los fines de semana?
9. ¿Sales con tus amigos los fines de semana? ¿A qué hora? ¿Qué hacen?
10. ¿Te gusta ver deportes en la televisión o prefieres ver otros programas? ¿Cuáles?

5

**Charadas** In groups, play a game of charades. Each person should think of two phrases using the verbs **hacer, poner, salir, oír, traer,** or **ver**. The first person to guess correctly acts out the next charade.

6

**Entrevista** You are doing a market research report on lifestyles. Interview a classmate to find out when he or she goes out with the following people and what they do for entertainment.

- los amigos
- el/la novio/a
- el/la esposo/a
- la familia

# Síntesis

7

**Situación** Imagine that you are speaking with your roommate. With a partner, prepare a conversation using these cues.

| Estudiante 1 | Estudiante 2 |
|---|---|
| Ask your partner what he or she is doing. → | Tell your partner that you are watching TV. |
| Say what you suppose he or she is watching. → | Say that you like the show _______. Ask if he or she wants to watch. |
| Say no, because you are going out with friends and tell where you are going. → | Say you think it's a good idea, and ask what your partner and his or her friends are doing there. |
| Say what you are going to do, and ask your partner whether he or she wants to come along. → | Say no and tell your partner what you prefer to do. |

# Lectura

## Antes de leer

### Estrategia

**Predicting content from visuals**

When you are reading in Spanish, be sure to look for visual clues that will orient you as to the content and purpose of what you are reading. Photos and illustrations, for example, will often give you a good idea of the main points that the reading covers. You may also encounter very helpful visuals that are used to summarize large amounts of data in a way that is easy to comprehend; these include bar graphs, pie charts, flow charts, lists of percentages, and other sorts of diagrams.

**Examinar el texto**

Take a quick look at the visual elements of the magazine article in order to generate a list of ideas about its content. Then compare your list with a classmate's. Are your lists the same or are they different? Discuss your lists and make any changes needed to produce a final list of ideas.

**Contestar**

Read the list of ideas you wrote in **Examinar el texto,** and look again at the visual elements of the magazine article. Then answer these questions:

1. Who is the woman in the photo, and what is her role?
2. What is the article about?
3. What is the subject of the pie chart?
4. What is the subject of the bar graph?

**por María Úrsula Echevarría**

El fútbol es el deporte más popular en el mundo° hispano, según° una encuesta° reciente realizada entre jóvenes universitarios. Mucha gente practica este deporte y tiene un equipo de fútbol favorito. Cada cuatro años se realiza la Copa Mundial°. Argentina y Uruguay han ganado° este campeonato° más de una vez°. Los aficionados siguen los partidos de fútbol en casa por tele y en muchos otros lugares como los bares, los restaurantes, los estadios y los clubes deportivos. Los jóvenes juegan al fútbol con sus amigos en parques y gimnasios.

**Países hispanos en campeonatos mundiales de fútbol (1930-2002)**

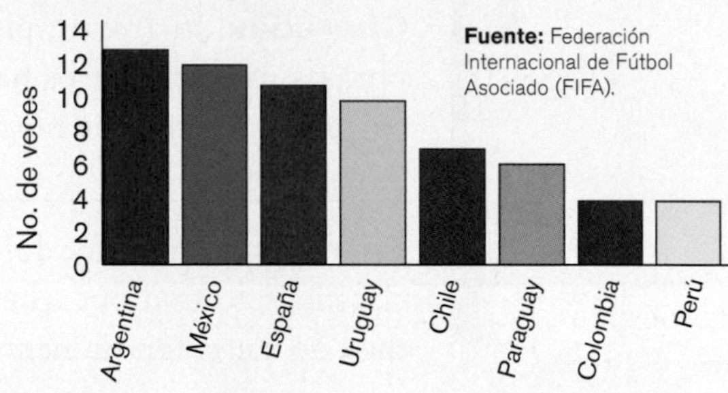


Pero, por supuesto°, en los países de habla hispana también hay otros deportes populares. ¿Qué deporte sigue al fútbol en estos países? Bueno, ¡depende del país y de otros factores!

## Después de leer

**Evaluación y predicción**

Which of the following sports events would be most popular among the college students surveyed? Rate them from one (most popular) to five (least popular). Which would be the most popular at your college or university?

_________ 1. La Copa Mundial de Fútbol
_________ 2. Los Juegos Olímpicos
_________ 3. El torneo de tenis de Wimbledon
_________ 4. La Serie Mundial de Béisbol
_________ 5. El Tour de Francia

# No sólo el fútbol

En Colombia, por ejemplo, el béisbol es muy popular después del fútbol, aunque° esto varía según la región del país. En la costa del norte de Colombia, el béisbol es una pasión. Y el ciclismo también es un deporte que los colombianos siguen con mucho interés.

## Donde el béisbol es más popular

En los países del Caribe, el béisbol es el deporte predominante. Éste es el caso en Puerto Rico, Cuba y la República Dominicana. Los niños empiezan a jugar cuando son muy pequeños. En Puerto Rico y la República Dominicana, la gente también quiere participar en otros deportes como el baloncesto, o ver los partidos en la tele. Y para los espectadores aficionados del Caribe, el boxeo es número dos.

**Deportes más populares**

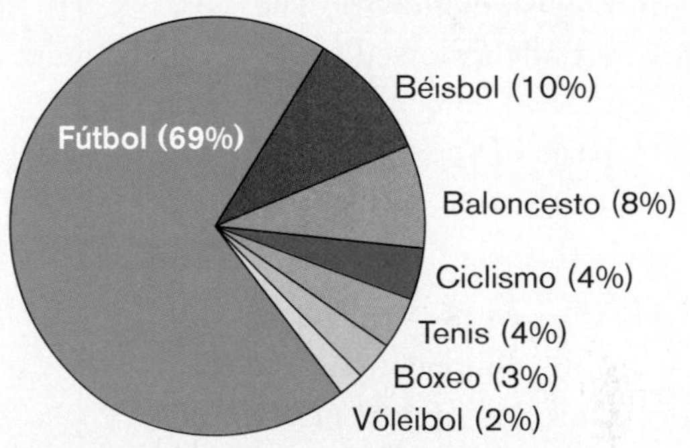


## Donde el fútbol es más popular

En México el béisbol es el segundo° deporte más popular después° del fútbol. Pero en Argentina, después del fútbol, el rugby tiene mucha importancia. En Perú a la gente le gusta mucho ver partidos de vóleibol. ¿Y en España? Mucha gente prefiere el baloncesto, el tenis y el ciclismo.

---

**mundo** *world* **según** *according to* **encuesta** *survey* **se realiza la Copa Mundial** *the World Cup is held* **han ganado** *have won* **campeonato** *championship* **más de una vez** *more than once* **por supuesto** *of course* **segundo** *second* **después** *after* **aunque** *although*

### ¿Cierto o falso?

Indicate whether each sentence is **cierto** or **falso,** then correct the false statements.

| | Cierto | Falso |
|---|---|---|
| 1. El vóleibol es el segundo deporte más popular en México. | ❍ | ❍ |
| 2. En España a la gente le gustan varios deportes como el baloncesto y el ciclismo. | ❍ | ❍ |
| 3. En la costa del norte de Colombia, el tenis es una pasión. | ❍ | ❍ |
| 4. En el Caribe el deporte más popular es el béisbol. | ❍ | ❍ |

### Preguntas

Answer these questions in Spanish.

1. ¿Dónde ven los aficionados el fútbol? Y tú, ¿cómo ves tus deportes favoritos?
2. ¿Te gusta el fútbol? ¿Por qué?
3. ¿Miras la Copa Mundial en la televisión?
4. ¿Qué deportes miras en la televisión?
5. En tu opinión, ¿cuáles son los tres deportes más populares en tu universidad? ¿en tu comunidad? ¿en los Estados Unidos?
6. ¿Qué haces en tu tiempo libre?

# Escritura

## Estrategia

### Using a dictionary

A common mistake made by beginning language learners is to embrace the dictionary as the ultimate resource for reading, writing, and speaking. While it is true that the dictionary is a useful tool that can provide valuable information about vocabulary, using the dictionary correctly requires that you understand the elements of each entry.

If you glance at a Spanish-English dictionary, you will notice that its format is similar to that of an English dictionary. The word is listed first, usually followed by its pronunciation. Then come the definitions, organized by parts of speech. Sometimes the most frequently used definitions are listed first.

To find the best word for your needs, you should refer to the abbreviations and the explanatory notes that appear next to the entries. For example, imagine that you are writing about your pastimes. You want to write, "I want to buy a new racket for my match tomorrow," but you don't know the Spanish word for "racket." In the dictionary, you may find an entry like this:

**racket** s **1.** alboroto; **2.** raqueta (*dep.*)

The abbreviation key at the front of the dictionary says that *s* corresponds to **sustantivo** *(noun)*. Then, the first word you see is **alboroto.** The definition of **alboroto** is *noise* or *racket,* so **alboroto** is probably not the word you're looking for. The second word is **raqueta,** followed by the abbreviation *dep.*, which stands for **deportes.** This indicates that the word **raqueta** is the best choice for your needs.

## Tema

**Escribir un folleto.**

Choose one topic.

1. You are the head of the Homecoming Committee at your school this year. Create a pamphlet that lists events for Friday night, Saturday, and Sunday. Include a brief description of each event and its time and location. Include activities for different age groups, since some alumni will bring their families.
2. You are on the Freshman Student Orientation Committee and are in charge of creating a pamphlet for new students describing the sports offered at your school. Write the flyer and include activities for both men and women.
3. You work for the Chamber of Commerce in your community. It is your job to market your community to potential residents. Write a brief pamphlet that describes the recreational opportunities your community provides, the areas where the activities take place, and the costs, if any. Be sure to include activities that will appeal to singles as well as couples and families; you should include activities for all age groups and for both men and women.

# Plan de escritura

## 1 Ideas y organización

Brainstorm the different types of activities included in the pamphlet, creating an idea map to organize them. Refer to a Spanish-English dictionary for words you don't know, but remember to consider each entry carefully before making a choice.

## 2 Primer borrador

Using your idea map from **Ideas y organización,** write the first draft of your pamphlet.

## 3 Comentario

Exchange papers with a classmate and comment on each other's work using these questions as a guide. Begin by mentioning one or two points that you like about your classmate's pamphlet, such as the activities listed for Homecoming, the description of the sports at your school, or the description of the recreational activities in your community.

**a.** Does the document contain all the required information?
**b.** Is any important information omitted? Is there any extraneous information that should be deleted?
**c.** Does the document include an appropriate variety of activities?
**d.** Is the document organized in a logical fashion?
**e.** Do you see errors in spelling, grammar, or word usage?
**f.** What other suggestions do you have for improving the document?

## 4 Redacción

Revise your first draft, keeping in mind your classmate's comments. Also, incorporate any new ideas or information you may have. Before handing in the final version, review your work using these guidelines:

**a.** Underline each verb and make sure it agrees with its subject. Double check stem-changing verbs and verbs with irregular **yo** forms.
**b.** Check the gender and number of each article, noun, and adjective.
**c.** Check your spelling and punctuation.
**d.** Consult your **Anotaciones para mejorar la escritura** to avoid repetition of previous errors.

## 5 Evaluación y progreso

Exchange papers with a new partner. Read his or her pamphlet and note any words and expressions that are new to you so that you can look them up in your dictionary later. After your instructor returns your paper, review the comments and corrections. Note the most important issues in your **Anotaciones para mejorar la escritura** in your **Carpeta.** If you have repeated a previous mistake, highlight it in your **Anotaciones.**

# Escuchar

## Estrategia

**Listening for the gist**

Listening for the general idea, or gist, can help you follow what someone is saying even if you can't hear or understand some of the words. When you listen for the gist, you simply try to capture the essence of what you hear without focusing on individual words.

 To help you practice this strategy, you will listen to a paragraph made up of three sentences. Jot down a brief summary of what you hear.

## Preparación

Based on the photo, what do you think José is like? Do you and José have similar interests?

## Ahora escucha 

You will hear first José talking, then Anabela. As you listen, check off each person's favorite activities.

**Pasatiempos favoritos de José**

1. ______ leer el correo electrónico
2. ______ jugar al béisbol
3. ______ ver películas de acción
4. ______ ir al café
5. ______ ir a partidos de béisbol
6. ______ ver películas románticas
7. ______ dormir la siesta
8. ______ escribir mensajes electrónicos

**Pasatiempos favoritos de Anabela**

9. ______ esquiar
10. ______ nadar
11. ______ practicar el ciclismo
12. ______ jugar al golf
13. ______ jugar al baloncesto
14. ______ ir a ver partidos de tenis
15. ______ escalar montañas
16. ______ estudiar

## Comprensión

**Preguntas**

1. Who participates in more sports-related activities?
2. Who believes it's important to get enough rest?
3. What sport does José like to watch?
4. Why doesn't Anabela play basketball?
5. What kind of movies does José's girlfriend prefer?
6. What is Anabela's favorite sport?

**Seleccionar**

Which person do these statements best describe?

1. Le gusta practicar deportes.
2. Prefiere las películas de acción.
3. Le gustan las computadoras.
4. Le gusta nadar.
5. Siempre duerme una siesta por la tarde.
6. Quiere ir de vacaciones a las montañas.

**recursos**

TEXT CD
Lección 4

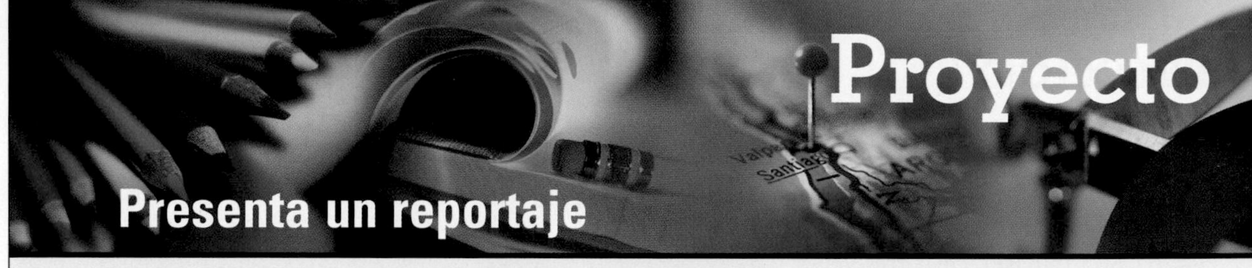


# Presenta un reportaje

Imagine that you are a sports announcer for a large radio station in Mexico City. Your boss has asked you to deliver a new weekly broadcast, a guide to weekend sporting events.

## 1 Prepara el reportaje

Prepare a radio broadcast of the **Guía de eventos deportivos del fin de semana.** Using the research tools found in **Recursos para la investigación,** find out about the sports that are typically played in Mexico City. Then create your radio broadcast, which might include the following elements:

- A greeting to your listeners in which you introduce yourself and your program
- A list of the various sports events your listeners can attend or participate in
- The day and time each event is going to take place
- A brief, creative sign-off

## 2 Presenta la información

You may present your radio broadcast live or audiotape it so that it can be replayed for your class. You may want to greet your listeners as **radioyentes** and introduce yourself as **reportero/a** [your name]. Make your broadcast as appealing as possible so that your listeners will want to stay tuned.

**recursos para la investigación**

| | | | |
|---|---|---|---|
|  | **Internet** Palabras clave: sports, pastimes, Mexico, Mexico City |  | **Comunidad** Exchange students, faculty members, and residents of your community who are from or have lived in Mexico City |
|  | **Biblioteca** Newspapers, sports magazines, travel magazines, travel guides |  | **Otros recursos** Sports programs on Spanish-language television stations |

# México

## El país en cifras

- **Área:** 1.972.550 km$^2$ (761.603 millas$^2$), casi° tres veces° el área de Texas.

*La situación geográfica de México, al sur° de los Estados Unidos, ha influido° en la economía y la sociedad de los dos países. Una de las consecuencias es la emigración de la población mexicana al país vecino°. Hoy día, más de 20 millones de personas de descendencia mexicana viven en los Estados Unidos.*

- **Población:** 110.139.000
- **Capital:** México, D.F.—18.934.000
- **Ciudades principales:** Guadalajara—3.889.000, Monterrey—3.502.000, Puebla—1.888.000, Ciudad Juárez—1.226.000

SOURCE: Population Division, UN Secretariat

- **Moneda:** peso mexicano
- **Idiomas:** español (oficial), náhuatl, idiomas mayas

La bandera de México

### Mexicanos célebres

- **Benito Juárez,** héroe nacional (1806–1872)
- **Octavio Paz,** poeta (1914–1998)
- **Elena Poniatowska,** periodista y escritora (1933– )
- **Julio César Chávez,** boxeador (1962– )

casi *almost* veces *times* sur *south* ha influido en *has influenced* vecino *neighboring* vecindario *neighborhood* calles *streets* ha elegido *has chosen* Atún *tuna* cortas *short* nunca *never*

Un delfín en Baja California

ESTADOS UNIDOS

Ciudad Juárez

Golfo de California

Baja California

Río Grande

Río Bravo del Norte

Sierra Madre Oriental

Sierra Madre Occidental

Monterrey

Ciudad de México

Puerto Vallarta

Guadalajara

Puebla

Acapulco

Océano Pacífico

MÉXICO

ESTADOS UNIDOS

OCÉANO ATLÁNTICO

OCÉANO PACÍFICO

AMÉRICA DEL SUR

Autorretrato con mono (*Self-portrait with monkey*), 1938, Frida Kahlo

Ruinas aztecas en México D.F.

Saltador en Acapulco

**recursos**

| WB pp. 47–48 | VM pp. 255–256 | I CD-ROM Lección 4 | vistahigher learning.com |
|---|---|---|---|

## ¡Increíble pero cierto!

En la Ciudad de México cada vecindario° nombra sus calles° en honor a un tema especial. Un vecindario ha elegido° la literatura, y tiene calles llamadas *Dickens*, *Dante* y *Shakespeare*. En otro están las calles del *Atún*° y del *Cilantro*. Irónicamente, las calles del *Amor* y la *Felicidad* son cortas°, mientras que la calle del *Trabajo* nunca° termina.

## Ciudades • México D.F.

La Ciudad de México, fundada° en 1525 (mil quinientos veinticinco), también se llama el D.F. o Distrito Federal. Muchos turistas e inmigrantes vienen a la ciudad porque es el centro cultural y económico del país. El crecimiento° de la población es de los más altos° del mundo. El D.F. tiene una población mayor que las de Nueva York, Madrid o París.

## Artes • Diego Rivera y Frida Kahlo

Frida Kahlo y Diego Rivera eran° artistas mexicanos muy famosos. Casados° en 1929 (mil novecientos veintinueve), los dos se interesaron° en las condiciones sociales de la gente indígena de su país. Puedes ver algunas de sus obras° en el Museo de Arte Moderno de la Ciudad de México.

## Historia • Los aztecas

Los aztecas dominaron° en México del siglo° XIV hasta el siglo XVI . Sus canales, puentes° y pirámides con templos religiosos eran° muy importantes. El imperio azteca terminó° cuando llegaron° los conquistadores en 1519 (mil quinientos diecinueve), pero la presencia azteca sigue hoy. La Ciudad de México está situada en la capital azteca de Tenochtitlán, y muchos turistas van a visitar sus ruinas°.

## Comida • Las tortillas

La base de la comida mexicana es la tortilla, que se hace° con maíz° y con harina°. Los tacos, las enchiladas y las quesadillas se hacen con tortillas y son tan populares en México como en los Estados Unidos. Puedes conseguir tortillas muy buenas en muchos restaurantes mexicanos.

**¿Qué aprendiste?** Responde a las preguntas (*questions*) con una frase completa.

1. ¿Qué lenguas hablan los mexicanos?
2. ¿Cómo es la población del D.F. en comparación a otras ciudades?
3. ¿En qué se interesaron Kahlo y Rivera?
4. Nombra algunas (*some*) de las estructuras de la arquitectura azteca.
5. ¿Dónde está situada la capital de México?
6. ¿Por qué es importante la tortilla?

**Conexión Internet** Investiga estos temas en el sitio **www.vistahigherlearning.com**.

1. Busca información sobre dos lugares de México. ¿Te gustaría (*Would you like*) vivir allí? ¿Por qué?
2. Busca información sobre dos artistas mexicanos. ¿Cómo se llaman sus obras (*works*) más famosas?

**fundada** *founded* **crecimiento** *growth* **más altos** *highest* **eran** *were* **casados** *married* **se interesaron** *were interested in* **obras** *works* **dominaron** *dominated* **siglo** *century* **puentes** *bridges* **eran** *were* **terminó** *ended* **llegaron** *arrived* **ruinas** *ruins* **se hace** *is made* **maíz** *corn* **harina** *flour*

## Pasatiempos

| | |
|---|---|
| **andar en patineta** | *to skateboard* |
| **bucear** | *to scuba dive* |
| **escalar montañas (*f. pl.*)** | *to climb mountains* |
| **escribir una carta** | *to write a letter* |
| **escribir un mensaje electrónico** | *to write an e-mail message* |
| **escribir una (tarjeta) postal** | *to write a postcard* |
| **esquiar** | *to ski* |
| **ganar** | *to win* |
| **ir de excursión (a las montañas)** | *to go on a hike (in the mountains)* |
| **leer correo electrónico** | *to read e-mail* |
| **leer un periódico** | *to read a newspaper* |
| **leer una revista** | *to read a magazine* |
| **nadar** | *to swim* |
| **pasar tiempo** | *to spend time* |
| **pasear** | *to take a walk; to stroll* |
| **pasear en bicicleta** | *to ride a bicycle* |
| **pasear por la ciudad/el pueblo** | *to walk around the city/the town* |
| **patinar (en línea)** | *to skate (in-line)* |
| **practicar deportes (*m. pl.*)** | *to play sports* |
| **ser aficionado/a (a)** | *to be a fan (of)* |
| **tomar el sol** | *to sunbathe* |
| **ver películas (*f. pl.*)** | *to see movies* |
| **visitar monumentos (*m. pl.*)** | *to visit monuments* |
| **la diversión** | *fun activity; entertainment; recreation* |
| **el/la excursionista** | *hiker* |
| **el fin de semana** | *weekend* |
| **el pasatiempo** | *pastime; hobby* |
| **los ratos libres** | *spare (free) time* |
| **el tiempo libre** | *free time* |

## Deportes

| | |
|---|---|
| **el baloncesto** | *basketball* |
| **el béisbol** | *baseball* |
| **el ciclismo** | *cycling* |
| **el equipo** | *team* |
| **el esquí (acuático)** | *(water) skiing* |
| **el fútbol** | *soccer* |
| **el fútbol americano** | *football* |
| **el golf** | *golf* |
| **el hockey** | *hockey* |
| **el/la jugador(a)** | *player* |
| **la natación** | *swimming* |
| **el partido** | *game; match* |
| **la pelota** | *ball* |
| **el tenis** | *tennis* |
| **el vóleibol** | *volleyball* |

## Adjetivos

| | |
|---|---|
| **deportivo/a** | *sports-related* |
| **favorito/a** | *favorite* |

## Lugares

| | |
|---|---|
| **el café** | *café* |
| **el centro** | *downtown* |
| **el cine** | *movie theater* |
| **el gimnasio** | *gymnasium* |
| **la iglesia** | *church* |
| **el lugar** | *place* |
| **el museo** | *museum* |
| **el parque** | *park* |
| **la piscina** | *swimming pool* |
| **la plaza** | *city or town square* |
| **el restaurante** | *restaurant* |

## Verbos

| | |
|---|---|
| **almorzar (o:ue)** | *to have lunch* |
| **cerrar (e:ie)** | *to close* |
| **comenzar (e:ie)** | *to begin* |
| **conseguir (e:i)** | *to get; to obtain* |
| **contar (o:ue)** | *to count; to tell* |
| **decir (e:i)** | *to say; to tell* |
| **dormir (o:ue)** | *to sleep* |
| **empezar (e:ie)** | *to begin* |
| **encontrar (o:ue)** | *to find* |
| **entender (e:ie)** | *to understand* |
| **hacer** | *to do; to make* |
| **ir** | *to go* |
| **jugar (u:ue)** | *to play* |
| **mostrar (o:ue)** | *to show* |
| **oír** | *to hear* |
| **pedir (e:i)** | *to ask for; to request* |
| **pensar (e:ie)** | *to think* |
| **pensar (+ *inf.*)** | *to intend* |
| **pensar en** | *to think about* |
| **perder (e:ie)** | *to lose; to miss* |
| **poder (o:ue)** | *to be able to; can* |
| **poner** | *to put; to place* |
| **preferir (e:ie)** | *to prefer* |
| **querer (e:ie)** | *to want; to love* |
| **recordar (o:ue)** | *to remember* |
| **repetir (e:i)** | *to repeat* |
| **salir** | *to leave* |
| **seguir (e:i)** | *to follow; to continue* |
| **suponer** | *to suppose* |
| **traer** | *to bring* |
| **ver** | *to see* |
| **volver (o:ue)** | *to return* |

| | |
|---|---|
| ***Decir* expressions** | *See page 119.* |
| **Expresiones útiles** | *See page 109.* |

**recursos**

| LM p. 24 | Lab CD/MP3 Lección 4 | Vocab CD Lección 4 |
|---|---|---|

# Las vacaciones

# 5

## Communicative Goals

***You will learn how to:***

- **Discuss and plan a vacation**
- **Describe a hotel**
- **Talk about how you feel**
- **Talk about the seasons and the weather**

**A PRIMERA VISTA**
- ¿Dónde está la pareja: en una piscina o en el mar?
- ¿Son viejos o jóvenes?
- ¿Nadan o toman el sol?

# Las vacaciones

## Más vocabulario

| | |
|---|---|
| **la cabaña** | *cabin* |
| **la cama** | *bed* |
| **la habitación individual, doble** | *single, double room* |
| **el piso** | *floor (of a building)* |
| **la planta baja** | *ground floor* |
| **el campo** | *countryside* |
| **el paisaje** | *landscape* |
| **el equipaje** | *luggage* |
| **la estación de autobuses, del metro, de tren** | *bus, subway, train station* |
| **la llegada** | *arrival* |
| **el pasaje (de ida y vuelta)** | *(round-trip) ticket* |
| **la salida** | *departure; exit* |
| **acampar** | *to camp* |
| **estar de vacaciones** | *to be on vacation* |
| **hacer las maletas** | *to pack (one's suitcases)* |
| **hacer una excursión** | *to go on a hike, to go on a tour* |
| **hacer turismo (m.)** | *to go sightseeing* |
| **hacer un viaje** | *to take a trip* |
| **ir de compras** | *to go shopping* |
| **ir de pesca** | *to go fishing* |
| **ir de vacaciones** | *to go on vacation* |
| **ir en autobús (m.), auto(móvil) (m.), avión (m.), barco (m), motocicleta (f.), taxi (m.)** | *to go by bus, car, plane, boat, motorcycle, taxi* |

## Variación léxica

automóvil ⟷ coche (*Esp.*), carro (*Amér. L.*)
autobús ⟷ camión (*Méx.*), guagua (*P. Rico*)
motocicleta ⟷ moto (*coloquial*)

**recursos**

| TEXT CD | WB | LM | Lab CD/MP3 | I CD-ROM | Vocab CD |
|---|---|---|---|---|---|
| Lección 5 | pp. 49–50 | pp. 25 | Lección 5 | Lección 5 | Lección 5 |

**En el aeropuerto**

**En la playa**

# Práctica

**1**

**Escuchar** Indicate who would probably make each statement you hear. Each answer is used twice.

a. el agente de viajes
b. la inspectora de aduanas
c. un empleado del hotel

1. ________ 3. ________ 5. ________
2. ________ 4. ________ 6. ________

**2**

**Escoger** Choose the best answer for each sentence.

1. Un huésped es una persona que _____.
   a. hace una excursión
   b. está en un hotel
   c. pesca en el mar
2. Abrimos la puerta con _____.
   a. una llave
   b. una cabaña
   c. una llegada
3. Enrique tiene _____ en las montañas.
   a. un pasaporte
   b. una cabaña
   c. un pasaje
4. Antes de (*Before*) ir de vacaciones hay que _____.
   a. pescar
   b. ir en tren
   c. hacer las maletas
5. A veces (*Sometimes*) es necesario _____ en un aeropuerto internacional.
   a. hacer turismo
   b. pasar por la aduana
   c. pescar
6. Me gusta mucho ir al campo. _____ es increíble.
   a. El paisaje
   b. El pasaje
   c. El equipaje

**3**

**Analogías** Complete the analogies using the words below.

| | | | |
|---|---|---|---|
| **auto** | **botones** | **llegada** | **pasaporte** |
| **avión** | **huésped** | **mar** | **sacar** |

1. acampar → campo = pescar →
2. aduana → inspector = hotel →
3. llave → habitación = pasaje →
4. estudiante → libro = turista →
5. aeropuerto → viajero = hotel →
6. maleta → hacer = foto →

## Las estaciones y los meses del año

el invierno: **diciembre, enero, febrero**

la primavera: **marzo, abril, mayo**

el verano: **junio, julio, agosto**

el otoño: **septiembre, octubre, noviembre**

| | |
|---|---|
| **—¿Cuál es la fecha de hoy?** | *What is today's date?* |
| **—Es el primero de octubre.** | *It's the first of October.* |
| **—Es el diez de noviembre.** | *It's November 10th.* |

**¡ATENCIÓN!**

The names of the months are not capitalized in Spanish.

• • •

You use **primero** to indicate that it's the first day of the month. You use cardinal numbers to talk about other dates: **el dos, el dieciséis, el treinta.**

## El tiempo

| | |
|---|---|
| **—¿Qué tiempo hace?** | *How's the weather?* |
| **—Hace buen/mal tiempo.** | *The weather is good/bad.* |

**Hace (mucho) calor.**
*It's (very) hot.*

**Hace (mucho) frío.**
*It's (very) cold.*

**Llueve.**
*It's raining.*

**Nieva.**
*It's snowing.*

**¡ATENCIÓN!**

**Llover (o:ue)** (*to rain*) and **nevar (e:ie)** (*to snow*) are stem-changing verbs that are usually used in their third person singular forms: **llueve, nieva.**

It is also very common to say:

**Está lloviendo.** (*It's raining*).

**Está nevando.** (*It's snowing*).

See **Estructura 5.2**, p.148.

**Más vocabulario**

| | |
|---|---|
| **Está (muy) nublado.** | *It's (very) cloudy.* |
| **Hace fresco.** | *It's cool.* |
| **Hace (mucho) sol.** | *It's (very) sunny.* |
| **Hace (mucho) viento.** | *It's (very) windy.* |
| **Hay (mucha) niebla.** | *It's (very) foggy.* |

**4**

**Números ordinales**

| | |
|---|---|
| **primer, primero/a** | *first* |
| **segundo/a** | *second* |
| **tercer, tercero/a** | *third* |
| **cuarto/a** | *fourth* |
| **quinto/a** | *fifth* |
| **sexto/a** | *sixth* |
| **séptimo/a** | *seventh* |
| **octavo/a** | *eighth* |
| **noveno/a** | *ninth* |
| **décimo/a** | *tenth* |

**El Hotel Regis** Label the floors of the hotel.

a. ____________ piso
b. ____________ piso
c. ____________ piso
d. ____________ piso
e. ____________ piso
f. ____________ piso
g. ____________ piso
h. ____________ baja

**5**

**¡ATENCIÓN!**

**Primero** and **tercero** are shortened to **primer** and **tercer** before a masculine, singular noun: **el primer mes, el tercer piso.**

**Contestar** Look at the illustration of the months and seasons on the previous page and, with a classmate, answer these questions.

*modelo*

**Estudiante 1:** ¿Cuál es el primer mes de la primavera?
**Estudiante 2:** marzo

1. ¿Cuál es el primer mes del invierno?
2. ¿Cuál es el segundo mes de la primavera?
3. ¿Cuál es el tercer mes del otoño?
4. ¿Cuál es el primer mes del año?
5. ¿Cuál es el quinto mes del año?
6. ¿Cuál es el octavo mes del año?
7. ¿Cuál es el décimo mes del año?
8. ¿Cuál es el segundo mes del verano?
9. ¿Cuál es el tercer mes del invierno?
10. ¿Cuál es la cuarta estación del año?

**6**

**Las estaciones** Name the season that applies to the description.

1. Las clases terminan.
2. Vamos a la playa.
3. Acampamos.
4. Nieva mucho.
5. Las clases empiezan.
6. Hace mucho calor.
7. Llueve mucho.
8. Esquiamos.
9. El entrenamiento (*training*) de béisbol
10 Día de Acción de Gracias (*Thanksgiving*)

**7**

**¿Cuál es la fecha?** Give the dates for the following holidays.

*modelo*

el día de San Valentín
Es el 14 de febrero.

1. el día de San Patricio
2 el día de Halloween
3. el primer día de verano
4. el Año Nuevo
5. mi cumpleaños (*birthday*)
6. mi fiesta favorita

**8** **Seleccionar** Paco is talking about his family and friends. Choose the word or phrase that best completes each sentence.

1. A mis padres les gusta ir a Cancún porque (hace sol, nieva).
2. Mi primo de Kansas dice que durante (*during*) un tornado, hace mucho (sol, viento).
3. Mis amigos van a esquiar si (nieva, está nublado).
4. Tomo el sol cuando (hace calor, hay niebla).
5. Nosotros vamos a ver una película si hace (buen, mal) tiempo.
6. Mi hermana prefiere correr cuando (hace mucho calor, hace fresco).
7. Mis tíos van de excursión si hace (buen, mal) tiempo.
8. Mi padre no quiere jugar al golf si (hace fresco, llueve).
9. Cuando hace mucho (sol, frío) no salgo de casa y tomo chocolate caliente (*hot*).
10. Hoy mi sobrino va al parque porque (llueve, hace buen tiempo).

**NOTA CULTURAL**

**Cancún**, at the tip of Mexico's Yucatán Peninsula, is a popular tourist destination for foreigners and Mexicans alike. It offers beautiful beaches and excellent opportunities for snorkeling, diving, and sailing.

**9** **El clima** With a partner, take turns asking and answering questions about the weather and temperatures in these cities.

*modelo*

**Estudiante 1:** ¿Qué tiempo hace hoy en Nueva York?
**Estudiante 2:** Hace frío y hace viento.
**Estudiante 1:** ¿Cuál es la temperatura máxima?
**Estudiante 2:** Treinta y un grados (*degrees*).
**Estudiante 1:** ¿Y la temperatura mínima?
**Estudiante 2:** Diez grados.

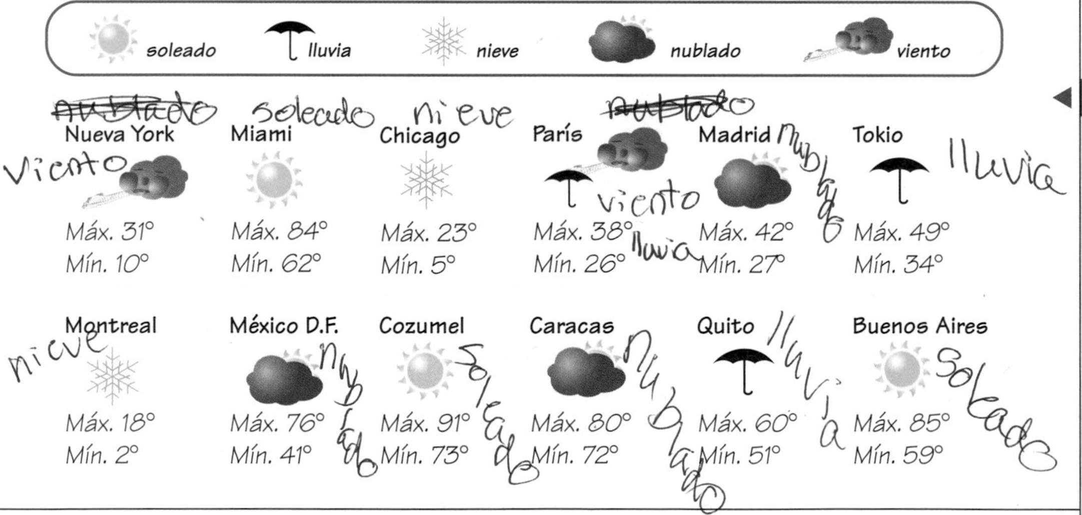


**NOTA CULTURAL**

In most Spanish-speaking countries, temperatures are given in degrees Celsius. Do you know how to convert between **grados centígrados** and **grados Fahrenheit**?

degrees C. × 9 ÷ 5 + 32 = degrees F.

degrees F. - 32 × 5 ÷ 9 = degrees C.

**10** **Completar** Complete these sentences with your own ideas.

1. Cuando hace sol, yo...
2. Cuando llueve, mis amigos y yo...
3. Cuando hace calor, mi familia...
4. Cuando hay niebla, la gente...
5. Cuando hace frío, yo...
6. Cuando hace mal tiempo, mis amigos...
7. Cuando nieva, muchas personas...
8. Cuando está nublado, mis amigos y yo...
9. Cuando hace fresco, mis padres...
10. Cuando hace buen tiempo, mis amigos...

# Comunicación

**11** 

**Preguntas personales** In pairs, ask each other the following questions.

1. ¿Cuál es la fecha de hoy?
2. ¿Qué estación es?
3. ¿Te gusta esta estación? ¿Por qué?
4. ¿Qué estación prefieres? ¿Por qué?
5. ¿Prefieres el mar o las montañas? ¿La playa o el campo? ¿Por qué?
6. Cuando estás de vacaciones, ¿qué haces?
7. Cuando haces turismo, ¿qué te gusta hacer y ver?
8. ¿Piensas ir de vacaciones este verano? ¿Adónde quieres ir? ¿Por qué?
9. ¿Qué deseas ver y dónde quieres visitar?
10. ¿Cómo te gusta viajar ... en avión, en motocicleta ...?

**12** 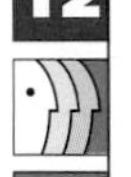

**Encuesta** Your instructor will give you a worksheet. How does the weather affect what you do? Walk around the class and ask your classmates what they prefer or like to do in the following weather conditions. Note their responses on your worksheet. Make sure to personalize your survey by adding a few original questions to the list. Be prepared to report your findings to the class.

| Tiempo | Actividades |
| --- | --- |
| 1. Hace mucho calor. | |
| 2. Nieva. | |
| 3. Hace buen tiempo. | |
| 4. Hace fresco. | |
| 5. Llueve. | |
| 6. Está nublado. | |
| 7. Hace mucho frío. | |

**CONSÚLTALO**

**Calor** and **frío** can apply to both weather and people. **Hacer** is used to describe weather conditions or climate (**Hace frío en Santiago.** *It's cold in Santiago.*). **Tener** is used to refer to people (**El viajero tiene frío.** *The traveler is cold.*). See **Estructura 3.4** p. 91.

**13**

**Minidrama** With two or three classmates, prepare and act out a skit about people who are on vacation or are planning a vacation. The skit should take place in one of the areas mentioned below.

1. Una agencia de viajes
2. Una casa
3. Un aeropuerto, una estación de tren o una estación de autobuses
4. Un hotel
5. El campo o la playa

# Síntesis

**14**  

**Un viaje** You are planning a trip to Mexico and have many questions about your itinerary on which your partner, a travel agent, will advise you. Your instructor will give you and your partner each a sheet with different instructions for acting out the roles.

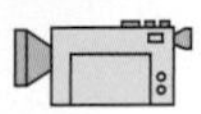

# Tenemos una reservación.

**Don Francisco y los estudiantes llegan al hotel.**

PERSONAJES

MAITE

INÉS

DON FRANCISCO

ÁLEX

JAVIER

EMPLEADA

BOTONES

1

**EMPLEADA** ¿En qué puedo servirles?

**DON FRANCISCO** Mire, yo soy Francisco Castillo Moreno y tenemos una reservación a mi nombre.

**EMPLEADA** Mmm... no veo su nombre aquí. No está.

2

**DON FRANCISCO** ¿Está segura, señorita? Quizás la reservación está a nombre de la agencia de viajes, Ecuatur.

**EMPLEADA** Pues sí, aquí está... dos habitaciones dobles y una individual, de la ciento uno a la ciento tres,... todas en las primeras cabañas.

**DON FRANCISCO** Gracias, señorita. Muy amable.

3

**BOTONES** Bueno, la habitación ciento dos... Por favor.

6

**INÉS** Oigan, yo estoy aburrida. ¿Quieren hacer algo?

**JAVIER** ¿Por qué no vamos a explorar la ciudad un poco más?

**INÉS** ¡Excelente idea! ¡Vamos!

7

**MAITE** No, yo no voy. Estoy cansada y quiero descansar un poco porque a las seis voy a correr con Álex.

**ÁLEX** Y yo quiero escribir un mensaje electrónico antes de ir a correr.

8

**JAVIER** Pues nosotros estamos listos, ¿verdad, Inés?

**INÉS** Sí, vamos.

**MAITE** Adiós.

**INÉS & JAVIER** ¡Chau!

**recursos**

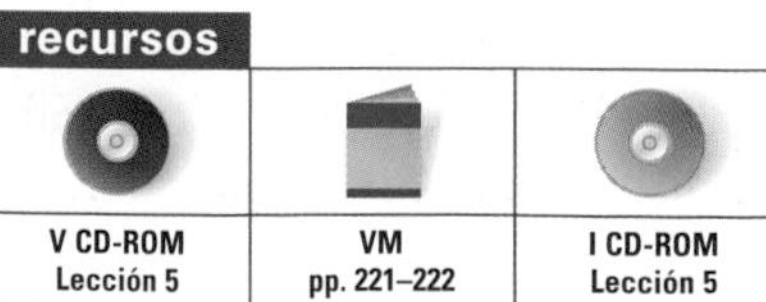

| V CD-ROM Lección 5 | VM pp. 221–222 | I CD-ROM Lección 5 |
|---|---|---|

**ÁLEX** Hola, chicas. ¿Qué están haciendo?

**MAITE** Estamos descansando.

**JAVIER** Oigan, no están nada mal las cabañas, ¿verdad?

**INÉS** Y todo está muy limpio y ordenado.

**ÁLEX** Sí, es excelente.

**MAITE** Y las camas son tan cómodas.

**ÁLEX** Bueno, nos vemos a las seis.

**MAITE** Sí, hasta luego.

**ÁLEX** Adiós.

**MAITE** ¿Inés y Javier? Juntos otra vez.

## Enfoque cultural El alojamiento

There are many different types of lodging **(alojamiento)** for travelers in Hispanic countries. In major cities there are traditional hotels, but a more economical choice is a youth hostel, or **albergue juvenil,** where people can stay in a large, barracks-type room for a very low fee. Another option is an inn, or **hostal,** usually a privately owned residence. A unique type of lodging in Spain is a **parador,** which is usually a converted castle, palace, or villa that has been preserved and emphasizes the culture and cuisine of the region.

## Expresiones útiles

### Talking to hotel personnel

▶ **¿En qué puedo servirles?**
*How can I help you?*

▷ **Tenemos una reservación a mi nombre.**
*We have a reservation in my name.*

▶ **Mmm... no veo su nombre. No está.**
*I don't see your name. It's not here.*

▷ **¿Está seguro/a? Quizás/Tal vez está a nombre de Ecuatur.**
*Are you sure? Maybe it's under the name of Ecuatur.*

▶ **Aquí está... dos habitaciones dobles y una individual.**
*Here it is, two double rooms and one single.*

▶ **Aquí tienen las llaves.**
*Here are your keys.*

▷ **Gracias, señorita. Muy amable.**
*Thank you, miss. You're very kind.*

▶ **¿Dónde pongo las maletas?**
*Where do I put the suitcases?*

▷ **Allí, encima de la cama.**
*There, on the bed.*

### Describing a hotel

▶ **No están nada mal las cabañas.**
*The cabins aren't bad at all.*

▶ **Todo está muy limpio y ordenado.**
*Everything is very clean and orderly.*

▶ **Es excelente/estupendo/fabuloso/fenomenal.**
*It's excellent/stupendous/fabulous/great.*

▶ **Es increíble/magnífico/maravilloso/perfecto.**
*It's incredible/magnificent/marvelous/perfect.*

▶ **Las camas son tan cómodas.**
*The beds are so comfortable.*

### Talking about how you feel

▶ **Estoy un poco aburrido/a/cansado/a.**
*I'm a little bored/tired.*

# Reacciona a la fotonovela

**1** **Completar** Complete these sentences with the correct term from the word bank.

| | | |
|---|---|---|
| aburrida | cansada | habitaciones individuales |
| la agencia de viajes | descansar | hacer las maletas |
| las camas | habitaciones dobles | las maletas |

1. La reservación para el hotel está a nombre de ______________.
2. Los estudiantes tienen dos ______________.
3. Maite va a ______________ porque está ______________.
4. El botones lleva ______________ a las habitaciones.
5. Las habitaciones son buenas y ______________ son cómodas.

**2** **Identificar** Identify the person who would make each statement.

1. Antes de correr voy a trabajar en la computadora un poco.
2. Estoy aburrido. Tengo ganas de explorar la ciudad. ¿Vienes tú también?
3. Lo siento mucho, señor, pero su nombre no está en la lista.
4. Creo que la reservación está a mi nombre, señorita.
5. Oye, el hotel es maravilloso, ¿no? Las habitaciones están muy limpias.

EMPLEADA

ÁLEX

DON FRANCISCO

JAVIER

INÉS

**¡ATENCIÓN!**

The meanings of some adjectives, such as **aburrido,** change depending on whether they are used with **ser** or **estar**. See **Estructura 5.3**, pp. 152–153.

**3** **Ordenar** Place these events in correct order.

a. Las chicas descansan en su habitación. ______
b. Javier e Inés deciden ir a explorar la ciudad. ______
c. Don Francisco habla con la empleada del hotel. ______
d. Javier, Maite, Inés y Álex hablan en la habitación de las chicas. ______
e. El botones pone (*puts*) las maletas en la cama. ______

**4** **Conversar** With a partner use these cues to create a conversation between a bellhop and a hotel guest in Spain.

| Huésped | Botones |
|---|---|
| Ask the bellhop to carry your suitcases to your room. | Say "yes, sir/ma'am/miss." |
| Comment that the hotel is excellent and that everything is very clean. | Agree, then point out the guest's room, a single room on the sixth floor. |
| Ask if the bellhop is sure. You think you have room 96. | Confirm that the guest has room 69. Ask where you should put the suitcases. |
| Tell the bellhop to put them on the bed and thank him or her. | Say "you're welcome" and "goodbye." |

**NOTA CULTURAL**

You might have difficulty finding a hotel room in parts of Spain during the month of August.

As in many other European countries, a large portion of the population goes on vacation for the entire month. Many shops and offices close. Life resumes its usual pace in September.

# Pronunciación

## Spanish b and v

**bueno** **vóleibol** **biblioteca** **vivir**

There is no difference in pronunciation between the Spanish letters **b** and **v**. However, each letter can be pronounced two different ways, depending on which letters appear next to them.

**bonito** **viajar** **también** **investigar**

**B** and **v** are pronounced like the English hard *b* when they appear either as the first letter of a word, at the beginning of a phrase, or after **m** or **n**.

**deber** **novio** **abril** **cerveza**

In all other positions, **b** and **v** have a softer pronunciation, which has no equivalent in English. Unlike the hard **b**, which is produced by tightly closing the lips and stopping the flow of air, the soft **b** is produced by keeping the lips slightly open.

**bola** **vela** **Caribe** **declive**

In both pronunciations, there is no difference in sound between **b** and **v**. The English *v* sound, produced by friction between the upper teeth and lower lip, does not exist in Spanish. Instead, the soft **b** comes from friction between the two lips.

**Verónica y su esposo cantan boleros.**

When **b** or **v** begins a word, its pronunciation depends on the previous word. At the beginning of a phrase or after a word that ends in **m** or **n**, it is pronounced as a hard **b**.

**Benito** **es de Boquerón** **pero vive** **en Victoria.**

Words that begin with **b** or **v** are pronounced with a soft **b** if they appear immediately after a word that ends in a vowel or any consonant other than **m** or **n**.

**Práctica** Read these words aloud to practice the **b** and the **v**.

1. hablamos
2. trabajar
3. botones
4. van
5. contabilidad
6. bien
7. doble
8. novia
9. béisbol
10. cabaña
11. llave
12. invierno

**Oraciones** Read these sentences aloud to practice the **b** and the **v**.

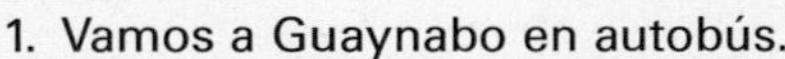

1. Vamos a Guaynabo en autobús.
2. Voy de vacaciones a la Isla Culebra.
3. Tengo una habitación individual en el octavo piso.
4. Víctor y Eva van en avión al Caribe.
5. La planta baja es bonita también.
6. ¿Qué vamos a ver en Bayamón?
7. Beatriz, la novia de Víctor, es de Arecibo, Puerto Rico.

**Refranes** Read these sayings aloud to practice the **b** and the **v**.

No hay mal que por bien no venga.[1]

Hombre prevenido vale por dos.[2]

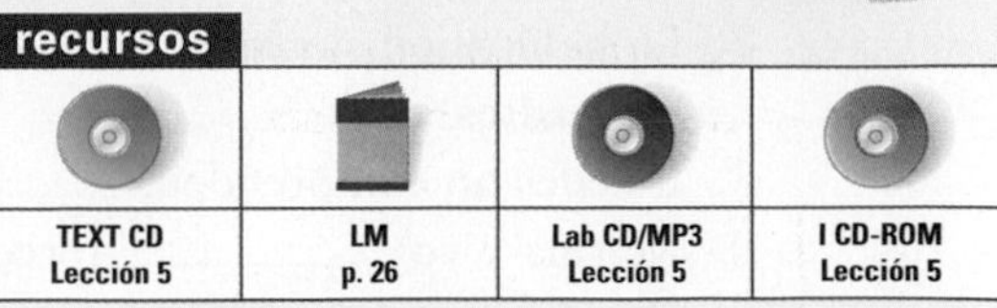


1 Every cloud has a silver lining.
2 An ounce of prevention equals a pound of cure.

# 5.1 Estar with conditions and emotions

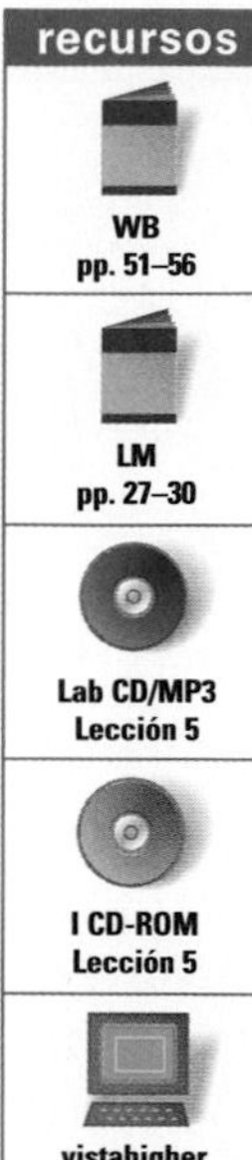


**ANTE TODO** As you learned in **Lecciones 1** and **2**, the verb **estar** is used to talk about how you feel and to say where people, places, and things are located. **Estar** is also used with adjectives to talk about certain emotional and physical conditions.

- **Estar** is used with adjectives to describe the physical condition of places and things.

La habitación **está** sucia.
*The room is dirty.*

La puerta **está** cerrada.
*The door is closed.*

- **Estar** is also used with adjectives to describe how people feel, both mentally and physically.

**CONSÚLTALO**

To review the present tense of **ser**, see **Estructura 1.3**, p. 18.

•••

To review the present tense of **estar**, see **Estructura 2.3**, p. 53.

## Adjectives that describe emotions and conditions

| | | | | | |
|---|---|---|---|---|---|
| **abierto/a** | *open* | **contento/a** | *happy; content* | **listo/a** | *ready* |
| **aburrido/a** | *bored; boring* | **desordenado/a** | *disorderly* | **nervioso/a** | *nervous* |
| **alegre** | *happy; joyful* | **enamorado/a (de)** | *in love (with)* | **ocupado/a** | *busy* |
| **avergonzado/a** | *embarrassed* | **enojado/a** | *mad; angry* | **ordenado/a** | *orderly* |
| **cansado/a** | *tired* | **equivocado/a** | *wrong* | **preocupado/a (por)** | *worried (about)* |
| **cerrado/a** | *closed* | **feliz** | *happy* | **seguro/a** | *sure* |
| **cómodo/a** | *comfortable* | **limpio/a** | *clean* | **sucio/a** | *dirty* |
| **confundido/a** | *confused* | | | **triste** | *sad* |

**¡ATENCIÓN!**

Two important expressions with **estar** that you can use to talk about conditions and emotions are **estar de buen humor** (*to be in a good mood*) and **estar de mal humor** (*to be in a bad mood*).

**¡INTÉNTALO!** Provide the present tense forms of **estar**, and choose which adjective best completes the sentence. The first item has been done for you.

1. La biblioteca ___está___ (cerrada / nerviosa) los domingos por la noche. *cerrada*
2. Nosotros __________ muy (ocupados / equivocados) todos los lunes.
3. Ellas __________ (alegres / confundidas) porque tienen tiempo libre.
4. Javier __________ (enamorado / ordenado) de Maribel.
5. Diana __________ (enojada / limpia) con su novio.
6. Yo __________ (nerviosa / abierta) por el viaje.
7. La habitación siempre __________ (ordenada / segura) cuando vienen sus padres.
8. Ustedes no comprenden; __________ (equivocados / tristes).
9. Marina y yo __________ (preocupados / aburridos) por el examen.
10. Usted __________ muy (cansado / sucio) los lunes por la mañana.

# Práctica

**1**

**AYUDA**

Make sure that you have agreement between:

- Subjects and verbs in person and number
- Nouns and adjectives in gender and number

Ell**os** no est**án** enferm**os**.
*They are not sick.*

**¿Cómo están?** Complete Martín's statements about how he and other people are feeling. In the first blank, fill in the correct form of **estar**. In the second blank, fill in the adjective that best fits the context.

1. Yo ________ un poco ________ porque tengo un examen mañana.
2. Mi hermana Patricia ________ muy ________ porque mañana va a hacer una excursión al campo.
3. Mis hermanos Juan y José salen de la casa a las cinco de la mañana. Por la noche, siempre ________ muy ________.
4. Mi amigo Ramiro ________ ________; su novia se llama Adela.
5. Mi papá y sus colegas ________ muy ________ hoy. ¡Hay mucho trabajo!
6. Patricia y yo ________ un poco ________ por ellos porque trabajan mucho.
7. Mi amiga Mónica ________ un poco ________ porque su novio no puede salir esta noche.
8. Esta clase no es muy interesante. ¿Tú ________ ________ también?

**2**

**Describir** Describe the following people and places.

1. Anabela

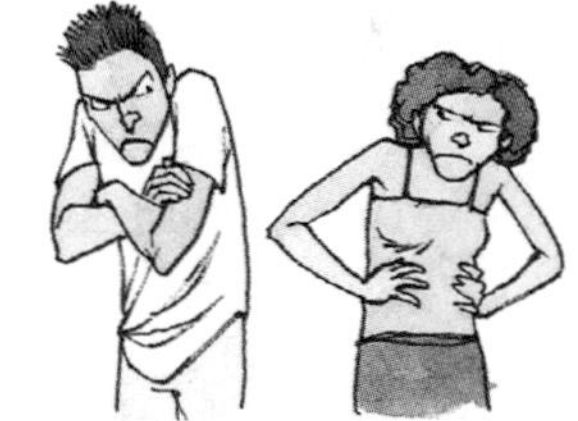

2. Juan y Luisa

3. la habitación de Teresa

4. la habitación de César

# Comunicación

**3**

**Situaciones** With a partner, use **estar** to talk about how you feel in these situations.

1. Cuando hace sol...
2. Cuando tomas un examen...
3. Cuando estás de vacaciones...
4. Cuando tienes mucho trabajo...
5. Cuando viajas en avión...
6. Cuando estás con la familia...
7. Cuando estás en la clase de español...
8. Cuando ves una película con tu actor/actriz favorito/a...

# 5.2 The present progressive

**ANTE TODO** Both Spanish and English use the present progressive. In both languages, it consists of the present tense of the verb *to be* and the present participle (the *-ing* form of the verb in English).

| | | |
|---|---|---|
| **Estoy escuchando.** | Carlos **está corriendo**. | Ella **está escribiendo** una carta. |
| *I am listening.* | *Carlos is running.* | *She is writing a letter.* |

- The present progressive is formed with the present tense of **estar** and the present participle of the main verb.

| FORM OF **ESTAR** + | PRESENT PARTICIPLE | FORM OF **ESTAR** + | PRESENT PARTICIPLE |
|---|---|---|---|
| **Estoy** | **pescando.** | **Estamos** | **comiendo.** |
| *I am* | *fishing.* | *We are* | *eating.* |

- The present participle of regular **-ar**, **-er**, and **-ir** verbs is formed as follows:

| INFINITIVE | STEM | ENDING | PRESENT PARTICIPLE |
|---|---|---|---|
| hablar | habl- | **-ando** | habl**ando** |
| comer | com- | **-iendo** | com**iendo** |
| escribir | escrib- | **-iendo** | escrib**iendo** |

**¡ATENCIÓN!**

When the stem of an **-er** or **-ir** verb ends in a vowel, the present participle ends in **-yendo.**

**leer → le → leyendo**
**oír → o → oyendo**
**traer → tra → trayendo**

- **Ir**, **poder**, and **venir** have irregular present participles (**yendo**, **pudiendo**, **viniendo**), but these verbs are rarely used in the present progressive. Several other verbs have irregular present participles that you will need to learn.

- **-Ir** stem-changing verbs have a stem change in the present participle.

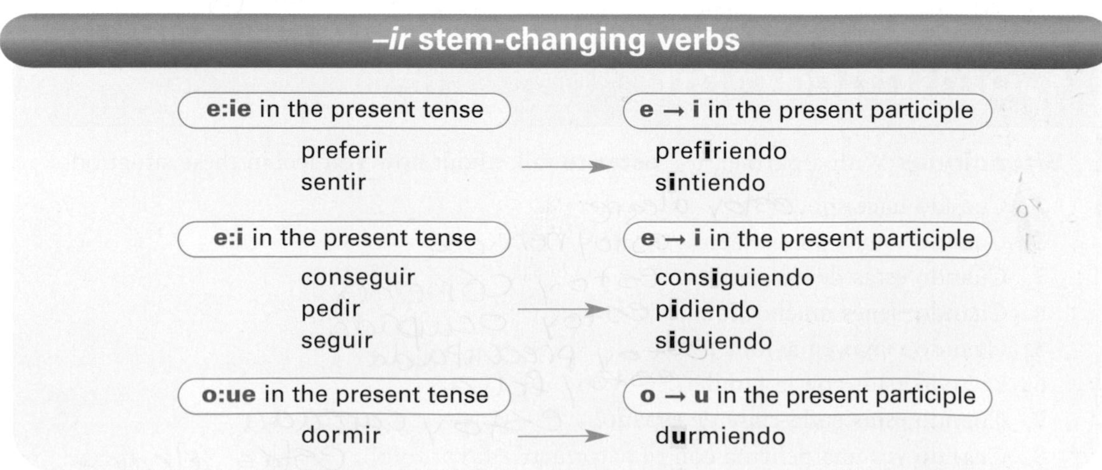

**-ir stem-changing verbs**

| | |
|---|---|
| **e:ie** in the present tense | **e → i** in the present participle |
| preferir | pref**i**riendo |
| sentir | s**i**ntiendo |
| **e:i** in the present tense | **e → i** in the present participle |
| conseguir | cons**i**guiendo |
| pedir | p**i**diendo |
| seguir | s**i**guiendo |
| **o:ue** in the present tense | **o → u** in the present participle |
| dormir | d**u**rmiendo |

**COMPARE & CONTRAST**

The use of the present progressive is much more restricted in Spanish than in English. In Spanish, the present progressive is mainly used to emphasize that an action is in progress at the time of speaking.

Inés **está escuchando** música latina **ahora mismo**.
*Inés is listening to Latin music right now.*

Álex y su amigo **todavía están jugando** al fútbol.
*Álex and his friend are still playing soccer.*

In English, the present progressive is often used to talk about situations and actions that occur over an extended period of time or in the future. In Spanish, the simple present tense is often used instead.

Javier **estudia** computación este semestre.
*Javier is studying computer science this semester.*

Inés y Maite **salen** mañana para los Estados Unidos.
*Inés and Maite are leaving tomorrow for the United States.*

**¡INTÉNTALO!** Create complete sentences by putting the verbs in the present progressive. The first item has been done for you.

1. Mis amigos / descansar en la playa Mis amigos están descansando en la playa.
2. Nosotros / practicar deportes
3. Carmen / comer en casa
4. Nuestro equipo / ganar el partido
5. Yo / leer el periódico
6. Él / pensar en comprar una bicicleta
7. Ustedes / jugar a las cartas
8. José y Francisco / dormir
9. Marisa / leer correo electrónico
10. Yo / preparar sándwiches
11. Carlos / tomar fotos
12. ¿dormir / tú?

# Práctica

## 1

**Completar** Alfredo's Spanish class is preparing to travel to Puerto Rico. Use the present progressive of the verb in parentheses to complete Alfredo's description of what everyone is doing.

1. Yo __________ (investigar) la situación política de la isla (*island*).
2. La esposa del profesor __________ (hacer) las maletas.
3. Marta y José Luis __________ (buscar) información sobre San Juan en Internet.
4. Enrique y yo __________ (leer) un correo electrónico de nuestro amigo puertorriqueño.
5. Javier __________ (aprender) mucho sobre la cultura puertorriqueña.
6. Y tú __________ (practicar) tu español, ¿verdad?

## 2

**¿Qué están haciendo?** María and her friends are vacationing at a resort in San Juan, Puerto Rico. Complete her description of what everyone is doing right now.

**CONSÚLTALO**

For more information about Puerto Rico, see **Panorama**, pp. 166–167.

1. Yo

2. Javier

3. Alejandro y Rebeca

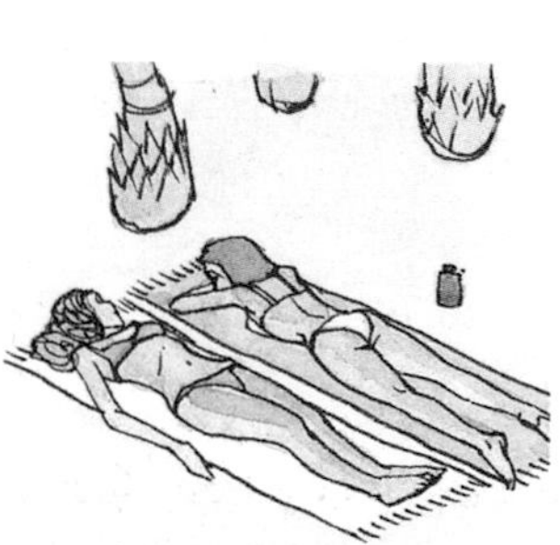
4. Celia y yo

5. Samuel

6. Lorenzo

## 3

**Personajes famosos** Say what these celebrities are doing right now, using the cues provided.

*modelo*

Serena Williams está jugando al tenis ahora mismo.

| A | | B | |
|---|---|---|---|
| John Grisham | Mikhail Baryshnikov | bailar | hablar |
| Sarah McLachlan | Picabo Street | cantar | hacer |
| James Cameron | Regis Philbin | correr | jugar |
| Venus Williams | ¿? | escribir | ¿? |
| Tiger Woods | ¿? | esquiar | ¿? |

**AYUDA**

John Grisham - **novelas**
Sarah McLachlan - **canciones**
James Cameron - **cine**
Venus Williams - **tenis**
Tiger Woods - **golf**
Mikhail Baryshnikov - **ballet**
Picabo Street - **esquí**
Regis Philbin - **televisión**

# Comunicación

**4** **Un amigo preguntón** You have a friend who calls you at all hours to see what you're doing. What do you tell him/her if he/she calls you at the following times?

*modelo*

8:00 a.m.

*Estoy desayunando.*

1. 5:00 a.m.
2. 9:30 a.m.
3. 11:00 a.m.
4. 12:00 p.m.
5. 2:00 p.m.
6. 5:00 p.m.
7. 9:00 p.m.
8. 11:30 p.m.

**5**  **Describir** Work with a partner and use the present progressive to describe what's going on in this Spanish beach scene.

**NOTA CULTURAL**

Drawn by its warm climate and attractive coasts, more tourists flock to Spain annually than to practically any other country in the world. In the summer months, the arrival of tourists makes the country's population swell to over twice its year-round population.

**6**  **Conversar** Imagine that you and a classmate are each babysitting a group of children. With a partner, prepare a telephone conversation using these cues. Be creative and add further comments about the evening.

**Estudiante 1**: Say hello and ask what the kids are doing.

**Estudiante 2**: Say hello and tell your partner that two of your kids are doing their homework. Then ask what the kids at his/her house are doing.

**Estudiante 1**: Tell your partner that two of your kids are running and dancing in the house.

**Estudiante 2**: Tell your partner that one of the kids is reading.

**Estudiante 1**: Tell your partner that you are tired and that the other two are watching TV and eating pizza.

**Estudiante 2**: Tell your partner that one of the kids is sleeping.

**Estudiante 1**: Tell your partner that you have to go because the kids are playing soccer in the house.

**Estudiante 2**: Say goodbye and good luck (**¡Buena suerte!**)

# Síntesis

**7**   **¿Qué están haciendo?** A group of classmates is traveling to San Juan, Puerto Rico for a week-long Spanish immersion program. The participants are running late before the flight, and you and your partner must locate them. Your instructor will give you and your partner different handouts that will help you do this.

# 5.3 Ser and estar

**ANTE TODO** You have already learned that **ser** and **estar** both mean *to be* but are used for different purposes. The following charts summarize the key differences in usage between **ser** and **estar**.

**¡ATENCIÓN!**

Note that **de** is generally used after **ser** to express not only origin (**Es de Buenos Aires.**) and possession (**Es la pluma de Maite.**), but also what material something is made of (**La bicicleta es de metal.**).

### Uses of *ser*

| | |
|---|---|
| **1. Nationality and place of origin** | Martín **es** argentino.<br>**Es** de Buenos Aires. |
| **2. Profession or occupation** | Adela **es** agente de viajes.<br>Francisco **es** médico. |
| **3. Characteristics of people and things** | José y Clara **son** simpáticos.<br>El clima de Puerto Rico **es** agradable. |
| **4. Generalizations** | ¡**Es** fabuloso viajar!<br>**Es** difícil estudiar a la una de la mañana. |
| **5. Possession** | **Es** la pluma de Maite.<br>**Son** las llaves de don Francisco. |
| **6. What something is made of** | La bicicleta **es** de metal.<br>Los pasajes **son** de papel. |
| **7. Time and date** | Hoy **es** martes. **Son** las dos.<br>Hoy **es** el primero de julio. |
| **8. Where or when an event takes place** | El partido **es** en el estadio Santa Fe.<br>La conferencia **es** a las siete. |

### Uses of *estar*

| | |
|---|---|
| **1. Location or spatial relationships** | El aeropuerto **está** lejos de la ciudad.<br>Tu habitación **está** en el tercer piso. |
| **2. Health** | ¿Cómo **estás**?<br>**Estoy** bien, gracias. |
| **3. Physical states and conditions** | El profesor **está** ocupado.<br>Las ventanas **están** abiertas. |
| **4. Emotional states** | Marisa **está** feliz hoy.<br>**Estoy** muy enojado con Javier. |
| **5. Certain weather expressions** | **Está** lloviendo.<br>**Está** nublado. |
| **6. Ongoing actions (progressive tenses)** | **Estamos** estudiando para un examen.<br>Ana **está** leyendo una novela. |

## *Ser* and *estar* with adjectives

- With many descriptive adjectives, **ser** and **estar** can both be used, but the meaning will change.

| | |
|---|---|
| Juan **es** delgado.<br>*Juan is thin.* | Ana **es** nerviosa.<br>*Ana is a nervous person.* |
| Juan **está** más delgado hoy.<br>*Juan looks thinner today.* | Ana **está** nerviosa por el examen.<br>*Ana is nervous because of the exam.* |

- In the examples above, the statements with **ser** are general observations about the inherent qualities of Juan and Ana. The statements with **estar** describe conditions that are variable.

- Here are some adjectives that change in meaning when used with **ser** and **estar**.

| With *ser* | With *estar* |
|---|---|
| El chico **es listo**.<br>*The boy is **smart**.* | El chico **está listo**.<br>*The boy is **ready**.* |
| La profesora **es mala**.<br>*The professor is **bad**.* | La profesora **está mala**.<br>*The professor is **sick**.* |
| Jaime **es aburrido**.<br>*Jaime is **boring**.* | Jaime **está aburrido**.<br>*Jaime is **bored**.* |
| Las peras **son verdes**.<br>*The pears are **green**.* | Las peras **están verdes**.<br>*The pears are **not ripe**.* |
| El gato **es muy vivo.**<br>*The cat is very **lively**.* | El gato **está vivo.**<br>*The cat is **alive**.* |
| El puente **es seguro.**<br>*The bridge is **safe**.* | Él no **está seguro.**<br>*He's not **sure**.* |

**¡INTÉNTALO!** Form complete sentences by using the correct form of **ser** or **estar**, the correct form of each adjective, and any other necessary words. The first item has been done for you.

1. Alejandra / cansado
   Alejandra está cansada.
2. Ellos / pelirrojo
   ______
3. Carmen / alto
   ______
4. Yo / la clase de español
   ______
5. Película / a las once
   ______
6. Hoy / viernes
   ______
7. Nosotras / enojado
   ______
8. Antonio / médico
   ______
9. Romeo y Julieta / enamorado
   ______
10. Libros / de Ana
    ______
11. Marisa y Juan / estudiando
    ______
12. Partido de baloncesto / gimnasio
    ______

# Práctica

**1** **Completar** Complete this conversation with the appropriate forms of **ser** and **estar**.

**EDUARDO** ¡Hola, Ceci! ¿Cómo (1)________?

**CECILIA** Hola, Eduardo. Bien, gracias. ¡Qué guapo (2)________ hoy!

**EDUARDO** Gracias. (3)________ muy amable. Oye, ¿qué (4)________ haciendo? (5)¿________ ocupada?

**CECILIA** No, sólo le (6)________ escribiendo una carta a mi prima Pilar.

**EDUARDO** ¿De dónde (7)________ ella?

**CECILIA** Pilar (8)________ del Ecuador. Su papá (9)________ médico en Quito. Pero ahora Pilar y su familia (10)________ de vacaciones en Ponce, Puerto Rico.

**EDUARDO** Y... ¿cómo (11)________ Pilar?

**CECILIA** (12)________ muy lista. Y también (13)________ alta, rubia y muy bonita.

**2** **Describir** With a partner, describe the people in the drawing. Your descriptions should answer the questions.

1. ¿Quiénes son las personas en el dibujo?
2. ¿Dónde están?
3. ¿Cómo son?
4. ¿Cómo están?
5. ¿Qué están haciendo?
6. ¿Qué estación es?
7. ¿Qué tiempo hace?
8. ¿Quiénes están de vacaciones?

# Comunicación

3 

**Describir** With a classmate, take turns describing the following people. First mention where each person is from. Then describe what each person is like, how each person is feeling, and what he or she is doing right now.

*modelo*

tu compañero/a de cuarto

*Mi compañera de cuarto es de San Juan, Puerto Rico. Es muy inteligente. Está cansada pero está estudiando porque tiene un examen.*

1. tu mejor (*best*) amigo/a
2. tus padres
3. tu profesor(a) favorito/a
4. tu novio/a o esposo/a
5. tu primo/a favorito/a
6. tus abuelos

4 

**Adivinar** Get together with a partner and describe a celebrity to him or her using these questions as a guide. Don't mention the celebrity's name. Can your partner guess who you are describing?

1. ¿Cómo es?
2. ¿Cómo está?
3. ¿De dónde es?
4. ¿Dónde está?
5. ¿Qué está haciendo?
6. ¿Cuál es su profesión?

5

**En el aeropuerto** In small groups, take turns using **ser** and **estar** to describe this scene at Luis Muñoz Marín International Airport. What do the people in the picture look like? How are they feeling? What are they doing?

**Luis Muñoz Marín International Airport** in San Juan, Puerto Rico is a major transportation hub of the Caribbean. The airport connects the region with the rest of the world.

# Síntesis

6 

**Conversación** You and your partner are two of the characters in the drawing in **Actividad 5**. After boarding, you discover that you are sitting next to each other and must make conversation. Act out what you would say to your fellow passenger. Choose one of the pairs below or pick your own.

1. Señor Villa y Elena
2. Señorita Esquivel y la señora Limón
3. Señora Villa y Luz
4. Emilio y Elena

## 5.4 Direct object nouns and pronouns

- A direct object noun receives the action of the verb directly and generally follows the verb. In the example above, the direct object noun answers the question *What are Javier and Álex taking?*

- When a direct object noun in Spanish is a person or a pet, it is preceded by the word **a**. This is called the personal **a**; there is no English equivalent for this construction.

| | |
|---|---|
| Don Francisco visita **a** la señora Ramos. | Don Francisco visita el Hotel Prado. |
| *Don Francisco is visiting Mrs. Ramos.* | *Don Francisco is visiting the Hotel Prado.* |

In the first sentence above, the personal **a** is required because the direct object is a person. In the second sentence, the personal **a** is not required because the direct object is a place, not a person.

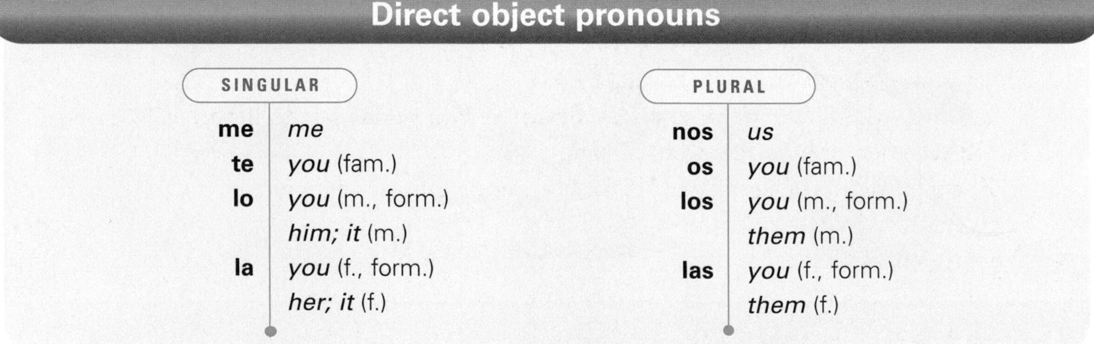

**Direct object pronouns**

| SINGULAR | | PLURAL | |
|---|---|---|---|
| **me** | *me* | **nos** | *us* |
| **te** | *you* (fam.) | **os** | *you* (fam.) |
| **lo** | *you* (m., form.) | **los** | *you* (m., form.) |
| | *him; it* (m.) | | *them* (m.) |
| **la** | *you* (f., form.) | **las** | *you* (f., form.) |
| | *her; it* (f.) | | *them* (f.) |

- Direct object pronouns are words that replace direct object nouns. Like English, Spanish sometimes uses a direct object pronoun to avoid repeating a noun already mentioned.

| | DIRECT OBJECT | | DIRECT OBJECT PRONOUN | |
|---|---|---|---|---|
| Maribel hace | las maletas. | Maribel | las | hace. |
| Felipe compra | el sombrero. | Felipe | lo | compra. |
| Vicky tiene | la llave. | Vicky | la | tiene. |

- In affirmative sentences, direct object pronouns generally appear before the conjugated verb. In negative sentences, the pronoun is placed between the word **no** and the verb.

| | |
|---|---|
| Adela practica **el tenis**.<br>Adela **lo** practica. | Adela no tiene **las llaves**.<br>Adela **no las** tiene. |
| Carmen compra **los pasajes**.<br>Carmen **los** compra. | Diego no hace **las maletas**.<br>Diego **no las** hace. |

- When the verb is an infinitive construction, such as **ir a** + [*infinitive*], the direct object pronoun can be placed before the conjugated form or attached to the infinitive.

| | |
|---|---|
| Ellos van a escribir **unas postales**. | Ellos **las** van a escribir.<br>Ellos van a escribir**las**. |
| Lidia quiere ver **una película.** | Lidia **la** quiere ver.<br>Lidia quiere ver**la**. |

**¡ATENCIÓN!**

When a direct object pronoun is attached to the present participle, an accent mark is added to maintain the proper stress. To learn more about accents, see **Lección 4, Pronunciación,** p. 111, **Lección 10, Ortografía,** p. 305, and **Lección 11, Ortografía,** p. 337.

- When the verb is in the present progressive, the direct object pronoun can be placed before the conjugated form or attached to the present participle.

| | |
|---|---|
| Gerardo está leyendo **la lección**. | Gerardo **la** está leyendo.<br>Gerardo está leyéndo**la**. |
| Toni está mirando **el partido**. | Toni **lo** está mirando.<br>Toni está mirándo**lo.** |

**¡INTÉNTALO!** Choose the correct response to each question. The first one has been done for you.

1. ¿Tienes el libro de español? *c*
   a. Sí, la tengo. b. No, no los tengo. c. Sí, lo tengo.
2. ¿Me puedes llevar al partido de baloncesto?
   a. Sí, los puedo llevar. b. Sí, te puedo llevar. c. No, no las puedo llevar.
3. El artista quiere dibujarte con tu mamá, ¿no?
   a. Sí, quiere dibujarlos mañana. b. Sí, nos quiere dibujar mañana.
   c. Sí, quiere dibujarte mañana.
4. ¿Quién tiene las llaves de nuestra habitación?
   a. Yo no las tengo. b. Amalia los tiene, ¿no? c. Yo la tengo.
5. ¿Quién te lleva al aeropuerto?
   a. Yo te llevo al aeropuerto. b. Rita los lleva al aeropuerto.
   c. Mónica me lleva al aeropuerto a las seis.
6. ¿Puedes oírme?
   a. Sí, te puedo oír bien. b. No, no los oigo. c. Sí, las oigo bien.
7. ¿Estudia ella los verbos irregulares?
   a. No, no la estudia. b. Sí, lo estudia. c. Sí, los estudia
8. ¿Practican ellos la pronunciación todos los días?
   a. Sí, lo practican. b. Sí, la practican. c. No, no los practican.

# Práctica

**1**

**Sustitución** Professor Vega's class is planning a trip to Costa Rica. Describe their preparations by changing the direct object nouns into direct object pronouns.

*modelo*

La profesora Vega tiene su pasaporte.
*La profesora Vega lo tiene.*

1. Gustavo y Héctor confirman las reservaciones.
2. Nosotros leemos los folletos (*brochures*).
3. Ana María estudia el mapa.
4. Yo aprendo los nombres de los monumentos de San José.
5. Alicia escucha a la profesora.
6. Miguel escribe las direcciones para ir al hotel.
7. Esteban busca el pasaje.
8. Nosotros planeamos una excursión.

**¡LENGUA VIVA!**

There are many Spanish words that correspond to *ticket.* **Billete** and **pasaje** usually refer to a ticket for travel, such as an airplane ticket. **Entrada** refers to a ticket to an event, such as a concert or a movie. **Boleto** can be used in either case.

**2**

**Vacaciones** Ramón is going to San Juan, Puerto Rico with his friends, Javier and Marcos. Express his thoughts more succinctly using direct object pronouns.

*modelo*

Quiero hacer una excursión.
*Quiero hacerla./La quiero hacer.*

1. Voy a hacer mi maleta.
2. Necesitamos llevar los pasaportes.
3. Marcos está pidiendo el folleto turístico.
4. Javier debe llamar a sus padres.
5. Ellos esperan visitar el Viejo San Juan.
6. Puedo llamar a Javier por la mañana.
7. Prefiero traer mi cámara.
8. No queremos perder nuestras reservaciones de hotel.

**NOTA CULTURAL**

Because Puerto Rico is a U.S. territory, passengers traveling there from the U.S. mainland do not need passports or visas. Passengers traveling to Puerto Rico from a foreign country, however, must meet travel requirements identical to those required for travel to the U.S. mainland. Puerto Ricans are U.S. citizens and can therefore travel to the U.S. mainland without any travel documents.

**3**

**¿Quién?** The Garza family is preparing to go on a vacation to Puerto Rico. Based on the clues, answer the questions. Use direct object pronouns in your answers.

*modelo*

¿Quién hace las reservaciones para el hotel? (El Sr. Garza)
*El Sr. Garza las hace.*

1. ¿Quién compra los pasajes para el vuelo (*flight*)? (La Sra. Garza)
2. ¿Quién tiene que hacer las maletas de los niños? (María)
3. ¿Quiénes buscan los pasaportes? (Antonio y María)
4. ¿Quién va a confirmar las reservaciones para el hotel? (La Sra. Garza)
5. ¿Quién busca la cámara? (María)
6. ¿Quién compra un mapa de Puerto Rico? (Antonio)

# Comunicación

4

**Entrevista** Interview a classmate using these questions. Be sure to use direct object pronouns in your responses.

1. ¿Ves mucho la televisión?
2. ¿Cuándo vas a ver tu programa favorito?
3. ¿Quién prepara la comida (*food*) en tu casa?
4. ¿Te visita mucho tu familia?
5. ¿Visitas mucho a tus abuelos?
6. ¿Nos entienden nuestros padres a nosotros?
7. ¿Cuándo ves a tus amigos/as?
8. ¿Cuándo te llaman tus amigos/as?

5

**En el aeropuerto** Get together with a partner and take turns asking each other questions about the drawing. Use the word bank and direct object pronouns.

*modelo*

**Estudiante 1:** *¿Quién está leyendo el libro?*
**Estudiante 2:** *Susana está leyéndolo.*

| buscar | confirmar | escribir | leer | tener | vender |
|---|---|---|---|---|---|
| comprar | encontrar | escuchar | llevar | traer | ¿? |

# Síntesis

6

**Adivinanzas** Play a guessing game in which you describe a person, place, or thing and your partner guesses who or what it is. Then switch roles. Each of you should give at least five descriptions.

*modelo*

**Estudiante 1:** *Lo uso para (I use it to) escribir en mi cuaderno. Es amarillo y no es muy grande. ¿Qué es?*
**Estudiante 2:** *¿Es un lápiz?*
**Estudiante 1:** *¡Sí!*

# Lectura

## Antes de leer

### Estrategia

**Scanning**

Scanning involves glancing over a document in search of specific information. For example, you can scan a document to identify its format, to find cognates, to locate visual clues about the document's content, or to find specific facts. Scanning allows you to learn a great deal about a text without having to read it word for word.

**Examinar el texto**

Scan the reading selection for cognates and write a few of them down.

1. ______________ 4. ______________
2. ______________ 5. ______________
3. ______________ 6. ______________

Based on the cognates you found, what do you think this document is about?

______________________________

**Preguntas**

Read the following questions. Then scan the document again to look for answers to the questions.

1. What is the format of the reading selection?
______________________________
2. Which place is the document about?
______________________________
3. What are some of the visual cues this document provides? What do they tell you about the content of the document?
______________________________
4. Who produced the document, and what do you think it is for?
______________________________

**recursos**

vistahigher learning.com

## Turismo ecológico en Puerto Rico

*Hotel La Cabaña*

*~ Lajas, Puerto Rico ~*

### Habitaciones

- 40 individuales
- 15 dobles
- Teléfono / TV / Cable
- Aire acondicionado
- Restaurante (Bar)
- Piscina
- Área de juegos
- Cajero automático°

El hotel está situado en Playa Grande, un pequeño pueblo de pescadores del mar Caribe. Es el lugar perfecto para el viajero que viene de vacaciones. Las playas son seguras y limpias, ideales para tomar el sol, descansar, tomar fotografías y nadar. Está abierto los 365 días del año. Hay una rebaja° especial para estudiantes universitarios.

**DIRECCIÓN:** Playa Grande 406, Lajas, PR 00667, cerca del Parque Nacional Foresta.

Cajero automático *ATM* rebaja *discount*

## Atracciones cercanas

**Playa Grande** ¿Busca la playa perfecta? Playa Grande es la playa que está buscando. Usted puede ir de pesca, sacar fotos, nadar y pasear en bicicleta. Playa Grande es un paraíso para el turista que quiere practicar deportes acuáticos. El lugar es bonito e interesante y usted tiene muchas oportunidades para descansar y disfrutar en familia.

**Valle Niebla** Ir de excursión, tomar café, montar a caballo, caminar, acampar, hacer picnic. Más de 100 lugares para acampar.

**Bahía Fosforescente** Sacar fotos, pescar, salidas de noche, excursión en barco. Una maravillosa experiencia con peces ° fosforescentes.

**Arrecifes de Coral** Sacar fotos, bucear, explorar. Es un lugar único en el Caribe.

**Playa Vieja** Tomar el sol, pasear en bicicleta, jugar a las cartas, escuchar música. Ideal para la familia.

**Parque Nacional Foresta** Sacar fotos, visitar el Museo de Arte Nativo. Reserva Mundial de la Biosfera.

**Santuario de las Aves** Sacar fotos, observar aves°, seguir rutas de excursión.

peces *fish* aves *birds*

# Después de leer

### Listas

Which of the amenities of the Hotel La Cabaña would most interest these potential guests? Explain your choices.

1. Dos padres con un hijo de seis años y una hija de ocho años

   ______________________________

2. Un hombre y una mujer en su luna de miel (*honeymoon*)

   ______________________________

3. Una persona en un viaje de negocios (*business trip*)

   ______________________________

### Conversaciones

With a partner, take turns asking each other the following questions.

1. ¿Quieres visitar el Hotel La Cabaña? ¿Por qué?
2. Tienes tiempo de visitar sólo tres de las atracciones turísticas que están cerca del hotel. ¿Cuáles vas a visitar? ¿Por qué?
3. ¿Qué prefieres hacer en Valle Niebla? ¿En Playa Vieja? ¿En el Parque Nacional Foresta?

### Situaciones

You have just arrived at the Hotel La Cabaña. Your classmate is the concierge. Use the phrases below to express your interests and ask him or her for suggestions about where to go.

1. montar a caballo
2. bucear
3. pasear en bicicleta
4. pescar
5. observar aves

### Contestar

Answer the following questions.

1. ¿Quieres visitar Puerto Rico? Explica tu respuesta.

   ______________________________

2. ¿Adónde quieres ir de vacaciones el verano que viene? Explica tu respuesta.

   ______________________________

# Escritura

## Estrategia

**Making an outline**

When we write to share information, an outline can serve to separate topics and subtopics, providing a framework for the presentation of data. Consider the following excerpt from an outline of the tourist brochure on pages 160–161.

IV. Descripción del sitio (con foto)
  A. Playa Grande
    1. Playas seguras y limpias
    2. Ideal para tomar el sol, descansar, tomar fotografías, nadar
  B. El hotel
    1. Abierto los 365 días del año
    2. Rebaja para estudiantes universitarios

**Mapa de ideas**

Idea maps can be used to create outlines. The major sections of an idea map correspond to the Roman numerals in an outline. The minor idea map sections correspond to the outline's capital letters, and so on. Consider the idea map that led to the outline above.

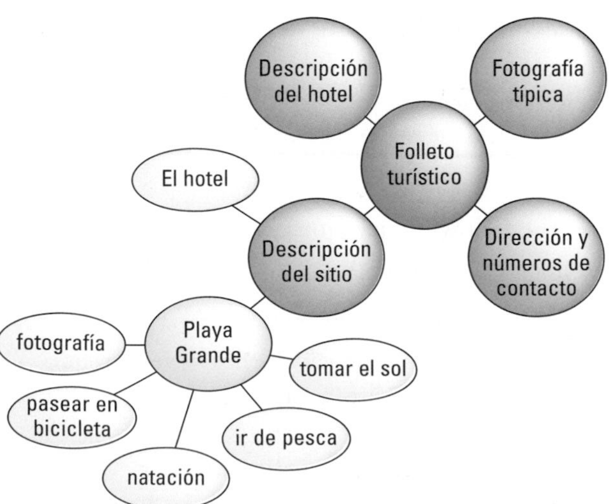

## Tema

**Escribir un folleto**

Write a tourist brochure for a hotel or resort you have visited. If you wish, you may write about an imaginary hotel or resort. You may want to include some of the following information in your brochure:

- The name of the hotel or resort
- Phone and fax numbers that tourists can use to make contact
- The address of a website that tourists can consult
- An e-mail address that tourists can use to request information
- A description of the exterior of the hotel or resort
- A description of the interior of the hotel or resort, including facilities and amenities
- A description of the area around the hotel or resort, including its climate
- A listing of scenic natural attractions that are near the hotel or resort
- A listing of nearby cultural attractions
- A listing of recreational activities that tourists can pursue in the vicinity of the hotel or resort

# Plan de escritura

## 1 Ideas y organización

Which aspects of your vacation spot are the most attractive to prospective guests? Jot down your ideas based on your recollections or on the "perfect getaway." Then, organize your ideas in an outline, using only Spanish words and expressions. Remember to use a dictionary as a last resort.

## 2 Primer borrador

Using the outline you prepared in **Ideas y organización,** write the first draft of your brochure.

## 3 Comentario

Exchange papers with a classmate and comment on your partner's brochure, using these questions as a guide. Begin by mentioning one or two points that you like about the person's brochure, such as the description of the hotel or the location.

a. Would the brochure influence you to visit this hotel or resort?
b. Does the brochure provide all the required information?
c. Is the brochure organized in a logical fashion?
d. Do you have any suggestions for making the brochure more exciting?
e. Do you see any spelling or grammatical errors?

## 4 Redacción

Revise your first draft, keeping in mind your classmate's comments. Also incorporate any new ideas or information you may have. Before handing in the final version, review your work using these guidelines:

a. Underline each verb and make sure it agrees with the subject. Double check stem-changing verbs and verbs with irregular **yo** forms.
b. Check the gender and number of each article, noun, and adjective.
c. Check your spelling and punctuation, and consult your **Anotaciones para mejorar la escritura** to avoid repetition of previous errors.

## 5 Evaluación y progreso

Swap brochures with a classmate. After you have read the brochure, write a response in Spanish in which you:

- name the three aspects of the resort that appeal to you most or least.
- formulate two questions to clarify or expand on the information contained in the brochure.
- request a room for yourself and a companion in the near future.

After your instructor returns your paper, review the comments and corrections. Note the most important issues on your **Anotaciones para mejorar la escritura** list in your **Carpeta de trabajos.**

# Escuchar

## Estrategia
**Listening for key words**

By listening for key words or phrases, you can identify the subject and main ideas of what you hear, as well as some of the details.

To practice this strategy, you will now listen to a short paragraph. As you listen, jot down the key words that help you identify the subject of the paragraph and its main ideas.

## Preparación

Based on the illustration, who is Hernán Jiménez, and what is he doing? What keywords might you listen for to help you understand what he is saying?

## Ahora escucha 

Now you are going to listen to a weather report by Hernán Jiménez. Note which phrases are correct according to the key words and phrases you hear.

**Santo Domingo**

1. hace sol
2. va a hacer frío
3. una mañana de mal tiempo
4. va a estar nublado
5. buena tarde para tomar el sol
6. buena mañana para la playa

**San Francisco de Macorís**

1. hace frío
2. hace sol
3. va a nevar
4. va a llover
5. hay niebla
6. buen día para excursiones

**recursos**

TEXT CD
Lección 5

## Comprensión

### ¿Cierto o falso?

Indicate whether each statement is **cierto** or **falso,** based on the weather report. Correct the false statements.

1. Según (*According to*) el meteorólogo, la temperatura en Santo Domingo es de 26 grados.
_______________
2. La temperatura máxima en Santo Domingo hoy va a ser de 30 grados.
_______________
3. Está lloviendo ahora en Santo Domingo.
_______________
4. En San Francisco de Macorís la temperatura mínima de hoy va a ser de 20 grados.
_______________
5. Va a llover mucho hoy en San Francisco de Macorís.
_______________

### Preguntas

In Spanish, answer these questions about the weather report.

1. ¿Hace viento en Santo Domingo ahora?
2. ¿Hay niebla en Santo Domingo ahora?
3. ¿Está nevando ahora en San Francisco de Macorís?
4. ¿Qué tiempo hace en San Francisco de Macorís?

# Proyecto

## Crea° un sitio Web

Imagine that a travel agency has hired you to develop a web page to promote a travel package to Puerto Rico. The web page is intended to market the tour and inform potential travelers about the specifics.

### 1 Diseña° un sitio Web

Create a real or simulated website to tell potential customers about the merits of the tour. You will want to create a general home page for your site, as well as links to pages that describe the details. Use the research tools found in **Recursos para la investigación** to identify the sites the tour will visit, where the travelers will stay, and the activities they will be able to participate in. You might include the following elements:

- A home page with a general description of the tour and links to pages that supply the details
- A page describing the means of transportation
- A page describing hotels and other accomodations, including images if possible
- A page about the locations to be visited, including images if possible
- A page describing activities available to travelers, including images if possible

### 2 Presenta la información

Acting as the web page designer, present your work to the travel agency that hired you. Explain all the information that you have included and the images you have chosen. Answer any questions the agency executives may have about the website.

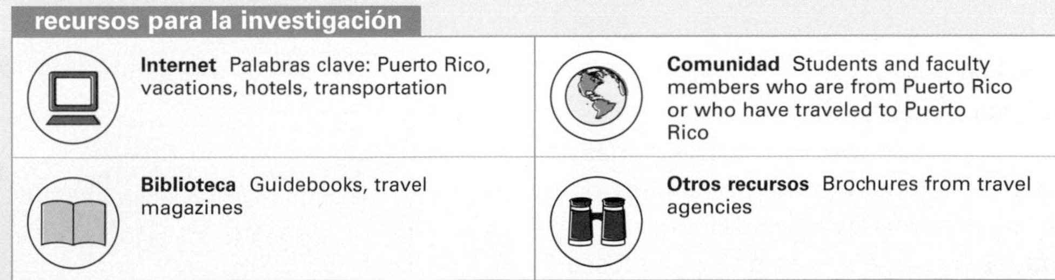

**recursos para la investigación**

| | |
|---|---|
| **Internet** Palabras clave: Puerto Rico, vacations, hotels, transportation | **Comunidad** Students and faculty members who are from Puerto Rico or who have traveled to Puerto Rico |
| **Biblioteca** Guidebooks, travel magazines | **Otros recursos** Brochures from travel agencies |

Crea *Create* Diseña *Design*

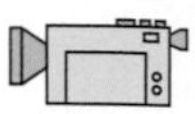

# Puerto Rico

## El país en cifras

- **Área:** 8.959 km² (3.459 millas²) *menor° que el área de Connecticut*
- **Población:** 3.930.000

*Puerto Rico es una de las islas más densamente pobladas° del mundo. Cerca de la mitad° de la población vive en San Juan, la capital.*

- **Capital:** San Juan—1.410.000

SOURCE: Population Division, UN Secretariat

- **Ciudades principales:** Arecibo—100.000, Bayamón—222.815, Fajardo—40.000, Mayagüez—100.371, Ponce—187.749
- **Moneda:** dólar estadounidense
- **Idiomas:** español (oficial); inglés (oficial)

*Aproximadamente la cuarta parte de la población puertorriqueña habla inglés. Pero, en las zonas turísticas este porcentaje es mucho más alto. El uso del inglés es obligatorio para documentos federales.*

Bandera de Puerto Rico

Pescadores en Mayagüez

Mar Caribe

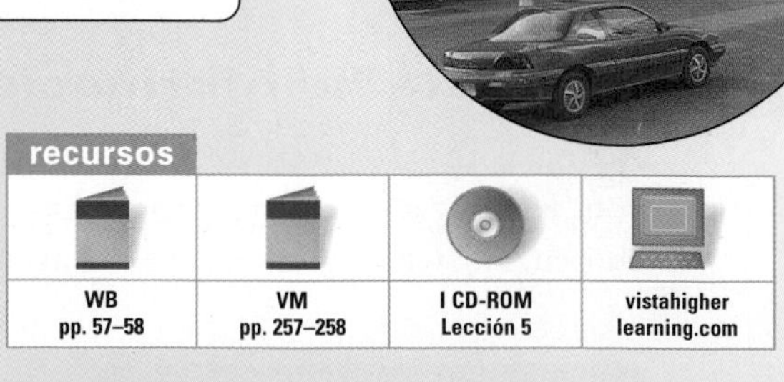

Parque de Bombas, Ponce

### Puertorriqueños célebres

- **Raúl Julia,** actor (1940–1994)
- **Roberto Clemente,** beisbolista (1934–1972)
- **Luis Rafael Sánchez,** escritor (1936– )
- **Ricky Martin,** cantante y actor (1971– )
- **Rita Moreno,** actriz, cantante, bailarina (1931–)

**recursos**

| WB pp. 57–58 | VM pp. 257–258 | I CD-ROM Lección 5 | vistahigher learning.com |
|---|---|---|---|

menor *less* pobladas *populated* mitad *half* río subterráneo *underground river* más largo *longest* sistema de cuevas *cave system* bóveda *vault* fortaleza *fort* caber *fit*

## ¡Increíble pero cierto!

El río *Camuy* es el tercer río subterráneo° más largo° del mundo y tiene el sistema de cuevas° más grande en el hemisferio occidental. La *Cueva de los Tres Pueblos* es una gigantesca bóveda°, tan grande que toda la fortaleza° del Morro puede caber° en su interior.

## Lugares • El Morro

El Morro es una fortaleza que protegía° la bahía° de San Juan entre los años 1500 (mil quinientos) y 1900 (mil novecientos). Hoy día muchos turistas visitan este lugar, que ahora es un museo. Es el sitio más fotografiado de Puerto Rico. La arquitectura de la fortaleza es impresionante. Tiene misteriosos túneles, oscuras mazmorras° y vistas fabulosas de la bahía.

## Artes • Salsa

Este estilo musical, de orígenes puertorriqueños y cubanos, nació° en la ciudad de Nueva York. Dos de los músicos de salsa más famosos son Tito Puente y Willie Colón, los dos de Nueva York. Las estrellas° de la salsa en Puerto Rico son Felipe Rodríguez y Héctor Lavoe. Hoy, Puerto Rico es el centro universal de la salsa; el Gran Combo de Puerto Rico es una de las orquestas de salsa más famosas.

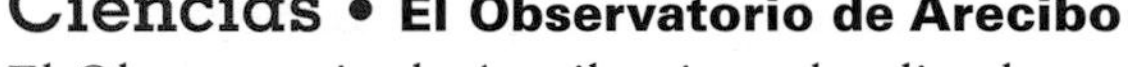

## Ciencias • El Observatorio de Arecibo

El Observatorio de Arecibo tiene el radiotelescopio más grande del mundo. Gracias al telescopio los científicos° pueden estudiar la atmósfera de la Tierra° y la Luna°, fenómenos celestiales como los quasares y pulsares y escuchar emisiones de radio de otras galaxias, buscando inteligencia extraterrestre.

## Historia • Relación con los Estados Unidos

Puerto Rico pasó a ser° parte de los Estados Unidos después de° la Guerra° de 1898 (mil ochocientos noventa y ocho) y se hizo° un estado libre asociado en 1952 (mil novecientos cincuenta y dos) . Los puertorriqueños, ciudadanos° estadounidenses desde° 1917 (mil novecientos diecisiete), tienen representación en el Congreso pero no votan en las elecciones presidenciales y no pagan impuestos° federales. Hay un debate entre los puertorriqueños: ¿debe la isla seguir como estado libre asociado, hacerse un estado como los otros o hacerse independiente?

**¿Qué aprendiste?** Responde a las preguntas con una frase completa.

1. ¿Cuál es la moneda de Puerto Rico?
2. ¿Qué idiomas se hablan (*are spoken*) en Puerto Rico?
3. ¿Cuál es el sitio más fotografiado de Puerto Rico?
4. ¿Qué es el Gran Combo?
5. ¿Qué hacen los científicos en el Observatorio de Arecibo?

**Conexión Internet** Investiga estos temas en el sitio **www.vistahigherlearning.com.**

1. Describe a dos puertorriqueños famosos. ¿Cómo son? ¿Qué hacen? ¿Dónde viven? ¿Por qué son célebres?
2. Busca información sobre lugares buenos para el ecoturismo en Puerto Rico. Luego presenta un informe a la clase.

**protegía** *protected* **bahía** *bay* **mazmorras** *dungeons* **nació** *was born* **estrellas** *stars* **científicos** *scientists* **Tierra** *Earth* **Luna** *Moon* **pasó a ser** *became* **después de** *after* **Guerra** *War* **se hizo** *became* **ciudadanos** *citizens* **desde** *since* **pagan impuestos** *pay taxes*

## Los viajes y las vacaciones

| | |
|---|---|
| **acampar** | *to camp* |
| **confirmar una reservación** | *to confirm a reservation* |
| **estar de vacaciones (*f. pl.*)** | *to be on vacation* |
| **hacer las maletas** | *to pack (one's suitcases)* |
| **hacer turismo (*m.*)** | *to go sightseeing* |
| **hacer un viaje** | *to take a trip* |
| **hacer una excursión** | *to go on a hike; to go on a tour* |
| **ir de compras (*f. pl.*)** | *to go shopping* |
| **ir de pesca (*f.*)** | *to go fishing* |
| **ir de vacaciones** | *to go on vacation* |
| **ir en autobús (*m.*), auto(móvil)(*m.*), avión (*m.*), barco (*m.*), motocicleta (*f.*), taxi (*m.*),** | *to go by bus, car, plane, boat, motorcycle, taxi* |
| **jugar a las cartas** | *to play cards* |
| **montar a caballo (*m.*)** | *to ride a horse* |
| **pasar por la aduana** | *to go through customs* |
| **pescar** | *to fish* |
| **sacar/tomar fotos (*f. pl.*)** | *to take photos* |
| **el/la agente de viajes** | *travel agent* |
| **el/la inspector(a) de aduanas** | *customs inspector* |
| **el/la viajero/a** | *traveler* |
| **el aeropuerto** | *airport* |
| **la agencia de viajes** | *travel agency* |
| **la cabaña** | *cabin* |
| **el campo** | *countryside* |
| **el equipaje** | *luggage* |
| **la estación de autobuses, del metro, de tren** | *bus, subway, train station* |
| **la llegada** | *arrival* |
| **el mar** | *sea* |
| **el océano** | *ocean* |
| **el paisaje** | *landscape* |
| **el pasaje (de ida y vuelta)** | *(round-trip) ticket* |
| **el pasaporte** | *passport* |
| **la playa** | *beach* |
| **la salida** | *departure; exit* |

## El hotel

| | |
|---|---|
| **el ascensor** | *elevator* |
| **el/la botones** | *bellhop* |
| **la cama** | *bed* |
| **el/la empleado/a** | *employee* |
| **la habitación individual, doble** | *single, double room* |
| **el hotel** | *hotel* |
| **el/la huésped** | *guest* |
| **la llave** | *key* |
| **el piso** | *floor (of a building)* |
| **la planta baja** | *ground floor* |

## Adjetivos

| | |
|---|---|
| **abierto/a** | *open* |
| **aburrido/a** | *bored; boring* |
| **alegre** | *happy; joyful* |
| **amable** | *nice; friendly* |
| **avergonzado/a** | *embarrassed* |
| **cansado/a** | *tired* |
| **cerrado/a** | *closed* |
| **cómodo/a** | *comfortable* |
| **confundido/a** | *confused* |
| **contento/a** | *happy; content* |
| **desordenado/a** | *disorderly* |
| **enamorado/a (de)** | *in love (with)* |
| **enojado/a** | *mad; angry* |
| **equivocado/a** | *wrong* |
| **feliz** | *happy* |
| **limpio/a** | *clean* |
| **listo/a** | *ready; smart* |
| **nervioso/a** | *nervous* |
| **ocupado/a** | *busy* |
| **ordenado/a** | *orderly* |
| **preocupado/a (por)** | *worried (about)* |
| **seguro/a** | *sure/safe* |
| **sucio/a** | *dirty* |
| **triste** | *sad* |

## Los números ordinales

| | |
|---|---|
| **primer, primero/a** | *first* |
| **segundo/a** | *second* |
| **tercer, tercero/a** | *third* |
| **cuarto/a** | *fourth* |
| **quinto/a** | *fifth* |
| **sexto/a** | *sixth* |
| **séptimo/a** | *seventh* |
| **octavo/a** | *eighth* |
| **noveno/a** | *ninth* |
| **décimo/a** | *tenth* |

## Palabras adicionales

| | |
|---|---|
| **ahora mismo** | *right now* |
| **el año** | *year* |
| **¿Cuál es la fecha (de hoy)?** | *What is the date (today)?* |
| **de buen/mal humor** | *in a good/bad mood* |
| **la estación** | *season* |
| **el mes** | *month* |
| **todavía** | *yet; still* |

| | |
|---|---|
| **Seasons, months, and dates** | *See page 138.* |
| **Weather Expressions** | *See page 138.* |
| **Direct object pronouns** | *See page 156.* |
| **Expresiones útiles** | *See page 143.* |

**recursos**

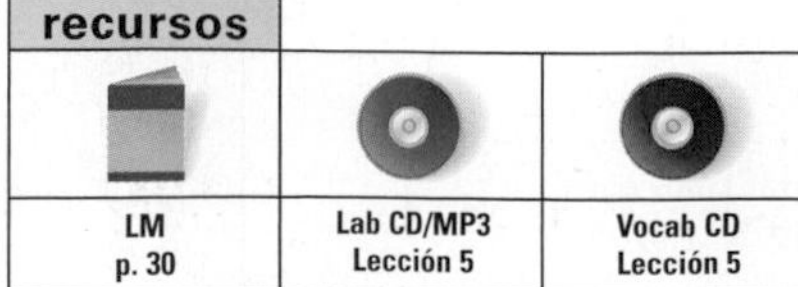

| LM p. 30 | Lab CD/MP3 Lección 5 | Vocab CD Lección 5 |
|---|---|---|

# ¡De compras!

# 6

**Communicative Goals**

***You will learn how to:***

- **Talk about and describe clothing**
- **Express preferences in a store**
- **Negotiate and pay for items you buy**

**A PRIMERA VISTA**

- ¿Está comprando algo la mujer?
- ¿Está buscando una maleta?
- ¿Es delgada? ¿Es guapa o fea?
- ¿Tiene el pelo largo o corto?

# ¡De compras!

## Más vocabulario

| | |
|---|---|
| **el abrigo** | *coat* |
| **el almacén** | *department store* |
| **el calcetín** | *sock* |
| **el cinturón** | *belt* |
| **las gafas (de sol), las gafas (oscuras)** | *(sun)glasses* |
| **los guantes** | *gloves* |
| **el impermeable** | *raincoat* |
| **los lentes de contacto** | *contact lenses* |
| **los lentes (de sol)** | *(sun)glasses* |
| **la ropa** | *clothing; clothes* |
| **la ropa interior** | *underwear* |
| **la sandalia** | *sandal* |
| **el vestido** | *dress* |
| **los zapatos de tenis** | *tennis shoes; sneakers* |
| **el centro comercial** | *shopping mall* |
| **el mercado (al aire libre)** | *(open-air) market* |
| **el precio (fijo)** | *(fixed; set) price* |
| **la rebaja** | *sale* |
| **la tienda** | *shop; store* |
| **costar (o:ue)** | *to cost* |
| **gastar** | *to spend (money)* |
| **pagar** | *to pay* |
| **regatear** | *to bargain* |
| **vender** | *to sell* |
| **hacer juego (con)** | *to match (with)* |
| **llevar** | *to wear; to take* |
| **usar** | *to wear; to use* |

## Variación léxica

calcetines ⟷ medias (*Amér. L.*)
cinturón ⟷ correa (*Col., Venez.*)
gafas/lentes ⟷ espejuelos (*Cuba, P.R.*), anteojos (*Arg., Chile*)
zapatos de tenis ⟷ zapatillas de deporte (*Esp.*), zapatillas (*Arg., Perú*)

**recursos**

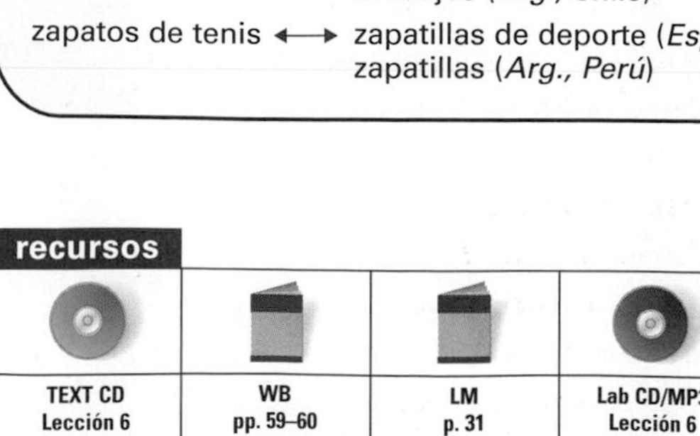

| TEXT CD Lección 6 | WB pp. 59–60 | LM p. 31 | Lab CD/MP3 Lección 6 | I CD-ROM Lección 6 | Vocab CD Lección 6 |
|---|---|---|---|---|---|

Damas
los pantalones cortos
el traje de baño
los pantalones
la camiseta
el dependiente/el vendedor
la camisa
la clienta
el dinero en efectivo
la blusa
el traje
la bolsa
el suéter
la falda
las medias

# Práctica

**1**

**Escuchar** Listen to Juanita and Vicente talk about what they're packing for their vacations. Indicate who is packing each item. If both are packing an item, write both names. If neither is packing an item, write an X.

1. abrigo ____________
2. zapatos de tenis ____________
3. impermeable ____________
4. chaqueta ____________
5. sandalias ____________
6. bluejeans ____________
7. gafas de sol ____________
8. camisetas ____________
9. traje de baño ____________
10. botas ____________
11. pantalones cortos ____________
12. suéter ____________

**2**

**Completar** Anita is talking about going shopping. Complete each sentence with the correct word(s) adding definite or indefinite articles when necessary.

| caja | medias | tarjeta de crédito |
|---|---|---|
| centro comercial | par | traje de baño |
| dependientas | ropa | vendedores |

1. Hoy voy a ir de compras al nuevo ____________.
2. Voy a ir a la tienda de ropa para mujeres. Siempre hay muchas rebajas y las ____________ son muy simpáticas.
3. Necesito comprarme ____________ de zapatos.
4. Y tengo que comprarme ____________ nuevo porque el sábado voy a la playa con mis amigos.
5. También voy a comprar unas ____________ para mi mamá.
6. Voy a pagar todo (*everything*) en ____________.
7. Pero hoy no tengo dinero. Voy a tener que usar mi ____________.
8. Mañana voy al mercado al aire libre. Me gusta regatear con los ____________.

**3**

**Escoger** Choose the item in each group that does not belong.

1. almacén • centro comercial • mercado • sombrero
2. camisa • camiseta • blusa • botas
3. bluejeans • bolsa • falda • pantalones
4. abrigo • suéter • corbata • chaqueta
5. mercado • tienda • almacén • cartera
6. pagar • llevar • hacer juego (con) • usar
7. botas • sandalias • zapatos • traje
8. vender • regatear • ropa interior • gastar

## Los colores

### ¡LENGUA VIVA!

The names of colors vary throughout the Spanish-speaking world. For example, in some countries, **anaranjado/a** may be referred to as **naranja**, **morado/a** as **púrpura**, and **rojo/a** as **colorado**.

Other terms that will prove helpful include **claro** (*light*) and **oscuro** (*dark*): **azul claro, azul oscuro.**

### Adjetivos

| | |
|---|---|
| **barato/a** | *cheap* |
| **bueno/a** | *good* |
| **cada** | *each* |
| **caro/a** | *expensive* |
| **corto/a** | *short (in length)* |
| **elegante** | *elegant* |
| **hermoso/a** | *beautiful* |
| **largo/a** | *long (in length)* |
| **loco/a** | *crazy* |
| **nuevo/a** | *new* |
| **otro/a** | *other; another* |
| **pobre** | *poor* |
| **rico/a** | *rich* |

**4** **Contrastes** Complete each phrase with the opposite of the underlined word.

1. una corbata barata • unas camisas...
2. unas vendedoras malas • unos dependientes...
3. un vestido corto • una falda...
4. un hombre muy pobre • una mujer muy...
5. una cartera nueva • un cinturón...
6. unos trajes hermosos • unos bluejeans...
7. un impermeable caro • unos suéteres...
8. unos calcetines blancos • unas medias...

### CONSÚLTALO

Like other adjectives you have seen, colors must agree in gender and number with the nouns they modify. Ex: **las camisas verdes, el vestido amarillo.** For a review of descriptive adjectives, see **Estructura 3.1** pp.78-79.

**5** **Preguntas** Answer these questions with a classmate.

1. ¿De qué color es la rosa de Texas?
2. ¿De qué color es la bandera (*flag*) del Canadá?
3. ¿De qué color es la casa donde vive el presidente de los EE.UU.?
4. ¿De qué color es el océano Atlántico?
5. ¿De qué color es la nieve?
6. ¿De qué color es el café?
7. ¿De qué color es el dólar de los EE.UU.?
8. ¿De qué color es la cebra (*zebra*)?

# Comunicación

**6**

**Las maletas** With a classmate, answer these questions about the drawings.

**CONSÚLTALO**

To review weather, see **Lección 5, Contextos**, p. 138.

1. ¿Qué ropa hay al lado de la maleta de Carmela?
2. ¿Qué hay en la maleta?
3. ¿De qué color son las sandalias?
4. ¿Adónde va Carmela?
5. ¿Qué tiempo va a hacer?

**NOTA CULTURAL**

**Bariloche** is a popular spot for skiing in South America. Located in Argentina's Patagonia region, the town is also known for its chocolate factories and its dramatic scenery with beautiful lakes, mountains, and forests.

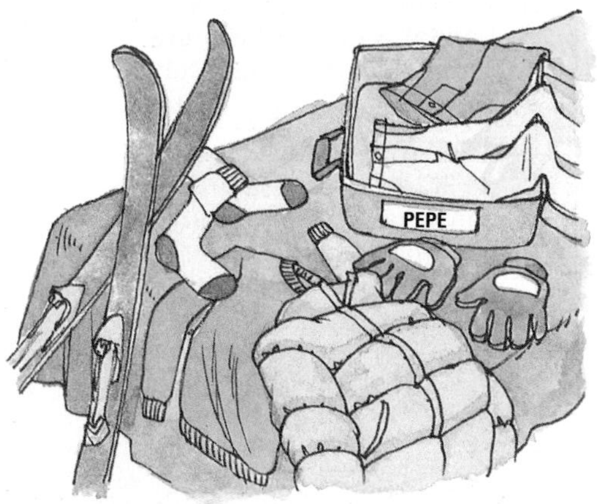


6. ¿Qué hay al lado de la maleta de Pepe?
7. ¿Qué hay en la maleta?
8. ¿De qué color es el suéter?
9. ¿Qué va a hacer Pepe en Bariloche?
10. ¿Qué tiempo va a hacer?

**7**

**¿Adónde van?** Imagine that you are going on a vacation with two classmates. Get together with your classmates and decide where you're going. Then draw three suitcases and write in each one what clothing each person is taking. Present your drawings to the rest of the class, answering these questions.

- ¿Adónde van?
- ¿Qué tiempo va a hacer allí?
- ¿Qué van a hacer allí?
- ¿Qué hay en sus maletas?
- ¿De qué color es la ropa que llevan?

**8**

**Preferencias** Use these questions to interview a classmate. Then switch roles.

1. ¿Adónde vas a comprar ropa? ¿Por qué?
2. ¿Qué tipo de ropa prefieres? ¿Por qué?
3. ¿Cuáles son tus colores favoritos?
4. En tu opinión, ¿es importante comprar ropa nueva frecuentemente? ¿Por qué?
5. ¿Gastas mucho dinero en ropa cada mes? ¿Buscas rebajas?
6. ¿Regateas cuando compras ropa? ¿Usas una tarjeta de crédito?

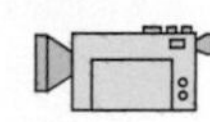

# ¡Qué ropa más bonita!

**Javier e Inés van de compras al mercado.**

**PERSONAJES**

**INÉS**

**JAVIER**

**EL VENDEDOR**

**INÉS** Javier, ¡qué ropa más bonita! A mí me gusta esa camisa blanca y azul. Debe ser de algodón. ¿Te gusta?

**JAVIER** Yo prefiero la camisa de la izquierda... la gris con rayas rojas. Hace juego con mis botas marrones.

**INÉS** Está bien, Javier. Mira, necesito comprarle un regalo a mi hermana Graciela. Acaba de empezar un nuevo trabajo...

**JAVIER** ¿Tal vez una bolsa?

**VENDEDOR** Esas bolsas son típicas de las montañas. ¿Le gustan?

**INÉS** Sí. Quiero comprarle una a mi hermana.

**VENDEDOR** Buenas tardes, joven. ¿Le puedo servir en algo?

**JAVIER** Sí. Voy a ir de excursión a las montañas y necesito un buen suéter.

**VENDEDOR** ¿Qué talla usa usted?

**JAVIER** Uso talla grande.

**VENDEDOR** Éstos son de talla grande.

**JAVIER** ¿Qué precio tiene ése?

**VENDEDOR** ¿Le gusta este suéter? Le cuesta ciento cincuenta mil sucres.

**JAVIER** Quiero comprarlo, pero, señor, no soy rico. ¿Ciento veinte mil sucres?

**VENDEDOR** Bueno, para usted... sólo ciento treinta mil sucres.

**JAVIER** Está bien, señor.

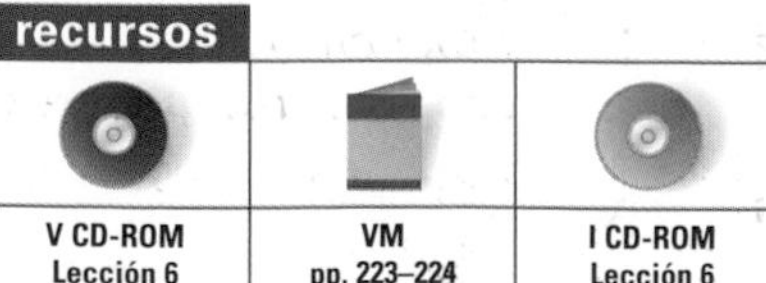

**recursos**

| V CD-ROM Lección 6 | VM pp. 223–224 | I CD-ROM Lección 6 |
|---|---|---|

**INÉS** Me gusta aquélla. ¿Cuánto cuesta?

**VENDEDOR** Ésa cuesta ciento sesenta mil sucres. ¡Es de muy buena calidad!

**INÉS** Uy, demasiado cara. Quizás otro día.

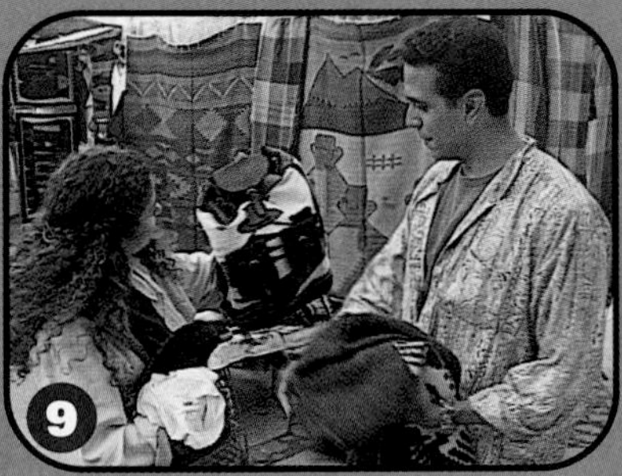

**JAVIER** Acabo de comprarme un suéter. Y tú, ¿qué compraste?

**INÉS** Compré esta bolsa para mi hermana.

**INÉS** También compré una camisa y un sombrero. ¿Qué tal me veo?

**JAVIER** ¡Guapa, muy guapa!

## Enfoque cultural Mercados al aire libre

Open-air markets, or **mercados al aire libre,** are an important part of the commerce and culture of many Hispanic countries. Fresh fruits and vegetables, tapestries, clothing, pottery and crafts are commonly seen among the vendors' wares. One of the most famous is the market in Otavalo, Ecuador, which has taken place every Saturday since pre-Incan times. Another popular market is **El Rastro** in Madrid, held every Sunday, where tourists can buy antiques and many other goods.

## Expresiones útiles

### Talking about clothing

▶ **¡Qué ropa más bonita!**
*What nice clothing!*

▶ **Me gusta esta/esa camisa blanca de rayas negras.**
*I like this/that white shirt with black stripes.*

▶ **Está de moda.**
*It's in fashion.*

▶ **Debe ser de algodón/lana/seda.**
*It must be cotton/wool/silk.*

▶ **Es de cuadros/lunares/rayas.**
*It's plaid/polka-dotted/striped.*

▶ **Me gusta este/ese suéter.**
*I like this/that sweater.*

▶ **Es de muy buena calidad.**
*It's very good quality.*

▶ **¿Qué talla lleva/usa usted?**
*What size do you wear?*

▷ **Llevo/Uso talla grande.**
*I wear a large.*

▶ **¿Qué número calza usted?**
*What (shoe) size do you wear?*

▷ **Calzo el treinta y seis.**
*I wear a size thirty-six.*

### Talking about how much things cost

▶ **¿Cuánto cuesta?**
*How much does it cost?*

▷ **Sólo cuesta noventa mil sucres.**
*It only costs ninety thousand sucres.*

▷ **Demasiado caro/a.**
*Too expensive.*

▷ **Es una ganga.**
*It's a bargain.*

### Saying what you bought

▶ **¿Qué compró Ud./él/ella?**
*What did you (form.)/he/she buy?*

▷ **Compré esta bolsa para mi hermana.**
*I bought this purse for my sister.*

▶ **¿Qué compraste?**
*What did you buy?*

▷ **Acabo de comprarme un sombrero.**
*I have just bought myself a hat.*

# Reacciona a la fotonovela

**1**

**¿Cierto o falso?** Indicate whether each sentence is **cierto** or **falso**. Correct the false statements.

| | Cierto | Falso |
|---|---|---|
| 1. A Inés le gusta la camisa verde y amarilla. | ❍ | ❍ |
| 2. Javier necesita comprarle un regalo a su hermana. | ❍ | ❍ |
| 3. Las bolsas en el mercado son típicas de las montañas. | ❍ | ❍ |
| 4. Javier busca un traje de baño. | ❍ | ❍ |
| 5. Inés compró un sombrero, un suéter y una bolsa. | ❍ | ❍ |
| 6. Javier regatea con el vendedor. | ❍ | ❍ |

**2**

**Identificar** Provide the name of the person who would make each statement. The names may be used more than once.

1. ¿Te gusta el sombrero que compré? __________
2. Estos suéteres son de talla grande. ¿Qué talla usa usted? __________
3. ¿Por qué no compras una bolsa para Graciela? __________
4. Creo que mis botas hacen juego con la camisa. __________
5. Estas bolsas son excelentes, de muy buena calidad. __________
6. Creo que las blusas aquí son de algodón. __________

INÉS

JAVIER

EL VENDEDOR

**3**

**Contestar** Answer the questions using the information in the **Fotonovela**.

1. Inés quiere comprarle un regalo a su hermana. ¿Por qué?
2. ¿Cuánto cuesta la bolsa de las montañas?
3. ¿Por qué necesita Javier un buen suéter?
4. ¿Cuál es el precio final del suéter?
5. ¿Qué compra Inés en el mercado?
6. ¿Qué talla usa Javier?

**CONSEJOS**

When discussing prices, it's important to keep in mind singular and plural forms of verbs.

La **camisa cuesta** diez dólares.

Las **botas cuestan** sesenta dólares.

El **precio** de las botas **es** sesenta dólares.

Los **precios** de la ropa **son** altos.

**4**

**Conversar** With a partner, role-play a conversation between a customer and a sales person in an open-air market.

| Cliente/a | | Vendedor(a) |
|---|---|---|
| Say good afternoon. | → | Greet the customer and ask what he/she would like. |
| Explain that you are looking for a particular item of clothing. | → | Show him/her some items and ask what he/she prefers. |
| Discuss colors and sizes. | → | Discuss colors and sizes. |
| Ask for the price and begin bargaining. | → | Tell him/her a price. Negotiate a price. |
| Settle on a price and purchase the item. | → | Accept a price and say thank you. |

**AYUDA**

**¿Qué desea?**
*What would you like?*

**Estoy buscando...**
*I'm looking for...*

**Prefiero el/la rojo/a.**
*I prefer the red one.*

**¿Cuánto cuesta?**
*How much does it cost?*

**Es demasiado.**
*It's too much.*

# Pronunciación

## The consonants d and t

**¿Dónde? vender nadar verdad**

Like **b** and **v**, the Spanish **d** can also have a hard sound or a soft sound, depending on which letters appear next to it.

**Don dinero tienda falda**

At the beginning of a phrase and after **n** or **l**, the letter **d** is pronounced with a hard sound. This sound is similar to the English *d* in *dog*, but a little softer and duller. The tongue should touch the back of the upper teeth, not the roof of the mouth.

**medias verde vestido huésped**

In all other positions, **d** has a soft sound. It is similar to the English *th* in *there*, but a little softer.

**Don Diego no tiene el diccionario.**

When **d** begins a word, its pronunciation depends on the previous word. At the beginning of a phrase or after a word that ends in **n** or **l**, it is pronounced as a hard **d**.

**Doña Dolores es de la capital.**

Words that begin with **d** are pronounced with a soft **d** if they appear immediately after a word that ends in a vowel or any consonant other than **n** or **l**.

**traje pantalones tarjeta tienda**

When pronouncing the Spanish **t**, the tongue should touch the back of the upper teeth, not the roof of the mouth. Unlike the English *t*, no air is expelled from the mouth.

**Práctica** Read these phrases aloud to practice the **d** and the **t**.

1. Hasta pronto.
2. De nada.
3. Mucho gusto.
4. Lo siento.
5. No hay de qué.
6. ¿De dónde es usted?
7. ¡Todos a bordo!
8. No puedo.
9. Es estupendo.
10. No tengo computadora.
11. ¿Cuándo vienen?
12. Son las tres y media.

**Oraciones** Read these sentences aloud to practice the **d** and the **t**.

1. Don Teodoro tiene una tienda en un almacén en La Habana.
2. Don Teodoro vende muchos trajes, vestidos y zapatos todos los días.
3. Un día un turista, Federico Machado, entra en la tienda para comprar un par de botas.
4. Federico regatea con don Teodoro y compra las botas y también un par de sandalias.

**Refranes** Read these sayings aloud to practice the **d** and the **t**.

En la variedad está el gusto.[1]

Aunque la mona se vista de seda, mona se queda.[2]

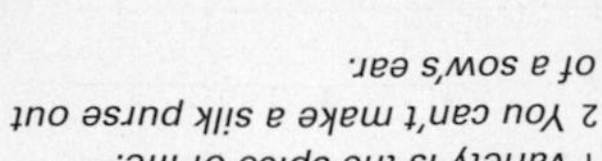

1 Variety is the spice of life.
2 You can't make a silk purse out of a sow's ear.

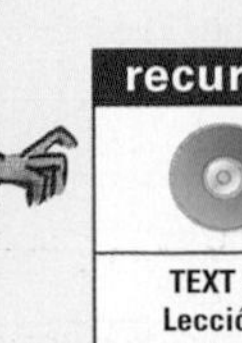

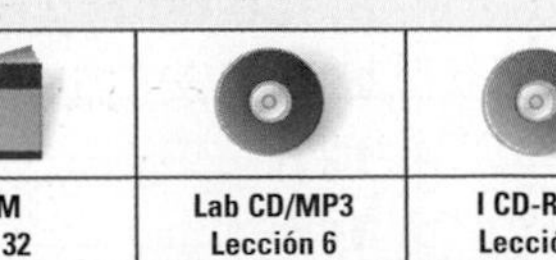

**recursos**

| TEXT CD Lección 6 | LM p. 32 | Lab CD/MP3 Lección 6 | I CD-ROM Lección 6 |
|---|---|---|---|

# 6.1 Numbers 101 and higher

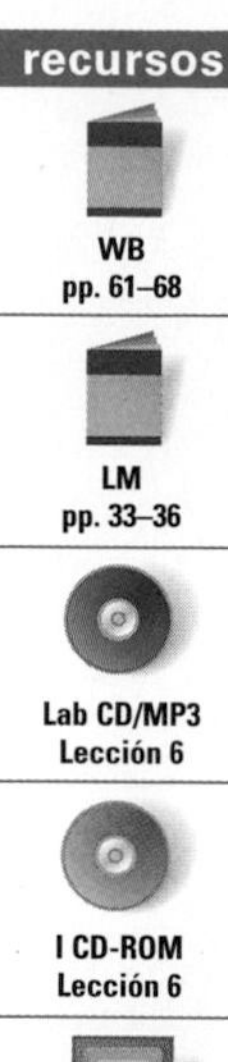


**Numbers 101 and higher**

| | | | |
|---|---|---|---|
| **101** | ciento uno | **1.000** | mil |
| **200** | doscientos/as | **1.100** | mil cien |
| **300** | trescientos/as | **2.000** | dos mil |
| **400** | cuatrocientos/as | **5.000** | cinco mil |
| **500** | quinientos/as | **100.000** | cien mil |
| **600** | seiscientos/as | **200.000** | doscientos mil |
| **700** | setecientos/as | **550.000** | quinientos cincuenta mil |
| **800** | ochocientos/as | **1.000.000** | un millón (de) |
| **900** | novecientos/as | **8.000.000** | ocho millones (de) |

- As shown in the preceding chart, Spanish uses a period to indicate thousands and millions, rather than a comma as used in English.

- The numbers 200 through 999 agree in gender with the nouns they modify.

  324 bolsas
  trescientas veinticuatro bolsas

  605 sombreros
  seiscientos cinco sombreros

**¡LENGUA VIVA!**

In Spanish, the years of dates (**fechas**) are not expressed as pairs of 2-digit numbers as they are in English (1979, *nineteen seventy-nine*): **1776, mil setecientos setenta y seis; 1945, mil novecientos cuarenta y cinco; 2001, dos mil uno.**

- The word **mil**, which can mean *a thousand* and *one thousand*, is not usually used in the plural form when referring to numbers. **Un millón** (*a million* or *one million*), has the plural form **millones** in which the accent is dropped.

  1.000 zapatos
  mil zapatos

  25.000 faldas
  veinticinco mil faldas

  2.000.000 de clientes
  dos millones de clientes

- To express a more complex number, string together its component parts.

  55.422
  cincuenta y cinco mil cuatrocientos veintidós

**¡ATENCIÓN!**

When **millón** or **millones** is used before a noun, the word **de** is placed between the two:

**1.000.000 de hombres = un millón de hombres**

**12.000.000 de aviones = doce millones de aviones**

• • •

See **Estructura 2.4**, p. 57 to review the difference between **cien** and **ciento**:

**100.000 = cien mil**

**2.101 = dos mil ciento uno**

**¡INTÉNTALO!** Give the Spanish equivalent of each number. The first item has been done for you.

1. **102** ciento dos
2. **5.000.000** Cinco millones
3. **2001** dos mil y uno
4. **1776** mil setecientos sietey seis
5. **345** ____________
6. **550.300** ____________
7. **235** ____________
8. **1999** ____________
9. **113** ____________
10. **205** ____________
11. **17.123** ____________
12. **497** ____________

# Práctica

1 **Completar** Complete the following sequences of numbers.

1. 50, 150, 250 ... 1.050
2. 5.000, 20.000, 35.000 ... 95.000
3. 100.000, 200.000, 300.000 ... 1.000.000
4. 100.000.000, 90.000.000, 80.000.000 ... 0

2 **Resolver** Read the math problems aloud and solve them.

| | |
|---|---|
| + | más |
| – | menos |
| = | son |

*modelo*

200 + 300 =
*Doscientos más trescientos son quinientos.*

1. 1000 + 753 =
2. 1.000.000 – 30.000 =
3. 10.000 + 555 =
4. 150 + 150 =
5. 100.000 + 205.000 =
6. 29.000 – 10.000 =

# Comunicación

3 **En la librería** In pairs look at the ad and answer the questions.

**¡ATENCIÓN!**

Note this difference between Spanish and English:

**mil millones**
*a billion* (1,000,000,000)

**un billón**
*a trillion* (1,000,000,000,000)

**¡Librería TU ACENTO tiene rebajas en toda la tienda!**

Puedes comprar libros populares como:

**El planeta rojo,** 154 pesos, 210 páginas
**Un billón de pesos y dónde lo gastan,** 130 pesos, 455 páginas
**Misterio en el almacén,** 268 pesos, 379 páginas
**Historia de la Segunda Guerra Mundial, 1939–1945,** 324 pesos, 802 páginas
**El béisbol: Pasión en La Habana,** 249 pesos, 101 páginas
**El loco del impermeable,** 247 pesos, 290 páginas

1. ¿Qué libro tiene más páginas? ¿Cuántas tiene?
2. ¿Qué libro tiene menos (*least*) páginas? ¿Cuántas tiene?
3. ¿Qué libro tiene una fecha en su título? ¿Cuál es la fecha?
4. ¿Qué libro es más caro? ¿Cuánto cuesta?
5. ¿Qué libro es menos caro? ¿Cuánto cuesta?
6. ¿Qué libro quieren ustedes comprar en la librería *Tu acento*? ¿Por qué?
7. ¿Cuál es su libro favorito? ¿Cuántas páginas tiene?

# 6.2 Indirect object pronouns

**ANTE TODO** In **Lección 5**, you learned that a direct object is a noun or pronoun that receives the action of the verb directly. In contrast, indirect objects are nouns or pronouns that receive the action of the verb indirectly. Note the following example:

| SUBJECT | I.O. PRONOUN | VERB | DIRECT OBJECT | INDIRECT OBJECT |
|---|---|---|---|---|
| Roberto | **le** | presta | cien pesos | **a Luisa**. |
| *Roberto* | | *lends* | *100 pesos* | *to Luisa.* |

An indirect object is a noun or pronoun that answers the question *to whom* or *for whom* an action is done. In the preceding example, the indirect object answers this question: **¿A quién le presta Roberto cien pesos?** *To whom does Roberto lend 100 pesos?*

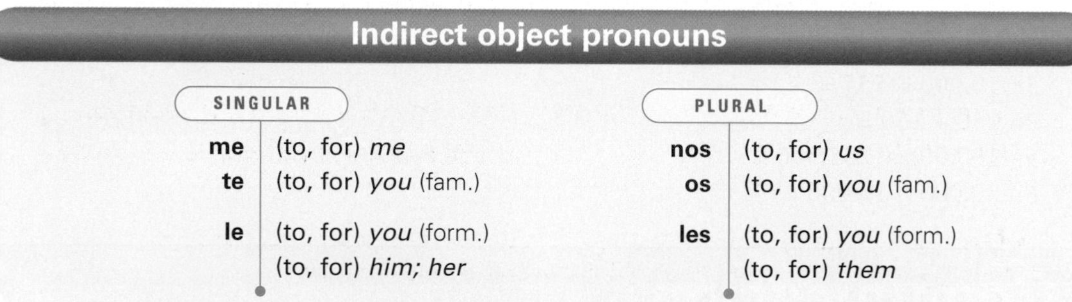

**Indirect object pronouns**

| SINGULAR | | PLURAL | |
|---|---|---|---|
| **me** | (to, for) *me* | **nos** | (to, for) *us* |
| **te** | (to, for) *you* (fam.) | **os** | (to, for) *you* (fam.) |
| **le** | (to, for) *you* (form.)<br>(to, for) *him; her* | **les** | (to, for) *you* (form.)<br>(to, for) *them* |

**¡ATENCIÓN!**

The forms of indirect object pronouns for the first and second persons (**me**, **te**, **nos**, **os**) are the same as the direct object pronouns.

Indirect object pronouns agree in number with the corresponding nouns, but not in gender.

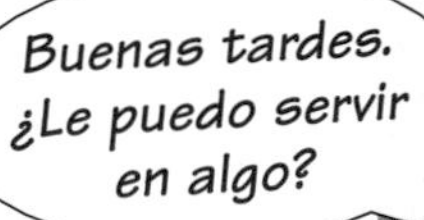

## Using indirect object pronouns

- Spanish speakers commonly use both an indirect object pronoun and the noun to which it refers in the same sentence. This is done to emphasize and clarify to whom the pronoun refers.

  Ella **le** (I.O. PRONOUN) vende la ropa a **Elena** (INDIRECT OBJECT).

  **Les** (I.O. PRONOUN) prestamos el dinero a **Inés y Álex** (INDIRECT OBJECT).

- Indirect object pronouns are also used without the indirect object noun when the person for whom the action is being done is known.

  Ana **le** presta la falda **a Elena**.
  *Ana lends her skirt to Elena.*

  También **le** presta unos bluejeans.
  *She also lends her a pair of blue jeans.*

**¡LENGUA VIVA!**

There are many words used for jeans. Among them are **vaqueros**, **jeans**, **pantalones de mezclilla**, and **mahones**.

- Indirect object pronouns are usually placed before the conjugated form of the verb. In negative sentences the pronoun is placed between **no** and the conjugated verb.

| | |
|---|---|
| Martín **me** compra un regalo.<br>*Martín buys me a gift.* | Eva **no me** escribe cartas.<br>*Eva doesn't write me letters.* |

**¡ATENCIÓN!**

When an indirect object pronoun is attached to a present participle, an accent mark is added to maintain the proper stress. For more information on accents, see **Pronunciación**, p. 111, **Ortografía**, p. 305, and p. 337.

- When a conjugated verb is followed by an infinitive or the present progressive, the indirect object pronoun may be placed before the conjugated verb or attached to the infinitive or present participle.

| | |
|---|---|
| Él no quiere **pagarte**.<br>*He does not want to pay you.* | Él está **escribiéndole** una postal a ella.<br>*He is writing a postcard to her.* |
| Él no **te** quiere pagar.<br>*He does not want to pay you.* | Él **le** está escribiendo una postal a ella.<br>*He is writing a postcard to her.* |

- Because the indirect object pronouns **le** and **les** have multiple meanings, Spanish speakers often clarify to whom the pronouns refer with the preposition **a** + [*pronoun*] or **a** + [*noun*].

| UNCLARIFIED STATEMENTS | CLARIFIED STATEMENTS |
|---|---|
| Yo **le** compro un abrigo. | Yo **le** compro un abrigo **a él/ella/usted.** |
| Ella **le** describe un libro. | Ella **le** describe un libro **a Juan.** |

| UNCLARIFIED STATEMENTS | CLARIFIED STATEMENTS |
|---|---|
| Él **les** vende unos sombreros. | Él **les** vende unos sombreros a **ellos/ellas/ustedes.** |
| Ellos **les** hablan muy claro. | Ellos **les** hablan muy claro **a los clientes.** |

- The irregular verb **dar** (*to give*), as well as **decir**, are often used with indirect object pronouns.

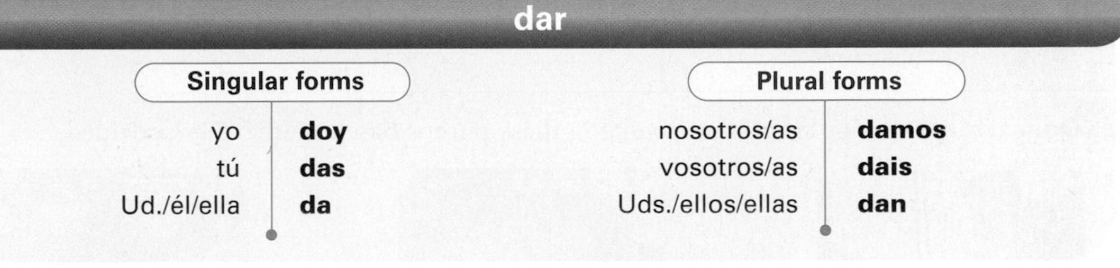

**dar**

| Singular forms | | Plural forms | |
|---|---|---|---|
| yo | **doy** | nosotros/as | **damos** |
| tú | **das** | vosotros/as | **dais** |
| Ud./él/ella | **da** | Uds./ellos/ellas | **dan** |

**¡ATENCIÓN!**

Here are some common expressions with **dar**:

**dar consejos**
*to give advice*

**dar un regalo**
*to give a present*

**dar una fiesta**
*to throw a party*

| | |
|---|---|
| Mi abuela **me da** muchos regalos.<br>*My grandmother gives me lots of gifts.* | **Te digo** la verdad.<br>*I'm telling you the truth.* |
| Voy a **darle** consejos.<br>*I'm going to give her advice.* | No **les digo** mentiras a mis padres.<br>*I don't tell lies to my parents.* |

**CONSÚLTALO**

Remember that **decir** is a stem-changing verb (**e:i**) with an irregular **yo** form: **digo**. To review the present tense of **decir**, see **Estructura 4.3**, p. 119.

**¡INTÉNTALO!** Use the cues in parentheses to provide the indirect object pronoun for the sentence. The first item has been done for you.

1. Juan ___le___ quiere dar un regalo. (*to Elena*)
2. María ________ prepara un café. (*for us*)
3. Beatriz y Felipe ________ escriben desde Cuba. (*to me*)
4. Marta y yo ________ compramos unos guantes. (*for them*)
5. Los vendedores ________ venden ropa. (*to you, fam. sing.*)
6. La dependienta ________ enseña los guantes. (*to us*)

# Práctica

**1**

**Completar** Fill in the correct pronouns to complete Mónica's description of her family's holiday shopping.

1. Juan y yo ________ damos una blusa a nuestra hermana Gisela.
2. Mi tía ________ da a nosotros una mesa para la casa.
3. Gisela ________ da dos corbatas a su novio.
4. A mi mamá yo ________ doy un par de guantes negros.
5. A mi profesora ________ doy dos libros de José Martí.
6. Juan ________ da un regalo a mis padres.
7. Mis padres ________ dan a mí un traje nuevo.
8. Y a ti, yo ________ doy un regalo también. ¿Quieres verlo?

**NOTA CULTURAL**

Cuban writer and patriot **José Martí** (1853–1895) was born in **La Habana Vieja**, the old colonial center of Havana, Cuba. Founded by Spanish explorers in the early 1500s, Havana, along with San Juan, Puerto Rico, served as a major stopping point for the Spanish traveling to Mexico and South America in search of riches.

**2**

**Combinar** Use an item from each column and an indirect object pronoun to create logical sentences.

*modelo*

Mis padres les dan regalos a mis primos.

| A | B | C | D |
|---|---|---|---|
| Yo | comprar | correo electrónico | mí |
| El dependiente | dar | corbata | ustedes |
| El profesor Arce | decir | dinero en efectivo | clienta |
| La vendedora | escribir | ejercicio | la novia |
| Mis padres | explicar | problemas | mis primos |
| Tú | pagar | regalos | ti |
| Nosotros/as | prestar | ropa | nosotros |
| ¿? | vender | ¿? | ¿? |

**3**

**Describir** Describe what's happening in these photos based on the cues provided.

1. escribir / mensaje electrónico

2. mostrar / fotos

3. dar / documentos

4. pedir / llaves

5. vender / suéter

6. comprar / bolsa

**NOTA CULTURAL**

Javier and Inés are shopping in the open-air market in Otavalo, Ecuador. **La Habana Vieja** (*Old Havana*), Cuba is the site of another well-known outdoor market. Located in the **Plaza de la Catedral**, it is a place where Cuban painters, artists, and sculptors sell their work, and other vendors offer handmade crafts and clothing.

# Comunicación

4 **Entrevista** Take turns with a classmate asking and answering questions using the word bank.

*modelo*

escribir mensajes electrónicos
**Estudiante 1:** *¿A quién le escribes mensajes electrónicos?*
**Estudiante 2:** *Le escribo mensajes electrónicos a mi hermano.*

| | |
|---|---|
| cantar canciones de amor (*love songs*) | escribir mensajes electrónicos |
| comprar ropa | pedir dinero |
| dar consejos | preparar comida (*food*) mexicana |
| decir mentiras | prestar dinero |

5 **¡Somos ricos!** You and your classmates chipped in on a lottery ticket and you won! Now you want to spend money on your loved ones. In groups of three, discuss what each person is buying for family and friends.

**NOTA CULTURAL**

**Carolina Herrera** (1941–) is a Venezuelan fashion designer known worldwide for her elegant, understated designs. In the past two decades, she has become very successful and even has a fragrance line.

*modelo*

**Estudiante 1:** *Quiero comprarle un vestido de Carolina Herrera a mi madre.*
**Estudiante 2:** *Y yo voy a darles un carro nuevo a mis padres.*
**Estudiante 3:** *Voy a comprarles una casa a mis padres, pero a mis amigos no les voy a dar nada.*

6 **Entrevista** Use these questions to interview a classmate.

1. ¿Qué tiendas, almacenes o centros comerciales prefieres?
2. ¿A quién le compras regalos cuando hay rebajas?
3. ¿A quién le prestas dinero cuando esa persona lo necesita?
4. Quiero ir de compras. ¿Cuánto dinero me puedes prestar?
5. ¿Te dan tus padres su tarjeta de crédito cuando vas de compras?

# Síntesis

7 **Minidrama** With two classmates, take turns playing the roles of two shoppers and a clerk in a clothing store. The shoppers should take turns talking about the articles of clothing they are looking for, for whom they are buying the clothes, and what they bought for the same people last year. The clerk should recommend several items based on the shoppers' descriptions.

**AYUDA**

Here are some useful sentences in addition to the **Expresiones útiles** on p.175.

**Me queda grande/pequeño.**
*It's big/small on me.*

**¿Tiene otro color?**
*Do you have another color?*

**¿Está en rebaja?**
*Is it on sale?*

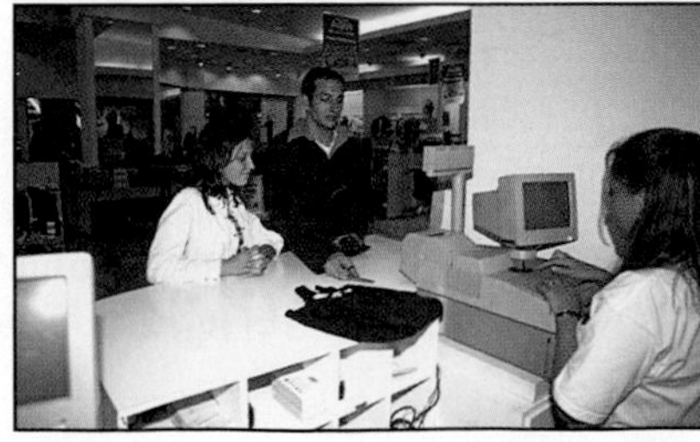

# 6.3 Preterite tense of regular verbs

**ANTE TODO** In order to talk about events in the past, Spanish uses two simple tenses: the preterite and the imperfect. In this lesson, you will learn how to form the preterite tense, which is used to express actions or states completed in the past.

**Preterite of regular *–ar*, *–er*, and *–ir* verbs**

| | | *–ar* verbs **comprar** | *–er* verbs **vender** | *–ir* verbs **escribir** |
|---|---|---|---|---|
| SINGULAR FORMS | yo | compr**é** *I bought* | vend**í** *I sold* | escrib**í** *I wrote* |
| | tú | compr**aste** | vend**iste** | escrib**iste** |
| | Ud./él/ella | compr**ó** | vend**ió** | escrib**ió** |
| PLURAL FORMS | nosotros/as | compr**amos** | vend**imos** | escrib**imos** |
| | vosotros/as | compr**asteis** | vend**isteis** | escrib**isteis** |
| | Uds./ellos/ellas | compr**aron** | vend**ieron** | escrib**ieron** |

**¡ATENCIÓN!**

The **yo** and **Ud./él/ella** forms of all three conjugations have written accents on the last syllable to show that it is stressed.

▶ As the preceding chart shows, the endings for regular **–er** and **–ir** verbs are identical in the preterite.

▶ Note that the **nosotros/as** forms of regular **–ar** and **–ir** verbs in the preterite are identical to the present tense forms. Context will help you determine which tense is being used.

En invierno **compramos** la ropa en la tienda de la universidad.
*In the winter, we buy clothing at the university store.*

Anoche **compramos** unos zapatos de tenis y unas sandalias.
*Last night we bought a pair of tennis shoes and a pair of sandals.*

▶ **–Ar** and **–er** verbs that have a stem change in the present tense are regular in the preterite. They do *not* have a stem change.

| | PRESENT | PRETERITE |
|---|---|---|
| **cerrar** (e:ie) | La tienda **cierra** a las seis. | La tienda **cerró** a las seis. |
| **volver** (o:ue) | Carlitos **vuelve** tarde. | Carlitos **volvió** tarde. |
| **jugar** (u:ue) | Él **juega** al fútbol. | Él **jugó** al fútbol. |

**¡ATENCIÓN!**

**-Ir** verbs that have a stem change in the present tense also have a stem change in the preterite. You will learn about this in **Estructura 8.1**, p. 244.

- Verbs that end in **-car**, **-gar**, and **-zar** have a spelling change in the first person singular (**yo** form) in the preterite.

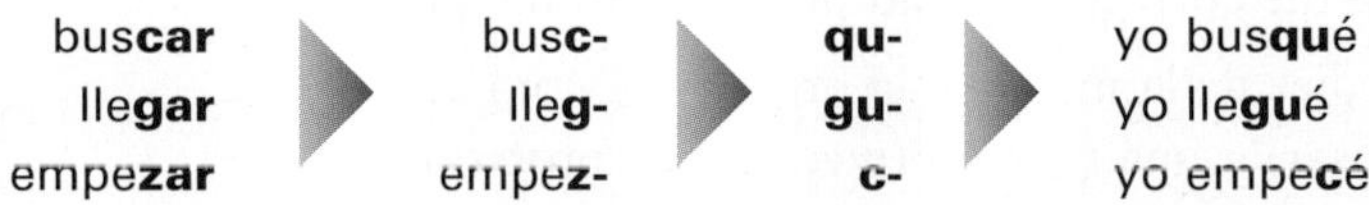

| | | | |
|---|---|---|---|
| bus**car** | bus**c**- | **qu**- | yo bus**qué** |
| lle**gar** | lle**g**- | **gu**- | yo lle**gué** |
| empe**zar** | empe**z**- | **c**- | yo empe**cé** |

- Except for the **yo** form, all other forms of **-car**, **-gar**, and **-zar** verbs are regular in the preterite.
- Three other verbs —**creer**, **leer**, and **oír** — have spelling changes in the preterite. The **i** of the verb endings of **creer**, **leer**, and **oír** carries an accent in the **yo, tú, nosotros/as,** and **vosotros/as** forms, and changes to **y** in the **Ud./él/ella** and **Uds./ellos/ellas** forms.

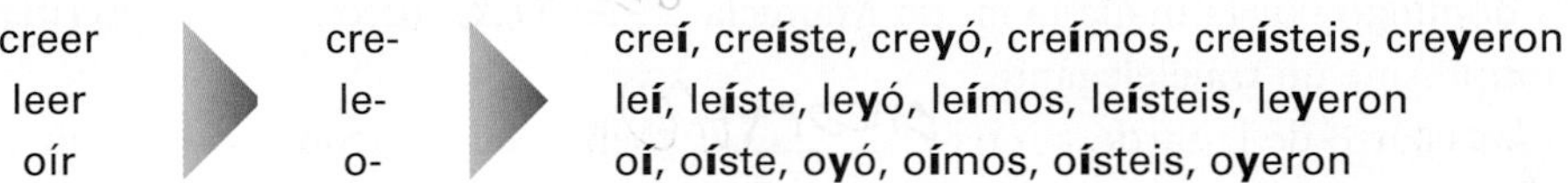

| | | |
|---|---|---|
| creer | cre- | cre**í**, cre**í**ste, cre**y**ó, cre**í**mos, cre**í**steis, cre**y**eron |
| leer | le- | le**í**, le**í**ste, le**y**ó, le**í**mos, le**í**steis, le**y**eron |
| oír | o- | o**í**, o**í**ste, o**y**ó, o**í**mos, o**í**steis, o**y**eron |

- **Ver** is regular in the preterite, but none of its forms has an accent. **ver** → vi, viste, vio, vimos, visteis, vieron.

## Words commonly used with the preterite

| | | | |
|---|---|---|---|
| **anoche** | *last night* | **pasado/a (*adj.*)** | *last; past* |
| **anteayer** | *the day before yesterday* | **el año pasado** | *last year* |
| | | **la semana pasada** | *last week* |
| **ayer** | *yesterday* | **una vez** | *once; one time* |
| **de repente** | *suddenly* | **dos veces** | *twice; two times* |
| **desde... hasta...** | *from... until...* | **ya** | *already* |

**Ayer** llegué a Santiago de Cuba.
*Yesterday I arrived in Santiago de Cuba.*

**Anoche** oí un ruido extraño.
*Last night I heard a strange noise.*

- **Acabar de** + [*infinitive*] is used to say that something has just occurred. Note that **acabar** is in the present tense in this construction.

**Acabo de comprar** una falda.
*I just bought a skirt.*

**Acabas de ir** de compras.
*You just went shopping.*

**¡INTÉNTALO!** Provide the appropriate preterite forms of the verbs. The first item in each column has been done for you.

**celebrar**

1. Elena *celebró* ____.
2. Yo ____.
3. Los chicos ____.
4. Emilio y yo ____.
5. Tú ____.

**comer**

1. Los niños *comieron*.
2. Tú ____.
3. Usted ____.
4. Nosotros ____.
5. Yo ____.

**salir**

1. Tú y yo *salimos*.
2. Ella ____.
3. Pablo y Elena ____.
4. Nosotros ____.
5. Yo ____.

**comenzar**

1. Ustedes *comenzaron*.
2. Nosotras ____.
3. Yo ____.
4. Marcos ____.
5. Tú ____.

# Práctica

**1**

**Completar** Andrea is talking about what happened last weekend. Complete each sentence by choosing the correct verb and putting it in the preterite.

1. El sábado a las diez de la mañana, la profesora Mora __________ (asistir, costar, usar) a una reunión (*meeting*) de profesores.
2. A la una, yo __________ (llegar, bucear, llevar) a la tienda con mis amigos.
3. Mis amigos y yo __________ (comprar, regatear, gastar) dos o tres cosas.
4. Yo __________ (costar, comprar, escribir) unos pantalones negros y mi amigo Mateo __________ (gastar, pasear, comprar) una camisa azul.
5. Después, nosotros __________ (llevar, vivir, comer) cerca de un mercado.
6. A las nueve, Pepe __________ (hablar, pasear, nadar) con su novia por teléfono.
7. El sábado por la tarde, mi mamá les escribio (escribir, beber, vivir) una carta a nuestros parientes en Cuba.
8. El domingo por la mañana mi tía Manuela decidio (decidir, salir, escribir) comprarme un traje elegante.
9. A las cuatro de la tarde, mi tía encontro (beber, salir, encontrar) un traje para mí y después __________ (acabar, ver, salir) una película.

**2**

**Preguntas** Imagine that you have a pesky friend who keeps asking you questions. Respond that you already did or have just done what he/she asks.

*modelo*

leer la lección
**Estudiante 1:** ¿Leíste la lección?
**Estudiante 2:** Sí, ya la leí./Sí, acabo de leerla.

1. escribir el correo electrónico
2. lavar (*to wash*) la ropa
3. oír las noticias (*news*)
4. comprar pantalones cortos
5. practicar los verbos
6. pagar la cuenta (*bill*)
7. empezar la composición
8. ver la película *Buena Vista Social Club*

**NOTA CULTURAL**

The **Buena Vista Social Club** is a musical phenomenon that has been taking the world by storm since the group's rise to stardom in the 1990s. A number of Cuban musicians, popular decades earlier but almost forgotten, recorded a Grammy-winning album of traditional Cuban music. Later, a film based on their comeback story was released, along with subsequent albums featuring not only the group's music, but also individual members' solo performances.

**3**

**Combinar** Combine words and phrases from each column to talk about what you and others did. Be sure to use the correct form of each verb.

*modelo*

Mis amigos y yo llegamos tarde a clase una vez.

| | | |
|---|---|---|
| yo | ver televisión | anoche |
| mi compañero/a de cuarto | hablar con un(a) chico/a guapo/a | anteayer |
| mis amigos y yo | llevar un traje/vestido | ayer |
| mi mejor (*best*) amigo/a | comprar ropa nueva | la semana pasada |
| mis padres | leer un buen libro | el año pasado |
| el/la profesor(a) de español | llegar tarde a clase | una vez |
| el presidente de los Estados Unidos | gastar mucho dinero | dos veces |
| | compartir ropa | |

## Comunicación

4 **Las vacaciones** Imagine that you took these photos on a vacation with friends. Get together with a partner and use the pictures to tell him or her about your trip.

5 **El fin de semana** Your instructor will give you and your partner different incomplete charts about what four employees at **Almacén Gigante** did last weekend. After you fill out the chart based on each other's information, you will fill out the final column about your partner.

## Síntesis

6 **Conversación** Get together with a partner and have a conversation about what you did last week using verbs from the word bank. Don't forget to include school activities, shopping, and pastimes.

| | | | |
|---|---|---|---|
| acampar | comer | gastar | tomar |
| asistir | comprar | hablar | trabajar |
| bailar | correr | jugar | vender |
| beber | escribir | leer | ver |
| buscar | estudiar | oír | viajar |

# 6.4 Demonstrative adjectives and pronouns

## Demonstrative adjectives

**ANTE TODO** In Spanish, as in English, demonstrative adjectives are words that "demonstrate" or "point out" nouns. Demonstrative adjectives precede the nouns they modify and, like other Spanish adjectives you have studied, agree with them in gender and number. Observe these, then study the following chart.

| **esta** camisa | **ese** vendedor | **aquellos** zapatos |
|---|---|---|
| *this shirt* | *that salesman* | *those shoes (over there)* |

**Demonstrative adjectives**

| Singular | | Plural | | |
|---|---|---|---|---|
| MASCULINE | FEMININE | MASCULINE | FEMININE | |
| **este** | **esta** | **estos** | **estas** | *this; these* |
| **ese** | **esa** | **esos** | **esas** | *that; those* |
| **aquel** | **aquella** | **aquellos** | **aquellas** | *that; those (over there)* |

- There are three sets of demonstrative adjectives. To determine which one to use, you must establish the relationship between the speaker and the noun(s) being pointed out.

- The demonstrative adjectives **este, esta, estos,** and **estas** are used to point out nouns that are close to the speaker and the listener.

- The demonstrative adjectives **ese, esa, esos,** and **esas** are used to point out nouns that are not close in space and time to the speaker. They may, however, be close to the listener.

▶ The demonstrative adjectives **aquel, aquella, aquellos,** and **aquellas** are used to point out nouns that are far away from the speaker and the listener.

## Demonstrative pronouns

▶ Demonstrative pronouns are identical to their corresponding demonstrative adjectives, with the exception that they carry an accent mark on the stressed vowel.

—¿Quieres comprar **este suéter**?
*Do you want to buy this sweater?*

—No, no quiero **éste**. Quiero **ése**.
*No, I don't want this one. I want that one.*

—¿Vas a leer **estas revistas**?
*Are you going to read these magazines?*

—Sí, voy a leer **éstas**. También voy a leer **aquéllas**.
*Yes, I'm going to read these. I'll also read those (over there).*

### Demonstrative pronouns

| Singular | | Plural | |
|---|---|---|---|
| MASCULINE | FEMININE | MASCULINE | FEMININE |
| **éste** | **ésta** | **éstos** | **éstas** |
| **ése** | **ésa** | **ésos** | **ésas** |
| **aquél** | **aquélla** | **aquéllos** | **aquéllas** |

**¡ATENCIÓN!**

Like demonstrative adjectives, demonstrative pronouns agree in gender and number with the corresponding noun.

**Este libro** es de Pablito.

**Éstos** son de Juana.

▶ There are three neuter demonstrative pronouns: **esto**, **eso**, and **aquello**. These forms refer to unidentified or unspecified nouns, situations, ideas, and concepts. They do not change in gender or number and never carry an accent mark.

—¿Qué es **esto**?
*What's this?*

—**Eso** es interesante.
*That's interesting.*

—**Aquello** es bonito.
*That's pretty.*

**¡INTÉNTALO!** Provide the correct form of the demonstrative adjective for these nouns. The first item has been done for you.

1. la falda / este ___esta falda___
2. los estudiantes / este ______
3. los países / aquel ______
4. la ventana / ese ______
5. los periodistas / ese ______
6. las empleadas / ese ______
7. el chico / aquel ______
8. las sandalias / este ______
9. el autobús / ese ______
10. las chicas / aquel ______

# Práctica

**1** **Cambiar** Make the singular sentences plural and the plural sentences singular.

*modelo*

Estas camisas son blancas.

*Esta camisa es blanca.*

1. Aquellos sombreros son muy elegantes.
2. Ese abrigo es muy caro.
3. Estos cinturones son hermosos.
4. Esos precios son muy buenos.
5. Estas faldas son muy cortas.
6. ¿Quieres ir a aquel almacén?
7. Esas blusas son baratas.
8. Esta corbata hace juego con mi traje.

**2** **Completar** Here are some things people might say while shopping. Complete the sentences with the correct demonstrative pronouns.

1. No me gustan esos zapatos. Voy a comprar ________. (*these*)
2. ¿Vas a comprar ese traje o ________? (*this one*)
3. Esta guayabera es bonita pero prefiero ________. (*that one*)
4. Estas corbatas rojas son muy bonitas pero ________ son fabulosas. (*those*)
5. Estos cinturones cuestan demasiado. Prefiero ________. (*those over there*)
6. ¿Te gustan esas botas o ________? (*these*)
7. Esa bolsa roja es bonita pero prefiero ________. (*that one over there*)
8. No voy a comprar estas botas, voy a comprar ________. (*those over there*)
9. ¿Prefieres estos pantalones o ________? (*those*)
10. Me gusta este vestido pero voy a comprar ________. (*that one*)
11. Me gusta ese almacén pero ________ es mejor (*better*). (*that one over there*)
12. Esa blusa es bonita pero cuesta demasiado. Voy a comprar ________. (*this one*)

**NOTA CULTURAL**

The **guayabera** is a men's shirt typically worn in some parts of the Caribbean. Never tucked in, it is casual wear, but variations exist for more formal occasions, such as weddings, parties, or the office.

**3** **Describir** With your partner, look for two items in the classroom that are one of these colors: **amarillo, azul, blanco, marrón, negro, verde, rojo.** Take turns pointing them out to each other, first using demonstrative adjectives, and then demonstrative pronouns.

*modelo*

azul

**Estudiante 1:** *Esta silla es azul. Aquella mochila es azul.*

**Estudiante 2:** *Ésta es azul. Aquélla es azul.*

Now use demonstrative adjectives and pronouns to discuss the colors of your classmates' clothing. One of you can ask a question about an article of clothing, using the wrong color. Your partner will correct you and point out that color somewhere else in the room.

*modelo*

**Estudiante 1:** *¿Esa camisa es negra?*

**Estudiante 2:** *No, ésa es azul. Aquélla es negra.*

# Comunicación

4

**Conversación** With a classmate, use demonstrative adjectives and pronouns to ask each other questions about the people around you. Use words and expressions from the word bank and/or your own ideas.

| | |
|---|---|
| ¿Cómo se llama...? | ¿Cuántos años tiene(n)...? |
| ¿Cómo es (son)...? | ¿A qué hora...? |
| ¿De quién es (son)...? | ¿Cuándo...? |
| ¿De dónde es (son)...? | ¿Qué clases toma(n)...? |

*modelo*

**Estudiante 1:** *¿Cómo se llama esa chica?*
**Estudiante 2:** *Se llama Rebeca.*
**Estudiante 1:** *¿A qué hora llegó aquel chico a la clase?*
**Estudiante 2:** *A las nueve.*

5

**En una tienda** Imagine that you and a classmate are in Madrid shopping at **Zara**. Study the floor plan, then have a conversation about what you see around you. Use demonstrative adjectives and pronouns as much as possible.

*modelo*

**Estudiante 1:** *Me gusta este suéter azul.*
**Estudiante 2:** *Yo prefiero aquella chaqueta.*

**NOTA CULTURAL**

**Zara** is an international company based in Spain. It manufactures clothing and accessories for men, women, and children and also markets a popular fragrance line. While Zara makes both casual and sophisticated clothing, it is better known for its trendy, classy style that appeals to young professional women.

# Síntesis

6

**Diferencias** Your instructor will give you and a partner each a drawing of a department store. They are almost identical, but not quite. Use demonstrative adjectives and pronouns to find seven differences.

*modelo*

**Estudiante 1:** *Aquellos lentes de sol son feos, ¿verdad?*
**Estudiante 2:** *No. Aquellos lentes de sol son hermosos.*

# Lectura

## Antes de leer

### Estrategia

**Skimming**

Skimming involves quickly reading through a document to absorb its general meaning. This allows you to understand the main ideas without having to read word for word. When you skim a text, you might want to look at its title and subtitles. You might also want to read the first sentence of each paragraph.

**Examinar el texto**

Look at the format of the reading selection. How is it organized? What does the organization of the document tell you about its content?

**Buscar cognados**

Scan the reading selection to locate at least five cognates. Based on the cognates, what do you think the reading selection is about?

1. ____________ 4. ____________
2. ____________ 5. ____________
3. ____________

The reading selection is about ____________.

**Impresiones generales**

Now skim the reading selection to understand its general meaning. Jot down your impressions. What new information did you learn about the document by skimming it? Based on all the information you now have, answer these questions.

1. Who produced this document?
2. What is its purpose?
3. Who is its intended audience?

recursos
vistahigherlearning.com

## ¡Real° Liquidación° en Corona!

¡Grandes rebajas!

¡La rebaja está de moda en Corona!

| SEÑORAS | CABALLEROS |
|---|---|
| **Falda larga**<br>ROPA BONITA<br>Algodón. De cuadros y rayas<br>Talla mediana<br>**Precio especial: $8.000** | **Pantalones**<br>OCÉANO<br>Colores blanco, azul y café<br>Ahora: $11.550<br>**30% de rebaja** |
| **Blusas de seda**<br>BAMBÚ<br>Seda. De cuadros y de lunares<br>Ahora: $21.000<br>**40% de rebaja** | **Zapatos**<br>COLOR<br>Italianos y franceses<br>Números del 40 al 45<br>**Sólo $20.000 el par** |
| **Sandalias de playa**<br>GINO<br>Números del 35 al 38<br>Ahora: $12.000 el par<br>**50% de rebaja** | **Chaqueta**<br>CASINO<br>Microfibra. Colores negro, blanco y gris<br>Tallas P-M-G-XG<br>**Ahora: $22.500** |
| **Carteras**<br>ELEGANCIA<br>Colores anaranjado, blanco, rosado y amarillo<br>Ahora: $15.000<br>**50% de rebaja** | **Traje inglés**<br>GALES<br>Modelos originales<br>Ahora: $105.000<br>**30% de rebaja** |
| **Vestido de algodón**<br>PANAMÁ<br>Colores blanco, azul y verde<br>Ahora: $18.000<br>**30% de rebaja** | **Ropa interior**<br>ATLÁNTICO<br>Talla mediana<br>Colores blanco, negro, gris<br>**40% de rebaja** |

Lunes a sábado de 9 a 21 horas.
Domingo de 10 a 14 horas.

¡Corona tiene las ofertas más locas del verano!

**30% 40% 50%**

La tienda más elegante de la ciudad con precios increíbles y con la tarjeta de crédito más conveniente del mercado.

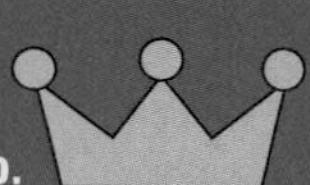

| JÓVENES | NIÑOS |
|---|---|
| Bluejeans chicos y chicas **PACOS** Americanos. Tradicional Ahora: $9.000 el par **30% de rebaja** | Vestido de niña **GIRASOL** Tallas de la 2 a la 12. De cuadros y rayas Ahora: $8.625 **30% de rebaja** |
| Suéteres **CARAMELO** Algodón y lana. Colores blanco, gris y negro Antes: $10.500 **Ahora: $6.825** | Pantalón deportivo de niño **MILÁN** Tallas de la 4 a la 16 Ahora: $13.500 **30% de rebaja** |
| Lentes de contacto **VISIÓN** Americanos. Colores azul, verde y morado Antes: $15.000 el par **Ahora $10.000** | Zapatos de tenis **ACUARIO** Números del 20 al 25 Ahora: $15.000 el par **30% de rebaja** |
| Trajes de baño chicos y chicas **SUBMARINO** Microfibra. Todas las tallas Ahora: $12.500 **50% de rebaja** | Pantalones cortos **MACARENA** Talla mediana Ahora: $15.000 **30% de rebaja** |
| Gafas de sol **VISIÓN** Origen canadiense Antes: $23.000 **Ahora: $14.950** | Camisetas de algodón **POLO** Antes: $15.000 Ahora: $7.500 **50% de rebaja** |

**Por la compra de $40.000, puede llevar un regalo gratis.**

- Un hermoso cinturón de señora
- Un par de calcetines
- Una corbata de seda
- Una bolsa para la playa
- Una mochila
- Unas medias

real *royal* liquidación *clearance sale* antes *before*

# Después de leer

## Completar

Complete this paragraph about the reading selection with the correct forms of the words from the word bank.

| | | |
|---|---|---|
| almacén | hacer juego | tarjeta de crédito |
| caro | increíble | tienda |
| dinero | pantalones | verano |
| falda | rebaja | zapato |

En este anuncio de periódico el ____________ Corona anuncia la liquidación de ____________ con grandes ____________ en todos los departamentos. Con muy poco ____________ usted puede equipar a toda su familia. Si no tiene dinero en efectivo, puede utilizar su ____________ y pagar luego. Para el caballero con gustos refinados, hay ____________ importados de París y Roma. La señora elegante puede encontrar blusas de seda que ____________ con todo tipo de ____________ o ____________. Los precios de esta liquidación son realmente ____________.

## ¿Cierto o falso?

Indicate whether each statement is **cierto** or **falso**. Correct the false statements.

1. Hay ropa de algodón para jóvenes.
2. La ropa interior tiene una rebaja del 30%.
3. El almacén Corona tiene un departamento de zapatos.
4. Normalmente las sandalias cuestan $22.000 el par.

## Preguntas

Answer these questions in Spanish.

1. Imagina que vas a ir a la tienda Corona. ¿Qué departamentos vas a visitar? ¿el departamento de ropa para señoras, el departamento de ropa para caballeros…?
2. ¿Qué vas a buscar en Corona?
3. ¿Hay tiendas similares a la tienda Corona en tu pueblo o ciudad? ¿Cómo se llaman? ¿Tienen muchas gangas?

# Escritura

## Estrategia

**How to report an interview**

There are several ways to prepare a written report about an interview. For example, you can transcribe the interview verbatim, you can simply summarize it, or you can summarize it but quote the speakers occasionally. In any event, the report should begin with an interesting title and a brief introduction, which may include the five W's (*what, where, when, who, why*) and the H (*how*) of the interview. The report should end with an interesting conclusion. Note that when you transcribe dialogue in Spanish, you should pay careful attention to format and punctuation.

### Writing dialogue in Spanish

- If you need to transcribe an interview verbatim, you can use speakers' names to indicate a change of speaker.

**CARMELA** ¿Qué compraste? ¿Encontraste muchas gangas?
**ROBERTO** Sí, muchas. Compré un suéter, una camisa y dos corbatas. Y tú, ¿qué compraste?
**CARMELA** Una blusa y una falda muy bonitas. ¿Cuánto costó tu camisa?
**ROBERTO** Sólo diez dólares. ¿Cuánto costó tu blusa?
**CARMELA** Veinte dólares.

- You can also use a dash (*raya*) to mark the beginning of each speaker's words.

—¿Qué compraste?
—Un suéter y una camisa muy bonitos. Y tú, ¿encontraste muchas gangas?
—Sí... compré dos blusas, tres camisetas y un par de zapatos.
—¡A ver!

## Tema

**Escribe un informe**

Write a report for the school newspaper about an interview you conducted with a student about his or her shopping habits and clothing preferences. First, brainstorm a list of interview questions. Then conduct the interview using the questions below as a guide, but feel free to ask other questions as they occur to you.

Examples of questions:

- ¿Cuándo vas de compras?
- ¿Adónde vas de compras?
- ¿Con quién vas de compras?
- ¿Qué tiendas, almacenes o centros comerciales prefieres?
- ¿Compras ropa de catálogos o por Internet?
- ¿Prefieres comprar ropa cara o barata? ¿Por qué? ¿Te gusta buscar gangas?
- ¿Qué ropa llevas cuando vas a clase?
- ¿Qué ropa llevas cuando sales a bailar?
- ¿Qué ropa llevas cuando practicas un deporte?
- ¿Cuáles son tus colores favoritos? ¿Compras mucha ropa de esos colores?
- ¿Les das ropa a tu familia o a tus amigos/as?

# Plan de escritura

1 **Ideas y organización**

First, brainstorm a title for the report as well as ideas for how to introduce and present the information. Then use an idea map to help you organize your ideas, taking into account the variety of question words your interview answers. Finally, develop an outline for your report, organizing the interview questions in a logical order.

2 **Primer borrador**

Using your idea map and outline from **Ideas y organización,** write the rough draft of your report. Be sure that you have included an interesting introduction and conclusion.

3 **Comentario**

Exchange papers with a classmate and comment on each other's work using the questions below as a guide. Begin by mentioning one or two points that you like about the person's report, such as the title, the introduction, the conclusion, or the questions the interviewer asked.

a. Does the title capture your interest?
b. Are the introduction and conclusion adequate?
c. Is the report organized in a logical fashion?
d. Do you have suggestions for making the report more interesting?
e. Do you see spelling or grammatical errors?

4 **Redacción**

Revise your first draft, keeping in mind your classmate's comments. Also incorporate any new ideas or information you may have. Before handing in the final version, review your work using these guidelines:

a. Underline each verb and make sure that it agrees with the subject and that you have used the correct tense.
b. Check the gender and number of each article, noun, and adjective.
c. Circle the object pronouns and verify that you have used the correct form.
d. Check your spelling and punctuation, consulting your **Anotaciones para mejorar la escritura.**

5 **Evaluación y progreso**

Working in groups of four, share your papers. Give the title "best" or "most" to each paper on the basis of its strongest points. For example, "best use of Spanish," "most interesting questions," etc. After your instructor returns your paper, review the comments and corrections. Note the most important issues on your **Anotaciones para mejorar la escritura** list in your **carpeta.**

# Escuchar

## Estrategia

### Listening for linguistic cues

You can enhance your listening comprehension by listening for specific linguistic cues. For example, if you listen for the endings of conjugated verbs, or for familiar constructions, such as **acabar de** + [*infinitive*] or **ir a** + [*infinitive*], you can find out whether an event already took place, is taking place now, or will take place in the future. Verb endings also give clues about who is participating in the action.

To practice listening for linguistic cues, you will now listen to four sentences. As you listen, note whether each sentence refers to a past, present, or future action. Also jot down the subject of each sentence.

## Preparación

Based on the photograph at right, what do you think Marisol has recently done? What do you think Marisol and Alicia are talking about? What else can you guess about their conversation from the visual clues in the photograph?

## Ahora escucha 

Now you are going to hear Marisol and Alicia's conversation. Make a list of the clothing items that each person mentions. Then put a check mark after the item if the person actually purchased it.

| Marisol | Alicia |
|---|---|
| 1. ____________ | 1. ____________ |
| 2. ____________ | 2. ____________ |
| 3. ____________ | 3. ____________ |
| 4. ____________ | 4. ____________ |

**recursos**

TEXT CD
Lección 6

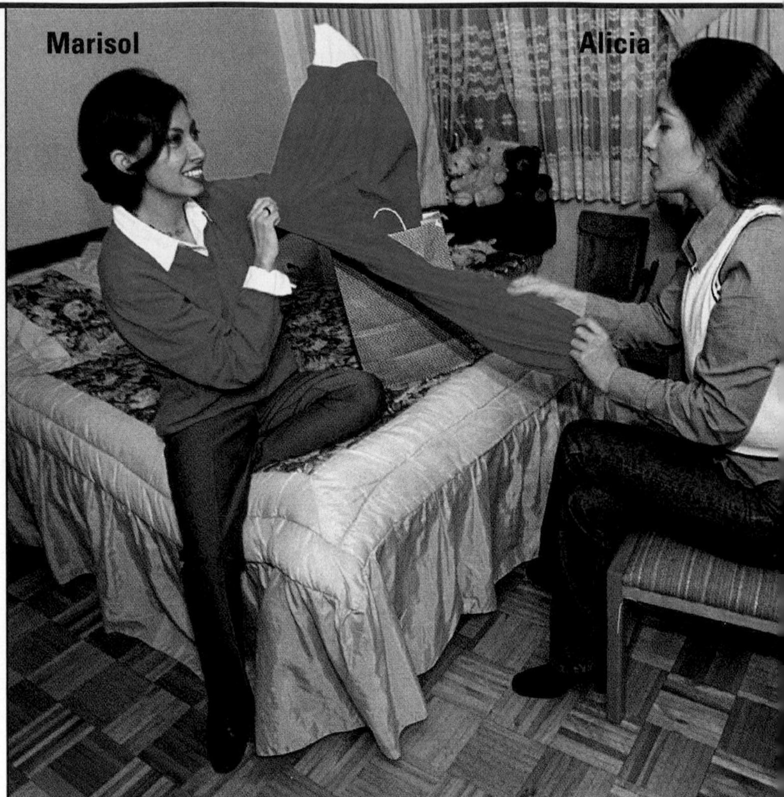


## Comprensión

### ¿Cierto o falso?

Indicate whether each statement is **cierto** or **falso**. Then correct the false statements.

1. Marisol y Alicia acaban de ir de compras juntas (*together*).
2. Marisol va a comprar unos pantalones y una blusa mañana.
3. Marisol compró una blusa de cuadros.
4. Alicia compró unos zapatos nuevos hoy.
5. Alicia y Marisol van a ir al café.
6. Marisol gastó todo el dinero de la semana en ropa nueva.

### Preguntas

Discuss the following questions with a classmate. Be sure to explain your answers.

1. ¿Crees que Alicia y Marisol son buenas amigas? ¿Por qué?
2. ¿Cuál de las dos estudiantes es más ahorradora (*frugal*)? ¿Por qué?
3. ¿Crees que a Alicia le gusta la ropa que Marisol compró?
4. ¿Crees que la moda es importante para Alicia? ¿Para Marisol? ¿Por qué?
5. ¿Es importante para ti estar a la moda? ¿Por qué?

## Prepara un plan de negocios°

Imagine that you are opening a store in Miami that will cater to customers of Cuban heritage. In order to get a start-up loan, you have to write and present your business plan to the bank.

### 1 Prepara el plan

Develop a business plan to present your idea to your banker. Using the research tools found in **Recursos para la investigación,** choose a location in Miami for your store. You should also choose the products you are going to sell and select a name that will appeal to your clientele. Your business plan might include these elements:

- The name and location of the store
- A visual presentation of your products
- The prices of your products and your expected profits
- An explanation of why you think your store will be successful

### 2 Presenta la información

You are meeting with your banker to summarize your business plan. Greet him or her in a formal, businesslike manner. Explain your business plan to the banker. You may want to show photographs or drawings of products and explain why the products will sell. Ask your banker for his or her reaction to your plan.

**recursos para la investigación**

| | |
|---|---|
|  **Internet** Palabras clave: Miami, Cuban, stores, business |  **Comunidad** Students, faculty members, and residents of your community who are of Cuban heritage or who are from Miami |
|  **Biblioteca** Almanacs, newspapers, magazines |  **Otros recursos** Maps of Cuba or books about Cuba that may suggest a name for the store |

negocios *business*

# Cuba

## El país en cifras

- **Área:** 110.860 $km^2$ (42.803 $millas^2$), *aproximadamente el área de Pensilvania*
- **Población:** 11.369.000
- **Capital:** La Habana—2.306.000

*La Habana Vieja fue declarada° Patrimonio° Cultural de la Humanidad por la UNESCO en 1982. Este distrito es uno de los lugares más fascinantes de Cuba. En La Plaza de Armas, se puede visitar el majestuoso Palacio de Capitanes Generales, que ahora es un museo. En la calle° Obispo, frecuentada por el autor Ernest Hemingway, hay hermosos cafés, clubes nocturnos y tiendas elegantes.*

- **Ciudades principales:** Santiago de Cuba—446.000; Camagüey—294.000; Holguín—242.000; Guantánamo—208.000

SOURCE: Population Division, UN Secretariat

- **Moneda:** peso cubano
- **Idiomas:** español (oficial)

Bandera de Cuba

### Cubanos célebres

- **Carlos Finlay,** doctor y científico (1833–1915)
- **José Martí,** político y poeta (1853–1895)
- **Fidel Castro,** primer ministro, comandante en jefe° de las fuerzas armadas (1926– )
- **Zoé Valdés,** escritora (1959– )

fue declarada *was declared* Patrimonio *Heritage* calle *street* comandante en jefe *commander in chief* liviano *light* colibrí abeja *hummingbird bee* ave *bird* mundo *world* miden *measure* pesan *weigh*

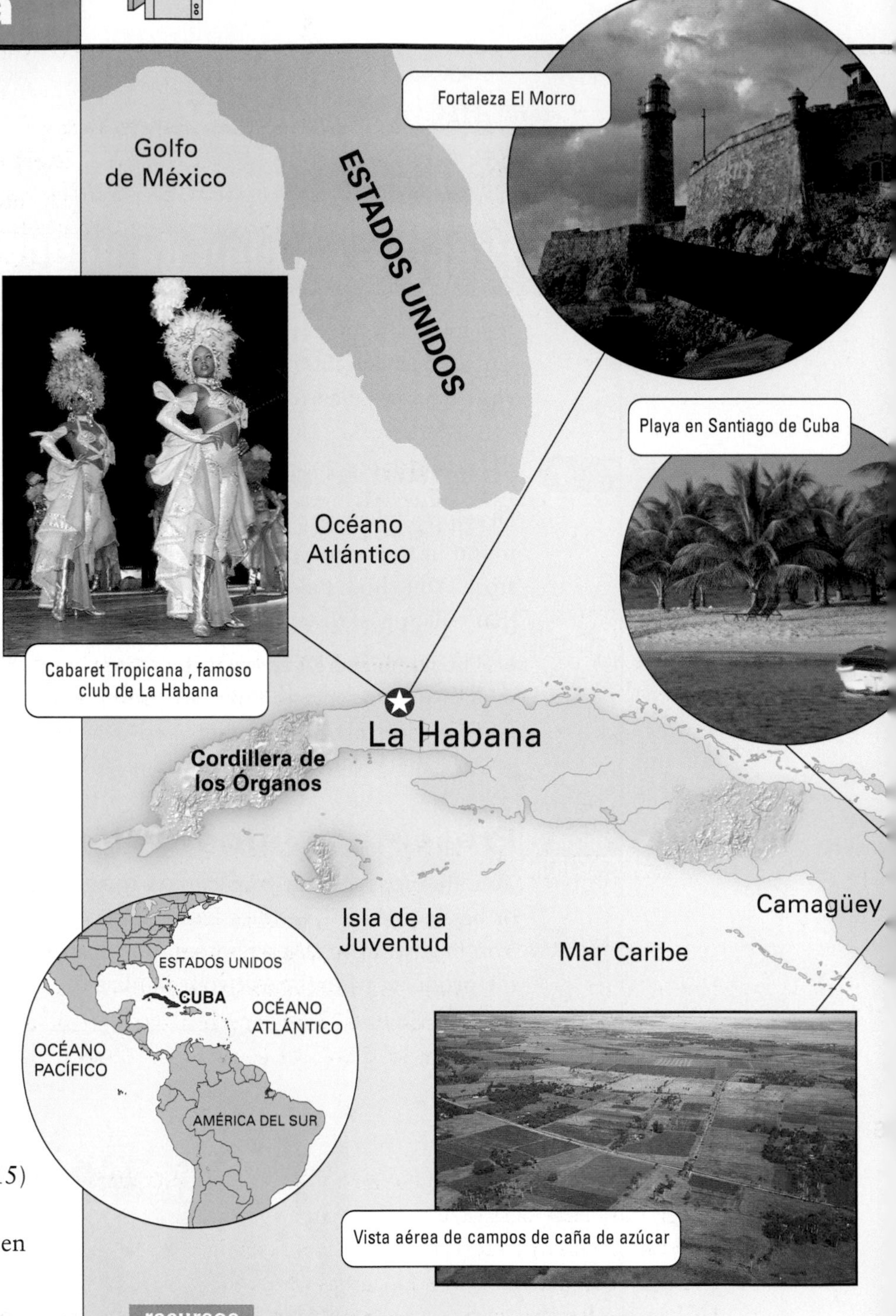

Fortaleza El Morro

Golfo de México

ESTADOS UNIDOS

Playa en Santiago de Cuba

Océano Atlántico

Cabaret Tropicana , famoso club de La Habana

La Habana

Cordillera de los Órganos

Camagüey

Isla de la Juventud

Mar Caribe

ESTADOS UNIDOS

CUBA

OCÉANO ATLÁNTICO

OCÉANO PACÍFICO

AMÉRICA DEL SUR

Vista aérea de campos de caña de azúcar

**recursos**

| WB pp. 69–70 | VM pp. 259–260 | I CD-ROM Lección 6 | vistahigher learning.com |
|---|---|---|---|

## ¡Increíble pero cierto!

Pequeño y liviano°, el colibrí abeja° de Cuba es una de las 320 especies de colibrí, y es también el ave° más pequeña del mundo°. Menores que muchos insectos, estas aves minúsculas miden° 5 centímetros y pesan° sólo 1,95 gramos.

## Baile • Ballet Nacional de Cuba

La bailarina Alicia Alonso fundó el Ballet Nacional de Cuba en 1948, después de° convertirse en una estrella° internacional en el Ballet de Nueva York y en Broadway. El Ballet Nacional de Cuba es famoso en todo el mundo por su creatividad y perfección técnica.

## Economía • La caña de azúcar y el tabaco

La caña de azúcar° es el producto agrícola más cultivado° de la isla y su exportación es muy importante para la economía del país. El tabaco, que se usa para fabricar los famosos puros° cubanos, es otro cultivo de mucha importancia.

## Historia • Los taínos

Los taínos eran° una de las tres tribus indígenas que vivían° en la isla cuando llegaron los españoles en el siglo XV. Los taínos también vivían en Puerto Rico, la República Dominicana, Haití, Trinidad, Jamaica y en partes de las Bahamas y la Florida.

## Música • Celia Cruz

La cantante Celia Cruz (1924-2003) es considerada la reina° de la música salsa. Su carrera empezó en Cuba en los años cincuenta. Aunque° Celia Cruz salió de Cuba en 1960, siempre cantó en español. Su forma de cantar atrae a oyentes° de todo el mundo. Ganó un *Grammy* en 1990.

Holguín
Santiago de Cuba
Guantánamo
**Sierra Maestra**

**¿Qué aprendiste?** Responde a las preguntas con una frase completa.

1. ¿Quién es el líder del gobierno de Cuba?
2. ¿Qué autor está asociado con la Habana Vieja?
3. ¿Por qué es famoso el Ballet Nacional de Cuba?
4. ¿Cuáles son los dos cultivos más importantes para la economía cubana?
5. ¿Qué fabrican los cubanos con la planta del tabaco?
6. ¿Quiénes son los taínos ?
7. ¿Cuándo empezó Celia Cruz su carrera musical?

**Conexión Internet** Investiga estos temas en el sitio **www.vistahigherlearning.com.**

1. Busca información sobre un(a) cubano/a célebre. ¿Por qué es célebre? ¿Qué hace? ¿Todavía vive en Cuba?
2. Busca información sobre una de las ciudades principales de Cuba. ¿Qué atracciones hay en esta ciudad?

después de *after* estrella *star* caña de azúcar *sugar cane* cultivado *grown* puros *cigars* eran *were* vivían *lived* reina *queen* Aunque *Although* atrae a oyentes *attracts listeners*

## La ropa

| | |
|---|---|
| **el abrigo** | *coat* |
| **los bluejeans** | *jeans* |
| **la blusa** | *blouse* |
| **la bolsa** | *purse; bag* |
| **la bota** | *boot* |
| **el calcetín** | *sock* |
| **la camisa** | *shirt* |
| **la camiseta** | *t-shirt* |
| **la cartera** | *wallet* |
| **la chaqueta** | *jacket* |
| **el cinturón** | *belt* |
| **la corbata** | *tie* |
| **la falda** | *skirt* |
| **las gafas (de sol), las gafas (oscuras)** | *(sun)glasses* |
| **los guantes** | *gloves* |
| **el impermeable** | *raincoat* |
| **los lentes de contacto** | *contact lenses* |
| **los lentes (de sol)** | *(sun)glasses* |
| **las medias** | *pantyhose; stockings* |
| **los pantalones** | *pants* |
| **los pantalones cortos** | *shorts* |
| **la ropa** | *clothing; clothes* |
| **la ropa interior** | *underwear* |
| **la sandalia** | *sandal* |
| **el sombrero** | *hat* |
| **el suéter** | *sweater* |
| **el traje** | *suit* |
| **el traje (de baño)** | *(bathing) suit* |
| **el vestido** | *dress* |
| **los zapatos de tenis** | *tennis shoes, sneakers* |

## Ir de compras

| | |
|---|---|
| **el almacén** | *department store* |
| **la caja** | *cash register* |
| **el centro comercial** | *shopping mall* |
| **el/la cliente/a** | *customer* |
| **el/la dependiente/a** | *clerk* |
| **el dinero** | *money* |
| **(en) efectivo** | *cash* |
| **el mercado (al aire libre)** | *(open-air) market* |
| **un par de zapatos** | *a pair of (shoes)* |
| **el precio (fijo)** | *(fixed; set) price* |
| **la rebaja** | *sale* |
| **el regalo** | *gift* |
| **la tarjeta de crédito** | *credit card* |
| **la tienda** | *shop; store* |
| **el/la vendedor(a)** | *salesperson* |
| **costar (o:ue)** | *to cost* |
| **gastar** | *to spend (money)* |
| **hacer juego (con)** | *to match (with)* |
| **llevar** | *to wear; to take* |
| **pagar** | *to pay* |
| **regatear** | *to bargain* |
| **usar** | *to wear; to use* |
| **vender** | *to sell* |

## Adjetivos

| | |
|---|---|
| **barato/a** | *cheap* |
| **bueno/a** | *good* |
| **cada** | *each* |
| **caro/a** | *expensive* |
| **corto/a** | *short (in length)* |
| **elegante** | *elegant* |
| **hermoso/a** | *beautiful* |
| **largo/a** | *long (in length)* |
| **loco/a** | *crazy* |
| **nuevo/a** | *new* |
| **otro/a** | *other; another* |
| **pobre** | *poor* |
| **rico/a** | *rich* |

## Los colores

| | |
|---|---|
| **el color** | *color* |
| **amarillo/a** | *yellow* |
| **anaranjado/a** | *orange* |
| **azul** | *blue* |
| **blanco/a** | *white* |
| **gris** | *gray* |
| **marrón, café** | *brown* |
| **morado/a** | *purple* |
| **negro/a** | *black* |
| **rojo/a** | *red* |
| **rosado/a** | *pink* |
| **verde** | *green* |

## Palabras adicionales

| | |
|---|---|
| **acabar de (+ inf.)** | *to have just done something* |
| **anoche** | *last night* |
| **anteayer** | *the day before yesterday* |
| **ayer** | *yesterday* |
| **de repente** | *suddenly* |
| **desde** | *from* |
| **dos veces** | *twice; two times* |
| **hasta** | *until* |
| **pasado/a (*adj.*)** | *last; past* |
| **el año pasado** | *last year* |
| **la semana pasada** | *last week* |
| **prestar** | *to lend; to loan* |
| **una vez** | *once; one time* |
| **ya** | *already* |

| | |
|---|---|
| **Numbers 101 and higher** | *See page 178.* |
| **Indirect object pronouns** | *See page 180.* |
| ***Dar* expressions** | *See page 181.* |
| **Demonstrative adjectives and pronouns** | *See page 188.* |
| **Expresiones útiles** | *See page 175.* |

**recursos**

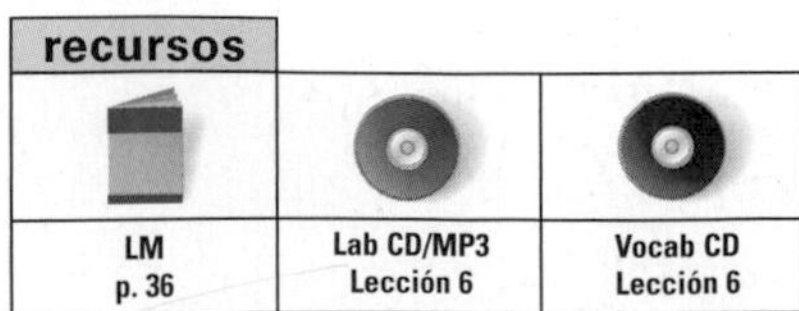

# La rutina diaria

# 7

## Communicative Goals

*You will learn how to:*

- **Describe your daily routine**
- **Talk about personal hygiene**
- **Reassure someone**

### A PRIMERA VISTA

- ¿Está ella en casa o en una tienda?
- ¿Es la blusa que lleva de rayas o lunares?
- ¿Está contenta o enojada?
- ¿De qué color son los ojos de ella? ¿Y el pelo?

# La rutina diaria

## Más vocabulario

| | |
|---|---|
| **el baño, el cuarto de baño** | *bathroom* |
| **el inodoro** | *toilet* |
| **el jabón** | *soap* |
| **el despertador** | *alarm clock* |
| **el maquillaje** | *makeup* |
| **la rutina diaria** | *daily routine* |
| **bañarse** | *to bathe; to take a bath* |
| **cepillarse el pelo** | *to brush one's hair* |
| **dormirse (o:ue)** | *to go to sleep; to fall asleep* |
| **lavarse la cara** | *to wash one's face* |
| **levantarse** | *to get up* |
| **maquillarse** | *to put on makeup* |
| **antes (de)** | *before* |
| **después** | *afterwards; then* |
| **después (de)** | *after* |
| **durante** | *during* |
| **entonces** | *then* |
| **luego** | *then* |
| **más tarde** | *later* |
| **por la mañana** | *in the morning* |
| **por la noche** | *at night* |
| **por la tarde** | *in the afternoon; in the evening* |
| **por último** | *finally* |

## Variación léxica

afeitarse ⟷ rasurarse *(Méx., Amér. C.)*
ducha ⟷ regadera *(Col., Méx., Venez.)*
ducharse ⟷ bañarse *(Amér. L.)*
pantuflas ⟷ chancletas *(Méx., Col.)*; zapatillas *(Esp.)*

**recursos**

| TEXT CD | WB | LM | Lab CD/MP3 | I CD-ROM | Vocab CD |
|---|---|---|---|---|---|
| Lección 7 | pp. 73–74 | p. 37 | Lección 7 | Lección 7 | Lección 7 |

## En la habitación por la mañana

el espejo
Se afeita. (afeitarse)
Se pone crema de afeitar. (ponerse)
la crema de afeitar
el lavabo
la ducha
Se ducha. (ducharse)
el champú

## Por la mañana

En la habitación por la noche

Por la noche

# Práctica

**1** **Escuchar** Escucha las frases e indica si cada frase es **cierta** o **falsa**, según el dibujo.

1. __________
2. __________
3. __________
4. __________
5. __________
6. __________
7. __________
8. __________
9. __________
10. __________

**2** **Seleccionar** Selecciona las palabras que no están relacionadas con su grupo.

1. lavabo • toalla • despertador • jabón __________
2. manos • antes de • después de • por último __________
3. acostarse • jabón • despertarse • dormirse __________
4. espejo • lavabo • despertador • entonces __________
5. dormirse • toalla • vestirse • levantarse __________
6. pelo • cara • manos • inodoro __________
7. espejo • champú • jabón • pasta de dientes __________
8. maquillarse • vestirse • peinarse • dientes __________
9. baño • dormirse • despertador • acostarse __________
10. ducharse • crema de afeitar • bañarse __________

**3** **Identificar** Con un(a) compañero/a, identifica las cosas que cada persona necesita. Sigue el modelo.

*modelo*

Jorge / lavarse la cara
**Estudiante 1:** *¿Qué necesita Jorge para lavarse la cara?*
**Estudiante 2:** *Necesita jabón y una toalla.*

1. Mariana / maquillarse
2. Gerardo / despertarse
3. Celia / bañarse
4. Gabriel / ducharse
5. Roberto / afeitarse
6. Sonia / lavarse el pelo
7. Vanesa / lavarse las manos
8. Manuel / vestirse
9. Simón / acostarse
10. Daniela / lavarse la cara

**4** **Ordenar** Pon (*Put*) esta historia (*story*) en orden.

a. Se afeita después de cepillarse los dientes. ______
b. Se acuesta a las once y media de la noche. ______
c. Por último, se duerme. ______
d. Después de afeitarse, sale para las clases. ______
e. Asiste a todas sus clases y vuelve a su casa. ______
f. Andrés se despierta a las seis y media de la mañana. ______
g. Después de volver a casa, come un poco. Luego estudia en su habitación. ______
h. Se viste y entonces se cepilla los dientes. ______
i. Se cepilla los dientes antes de acostarse. ______
j. Se ducha antes de vestirse. ______

**5** **La rutina diaria** Con un(a) compañero/a, mira los dibujos y describe lo que hacen Ángel y Lupe.

1. 

2. 

3. 

4. 

5. 

6. 

7. 

8. 

**NOTA CULTURAL**

En España, por lo general, **las duchas** en las casas son desmontables (*detachable*) como en el dibujo. Algunas (*some*) duchas en los hoteles son así también.

# Comunicación

6 **La farmacia** Lee el anuncio (*ad*) y responde a las preguntas con un(a) compañero/a.

**LA FARMACIA NUEVO SOL** tiene todo lo que necesitas para la vida diaria.

**Esta semana tenemos grandes rebajas.**

Por poco dinero puedes comprar lo que necesitas para el cuarto de baño ideal.

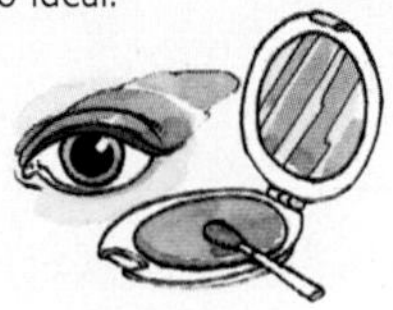

**Para los hombres ofrecemos...**
Buenas cremas de afeitar de Guapo y Máximo

**Para las mujeres ofrecemos...**
Nuevos maquillajes de Marisol y jabones de baño Ilusiones y Belleza

Y para todos tenemos los mejores jabones, pastas de dientes y cepillos de dientes.

¡Visita **LA FARMACIA NUEVO SOL**!
Te ofrecemos los mejores precios. Tenemos una tienda cerca de tu casa.

1. ¿Qué tipo de tienda es?
2. ¿Qué productos ofrecen para las mujeres?
3. ¿Qué productos ofrecen para los hombres?
4. Haz (*make*) una lista de los verbos que asocias con los productos del anuncio.
5. ¿Dónde compras tus productos de higiene?
6. ¿Tienes una tienda favorita? ¿Cuál es?

7 **Rutinas diarias** Trabajen en parejas (*pairs*) para describir la rutina diaria de dos o tres de estas personas. Pueden usar palabras de la lista.

| antes (de) | entonces | primero |
|---|---|---|
| después (de) | luego | tarde |
| durante el día | por último | temprano |

1. un(a) profesor(a) de la universidad
2. un(a) turista
3. un hombre o una mujer de negocios (*businessman/woman*)
4. un vigilante (*night watchman*)
5. un(a) jubilado/a (*retired person*)
6. el presidente de los Estados Unidos
7. un niño de cuatro años
8. la reina (*queen*) Sofía de España

**NOTA CULTURAL**

**La Reina Doña Sofía de España,** esposa del rey (*king*) Don Juan Carlos, nació en Grecia en 1938. Su familia, una de las más antiguas de Europa, está emparentada con (*related to*) los zares (*czars*) de Rusia, los emperadores germanos y la reina Victoria de Inglaterra.

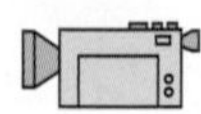

# ¡Jamás me levanto temprano!

**Álex y Javier hablan de sus rutinas diarias.**

**PERSONAJES**

**DON FRANCISCO**

**ÁLEX**

**JAVIER**

1

**JAVIER** Hola, Álex. ¿Qué estás haciendo?

**ÁLEX** Nada... sólo estoy leyendo mi correo electrónico. ¿Adónde fueron?

**JAVIER** Inés y yo fuimos a un mercado. Fue muy divertido. Mira, compré este suéter. Me encanta. No fue barato pero es chévere, ¿no?

**ÁLEX** Sí, es ideal para las montañas.

**JAVIER** ¡Qué interesantes son los mercados al aire libre! Me gustaría volver pero ya es tarde. Oye, Álex, sabes que mañana tenemos que levantarnos temprano.

**ÁLEX** Ningún problema.

**JAVIER** ¡Increíble! ¡Álex, el superhombre!

**ÁLEX** Oye, Javier, ¿por qué no puedes levantarte temprano?

**JAVIER** Es que por la noche no quiero dormir, sino dibujar y escuchar música. Por eso es difícil despertarme por la mañana.

**JAVIER** El autobús no sale hasta las ocho y media. ¿Vas a levantarte mañana a las seis también?

**ÁLEX** No, pero tengo que levantarme a las siete menos cuarto porque voy a correr.

**JAVIER** Ah, ya... ¿Puedes despertarme después de correr?

**ÁLEX** Éste es el plan para mañana. Me levanto a las siete menos cuarto y corro por treinta minutos. Vuelvo, me ducho, me visto y a las siete y media te despierto. ¿De acuerdo?

**JAVIER** ¡Absolutamente ninguna objeción!

**recursos**

| V CD-ROM Lección 7 | VM pp. 225–226 | I CD-ROM Lección 7 |
|---|---|---|

**JAVIER** ¿Seguro? Pues yo jamás me levanto temprano. Nunca oigo el despertador cuando estoy en casa y mi mamá se enoja mucho.

**ÁLEX** Tranquilo, Javier. Yo tengo una solución.

**ÁLEX** Cuando estoy en casa en la Ciudad de México, siempre me despierto a las seis en punto. Me ducho en cinco minutos y luego me cepillo los dientes. Después me afeito, me visto y ¡listo! ¡Me voy!

**DON FRANCISCO** Hola, chicos. Mañana salimos temprano, a las ocho y media... ni un minuto antes ni un minuto después.

**ÁLEX** No se preocupe, don Francisco. Todo está bajo control.

**DON FRANCISCO** Bueno, pues, hasta mañana.

**DON FRANCISCO** ¡Ay, los estudiantes! Siempre se acuestan tarde. ¡Qué vida!

## Enfoque cultural El horario de la vida diaria

En algunos países hispanos, el horario de la vida diaria es muy diferente al de EE.UU. En estos países, muchas personas trabajan de las ocho de la mañana a las dos de la tarde. A las dos salen del trabajo para ir a almorzar. Vuelven a las cuatro y salen a las seis de la tarde. Muchos utilizan esas dos horas para almorzar en casa con sus familias y, a veces (*sometimes*), dormir una siesta. También, frecuentemente la gente cena más tarde que en los EE.UU.

## Expresiones útiles

### Telling where you went

- **¿Adónde fuiste/fue usted?**
  *Where did you go?*
- **Fui a un mercado.**
  *I went to a market.*
- **¿Adónde fueron ustedes?**
  *Where did you go?*
- **Fuimos a un mercado. Fue muy divertido.**
  *We went to a market. It was a lot of fun.*

### Talking about morning routines

- **(Jamás) me levanto temprano/tarde.**
  *I (never) get up early/late.*
- **Nunca oigo el despertador.**
  *I never hear the alarm clock.*
- **Es difícil/fácil despertarme.**
  *It's hard/easy to wake up.*
- **Cuando estoy en casa, siempre me despierto a las seis en punto.**
  *When I'm home, I always wake up at six on the dot.*
- **Me ducho y luego me cepillo los dientes.**
  *I take a shower and then I brush my teeth.*
- **Después me afeito y me visto.**
  *Afterwards, I shave and get dressed.*

### Reassuring someone

- **Ningún problema.**
  *No problem.*
- **No te preocupes.** *(fam.)*/ **No se preocupe.** *(form.)*
  *Don't worry.*
- **Todo está bajo control.**
  *Everything is under control.*
- **Tranquilo.**
  *Don't worry.; Be cool.*

### Additional vocabulary

- **sino**
  *but (rather)*

# Reacciona a la fotonovela

**1** **¿Cierto o falso?** Indica si las siguientes oraciones (*sentences*) son **ciertas** o **falsas.** Corrige (*Correct*) las frases falsas.

1. Álex está mirando la televisión.
2. El suéter que Javier acaba de comprar es caro pero es muy bonito.
3. Javier cree que el mercado es aburrido y no quiere volver.
4. El autobús va a salir mañana a las siete y media en punto.
5. A Javier le gusta mucho dibujar y escuchar música por la noche.

**¡LENGUA VIVA!**

Remember that **en punto** means *on the dot.* If the group were instead leaving at *around seven thirty,* you would say **a eso de las siete y media.**

**2** **Identificar** Identifica quién puede decir las siguientes frases. Puedes usar cada nombre más de una vez.

1. ¡Ay, los estudiantes nunca se acuestan temprano! ________________
2. ¿El despertador? ¡Jamás lo oigo por la mañana! ________________
3. Es fácil despertarme temprano. Y sólo necesito cinco minutos para ducharme. ________________
4. Mañana vamos a salir a las ocho y media. ________________
5. Acabo de ir a un mercado fabuloso. ________________
6. No se preocupe. Tenemos todo bajo control para mañana. ________________

DON FRANCISCO

JAVIER

ÁLEX

**3** **Ordenar** Ordena correctamente los planes que tiene Álex.

a. Me visto. _______
b. Corro por media hora. _______
c. Despierto a Javier a las siete y media. _______
d. Vuelvo a la habitación. _______
e. Me levanto a las siete menos cuarto. _______
f. Me ducho. _______

**4** **Mi rutina** En parejas (*pairs*), hablen de sus rutinas de la mañana y de la noche. Indiquen a qué horas hacen las actividades más importantes.

*modelo*

**Estudiante 1:** ¿Prefieres levantarte temprano o tarde?
**Estudiante 2:** Prefiero levantarme tarde... muy tarde.

**Estudiante 1:** ¿A qué hora te levantas durante la semana?
**Estudiante 2:** A las once. ¿Y tú?

**CONSÚLTALO**

To review telling time in Spanish, see **Estructura 1.4**, pp. 22–23.

# Pronunciación

## The consonants r and rr

**ropa** **rutina** **rico** **Ramón**

In Spanish, **r** has a strong trilled sound at the beginning of a word. No English words have a trill, but English speakers often produce a trill when they imitate the sound of a motor.

**gustar** **durante** **primero** **crema**

In any other position, **r** has a weak sound similar to the English *tt* in *better* or the English *dd* in *ladder.* In contrast to English, the tongue touches the roof of the mouth behind the teeth.

**pizarra** **corro** **marrón** **aburrido**

The letter **rr,** which only appears between vowels, always has a strong trilled sound.

**caro** **carro** **pero** **perro**

Between vowels, the difference between the strong trilled **rr** and the weak **r** is very important, as a mispronunciation could lead to confusion between two different words.

**Práctica** Lee las palabras en voz alta, prestando (*paying*) atención a la pronunciación de la **r** y la **rr.**

1. Perú
2. Rosa
3. borrador
4. madre
5. comprar
6. favor
7. rubio
8. reloj
9. Arequipa
10. tarde
11. cerrar
12. despertador

**Oraciones** Lee las oraciones en voz alta, prestando atención a la pronunciación de la **r** y la **rr.**

1. Ramón Robles Ruiz es programador. Su esposa Rosaura es artista.
2. A Rosaura Robles le encanta regatear en el mercado.
3. Ramón nunca regatea... le aburre regatear.
4. Rosaura siempre compra cosas baratas.
5. Ramón no es rico pero prefiere comprar cosas muy caras.
6. ¡El martes Ramón compró un carro nuevo!

**Refranes** Lee en voz alta los refranes, prestando atención a la **r** y a la **rr.**

1 A dog's bark is worse than its bite.
2 Rome wasn't built in a day.

**recursos**

| TEXT CD Lección 7 | LM p. 38 | Lab CD/MP3 Lección 7 | I CD-ROM Lección 7 |
|---|---|---|---|

# 7.1 Reflexive verbs

**ANTE TODO** A reflexive verb is used to indicate that the subject does something to or for himself or herself. In other words, it "reflects" the action of the verb back to the subject. Reflexive verbs always use reflexive pronouns.

| SUBJECT | REFLEXIVE VERB |
|---|---|
| Joaquín | **se ducha** por la mañana. |

**Reflexive verbs**

| | | **lavarse** *(to wash oneself)* | |
|---|---|---|---|
| SINGULAR FORMS | yo | **me lavo** | *I wash (myself)* |
| | tú | **te lavas** | *you wash (yourself)* |
| | Ud. | **se lava** | *you wash (yourself)* |
| | él/ella | **se lava** | *he/she washes (himself/herself)* |
| PLURAL FORMS | nosotros/as | **nos lavamos** | *we wash (ourselves)* |
| | vosotros/as | **os laváis** | *you wash (yourselves)* |
| | Uds. | **se lavan** | *you wash (yourselves)* |
| | ellos/ellas | **se lavan** | *they wash (themselves)* |

- The pronoun **se** attached to an infinitive identifies the verb as reflexive: **lavarse.**
- When a reflexive verb is conjugated, the reflexive pronoun agrees with the subject.

  **Me afeito.** **Te despiertas** a las siete.

- Like object pronouns, reflexive pronouns generally appear before a conjugated verb. With infinitives and present participles, they may be placed before the conjugated verb or attached to the infinitive or present participle.

  Ellos **se** van a vestir.
  Ellos van a vestir**se**.
  *They are going to get dressed.*

  **Nos** estamos lavando las manos.
  Estamos lavándo**nos** las manos.
  *We are washing our hands.*

**recursos**

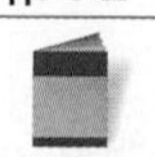
WB pp. 75–82

LM pp. 39–42

Lab CD/MP3 Lección 7

I CD-ROM Lección 7

vistahigher learning.com

**¡ATENCIÓN!**

Except for **se**, reflexive pronouns have the same forms as direct and indirect object pronouns.

•••

**Se** is used for both singular and plural subjects —there is no individual plural form:

Pablo **se** lava.

Ellos **se** lavan.

**¡ATENCIÓN!**

When a reflexive pronoun is attached to a present participle, an accent mark is added to maintain the original stress:

bañando → bañándo**se**
afeitando → afeitándo**se**

## Common reflexive verbs

| | | | |
|---|---|---|---|
| **acordarse (de)** (o:ue) | *to remember* | **llamarse** | *to be called; to be named* |
| **acostarse** (o:ue) | *to go to bed* | **maquillarse** | *to put on makeup* |
| **afeitarse** | *to shave* | **peinarse** | *to comb one's hair* |
| **bañarse** | *to bathe; to take a bath* | **ponerse** | *to put on* |
| **cepillarse** | *to brush* | **ponerse** (+ *adj.*) | *to become (+ adj.)* |
| **despedirse (de)** (e:i) | *to say good-bye (to)* | **preocuparse (por)** | *to worry (about)* |
| **despertarse** (e:ie) | *to wake up* | **probarse** (o:ue) | *to try on* |
| **dormirse** (o:ue) | *to go to sleep; to fall asleep* | **quedarse** | *to stay; to remain* |
| **ducharse** | *to shower; to take a shower* | **quitarse** | *to take off* |
| **enojarse (con)** | *to get angry (with)* | **secarse** | *to dry (oneself)* |
| **irse** | *to go away; to leave* | **sentarse** (e:ie) | *to sit down* |
| **lavarse** | *to wash (oneself)* | **sentirse** (e:ie) | *to feel* |
| **levantarse** | *to get up* | **vestirse** (e:i) | *to get dressed* |

### AYUDA

You have already learned several adjectives that can be used with **ponerse** when it means *to become*: **alegre, cómodo/a, contento/a, elegante, guapo/a, nervioso/a, rojo/a,** and **triste.**

### ¡ATENCIÓN!

Because you learned how to form the preterite of non-reflexive regular verbs in **Estructura 6.3**, you also know how to form the preterite of the common reflexive verbs in the list, with the exception of the stem-changing **–ir** verbs, **irse** and **ponerse**. You will learn more preterite forms such as those of the verb **ir (Estructura 7.3)**, stem-changing **–ir** verbs **(Estructura 8.1)** and **poner (Estructura 9.1)**.

### ¡ATENCIÓN!

Parts of the body or clothing are generally not referred to with possessives, but with the definite article.

La niña se quitó **los** zapatos.

Necesito cepillarme **los** dientes.

### COMPARE & CONTRAST

Unlike English, a number of verbs in Spanish can be reflexive or non-reflexive. If the verb acts upon the subject, the reflexive form is used. If the verb acts upon something other than the subject, the non-reflexive form is used. Compare these sentences.

Lola **lava** los platos.

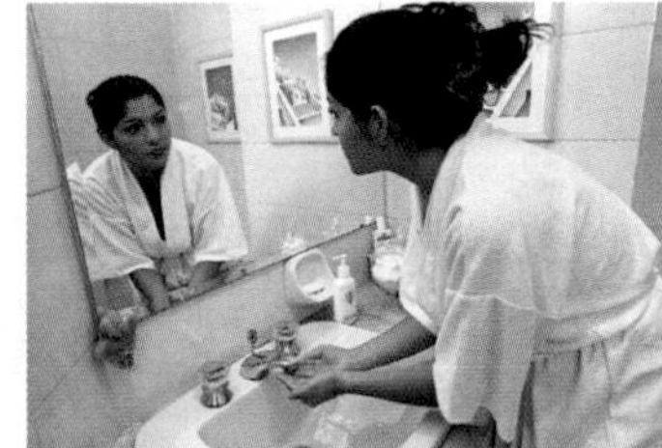

Lola **se lava** la cara.

As the preceding sentences show, reflexive verbs sometimes have different meanings than their non-reflexive counterparts. For example, **lavar** means *to wash,* while **lavarse** means *to wash oneself, to wash up.*

### ¡INTÉNTALO!

Indica el presente de los verbos reflexivos que siguen. El primero de cada columna ya está conjugado.

**despertarse**

1. Mis hermanos se despiertan tarde.
2. Tú ____________ tarde.
3. Nosotros ____________ tarde.
4. Benito ____________ tarde.
5. Yo ____________ tarde.
6. Ustedes ____________ tarde.
7. Ella ____________ tarde.
8. Adriana y yo ____________ tarde.
9. Ellos ____________ tarde.

**ponerse**

1. Él se pone una chaqueta.
2. Yo ____________ una chaqueta.
3. Usted ____________ una chaqueta.
4. Nosotras ____________ una chaqueta.
5. Las niñas ____________ una chaqueta.
6. Tú ____________ una chaqueta.
7. El botones ____________ una chaqueta.
8. Beatriz y Gil ____________ una chaqueta.
9. Ustedes ____________ una chaqueta.

# Práctica

## 1

**Nuestra rutina** La familia de Blanca sigue la misma rutina todos los días. Según (*According to*) Blanca, ¿qué hacen ellos?

*modelo*

mamá / despertarse a las 5:00

Mamá se despierta a las cinco.

1. Roberto y yo / levantarse a las 7:00
2. papá / ducharse primero y / luego afeitarse
3. yo / lavarse la cara y / vestirse antes de tomar café
4. mamá / peinarse y / luego maquillarse
5. todos / sentarse a la mesa para comer
6. Roberto / cepillarse los dientes después de comer
7. yo / ponerse el abrigo antes de salir
8. nosotros / despedirse de mamá

**NOTA CULTURAL**

Como en los EE.UU., **tomar café** en el desayuno es muy común en los países hispanos.

En muchas familias, los niños toman café con leche (*coffee with milk*) en el desayuno antes de ir a la escuela.

El café en los países hispanos generalmente es más fuerte que en los EE.UU., y el descafeinado (*decaffeinated*) no es muy popular.

## 2

**La fiesta elegante** Selecciona el verbo apropiado y completa las frases con la forma correcta.

1. Tú __________ (lavar / lavarse) el auto antes de ir a la fiesta.
2. Nosotros no __________ (acordar / acordarse) de comprar regalos.
3. Para llegar a tiempo, Raúl y Marta __________ (acostar / acostarse) a los niños antes de irse.
4. Yo __________ (sentir / sentirse) bien hoy.
5. Mis amigos siempre __________ (vestir / vestirse) con ropa muy cara.
6. ¿__________ (probar / probarse) ustedes la ropa antes de comprarla?
7. Usted __________ (preocupar / preocuparse) mucho por sus amigos, ¿no?
8. En general, __________ (afeitar / afeitarse) yo mismo, pero hoy el barbero me (*barber*) __________ (afeitar / afeitarse).

**¡LENGUA VIVA!**

In Spain a car is called a **coche** while in many parts of Latin America it is known as a **carro.** Although you'll be understood using any of these terms, using **auto (automóvil)** will surely get you where you want to go.

## 3

**Describir** Mira los dibujos y describe lo que estas personas hacen.

1. El joven
2. Carmen
3. Juan
4. Ellos
5. Estrella
6. Toni

# Comunicación

**4** 

**Preguntas personales** En parejas, túrnense (*take turns*) para hacerse estas preguntas.

1. ¿A qué hora te levantas durante la semana?
2. ¿A qué hora te levantas los fines de semana?
3. ¿Prefieres levantarte tarde o temprano? ¿Por qué?
4. ¿Te enojas frecuentemente con tus amigos?
5. ¿Te preocupas fácilmente? ¿Qué te preocupa?
6. ¿Qué cosas te ponen contento/a?
7. ¿Qué haces cuando te sientes triste?
8. ¿Y cuando te sientes alegre?
9. ¿Te acuestas tarde o temprano durante la semana?
10. ¿A qué hora te acuestas los fines de semana?

**5** 

**Charadas** En grupos, jueguen a las charadas. Cada (*Each*) persona debe pensar en dos frases con verbos reflexivos. La primera persona que adivina (*guesses*) la charada dramatiza la próxima (*next*).

**6**

**Debate** En grupos, discutan (*discuss*) este tema (*topic*): ¿Quiénes necesitan más tiempo para arreglarse (*to get ready*) antes de salir, los hombres o las mujeres? Hagan una lista de las razones (*reasons*) que tienen para defender sus ideas e informen a la clase.

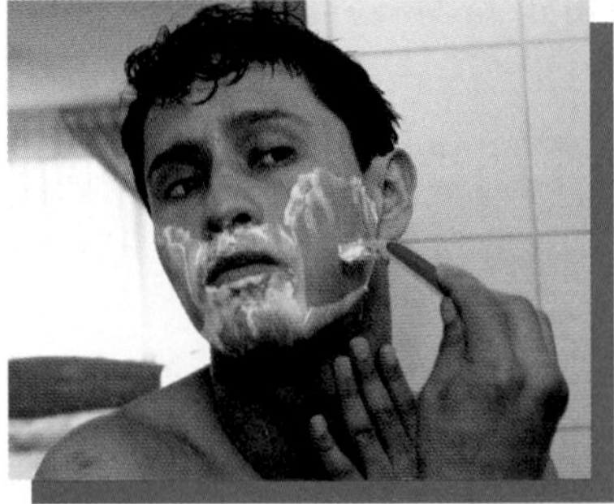

# Síntesis

**7** 

**La familia ocupada** Tú y tu compañero/a asisten a un programa de verano en Lima, Perú. Viven con la familia Ramos. Tu profesor(a) te va a dar la rutina incompleta que la familia sigue en las mañanas. Trabaja con tu compañero/a para completarla.

*modelo*

**Estudiante 1:** ¿Qué hace el señor Ramos a las seis y cuarto?
**Estudiante 2:** El señor Ramos se levanta.

# 7.2 Indefinite and negative words

**ANTE TODO** Indefinite words refer to people and things that are not specific, for example, *someone* or *something*. Negative words deny the existence of people and things or contradict statements, for instance, *no one* or *nothing*. As the following chart shows, Spanish indefinite words have corresponding negative words, which are opposite in meaning.

**Indefinite and negative words**

| Indefinite words | | Negative words | |
|---|---|---|---|
| **algo** | *something; anything* | **nada** | *nothing; not anything* |
| **alguien** | *someone; somebody; anyone* | **nadie** | *no one; nobody; not anyone* |
| **alguno/a(s), algún** | *some; any* | **ninguno/a, ningún** | *no; none; not any* |
| **o... o** | *either... or* | **ni... ni** | *neither... nor* |
| **siempre** | *always* | **nunca, jamás** | *never, not ever* |
| **también** | *also; too* | **tampoco** | *neither; not either* |

▶ There are two ways to form negative sentences in Spanish: 1) You can place the negative word before the verb, or 2) you can place **no** before the verb and the negative word after the verb.

**Nadie se levanta** temprano.
*No one gets up early.*

**No se levanta nadie** temprano.
*No one gets up early.*

Ellos **nunca se enojan**.
*They never get angry.*

Ellos **no se enojan nunca**.
*They never get angry.*

▶ Because they refer to people, **alguien** and **nadie** are often used with the personal **a**. The personal **a** is also used before **alguno/a, algunos/as,** and **ninguno/a** when these words refer to people and they are the direct object of the verb.

—Perdón, señor, ¿busca Ud. **a alguien**?
—No, gracias, señorita, no busco **a nadie**.

—Tomás, ¿buscas **a alguno** de tus hermanos?
—No, mamá, no busco **a ninguno**.

**¡ATENCIÓN!**

Before a masculine, singular noun, **alguno** and **ninguno** are shortened to **algún** and **ningún**.

**—¿Tienen ustedes algún amigo peruano?**
**—No, no tenemos ningún amigo peruano.**

• • •

**Alguno/a, algunos/as** are not always used in the same way English uses *some* or *any*. Often, **algún** is used where ***a*** would be used in English.

**¿Tienes algún libro que hable de los incas?**
*Do you have **a** book that talks about the Incas?*

**COMPARE & CONTRAST**

In English, it is incorrect to use more than one negative word in a sentence. In Spanish, however, sentences frequently contain two or more negative words. Compare the following Spanish and English sentences.

**Nunca** le escribo a **nadie**.
*I **never** write to **anyone**.*

**No** me preocupo por **nada nunca**.
*I do **not ever** worry about **anything**.*

As the preceding sentences show, once an English sentence contains one negative word (for example, *not* or *never*), no other negative word may be used. Instead, indefinite (or affirmative) words are used. In Spanish, however, once a sentence is negative, no other affirmative (that is, indefinite) word may be used. Instead, all indefinite ideas must be expressed in the negative.

- Although in Spanish **pero** and **sino** both mean *but*, they are not interchangeable. **Sino** is used when the first part of a sentence is negative and the second part contradicts it. In this context, **sino** means *but rather* or *on the contrary*. In all other cases, **pero** is used to mean *but*.

Los estudiantes no se acuestan temprano **sino** tarde.
*The students don't go to bed early, **but rather** late.*

Las toallas son caras, **pero** bonitas.
*The towels are expensive, **but** beautiful.*

María no habla francés **sino** español.
*María doesn't speak French, **but rather** Spanish.*

José es inteligente, **pero** no saca buenas notas.
*José is intelligent **but** doesn't get good grades.*

**¡INTÉNTALO!** Cambia las siguientes frases para que sean negativas. La primera frase se da *(is given)* como ejemplo.

1. Siempre se viste bien.
   Nunca se viste bien.
   No se viste bien nunca.
2. Alguien se ducha.
   ________ se ducha.
   ________ se ducha ________.
3. Ellas van también.
   Ellas ________ van.
   Ellas ________ van ________.
4. Alguien se pone nervioso.
   ________ se pone nervioso.
   ________ se pone nervioso ________.
5. Tú siempre te lavas las manos.
   Tú ________ te lavas las manos.
   Tú ____ te lavas las manos ________.
6. Voy a traer algo.
   ______ voy a traer ________.
7. Juan se afeita también.
   Juan ________ se afeita.
   Juan ________ se afeita ________.
8. Mis amigos viven en una residencia o en casa.
   Mis amigos ______ viven ______ en una residencia ______ en casa.
9. La profesora hace algo en su escritorio.
   La profesora ______ hace ______ en su escritorio.
10. Tú y yo vamos al mercado.
    _____ tú _____ yo vamos al mercado.
11. Tienen un espejo en su casa.
    ______ tienen ______ espejo en su casa.
12. Algunos niños se ponen el abrigo.
    ________ niño se pone el abrigo.

# Práctica

**1** **¿Pero o sino?** Forma frases sobre los estudiantes usando **pero** o **sino.**

*modelo*

Muchos estudiantes viven en residencias estudiantiles / muchos de ellos quieren vivir fuera del campus.

*Muchos estudiantes viven en residencias estudiantiles, pero muchos de ellos quieren vivir fuera del campus.*

1. Marcos nunca se despierta temprano / siempre llega puntual a clase.
2. Lisa y Katarina no se acuestan temprano / muy tarde.
3. Alfonso es inteligente / algunas veces es antipático.
4. Los directores de la residencia no son ecuatorianos / peruanos.
5. No nos acordamos de comprar champú / compramos jabón.
6. Emilia no es estudiante / profesora.
7. No quiero levantarme / tengo que ir a clase.
8. Miguel no se afeita por la mañana / por la noche.

**2** **Completar** Completa esta conversación. Usa expresiones negativas en tus respuestas. Luego, dramatiza la conversación con un(a) compañero/a.

**AURELIO** Ana María, ¿encontraste algún regalo para Eliana?
**ANA MARÍA** (1) ____________________
**AURELIO** ¿Viste a algunas amigas en el centro comercial?
**ANA MARÍA** (2) ____________________
**AURELIO** ¿Me llamó alguien?
**ANA MARÍA** (3) ____________________
**AURELIO** ¿Quieres ir al teatro o al cine esta noche?
**ANA MARÍA** (4) ____________________
**AURELIO** ¿No quieres salir a comer?
**ANA MARÍA** (5) ____________________
**AURELIO** ¿Hay algo interesante en la televisión esta noche?
**ANA MARÍA** (6) ____________________
**AURELIO** ¿Tienes algún problema?
**ANA MARÍA** (7) ____________________

# Comunicación

3 

**Opiniones** Completa estas frases de una manera lógica. Luego, compara tus respuestas con las de un(a) compañero/a.

1. Mi habitación es ________ pero ________.
2. Mis padres no son ________ sino ________.
3. Mi compañero/a es ________ pero ________.
4. Por la noche me gusta ________ pero ________.
5. Un(a) profesor(a) ideal no es ________ sino ________.
6. Mis amigos son ________ pero ________.

4

**Quejas *(Complaints)*** En parejas hagan (*make*) una lista de cinco quejas comunes (*common*) que tienen los estudiantes. Usen expresiones negativas.

*modelo*

Nadie me entiende.

Ahora hagan (*make*) una lista de cinco quejas que los padres tienen de sus hijos.

*modelo*

Nunca limpian sus habitaciones.

5 

**Anuncios *(Ads)*** En parejas, lean el anuncio y respondan a las preguntas.

1. ¿Es el anuncio positivo o negativo? ¿Por qué?
2. ¿Cuáles son las palabras indefinidas en el anuncio?
3. Escriban el texto del anuncio cambiando todo por expresiones negativas.
4. Ahora preparen su propio (*own*) anuncio usando expresiones afirmativas y negativas para compartir con la clase.

**¡LENGUA VIVA!**

When companies decide to advertise in foreign markets, they must be very careful not to rely on literal translations, since false cognates and unintended interpretations can become real problems.

# Síntesis

6 
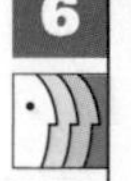
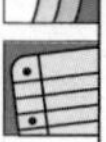

**Encuesta** Tu profesor(a) te va a dar una hoja de actividades para hacer una encuesta. Circula por la clase y pídeles a tus compañeros que comparen las actividades que hacen durante la semana con las que hacen durante los fines de semana. Escribe las respuestas.

# 7.3 Preterite of ser and ir

**ANTE TODO** In **Lección 6**, you learned how to form the preterite tense of regular **-ar**, **-er**, and **-ir** verbs. The following chart contains the preterite forms of **ser** (*to be*) and **ir** (*to go*). Since these forms are irregular, you will need to memorize them.

**Preterite of *ser* and *ir***

| | | **ser** (*to be*) | **ir** (*to go*) |
|---|---|---|---|
| SINGULAR FORMS | yo | **fui** | **fui** |
| | tú | **fuiste** | **fuiste** |
| | Ud./él/ella | **fue** | **fue** |
| PLURAL FORMS | nosotros/as | **fuimos** | **fuimos** |
| | vosotros/as | **fuisteis** | **fuisteis** |
| | Uds./ellos/ellas | **fueron** | **fueron** |

**¡ATENCIÓN!**

Note that, whereas regular **-er** and **-ir** verbs have accent marks in the **yo** and **Ud.** forms of the preterite, **ser** and **ir** do not.

▶ Since the preterite forms of **ser** and **ir** are identical, context clarifies which of the two verbs is being used.

Él **fue** a comprar champú y jabón.
*He went to buy shampoo and soap.*

—¿Cómo **fue** la película anoche?
*How was the movie last night?*

**¡INTÉNTALO!** Completa las siguientes frases usando el pretérito de **ser** e **ir**. La primera frase de cada columna se da (*is given*) como ejemplo.

**ir**

1. Los viajeros fueron a Perú.
2. Patricia __________ a Cuzco.
3. Tú __________ a Iquitos.
4. Gregorio y yo __________ a Lima.
5. Yo __________ a Trujillo.
6. Ustedes __________ a Arequipa.
7. Mi padre __________ a Lima.
8. Nosotras __________ a Cuzco.
9. Él __________ a Machu Picchu.
10. Usted __________ a Nazca.

**ser**

1. Usted fue muy amable.
2. Yo __________ muy cordial.
3. Ellos __________ muy simpáticos.
4. Nosotros __________ muy desagradables.
5. Ella __________ muy antipática.
6. Tú __________ muy chistoso.
7. Ustedes __________ muy cordiales.
8. La gente __________ muy agradable.
9. Tomás y yo __________ muy corteses.
10. Los profesores __________ muy buenos.

# Práctica

**1** **Completar** Completa estas conversaciones con la forma correcta del pretérito de **ser** o **ir**. Indica el infinitivo de cada forma verbal.

**Conversación 1**

**RAÚL** ¿Adónde (1)__________ ustedes de vacaciones?
**PILAR** (2)__________ al Perú.
**RAÚL** ¿Cómo (3)__________ el viaje?
**PILAR** ¡(4)__________ estupendo! Machu Picchu y la Plaza de Armas son increíbles.
**RAÚL** ¿(5)__________ caro el viaje?
**PILAR** No, el precio (6)__________ muy bajo, sólo costó tres mil dólares.

**Conversación 2**

**ISABEL** Tina y Vicente (7) fueron novios, ¿no?
**LUCÍA** Sí, pero ahora no. Anoche Tina (8)__________ a comer con Gregorio y la semana pasada ellos (9)__________ al partido de fútbol.
**ISABEL** ¿Ah sí? Javier y yo (10)__________ al partido y no los vimos.

**NOTA CULTURAL**

La **Plaza de Armas** en Lima, Perú, es la plaza más famosa de la ciudad.

Es un sitio turístico muy popular. En la plaza está el palacio municipal. También hay jardines de rosas (*rose gardens*), una fuente (*fountain*), y una catedral.

**2** **Descripciones** Forma frases con los siguientes elementos. Usa el pretérito.

| A | B | C | D |
|---|---|---|---|
| yo | (no) ir | a un restaurante | ayer |
| tú | (no) ser | en autobús | anoche |
| mi compañero/a | | estudiante | anteayer |
| nosotros | | muy simpático | la semana pasada |
| mis amigos | | a la playa | el año pasado |
| ustedes | | dependiente/a en una tienda | |
| | | en avión | |

# Comunicación

**3** 

**Preguntas** En parejas, túrnense (*take turns*) para hacerse estas preguntas.

1. ¿Adónde fuiste de vacaciones este año? ¿Con quién fuiste?
2. ¿Cómo fueron tus vacaciones?
3. ¿Fuiste de compras esta semana? ¿Adónde? ¿Qué compraste?
4. ¿Fuiste al cine la semana pasada? ¿Fueron tus amigos también?
5. ¿Qué película viste? ¿Cómo fue?
6. ¿Fuiste a la cafetería hoy? ¿A qué hora?
7. ¿Adónde fuiste durante el fin de semana? ¿Por qué?
8. ¿Quién fue tu profesor(a) favorito/a el semestre pasado? ¿Por qué?

**4** 

**El viaje** En parejas, escriban un diálogo de un(a) viajero/a hablando con el/la agente de viajes sobre un viaje que tomó recientemente. Tienen cinco minutos para escribirlo. La pareja con más usos del pretérito de **ser** e **ir** y con menos errores gana.

***modelo***

**Agente:** *¿Cómo fue el viaje?*
**Viajero:** *El viaje fue maravilloso/horrible…*

# 7.4 Gustar and verbs like gustar

**ANTE TODO** In **Lección 2**, you learned that the expressions **me gusta(n)** and **te gusta(n)** express the English concepts of *I like* and *you like*. You will now learn more about the verb **gustar** and other similar verbs. Observe the following examples.

| | |
|---|---|
| **Me gusta** ese champú. | ENGLISH EQUIVALENT<br>*I like that shampoo.*<br>LITERAL MEANING<br>*That shampoo is pleasing to me.* |
| ¿**Te gustaron** las clases? | ENGLISH EQUIVALENT<br>*Did you like the classes?*<br>LITERAL MEANING<br>*Were the classes pleasing to you?* |

- As the examples show, the construction **me gusta(n)** does not have a direct equivalent in English. The literal meaning of this construction is *to be pleasing to (someone)*, and it requires the use of an indirect object pronoun.

| INDIRECT OBJECT PRONOUN | | SUBJECT | | SUBJECT | | DIRECT OBJECT |
|---|---|---|---|---|---|---|
| **Me** | **gusta** | ese champú. | | *I* | *like* | *that shampoo.* |

- In the diagram above, observe how in the Spanish sentence the object being liked **(ese champú)** is really the subject of the sentence. The person who likes the object, in turn, is an indirect object because it answers the question: *To whom is the shampoo pleasing?*

- The forms most commonly used with **gustar** and similar verbs are the third person (singular and plural). When the object or person being liked is singular, the singular form **(gusta)** is used. When two or more objects or persons are being liked, the plural form **(gustan)** is used. Observe the following diagram:

| | | | |
|---|---|---|---|
| SINGULAR | me, te, le | gusta<br>gustó | la película<br>el concierto |
| PLURAL | nos, os, les | gustan<br>gustaron | las vacaciones<br>los museos de Lima |

- To express what someone likes or does not like to do, **gustar** is followed by an infinitive. The singular form of **gustar** is used even if there is more than one infinitive.

No **nos gusta comer** a las nueve.
*We don't like to eat at nine o'clock.*

**Les gusta cantar** y **bailar** en las fiestas.
*They like to sing and dance at parties.*

**¡ATENCIÓN!**

**Mí** (*me*) has an accent mark to distinguish it from the possessive adjective **mi** (*my*).

- The construction **a** + [*pronoun*] (**a mí, a ti, a Ud., a él,** etc.) is used to clarify or to emphasize who is pleased.

**A ella** le gustan las toallas verdes, pero **a él** no le gustan.
*She likes green towels, but he doesn't like them.*

**A ti** te gusta cenar en casa, pero **a mí** no me gusta.
*You like to eat dinner at home, but I don't like to.*

- The construction **a** + [*noun*] can also be used before the indirect object pronoun to clarify or to emphasize who is pleased.

**A los turistas** les gustó mucho Machu Picchu.
*The tourists liked Machu Picchu a lot.*

**A Juanita** le gustaron mucho los mercados al aire libre.
*Juanita liked the open-air markets a lot.*

- Other verbs in Spanish are used in the same way as **gustar**. Here is a list of the most common ones.

**¡ATENCIÓN!**

**Faltar** expresses what is lacking or missing.
Ex: **Me falta una página.** *I'm missing one page.*

**Quedar** expresses how much of something is left. Ex: **Nos quedan tres pesos.** *We have three pesos left.*

• • •

**Quedar** means *to fit*. It's also used to tell *how something looks* (on someone).

Ex: **Estos zapatos me quedan bien.** *These shoes fit me well.*

**Esa camisa te queda muy bien.** *That shirt looks good on you.*

## Verbs like *gustar*

| | | | |
|---|---|---|---|
| **aburrir** | *to bore* | **importar** | *to be important to; to matter* |
| **encantar** | *to like very much; to love* (inanimate objects) | **interesar** | *to be interesting to; to interest* |
| **faltar** | *to lack; to need* | **molestar** | *to bother; to annoy* |
| **fascinar** | *to fascinate* | **quedar** | *to be left over; to fit* (clothing) |

**¡INTÉNTALO!** Indica el pronombre del objeto indirecto y la forma del tiempo presente adecuados en cada frase. La primera frase de cada columna se da (*is given*) como ejemplo.

**gustar**

1. A él le gusta viajar.
2. A mí ________ bailar.
3. A nosotras ________ cantar.
4. A ustedes ________ leer.
5. A ti ________ correr.
6. A Pedro ________ gritar.
7. A mis padres ________ caminar.
8. A usted ________ jugar tenis.
9. A mi esposo y a mí ________ dormir.
10. A Alberto ________ dibujar.
11. A todos ________ opinar.
12. A Pili no ________ ir de compras.

**encantar**

1. A ellos les encantan los deportes.
2. A ti ________ las películas.
3. A usted ________ los viajes.
4. A mí ________ las revistas.
5. A Jorge y a Luis ________ los perros.
6. A nosotros ________ las vacaciones.
7. A ustedes ________ las fiestas.
8. A Marcela ________ los libros.
9. A mis amigos ________ los museos.
10. A ella ________ el ciclismo.
11. A Pedro ________ el limón.
12. A ti y a mí ________ el baile.

# Práctica

**NOTA CULTURAL**

Ahora la música latina es popular en los EE.UU. gracias a artistas como **Shakira**, de nacionalidad colombiana, y **Enrique Iglesias**, español. Pero hay artistas famosos como **Carlos Santana** y **Gloria Estefan** que difundieron (*spread*) la música latina por todo el mundo (*world*) en los años 60, 70, 80 y 90.

**1** **Completar** Completa las frases con todos los elementos necesarios.

1. ________ Adela ________ (gustar) las canciones (*songs*) de Enrique Iglesias.
2. A ________ me ________ (gustar) más la música de Shakira.
3. A mis amigos ________ (encantar) la música de Maná.
4. ________ Juan y Rafael no les ________ (molestar) la música alta (*loud*).
5. ________ nosotros ________ (fascinar) los grupos de pop latino.
6. Creo que a Elena ________ (interesar) más la música clásica.
7. A ________ me ________ (aburrir) la música clásica.
8. ¿A ________ te ________ (faltar) dinero para el concierto de Carlos Santana?
9. Sí. Sólo ________ (quedar) cinco dólares.
10. ¿Cuánto dinero te ________ (quedar) a ________?

**2** **Describir** Mira los dibujos y describe lo que está pasando. Usa los siguientes verbos.

| aburrir | faltar | molestar |
|---|---|---|
| encantar | interesar | quedar |

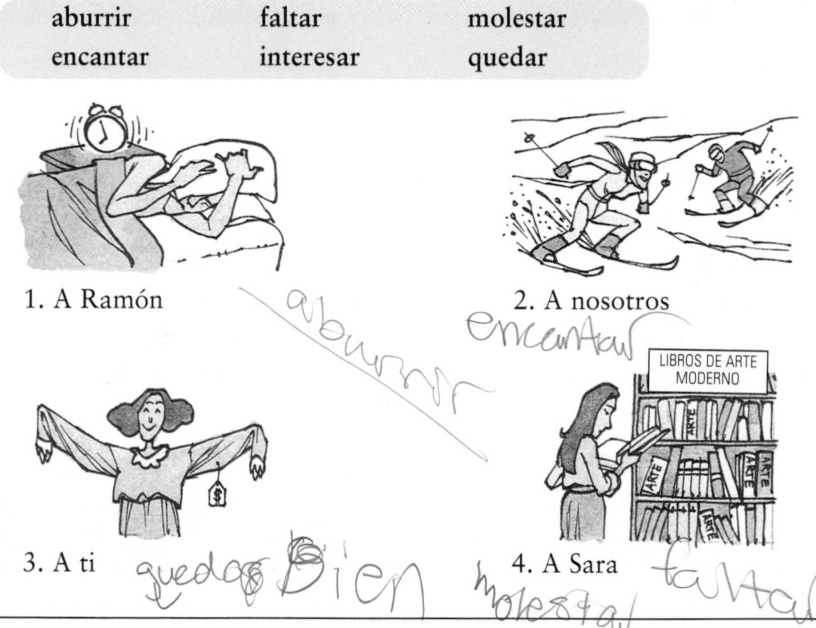


1. A Ramón
2. A nosotros
3. A ti
4. A Sara

**3** **Gustos** Forma frases con los elementos de las columnas A, B y C. Después, inventa dos frases originales con los mismos verbos.

A ti te interesan las ruinas de Machu Picchu.

| A | B | C |
|---|---|---|
| yo | aburrir | despertarse temprano |
| tú | encantar | mirarse en el espejo |
| mi mejor amigo/a | faltar | la música rock |
| mis amigos y yo | gustar | las pantuflas rosadas |
| Bart y Homer Simpson | interesar | la pasta de dientes con menta (*mint*) |
| Shakira | molestar | las ruinas de Machu Picchu |
| Antonio Banderas | | los zapatos caros |

# Comunicación

**4**

**Preguntas** En parejas, túrnense para hacer y contestar estas preguntas.

1. ¿Te gusta levantarte temprano o tarde? ¿Por qué? ¿Y tu compañero/a de cuarto?
2. ¿Te gusta acostarte temprano o tarde? ¿Y tu compañero/a de cuarto?
3. ¿Te gusta dormir la siesta?
4. ¿Te gusta acampar o prefieres quedarte en un hotel cuando estás de vacaciones?
5. ¿Qué te gusta hacer en el verano?
6. ¿Qué te gusta más de esta universidad? ¿Qué te molesta?
7. ¿Te interesan más las ciencias o las humanidades? ¿Por qué?
8. ¿Qué cosas te molestan?

**NOTA CULTURAL**

**La siesta** (un descanso de dos o tres horas) no es hoy tan común como antes.

Cuando España entró en la Unión Europea, muchas empresas (*businesses*) redujeron (*reduced*) la siesta.

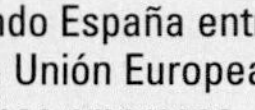

**5**

**Completar** Completa estas frases de una manera lógica.

1. A mi novio/a le fascina(n)...
2. A mi mejor (*best*) amigo/a no le interesa(n)...
3. A mis padres les importa(n)...
4. A nosotros nos molesta(n)...
5. A mis hermanos les aburre(n)...
6. A mi compañero/a de cuarto le aburre(n)...
7. A los turistas les interesa(n)...
8. A los jugadores profesionales les encanta(n)...
9. A nuestro/a profesor(a) le molesta(n)...

**6**

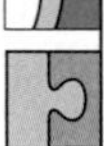

**La residencia** Tú y tu compañero/a de clase son los directores de una residencia estudiantil en Perú. Su profesor(a) les va a dar a cada uno de ustedes las descripciones de cinco estudiantes. Con la información tienen que escoger (*choose*) quiénes van a ser compañeros de cuarto. Después, completen la lista.

# Síntesis

**7**

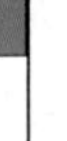

**Situación** Trabajen en parejas para representar los papeles (*roles*) de un(a) cliente/a y un(a) dependiente/a. Usen las instrucciones como guía.

| Dependiente/a | Cliente/a |
|---|---|
| Saluda al/a la cliente/a y pregúntale cómo lo/la puedes ayudar. | → Saluda al/a la dependiente/a y dile (*tell him/her*) qué quieres comprar y qué colores prefieres. |
| Pregúntale si le interesan los estilos modernos y empieza a enseñarle la ropa. | → Explícale que los estilos modernos te interesan. Escoge (*choose*) las cosas que te interesan. |
| Habla de los gustos del/de la cliente/a. | → Habla de la ropa ((no) me queda(n) bien/mal, me encanta(n)...). |
| Da opiniones favorables al/a la cliente/a (las botas te quedan fantásticas...). | → Decide cuáles son las cosas que te gustan y qué vas a comprar. |

# Lectura

## Antes de leer

### Estrategia

**Predicting content from the title**

Prediction is an invaluable strategy in reading for comprehension. We can usually predict the content of a newspaper article from its headline, for example. More often than not, we decide whether or not to read the article based on its headline. Predicting content from the title will help you increase your reading comprehension in Spanish.

**Examinar el texto**

Lee el título de la lectura y haz tres predicciones sobre el contenido. Escribe tus predicciones en una hoja de papel.

**Compartir**

Comparte tus ideas con un(a) compañero/a de clase.

**Cognados**

Haz una lista de seis cognados que encuentres en la lectura.

1. ______________________________.
2. ______________________________.
3. ______________________________.
4. ______________________________.
5. ______________________________.
6. ______________________________.

¿Qué te dicen los cognados sobre el tema de la lectura?

Anterior ▾ Siguiente ▾ Responder Responder a todos

Fecha: Lunes, 10 de mayo
De: Guillermo Zamora
Asunto: ¡Qué día!
Para: Lupe; Marcos; Sandra; Jorge

**Hola chicos:**

La semana pasada me di cuenta° de que necesito organizar mejor mi rutina... pero especialmente necesito prepararme mejor para los exámenes. Me falta mucha disciplina, me molesta no tener control de mi tiempo y nunca deseo repetir los eventos de esta semana.

El miércoles pasé todo el día y toda la noche estudiando para el examen de biología del jueves por la mañana. Me aburre la biología y no empecé a estudiar hasta el día antes del examen. El jueves a las 8, después de no dormir en toda la noche, fui exhausto al examen. Fue difícil, pero afortunadamente° me acordé de todo el material. Esa noche me acosté temprano y dormí mucho.

Me desperté a las 9, y fue extraño° ver a mi compañero de

cuarto, Andrés, preparándose para ir a dormir. Nunca hablamos mucho y no comenté nada. Fui al baño a cepillarme los dientes para ir a clase. ¿Y Andrés? Él se acostó. "¡Qué extraño es este chico!," pensé.

Mi clase es a las 10, y fue necesario hacer las cosas rápido. Todo empezó a ir mal... eso pasa siempre cuando uno tiene prisa. Cuando busqué mis cosas para el baño, no las encontré. Entonces me duché sin jabón, me cepillé los dientes sin cepillo de dientes y me peiné con las manos. Tampoco encontré ropa limpia, y usé la sucia. Rápido, tomé mis libros. ¿Y Andrés? Roncando°... ¡a las 9:50!

Cuando salí corriendo para la clase, la prisa no me permitió ver el campus desierto. Cuando llegué a la clase, no vi a nadie. No vi al profesor ni a los estudiantes. Por último miré mi reloj, y vi la hora. Las 10 en punto... ¡de la noche!

¡Dormí 24 horas!

Guillermo

**me di cuenta** *I realized* **afortunadamente** *fortunately* **extraño** *strange* **Roncando** *snoring*

# Después de leer

## Seleccionar

Selecciona la respuesta (*answer*) correcta.

1. ¿Quién es el/la narrador(a)? ______.
   a. Andrés
   b. una profesora
   c. Guillermo
2. ¿Qué le molesta al narrador? ______.
   a. Le molestan los exámenes de biología.
   b. Le molesta no tener control de su tiempo.
   c. Le molesta mucho organizar su rutina.
3. ¿Por qué está exhausto? ______.
   a. Porque fue a una fiesta la noche anterior.
   b. Porque no le gusta la biología.
   c. Porque pasó la noche anterior estudiando.
4. ¿Por qué no hay nadie en clase? ______.
   a. Porque es de noche.
   b. Porque todos están de vacaciones.
   c. Porque el profesor canceló la clase.
5. ¿Cómo es la relación de Guillermo y Andrés? ______
   a. Son buenos amigos.
   b. No hablan mucho.
   c. Tienen una buena relación.

## Ordenar

Ordena los sucesos de la narración. Utiliza los números del 1 al 9.

a. Toma el examen de biología. ___
b. No encuentra la bolsa para el baño. ___
c. Andrés se duerme. ___
d. Pasa todo el día y toda la noche estudiando para un examen. ___
e. Se ducha sin jabón. ___
f. Se acuesta temprano. ___
g. Vuelve a su cuarto a las 10 de la noche. ___
h. Se despierta a las 9 y su compañero de cuarto se prepara para dormir. ___
i. Va a clase y no hay nadie. ___

## Contestar

Contesta estas preguntas.

1. ¿Cómo es tu rutina diaria? ¿Muy organizada?
2. ¿Cuándo empiezas a estudiar para los exámenes?
3. ¿Tienes compañero/a de cuarto? ¿Son amigos/as?
4. Para comunicarte con tus amigos/as, ¿prefieres el teléfono o el correo electrónico? ¿Por qué?

# Escritura

## Estrategia

### Sequencing events

Paying strict attention to sequencing in a narrative will ensure that your writing flows logically from one part to the next. Of course, every composition should have an introduction, a body, and a conclusion.

The introduction presents the subject, the setting, the situation, and the people involved. The main part, or the body, describes the events and people's reactions to these events. The conclusion brings the narrative to a close.

Adverbs and adverbial phrases are sometimes used as transitions between the introduction, the body, and the conclusion. Here is a list of commonly used adverbs in Spanish:

| Adverbios | |
|---|---|
| **además; también** | *in addition; also* |
| **al principio; en un principio** | *at first* |
| **antes (de)** | *before* |
| **después** | *then* |
| **después (de)** | *after* |
| **entonces; luego** | *then* |
| **más tarde** | *later* |
| **primero** | *first* |
| **pronto** | *soon* |
| **por fin, finalmente** | *finally* |
| **al final** | *finally* |

## Tema

### Escribe tu rutina

Imagina tu rutina diaria en uno de estos lugares:

- una isla desierta
- el Polo Norte
- un crucero (*cruise ship*) transatlántico
- un desierto

Escribe una composición en la que describes tu rutina diaria en uno de estos lugares, o en algún otro lugar interesante de tu propia° invención. Mientras planeas tu composición, considera cómo cambian algunos de los elementos más básicos de tu rutina diaria en el lugar que escogiste.° Por ejemplo, ¿dónde te acuestas en el Polo Norte?, ¿cómo te duchas en el desierto?

Usa el presente de los verbos reflexivos que conoces e incluye algunos de los adverbios de esta página para organizar la secuencia de tus actividades. Piensa también en la información que debes incluir en cada sección de la narración. Por ejemplo, la introducción puede dar una descripción del lugar y de las personas que están allí, y la conclusión puede dar tus opiniones acerca del° lugar y de tu vida diaria allí.

**tu propia** *your own* **escogiste** *chose* **acerca de** *about*

**1 Ideas y organización**

Utiliza adverbios para planear la secuencia de tu composición.

1. **Primero** 2. **Después** 3. **Entonces** 4. **Más tarde** 5. **Al final**

Al finalizar la secuencia de eventos, escribe unas notas sobre la introducción de tu narración. Recuerda las seis preguntas principales: **¿qué?, ¿quién?, ¿cuándo?, ¿dónde?, ¿cómo?** y **¿por qué?**.

**2 Primer borrador**

Utiliza tus notas de **Ideas y organización** para escribir el primer borrador.

**3 Comentario**

Intercambia° tu composición con la de un(a) compañero/a. Lee su borrador y reflexiona sobre los aspectos mejor escritos°, por ejemplo, los adverbios que conectan las diferentes partes de su composición. Compartan sus impresiones mutuamente. Utiliza estas preguntas para evaluar el trabajo de tu compañero/a:

a. ¿Tiene una introducción con toda la información importante?
b. ¿Es lógica la secuencia de eventos?
c. ¿Tienes sugerencias° para hacer la composición más interesante?
d. ¿Notas algún error de gramática o de ortografía°?

**4 Redacción**

Revisa° el primer borrador según las indicaciones de tu compañero/a. Incorpora nuevas ideas y/o más información para ampliar° tu composición y hacerla más interesante. Utiliza esta guía antes de escribir tu copia final:

a. Subraya° cada verbo para comprobar° la concordancia° con el sujeto y el uso del tiempo correcto. ¡Cuidado con los verbos reflexivos!
b. Revisa la concordancia entre los sustantivos, los artículos y los adjetivos.
c. Comprueba el uso correcto de los pronombres.
d. Revisa la ortografía y la puntuación.

**5 Evaluación y progreso**

Intercambia tu composición con la de otro/a compañero/a. Lee su trabajo y en otra hoja de papel dibuja las escenas que describe utilizando los adverbios que introducen la narración. Tu compañero/a puede usar tus dibujos para presentar la composición a la clase. Cuando tu profesor(a) te devuelva° el trabajo, anota los errores más importantes en **Anotaciones para mejorar la escritura** en tu **Carpeta de trabajos.**

Intercambia *Exchange* mejor escritos *best-written* sugerencias *suggestions* ortografía *spelling* Revisa *Check* ampliar *expand* Subraya *Underline* comprobar *verify* concordancia *agreement* devuelva *returns*

# Escuchar

## Estrategia

**Using background information**

Once you discern the topic of a conversation, take a minute to think about what you already know about the subject. Using this background information will help you guess the meaning of unknown words or linguistic structures.

To help you practice this strategy, you will now listen to a short paragraph. Jot down the subject of the paragraph, and then use your knowledge of the subject to listen for and write down the paragraph's main points.

## Preparación

Según la foto, ¿dónde están Carolina y Julián? Piensa en lo que sabes de este tipo de situación. ¿De qué van a hablar?

## Ahora escucha 

Ahora escucha la entrevista entre Carolina y Julián, teniendo en cuenta (*taking into account*) lo que sabes sobre este tipo de situación. Elige la información que completa correctamente cada oración.

1. Julián es ____.
   a. político
   b. deportista profesional
   c. artista de cine
2. El público de Julián quiere saber de ____.
   a. sus películas
   b. su vida
   c. su novia
3. Julián habla de ____.
   a. sus viajes y sus rutinas
   b. sus parientes y amigos
   c. sus comidas favoritas
4. Julián ____.
   a. se levanta y se acuesta a diferentes horas todos los días
   b. tiene una rutina diaria
   c. no quiere hablar de su vida

## Comprensión

**¿Cierto o falso?**

Indica si las siguientes oraciones son **ciertas** o **falsas** según la información que Julián da en la entrevista.

1. Es difícil despertarme; generalmente duermo hasta las diez. ______
2. Pienso que mi vida no es más interesante que las vidas de ustedes. ______
3. Me gusta tener tiempo para pensar y meditar. ______
4. Nunca hago mucho ejercicio; no soy una persona activa. ______
5. Me fascinan las actividades tranquilas, como escribir y escuchar música clásica. ______
6. Los viajes me parecen aburridos. ______

**Preguntas**

1. ¿Qué tiene Julián en común con otras personas de su misma profesión?
2. ¿Te parece que Julián siempre fue rico? ¿Por qué?
3. ¿Qué piensas de Julián como persona?

recursos

Tú y un grupo de estudiantes están planeando un viaje a Perú para ver las famosas ruinas incas de Machu Picchu. Individualmente o en grupos, planea un itinerario de viaje, incluyendo un programa° diario de actividades.

Investiga el país, la historia del imperio° inca y de la ciudad antigua de Machu Picchu. Busca información práctica y turística para planear la excursión y también investiga las costumbres y la rutina diaria de los peruanos. Considera si algunos aspectos de la rutina diaria de tu grupo van a cambiar° durante el viaje. Por ejemplo, ¿cómo deben vestirse para una excursión a los Andes?

## 1 Prepara el itinerario

Haz un folleto para presentar el itinerario de cada día de viaje e indica la hora para cada actividad. Incluye tiempo para la rutina diaria de tu grupo: cuidado personal, comidas y tiempo libre. Considera también:

- Restaurantes y comidas°
- Transporte: horarios de autobuses, trenes y aviones
- Hoteles: reservaciones, horas de registro°
- Información turística: horario de museos, de parques y de otros lugares turísticos
- Costumbres y rutinas locales
- Fotos y gráficas: elementos visuales para crear interés en el viaje
- Historia, descripciones y otra información interesante y útil para el grupo

PERÚ

Tierra de los Incas

Agencia IncaTour

Cuzco, Perú

## 2 Presenta la información

Usa tu folleto para presentar el itinerario a la clase. Describe el país, la historia inca de Machu Picchu y también las actividades programadas para el viaje, mostrando fotos y respondiendo a las preguntas de tus compañeros.

**recursos para la investigación**

| | | | |
|---|---|---|---|
|  | **Internet** Palabras clave: Perú, fotos de Machu Picchu, turismo, ciudades |  | **Comunidad** Estudiantes o profesores que son del Perú o que vivieron o viajaron allí, peruanos que viven en la comunidad |
|  | **Biblioteca** Mapas, almanaques, revistas, guías turísticas |  | **Otros recursos** Folletos turísticos o revistas viejas que puedes recortar° |

programa *schedule* imperio *empire* cambiar *to change* comidas *meals* registro *check-in* recortar *to cut up*

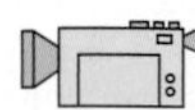

# Perú

## El país en cifras

- **Área:** 1.285.220 km$^2$ (496.224 millas$^2$), *un poco menos que el área de Alaska*
- **Población:** 27.804.000
- **Capital:** Lima —8.185.000
- **Ciudades principales:** Arequipa —764.000, Trujillo —643.000, Chiclayo —527.000, Callao —442.000, Iquitos —348.000

SOURCE: Population Division, UN Secretariat

*Iquitos es un puerto muy importante en el río Amazonas. Desde Iquitos se envían° muchos productos a otros lugares, incluyendo goma°, nueces°, madera°, arroz°, café y tabaco. Iquitos es también un destino popular para los ecoturistas que visitan la selva°.*

- **Moneda:** nuevo sol
- **Idiomas:** español (oficial), quechua (oficial), aimará

Bandera del Perú

### Peruanos célebres

- **Clorinda Matto de Turner,** escritora (1854–1901)
- **César Vallejo,** poeta (1892–1938)
- **Javier Pérez de Cuéllar,** diplomático (1920– )
- **Mario Vargas Llosa,** novelista (1936– )

Mario Vargas Llosa

se envían *are shipped* goma *rubber* nueces *nuts* madera *timber* arroz *rice* selva *jungle* grabó *engraved* tamaño *size*

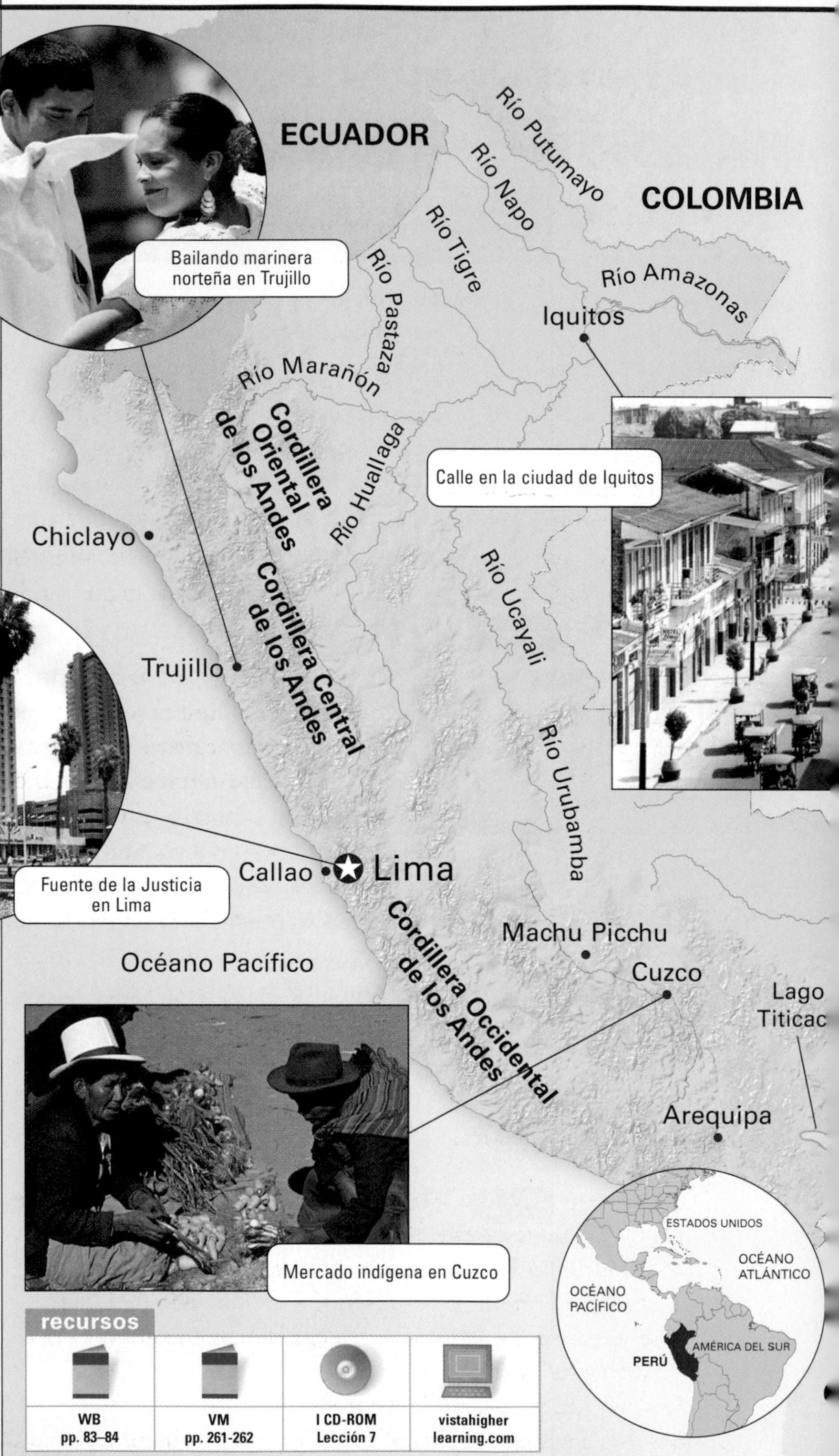

ECUADOR
COLOMBIA
Río Putumayo
Río Napo
Río Tigre
Río Pastaza
Río Amazonas
Iquitos
Río Marañón
Cordillera Oriental de los Andes
Río Huallaga
Chiclayo
Río Ucayali
Cordillera Central de los Andes
Trujillo
Río Urubamba
Callao
Lima
Machu Picchu
Cuzco
Lago Titicaca
Océano Pacífico
Cordillera Occidental de los Andes
Arequipa
ESTADOS UNIDOS
OCÉANO ATLÁNTICO
OCÉANO PACÍFICO
PERÚ
AMÉRICA DEL SUR

Bailando marinera norteña en Trujillo

Calle en la ciudad de Iquitos

Fuente de la Justicia en Lima

Mercado indígena en Cuzco

**recursos**

| WB | VM | I CD-ROM | vistahigher learning.com |
|---|---|---|---|
| pp. 83–84 | pp. 261-262 | Lección 7 | |

## ¡Increíble pero cierto!

Hace más de dos mil años la civilización nazca de Perú grabó° más de 2.000 km de líneas en el desierto. Los dibujos sólo son descifrables desde el aire. Uno de ellos es un cóndor del tamaño° de un estadio. Las Líneas de Nazca son uno de los grandes misterios de la humanidad.

## Lugares • Lima

Lima es una ciudad moderna y antigua° a la vez°. La Iglesia de San Francisco es notable por la influencia de la arquitectura árabe. También son fascinantes las exhibiciones sobre los incas en el Museo del Oro del Perú y en el Museo Nacional de Antropología y Arqueología. Barranco, el barrio° bohemio de la ciudad, es famoso por su ambiente cultural y sus bares y restaurantes.

RASIL

## Historia • Los incas

Antes del siglo° XVI, los incas desarrollaron° sistemas avanzados de comunicaciones y de contabilidad y construyeron° acueductos, calles° y templos. A 80 kilómetros al noroeste de Cuzco está Machu Picchu, una ciudad antigua del imperio inca. Está a una altitud de 2.350 metros (7.710 pies), entre dos cimas° de los Andes. Cuando los conquistadores españoles llegaron a Perú, nunca encontraron a Machu Picchu. En 1911, el arqueólogo norteamericano Hiram Bingham la descubrió. Todavía no se sabe° ni cómo se construyó una ciudad a esa altura, ni por qué los incas la abandonaron.

## Artes • La música andina

Machu Picchu aún no existía° cuando se originó la música cautivadora° de las antiguas culturas indígenas de los Andes. Las influencias española y africana le prestaron a esta música sus ritmos de hoy. Dos tipos de flauta°, la quena y la antara, producen esta música tan particular. En las décadas de los sesenta y los setenta se popularizó un movimiento para preservar la música andina, y hasta° Simon y Garfunkel la incorporaron en su repertorio con la canción° "El cóndor pasa".

## Economía • Llamas y alpacas

El Perú se conoce° por sus llamas, alpacas, guanacos y vicuñas, todos animales mamíferos° parientes del camello. Estos animales todavía son de enorme importancia para la economía del país. Dan lana° para hacer ropa, mantas°, bolsas y artículos turísticos. La llama se usa también para la carga y el transporte.

OLIVIA

**¿Qué aprendiste?** Responde a las preguntas con una frase completa.

1. ¿Qué productos envía Iquitos a otros lugares?
2. ¿Cuáles son las lenguas oficiales del Perú?
3. ¿Por qué es notable la Iglesia de San Francisco en Lima?
4. ¿Por qué los conquistadores españoles no encontraron la ciudad de Machu Picchu?
5. ¿Qué son la quena y la antara?
6. ¿Qué hacen los peruanos con la lana de sus llamas y alpacas?

**Conexión Internet** Investiga estos temas en el sitio **www.vistahigherlearning.com.**

1. Investiga la cultura incaica. ¿Cuáles son algunos de los aspectos interesantes de su cultura?
2. Busca información sobre dos artistas, escritores o músicos peruanos, y presenta un breve informe a tu clase.

antigua *old* a la vez *at the same time* barrio *neighborhood* siglo *century* desarrollaron *developed* construyeron *built* calles *roads* cimas *summits* no se sabe *it is not known* no existía *didn't exist* cautivadora *captivating* flauta *flute* hasta *even* canción *song* se conoce *is known* mamíferos *mammalian* lana *wool* mantas *blankets*

## Los verbos reflexivos

| | |
|---|---|
| **acordarse (de) (o:ue)** | *to remember* |
| **acostarse (o:ue)** | *to go to bed* |
| **afeitarse** | *to shave* |
| **bañarse** | *to bathe; take a bath* |
| **cepillarse el pelo** | *to brush one's hair* |
| **cepillarse los dientes** | *to brush one's teeth* |
| **despedirse (de) (e:i)** | *to say good-bye (to)* |
| **despertarse (e:ie)** | *to wake up* |
| **dormirse (o:ue)** | *to go to sleep; to fall asleep* |
| **ducharse** | *to shower; to take a shower* |
| **enojarse (con)** | *to get angry (with)* |
| **irse** | *to go away; to leave* |
| **lavarse la cara** | *to wash one's face* |
| **lavarse las manos** | *to wash one's hands* |
| **levantarse** | *to get up* |
| **llamarse** | *to be called; to be named* |
| **maquillarse** | *to put on makeup* |
| **peinarse** | *to comb one's hair* |
| **ponerse** | *to put on* |
| **ponerse (+ *adj.*)** | *to become (+ adj.)* |
| **preocuparse (por)** | *to worry (about)* |
| **probarse (o:ue)** | *to try on* |
| **quedarse** | *to stay; to remain* |
| **quitarse** | *to take off* |
| **secarse** | *to dry (oneself)* |
| **sentarse (e:ie)** | *to sit down* |
| **sentirse (e:ie)** | *to feel* |
| **vestirse (e:i)** | *to get dressed* |

## Palabras de secuencia

| | |
|---|---|
| **antes (de)** | *before* |
| **después (de)** | *afterwards; then* |
| **después de** | *after* |
| **durante** | *during* |
| **entonces** | *then* |
| **luego** | *then* |
| **más tarde** | *later* |
| **por último** | *finally* |

## Palabras afirmativas y negativas

| | |
|---|---|
| **algo** | *something; anything* |
| **alguien** | *someone; somebody; anyone* |
| **alguno/a(s), algún** | *some; any* |
| **jamás** | *never; not ever* |
| **nada** | *nothing; not anything* |
| **nadie** | *no one; nobody; not anyone* |
| **ni... ni** | *neither... nor* |
| **ninguno/a, ningún** | *no; none; not any* |
| **nunca** | *never; not ever* |
| **o... o** | *either... or* |
| **siempre** | *always* |
| **también** | *also; too* |
| **tampoco** | *neither; not either* |

## En el baño

| | |
|---|---|
| **el baño, el cuarto de baño** | *bathroom* |
| **el champú** | *shampoo* |
| **la crema de afeitar** | *shaving cream* |
| **la ducha** | *shower* |
| **el espejo** | *mirror* |
| **el inodoro** | *toilet* |
| **el jabón** | *soap* |
| **el lavabo** | *sink* |
| **el maquillaje** | *makeup* |
| **la pasta de dientes** | *toothpaste* |
| **la toalla** | *towel* |

## Gustar y verbos similares

| | |
|---|---|
| **aburrir** | *to bore* |
| **encantar** | *to like very much; to love (inanimate objects)* |
| **faltar** | *to lack; to need* |
| **fascinar** | *to fascinate* |
| **gustar** | *to be pleasing to; to like* |
| **importar** | *to be important to; to matter* |
| **interesar** | *to be interesting to; to interest* |
| **molestar** | *to bother; to annoy* |
| **quedar** | *to be left over; to fit (clothing)* |

## Palabras adicionales

| | |
|---|---|
| **el despertador** | *alarm clock* |
| **las pantuflas** | *slippers* |
| **la rutina diaria** | *daily routine* |
| **por la mañana** | *in the morning* |
| **por la noche** | *at night* |
| **por la tarde** | *in the afternoon; in the evening* |

| | |
|---|---|
| **Expresiones útiles** | *See page 207.* |

**recursos**

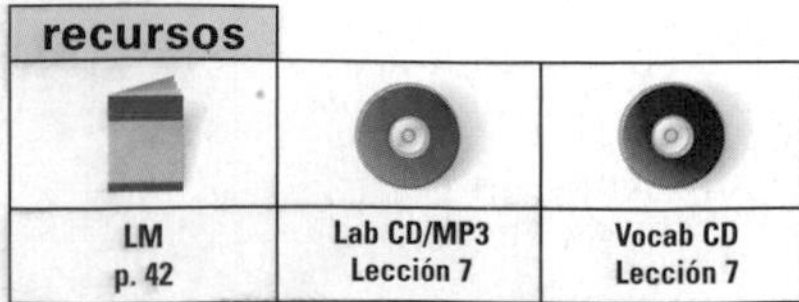

| LM p. 42 | Lab CD/MP3 Lección 7 | Vocab CD Lección 7 |
|---|---|---|

# La comida

# 8

## Communicative Goals

***You will learn how to:***

- **Order food in a restaurant**
- **Talk about and describe food**

**A PRIMERA VISTA**

- ¿Están ellos en un restaurante?
- ¿Qué hacen? ¿Es parte de su rutina diaria?
- ¿Les gusta la comida?
- ¿Lleva él una camisa de cuadros o de rayas?

# La comida

## Más vocabulario

| | |
|---|---|
| **el/la camarero/a** | *waiter* |
| **la comida** | *food; meal* |
| **el/la dueño/a** | *owner; landlord* |
| **los entremeses** | *hors d'oeuvres* |
| **el menú** | *menu* |
| **el plato (principal)** | *(main) dish* |
| **la sección de (no) fumar** | *(non) smoking section* |
| **el agua (mineral)** | *(mineral) water* |
| **la bebida** | *drink* |
| **la cerveza** | *beer* |
| **la leche** | *milk* |
| **el ajo** | *garlic* |
| **las arvejas** | *peas* |
| **los cereales** | *cereal; grain* |
| **los frijoles** | *beans* |
| **el melocotón** | *peach* |
| **las papas/patatas (fritas)** | *(fried) potatoes; French fries* |
| **el pollo (asado)** | *(roast) chicken* |
| **el queso** | *cheese* |
| **la sandía** | *watermelon* |
| **el sándwich** | *sandwich* |
| **el yogur** | *yogurt* |
| **el aceite** | *oil* |
| **la margarina** | *margarine* |
| **la mayonesa** | *mayonnaise* |
| **el refresco** | *soft drink* |
| **el vinagre** | *vinegar* |
| **delicioso/a** | *delicious* |
| **rico/a** | *tasty; delicious* |
| **sabroso/a** | *tasty; delicious* |

Las frutas

la pera

la banana

las uvas

la naranja

el limón

Las verduras

el maíz

la cebolla

la lechuga

el champiñón

la zanahoria

el tomate

## Variación léxica

camarones ⟷ gambas (*Esp.*)

camarero ⟷ mesero (*Amér. L.*), mesonero (*Ven.*), mozo (*Arg., Chile, Urug., Perú*)

refresco ⟷ gaseosa (*Amér. C., Amér. S.*)

**recursos**

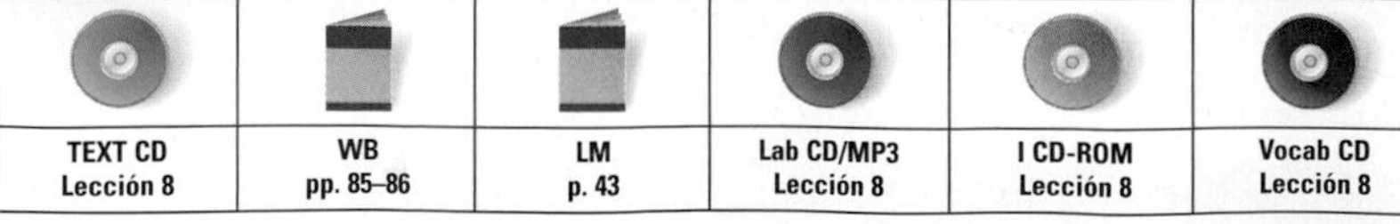

| TEXT CD | WB | LM | Lab CD/MP3 | I CD-ROM | Vocab CD |
|---|---|---|---|---|---|
| Lección 8 | pp. 85–86 | p. 43 | Lección 8 | Lección 8 | Lección 8 |

**¡LENGUA VIVA!**

Many fruits and vegetables have a variety of names:

**arveja ↔ guisante, chícharo**
**banana ↔ banano, plátano, guineo**
**champiñón ↔ seta, hongo**
**frijol ↔ habichuela**
**maíz ↔ choclo, elote**
**papa ↔ patata**
**tomate ↔ jitomate**

# Práctica

**1** **Escuchar** Indica si las frases que vas a escuchar son **ciertas** o **falsas**, según el dibujo. Después, corrige (*correct*) las frases falsas.

1. ________
2. ________
3. ________
4. ________
5. ________
6. ________
7. ________
8. ________
9. ________
10. ________

**2** **Identificar** Identifica la palabra que no está relacionada con su grupo.

1. champiñón • cebolla • banana • zanahoria ________
2. camarones • ajo • atún • salmón ________
3. aceite • leche • refresco • agua mineral ________
4. jamón • chuleta de cerdo • vinagre • carne de res ________
5. cerveza • lechuga • arvejas • frijoles ________
6. carne • pescado • mariscos • camarero ________
7. pollo • naranja • limón • melocotón ________
8. maíz • queso • tomate • champiñón ________
9. rico • sabroso • menú • delicioso ________
10. pescado • mariscos • salmón • bebida ________

**3** **Completar** Completa las frases con las palabras más lógicas.

1. ¡Me gusta mucho este plato! Es _____.
   a. feo b. sabroso c. antipático
2. Camarero, ¿puedo ver el _____, por favor?
   a. aceite b. maíz c. menú
3. A Elena no le gusta la _____ pero le gusta mucho la fruta.
   a. carne b. uva c. naranja
4. Carlos y yo bebemos siempre agua _____.
   a. cómodo b. mineral c. principal
5. Antes de su plato principal, Maribel comió _____.
   a. cereales b. entremeses c. cerveza
6. El plato del día es _____.
   a. el pollo asado b. la mayonesa c. el ajo
7. Margarita es vegetariana. Ella come _____.
   a. frijoles b. chuletas c. jamón
8. Mi hermana le sirve _____ a su niña.
   a. ajo b. vinagre c. yogur

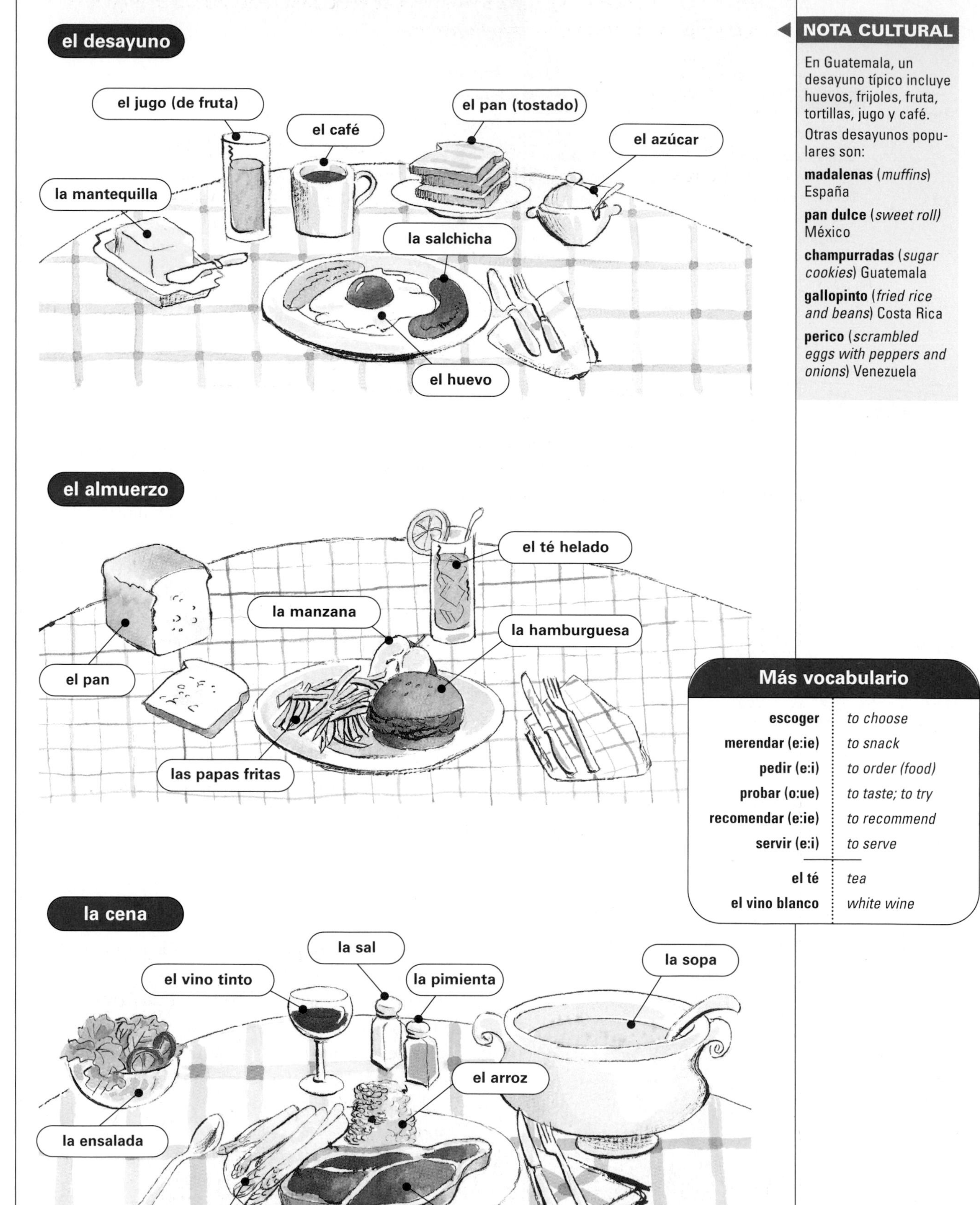


**NOTA CULTURAL**

En Guatemala, un desayuno típico incluye huevos, frijoles, fruta, tortillas, jugo y café.

Otras desayunos populares son:

**madalenas** (*muffins*) España

**pan dulce** (*sweet roll*) México

**champurradas** (*sugar cookies*) Guatemala

**gallopinto** (*fried rice and beans*) Costa Rica

**perico** (*scrambled eggs with peppers and onions*) Venezuela

**Más vocabulario**

| | |
|---|---|
| **escoger** | *to choose* |
| **merendar (e:ie)** | *to snack* |
| **pedir (e:i)** | *to order (food)* |
| **probar (o:ue)** | *to taste; to try* |
| **recomendar (e:ie)** | *to recommend* |
| **servir (e:i)** | *to serve* |
| **el té** | *tea* |
| **el vino blanco** | *white wine* |

4

**Completar** Trabaja con un(a) compañero/a de clase para relacionar cada producto con el grupo alimenticio (*food group*) correcto.

modelo

La carne es del grupo uno.

| | | | |
|---|---|---|---|
| el aceite | las bananas | los cereales | la leche |
| el arroz | el café | los espárragos | el pescado |
| el azúcar | la carne | los frijoles | el vino |

1. ____________ y el queso son del grupo cuatro.
2. ____________ son del grupo ocho.
3. ____________ y el pollo son del grupo tres.
4. ____________ es del grupo cinco.
5. ____________ es del grupo dos.
6. Las manzanas y ____________ son del grupo siete.
7. ____________ es del grupo seis.
8. ____________ son del grupo diez.
9. ____________ y los tomates son del grupo nueve.
10. El pan y ____________ son del grupo diez.

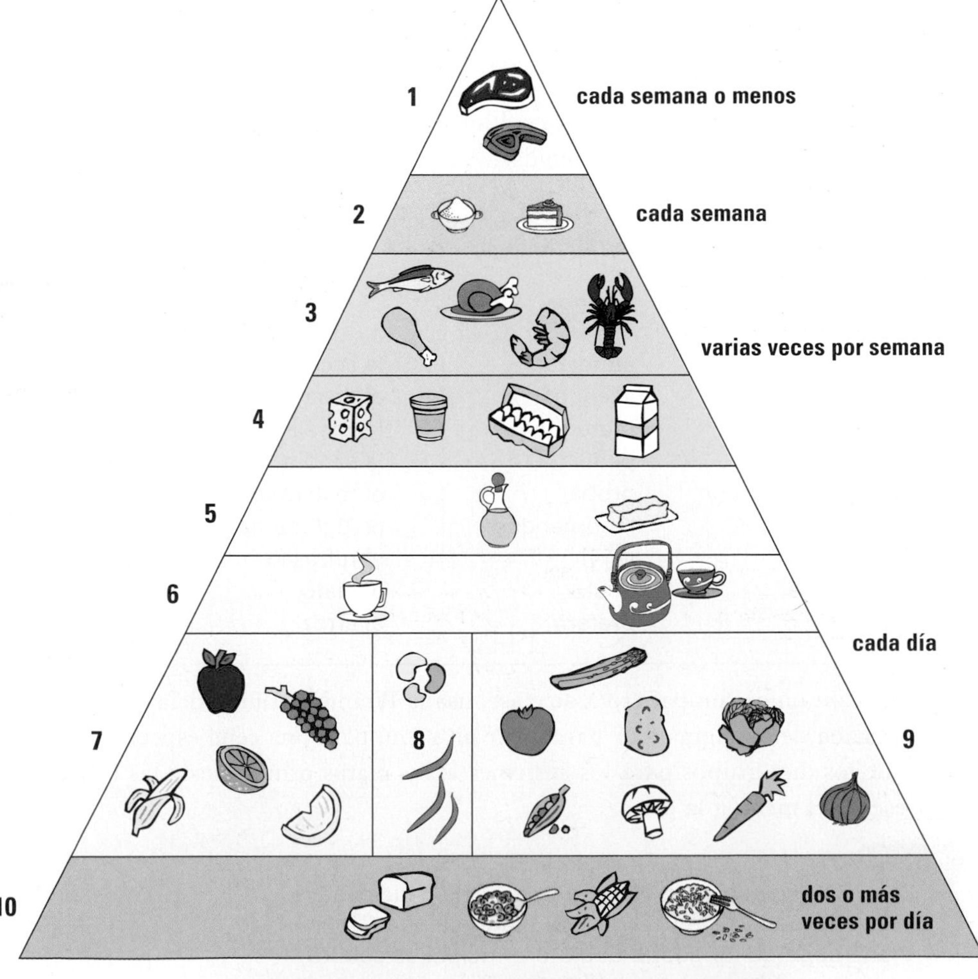


La Pirámide Alimenticia Latinoamericana

**5**

**¿Cierto o falso?** Consulta la Pirámide Alimenticia Latinoamericana de la página 237 e indica si las frases son **ciertas** o **falsas**. Si la frase es falsa, escribe las comidas que sí están en el grupo indicado.

*modelo*

El queso está en el grupo diez.
*Falso. En ese grupo están el maíz, el pan y el arroz.*

1. La manzana, la banana, el limón y las arvejas están en el grupo siete.
2. En el grupo cuatro están los huevos, la leche y el aceite.
3. El azúcar está en el grupo dos.
4. En el grupo diez están el pan, el arroz y el maíz.
5. El pollo está en el grupo uno.
6. En el grupo nueve están la lechuga, el tomate, las arvejas, la naranja, la papa, los espárragos y la cebolla.
7. En el grupo seis están el café y el té.
8. En el grupo cinco está el arroz.
9. En el grupo tres están el pescado, el yogur y el bistec.
10. En el grupo ocho está la cerveza.

**6**

**Combinar** Combina palabras de cada columna, en cualquier (*any*) orden, para formar diez frases lógicas sobre las comidas. Añade otras palabras si es necesario.

*modelo*

La camarera nos sirve la ensalada.

| A | B | C |
|---|---|---|
| El/La camarero/a | almorzar | la sección de no fumar |
| El/La dueño/a | escoger | el desayuno |
| Mi familia | merendar | la ensalada |
| Mi novio/a | pedir | la sandía |
| Mis amigos y yo | probar | el restaurante |
| Mis padres | recomendar | el jugo de naranja |
| Mi hermano/a | servir | el refresco |
| El/La médico/a | gustar | el plato |
| Yo | preferir | el arroz |

**NOTA CULTURAL**

El arroz es un alimento básico en el Caribe, Centroamérica y México. Aparece frecuentemente como acompañante de un plato principal y se sirve con frijoles muchas veces. Un plato muy popular en varios países es el **arroz con pollo** *(chicken and rice casserole)*.

**7**

**Un menú** Con un(a) compañero/a de clase, usa la Pirámide Alimenticia Latinoamericana de la página 237 para crear un menú para una cena especial. Incluye alimentos de los diez grupos para los entremeses, los platos principales y las bebidas. Luego presenta el menú a la clase.

*modelo*

La cena especial que voy a preparar es deliciosa. Primero, hay dos entremeses: una ensalada César y una sopa de langosta. El plato principal es salmón con una salsa de ajo y espárragos. También voy a servir arroz...

# Comunicación

8 

**Conversación** En grupos, contesten las siguientes preguntas.

1. ¿Meriendas mucho durante el día? ¿Qué comes? ¿A qué hora?
2. ¿Qué comidas te gustan más para la cena?
3. ¿A qué hora, dónde y con quién almuerzas?
4. ¿Cuáles son las comidas más (*most*) típicas de tu almuerzo?
5. ¿Desayunas? ¿Qué comes y bebes por la mañana?
6. ¿Qué comida deseas probar?
7. ¿Comes cada día comidas de los diferentes grupos de la pirámide alimenticia? ¿Cuáles son las comidas y bebidas más frecuentes en tu dieta?
8. ¿Qué comida recomiendas a tus amigos? ¿Por qué?
9. ¿Eres vegetariano/a? ¿Crees que ser vegetariano/a es una buena idea? ¿Por qué?
10. ¿Te gusta cocinar (*cook*)? ¿Qué comidas preparas para tus amigos? ¿Para tu familia?

**¡LENGUA VIVA!**

In addition to **beber,** the verb **tomar** is often used to express *to drink.*

9

**Describir** Con dos compañeros/as de clase, describe las dos fotos, contestando las siguientes preguntas.

- ¿Quiénes están en las fotos?
- ¿Dónde están?
- ¿Qué hora es?
- ¿Qué comen y qué beben?

10  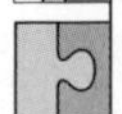

**Crucigrama *(Crossword puzzle)*** Tu profesor(a) les va a dar a ti y a tu compañero/a un crucigrama incompleto. Tú tienes las palabras que necesita tu compañero/a y él/ella tiene las palabras que tú necesitas. Tienen que darse pistas *(clues)* para completarlo. No pueden decir la palabra necesaria; deben utilizar definiciones, ejemplos y frases incompletas.

*modelo*

**13 vertical:** Es un condimento que normalmente viene con la sal.
**10 horizontal:** Es una fruta amarilla.

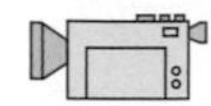

# ¿Qué tal la comida?

**Don Francisco y los estudiantes van al restaurante El Cráter.**

**PERSONAJES**

MAITE

INÉS

DON FRANCISCO

ÁLEX

JAVIER

DOÑA RITA

CAMARERO

**JAVIER** ¿Sabes dónde estamos?

**INÉS** Mmm, no sé. Oiga, don Francisco, ¿sabe usted dónde estamos?

**DON FRANCISCO** Estamos cerca de Cotacachi.

**ÁLEX** ¿Dónde vamos a almorzar, don Francisco? ¿Conoce un buen restaurante en Cotacachi?

**DON FRANCISCO** Pues, conozco a doña Rita Perales, la dueña del mejor restaurante de la ciudad, el restaurante El Cráter.

**DOÑA RITA** Hombre, don Paco, ¿Usted por aquí?

**DON FRANCISCO** Sí, doña Rita... y hoy le traigo clientes. Le presento a Maite, Inés, Álex y Javier. Los llevo a las montañas para ir de excursión.

**MAITE** Voy a tomar un caldo de patas y un lomo a la plancha.

**JAVIER** Para mí las tortillas de maíz y el ceviche de camarón.

**ÁLEX** Yo también quisiera las tortillas de maíz y el ceviche.

**INÉS** Voy a pedir caldo de patas y lomo a la plancha.

**DON FRANCISCO** Yo quiero tortillas de maíz y una fuente de fritada, por favor.

**DOÑA RITA** Y de tomar, les recomiendo el jugo de piña, frutilla y mora. ¿Se lo traigo a todos?

**TODOS** Sí, perfecto.

**CAMARERO** ¿Qué plato pidió usted?

**MAITE** Un caldo de patas y lomo a la plancha.

**recursos**

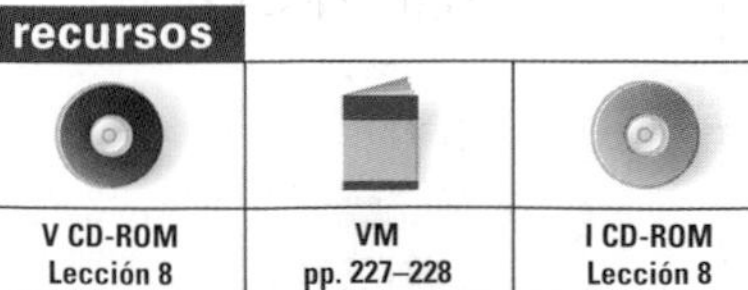

| V CD-ROM Lección 8 | VM pp. 227–228 | I CD-ROM Lección 8 |
|---|---|---|

4

**DOÑA RITA** ¡Bienvenidos al restaurante El Cráter! Están en muy buenas manos... don Francisco es el mejor conductor del país. Y no hay nada más bonito que nuestras montañas. Pero si van a ir de excursión deben comer bien. Vengan chicos, por aquí.

5

**JAVIER** ¿Qué nos recomienda Ud.?

**DOÑA RITA** Bueno, las tortillas de maíz son riquísimas. La especialidad de la casa es el caldo de patas... ¡tienen que probarlo! El lomo a la plancha es un poquito más caro que el caldo pero es sabrosísimo. También les recomiendo el ceviche y la fuente de fritada.

9

**DOÑA RITA** ¿Qué tal la comida? ¿Rica?

**JAVIER** Rica, no. ¡Riquísima!

**ÁLEX** Sí. ¡Y nos la sirvieron tan rápidamente!

**MAITE** Una comida deliciosa, gracias.

10

**DON FRANCISCO** Hoy es el cumpleaños de Maite...

**DOÑA RITA** ¡Ah! Tenemos unos pasteles que están como para chuparse los dedos...

## Enfoque cultural La comida hispana

La cocina (*cuisine*) hispana es una combinación de comidas e ingredientes de varias regiones. La carne de res, la papa, el maíz y el chile, por ejemplo, son característicos de los países andinos. Los frijoles, el arroz, la caña de azúcar y la banana son productos típicos de los países del Caribe. La cocina española incorpora pescados y carnes cocinados (*cooked*) con condimentos como el ajo y la cebolla. La comida típica de Centroamérica es similar a la mexicana y consta de (*consists of*) carne, pescados, chile, tortillas y salsas.

## Expresiones útiles

### Finding out where you are

▶ **¿Sabe Ud./Sabes dónde estamos?**
*Do you know where we are?*

▷ **Estamos cerca de Cotacachi.**
*We're near Cotacachi.*

### Talking about people and places you're familiar with

▶ **¿Conoce usted/Conoces un buen restaurante en Cotacachi?**
*Do you know a good restaurant in Cotacachi?*

▷ **Sí, conozco varios.**
*Yes, I know several.*

▶ **¿Conoce/Conoces a doña Rita?**
*Do you know doña Rita?*

### Ordering food

▶ **¿Qué le puedo traer?**
*What can I bring you?*

▷ **Voy a tomar/pedir un caldo de patas y un lomo a la plancha.**
*I am going to have/to order the beef soup and grilled flank steak.*

▷ **Para mí las tortillas de maíz y el ceviche de camarón, por favor.**
*Corn tortillas and lemon-marinated shrimp for me, please.*

▷ **Yo también quisiera...**
*I also would like...*

▷ **Y de tomar, el jugo de piña, frutilla y mora.**
*And pineapple/strawberry/ blackberry juice to drink.*

▶ **¿Qué plato pidió usted?**
*What did you order?*

▷ **Yo pedí un caldo de patas.**
*I ordered the beef soup.*

### Talking about the food at a restaurant

▶ **¿Qué tal la comida?**
*How is the food?*

▷ **Muy rica, gracias.**
*Very tasty, thanks.*

▷ **¡Riquísima!**
*Extremely delicious!*

# Reacciona a la fotonovela

**1**

**Escoger** Escoge la respuesta (*answer*) que completa mejor (*best*) cada oración.

1. Don Francisco lleva a los estudiantes a _____ al restaurante de una amiga.
   a. cenar b. desayunar c. almorzar
2. Doña Rita es _____.
   a. la hermana de don Francisco b. la dueña del restaurante
   c. una camarera que trabaja en El Cráter
3. Doña Rita les recomienda a los viajeros _____.
   a. el caldo de patas y el lomo a la plancha
   b. el bistec, las verduras frescas y el vino tinto c. unos pasteles (*cakes*)
4. Inés va a pedir _____.
   a. las tortillas de maíz y una fuente de fritada (*mixed grill*)
   b. el ceviche de camarón y el caldo de patas
   c. el caldo de patas y el lomo a la plancha

**NOTA CULTURAL**

El **ceviche** es un plato típico de Suramérica. Se prepara con jugo de limón, cebolla, chiles y pescado crudo *(raw)* o mariscos.

**2**

**Identificar** Indica quién puede decir las siguientes frases.

1. No me gusta esperar en los restaurantes. ¡Qué bueno que nos sirvieron rápidamente!
2. Les recomiendo la especialidad de la casa.
3. ¡Maite y yo pedimos los mismos platos!
4. Disculpe, señora… ¿qué platos recomienda usted?
5. Yo conozco a una señora que tiene un restaurante excelente. Les va a gustar mucho.
6. Hoy es mi cumpleaños (*birthday*).

INÉS

ÁLEX

DOÑA RITA

DON FRANCISCO

MAITE

JAVIER

**3**

**Preguntas** Contesta las siguientes preguntas sobre la **Fotonovela.**

1. ¿Dónde comieron don Francisco y los estudiantes?
2. ¿Cuál es la especialidad de El Cráter?
3. ¿Qué pidió Javier? ¿Y Álex? ¿Qué tomaron todos?
4. ¿Qué tal los pasteles en El Cráter?

**4**

**En el restaurante**

1. Prepara con un(a) compañero/a una conversación en la que le preguntas si conoce algún buen restaurante en tu comunidad. Tu compañero/a responde que él/ella sí conoce un restaurante que sirve una comida deliciosa. Lo/La invitas a cenar y tu compañero/a acepta. Determinan la hora para verse en el restaurante y se despiden (*say goodbye*).
2. Trabaja con un(a) compañero/a para representar los papeles (*roles*) de un(a) cliente/a y un(a) camarero/a en un restaurante. El/La camarero/a te pregunta qué te puede servir y tú preguntas cuál es la especialidad de la casa. El/La camarero/a te dice cuál es la especialidad y te recomienda algunos platos del menú. Tú pides entremeses, un plato principal y escoges una bebida. El/La camarero/a te da las gracias y luego te sirve la comida.

**CONSÚLTALO**

To review indefinite words like **algún**, see **Estructura 7.2**, p. 214.

# Pronunciación

## ll, ñ, c, and z

| **pollo** | **llave** | **ella** | **cebolla** |
|---|---|---|---|

Most Spanish speakers pronounce the letter **ll** like the *y* in *yes.*

| **mañana** | **señor** | **baño** | **niña** |
|---|---|---|---|

The letter ***ñ*** is pronounced much like the *ny* in *canyon.*

| **café** | **colombiano** | **cuando** | **rico** |
|---|---|---|---|

Before **a**, **o**, or **u**, the Spanish **c** is pronounced like the *c* in *car.*

| **cereales** | **delicioso** | **conducir** | **conocer** |
|---|---|---|---|

Before **e** or **i**, the Spanish **c** is pronounced like the *s* in *sit*. (In parts of Spain, **c** before **e** or **i** is pronounced like the *th* in *think.*)

| **zeta** | **zanahoria** | **almuerzo** | **cerveza** |
|---|---|---|---|

The Spanish **z** is pronounced like the *s* in *sit.* (In parts of Spain, **z** is pronounced like the *th* in *think.*)

**Práctica** Lee las palabras en voz alta.

1. mantequilla
2. cuñado
3. aceite
4. manzana
5. español
6. cepillo
7. zapato
8. azúcar
9. quince
10. compañera
11. almorzar
12. calle

**Oraciones** Lee las oraciones en voz alta.

1. Mi compañero de cuarto se llama Toño Núñez. Su familia es de la ciudad de Guatemala y de Quetzaltenango.
2. Dice que la comida de su mamá es deliciosa, especialmente su pollo al champiñón y sus tortillas de maíz.
3. Creo que Toño tiene razón porque hoy cené en su casa y quiero volver mañana para cenar allí otra vez.

**Refranes** Lee los refranes en voz alta.

Panza llena, corazón contento.[2]

1 Looks can be deceiving.
2 A full belly makes a happy heart.

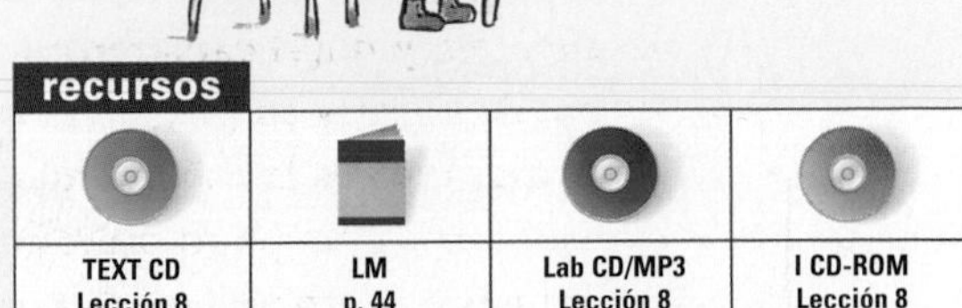

# 8.1 Preterite of stem-changing verbs

**ANTE TODO** As you learned in **Lección 6**, **–ar** and **–er** stem-changing verbs have no stem change in the preterite. **–Ir** stem-changing verbs, however, do have a stem change. Study the following charts and observe where the stem changes occur.

recursos
- WB pp. 87–94
- LM pp. 45–48
- Lab CD/MP3 Lección 8
- I CD-ROM Lección 8
- vistahigherlearning.com

**Preterite of *–ir* stem-changing verbs**

| | | **servir** *(to serve)* | **dormir** *(to sleep)* |
|---|---|---|---|
| SINGULAR FORMS | yo | serví | dormí |
| | tú | serviste | dormiste |
| | Ud./él/ella | s**i**rvió | d**u**rmió |
| PLURAL FORMS | nosotros/as | servimos | dormimos |
| | vosotros/as | servisteis | dormisteis |
| | Uds./ellos/ellas | s**i**rvieron | d**u**rmieron |

▶ Stem-changing **–ir** verbs, in the preterite only, have a stem change in the third-person singular and plural forms. The stem change consists of either **e** to **i** or **o** to **u**.

(e → i) pedir: p**i**dió, p**i**dieron (o → u) morir (*to die*): m**u**rió, m**u**rieron

**¡INTÉNTALO!** Cambia los infinitivos al pretérito.

1. Yo serví. (servir, dormir, pedir, preferir, repetir, seguir)
2. Usted consegui. (morir, conseguir, pedir, sentirse, despedirse, vestirse)
3. Tú pidiste. (conseguir, servir, morir, pedir, dormir, repetir)
4. Ellas durmieron. (repetir, dormir, seguir, preferir, morir, servir)
5. Nosotros segimos. (seguir, preferir, servir, vestirse, despedirse, dormirse)
6. Ustedes __________. (sentirse, vestirse, conseguir, pedir, despedirse, dormirse)
7. Él __________. (dormir, morir, preferir, repetir, seguir, pedir)

# Práctica

**1**

**NOTA CULTURAL**

El horario de las comidas en España es muy distinto al de los EE.UU. El desayuno es muy ligero (*light*). La hora de la comida, o el almuerzo, es entre las 2 y las 3 de la tarde. Es la comida más importante del día. Mucha gente come una merienda o tapas por la tarde. La cena, normalmente ligera, suele ser entre las 9 y 11 de la noche.

**Completar** Completa las siguientes frases para describir lo que pasó anoche en el restaurante El Famoso.

1. Paula y Humberto Suárez llegaron al restaurante El Famoso a las ocho y se gier (seguir) al camarero a una mesa en la sección de no fumar.
2. El señor Suárez pedios (pedir) una chuleta de cerdo. La señora Suárez decidió probar los camarones.
3. Para tomar, los dos pedieron (pedir) vino tinto.
4. El camarero repetió (repetir) el pedido (*the order*) para confirmarlo.
5. La comida tardó mucho (*took a long time*) en llegar y los señores Suárez durmieron (dormirse) esperando la comida.
6. A las nueve el camarero les serví (servir) la comida.
7. Después de comer la chuleta de cerdo, el señor Suárez sentió (sentirse) muy mal.
8. De repente, el señor Suárez se morió (morir).
9. Pobre señor Suárez… ¿por qué no pedió (pedir) los camarones?

**2**

**El camarero loco** En el restaurante La Hermosa trabaja un camarero muy loco que siempre comete muchos errores. Indica lo que los clientes pidieron y lo que el camarero les sirvió.

*modelo*

Armando / papas fritas

Armando pidió papas fritas, pero el camarero le sirvió maíz.

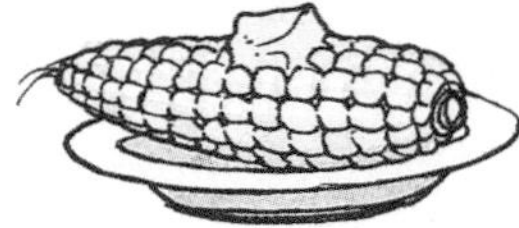

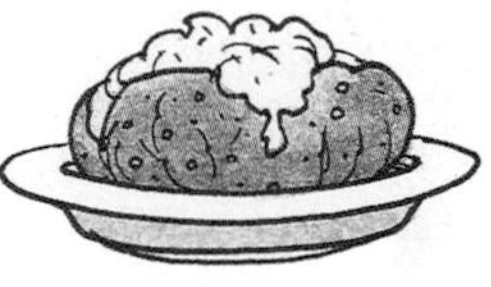

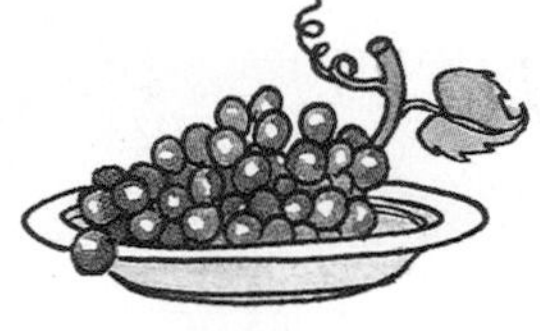

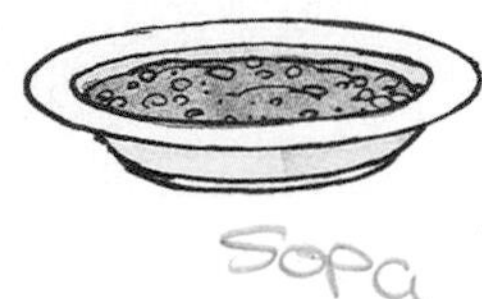

1. Nosotros / jugo de naranja

Nosotros pidiamos juga

2. Beatriz / queso

sopa

3. Tú / arroz

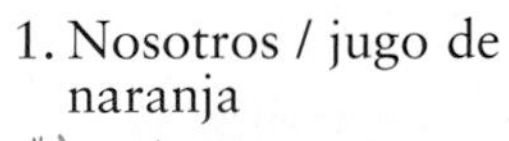

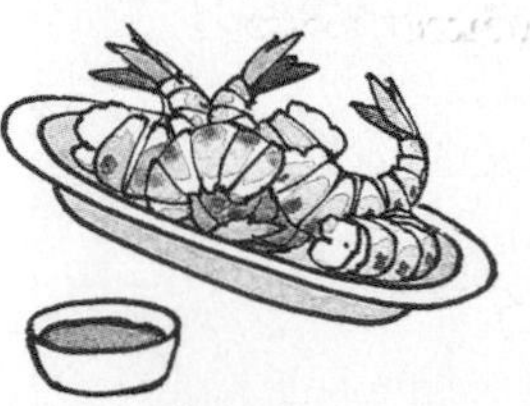

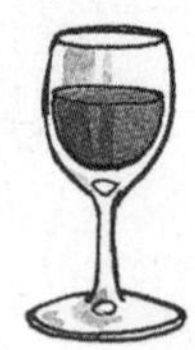

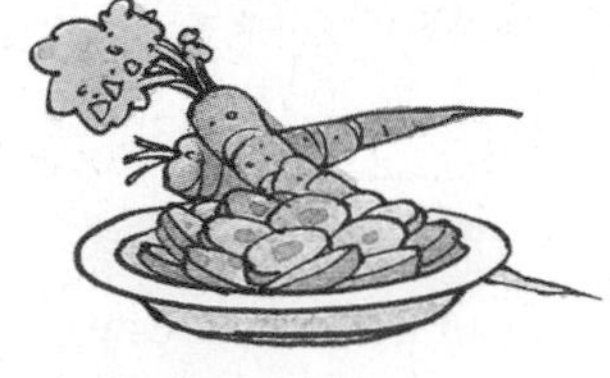

4. Elena y Alejandro /atún

camarones

5. Usted / agua mineral

vino

6. Yo / hamburguesa

zanahoria

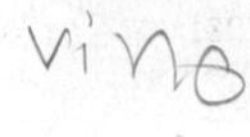

# Comunicación

3 **El almuerzo** Completa las oraciones de César de una manera lógica.

*modelo*

Mi compañero de cuarto se despertó temprano, pero yo...

*Mi compañero de cuarto se despertó temprano, pero yo me desperté tarde.*

1. Yo llegué al restaurante a tiempo, pero mis amigos...
2. Beatriz pidió la ensalada de frutas, pero yo...
3. Yolanda les recomendó el bistec, pero Eva y Paco...
4. Nosotros preferimos las papas fritas, pero Yolanda...
5. El camarero sirvió la carne, pero yo...
6. Beatriz y yo pedimos café, pero Yolanda y Paco...
7. Eva se sintió enferma, pero Paco y yo...
8. Nosotros repetimos el postre, pero Eva...
9. Ellos salieron tarde, pero yo...
10. Yo me dormí temprano, pero mi compañero de cuarto...

**NOTA CULTURAL**

Hay cerca de 4.000 variedades de **papa**. Los incas del Perú fueron los primeros en cultivar papas en el año 200 a.C.

Las utilizaron para curar heridas (*injuries*), prevenir enfermedades (*diseases*) y ayudar con la digestión.

4 **Entrevista** Trabajen en parejas y túrnense para entrevistar a su compañero/a.

1. ¿Te acostaste tarde o temprano anoche? ¿A qué hora te dormiste? ¿Dormiste bien?
2. ¿A qué hora te despertaste esta mañana? Y ¿a qué hora te levantaste?
3. ¿A qué hora vas a acostarte esta noche?
4. ¿Qué almorzaste ayer? ¿Quién te sirvió el almuerzo?
5. ¿Qué cenaste ayer?
6. ¿Cenaste en un restaurante recientemente? ¿Con quién?
7. ¿Qué pediste en el restaurante? ¿Qué pidieron los demás?
8. ¿Se durmió alguien en alguna de tus clases la semana pasada? ¿En qué clase?

# Síntesis

5  **Describir** En grupos, estudien la foto y las preguntas que siguen. Luego, describan la cena romántica de Eduardo y Rosa.

- ¿Adónde salieron a cenar?
- ¿Qué pidieron?
- ¿Les sirvieron la comida rápidamente?
- ¿Les gustó la comida?
- ¿Cuánto costó?
- ¿Van a volver a este restaurante en el futuro?
- ¿Recomiendas el restaurante?

**CONSÚLTALO**

To review words commonly associated with the preterite such as **anoche**, see **Estructura 6.3**, p.185.

# 8.2 Double object pronouns

**ANTE TODO** In **Lecciones 5** and **6**, you learned that direct and indirect object pronouns replace nouns and that they often refer to nouns that have already been referenced. You will now learn how to use direct and indirect object pronouns together. Observe the following diagram.

| Indirect Object Pronouns | | | Direct Object Pronouns | |
|---|---|---|---|---|
| me | nos | + | lo | los |
| te | os | | la | las |
| le (se) | les (se) | | | |

▶ When direct and indirect object pronouns are used together, the indirect object pronoun always precedes the direct object pronoun.

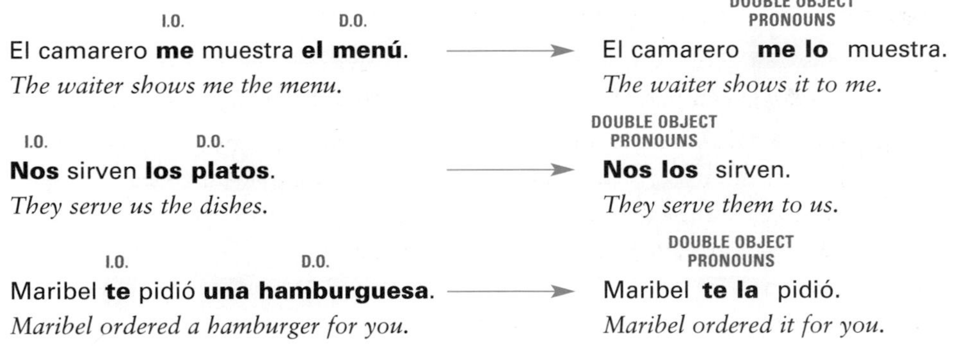

| I.O. / D.O. | | DOUBLE OBJECT PRONOUNS |
|---|---|---|
| El camarero **me** muestra **el menú**. *The waiter shows me the menu.* | → | El camarero **me lo** muestra. *The waiter shows it to me.* |
| **Nos** sirven **los platos**. *They serve us the dishes.* | → | **Nos los** sirven. *They serve them to us.* |
| Maribel **te** pidió **una hamburguesa**. *Maribel ordered a hamburger for you.* | → | Maribel **te la** pidió. *Maribel ordered it for you.* |

▶ In Spanish, two pronouns that begin with the letter **l** cannot be used together. Therefore, the indirect object pronouns **le** and **les** always change to **se** when they are used with **lo, los, la,** and **las.**

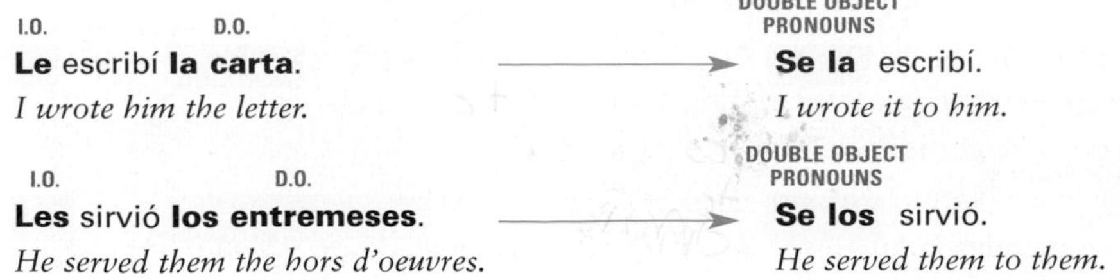

| I.O. / D.O. | | DOUBLE OBJECT PRONOUNS |
|---|---|---|
| **Le** escribí **la carta**. *I wrote him the letter.* | → | **Se la** escribí. *I wrote it to him.* |
| **Les** sirvió **los entremeses**. *He served them the hors d'oeuvres.* | → | **Se los** sirvió. *He served them to them.* |

- Because **se** has multiple meanings, Spanish speakers often clarify to whom the pronoun refers by adding **a usted, a él, a ella, a ustedes, a ellos,** or **a ellas.**

¿El sombrero? Carlos **se** lo vendió **a ella.**
*The hat? Carlos sold it to her.*

¿Las verduras? Ellos **se** las compran a **usted.**
*The vegetables? They buy them for you.*

- Double object pronouns are placed before a conjugated verb. With infinitives and present participles, they may be placed before the conjugated verb or attached to the end of the infinitive or present participle.

DOUBLE OBJECT PRONOUNS
**Te lo** voy a mostrar.

DOUBLE OBJECT PRONOUNS
Voy a mostrár**telo**.

DOUBLE OBJECT PRONOUNS
**Nos las** están sirviendo.

DOUBLE OBJECT PRONOUNS
Están sirviéndo**noslas**.

- As you can see above, when double object pronouns are attached to an infinitive or a present participle, an accent mark is added to maintain the original stress.

Escribe el pronombre de objeto directo o indirecto que falta en cada frase.

**Objeto directo**

1. ¿La ensalada? El camarero nos __la__ sirvió.
2. ¿El salmón? La dueña me ______ recomienda.
3. ¿La comida? Voy a preparárte______.
4. ¿Las bebidas? Estamos pidiéndose______.
5. ¿Los refrescos? Te ______ puedo traer ahora.
6. ¿Los platos de arroz? Van a servírnos______ después.

**Objeto indirecto**

1. ¿Puedes traerme tu plato? No, no __te__ lo puedo traer.
2. ¿Quieres mostrarle la carta? Sí, voy a mostrár______la ahora.
3. ¿Les serviste la carne? No, no ______ la serví.
4. ¿Vas a leerle el menú? No, no ______ lo voy a leer.
5. ¿Me recomiendas la langosta? Sí, ______ la recomiendo.
6. ¿Cuándo vas a prepararnos la cena? ______ la voy a preparar en una hora.

# Práctica

**1**

**Responder** Imagínate que trabajas de camarero/a en un restaurante. Responde a las órdenes de estos clientes usando pronombres.

*modelo*

Sra. Gómez: Una ensalada, por favor.
*Sí, señora. Enseguida (Right away) se la traigo.*

1. Sr. López: La mantequilla, por favor.
2. Srta. Rivas: Los camarones, por favor.
3. Sra. Lugones: El pollo asado, por favor.
4. Tus compañeros/as de cuarto: Café, por favor.
5. Tu profesor(a) de español: Papas fritas, por favor.
6. Dra. González: La chuleta de cerdo, por favor.
7. Tus padres: Los champiñones, por favor.
8. Dr. Torres: La cuenta (*check*), por favor.

**AYUDA**

Here are some other useful expressions:

**ahora mismo**
*right now*

**inmediatamente**
*immediately*

**¡A la orden!**
*At your service!*

**¡Ya voy!**
*I'm on my way!*

**2**

**¿Quién?** La señora Cevallos está planeando una cena. Se pregunta cómo va a resolver ciertas situaciones. En parejas, túrnense (*take turns*) para decir lo que ella está pensando. Cambien los sustantivos (*nouns*) subrayados por pronombres de objeto directo y hagan (*make*) los otros cambios necesarios.

*modelo*

¡No tengo carne! ¿Quién va a traerme la <u>carne</u> del supermercado? (Mi esposo)
*Mi esposo va a traérmela./Mi esposo me la va a traer.*

1. ¡Las invitaciones! ¿Quién les manda <u>las invitaciones</u> a los invitados (*guests*)? (Mi hija)
2. No tengo tiempo de ir a la bodega. ¿Quién me puede comprar <u>el vino</u>? (Mi hijo)
3. ¡Ay! No tengo suficientes platos. ¿Quién puede prestarme <u>los platos</u> que necesito? (Mi mamá)
4. Nos falta mantequilla. ¿Quién nos trae <u>la mantequilla</u>? (Mi cuñada)
5. ¡Los postres (*desserts*)! ¿Quién está preparándonos <u>los postres</u>? (Silvia y Renata)
6. No hay suficientes sillas. ¿Quiénes nos traen <u>las sillas</u> que faltan? (Héctor y Lorena)
7. No tengo tiempo de pedirle el azúcar a Mónica. ¿Quién puede pedirle <u>el azúcar</u>? (Mi hijo)
8. ¿Quién va a servirles <u>la cena</u> a los invitados? (Mis hijos)

**NOTA CULTURAL**

Los vinos de Chile son conocidos internacionalmente. **Concha y Toro** es el productor y exportador más grande de vinos de Chile. Las zonas más productivas de vino están al norte de Santiago, en el Valle Central.

# Comunicación

3

**Contestar** Trabajen en parejas. Túrnense para hacer preguntas usando las palabras interrogativas **¿Quién?** o **¿Cuándo?** y para responderlas. Sigan el modelo.

*modelo*

nos enseña español
**Estudiante 1:** *¿Quién nos enseña español?*
**Estudiante 2:** *La profesora Camacho nos lo enseña.*

1. te puede explicar (*explain*) la tarea cuando no la entiendes
2. les vende el almuerzo a los estudiantes
3. vas a comprarme boletos (*tickets*) para un concierto
4. te escribe mensajes electrónicos
5. nos prepara los entremeses
6. me vas a prestar tu computadora
7. te compró esa bebida
8. nos va a recomendar el menú de la cafetería
9. le enseñó español al/a la profesor(a)
10. me vas a mostrar tu casa o apartamento

4

**Preguntas** Hazle estas preguntas a un(a) compañero/a.

*modelo*

**Estudiante 1:** *¿Les prestas tu casa a tus amigos/as? ¿Por qué?*
**Estudiante 2:** *No, no se la presto a mis amigos porque no son muy responsables.*

1. ¿Me prestas tu coche (*car*)? ¿Ya le prestaste tu coche a otro/a amigo/a?
2. ¿Quién te presta dinero cuando lo necesitas?
3. ¿Les prestas dinero a tus amigos/as? ¿Por qué?
4. ¿Nos compras el almuerzo a mí y a los otros compañeros de clase?
5. ¿Les mandas correo electrónico a tus amigos? ¿Y a tu familia?
6. ¿Les das regalos a tus amigos? ¿Cuándo?
7. ¿Quién te va a preparar la cena esta noche?
8. ¿Quién te va a preparar el desayuno mañana?

# Síntesis

5

**Regalos de Navidad** Tu profesor(a) te va a dar a ti y a un(a) compañero/a una parte de la lista de los regalos de Navidad (*Christmas gifts*) que Berta pidió y los regalos que sus parientes le compraron. Conversen para completar sus listas.

*modelo*

**Estudiante 1:** *¿Qué le pidió Berta a su mamá?*
**Estudiante 2:** *Le pidió una computadora.*
**Estudiante 2:** *¿Se la compró?*
**Estudiante 1:** *Sí, se la compró.*

**NOTA CULTURAL**

Las fiestas navideñas (*Christmas season*) en los países hispanos duran hasta enero. En muchos lugares celebran **la Navidad** (*Christmas*), pero no se dan los regalos hasta el seis de enero, que es **el Día de los Reyes Magos** (*Three Kings' Day or Epiphany*).

# 8.3 Saber and conocer

**ANTE TODO** Spanish has two verbs that mean *to know*: **saber** and **conocer**. They cannot be used interchangeably. Note that all forms of **saber** and **conocer** are regular in the present tense except their **yo** forms.

### *Saber* and *conocer*

| | | **saber** *(to know)* | **conocer** *(to know)* |
|---|---|---|---|
| SINGULAR FORMS | yo | **sé** | **conozco** |
| | tú | **sabes** | **conoces** |
| | Ud./él/ella | **sabe** | **conoce** |
| PLURAL FORMS | nosotros/as | **sabemos** | **conocemos** |
| | vosotros/as | **sabéis** | **conocéis** |
| | Uds./ellos/ellas | **saben** | **conocen** |

**¡ATENCIÓN!**

**Saber** + [*adjective*] is used to explain how something *tastes*.
Ex: **Sabe muy dulce/bien/amargo.** *(It tastes very sweet/nice/bitter).*
**Saber + a** means *to taste like*.
Ex: **Sabe a ajo.** (*It tastes like garlic.*)
**No sabe a nada.** (*It doesn't taste like anything.*)

- **Saber** means *to know a fact or piece(s) of information* or *to know how to do something.*

  No **sé** tu número de teléfono.
  *I don't know your telephone number.*

  Mi hermana **sabe** hablar francés.
  *My sister knows how to speak French.*

- **Conocer** means *to know* or *be familiar/acquainted* with a person, place, or thing.

  ¿**Conoces** la ciudad de Nueva York?
  *Do you know New York City?*

  No **conozco** a tu amigo Esteban.
  *I don't know your friend Esteban.*

- When the direct object of **conocer** is a person or pet, the personal **a** is used.

  ¿Conoces los restaurantes de Tegucigalpa? *but* ¿Conoces **a** Rigoberta Menchú?

**¡ATENCIÓN!**

The following verbs are also conjugated like **conocer**:
**conducir** *to drive*
**ofrecer** *to offer*
**parecer** *to seem*
**traducir** *to translate*

**¡INTÉNTALO!** Escribe las formas apropiadas de los siguientes verbos.

**saber**

1. José no ___sabe___ la hora.
2. Sara y yo ________ jugar al tenis.
3. ¿Por qué no ________ tú estos verbos?
4. Mis padres ________ hablar japonés.
5. Yo ________ a qué hora es la clase.
6. Usted no ________ dónde vivo.
7. Mi hermano no ________ nadar.
8. Nosotros ________ muchas cosas.
9. Carlos nunca ________ qué hora es.
10. Yo ________ dónde comer bien.

**verbos como conocer**

1. Usted y yo ___conocemos___ (conocer) bien Miami.
2. Mi compañero ________ (conducir) muy mal.
3. Esta clase ________ (parecer) muy buena.
4. Ellos siempre me ________ (ofrecer) ayuda.
5. Yo ________ (traducir) del chino al inglés.
6. Ana, ¿________ (conocer) los poemas de Mistral?
7. Luis, ________ (parecer) triste.
8. Ustedes ________ (conducir) con cuidado.
9. Yo siempre les ________ (ofrecer) café a mis amigos.
10. Nadie me ________ (conocer) bien.

# Práctica

**CONSÚLTALO**

Locate the Guatemalan cities mentioned here, in **Panorama**, p. 266.

**1** **Completar** Completa las frases con la forma apropiada de **saber** o **conocer.**

1. Mi hermana mayor __________ conducir, pero yo no__________.
2. —¿__________ a Carla, mi sobrina? —No, no la __________.
3. —¿__________ ustedes el número de Marta? —Nosotras no lo __________.
4. —Nosotros no __________ Guatemala. —Ah, ¿no? Yo __________ bien las ciudades de Escuintla, Mazatenango, Quetzaltenango y Antigua.
5. —Todavía no __________ a tu novio. —Sí, ya lo __________. Mañana te lo presento.
6. Yo __________ esquiar, pero Tino y Luis son pequeños y no __________.
7. Roberto __________ bien el Popol Vuh, el libro sagrado de los mayas, y también __________ leer los jeroglíficos de los templos mayas.

**2** **Emparejar** Escoge la oracion de la lista A que corresponde con la de la lista B y escribe la forma correcta de los verbos en la lista B.

**A**

1. María del Carmen tiene mucha sed.
2. ¿Puedes traducir el menú? No entiendo francés.
3. ¿Sabes cuándo sirven los entremeses?
4. Gloria, tú no tienes automóvil para ir a la fiesta, ¿verdad?
5. Aquel camarero es el hijastro de mi cuñada María José.
6. ¿De dónde es el dueño del restaurante? ¿Es francés?

**B**

a. No lo sé, pero __________ (parecer) que van a servirlos pronto.
b. Con gusto le __________ (ofrecer) una bebida.
c. ¿Ah, sí? Pues, no lo __________ (conocer). ¡Qué guapo!
d. Sí, te lo __________ (traducir). Me gusta mucho practicar el francés.
e. No__________ (saber). No me acuerdo, pero conozco a su esposa. Es de Guatemala.
f. No, pero __________ (conducir) el de mis padres.

**3** **Combinar** Combina las columnas A, B y C para hacer oraciones completas.

*modelo*

No conozco a Stephen King. / Stephen King conoce a Meg Ryan.

| A | B | C |
|---|---|---|
| Katie Couric | (no) conocer | Cameron Diaz |
| Bill Gates | (no) saber | Andy García |
| Shakira y Enrique Iglesias | | cantar |
| Mike Myers | | el lago de Atitlán en Guatemala |
| Stephen King | | hablar dos lenguas extranjeras |
| Salma Hayek | | hacer reír (*laugh*) a la gente |
| yo | | preparar buenas comidas |
| tú | | escribir novelas de horror |
| tu compañero/a | | programar computadoras |
| nosotras | | muchas personas importantes |

# Comunicación

**4**

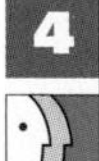

**Preguntas** Con un(a) compañero/a, háganse y respondan a las siguientes preguntas.

1. ¿Qué restaurantes buenos conoces? ¿Vas mucho a comer a restaurantes?
2. En tu familia, ¿quién sabe cantar? ¿Tu opinión es objetiva?
3. ¿Conoces a algún artista hispano?
4. ¿Sabes usar bien Internet? ¿Te parece fácil o difícil?
5. ¿Sabes escuchar cuando alguien te habla de sus problemas?
6. ¿Conoces a algún (alguna) chef famoso/a? ¿Qué tipo de comida prepara?
7. ¿Conoces a algún (alguna) escritor(a) famoso/a?
8. ¿Sabes si ofrecen cursos de administración de empresas en la universidad?

**AYUDA**

Whereas in English we make contrasts by using *do/does*, in Spanish it is common to use **sí/no**.

Yo no lo conozco, pero mi novio **sí lo conoce**.

*I don't know him, but my boyfriend* **does**.

**5**

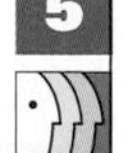

**Entrevista** Hazle preguntas a un(a) compañero/a sobre los siguientes temas. Utiliza los verbos **saber** y **conocer**.

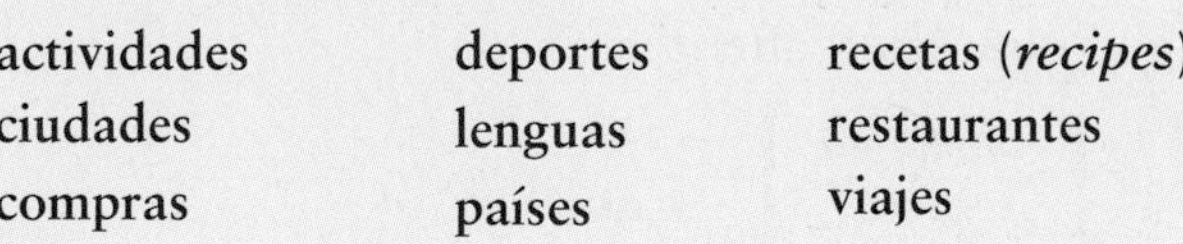

| | | |
|---|---|---|
| actividades | deportes | recetas (*recipes*) |
| ciudades | lenguas | restaurantes |
| compras | países | viajes |

*modelo*

**Estudiante 1:** *¿Conoces un buen restaurante argentino?*
**Estudiante 2:** *Sí, conozco La parrilla ardiente.*
**Estudiante 1:** *¿Sabes cocinar comida argentina?*
**Estudiante 2:** *Sí, sé preparar un buen asado.*

**NOTA CULTURAL**

El **asado** es la barbacoa (*barbecue*) argentina. Un asado típico consiste en chorizos y otras carnes a la parrilla (*grill*). Según los argentinos, el secreto de un buen asado es el corte (*cut*) de la carne y el control del fuego (*fire*).

# Síntesis

**6**

**Anuncio** En grupos, lean el anuncio (*advertisement*). Después, contesten las preguntas.

1. Busquen ejemplos de los verbos **saber** y **conocer**.
2. ¿Qué saben del Centro Comercial Oviedo?
3. ¿Qué pueden hacer en el Centro Comercial Oviedo?
4. ¿Conocen otros centros comerciales como éste? ¿Cómo se llaman? ¿Dónde están?
5. ¿Conocen algún centro comercial en otro país? ¿Cómo es?

**NOTA CULTURAL**

**Los centros comerciales** son muy populares en los países hispanos y en casi todas las principales ciudades hay varios. El Centro Sambil en Caracas, Venezuela, es el centro comercial más grande de Suramérica. Además de muchísimas tiendas, tiene una terraza con restaurantes, cafés y una vista espectacular de la ciudad.

# 8.4 Comparisons and superlatives

**ANTE TODO** Spanish and English use comparisons to indicate which of two people or things has a lesser, equal, or greater degree of a quality. Both languages also use superlatives to express the highest or lowest degree of a quality.

**Comparisons**

| | | |
|---|---|---|
| menos interesante | más grande | tan sabroso como |
| *less interesting* | *bigger* | *as delicious as* |

**Superlatives**

| | | |
|---|---|---|
| la/el mejor | la/el peor | la más alta |
| *the best* | *the worst* | *the tallest* |

## Comparisons of inequality

- Comparisons of inequality are formed by placing **más** (*more*) or **menos** (*less*) before adjectives, adverbs, and nouns and **que** (*than*) after them.

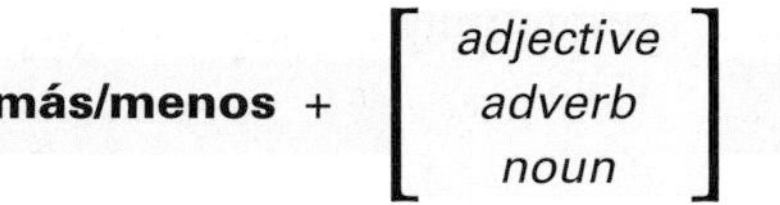

**más/menos** + [ *adjective* / *adverb* / *noun* ] + **que**

**adjectives**

Los bistecs son **más caros que** el pollo.
*Steaks are more expensive than chicken.*

Estas uvas son **menos sabrosas que** esa pera.
*These grapes are less tasty than that pear.*

**adverbs**

Me acuesto **más tarde que** tú.
*I go to bed later than you (do).*

Mi hermano se despierta **menos temprano que** yo.
*My brother wakes up less early than I (do).*

**nouns**

Juan prepara **más platos que** José.
*Juan prepares more dishes than José (does).*

Susana come **menos carne que** Enrique.
*Susana eats less meat than Enrique (does).*

**¡ATENCIÓN!**

Note that while English has a comparative form for short adjectives (*taller*), such forms do not exist in Spanish (**más** alto).

When the comparison involves a numerical expression, **de** is used before the number instead of **que**.

Hay más **de** cincuenta naranjas.

Llego en menos **de** diez minutos.

- With verbs, the following construction is used to make comparisons of inequality:

[ *verb* ] + **más/menos que**

Mis hermanos **comen más que** yo.
*My brothers eat more than I (do).*

Arturo **duerme menos que** su padre.
*Arturo sleeps less than his father (does).*

## Comparisons of equality

The following construction is used to make comparisons of equality.

**tan** + [ *adjective* / *adverb* ] + **como**

**tanto/a(s)** + [ *singular noun* / *plural noun* ] + **como**

**¡ATENCIÓN!**

Note that **tanto** acts as an adjective and therefore agrees in number and gender with the noun it modifies: **tantas cosas.**

• • •

**Tan** and **tanto** can also be used for emphasis, rather than to compare, with these meanings: **tan** *so*, **tanto** *so much*, **tantos/as** *so many*.

¡Tu almuerzo es **tan** grande!
*Your lunch is **so** big!*

¡Comes **tanto**!
*You eat **so much**!*

¡Comes **tantas** manzanas!
*You eat **so many** apples!*

La comida es tan rica como en España.

Este plato es **tan delicioso como** aquél.
*This dish is as delicious as that one (is).*

Ustedes probaron **tantos platos como** ellos.
*You tried as many dishes as they did.*

▶ Comparisons of equality with verbs are formed by placing **tanto como** after the verb. Note that in this construction **tanto** does not change in number or gender.

[ *verb* ] + **tanto como**

No **duermo tanto como** mi tía.
*I don't sleep as much as my aunt (does).*

**Estudiamos tanto como** ustedes.
*We study as much as you (do).*

## Superlatives

**¡ATENCIÓN!**

While **más** alone means *more*, after **el** or **la** (or **los** or **las**), it means *most*.

▶ The following construction is used to form superlatives. Note that the noun is always preceded by a definite article and that **de** is equivalent to the English *in* or *of*.

**el/la/los/las** + [ *noun* ] + **más/menos** + [ *adjective* ] + **de**

Es **el café más rico del** país.
*It's the most delicious coffee in the country.*

Es el menú **menos caro de** todos éstos.
*It is the least expensive menu of all of these.*

▶ The noun in a superlative construction can be omitted if the person, place, or thing referred to is clear.

¿El restaurante El Cráter?
Es **el más elegante** de la ciudad.
*The El Cráter restaurant?*
*It's the most elegant (one) in the city.*

Recomiendo el pollo asado.
Es **el más sabroso** del menú.
*I recommend the roast chicken.*
*It's the most delicious on the menu.*

## Irregular comparisons and superlatives

### Irregular comparative and superlative forms

| Adjective | | Comparative form | | Superlative form | |
|---|---|---|---|---|---|
| **bueno/a** | *good* | **mejor** | *better* | **el/la mejor** | *(the) best* |
| **malo/a** | *bad* | **peor** | *worse* | **el/la peor** | *(the) worst* |
| **grande** | *big* | **mayor** | *bigger* | **el/la mayor** | *(the) biggest* |
| **pequeño/a** | *small* | **menor** | *smaller* | **el/la menor** | *(the) smallest* |
| **joven** | *young* | **menor** | *younger* | **el/la menor** | *(the) youngest* |
| **viejo/a** | *old* | **mayor** | *older* | **el/la mayor** | *(the) eldest* |

- When **grande** and **pequeño/a** refer to age, the irregular comparative and superlative forms, **mayor** and **menor**, are used. However, when these adjectives refer to size, the regular forms, **más grande** and **más pequeño/a**, are used.

Isabel es **la mayor** de su familia.
*Isabel is the eldest in her family.*

Yo soy **menor** que tú.
*I'm younger than you.*

Tu ensalada es **más grande** que ésa.
*Your salad is bigger than that one.*

Pedí **el plato más pequeño** del menú.
*I ordered the smallest dish on the menu.*

**CONSÚLTALO**

To review how descriptive adjectives like **bueno**, **malo**, and **grande** shorten before nouns, see **Estructura 3.1**, p. 80.

- The adverbs **bien** and **mal** have the same irregular comparative forms as the adjectives **bueno/a** and **malo/a**.

Julio nada **mejor** que los otros chicos.
*Julio swims better than the other boys.*

Ellas cantan **peor** que las otras chicas.
*They sing worse than the other girls.*

## Absolute superlatives

▶ In Spanish the absolute superlative is equivalent to *extremely, exceptionally, super,* or *very* before an adjective or adverb. You encountered an absolute superlative when you learned how to say **Me gusta(n) muchísimo...**

▶ To form the absolute superlative of most adjectives and adverbs, drop the final vowel, if there is one, and add **-ísimo/a(s).**

| | |
|---|---|
| **malo → mal- → malísimo** | **mucho → much- → muchísimo** |
| ¡El bistec está **malísimo**!<br>*The steak is very bad!* | Comes **muchísimo**.<br>*You eat a lot (very, very much).* |
| **difícil + -ísimo → dificilísimo** | **fácil + ísimo → facilísimo** |
| Esta prueba es **dificilísima**.<br>*This quiz is exceptionally difficult.* | Los exámenes son **facilísimos**.<br>*The tests are extremely easy.* |

▶ Adjectives and adverbs whose stem ends in **c, g,** or **z** change spelling to **qu**, **gu**, and **c** in the absolute superlative.

**rico → riquísimo** **largo → larguísimo** **feliz → felicísimo**

▶ Adjectives that end in **–n** or **–r** normally form the absolute superlative by adding **-císimo.**

**joven + -císimo → jovencísimo** **trabajador + -císimo → trabajadorcísimo**

**¡INTÉNTALO!** Escribe el equivalente de las palabras en inglés.

**Comparativos**

1. (*than*) Ernesto mira más televisión que Alberto.
2. (*less*) Tú eres ________ simpático que Federico.
3. (*as much*) La camarera sirve ________ carne como pescado.
4. (*more*) Conozco ________ restaurantes que tú.
5. (*as much as*) No estudio ________ tú.
6. (*as*) ¿Sabes jugar al tenis tan bien ________ tu hermana?
7. (*as many*) ¿Puedes beber ________ refrescos como yo?
8. (*as*) Mis amigos parecen ________ simpáticos como ustedes.

**Superlativos**

1. (*the most intelligent*) Marisa es la más inteligente de todas.
2. (*the least boring*) Ricardo y Tomás son ________ de la fiesta.
3. (*the worst*) Miguel y Antonio son ________ estudiantes de la clase.
4. (*the oldest*) Mi profesor de biología es ________ de la universidad.
5. (*extremely delicious*) El pollo de este supermercado es ________.
6. (*the youngest*) Carlos es ________ de mis hermanos.
7. (*the best*) Este plato es ________ del restaurante.
8. (*extremely tall*) Sara es ________.

# Práctica

**1**

**Escoger** De las palabras que están entre paréntesis, escoge la correcta para comparar a dos hermanas muy diferentes. Haz (*Make*) las adaptaciones necesarias.

1. Lucila es más alta y más bonita ________ Tita. (de, más, menos, que)
2. Tita es más delgada porque come ________ verduras que su hermana. (de, más, menos, que)
3. Lucila es más ________ que Tita porque es alegre. (listo, simpático, bajo)
4. A Tita le gusta comer en casa. Va a ________ restaurantes que su hermana. (más, menos, que) Es tímida, pero activa. Hace ________ ejercicio que su hermana. (más, tanto, menos) Todos los días toma más ________ cinco vasos de agua mineral. (que, tan, de)
5. Lucila come muchas papas fritas y se preocupa ________ que Tita por comer frutas. (de, más, menos) ¡Son ________ diferentes!, pero se llevan bien. (como, tan, tanto)

**2**

**Emparejar** Completa las oraciones (*sentences*) de la columna A con información de la columna B para comparar a Mario y a Luis, los novios de Lucila y Tita.

**A**

1. Mario es ________ como Luis.
2. Mario viaja tanto ________ Luis.
3. Luis escoge ________ clases de cocina (*cooking*) como Mario.
4. Luis habla ________ tan bien como Mario.
5. Mario tiene tantos ________ como Luis.
6. ¡Qué casualidad (*coincidence*)! Mario y Luis también son hermanos, pero no hay tanta ________ entre ellos como entre Lucila y Tita.

**B**

tantas
diferencia
tan interesante
amigos extranjeros
como
francés

**3**

**Completar** Tu profesor(a) va a darte (*to give you*) una hoja de actividades con descripciones de José Valenzuela Carranza y Ana Orozco Hoffman. Completa las oraciones acerca de (*about*) Ana, José y sus familias con las palabras de la lista.

| | | | |
|---|---|---|---|
| **atlética** | **del** | **mejor** | **peor** |
| **altísima** | **la** | **menor** | **periodista** |
| **bajo** | **más** | **guapísimo** | **trabajadorcísimo** |
| **de** | **mayor** | **Orozco** | **Valenzuela** |

1. José es el ________ y el más ________ de su familia. Es ________ y ________. Es el mejor ________ de la ciudad y el ________ jugador de baloncesto.
2. Ana es la más ________ y ________ mejor jugadora de baloncesto del estado. Es la ________ de sus hermanos y es ________. Estudió la profesión ________ difícil ________ todas.
3. Jorge es el ________ jugador de juegos electrónicos de su familia.
4. Mauricio es el menor de la familia ________.
5. El abuelo es el ________ de todos los miembros de la familia Valenzuela.
6. Fifí es la perra más antipática ________ mundo.

# Comunicación

4 **Intercambiar** En parejas, hagan comparaciones sobre diferentes cosas. Pueden usar las sugerencias de la lista u otras ideas.

**AYUDA**

You can use the following adjectives in your comparisons:
**bonito/a**
**caro/a**
**elegante**
**interesante**
**inteligente**

*modelo*

**Estudiante 1:** Los pollos de *Pollitos del Corral* son los mejores del mundo.
**Estudiante 2:** Pues yo creo que los pollos de *Rostipollos* son tan buenos como los pollos de *Pollitos del Corral*.
**Estudiante 1:** Mmm... no tienen tanta mantequilla como los pollos de *Pollitos del Corral*. Tienes razón. Son sabrosísimos.

restaurantes en tu ciudad/pueblo
cafés en tu ciudad/pueblo
tiendas en tu ciudad/pueblo

periódicos en tu ciudad/pueblo
revistas favoritas
libros favoritos

comidas favoritas
los profesores
los cursos que toman

5 **Conversar** En grupos, túrnense (*take turns*) para hacer comparaciones entre ustedes mismos (*yourselves*) y una persona de cada categoría de la lista.

- una persona de tu familia
- un(a) amigo/a especial
- una persona famosa

# Síntesis

6 **La familia López** En grupos, túrnense para hablar de Sara, Sabrina, Cristina, Ricardo y David y hacer comparaciones entre ellos.

*modelo*

**Estudiante 1:** Sara es tan alta como Sabrina.
**Estudiante 2:** Sí, pero David es el más alto de la familia.
**Estudiante 3:** En mi opinión, él es guapísimo, también.

# Lectura

## Antes de leer

### Estrategia

**Reading for the main idea**

As you know, you can learn a great deal about a reading selection by looking at the format and looking for cognates, titles and subtitles. You can skim to get the gist of the reading selection and scan it for specific information. Reading for the main idea is another useful strategy; it involves locating the topic sentences of each paragraph to determine the author's purpose for writing a particular piece. Topic sentences can provide clues about the content of each paragraph, as well as the general organization of the reading. Your choice of which reading strategies to use will depend on the style and format of each reading selection.

**Examinar el texto**

En esta sección tenemos dos textos diferentes. ¿Qué estrategias puedes usar para leer la crítica culinaria? ¿Cuáles son las apropiadas para familiarizarte con el menú? Utiliza las estrategias más eficaces° para cada texto. ¿Qué tienen en común? ¿Qué tipo de comida sirven en el restaurante?

**Identificar la idea principal**

Lee la primera frase de cada párrafo de la crítica culinaria del restaurante **La feria del maíz.** Apunta° el tema principal de cada párrafo. Luego lee todo el primer párrafo. ¿Crees que el restaurante le gustó al/a la autor(a) de la crítica culinaria? ¿Por qué? Ahora lee la crítica entera. En tu opinión, ¿cuál es la idea principal de la crítica? ¿Por qué la escribió el/la autor(a)? Compara tus opiniones con las de un(a) compañero/a.

eficaces *efficient* Apunta *Jot down*

M E N Ú

*Entremeses*

Tortilla servida con
• Ajiaceite (chile, aceite) • Ajicomino (chile, comino)

Pan tostado servido con
• Queso frito a la pimienta • Salsa de ajo y mayonesa

*Sopas*

• Tomate • Cebolla • Verduras • Pollo y huevo
• Carne de res • Mariscos

*Entradas*

Tomaticán
(tomate, papas, maíz, chile, arvejas, zanahorias y verduras)

Tamales
(maíz, azúcar, ajo, cebolla)

Frijoles enchilados
(frijoles negros, carne de cerdo o de res, arroz, chile)

Chilaquil
(tortilla de maíz, queso, hierbas y chile)

Tacos
(tortillas, pollo, verduras y mole)

Cóctel de mariscos
(camarones, langostas, vinagre, sal, pimienta, aceite)

*Postres*

• Plátanos caribeños • Cóctel de frutas al ron
• Uvate (uvas, azúcar de caña y ron) • Flan napolitano
• Helado de piña y naranja • Pastel de yogur

## Después de leer

**Preguntas**

En parejas, contesten las siguientes preguntas sobre la crítica culinaria de **La feria del maíz.**

1. ¿Quién es el dueño y chef de **La feria del maíz**?
2. ¿Qué tipo de comida se sirve en el restaurante?
3. ¿Cuál es el problema con el servicio?
4. ¿Cómo es el ambiente del restaurante?
5. ¿Qué comidas probó el autor de la crítica culinaria?
6. ¿Quieren probar ustedes el restaurante **La feria del maíz**? ¿Por qué?

23F

# Gastronomía

## La feria del maíz

**La feria del maíz**
**13 calle 4-41 Zona 1**
**La Antigua, Guatemala**
**2329912**

*lunes a sábado*
*10:30am-11:30pm*
*domingo 10:00am-10:00pm*

Comida ꟾꟾꟾꟾꟾ

Servicio ꟾꟾꟾ

Ambiente ꟾꟾꟾꟾ

Precio ꟾꟾꟾ

Sobresaliente°. En el nuevo restaurante **La feria del maíz** va a encontrar la perfecta combinación entre la comida tradicional y el encanto de la vieja ciudad de Antigua. Ernesto Sandoval, antiguo jefe de cocina° del famoso restaurante **El fogón**, está teniendo mucho éxito° en su nueva aventura culinaria.

El gerente°, el experimentado José Sierra, controla a la perfección la calidad del servicio. El camarero que me atendió esa noche fue muy amable en todo momento. Sólo hay que comentar que, debido al éxito inmediato de **La feria del maíz**, se necesitan más camareros para atender a los clientes de una forma más eficaz. En esta ocasión, el mesero tardó unos veinte minutos en traerme la bebida.

Afortunadamente, no me importó mucho la espera entre plato y plato, pues el ambiente es tan agradable que me sentí como en casa. El restaurante mantiene el estilo colonial de Antigua. Por dentro°, el estilo es elegante y rústico a la vez. Cuando el tiempo lo permite, se puede comer también en el patio, donde hay muchas flores.

El servicio de camareros y el ambiente agradable del local pasan a un segundo plano cuando llega la comida, de una calidad extraordinaria. Las tortillas de casa se sirven con un ajiaceite delicioso. La sopa de mariscos es excelente, y los tamales, pues, tengo que confesar que son mejores que los de mi abuelita. También recomiendo los tacos de pollo, servidos con un mole buenísimo. De postre, don Ernesto me preparó su especialidad, un flan napolitano sabrosísimo.

Los precios pueden parecer altos° para una comida tradicional, pero, la calidad de los productos con que se cocinan los platos y el exquisito ambiente de **La feria del maíz** le garantizan° una experiencia inolvidable.

*Bebidas*

• Cerveza negra • Chilate (bebida de maíz, chile y cacao)
• Jugos de fruta • Agua mineral • Té helado
• Vino tinto/blanco • Ron

Sobresaliente *Outstanding* jefe de cocina *head chef* éxito *success*
gerente *manager* Por dentro *Inside* altos *high* garantizan *guarantee*

### Un(a) guía turístico/a

Tú eres un(a) guía turístico/a en Guatemala. Estás en el restaurante **La feria del maíz** con un grupo de turistas norteamericanos. Ellos no hablan español y quieren pedir de comer, pero necesitan tu ayuda. Lee nuevamente el menú e indica qué error comete cada turista.

1. La señora Johnson es diabética y no puede comer azúcar. Pide sopa de verdura y tamales. No pide nada de postre.
2. Los señores Petit son vegeterianos y piden sopa de tomate, frijoles enchilados y plátanos caribeños.
3. El señor Smith, que es alérgico al chocolate, pide tortilla servida con ajiaceite, chilaquil y chilate para beber.
4. La adorable hija del señor Smith tiene sólo cuatro años y le gustan mucho las verduras y las frutas naturales. Su papá le pide tomaticán y un cóctel de frutas.
5. La señorita Jackson está a dieta y pide uvate, flan napolitano y helado.

# Escritura

## Estrategia

### Expressing and supporting opinions

Written reviews are just one of the many kinds of writing which require you to state your opinions. In order to convince your reader to take your opinions seriously, it is important to support them as thoroughly as possible. Details, facts, examples, and other forms of evidence are necessary. In a restaurant review, for example, it is not enough just to rate the food, service and atmosphere. Readers will want details about the dishes you ordered, the kind of service you received, and the type of atmosphere you encountered. If you were writing a concert or album review, what kinds of details might your readers expect to find?

It is easier to include details that support your opinions if you plan ahead. Before going to a place or event that you are planning to review, write a list of questions that your readers might ask. Decide which aspects of the experience you are going to rate and list the details that will help you decide upon a rating. You can then organize these lists into a questionnaire and a rating sheet. Bring these forms with you to help you make your opinions and to remind you of the kinds of information you need to gather in order to support those opinions. Later, these forms will help you organize your review into logical categories. They can also provide the details and other evidence you need to convince your readers of your opinions.

## Tema

### Escribir una crítica

Escribe una crítica culinaria° sobre un restaurante local para el periódico de la universidad. Clasifica el restaurante dándole de una a cinco estrellas° y anota tus recomendaciones para futuros clientes del restaurante. Incluye tus opiniones acerca de°:

- La comida
  ¿Qué tipo de comida es? ¿Qué tipo de ingredientes usan? ¿Es de buena calidad°? ¿Cuál es el mejor plato? ¿Y el peor? ¿Quién es el chef?
- El servicio
  ¿Hay que esperar mucho para conseguir una mesa? ¿Tiene el/la camarero/a un buen conocimiento del menú? ¿Atienden a los clientes con rapidez° y cortesía?
- El ambiente
  ¿Cómo es la decoración del restaurante? ¿Es el ambiente° informal o elegante? ¿Hay música o algún tipo de entretenimiento°? ¿Hay un bar? ¿Un patio?
- Información práctica
  ¿Cómo son los precios? ¿Se aceptan tarjetas de crédito? ¿Cuál es la dirección° y el número de teléfono? ¿Quién es el dueño? ¿El gerente?

**crítica culinaria** *restaurant review* **estrellas** *stars* **acerca de** *about* **calidad** *quality* **rapidez** *speed* **ambiente** *atmosphere* **entretenimiento** *entertainment* **dirección** *address*

# Plan de escritura

1 **Ideas y organización**

Usa un mapa de ideas para organizar tus comentarios sobre el **¿qué?, ¿quién?, ¿cuándo?, ¿dónde?, ¿cómo?** y **¿por qué?** de tu visita al restaurante y tu evaluación. Recuerda que tu artículo debe tener un título interesante para captar el interés del lector°. Utiliza un esquema° para organizar las diferentes partes de tu composición.

2 **Primer borrador**

Utilizando tus notas de **Ideas y organización,** escribe el primer borrador de tu artículo. Intenta° usar el diccionario como último recurso.

3 **Comentario**

Intercambia° tu composición con la de un(a) compañero/a. Lee su borrador y anota los aspectos mejor escritos° de su crítica, por ejemplo cómo expresa su opinión acerca de la comida. Utiliza estas preguntas para evaluar el trabajo de tu compañero/a:

1. ¿Es interesante el título del artículo?
2. ¿Incluye toda la información pertinente?
3. ¿Está bien organizado el artículo?
4. ¿Apoya° el/la autor(a) su opinión con detalles específicos?
5. ¿Hay errores gramaticales u ortográficos?

4 **Redacción**

Revisa° el primer borrador según las indicaciones de tu compañero/a. Incorpora nuevas ideas y/o más información para reforzar tu opinión. Utiliza esta guía para hacer la última revisión antes de escribir tu copia final.

1. Subraya° cada verbo para comprobar su concordancia con el sujeto. ¡Cuidado con el pretérito!
2. Revisa la concordancia entre los sustantivos, los artículos y los adjetivos.
3. Comprueba° el uso correcto de los pronombres.
4. Consulta tus **Anotaciones para mejorar la escritura** antes de revisar la ortografía y la puntuación.

5 **Evaluación y progreso**

Comprueba si hay un(a) compañero/a en la clase que conoce el restaurante evaluado en tu artículo y viceversa. Intercambien sus reportajes y después responde a estas preguntas.

- ¿Estás de acuerdo con la evaluación de tu compañero/a?
- ¿Qué impresiones del restaurante fueron similares o diferentes?

Lee los comentarios y las correcciones de tu profesor(a). Anota los errores más básicos en tu lista **Anotaciones para mejorar la escritura** en tu **Carpeta de trabajos**.

lector *reader* esquema *outline* Intenta *Try to* Intercambia *Exchange* escritos *written* Apoya *support* Revisa *Check* Subraya *Underline* Comprueba *Verify*

# Escuchar

## Estrategia

**Jotting down notes as you listen**

Jotting down notes while you listen to a conversation in Spanish can help you keep track of the important points or details. It will help you to focus actively on comprehension rather than on remembering what you have heard.

To practice this strategy, you will now listen to a paragraph. Jot down the main points you hear.

## Preparación

Según° la foto, ¿quién es Ramón Acevedo? ¿Sobre qué crees que va a hablar?

## Ahora escucha 

Ahora escucha a Ramón Acevedo. Toma apuntes° de las instrucciones que él da en los espacios en blanco.

**Ingredientes del relleno**

________________
________________
________________
________________
________________
________________
________________

**Poner dentro del pavo**

________________
________________
________________

**Instrucciones para cocinar°**

untarlo° con __________
cubrir° con __________ de aluminio
poner en el horno° a __________ grados
por __________ horas

Según *According to* apuntes *notes* cocinar *to cook* untarlo *baste it* cubrir *cover* horno *oven*

En Guatemala, el pavo relleno es un plato popular para celebrar la Navidad y el Año Nuevo.

## Comprensión

**Seleccionar**

Usa tus apuntes para seleccionar la respuesta correcta para cada oración.

1. Ramón Acevedo prepara un menú ideal para _____.
   a. una familia de tres personas b. una chica y su novio
   c. una familia de once
2. Este plato es perfecto para la persona a la que le gustan _____.
   a. los mariscos y la langosta
   b. la carne de cerdo y las papas
   c. los espárragos y los frijoles
3. Este plato es ideal para el/la cocinero/a que _____.
   a. tiene mucho tiempo b. tiene mucha prisa
   c. no tiene horno

**Preguntas**

Con dos o tres compañeros, respondan a las preguntas.

1. ¿Es similar el plato que prepara Ramón Acevedo a algún plato que ustedes comen? ¿En qué es similar? ¿En qué es distinto?
2. Escriban una variación de la receta de Ramón Acevedo. Usen ingredientes interesantes. ¿Es mejor su receta que la del señor Acevedo? ¿Por qué?

# Proyecto

## Crea un nuevo restaurante guatemalteco

Imagina que vas a abrir un restaurante en la capital de Guatemala. Necesitas decidir qué vas a servir y a qué precio, y dónde vas a abrir el restaurante.

### 1 Diseña° el menú

El menú contiene información muy importante para la creación de tu nuevo negocio°. Usa los **Recursos para la investigación** para investigar cuáles son las comidas típicas y populares de Guatemala y para saber cuál es la moneda del país para ponerles precio a las comidas del restaurante. El menú puede incluir esta información:

- el nombre del restaurante
- la dirección del restaurante, tomando en cuenta° el diseño de la capital y la organización de sus calles y avenidas
- las comidas típicas de Guatemala que vas a servir (incluye platos principales, ensaladas, postres y bebidas)
- los precios de los platos en moneda guatemalteca

**Palabras útiles**

| | |
|---|---|
| **el postre** | *dessert* |
| **el flan** | *baked custard* |
| **el pastel** | *cake; pie* |
| **el helado** | *ice cream* |
| **el dulce** | *sweet; candy* |
| **la galleta** | *cookie* |

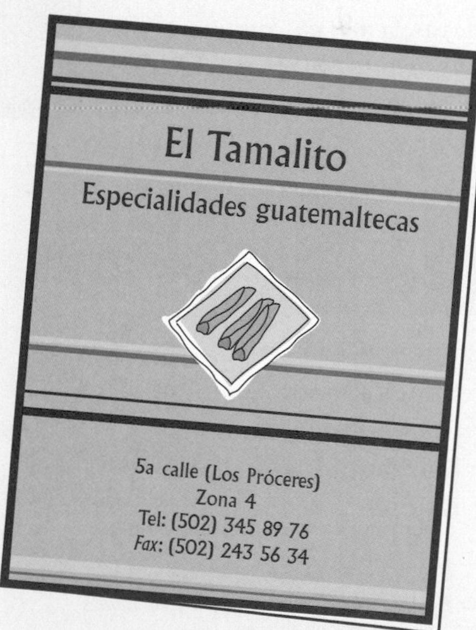


### 2 Presenta la información

Con tres o cuatro compañeros/as habla del plan que tienes para tu restaurante. Muéstrales° el menú que diseñaste. Háblales° de la comida que vas a servir. Pregúntales qué platos piensan que son los más sabrosos.

**recursos para la investigación**

**Internet** Palabras clave: Guatemala, recetas°, cambio de moneda°, Ciudad de Guatemala

**Comunidad** Estudiantes o profesores que son de Guatemala o que viajaron a Guatemala, guatemaltecos que viven en la comunidad

**Biblioteca** Guías turísticas, periódicos con datos de cambio de moneda, almanaques

**Otros recursos** Libros de cocina° de Centroamérica

Diseña *Design* negocio *business* tomando en cuenta *taking into account* Muéstrales *Show them* Háblales *Talk to them* recetas *recipes* cambio de moneda *currency exchange* libros de cocina *cookbooks*

# Guatemala

## El país en cifras

- **Área:** 108.890 km² (42.042 millas²), *un poco más pequeño que Tennessee*
- **Población:** 11.995.000
- **Capital:** la Ciudad de Guatemala—3.491.000
- **Ciudades principales:** Quetzaltenango—101.000, Escuintla—68.000, Mazatenango—42.000, Puerto Barrios—39.000

SOURCE: Population Division, UN Secretariat

- **Moneda:** quetzal
- **Idiomas:** español (oficial), lenguas mayas

*El español es la lengua de un 60 por ciento° de la población; el otro 40 por ciento tiene una de las lenguas mayas (cakchiquel, quiché y kekchícomo entre otras) como lengua materna. Una palabra que las lenguas mayas tienen en común es* ixim, *que significa maíz, un cultivo° de mucha importancia en estas culturas.*

ESTADOS UNIDOS
OCÉANO ATLÁNTICO
GUATEMALA
OCÉANO PACÍFICO
AMÉRICA DEL SUR

Vista de una calle céntrica en la Ciudad de Guatemala

MÉXICO
Sierra de Lacandón
Río Usumacinta
Lago Petén Itzá
Río de la Pasión
Mujeres indígenas limpiando cebollas
Lago de Izabal
Quetzaltenango
Sierra de las Minas
Río Motagua
Sierra Madre
Lago de Atitlán
Guatemala
Antigua Guatemala
Mazatenango
Escuintla
Iglesia de la Merced en Antigua Guatemala
EL SALVADOR
Océano Pacífico

Bandera de Guatemala

### Guatemaltecos célebres

- **Carlos Mérida,** pintor (1891–1984)
- **Miguel Ángel Asturias,** escritor (1899–1974)
- **Margarita Carrera,** poeta y ensayista (1929– )
- **Rigoberta Menchú Tum,** activista (1959– )

por ciento *percent* cultivo *crop* telas *fabrics*
tinte *dye* aplastados *crushed*
hace... destiñan *keeps the colors from running*

recursos

| WB | VM | I CD-ROM | vist... |
|---|---|---|---|
| pp. 95–96 | pp. 263–264 | Lección 8 | learn... |

### ¡Increíble pero cierto!

¿Qué ingrediente secreto se encuentra en las telas° tradicionales de Guatemala? ¡El mosquito! El excepcional tinte° de estas telas es producto de una combinación de flores y de mosquitos aplastados°. El insecto hace que los colores no se destiñan°. Quizás es por ésto que los artesanos representan la figura del mosquito en muchas de sus telas.

Mar Caribe

## Ciudades • La Antigua Guatemala

La Antigua Guatemala fue fundada en 1543. Fue una capital de gran importancia hasta 1773, cuando un terremoto° la destruyó. La Antigua Guatemala conserva el carácter original de su arquitectura y hoy es uno de los centros turísticos del país. Su celebración de la Semana Santa° es, para muchas personas, la más importante del hemisferio.

## Naturaleza • El quetzal

El quetzal simbolizó la libertad para los antiguos° mayas porque creían° que este pájaro° no podía vivir en cautividad°. Hoy el quetzal es el símbolo nacional. El pájaro da su nombre a la moneda nacional y aparece en los billetes° del país. Desafortunadamente, está en peligro° de extinción. Para su protección, el gobierno mantiene una reserva biológica especial.

## Historia • Los mayas

Desde 1500 a.C. hasta 900 d.C. los mayas habitaron gran parte de lo que ahora es Guatemala. Su civilización fue muy avanzada. Fueron arquitectos y constructores de pirámides, templos y observatorios; descubrieron° y usaron el cero antes que los europeos, e inventaron un calendario complejo° y preciso.

ɩolfo de
ɩonduras

erto
ɩios

## Artesanía • La ropa tradicional

La ropa tradicional de los guatemaltecos se llama *huipil* y muestra el amor de la cultura maya por la naturaleza. Ellos se inspiran en las flores, plantas y animales para hacer sus diseños°. Es de colores vivos° y tiene formas geométricas. El diseño y los colores de cada *huipil* indican el pueblo de origen y a veces el sexo y la edad° de la persona que lo lleva.

ɩDURAS

**¿Qué aprendiste?** Responde a las preguntas con una frase completa.

1. ¿Qué significa la palabra *ixim*?
2. ¿Quién es Rigoberta Menchú?
3. ¿Qué pájaro representa a Guatemala?
4. ¿Qué simbolizó el quetzal para los mayas?
5. ¿Cuál es la moneda nacional de Guatemala?
6. ¿De qué fueron arquitectos los mayas?
7. ¿Qué celebración de la Antigua Guatemala es la más importante del hemisferio para muchas personas?
8. ¿Qué descubrieron los mayas antes que los europeos?
9. ¿Qué muestra la ropa tradicional de los guatemaltecos?
10. ¿Qué indica un *huipil* con su diseño y sus colores?

**Conexión Internet** Investiga estos temas en el sitio **www.vistahigherlearning.com.**

1. Busca información sobre Rigoberta Menchú. ¿De dónde es? ¿Qué libros publicó? ¿Por qué es famosa?
2. Estudia un sitio arqueológico en Guatemala para aprender más sobre los mayas, y prepara un breve informe para tu clase.

terremoto *earthquake* Semana Santa *Holy Week* antiguos *ancient* creían *they believed* pájaro *bird* cautividad *captivity* los billetes *bills* peligro *danger* descubrieron *discovered* complejo *complex* diseños *designs* vivos *bright* edad *age*

## Las comidas

| | |
|---|---|
| **el/la camarero/a** | *waiter* |
| **la comida** | *food; meal* |
| **el/la dueño/a** | *owner; landlord* |
| **el menú** | *menu* |
| **la sección de (no) fumar** | *(non) smoking section* |
| **el almuerzo** | *lunch* |
| **la cena** | *dinner* |
| **el desayuno** | *breakfast* |
| **los entremeses** | *hors d'oeuvres* |
| **el plato (principal)** | *(main) dish* |
| **delicioso/a** | *delicious* |
| **rico/a** | *tasty; delicious* |
| **sabroso/a** | *tasty; delicious* |
| **escoger** | *to choose* |
| **merendar (e:ie)** | *to snack* |
| **pedir (e:i)** | *to order (food)* |
| **probar (o:ue)** | *to taste; to try* |
| **recomendar (e:ie)** | *to recommend* |
| **servir (e:i)** | *to serve* |

## Las frutas

| | |
|---|---|
| **la banana** | *banana* |
| **las frutas** | *fruits* |
| **el limón** | *lemon* |
| **la manzana** | *apple* |
| **el melocotón** | *peach* |
| **la naranja** | *orange* |
| **la pera** | *pear* |
| **la sandía** | *watermelon* |
| **la uva** | *grape* |

## Las verduras

| | |
|---|---|
| **las arvejas** | *peas* |
| **la cebolla** | *onion* |
| **el champiñón** | *mushroom* |
| **la ensalada** | *salad* |
| **los espárragos** | *asparagus* |
| **los frijoles** | *beans* |
| **la lechuga** | *lettuce* |
| **el maíz** | *corn* |
| **las papas/patatas (fritas)** | *(fried) potatoes; French fries* |
| **el tomate** | *tomato* |
| **las verduras** | *vegetables* |
| **la zanahoria** | *carrot* |

## La carne y el pescado

| | |
|---|---|
| **el atún** | *tuna* |
| **el bistec** | *steak* |
| **los camarones** | *shrimp* |
| **la carne** | *meat* |
| **la carne de res** | *beef* |
| **la chuleta (de cerdo)** | *(pork) chop* |
| **la hamburguesa** | *hamburger* |
| **el jamón** | *ham* |
| **la langosta** | *lobster* |
| **los mariscos** | *shellfish* |
| **el pavo** | *turkey* |
| **el pescado** | *fish* |
| **el pollo (asado)** | *(roast) chicken* |
| **la salchicha** | *sausage* |
| **el salmón** | *salmon* |

## Otras comidas

| | |
|---|---|
| **el aceite** | *oil* |
| **el ajo** | *garlic* |
| **el arroz** | *rice* |
| **el azúcar** | *sugar* |
| **los cereales** | *cereal; grains* |
| **el huevo** | *egg* |
| **la mantequilla** | *butter* |
| **la margarina** | *margarine* |
| **la mayonesa** | *mayonnaise* |
| **el pan (tostado)** | *(toasted) bread* |
| **la pimienta** | *black pepper* |
| **el queso** | *cheese* |
| **la sal** | *salt* |
| **el sándwich** | *sandwich* |
| **la sopa** | *soup* |
| **el vinagre** | *vinegar* |
| **el yogur** | *yogurt* |

## Las bebidas

| | |
|---|---|
| **el agua (mineral)** | *(mineral) water* |
| **la bebida** | *drink* |
| **el café** | *coffee* |
| **la cerveza** | *beer* |
| **el jugo (de fruta)** | *(fruit) juice* |
| **la leche** | *milk* |
| **el refresco** | *soft drink* |
| **el té (helado)** | *(iced) tea* |
| **el vino (blanco/tinto)** | *(white/red) wine* |

## Verbos

| | |
|---|---|
| **conducir** | *to drive* |
| **conocer** | *to know; to be acquainted with* |
| **ofrecer** | *to offer* |
| **parecer** | *to seem* |
| **saber** | *to know; to know how* |
| **traducir** | *to translate* |
| **morir (o:ue)** | *to die* |

## Las comparaciones

| | |
|---|---|
| **como** | *like; as* |
| **más de *(+ number)*** | *more than* |
| **más... que** | *more ... than* |
| **menos de *(+ number)*** | *fewer than* |
| **menos... que** | *less ... than* |
| **tan... como** | *as ... as* |
| **tantos/as... como** | *as many... as* |
| **tanto... como** | *as much... as* |
| **el/la mayor** | *the eldest* |
| **el/la mejor** | *the best* |
| **el/la menor** | *the youngest* |
| **el/la peor** | *the worst* |
| **mejor** | *better* |
| **peor** | *worse* |

| | |
|---|---|
| **Expresiones útiles** | *See page 241.* |

**recursos**

| LM p. 48 | Lab CD/MP3 Lección 8 | Vocab CD Lección 8 |
|---|---|---|

# Las fiestas

# 9

## Communicative Goals

***You will learn how to:***

- **Express congratulations**
- **Express gratitude**
- **Ask for and pay the bill at a restaurant**

**A PRIMERA VISTA**

- ¿Se conocen ellas?
- ¿Cómo se sienten, alegres o tristes?
- ¿Está una de las chicas más contenta que la otra?
- ¿De qué color es su ropa, marrón o negra?

# Las fiestas

## Más vocabulario

| | |
|---|---|
| **la alegría** | *happiness* |
| **la amistad** | *friendship* |
| **el amor** | *love* |
| **el beso** | *kiss* |
| **la sorpresa** | *surprise* |
| **el aniversario (de bodas)** | *(wedding) anniversary* |
| **la boda** | *wedding* |
| **el cumpleaños** | *birthday* |
| **el día de fiesta** | *holiday* |
| **el divorcio** | *divorce* |
| **el matrimonio** | *marriage* |
| **la Navidad** | *Christmas* |
| **el/la recién casado/a** | *newlywed* |
| **la quinceañera** | *young woman's fifteenth birthday celebration* |
| **celebrar** | *to celebrate* |
| **cumplir años** | *to have a birthday* |
| **divertirse (e:ie)** | *to have fun* |
| **graduarse (de/en)** | *to graduate (from/in)* |
| **invitar** | *to invite* |
| **jubilarse** | *to retire (from work)* |
| **nacer** | *to be born* |
| **odiar** | *to hate* |
| **pasarlo bien/mal** | *to have a good/bad time* |
| **reírse (e:i)** | *to laugh* |
| **relajarse** | *to relax* |
| **sorprender** | *to surprise* |
| **sonreír (e:i)** | *to smile* |
| **cambiar (de)** | *to change* |
| **dejar una propina** | *to leave a tip* |
| **pagar la cuenta** | *to pay the bill* |
| **juntos/as** | *together* |

## Variación léxica

pastel ⟷ torta (*Arg., Venez.*)

comprometerse ⟷ prometerse (*Esp.*)

**recursos**

|  | 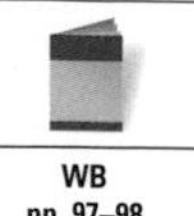 |  |  | 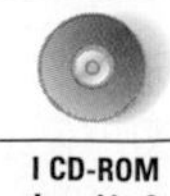 |  |
|---|---|---|---|---|---|
| TEXT CD Lección 9 | WB pp. 97–98 | LM p. 49 | Lab CD/MP3 Lección 9 | I CD-ROM Lección 9 | Vocab CD Lección 9 |

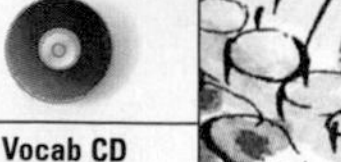

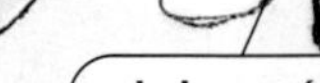

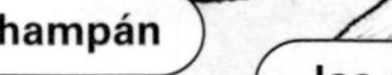

### Relaciones personales

| | |
|---|---|
| **casarse (con)** | *to get married (to)* |
| **comprometerse (con)** | *to get engaged (to)* |
| **divorciarse (de)** | *to get divorced (from)* |
| **enamorarse (de)** | *to fall in love (with)* |
| **llevarse bien/mal (con)** | *to get along well/badly (with)* |
| **romper (con)** | *to break up (with)* |
| **salir (con)** | *to go out (with); to date* |
| **separarse (de)** | *to separate (from)* |
| **tener una cita** | *to have a date; to have an appointment* |

# Práctica

**1** **Escuchar** Escucha la conversación e indica si las oraciones son **ciertas** o **falsas.**

1. A Silvia no le gusta mucho el chocolate.
2. Silvia sabe que sus amigos le van a hacer una fiesta.
3. Los amigos de Silvia le compraron un pastel de chocolate.
4. Los amigos brindan por Silvia con refrescos.
5. Silvia y sus amigos van a comer helado.
6. Los amigos de Silvia le van a servir flan y galletas.

**2** **Emparejar** Indica la letra de la frase que mejor completa cada oración.

| | | |
|---|---|---|
| a. **se jubiló** | d. **nos divertimos** | g. **se llevan bien** |
| b. **dejó una propina** | e. **nació** | h. **lo pasaron mal** |
| c. **sonrió** | f. **se casaron** | i. **tenemos una cita** |

1. María y sus compañeras de cuarto ___. Son buenas amigas.
2. Pablo y yo ___ en la fiesta. Bailamos y comimos mucho.
3. Manuel y Felipe ___ en el cine. La película fue muy mala.
4. ¡Tengo una nueva sobrina! Ella ___ ayer por la mañana.
5. Mi madre le ___ muy grande al camarero.
6. Mi padre ___ hace un año. Ahora no trabaja.
7. A Elena le gustan las galletas. Ella ___ después de comérselas todas.
8. Jorge y yo ___ esta noche. Vamos a ir a un restaurante muy elegante.
9. Jaime y Laura ___ el septiembre pasado. La boda fue maravillosa.

**3** **Definiciones** En parejas, definan las palabras y escriban una frase para cada ejemplo.

*modelo*

**romper (con)** una pareja termina la relación
Marta rompió con su novio.

1. regalar
2. helado
3. pareja
4. invitado
5. casarse
6. quinceañera
7. sorpresa
8. pasarlo bien

# Las etapas de la vida de Sergio

el nacimiento — la niñez — la adolescencia

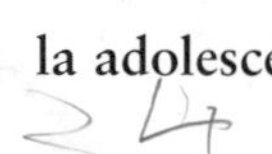

la juventud — la madurez — la vejez

## Más vocabulario

| | |
|---|---|
| **la edad** | *age* |
| **el estado civil** | *marital status* |
| **las etapas de la vida** | *the stages of life* |
| **la muerte** | *death* |
| **casado/a** | *married* |
| **divorciado/a** | *divorced* |
| **soltero/a** | *single* |
| **separado/a** | *separated* |
| **viudo/a** | *widower/widow* |

**4** **Las etapas de la vida** Identifica las etapas de la vida que se describen (*are described*) en las siguientes (*following*) frases.

1. Mi abuela se jubiló y se mudó (*moved*) a Viña del Mar.
2. Mi padre trabaja para una compañía grande en Santiago.
3. ¿Viste a mi nuevo sobrino en el hospital? Es precioso y ¡tan pequeño!
4. Mi abuelo murió este año.
5. Mi hermana se enamoró de un chico nuevo en la escuela.
6. Mi hermana pequeña juega con muñecas (*dolls*).

**NOTA CULTURAL**

**Viña del Mar** es una ciudad en la costa de Chile, situada al oeste de Santiago. Tiene playas hermosas, excelentes hoteles, casinos y buenos restaurantes. Cada año en Viña del Mar se celebra el famosísimo Festival Internacional de la Canción (*song*).

**5**  **Cambiar** Tu hermano menor no entiende nada de las etapas de la vida. En parejas, túrnense (*take turns*) para decir que las afirmaciones son falsas y corríjanlas (*correct them*) cambiando las expresiones subrayadas (*underlined*).

*modelo*

**Estudiante 1:** La niñez es cuando trabajamos mucho.
**Estudiante 2:** No, te equivocas (*you're wrong*). La madurez es cuando trabajamos mucho.

1. El nacimiento es el fin de la vida.
2. La juventud es la etapa cuando nos jubilamos.
3. A los sesenta y cinco años, muchas personas comienzan a trabajar.
4. Julián y nuestra prima se divorcian mañana.
5. Mamá odia a su hermana.
6. El abuelo murió, por eso la abuela es separada.
7. Cuando te gradúas de la universidad, estás en la etapa de la adolescencia.
8. Mi tío nunca se casó, es viudo.

**AYUDA**

Other ways to contradict someone:

**No es verdad.**
*It's not true.*

**Creo que no.**
*I don't think so.*

**¡Claro que no!**
*Of course not!*

**¡Qué va!**
*No way!*

# Comunicación

6 **Una fiesta** Trabaja con dos compañeros/as para planear una fiesta. Recuerda incluir la siguiente información.

1. ¿Qué tipo de fiesta es? ¿Dónde va a ser? ¿Cuándo va a ser?
2. ¿A quiénes van a invitar?
3. ¿Qué van a comer? ¿Quiénes van a llevar o a preparar la comida?
4. ¿Qué van a beber? ¿Quiénes van a llevar las bebidas?
5. ¿Qué van a hacer todos durante la fiesta?

7  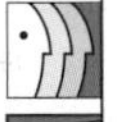

**Encuesta** Tu profesor(a) va a darte una hoja de actividades. Haz las preguntas de la hoja a dos o tres compañeros/as de clase para saber qué actitudes tienen en sus relaciones personales. Luego comparte los resultados de la encuesta (*survey*) con la clase y comenta tus conclusiones.

| Preguntas | Nombres | Actitudes |
|---|---|---|
| 1. ¿Te importa la amistad? ¿Por qué? | | |
| 2. ¿Es mejor tener un(a) buen(a) amigo/a o muchos/as amigos/as? | | |
| 3. ¿Cuáles son las características que buscas en tus amigos/as? | | |
| 4. ¿Tienes novio/a? ¿A qué edad es posible enamorarse? | | |
| 5. ¿Deben las parejas hacer todo juntos? ¿Deben tener las mismas opiniones? ¿Por qué? | | |

**¡LENGUA VIVA!**

While a **buen(a) amigo/a** is a *good friend*, the term **amigo/a íntimo/a** refers to a *close friend*, or a very good friend, without any romantic overtones.

8 **Minidrama** En parejas, consulten la ilustración en la página 272, y luego, usando las palabras de la lista, preparen un minidrama para representar (*to act out*) las etapas de la vida de Sergio. Pueden ser creativos e inventar más información sobre su vida.

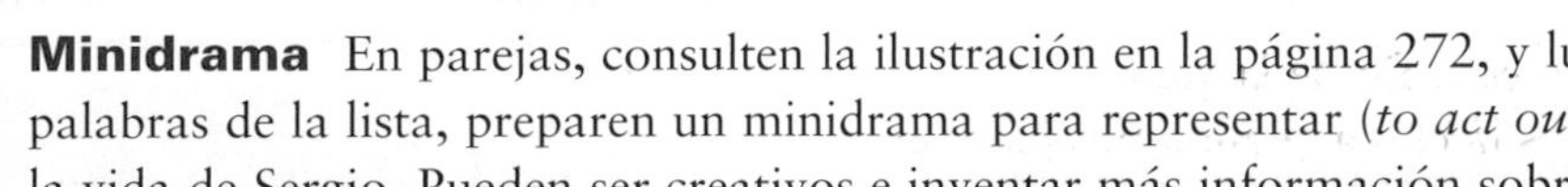

| | | | |
|---|---|---|---|
| amor | celebrar | enamorarse | romper |
| boda | comprometerse | graduarse | salir |
| cambiar | cumpleaños | jubilarse | separarse |
| casarse | divorciarse | nacer | tener una cita |

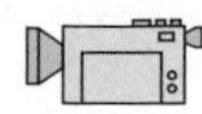

# ¡Feliz cumpleaños, Maite!

**Don Francisco y los estudiantes celebran el cumpleaños de Maite en el restaurante El Cráter.**

PERSONAJES

MAITE

INÉS

DON FRANCISCO

ÁLEX

JAVIER

DOÑA RITA

CAMARERO

**INÉS** A mí me encantan los dulces. Maite, ¿tú qué vas a pedir?

**MAITE** Ay, no sé. Todo parece tan delicioso. Quizás el pastel de chocolate.

**JAVIER** Para mí el pastel de chocolate con helado. Me encanta el chocolate. Y tú, Álex, ¿qué vas a pedir?

**ÁLEX** Generalmente prefiero la fruta, pero hoy creo que voy a probar el pastel de chocolate.

**DON FRANCISCO** Yo siempre tomo un flan y un café.

**DOÑA RITA & CAMARERO** ¡Feliz cumpleaños, Maite!

**INÉS** ¿Hoy es tu cumpleaños, Maite?

**MAITE** Sí, el 22 de junio. Y parece que vamos a celebrarlo.

**TODOS MENOS MAITE** ¡Felicidades!

**ÁLEX** Yo también acabo de cumplir los veintitrés años.

**MAITE** ¿Cuándo?

**ÁLEX** El cuatro de mayo.

**DOÑA RITA** Aquí tienen un flan, pastel de chocolate con helado... y una botella de vino para dar alegría.

**MAITE** ¡Qué sorpresa! ¡No sé qué decir! Muchísimas gracias.

**DON FRANCISCO** El conductor no puede tomar vino. Doña Rita, gracias por todo. ¿Puede traernos la cuenta?

**DOÑA RITA** Enseguida, Paco.

**recursos**

| V CD-ROM Lección 9 | VM pp. 229–230 | I CD-ROM Lección 9 |
|---|---|---|

**MAITE** ¡Gracias! Pero, ¿quién le dijo que es mi cumpleaños?

**DOÑA RITA** Lo supe por don Francisco.

**ÁLEX** Ayer te lo pregunté, ¡y no quisiste decírmelo! ¿Eh? ¡Qué mala eres!

**JAVIER** ¿Cuántos años cumples?

**MAITE** Veintitrés.

**INÉS** Creo que debemos dejar una buena propina. ¿Qué les parece?

**MAITE** Sí, vamos a darle una buena propina a la señora Perales. Es simpatiquísima.

**DON FRANCISCO** Gracias una vez más. Siempre lo paso muy bien aquí.

**MAITE** Muchísimas gracias, señora Perales. Por la comida, por la sorpresa y por ser tan amable con nosotros.

## Enfoque cultural Las celebraciones hispanas

Las celebraciones de la independencia, los carnavales y la Semana Santa son fiestas importantísimas en los países hispanos. Las fechas de Navidad y Noche Vieja (*New Year's Eve*) son, quizás, las más festejadas (*celebrated*). Otra celebración importante es el santo. Cada día del año tiene un santo asignado, y algunas personas que se llaman igual que el santo del día (*who have the same name as the day's saint*) lo celebran. El 19 de marzo, por ejemplo, los que se llaman José o Josefa celebran el día de San José.

## Expresiones útiles

### Celebrating a birthday party

- ▶ **¡Feliz cumpleaños!**
  *Happy birthday!*
- ▶ **¡Felicidades!/¡Felicitaciones!**
  *Congratulations!*

- ▶ **¿Quién le dijo que es mi cumpleaños?**
  *Who told you* (form.) *that it's my birthday?*
- ▷ **Lo supe por don Francisco.**
  *I found out through don Francisco.*

- ▶ **¿Cuántos años cumples/cumple Ud.?**
  *How old are you now?*
- ▷ **Veintitrés.**
  *Twenty-three.*

### Asking for and getting the bill

- ▶ **¿Puede traernos la cuenta?**
  *Can you bring us the bill?*
- ▶ **La cuenta, por favor.**
  *The bill, please.*
- ▷ **Enseguida, señor/señora/señorita.**
  *Right away, sir/ma'am/miss.*

### Expressing gratitude

- ▶ **¡(Muchas) gracias!**
  *Thank you (very much)!*
- ▶ **Muchísimas gracias.**
  *Thank you very, very much.*
- ▶ **Gracias por todo.**
  *Thanks for everything.*
- ▶ **Gracias una vez más.**
  *Thanks again. (lit. Thanks one more time.)*

### Leaving a tip

- ▶ **Creo que debemos dejar una buena propina. ¿Qué les parece?**
  *I think we should leave a good tip. What do you guys think?*
- ▷ **Sí, vamos a darle una buena propina.**
  *Yes, let's give her a good tip.*

# Reacciona a la fotonovela

**1**

**Completar** Completa las frases con la información correcta, según la fotonovela.

1. De postre, don Francisco siempre pide ________________.
2. A Javier le encanta ________________.
3. Álex cumplió los ________________ años ________________.
4. Hoy Álex quiere tomar algo diferente. De postre, quiere pedir ________________.
5. Los estudiantes le van a dejar ________________ a doña Rita.

**2**

**Identificar** Identifica quién puede decir las siguientes frases.

1. Gracias, doña Rita, pero no puedo tomar vino.
2. ¡Qué simpática es doña Rita! Fue tan amable conmigo.
3. A mí me encantan los dulces y los pasteles, ¡especialmente si son de chocolate!
4. Mi amigo acaba de informarme que hoy es el cumpleaños de Maite.
5. ¿Tienen algún postre de fruta? Los postres de fruta son los mejores.
6. Me parece una buena idea dejarle una buena propina a la dueña. ¿Qué piensan ustedes?

JAVIER

ÁLEX

INÉS

MAITE

DON FRANCISCO

DOÑA RITA

**NOTA CULTURAL**

En los países hispanos los camareros no dependen tanto de **las propinas** como en los EE.UU. Por eso, en estos países no es común dejar propina. Pero siempre es buena idea dejar una buena propina cuando el grupo es grande o el servicio es excepcional.

**3**

**Completar** Selecciona algunas de las opciones de la lista para completar las frases.

| | | | |
|---|---|---|---|
| el amor | la cuenta | la galleta | la quinceañera |
| una botella de vino | día de fiesta | pedir | ¡Qué sorpresa! |
| celebrar | el divorcio | un postre | una sorpresa |

1. Maite no sabe que van a celebrar su cumpleaños porque es ________________.
2. Cuando una pareja celebra su aniversario y quiere tomar algo especial, compra ________________.
3. Después de una cena o un almuerzo, es normal pedir ________________.
4. Inés y Maite no saben exactamente lo que van a ________________ de postre.
5. Después de comer en un restaurante, tienes que pagar ________________.
6. Una pareja de enamorados nunca piensa en ________________.
7. Hoy no trabajamos porque es un ________________.

**CONSÚLTALO**

Some Latin American countries mark a girl's fifteenth birthday by celebrating a **quinceañera,** a party in her honor in which she is "presented" to society. To read more, see **Lectura** p. 289.

**4**

**Fiesta sorpresa** Trabajen en grupos para representar una conversación en la que uno/a de ustedes está celebrando su cumpleaños en un restaurante.

- Una persona le desea feliz cumpleaños a su compañero/a y le pregunta cuántos años cumple.
- Cada persona del grupo le pide al/a la camarero/a un postre y algo de beber.
- Después de terminar los postres, una persona pide la cuenta.
- Otra persona habla de dejar una propina.
- Los amigos que no cumplen años dicen que quieren pagar la cuenta.
- El/la que cumple años les da las gracias por todo.

# Pronunciación

## The letters h, j, and g

**helado** **hombre** **hola** **hermosa**

The Spanish **h** is always silent.

**José** **jubilarse** **dejar** **pareja**

The letter **j** is pronounced much like the English *h* in *his*.

**agencia** **general** **Gil** **Gisela**

The letter **g** can be pronounced three different ways. Before **e** or **i**, the letter **g** is pronounced much like the English *h*.

**Gustavo, gracias por llamar el domingo.**

At the beginning of a phrase or after the letter **n**, the Spanish **g** is pronounced like the English *g* in *girl*.

**Me gradué en agosto.**

In any other position, the Spanish **g** has a somewhat softer sound.

**Guerra** **conseguir** **guantes** **agua**

In the combinations **gue** and **gui**, the **g** has a hard sound and the **u** is silent. In the combination **gua**, the **g** has a hard sound and the **u** is pronounced like the English *w*.

**Práctica** Lee las palabras en voz alta, prestando atención a la **h**, la **j** y la **g**.

1. hamburguesa
2. jugar
3. oreja
4. guapa
5. geografía
6. magnífico
7. espejo
8. hago
9. seguir
10. gracias
11. hijo
12. galleta
13. Jorge
14. tengo
15. ahora
16. guantes

**Oraciones** Lee las oraciones en voz alta, prestando atención a la **h**, la **j** y la **g**.

1. Hola. Me llamo Gustavo Hinojosa Lugones y vivo en Santiago de Chile.
2. Tengo una familia grande; somos tres hermanos y tres hermanas.
3. Voy a graduarme en mayo.
4. Para celebrar mi graduación mis padres van a regalarme un viaje a Egipto.
5. ¡Qué generosos son!

**Refranes** Lee los refranes en voz alta, prestando atención a la **h**, la **j** y la **g**.

1 Too much of a good thing.
2 The clothes don't make the man.

recursos

| TEXT CD Lección 9 | LM p. 50 | Lab CD/MP3 Lección 9 | I CD-ROM Lección 9 |
|---|---|---|---|

# 9.1 Irregular preterites

**ANTE TODO** You already know that the verbs **ir** and **ser** are irregular in the preterite. You will now learn other verbs whose preterite forms are also irregular.

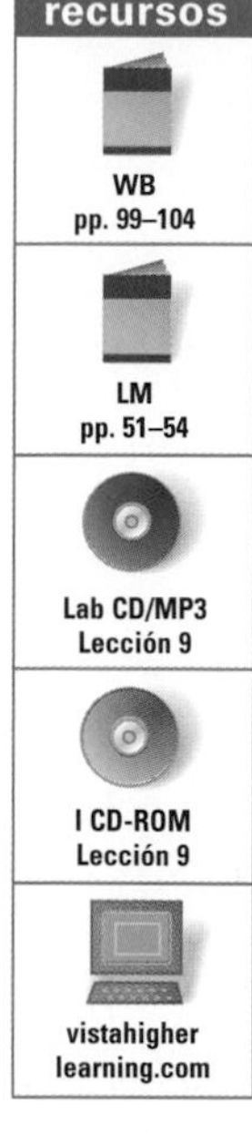


### Preterite of *tener, venir,* and *decir*

| | | **tener** (**u**-stem) | **venir** (**i**-stem) | **decir** (**j**-stem) |
|---|---|---|---|---|
| SINGULAR FORMS | yo | tuv**e** | vin**e** | dij**e** |
| | tú | tuv**iste** | vin**iste** | dij**iste** |
| | Ud./él/ella | tuv**o** | vin**o** | dij**o** |
| PLURAL FORMS | nosotros/as | tuv**imos** | vin**imos** | dij**imos** |
| | vosotros/as | tuv**isteis** | vin**isteis** | dij**isteis** |
| | Uds./ellos/ellas | tuv**ieron** | vin**ieron** | dij**eron** |

▶ The following verbs observe similar stem-changes to **tener, venir,** and **decir**.

| INFINITIVE | U-STEM | PRETERITE FORMS |
|---|---|---|
| poder | pud- | pude, pudiste, pudo, pudimos, pudisteis, pudieron |
| poner | pus- | puse, pusiste, puso, pusimos, pusisteis, pusieron |
| saber | sup- | supe, supiste, supo, supimos, supisteis, supieron |
| estar | estuv- | estuve, estuviste, estuvo, estuvimos, estuvisteis, estuvieron |

| INFINITIVE | I-STEM | PRETERITE FORMS |
|---|---|---|
| querer | quis- | quise, quisiste, quiso, quisimos, quisisteis, quisieron |
| hacer | hic- | hice, hiciste, hizo, hicimos, hicisteis, hicieron |

| INFINITIVE | J-STEM | PRETERITE FORMS |
|---|---|---|
| traer | traj- | traje, trajiste, trajo, trajimos, trajisteis, trajeron |
| conducir | conduj- | conduje, condujiste, condujo, condujimos, condujisteis, condujeron |
| traducir | traduj- | traduje, tradujiste, tradujo, tradujimos, tradujisteis, tradujeron |

**¡ATENCIÓN!**

The endings of these verbs are the regular preterite endings of **–er/–ir** verbs, except for the **yo** and **Ud.** forms. Note that these two endings are unaccented.

**¡ATENCIÓN!**

Most verbs that end in **–cir** are **j**-stem verbs in the preterite. For example, **producir → produje, produjiste**, etc.

▶ Notice that the preterites with **j**-stems omit the letter **i** in the **ellos, ellas,** and **ustedes** form.

Mis amigos **trajeron** comida a la fiesta. Ellos **comieron** muchos dulces.

## The preterite of *dar*

| | | | |
|---|---|---|---|
| yo | d**i** | nosotros/as | d**imos** |
| tú | d**iste** | vosotros/as | d**isteis** |
| Ud./él/ella | d**io** | Uds./ellos/ellas | d**ieron** |
| SINGULAR FORMS | | PLURAL FORMS | |

▶ The endings for **dar** are the same as the regular preterite endings for **–er** and **–ir** verbs, except that there are no accent marks.

La camarera me **dio** el menú.
*The waitress gave me the menu.*

Le **di** a Juan algunos consejos.
*I gave Juan some advice.*

Los invitados le **dieron** un regalo.
*The guests gave him/her a gift.*

Nosotros **dimos** una gran fiesta.
*We gave a great party.*

**CONSÚLTALO**

Note that there are other ways to say *there was* or *there were* in Spanish. See **Estructura 10.1,** p. 306.

▶ The preterite of **hay** (*inf.* **haber**) is **hubo** *(there was; there were)*.

**¡INTÉNTALO!** Escribe en cada espacio en blanco la forma correcta del pretérito del verbo que está entre paréntesis.

1. (querer) tú quisiste
2. (decir) usted ________
3. (hacer) nosotras ________
4. (traer) yo ________
5. (conducir) ellas ________
6. (estar) ella ________
7. (tener) tú ________
8. (dar) ella y yo ________
9. (traducir) yo ________
10. (haber) ayer ________
11. (saber) usted ________
12. (poner) ellos ________
13. (venir) yo vine
14. (poder) tú ________
15. (querer) ustedes ________
16. (estar) nosotras ________
17. (decir) tú ________
18. (saber) ellos ________
19. (hacer) él ________
20. (poner) yo ________
21. (traer) nosotras ________
22. (tener) yo ________
23. (dar) tú ________
24. (poder) ustedes ________

# Práctica

**1**

**Completar** Completa estas frases con el pretérito de los verbos entre paréntesis.

1. El sábado __________ (haber) una fiesta sorpresa para Elsa en mi casa.
2. Sofía __________ (hacer) un pastel para la fiesta y Miguel __________ (traer) un flan.
3. Los amigos y parientes de Elsa __________ (venir) y __________ (traer) regalos.
4. El hermano de Elsa no __________ (venir) porque __________ (tener) que trabajar.
5. Su tía María Dolores tampoco __________ (poder) venir.
6. Cuando Elsa abrió la puerta, todos gritaron (*shouted*): "¡Feliz cumpleaños!" y su esposo le __________ (dar) un beso.
7. Al final de la fiesta, todos __________ (decir) que se divirtieron mucho.
8. La historia (*story*) le __________ (dar) a Elsa tanta risa (*laughter*) que no __________ (poder) dejar de reírse durante toda la noche.

**NOTA CULTURAL**

El **flan** es un postre muy popular en los países de habla hispana. Se prepara con huevos y se sirve con salsa de caramelo. Existen variedades deliciosas como el flan de queso o el flan de coco.

**2**

**Describir** En parejas, usen verbos de la lista para describir lo que estas personas hicieron. Deben dar por lo menos dos frases por cada dibujo.

| dar | hacer | tener | traer |
|---|---|---|---|
| estar | poner | traducir | venir |

1. El señor López

2. Norma

3. Anoche nosotros

4. Roberto y Elena

# Comunicación

3

**Preguntas** En parejas, túrnense para hacerse y responder a estas preguntas.

1. ¿Fuiste a una fiesta de cumpleaños el año pasado? ¿De quién?
2. ¿Quiénes fueron a la fiesta?
3. ¿Quién condujo el carro?
4. ¿Cómo estuvo la fiesta?
5. ¿Quién llevó regalos, bebidas o comida? ¿Llevaste algo especial?
6. ¿Hubo comida? ¿Quién la hizo? ¿Hubo champán?
7. ¿Qué regalo diste tú? ¿Qué otros regalos dieron los invitados?
8. ¿Cuántos invitados hubo en la fiesta?
9. ¿Qué tipo de música hubo?
10. ¿Qué dijeron los invitados de la fiesta?

4

**Encuesta** Tu profesor(a) va a darte una hoja de actividades. Para cada una de las actividades de la lista, encuentra a alguien que hizo esa actividad en el tiempo indicado.

**modelo**

Traer dulces a clase

**Estudiante 1:** ¿Trajiste dulces a clase?

**Estudiante 2:** Sí, traje galletas y helado a la fiesta del fin del semestre.

| Actividades | Nombres |
|---|---|
| 1. Ponerse un disfraz (*costume*) de Halloween | |
| 2. Traer dulces a clase | |
| 3. Conducir su carro a clase | |
| 4. Estar en la biblioteca ayer | |
| 5. Dar un beso a alguien ayer | |
| 6. Poder levantarse temprano esta mañana | |
| 7. Hacer un viaje a un país hispano en el verano | |
| 8. Tener una cita anoche | |
| 9. Ir a una fiesta el fin de semana pasado | |
| 10. Tener que trabajar el sábado pasado | |

**NOTA CULTURAL**

***Halloween*** es una fiesta que también se celebra en algunos países hispanos, como México, por su proximidad con los Estados Unidos, pero no es parte de la cultura hispana. Sin embargo, sí lo es el Día de todos los Santos (1 de noviembre) y el Día de los Muertos (2 de noviembre). Según la tradición mexicana, el Día de los Muertos los espíritus de los muertos regresan para visitar a los vivos. Muchas personas van al cementerio ese día y algunas pasan la noche allí. También es costumbre comer pan y dulces en forma de calaveras (*skulls*) y esqueletos (*skeletons*).

# Síntesis

5

**Conversación** En parejas, preparen una conversación en la que un(a) hermano/a va a visitar a su hermano/a para explicarle por qué no fue a su fiesta de graduación y para saber cómo estuvo la fiesta. Incluyan la siguiente información en la conversación:

- Cuál fue el menú
- Quiénes vinieron a la fiesta y quiénes no pudieron venir
- Quiénes prepararon la comida o trajeron algo
- Si él/ella tuvo que preparar algo
- Lo que la gente hizo antes y después de comer
- Cómo lo pasaron, bien o mal

# 9.2 Verbs that change meaning in the preterite

**ANTE TODO** The verbs **conocer, saber, poder,** and **querer** change meanings when used in the preterite. Because of this, each of them corresponds to more than one verb in English, depending on its tense.

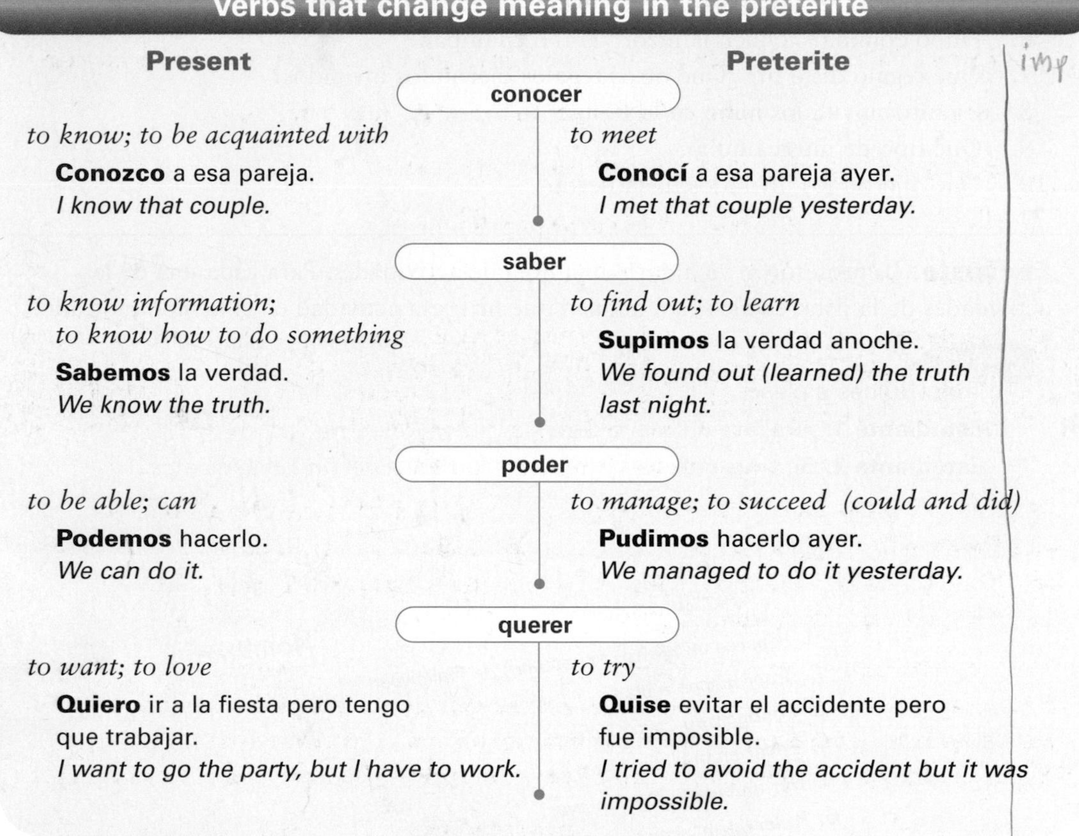

**Verbs that change meaning in the preterite**

| Present | | Preterite |
|---|---|---|
| | **conocer** | |
| *to know; to be acquainted with*<br>**Conozco** a esa pareja.<br>*I know that couple.* | | *to meet*<br>**Conocí** a esa pareja ayer.<br>*I met that couple yesterday.* |
| | **saber** | |
| *to know information; to know how to do something*<br>**Sabemos** la verdad.<br>*We know the truth.* | | *to find out; to learn*<br>**Supimos** la verdad anoche.<br>*We found out (learned) the truth last night.* |
| | **poder** | |
| *to be able; can*<br>**Podemos** hacerlo.<br>*We can do it.* | | *to manage; to succeed (could and did)*<br>**Pudimos** hacerlo ayer.<br>*We managed to do it yesterday.* |
| | **querer** | |
| *to want; to love*<br>**Quiero** ir a la fiesta pero tengo que trabajar.<br>*I want to go the party, but I have to work.* | | *to try*<br>**Quise** evitar el accidente pero fue imposible.<br>*I tried to avoid the accident but it was impossible.* |

**¡ATENCIÓN!**

In the preterite, the verbs **poder** and **querer** have different meanings, depending on whether they are used in affirmative or negative sentences.

**pude** *I was able (to)*
**no pude** *I failed (to)*
**quise** *I tried (to)*
**no quise** *I refused (to)*

**¡INTÉNTALO!** Elige la respuesta más lógica.

1. Yo no hice lo que me pidieron mis padres. ¡Tengo mis principios!
   a. No quise hacerlo. b. No supe hacerlo.
2. Hablamos por primera vez con Nuria y Ana en la boda.
   a. Las conocimos en la boda. b. Las supimos en la boda.
3. Por fin hablé con mi hermano después de llamarlo siete veces.
   a. No quise hablar con él. b. Pude hablar con él.
4. Josefina se acostó para relajarse. Se durmió inmediatamente.
   a. Pudo relajarse. b. No pudo relajarse.
5. Después de mucho buscar, encontraste la definición en el diccionario.
   a. No supiste la respuesta. b. Supiste la repuesta.
6. Las chicas fueron a la fiesta. Cantaron, bailaron mucho y hablaron con todos los invitados.
   a. Ellas pudieron divertirse. b. Ellas no supieron divertirse.

# Práctica

**1** **Carlos y Eva** Forma frases con los siguientes elementos. Usa el pretérito. Al final, inventa la razón del divorcio de Carlos y Eva.

1. Anoche / mi esposa y yo / saber / que / Carlos y Eva / divorciarse
2. Los / conocer / viaje / Isla de Pascua
3. No / poder / hablar / mucho / con / ellos / ese / día
4. Pero / ellos / ser / simpático / y / nosotros / hacer planes / vernos / con más / frecuencia
5. Yo / poder / su / número / teléfono / encontrar / páginas / amarillo
6. (Yo) querer / llamar / les / ese día / pero / no / tener / tiempo.
7. Cuando / los / llamar / nosotros / poder / hablar / Eva.
8. Nosotros / saber / razón / divorcio / después / hablar / ella

**NOTA CULTURAL**

**La Isla de Pascua** es un remoto territorio chileno situado en el océano Pacífico Sur. Sus inmensas estatuas son uno de los mayores misterios del mundo: nadie sabe cómo o por qué se construyeron. Para más información, véase **Panorama**, p. 295.

# Comunicación

**2** **Completar** Completa estas frases de una manera lógica.

1. Ayer mi compañero/a de cuarto supo...
2. Esta mañana no pude...
3. Conocí a mi mejor amigo/a en...
4. Mis padres no quisieron...
5. Mi mejor amigo/a no pudo...
6. Mi novio/a y yo nos conocimos en...
7. La semana pasada supe...
8. Ayer mis amigos quisieron...

**3** **Telenovela *(Soap opera)*** En parejas, escriban el diálogo para una escena de una telenovela. La escena trata de (*is about*) una situación amorosa entre tres personas: Mirta, Daniel y Raúl. Usen el pretérito de **conocer, poder, querer** y **saber** en su diálogo.

# Síntesis

**4**  **Conversación** En una hoja de papel, escribe dos listas: las cosas que hiciste durante el fin de semana y las cosas que quisiste hacer pero no pudiste. Luego, compara tu lista con la de un(a) compañero/a, y expliquen por qué no pudieron hacer esas cosas.

# 9.3 ¿Qué? and ¿cuál?

**ANTE TODO** You've already learned how to use interrogative words and phrases. As you know, **¿qué?** and **¿cuál?** or **¿cuáles?** mean *what?* or *which?* However, they are not interchangeable.

▶ **¿Qué?** is used to ask for a definition or an explanation.

**¿Qué** es el flan?
*What is flan?*

**¿Qué** estudias?
*What do you study?*

▶ **¿Cuál(es)?** is used when there is a choice among several possibilities.

**¿Cuál** de los dos prefieres, el vino o el champán?
*Which of these (two) do you prefer, wine or champagne?*

**¿Cuáles** son tus medias, las negras o las blancas?
*Which ones are your socks, the black ones or the white ones?*

▶ **¿Cuál?** cannot be used before a noun; in this case, **¿qué?** is used.

**¿Qué** sorpresa te dieron tus amigos?
*What surprise did your friends give you?*

**¿Qué** colores te gustan?
*What colors do you like?*

▶ **¿Qué?** used before a noun has the same meaning as **¿cuál?**

**¿Qué regalo** te gusta?
*What (Which) gift do you like?*

**¿Qué dulces** quieren ustedes?
*What (Which) sweets do you want?*

## Review of interrogative words and phrases

| | | | |
|---|---|---|---|
| **¿a qué hora?** | *at what time?* | **¿cuánto/a?** | *how much?* |
| **¿adónde?** | *(to) where?* | **¿cuántos/as?** | *how many?* |
| **¿cómo?** | *how?* | **¿de dónde?** | *from where?* |
| **¿cuál(es)?** | *what?; which?* | **¿dónde?** | *where?* |
| **¿cuándo?** | *when?* | **¿qué?** | *what?; which?* |
| | | **¿quién(es)?** | *who?* |

**¡INTÉNTALO!** Completa las preguntas con **¿qué?** o **¿cuál(es)?**, según el contexto.

1. ¿ Cuál de los dos te gusta más?
2. ¿ ______ es tu teléfono?
3. ¿ ______ tipo de pastel pediste?
4. ¿ ______ es una quinceañera?
5. ¿ ______ haces ahora?
6. ¿ ______ son tus platos favoritos?
7. ¿ ______ bebidas te gustan más?
8. ¿ ______ es esto?
9. ¿ ______ es el mejor?
10. ¿ ______ es tu opinión?
11. ¿ ______ fiestas celebras tú?
12. ¿ ______ botella de vino prefieres?
13. ¿ ______ es tu helado favorito?
14. ¿ ______ pones en la mesa?
15. ¿ ______ restaurante prefieres?
16. ¿ ______ estudiantes estudian más?
17. ¿ ______ quieres comer esta noche?
18. ¿ ______ es la sorpresa mañana?
19. ¿ ______ postre prefieres?
20. ¿ ______ opinas?

# Práctica

**1** **Completar** Tu clase de español va a crear un sitio web. Completa estas frases con alguna(s) palabra(s) interrogativa(s). Luego, con un(a) compañero/a hagan y contesten las preguntas para obtener la información para el sitio web.

1. ¿__________ es la fecha de tu cumpleaños?
2. ¿__________ naciste?
3. ¿__________ es tu estado civil?
4. ¿________________ te relajas?
5. ¿__________ es tu mejor amigo/a?
6. ¿__________ cosas te hacen reír?
7. ¿__________ postres te gustan? ¿__________ te gusta más?
8. ¿__________ problemas tuviste en la primera cita con alguien?

# Comunicación

**2** **Una invitación** En parejas, lean esta invitación. Luego, túrnense para hacer y contestar preguntas con **qué** y **cuál** basadas en la información de la invitación.

**¡LENGUA VIVA!**

The word **invitar** is not used exactly like *invite*. If you say **Te invito a un café,** it means that you are offering to buy that person a coffee.

modelo

**Estudiante 1:** ¿Cuál es el nombre del padre de la novia?

**Estudiante 2:** Su nombre es Fernando Sandoval Valera.

*Fernando Sandoval Valera*
*Isabel Arzipe de Sandoval*

*Lorenzo Vásquez Amaral*
*Elena Soto de Vásquez*

*tienen el agrado de invitarlos*
*a la boda de sus hijos*

*María Luisa y José Antonio*

*La ceremonia religiosa tendrá lugar*
*el sábado 10 de junio a las dos de la tarde*
*en el Templo de Santo Domingo*
*(Calle Santo Domingo, 961).*

*Después de la ceremonia sírvanse pasar a la recepción en el salón de baile del Hotel Metrópoli (Sotero del Río, 465).*

**3** **Quinceañera** Trabaja con un(a) compañero/a. Uno de ustedes es el/la director(a) del salón de fiestas "Renacimiento". El/la otro/a es el padre/la madre de Ana María, quien quiere hacer la fiesta de quinceañera de su hija sin gastar más de $25 por invitado/a. Su profesor(a) va a darles la información necesaria para confirmar la reservación.

modelo

**Estudiante 1:** ¿Cuánto cuestan los entremeses?

**Estudiante 2:** Depende. Puede escoger champiñones por 50 centavos o camarones por dos dólares.

**Estudiante 1:** ¡Uf! A mi hija le gustan los camarones, pero son muy caros.

**Estudiante 2:** Bueno, también puede escoger quesos por un dólar por invitado.

# 9.4 Pronouns after prepositions

In Spanish, as in English, the object of a preposition is the noun or pronoun that follows a preposition. Observe the following diagram.

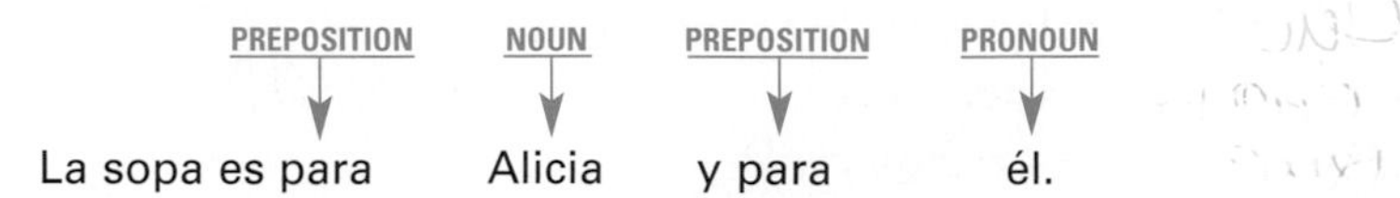


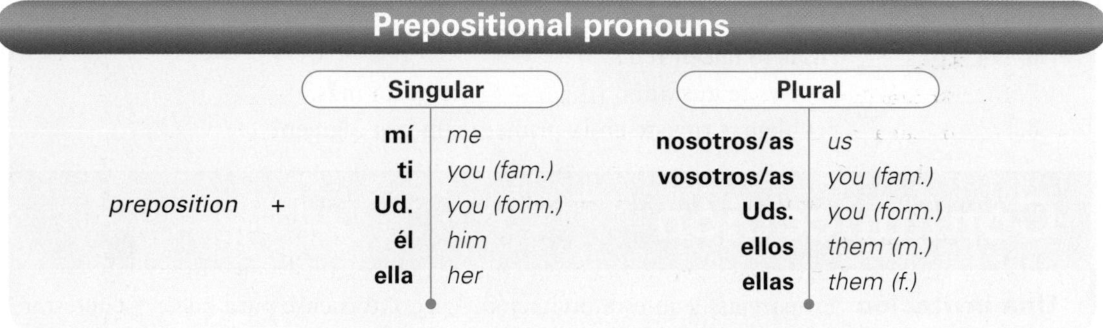

**Prepositional pronouns**

| | | Singular | | Plural | |
|---|---|---|---|---|---|
| | | **mí** | *me* | **nosotros/as** | *us* |
| | | **ti** | *you (fam.)* | **vosotros/as** | *you (fam.)* |
| *preposition* | + | **Ud.** | *you (form.)* | **Uds.** | *you (form.)* |
| | | **él** | *him* | **ellos** | *them (m.)* |
| | | **ella** | *her* | **ellas** | *them (f.)* |

- Note that, except for **mí** and **ti,** these pronouns are the same as the subject pronouns.

- The preposition **con** combines with **mí** and **ti** to form **conmigo** and **contigo,** respectively.

  —¿Quieres venir **conmigo** a Concepción?
  *Do you want to come with me to Concepción?*

  —Sí, gracias, me gustaría ir **contigo.**
  *Yes, thanks, I would like to go with you.*

- The preposition **entre** is followed by **tú** and **yo** instead of **ti** and **mí.**

  Papá va a sentarse **entre tú y yo**.
  *Dad is going to sit between you and me.*

**¡ATENCIÓN!**

**Mí** (*me*) has an accent mark to distinguish it from the possessive adjective **mi** (*my*).

**CONSÚLTALO**

For more prepositions, refer to **Estructura 2.3**, p. 54.

**¡INTÉNTALO!** Completa las siguientes frases con las preposiciones y los pronombres apropiados.

1. *(with him)* No quiero ir <u>con él</u>.
2. *(for her)* Las galletas son ________.
3. *(for me)* Los mariscos son ________.
4. *(with you,* pl. form.*)* Preferimos estar ________.
5. *(with you,* fam.*)* Me gusta salir ________.
6. *(with me)* ¿Por qué no quieres tener una cita ________?
7. *(for her)* La cuenta es ________.
8. *(for them,* m.*)* La habitación es muy pequeña ________.
9. *(with them,* f.*)* Anoche celebré la Navidad ________.
10. *(for you,* fam.*)* Este beso es ________.
11. *(with you,* fam.*)* Nunca me aburro ________.
12. *(with you,* pl. form.*)* ¡Qué bien que vamos ________!
13. *(for you,* fam.*)* ________ la vida es muy fácil.
14. *(for them,* f.*)* ________ no hay sorpresas.

# Práctica

**1** **Completar** David sale con sus amigos a comer. Para saber quién come qué, lee el mensaje electrónico que David le envió (*sent*) a Cecilia dos días después y completa el diálogo en el restaurante con los pronombres apropiados.

*modelo*

**Camarero:** Los camarones en salsa verde, ¿para quién son?
**David:** Son para ___ella___.

**NOTA CULTURAL**

Las **machas a la parmesana** es un plato muy típico de Chile. Se prepara con machas, un tipo de almeja (*clam*) que se encuentra en Suramérica. Las machas a la parmesana se hacen con queso parmesano, limón, sal, pimienta y mantequilla, y luego se ponen en el horno (*oven*).

| Para | Asunto |
|---|---|

Hola, Cecilia:
¿Recuerdas la comida del viernes? Quiero repetir el menú en mi casa el miércoles. Ahora voy a escribir lo que comimos, luego me dices si falta algún plato. Yo pedí el filete de pescado y Maribel camarones en salsa verde. Tatiana pidió un plato grandísimo de machas a la parmesana. Diana y Silvia pidieron langostas, ¿te acuerdas? Y tú, ¿qué pediste? Ah, sí, un bistec grande con papas. Héctor también pidió un bistec, pero más pequeño. Miguel pidió pollo y vino tinto para todos. Y la profesora comió ensalada verde porque está a dieta. ¿Falta algo? Espero tu mensaje. Hasta pronto. David.

**CAMARERO** El filete de pescado, ¿para quién es?
**DAVID** Es para (1)__________.
**CAMARERO** Aquí está. ¿Y las machas a la parmesana y las langostas?
**DAVID** Las machas son para (2)__________.
**SILVIA Y DIANA** Las langostas son para (3)__________.
**CAMARERO** Tengo un bistec grande…
**DAVID** Cecilia, es para (4)__________, ¿no es cierto? (*Cecilia nods.*) Y el bistec más pequeño es para (5)__________.
**CAMARERO** ¿Y la botella de vino?
**MIGUEL** Es para todos (6)__________, y el pollo es para (7)__________.
**CAMARERO** (*a la profesora*) Entonces la ensalada verde es para (8)__________.

# Comunicación

**2** 

**Compartir** Tu profesor(a) va a darte una hoja de actividades en la que hay un dibujo. En parejas, hagan preguntas para saber dónde está cada una de las personas en el dibujo. Ustedes tienen dos versiones diferentes de la ilustración. Al final (*end*) deben saber dónde está cada persona.

**AYUDA**

Here are some other useful prepositions: **al lado de, debajo de, a la derecha de, a la izquierda de, cerca de, lejos de, delante de, detrás de, entre.**

*modelo*

**Estudiante 1:** ¿Quién está al lado de Óscar?
**Estudiante 2:** Alfredo está al lado de él.

| | | | |
|---|---|---|---|
| Alfredo | Dolores | Graciela | Raúl |
| Sra. Blanco | Enrique | Leonor | Rubén |
| Carlos | Sra. Gómez | Óscar | Yolanda |

# Lectura

## Antes de leer

### Estrategia

**Recognizing word families**

Recognizing root words can help you guess the meaning of words in context, ensuring better comprehension of a reading selection. Using this strategy will enrich your Spanish vocabulary as you will see below.

**Examinar el texto**

Familiarízate con el texto usando las estrategias de lectura más efectivas para ti. ¿Qué tipo de documento es? ¿De qué tratan° las cuatro secciones del documento? Explica tus respuestas.

**Raíces°**

Completa el siguiente cuadro° para ampliar tu vocabulario. Usa palabras de la lectura de esta lección y el vocabulario de las lecciones anteriores. ¿Qué significan las palabras que escribiste en el cuadro?

*modelo*

| Verbo | Sustantivos | Otras formas |
|---|---|---|
| agradecer | *agradecimiento/ gracias* | *agradecido* |
| 1. estudiar | ________ | ________ |
| 2. ________ | ________ | celebrado |
| 3. ________ | baile | ________ |
| 4. bautizar | ________ | ________ |

¿De qué tratan...? *What are they about?* Raíces *Roots* cuadro *chart*

# Vida social

## Matrimonio Espinoza Álvarez-Reyes Salazar

El día sábado 12 de junio de 2004 a las 19 horas, se celebró el matrimonio de Silvia Reyes y Carlos Espinoza en la Catedral de Santiago. La ceremonia fue oficiada por el pastor Federico Salas y participaron los padres de los novios, el señor Jorge Espinoza y señora y el señor José Alfredo Reyes y señora. Después de la ceremonia, los padres de los recién casados ofrecieron una fiesta bailable en el restaurante Doña Mercedes.

## Bautismo

José María recibió el bautismo el 26 de junio de 2004.

Sus padres, don Roberto Lagos Moreno y doña María Angélica Sánchez, compartieron la alegría de la fiesta con todos sus parientes y amigos. La ceremonia religiosa tuvo lugar° en la Catedral de Aguas Blancas. Después de la ceremonia, padres, parientes y amigos celebraron una fiesta en la residencia de la familia Lagos.

32B

# Fiesta quinceañera

El doctor don Amador Larenas Fernández y la señora Felisa Vera de Larenas celebraron los quince años de su hija Ana Ester junto a sus parientes y amigos. La quinceañera° reside en la ciudad de Valparaíso y es estudiante del Colegio Francés. La fiesta de presentación en sociedad de la señorita Ana Ester fue el día viernes 4 de mayo a las 19 horas, en el Club Español. Entre los invitados especiales asistieron el alcalde° de la ciudad, don Pedro Castedo, y su esposa. La música estuvo a cargo de la Orquesta Americana. ¡Feliz cumpleaños le deseamos a la señorita Ana Ester en su fiesta bailable!

## Expresión de gracias

Carmen Godoy Tapia

Agradecemos° sinceramente a todas las personas que nos acompañaron en el último adiós a nuestra apreciada esposa, madre, abuela y tía, la señora Carmen Godoy Tapia. El funeral tuvo lugar el día 28 de junio de 2004 en la ciudad de Viña del Mar. La vida de Carmen Godoy fue un ejemplo de trabajo, amistad, alegría y amor para todos nosotros. La familia agradece de todo corazón° su asistencia° al funeral a todos los parientes y amigos. Su esposo, hijos y familia.

tuvo lugar *took place* quinceañera *fifteen year-old girl* alcalde *mayor* Agradecemos *We thank* de todo corazón *sincerely* asistencia *attendance*

# Después de leer

**Corregir**

Escribe estos comentarios otra vez para corregir la información errónea.

1. El alcalde y su esposa asistieron a la boda de Silvia y Carlos.
2. Todos los anuncios° describen eventos felices.
3. Ana Ester Larenas cumple dieciséis años.
4. Roberto Lagos y María Angélica Sánchez son hermanos.
5. Carmen Godoy Tapia les dio las gracias a las personas que asistieron al funeral.

**Identificar**

Escribe el nombre de la(s) persona(s) descrita(s)°.

1. Dejó viudo a su esposo en junio de 2004.
2. Sus padres y todos los invitados brindaron por él, pero él no entendió por qué.
3. El Club Español les presentó una cuenta considerable para pagar.
4. Unió a los novios en santo matrimonio.
5. La celebración de su cumpleaños marcó el comienzo de su vida adulta.

**Un anuncio**

Trabaja con dos o tres compañeros/as de clase e inventen un anuncio breve sobre una celebración importante. Esta celebración puede ser una graduación, un matrimonio o una gran fiesta en la que ustedes participan. Incluyan la siguiente información.

1. Nombres de los participantes
2. La fecha, la hora y el lugar
3. Qué se celebra
4. Otros detalles de interés

anuncios *announcements* descritas *described*

# Escritura

## Estrategia

**Planning and writing a comparative analysis**

Writing any kind of comparative analysis requires careful planning. Venn diagrams are useful for organizing your ideas visually before comparing and contrasting people, places, objects, events, or issues. To create a Venn diagram, draw two circles that overlap and label the top of each circle. List the differences between the two elements in the outer rings of the two circles, then list their similarities where the two circles overlap. Review the following example.

**Diferencias y similitudes**

**Boda de Silvia Reyes y Carlos Espinoza**

**Diferencias:**
1. Primero hay una celebración religiosa.
2. Se celebra en un restaurante.

**Similitudes:**
1. Las dos fiestas se celebran por la noche.
2. Las dos fiestas son bailables.

**Quinceañera de Ana Ester Larenas Vera**

**Diferencias:**
1. Se celebra en un club.
2. Vienen invitados especiales.

La lista de palabras y expresiones a la derecha puede ayudarte a escribir este tipo de ensayo (*essay*).

## Tema

**Escribir una composición**

Compara una celebración familiar (como una boda, una fiesta de cumpleaños o una graduación) a la que tú asististe recientemente, con otro tipo de celebración. Utiliza palabras y expresiones de la siguiente lista.

**Para expresar similitudes**

| | |
|---|---|
| **además; también** | *in addition; also* |
| **al igual que** | *the same as* |
| **como** | *as; like* |
| **de la misma manera** | *in the same manner (way)* |
| **del mismo modo** | *in the same manner (way)* |
| **tan + [*adjetivo*] + como** | *as* + [adjective] + *as* |
| **tanto/a(s) + [*sustantivo*] + como** | *as many/much* + [noun] + *as* |

**Para expresar diferencias**

| | |
|---|---|
| **a diferencia de** | *unlike* |
| **a pesar de** | *in spite of* |
| **aunque** | *although* |
| **en cambio** | *on the other hand* |
| **más/menos... que** | *more/less . . . than* |
| **no obstante** | *nevertheless; however* |
| **por otro lado** | *on the other hand* |
| **por el contrario** | *on the other hand* |
| **sin embargo** | *nevertheless; however* |

## Plan de escritura

### 1 Ideas y organización

Toma unos minutos para decidir qué celebraciones vas a comparar. Utiliza un diagrama de Venn para anotar las similitudes y las diferencias entre las dos celebraciones.

### 2 Primer borrador

Utiliza tus notas de **Ideas y organización** para escribir el primer borrador de tu composición. Escribe todo lo que puedas sin consultar en ningún sitio. Después consulta el texto y tus apuntes° de clase. Usa el diccionario como último° recurso.

### 3 Comentario

Intercambia° tu composición con la de un(a) compañero/a. Lee su borrador y anota sus ideas en un diagrama de Venn. Compara tu diagrama de Venn con el diagrama que él/ella preparó antes. Después:

1. Ofrécele° algunas sugerencias para mejorar su composición. Si ves algunos errores gramaticales u ortográficos°, coméntaselos°.
2. Si él/ella tiene dificultad en realizar un diagrama de Venn basado en tu composición, debes cambiar la organización de la composición. Incorpora nuevas ideas y/o más información para ampliar° la comparación entre las celebraciones.

### 4 Redacción

Utiliza esta guía para hacer la última revisión antes de escribir tu copia final.

1. Subraya° cada verbo para comprobar° la concordancia° con el sujeto. ¡Cuidado con los verbos irregulares en el pretérito!
2. Revisa la concordancia entre los sustantivos y los adjetivos en cada oración.
3. Comprueba el uso correcto de los pronombres.
4. Revisa la ortografía y la puntuación otra vez con la ayuda de tus **Anotaciones para mejorar la escritura.**

### 5 Evaluación y progreso

Intercambia tu composición con la de otro/a compañero/a. Lee su composición y escribe una evaluación del contenido°. Utiliza las palabras y expresiones que aprendiste en la **Lección 9**. Cuando tu profesor(a) te devuelva el trabajo, lee sus comentarios y correcciones con cuidado. Anota tus errores más importantes en tu lista de **Anotaciones para mejorar la escritura** en tu **Carpeta de trabajos.**

apuntes *notes* último *last* Intercambia *Exchange* Ofrécele *Offer him/her* ortográficos *spelling* coméntaselos *comment on them* ampliar *expand* Subraya *Underline* comprobar *to check* concordancia *agreement* contenido *contents*

# Escuchar

## Estrategia

**Guessing the meaning of words through context**

When you hear an unfamiliar word, you can often guess its meaning by listening to the words and phrases around it.

To practice this strategy, you will now listen to a paragraph. Jot down the unfamiliar words that you hear. Then listen to the paragraph again and jot down the word or words that are the most useful clues to the meaning of each unfamiliar word.

## Preparación

Lee la invitación. ¿De qué crees que van a hablar Rosa y Josefina?

## Ahora escucha 

Ahora escucha la conversación entre Josefina y Rosa. Cuando oigas una de las palabras de la columna A, usa el contexto para identificar el sinónimo o la definición en la columna B.

| A | B |
|---|---|
| ___ festejar | a. conmemoración religiosa de una muerte |
| ___ dicha | b. tolera |
| ___ bien parecido | c. suerte |
| ___ finge (fingir) | d. celebrar |
| ___ soporta (soportar) | e. me divertí |
| ___ yo lo disfruté (disfrutar) | f. horror |
| | g. crea una ficción |
| | h. guapo |

*Margarita Robles de García*
*y Roberto García Olmos*

*Piden su presencia en la celebración*
*del décimo aniversario de bodas*
*el día 13 de marzo de 2004*
*con una misa en la Iglesia Virgen del Coromoto*
*a las 6:30*

*seguida por cena y baile*
*en el restaurante El Campanero,*
*Calle Principal, Las Mercedes*
*a las 8:30*

## Comprensión

**¿Cierto o falso?**

Lee cada frase e indica si lo que dice es **cierto** o **falso**. Corrige las frases falsas.

1. No invitaron a mucha gente a la fiesta de Margarita y Roberto porque ellos no conocen a muchas personas.
2. Algunos fueron a la fiesta con pareja y otros fueron sin compañero/a.
3. Margarita y Roberto decidieron celebrar el décimo aniversario porque no tuvieron ninguna celebración en su matrimonio.
4. A Rosa y a Josefina les parece interesante Rafael.
5. Josefina se divirtió mucho en la fiesta porque bailó toda la noche con Rafael.

**Preguntas**

1. ¿Son solteras Rosa y Josefina? ¿Cómo lo sabes?
2. ¿Tienen las chicas una amistad de mucho tiempo con la pareja que celebra su aniversario? ¿Cómo lo sabes?

# Proyecto

## Prepara un reportaje

Imagina que eres periodista en un día de fiesta en Chile. Vas a escribir un artículo o reportaje para describir ese día y las cosas que hiciste.

### 1 Escribe un artículo

Escribe un artículo de un día de fiesta o de una celebración que viste en Chile. Usa los **Recursos para la investigación** para obtener información sobre las fiestas nacionales, las celebraciones y los festivales de Chile. Elige° la celebración que más te interesa y busca información y fotos. El artículo puede incluir esta información:

- el nombre de la celebración
- cuándo fue
- cómo celebraron el día festivo, incluyendo la ropa especial que usaron, la comida, la música y el baile
- qué hiciste tú durante la celebración
- fotos de la celebración (en colores, si es posible)

### 2 Presenta la información

Presenta el artículo a la clase. Puedes fotocopiar el artículo para darles copias a tus compañeros/as. Habla del día festivo en el que participaste. Informa a tus compañeros/as qué se celebró en esta fiesta, que hizo la gente y que hiciste tú en particular. Quieres interesar a toda la clase en la celebración y por lo tanto° es importante explicarles los detalles° y presentarles fotos en colores.

**recursos para la investigación**

| | |
|---|---|
|  **Internet** Palabras clave: Chile, festividad(es), festival(es), fiestas religiosas |  **Comunidad** Estudiantes o profesores que son de Chile o que viajaron a Chile, chilenos que viven en la comunidad |
| 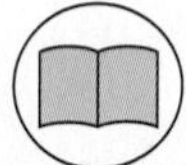 **Biblioteca** Libros de cultura o de folklore, guías turísticas, revistas |  **Otros recursos** Videos turísticos de Chile |

Elige *Choose* por lo tanto *therefore* detalles *details*

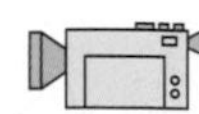

# Chile

## El país en cifras

- **Área:** 756.950 km² (292.259 millas²), *dos veces el área de Montana*
- **Población:** 15.589.000 *Aproximadamente el 80 por ciento de la población es urbana, y la tercera parte° de los chilenos vive en la capital.*
- **Capital:** Santiago de Chile—5.720.000
- **Ciudades principales:** Concepción—356.000, Viña del Mar—326.000, Valparaíso—283.000, Temuco—246.000

SOURCE: Population Division, UN Secretariat

- **Moneda:** peso chileno
- **Idiomas:** español (oficial), mapuche

Bandera de Chile

### Chilenos célebres

- **Bernardo O'Higgins,** militar° y héroe nacional (1778–1842)
- **Gabriela Mistral,** Premio Nobel de Literatura, 1945; poeta y diplomática (1889–1957)
- **Pablo Neruda,** Premio Nobel de Literatura, 1971; poeta (1904–1973)
- **Isabel Allende,** novelista (1942– )

Pablo Neruda

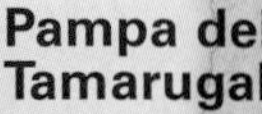



Palacio de la Moneda en Santiago

Una calle de Santiago

Pescadores de Valparaíso

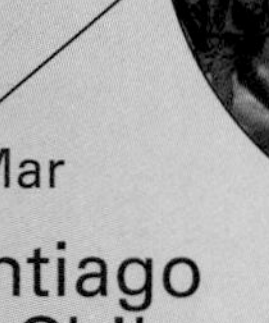

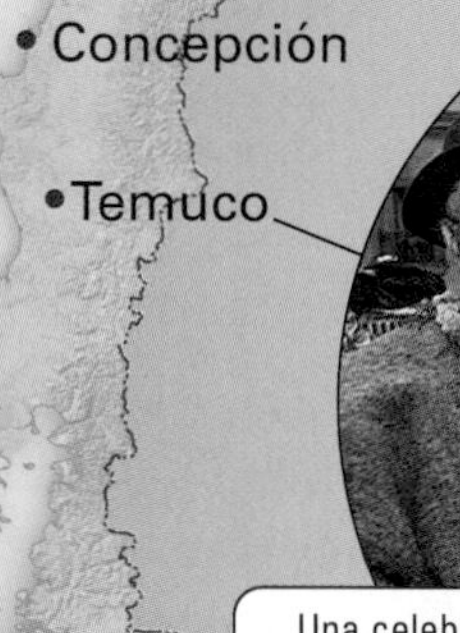

Vista de la costa de Viña del Mar

Una celebración en Temuco

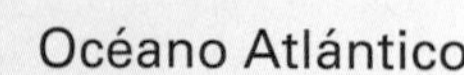

recursos

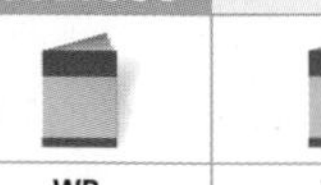

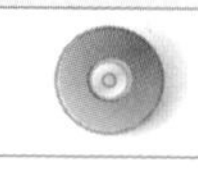

| WB | VM | I CD-ROM | vista learn |
|---|---|---|---|
| pp. 105–106 | pp. 265–266 | Lección 9 | |

la tercera parte *a third* militar *soldier* el terremoto *earthquake* heridas *wounded* hogar *home*

### ¡Increíble pero cierto!

El terremoto° más grande de la historia tuvo lugar en Chile el 22 de mayo de 1960. Registró una intensidad récord de 9.5 en la escala de Richter. Murieron 2.000 personas, 3.000 resultaron heridas° y 2.000.000 perdieron su hogar°. La geografía del país se modificó notablemente.

## Lugares • La Isla de Pascua

La Isla de Pascua° recibió ese nombre porque los exploradores holandeses° llegaron a la isla por primera vez el día de Pascua de 1722. Ahora es parte del territorio de Chile. La Isla de Pascua es famosa por los *moai*, estatuas enormes que representan personas con rasgos° muy exagerados. Estas estatuas las construyeron los *rapa nui*, los antiguos habitantes de la zona. Todavía no se sabe mucho sobre los *rapa nui*, ni tampoco se sabe por qué decidieron abandonar la isla.

## Deportes • Los deportes de invierno

Hay muchos lugares para practicar los deportes de invierno en Chile porque las montañas nevadas de los Andes ocupan gran parte del país. El Parque Nacional de Villarrica, por ejemplo, situado al pie de un volcán y junto a° un lago, es un sitio popular para el esquí y el *snowboard*. Para los que prefieren deportes más extremos, el centro de esquí Valle Nevado organiza excursiones del heli-esquí.

## Ciencias • Astronomía

Los observatorios chilenos, situados en los Andes, son lugares excelentes para las observaciones astronómicas. Científicos° de todo el mundo van a Chile para estudiar las estrellas° y otros fenómenos de la galaxia. Hoy día Chile está construyendo nuevos observatorios y telescopios para mejorar las imágenes del universo.

## Economía • El vino

La producción de vino comenzó en Chile en el siglo° XVI. Ahora la industria del vino constituye una parte importante de la actividad agrícola del país y la exportación de sus productos está subiendo° cada vez más. Los vinos chilenos reciben el aprecio internacional por su gran variedad, sus ricos y complejos sabores° y su precio moderado. Los más conocidos internacionalmente son los vinos de Aconcagua, de Santiago y de Huasco.

**¿Qué aprendiste?** Responde a las preguntas con una frase completa.

1. ¿Qué porcentaje (*percentage*) de la población chilena es urbana?
2. ¿Qué son los *moai*? ¿Dónde están?
3. ¿Qué deporte extremo ofrece el centro de esquí Valle Nevado?
4. ¿Por qué van a Chile científicos de todo el mundo?
5. ¿Cuándo comenzó la producción de vino en Chile?
6. ¿Por qué reciben los vinos chilenos el aprecio internacional?

**Conexión Internet** Investiga estos temas en el sitio **www.vistahigherlearning.com.**

1. Busca información sobre Pablo Neruda e Isabel Allende. ¿Dónde y cuándo nacieron? ¿Cuáles son algunas de sus obras (*works*)? ¿Cuáles son algunos de los temas de sus obras?
2. Busca información sobre sitios donde los chilenos y los turistas practican deportes de invierno en Chile. Selecciona un sitio y descríbeselo a tu clase.

La Isla de Pascua *Easter Island* holandeses *Dutch* rasgos *features* junto a *beside* Científicos *Scientists* estrellas *stars* siglo *century* subiendo *increasing* complejos sabores *complex flavors*

## Las celebraciones

| | |
|---|---|
| **el aniversario (de bodas)** | *(wedding) anniversary* |
| **la boda** | *wedding* |
| **el cumpleaños** | *birthday* |
| **el día de fiesta** | *holiday* |
| **la fiesta** | *party* |
| **el/la invitado/a** | *guest* |
| **la Navidad** | *Christmas* |
| **la quinceañera** | *young woman's fifteenth birthday celebration* |
| **la sorpresa** | *surprise* |
| **brindar** | *to toast* (drink) |
| **celebrar** | *to celebrate* |
| **cumplir años** | *to have a birthday* |
| **dejar una propina** | *to leave a tip* |
| **divertirse (e:ie)** | *to have fun* |
| **invitar** | *to invite* |
| **pagar la cuenta** | *to pay the bill* |
| **pasarlo bien/mal** | *to have a good/bad time* |
| **regalar** | *to give* (a gift) |
| **reírse (e:i)** | *to laugh* |
| **relajarse** | *to relax* |
| **sonreír (e:i)** | *to smile* |
| **sorprender** | *to surprise* |

## Los postres y otras comidas

| | |
|---|---|
| **la botella (de vino)** | *bottle (of wine)* |
| **el champán** | *champagne* |
| **los dulces** | *sweets; candy* |
| **el flan (de caramelo)** | *baked (caramel) custard* |
| **la galleta** | *cookie* |
| **el helado** | *ice cream* |
| **el pastel (de chocolate)** | *(chocolate) cake; pie* |
| **el postre** | *dessert* |

## Las relaciones personales

| | |
|---|---|
| **la amistad** | *friendship* |
| **el amor** | *love* |
| **el divorcio** | *divorce* |
| **el estado civil** | *marital status* |
| **el matrimonio** | *marriage* |
| **la pareja** | (married) *couple; partner* |
| **el/la recién casado/a** | *newlywed* |
| **casarse (con)** | *to get married (to)* |
| **comprometerse (con)** | *to get engaged (to)* |
| **divorciarse (de)** | *to get divorced (from)* |
| **enamorarse (de)** | *to fall in love (with)* |
| **llevarse bien/mal (con)** | *to get along well/ badly (with)* |
| **odiar** | *to hate* |
| **romper (con)** | *to break up (with)* |
| **salir (con)** | *to go out (with); to date* |
| **separarse (de)** | *to separate (from)* |
| **tener una cita** | *to have a date; to have an appointment* |
| **casado/a** | *married* |
| **divorciado/a** | *divorced* |
| **juntos/as** | *together* |
| **separado/a** | *separated* |
| **soltero/a** | *single* |
| **viudo/a** | *widower/widow* |

## Las etapas de la vida

| | |
|---|---|
| **la adolescencia** | *adolescence* |
| **la edad** | *age* |
| **el estado civil** | *marital status* |
| **las etapas de la vida** | *the stages of life* |
| **la juventud** | *youth* |
| **la madurez** | *maturity; middle age* |
| **la muerte** | *death* |
| **el nacimiento** | *birth* |
| **la niñez** | *childhood* |
| **la vejez** | *old age* |
| **cambiar (de)** | *to change* |
| **graduarse (de/en)** | *to graduate (from/in)* |
| **jubilarse** | *to retire (from work)* |
| **nacer** | *to be born* |

## Palabras adicionales

| | |
|---|---|
| **la alegría** | *happiness* |
| **el beso** | *kiss* |
| **conmigo** | *with me* |
| **contigo** | *with you* |

| | |
|---|---|
| **Expresiones útiles** | *See page 275.* |

**recursos**

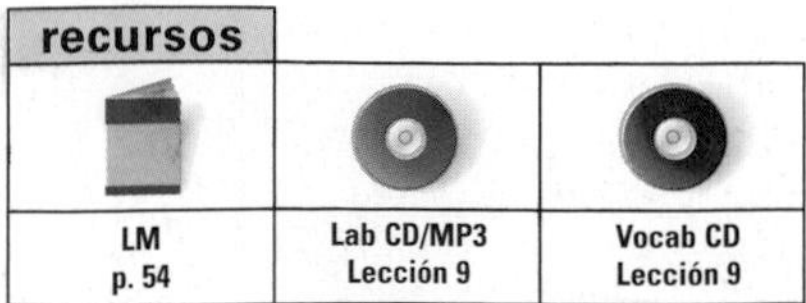

# En el consultorio 10

## Communicative Goals

*You will learn how to:*

- Describe how you feel physically
- Talk about health and medical conditions

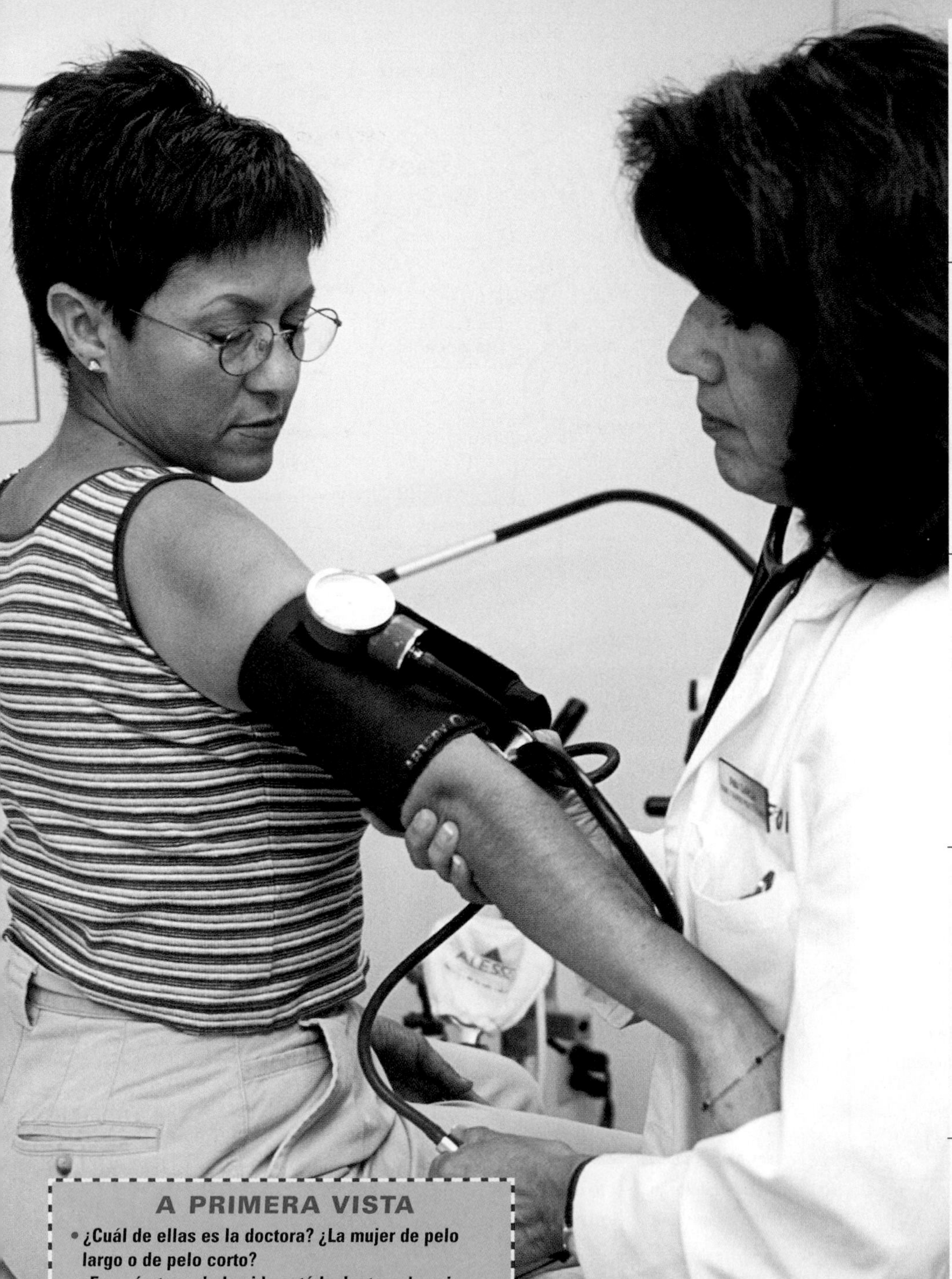



### A PRIMERA VISTA

- ¿Cuál de ellas es la doctora? ¿La mujer de pelo largo o de pelo corto?
- ¿En qué etapa de la vida está la doctora, la vejez o la madurez?
- ¿Es una de ellas mayor que la otra o son aproximadamente de la misma edad?

# En el consultorio

el corazón
el paciente
el ojo
la nariz
la cabeza
la doctora
la oreja
la boca
el cuello
la garganta
el estómago
el dedo
la rodilla
SALIDA

## Más vocabulario

| | |
|---|---|
| **la clínica** | *clinic* |
| **el consultorio** | *doctor's office* |
| **el/la dentista** | *dentist* |
| **el examen médico** | *physical exam* |
| **la farmacia** | *pharmacy* |
| **el hospital** | *hospital* |
| **la operación** | *operation* |
| **la sala de emergencia(s)** | *emergency room* |
| **el cuerpo** | *body* |
| **la muela** | *molar* |
| **el oído** | *(sense of) hearing; inner ear* |
| **el accidente** | *accident* |
| **la salud** | *health* |
| **el síntoma** | *symptom* |
| **caerse** | *to fall (down)* |
| **darse con** | *to bump into; to run into* |
| **doler (o:ue)** | *to hurt* |
| **enfermarse** | *to get sick* |
| **estar enfermo/a** | *to be sick* |
| **lastimarse (el pie)** | *to injure (one's foot)* |
| **poner una inyección** | *to give an injection* |
| **recetar** | *to prescribe* |
| **romperse (la pierna)** | *to break (one's leg)* |
| **sacar(se) una muela** | *to have a tooth removed* |
| **sufrir una enfermedad** | *to suffer an illness* |
| **torcerse (o:ue) (el tobillo)** | *to sprain (one's ankle)* |
| **toser** | *to cough* |

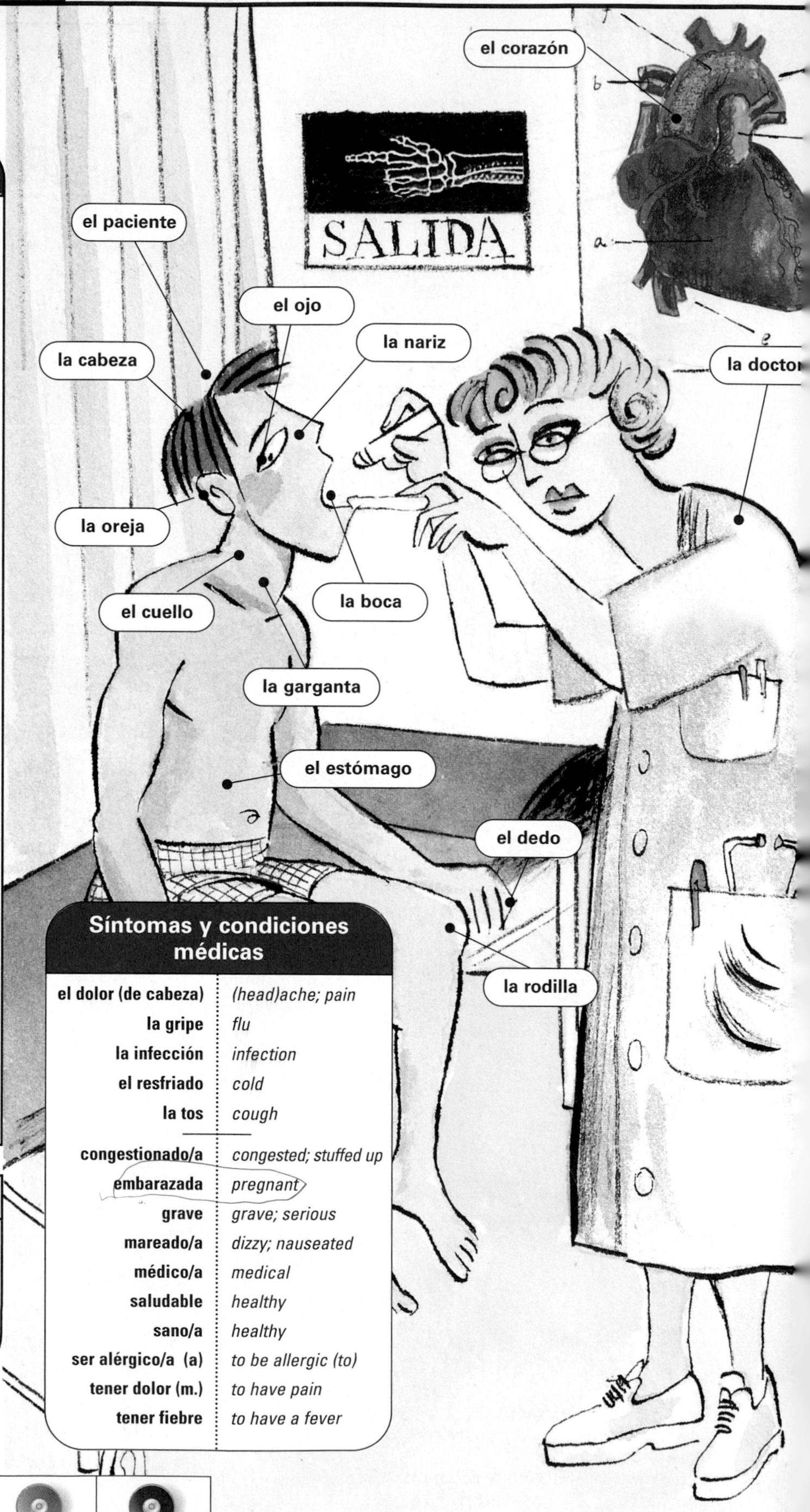

## Síntomas y condiciones médicas

| | |
|---|---|
| **el dolor (de cabeza)** | *(head)ache; pain* |
| **la gripe** | *flu* |
| **la infección** | *infection* |
| **el resfriado** | *cold* |
| **la tos** | *cough* |
| **congestionado/a** | *congested; stuffed up* |
| **embarazada** | *pregnant* |
| **grave** | *grave; serious* |
| **mareado/a** | *dizzy; nauseated* |
| **médico/a** | *medical* |
| **saludable** | *healthy* |
| **sano/a** | *healthy* |
| **ser alérgico/a (a)** | *to be allergic (to)* |
| **tener dolor (m.)** | *to have pain* |
| **tener fiebre** | *to have a fever* |

## Variación léxica

gripe ⟷ gripa (*Col., Gua., Méx.*)
resfriado ⟷ catarro (*Cuba, Esp., Gua.*)
sala de emergencia(s) ⟷ sala de urgencias (*Arg., Esp., Méx.*)
romperse ⟷ quebrarse (*Arg., Gua.*)

**recursos**

|  | 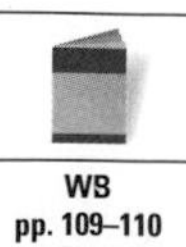 | 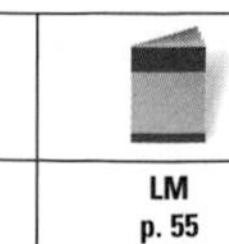 |  |  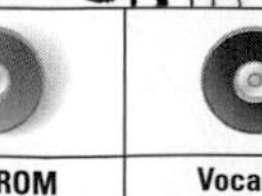 |  |
|---|---|---|---|---|---|
| TEXT CD Lección 10 | WB pp. 109–110 | LM p. 55 | Lab CD/MP3 Lección 10 | I CD-ROM Lección 10 | Vocab CD Lección 10 |

la radiografía
el hueso
la enfermera
Estornuda.
la paciente
Toma la temperatura.
el brazo
la pierna
el tobillo

## Práctica

**1** **Escuchar** Escucha las frases y selecciona la respuesta más adecuada.

a. Tengo dolor de cabeza y fiebre.
b. No fui a la clase porque estaba enfermo.
c. Me caí la semana pasada jugando al tenis.
d. Debes ir a la farmacia.
e. Porque tengo gripe.
f. Sí, tengo mucha tos por las noches.
g. Lo llevaron directamente a la sala de emergencia.
h. No sé. Todavía tienen que tomarme la temperatura.

1. ______  5. ______
2. ______  6. ______
3. ______  7. ______
4. ______  8. ______

**2** **Completar** Completa las siguientes frases con una palabra de la misma familia de la palabra subrayada. Usa la forma correcta de cada palabra.

1. Cuando <u>oyes</u> algo, usas el ______, que es uno de los cinco sentidos.
2. Cuando te <u>enfermas</u>, te sientes ______ y necesitas ir al consultorio para ver a la ______.
3. El médico <u>examina</u> tu salud durante tu ______ anual.
4. ¿Alguien ______? Creo que oí un <u>estornudo</u> (*sneeze*).
5. No puedo <u>arrodillarme</u> (*kneel down*) porque me lastimé la ______ en un accidente de coche.
6. ¿Vas al ______ para <u>consultar</u> al médico?
7. Si te rompes (*break*) un <u>diente</u>, vas al ______.
8. Si tienes una ______ de garganta, tu garganta está <u>infectada</u>.

**3** **Contestar** Mira el dibujo de las páginas 298 y 299 y contesta las preguntas.

1. ¿Qué hace la doctora?
2. ¿Qué hay en la pared?
3. ¿Qué hace la enfermera?
4. ¿Qué hace el paciente?
5. ¿A quién le duele la garganta?
6. ¿Qué hace la paciente?
7. ¿Qué tiene la paciente?
8. ¿Quién toma la temperatura?

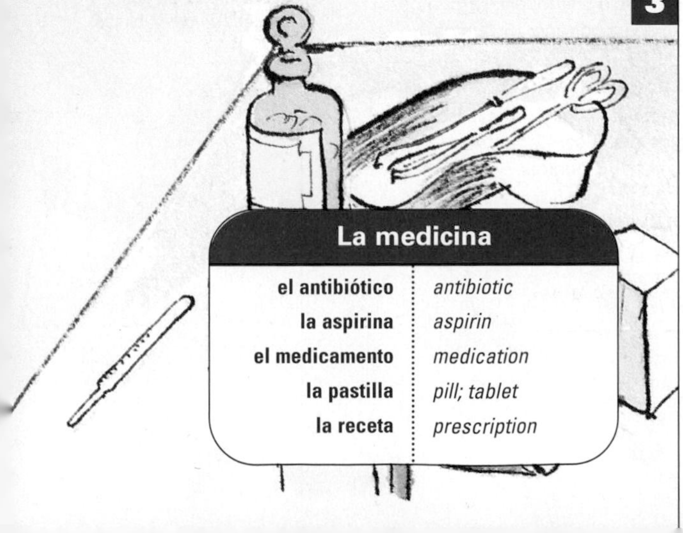

**La medicina**

| | |
|---|---|
| el antibiótico | *antibiotic* |
| la aspirina | *aspirin* |
| el medicamento | *medication* |
| la pastilla | *pill; tablet* |
| la receta | *prescription* |

4

**Asociaciones** Trabajen en parejas para identificar las partes del cuerpo que ustedes asocian con las siguientes actividades. Sigan el modelo.

*modelo*

nadar

**Estudiante 1:** Usamos los brazos para nadar.

**Estudiante 2:** Usamos las piernas también.

1. hablar por teléfono orejas
2. tocar el piano los dedos
3. correr en el parque pie
4. escuchar música orejas
5. ver una película ojos
6. toser una boca
7. llevar zapatos pies
8. comprar perfume manos
9. estudiar biología ojos
10. comer lomo a la plancha una boca

**AYUDA**

Remember that in Spanish, body parts are usually referred to with an article and not a possessive: **Me duelen los pies.** The idea of "my" is expressed by the indirect object pronoun **me.**

5

**Cuestionario** Contesta el cuestionario seleccionando las respuestas que reflejen mejor tus experiencias. Suma (*Add*) los puntos de cada respuesta y anota el resultado. Después, con el resto de la clase, compara y analiza los resultados del cuestionario y comenta lo que dicen de la salud y de los hábitos de todo el grupo.

# ¿Tienes buena salud?

| | |
|---|---|
| **27-30 puntos** | Salud y hábitos excelentes |
| **23-26 puntos** | Salud y hábitos buenos |
| **22 puntos o menos** | Salud y hábitos problemáticos |

**1. ¿Con qué frecuencia te enfermas? (resfriados, gripe, etc.)**
Cuatro veces por año o más. (1 punto)
Dos o tres veces por año. (2 puntos)
Casi nunca. (3 puntos)

**2. ¿Con qué frecuencia tienes dolores de estómago o problemas digestivos?**
Con mucha frecuencia. (1 punto)
A veces. (2 puntos)
Casi nunca. (3 puntos)

**3. ¿Con qué frecuencia sufres de dolores de cabeza?**
Frecuentemente. (1 punto)
A veces. (2 puntos)
Casi nunca. (3 puntos)

**4. ¿Comes verduras y frutas?**
No, casi nunca como verduras ni frutas. (1 punto)
Sí, a veces. (2 puntos)
Sí, todos los días. (3 puntos)

**5. ¿Eres alérgico/a a algo?**
Sí, a muchas cosas. (1 punto)
Sí, a algunas cosas. (2 puntos)
No. (3 puntos)

**6. ¿Haces ejercicios aeróbicos?**
No, casi nunca hago ejercicios aeróbicos. (1 punto)
Sí, a veces. (2 puntos)
Sí, con frecuencia. (3 puntos)

**7. ¿Con qué frecuencia te haces un examen médico?**
Nunca o casi nunca. (1 punto)
Cada dos años. (2 puntos)
Cada año y/o antes de practicar un deporte. (3 puntos)

**8. ¿Con qué frecuencia vas al dentista?**
Nunca voy al dentista. (1 punto)
Sólo cuando me duele una muela. (2 puntos)
Por lo menos una vez por año. (3 puntos)

**9. ¿Qué comes normalmente por la mañana?**
No como nada por la mañana. (1 punto)
Tomo una bebida dietética. (2 puntos)
Como cereal y fruta. (3 puntos)

**10. ¿Con qué frecuencia te sientes mareado/a?**
Frecuentemente. (1 punto)
A veces. (2 puntos)
Casi nunca. (3 puntos)

**NOTA CULTURAL**

Al igual que (*just like*) en Costa Rica (ver **Panorama**, pp. 326-327), en España, México y Argentina los servicios médicos son gratis (*free*). En España, por ejemplo, se paga el servicio médico con fondos (*funds*) públicos.

# Comunicación

**6** **¿Qué le pasó?** Trabajen en un grupo de dos o tres personas. Hablen de lo que les pasó y de cómo se sienten las personas que aparecen en los dibujos.

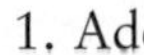

1. Adela

2. Francisco

3. Pilar

4. Pedro

5. Cristina

6. Félix

**7** **Un accidente** Cuéntale (*Tell*) a la clase de un accidente o una enfermedad que tuviste. Incluye información que conteste las siguientes preguntas.

- ✓ ¿Qué ocurrió?
- ✓ ¿Dónde ocurrió?
- ✓ ¿Cuándo ocurrió?
- ✓ ¿Cómo ocurrió?
- ✓ ¿Quién te ayudó y cómo?
- ✓ ¿Tuviste algún problema después del accidente o después de la enfermedad?
- ✓ ¿Cuánto tiempo tuviste el problema?

**8** **Crucigrama (*Crossword*)** Tu profesor(a) les va a dar a ti y a tu compañero/a un crucigrama incompleto. Tú tienes las palabras que necesita tu compañero/a y él/ella tiene las palabras que tú necesitas. Tienen que darse pistas (*clues*) para completarlo. No pueden decir la palabra necesaria; deben utilizar definiciones, ejemplos y frases incompletas.

*modelo*

**10 horizontal:** La usamos para hablar.
**14 vertical:** Es el médico que examina los dientes.

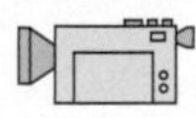

# ¡Uf! ¡Qué dolor!

**Don Francisco y Javier van a la clínica de la doctora Márquez.**

**PERSONAJES**

INÉS

DON FRANCISCO

JAVIER

DRA. MÁRQUEZ

**JAVIER** Estoy aburrido... tengo ganas de dibujar. Con permiso.

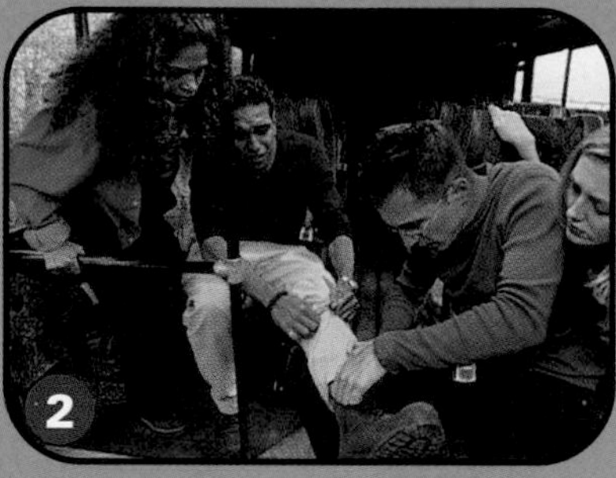

**INÉS** ¡Javier! ¿Qué te pasó?

**JAVIER** ¡Ay! ¡Uf! ¡Qué dolor! ¡Creo que me rompí el tobillo!

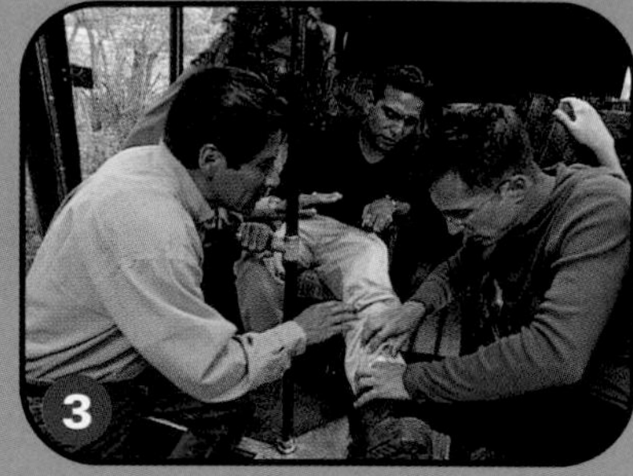

**DON FRANCISCO** No te preocupes, Javier. Estamos cerca de la clínica donde trabaja la doctora Márquez, mi amiga.

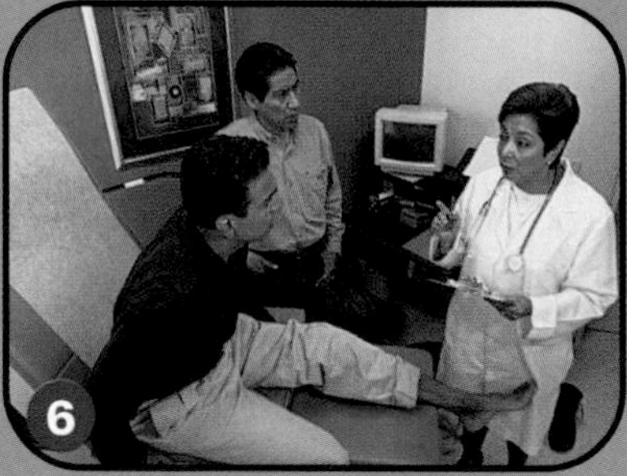

**DRA. MÁRQUEZ** ¿Cuánto tiempo hace que se cayó?

**JAVIER** Ya se me olvidó... déjeme ver... este... eran más o menos las dos o dos y media cuando me caí... o sea hace más de una hora. ¡Me duele mucho!

**DRA. MÁRQUEZ** Bueno, vamos a sacarle una radiografía. Queremos ver si se rompió uno de los huesos del pie.

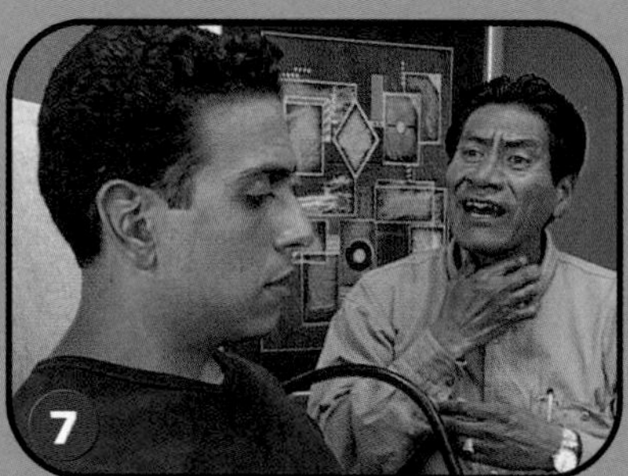

**DON FRANCISCO** Sabes, Javier, cuando era chico yo les tenía mucho miedo a los médicos. Visitaba mucho al doctor porque me enfermaba con mucha frecuencia... tenía muchas infecciones de la garganta. No me gustaban las inyecciones ni las pastillas. Una vez me rompí la pierna jugando al fútbol...

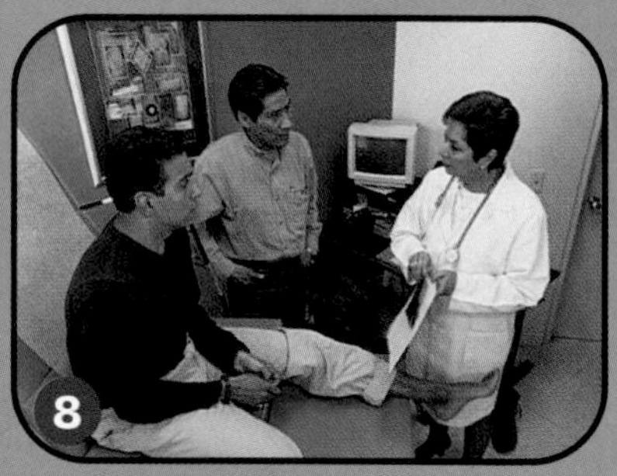

**JAVIER** ¡Doctora! ¿Qué dice? ¿Está roto el tobillo?

**DRA. MÁRQUEZ** Tranquilo, le tengo buenas noticias, Javier. No está roto el tobillo. Apenas está torcido.

**recursos**

| V CD-ROM Lección 10 | VM pp. 231–232 | I CD-ROM Lección 10 |
|---|---|---|

**JAVIER** ¿Tengo dolor? Sí, mucho. ¿Dónde? En el tobillo. ¿Tengo fiebre? No lo creo. ¿Estoy mareado? Un poco. ¿Soy alérgico a algún medicamento? No. ¿Embarazada? Definitivamente NO.

**DRA. MÁRQUEZ** ¿Cómo se lastimó el pie?

**JAVIER** Me caí cuando estaba en el autobús.

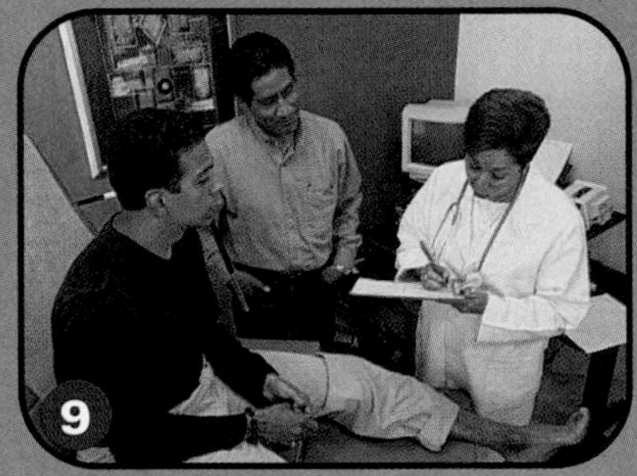

**JAVIER** Pero, ¿voy a poder ir de excursión con mis amigos?

**DRA. MÁRQUEZ** Creo que sí. Pero debe descansar y no caminar mucho durante un par de días. Le receto unas pastillas para el dolor.

**DRA. MÁRQUEZ** Adiós, Francisco. Adiós, Javier. ¡Cuidado! ¡Buena suerte en las montañas!

## Enfoque cultural La medicina en los países hispanos

Varios factores económicos y culturales hacen el sistema de sanidad de los países hispanos diferente del sistema estadounidense. En las farmacias, muchas veces las personas le consultan sus síntomas al farmacéutico y él mismo (*he himself*) les da el medicamento, sin necesidad de recetas médicas. La influencia de las culturas indígenas se refleja en la importancia que tienen los curanderos (*folk medicine practitioners*) en muchas regiones. Éstos combinan hierbas medicinales y elementos religiosos para curar las enfermedades.

## Expresiones útiles

### Discussing medical conditions

▶ **¿Cómo se lastimó el pie?**
*How did you hurt your foot?*
▷ **Me caí en el autobús.**
*I fell when I was on the bus.*

▶ **¿Te duele el tobillo?**
*Does your ankle hurt? (fam.)*
▶ **¿Le duele el tobillo?**
*Does your ankle hurt? (form.)*
▷ **Sí, (me duele) mucho.**
*Yes, (it hurts) a lot.*

▶ **¿Es usted alérgico/a a algún medicamento?**
*Are you allergic to any medication?*
▷ **Sí, soy alérgico/a a la penicilina.**
*Yes, I'm allergic to penicillin.*

▶ **¿Está roto el tobillo?**
*Is my ankle broken?*
▷ **No está roto. Apenas está torcido.**
*It's not broken. It's just twisted.*

▶ **¿Te enfermabas frecuentemente?**
*Did you get sick frequently? (fam.)*
▷ **Sí, me enfermaba frecuentemente.**
*Yes, I used to get sick frequently.*
▷ **Tenía muchas infecciones.**
*I used to get a lot of infections.*

### Other expressions

▶ **hace +** [*period of time*] **+ que +** [*present tense*]:
▶ **¿Cuánto tiempo hace que te duele?**
*How long has it been hurting?*
▷ **Hace una hora que me duele.**
*It's been hurting for an hour.*

▶ **hace +** [*period of time*] **+ que +** [*preterite*]:
▶ **¿Cuánto tiempo hace que se cayó?**
*How long ago did you fall?*
▷ **Me caí hace más de una hora./Hace más de una hora que me caí.**
*I fell more than an hour ago.*

# Reacciona a la fotonovela

**1** **¿Cierto o falso?** Decide si lo que dicen las siguientes frases sobre Javier es **cierto** o **falso**. Corrige las frases falsas.

| | Cierto | Falso |
|---|---|---|
| 1. Está aburrido y tiene ganas de hacer algo creativo. | ❍ | ❍ |
| 2. Cree que se rompió la rodilla. | ❍ | ❍ |
| 3. Se lastimó cuando se cayó en el autobús. | ❍ | ❍ |
| 4. Es alérgico a dos medicamentos. | ❍ | ❍ |
| 5. No está mareado pero sí tiene un poco de fiebre. | ❍ | ❍ |

**2** **Identificar** Identifica quién puede decir las siguientes frases.

1. Hace años me rompí la pierna cuando estaba jugando al fútbol.
2. Hace más de una hora que me rompí la pierna. Me duele muchísimo.
3. Tengo que sacarle una radiografía. No sé si se rompió uno de los huesos del pie.
4. No hay problema, vamos a ver a mi amiga, la doctora Márquez.
5. Bueno, parece que el tobillo no está roto. Qué bueno, ¿no?
6. No sé si voy a poder ir de excursión con el grupo.

DRA. MÁRQUEZ

DON FRANCISCO

JAVIER

**3** **Ordenar** Pon los siguientes eventos en el orden correcto.

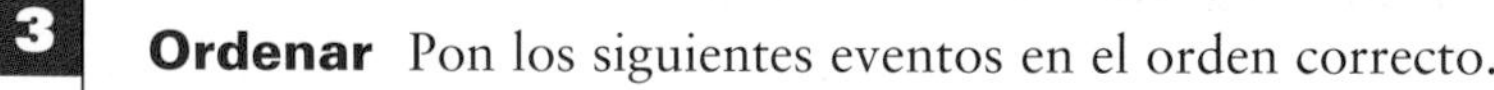

a. La doctora le saca una radiografía. ______
b. La doctora le receta unas pastillas para el dolor. ______
c. Javier se lastima el tobillo en el autobús. ______
d. Don Francisco le habla a Javier de cuando era chico. ______
e. Javier quiere dibujar un rato (*a while*). ______
f. Don Francisco lo lleva a una clínica. ______

**4** **En el consultorio** Trabajen en parejas para representar los papeles (*roles*) de un(a) médico/a y su paciente. Usen las instrucciones como guía.

| El/la médico/a | | El/la paciente |
|---|---|---|
| Pregúntale al / a la paciente si le duele. | → | Te caíste en casa. Describe tu dolor. |
| Pregúntale cuánto tiempo hace que se cayó. | → | Describe la situación. Piensas que te rompiste el dedo. |
| Mira el dedo. Debes recomendar un tratamiento (*treatment*) al / a la paciente. | → | Debes hacer preguntas al / a la médico/a sobre el tratamiento (*treatment*). |

**AYUDA**

Here are some useful expressions:

**¿Cómo se lastimó...?**
**¿Le duele...?**
**¿Cuánto tiempo hace que...?**
**Tengo...**
**Estoy...**
**¿Es usted alérgico/a a algún medicamento?**
**Usted debe...**

# Ortografía

## El acento y las sílabas fuertes

In Spanish, written accent marks are used on many words. Here is a review of some of the principles governing word stress and the use of written accents.

**as-pi-ri-na** **gri-pe** **to-man** **an-tes**

In Spanish, when a word ends in a vowel, **-n**, or **-s**, the spoken stress usually falls on the next-to-last syllable. Words of this type are very common and do not need a written accent.

**a-sí** **in-glés** **in-fec-ción** **hé-ro-e**

When a word ends in a vowel, **-n**, or **-s**, and the spoken stress does *not* fall on the next-to-last syllable, then a written accent is needed.

**hos-pi-tal** **na-riz** **re-ce-tar** **to-ser**

When a word ends in any consonant *other* than **-n** or **-s**, the spoken stress usually falls on the last syllable. Words of this type are very common and do not need a written accent.

**lá-piz** **fút-bol** **hués-ped** **sué-ter**

When a word ends in any consonant *other* than **-n** or **-s** and the spoken stress does *not* fall on the last syllable, then a written accent is needed.

**far-ma-cia** **bio-lo-gí-a** **su-cio** **frí-o**

Diphthongs (two weak vowels or a strong and weak vowel together) are normally pronounced as a single syllable. A written accent is needed when a diphthong is broken into two syllables.

**sol** **pan** **mar** **tos**

Spanish words of only one syllable do not usually carry a written accent (unless it is to distinguish meaning: **se** and **sé**.)

**CONSÚLTALO**

In Spanish, **a**, **e** and **o** are considered strong vowels while **i** and **u** are weak vowels. To review this concept, see **Lección 3, Pronunciación** p. 77.

**Práctica** Busca las palabras que necesitan acento escrito y escribe su forma correcta.

1. sal-mon
2. ins-pec-tor
3. nu-me-ro
4. fa-cil
5. ju-go
6. a-bri-go
7. ra-pi-do
8. sa-ba-do
9. vez
10. me-nu
11. o-pe-ra-cion
12. im-per-me-a-ble
13. a-de-mas
14. re-ga-te-ar
15. an-ti-pa-ti-co
16. far-ma-cia
17. es-qui
18. pen-sion
19. pa-is
20. per-don

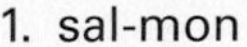

**El ahorcado (*Hangman*)** Juega al ahorcado para adivinar las palabras.

1. __ l __ __ __ __ a — Vas allí cuando estás enfermo.
2. __ __ __ e __ c __ __ n — Se usa para poner una vacuna (*vaccination*).
3. __ __ d __ o __ __ __ __ __ a — Ves los huesos.
4. __ __ __ i __ o — Trabaja en un hospital.
5. a __ __ __ b __ __ __ __ __ __ — Es una medicina.

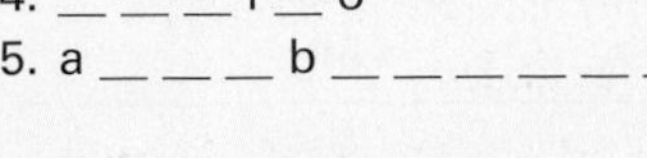

**recursos**

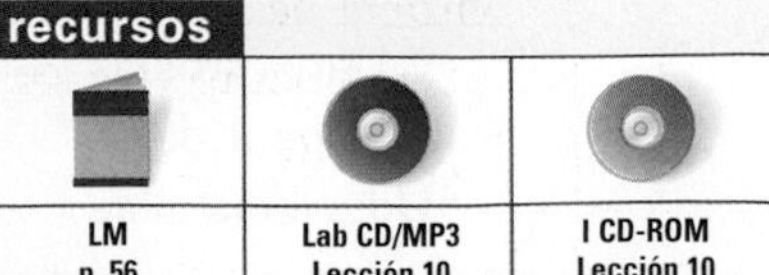

# 10.1 The imperfect tense

**ANTE TODO** In **Lecciones 6-8** you learned the preterite tense. You will now learn the imperfect, used to describe past activities in a different way.

**recursos**

WB pp. 111–120

LM pp. 57–60

Lab CD/MP3 Lección 10

I CD-ROM Lección 10

vistahigher learning.com

## The imperfect of regular verbs

| | | cantar | beber | escribir |
|---|---|---|---|---|
| SINGULAR FORMS | yo | cant**aba** | beb**ía** | escrib**ía** |
| | tú | cant**abas** | beb**ías** | escrib**ías** |
| | Ud./él/ella | cant**aba** | beb**ía** | escrib**ía** |
| PLURAL FORMS | nosotros/as | cant**ábamos** | beb**íamos** | escrib**íamos** |
| | vosotros/as | cant**abais** | beb**íais** | escrib**íais** |
| | Uds./ellos/ellas | cant**aban** | beb**ían** | escrib**ían** |

- There are no stem changes in the imperfect.

**entender** (e: ie) → **Entendíamos** japonés.
*We used to understand Japanese.*

**servir** (e:i) → El camarero les **servía** el café.
*The waiter was serving them coffee.*

**doler** (o:ue) → A Javier le **dolía** el tobillo.
*Javier's ankle was hurting.*

**¡ATENCIÓN!**

Note that the imperfect endings of **–er** and **–ir** verbs are the same. Also note that the **nosotros** form of **–ar** verbs always carries an accent mark on the first **a** of the ending. All forms of **–er** and **–ir** verbs in the imperfect carry an accent on the first **i** of the ending.

- The imperfect form of **hay** is **había** *(there was; there were; there used to be)*. Like **hay, había** can be followed by a singular or plural noun.

**Había** un solo médico en la sala.
*There was only one doctor in the room.*

**Había** dos pacientes allí.
*There were two patients there.*

## Irregular verbs in the imperfect

| | | ir | ser | ver |
|---|---|---|---|---|
| SINGULAR FORMS | yo | ib**a** | er**a** | ve**ía** |
| | tú | ib**as** | er**as** | ve**ías** |
| | Ud./él/ella | ib**a** | er**a** | ve**ía** |
| PLURAL FORMS | nosotros/as | íb**amos** | ér**amos** | ve**íamos** |
| | vosotros/as | ib**ais** | er**ais** | ve**íais** |
| | Uds./ellos/ellas | ib**an** | er**an** | ve**ían** |

**¡ATENCIÓN!**

**Ir**, **ser**, and **ver** are the only verbs in Spanish that are irregular in the imperfect.

**CONSÚLTALO**

You will learn more about the contrast between the preterite and the imperfect in **Estructura 10.2**, pp. 310–311.

## Uses of the imperfect

▶ The imperfect is used to describe past events in a different way than the preterite. As a general rule, the imperfect is used to describe actions which are seen by the speaker as incomplete or "continuing," while the preterite is used to describe actions which have been completed. The imperfect expresses what was happening at a certain time or how things used to be. The preterite, in contrast, expresses a completed action.

—¿Qué te **pasó**?
*What happened to you?*

—Me **torcí** el tobillo.
*I sprained my ankle.*

—¿Dónde **vivías** de niño?
*Where did you live as a child?*

—**Vivía** en San José.
*I lived in San José.*

▶ The following words and expressions are often used with the imperfect because they express habitual or repeated actions: **de niño/a** (*as a child*), **todos los días** (*every day*), **mientras** (*while*).

### Uses of the imperfect

| | |
|---|---|
| **1. Habitual or repeated actions** | **Íbamos** al parque los domingos.<br>*We used to go to the park on Sundays.* |
| **2. Events or actions that were in progress** | Yo **leía** mientras él **estudiaba**.<br>*I was reading while he was studying.* |
| **3. Physical characteristics** | **Era** alto y guapo.<br>*He was tall and handsome.* |
| **4. Mental or emotional states** | **Quería** mucho a su familia.<br>*He loved his family very much.* |
| **5. Time-telling** | **Eran** las tres y media.<br>*It was 3:30.* |
| **6. Age** | Los niños **tenían** seis años.<br>*The children were six years old.* |

**¡INTÉNTALO!** Indica la forma correcta de cada verbo en el imperfecto.

1. Yo hablaba (hablar, bailar, recetar, correr, comer, decidir, vivir)
2. Tú ________ (nadar, encontrar, comprender, venir, ir, ser, ver)
3. Usted ________ (hacer, doler, asistir, ser, pasear, poder, ir)
4. Nosotras ________ (ser, tomar, ir, poner, seguir, ver, pensar)
5. Ellos ________ (salir, viajar, ir, querer, ser, pedir, empezar)
6. Yo ________ (ver, estornudar, sufrir, ir, dar, ser, toser)

# Práctica

**1** **Completar** Primero, completa las frases con el imperfecto de los verbos. Luego, pon las oraciones en orden lógico y compáralas con las de un(a) compañero/a.

a. El doctor dijo que no __________ (ser) nada grave.
b. El doctor __________ (querer) ver la nariz del niño.
c. Su mamá __________ (estar) dibujando cuando Miguelito entró llorando.
d. Miguelito __________ (tener) la nariz hinchada (*swollen*). Fueron al hospital.
e. Miguelito no __________ (ir) a jugar más. Ahora quería ir a casa a descansar.
f. Miguelito y sus amigos __________ (jugar) al béisbol en el patio.
g. __________ (ser) las dos de la tarde.
h. Miguelito le dijo a la enfermera que __________ (dolerle) la nariz.

**2** **Transformar** Forma oraciones completas. Usa las formas correctas del imperfecto y añade (*add*) todas las palabras necesarias.

1. Julieta y César / ser / paramédicos
2. trabajar / juntos y / llevarse / bien
3. cuando / haber / accidente, / siempre / analizar / situación / con cuidado
4. preocuparse / mucho / por / pacientes
5. si / paciente / tener / mucho / dolor, / ponerle / inyección

**3** **En la escuela de medicina** Usa los verbos de la lista para completar las frases con las formas correctas del imperfecto. Algunos verbos se usan más de una vez.

| | | | | |
|---|---|---|---|---|
| caerse | enfermarse | ir | querer | tener |
| comprender | estornudar | pensar | sentirse | tomar |
| doler | hacer | poder | ser | toser |

1. Cuando Javier y Victoria __________ estudiantes de medicina, siempre __________ que ir al médico.
2. Cada vez que él __________ un examen, a Javier le __________ mucho la cabeza.
3. Cuando Victoria __________ ejercicio aeróbico, siempre __________ mareada.
4. Todas las primaveras, Javier __________ mucho porque es alérgico al polen.
5. Victoria también __________ de su bicicleta en camino a clase.
6. Después de comer en la cafetería, a Victoria siempre le __________ el estómago.
7. Javier __________ ser médico para ayudar a los demás.
8. Pero no __________ por qué él __________ con tanta frecuencia.
9. Cuando Victoria __________ fiebre, no __________ ni leer el termómetro.
10. Javier __________ dolor de muelas, pero nunca __________ ir al dentista.
11. Victoria __________ mucho cuando __________ congestionada.
12. Javier y Victoria __________ que nunca __________ a graduarse.

**NOTA CULTURAL**

En los países de habla hispana, los estudiantes generalmente eligen su carrera (*career*) universitaria cuando salen de la escuela secundaria. Por ejemplo, los que quieren ser médicos empiezan sus estudios de medicina cuando entran a la universidad. Los estudiantes de medicina tienen cerca de seis o siete años de estudios universitarios y después dos años más de especialización.

# Comunicación

4

**Entrevista** Trabajen en parejas. Un(a) estudiante usa estas preguntas para entrevistar a su compañero/a. Luego compartan los resultados de la entrevista con la clase.

1. Cuando eras estudiante de primaria, ¿te gustaban tus profesores/as?
2. ¿Veías mucha televisión cuando eras niño/a?
3. Cuando tenías diez años, ¿cuál era tu programa de televisión favorito?
4. Cuando eras niño/a, ¿qué hacía tu familia durante las vacaciones?
5. ¿Cuántos años tenías en 1996?
6. Cuando eras estudiante de secundaria, ¿qué hacías con tus amigos/as?
7. Cuando tenías quince años, ¿cuál era tu grupo musical favorito?
8. Antes de tomar esta clase, ¿sabías hablar español?

5

**Describir** En parejas, túrnense para describir cómo eran sus vidas cuando eran niños. Pueden usar las sugerencias de la lista u otras ideas. Luego informen a la clase sobre la vida del/de la compañero/a.

**NOTA CULTURAL**

**El Parque Nacional Tortuguero** está en la costa del Caribe, al norte de la ciudad de Limón, en Costa Rica. Varias especies de tortuga (*turtle*) utilizan las playas del parque para poner (*lay*) sus huevos. Esto ocurre de noche, y hay guías que llevan pequeños grupos de turistas a observar este fenómeno biológico.

*modelo*

De niña, mi familia y yo siempre íbamos a Tortuguero. Tomábamos un barco desde Limón, y por las noches mirábamos las tortugas (*turtles*) en la playa. Algunas veces teníamos suerte, porque las tortugas venían a poner (*lay*) huevos. Otras veces, volvíamos al hotel sin ver ninguna tortuga.

- Las vacaciones
- Ocasiones especiales
- Qué hacías durante el verano
- Celebraciones con tus amigos/as
- Celebraciones con tu familia
- Cómo era tu escuela
- Cómo eran tus amigos/as
- Los viajes que hacías
- A qué jugabas
- Qué hacías cuando te sentías enfermo/a

# Síntesis

6

**En el consultorio** Tu profesor(a) te va a dar una lista incompleta con los pacientes que fueron al consultorio del doctor Donoso ayer. En parejas, conversen para completar sus listas y saber a qué hora llegaron las personas al consultorio y cuáles eran sus problemas.

# 10.2 The preterite and the imperfect

**ANTE TODO** Now that you have learned the forms of the preterite and the imperfect, you will learn more about how they are used. The preterite and the imperfect are not interchangeable. In Spanish, the choice between these two tenses depends on the context and on the point of view of the speaker.

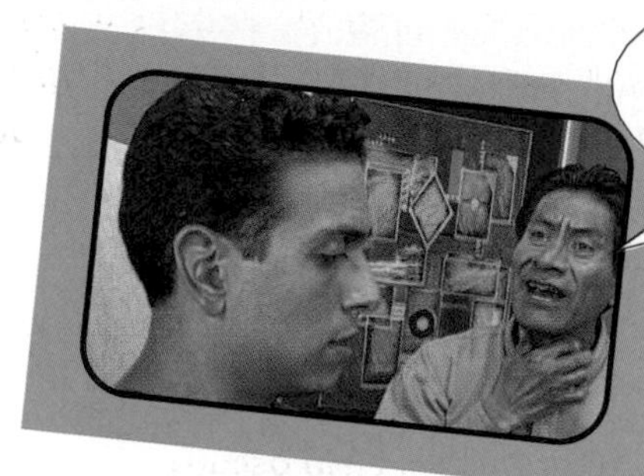


**COMPARE & CONTRAST**

### Uses of the preterite

**1.** To express actions that are viewed by the speaker as completed

Don Francisco **se rompió** la pierna.
*Don Francisco broke his leg.*
**Fueron** a Buenos Aires ayer.
*They went to Buenos Aires yesterday.*

**2.** To express the beginning or end of a past action

La película **empezó** a las nueve.
*The movie began at nine o'clock.*
Ayer **terminé** el proyecto para la clase de química.
*Yesterday I finished the project for chemistry class.*

**3.** To narrate a series of past actions or events

La doctora me **miró** los oídos, me **hizo** unas preguntas y **escribió** la receta.
*The doctor looked in my ears, asked me some questions, and wrote the prescription.*
**Me di** con la mesa, **me caí** y **me lastimé** el pie.
*I bumped into the table, I fell, and I injured my foot.*

### Uses of the imperfect

**1.** To describe an ongoing past action with no reference to its beginning or end

Don Francisco **esperaba** a Javier.
*Don Francisco was waiting for Javier.*
El médico **se preocupaba** por sus pacientes.
*The doctor worried about his patients.*

**2.** To express habitual past actions and events

Cuando **era** joven, **jugaba** al tenis.
*When I was young, I used to play tennis.*
De niño, don Francisco **se enfermaba** con mucha frecuencia.
*As a child, Don Francisco used to get sick very frequently.*

**3.** To describe physical and emotional states or characteristics.

La chica **quería** descansar. **Se sentía** mal y **tenía** dolor de cabeza.
*The girl wanted to rest. She felt ill and had a headache.*
Ellos **eran** altos y **tenían** ojos verdes.
*They were tall and had green eyes.*
**Estábamos** felices de ver a la familia.
*We were happy to see the family.*

**AYUDA**

These words and expressions, as well as similar ones, commonly occur with the preterite: **ayer, anteayer, una vez, dos veces, tres veces, el año pasado, de repente**.

They usually imply that an action has happened at a specific point in time. For a review, see **Estructura 6.3**, p. 185.

**AYUDA**

These words and expressions, as well as similar ones, commonly occur with the imperfect: **de niño/a, todos los días, mientras, siempre, con frecuencia, todas las semanas.** They usually express habitual or repeated actions in the past.

- The preterite and the imperfect often appear in the same sentence. In such cases the imperfect describes what *was happening*, while the preterite describes the action that "interrupted" the ongoing activity.

  **Miraba** la tele cuando **sonó** el teléfono.
  *I was watching TV when the phone rang.*

  Maite **leía** el periódico cuando **llegó** Álex.
  *Maite was reading the newspaper when Álex arrived.*

- You will also see the preterite and the imperfect together in narratives such as fiction, news, and retelling of events. In these cases the imperfect provides all of the background information, such as time, weather, and location, while the preterite indicates the specific events that occurred to advance the plot.

  **Eran** las dos de la mañana y el detective ya no **podía** mantenerse despierto. **Se bajó** lentamente del coche, **estiró** las piernas y **levantó** los brazos hacia el cielo oscuro.
  *It was two in the morning, and the detective could no longer stay awake. He slowly stepped out of the car, stretched his legs, and raised his arms toward the dark sky.*

  La luna **estaba** llena y no **había** en el cielo ni una sola nube. De repente, el detective **escuchó** un grito espeluznante proveniente del parque.
  *The moon was full and there wasn't a single cloud in the sky. Suddenly, the detective heard a piercing scream coming from the park.*

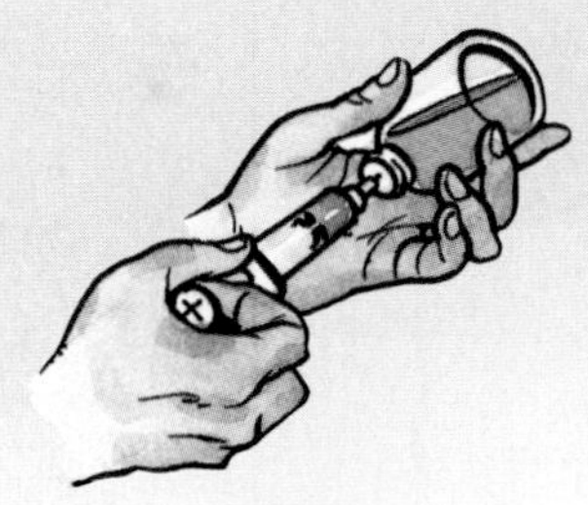

## Un médico colombiano descubrió la vacuna contra la malaria

**El doctor colombiano Manuel Elkin Patarroyo** descubrió una vacuna contra la malaria. Esta enfermedad se erradicó hace décadas en muchas partes del mundo. Sin embargo, los casos de malaria empezaban a aumentar otra vez, justo cuando salió la vacuna de Patarroyo. En mayo de 1993, el doctor Patarroyo donó la vacuna, a nombre de Colombia, a la Organización Mundial de la Salud. Los grandes laboratorios farmacéuticos presionaron a la OMS porque querían la vacuna. Pero en 1995 las dos partes, el doctor Patarroyo y la OMS, ratificaron el pacto original.

**¡INTÉNTALO!** Elige el pretérito o el imperfecto para completar la historia. Explica por qué se usa ese tiempo verbal en cada ocasión.

1. ________ (Fueron/Eran) las doce.
2. ________ (Hubo/Había) mucha gente en la calle.
3. A las doce y media, Tomás y yo ________ (entramos/entrábamos) en el Restaurante Tárcoles.
4. Todos los días yo ________ (almorcé/almorzaba) con Tomás al mediodía.
5. El camarero ________ (llegó/llegaba) inmediatamente, para darnos el menú.
6. Nosotros ________ (empezamos/empezábamos) a leerlo.
7. Yo ________ (pedí/pedía) el pescado.
8. De repente, el camarero ________ (volvió/volvía) a nuestra mesa.
9. Y nos ________ (dio/daba) una mala noticia.
10. Desafortunadamente, no ________ (tuvieron/tenían) más pescado.
11. Por eso Tomás y yo ________ (decidimos/decidíamos) comer en otro lugar.
12. ________ (Llovió/Llovía) muy fuerte cuando ________ (salimos/salíamos) del café.
13. Así que ________ (regresamos/regresábamos) al Restaurante Tárcoles.
14. Esta vez, ________ (pedí/pedía) el arroz con pollo.

# Práctica

**1** **Seleccionar** Utiliza el tiempo verbal adecuado, según (*according to*) el contexto.

1. La semana pasada, Manolo y Aurora ______ (querer) dar una fiesta. ______ (Decidir) invitar a seis amigos y servirles mucha comida.
2. Manolo y Aurora ______ (estar) preparando la comida cuando Elena ______ (llamar). Como siempre, ______ (tener) que estudiar para un examen.
3. A las seis, ______ (volver) a sonar el teléfono. Su amigo Francisco tampoco ______ (poder) ir a la fiesta, porque ______ (tener) fiebre. Manolo y Aurora ______ (sentirse) muy tristes, pero ______ (tener) que preparar la comida.
4. Después de otros 15 minutos, ______ (sonar) el teléfono. Sus amigos, los señores Vega, ______ (estar) en camino (*en route*) al hospital: a su hijo le ______ (doler) mucho el estómago. Sólo dos de los amigos ______ (poder) ir a la cena.
5. Por supuesto, ______ (ir) a tener demasiada comida. Finalmente, cinco minutos antes de las ocho, ______ (llamar) Ramón y Javier. Ellos ______ (pensar) que la fiesta ______ (ser) la próxima semana.
6. Tristes, Manolo y Aurora ______ (sentarse) a comer solos. Mientras ______ (comer) pronto ______ (llegar) a la conclusión de que ______ (ser) mejor estar solos: ¡La comida ______ (estar) malísima!

**2** **Completar** Completa esta noticia con la forma correcta del pretérito o el imperfecto.

## Un accidente trágico

Ayer temprano por la mañana (1)______ (haber) un trágico accidente en el centro de Buenos Aires cuando un autobús no (2)______ (ver) venir un carro. La mujer que (3)______ (manejar) el carro (4)______ (morir) al instante y los paramédicos (5)______ (tener) que llevar al pasajero al hospital porque (6)______ (sufrir) varias fracturas. El conductor del autobús (7)______ (decir) que no (8)______ (ver) el carro hasta el último (*last*) momento porque (9)______ (haber) mucha niebla y (10)______ (estar) lloviendo. Él (11)______ (intentar) (*to attempt*) dar un viraje brusco (*to swerve*), pero (12)______ (perder) el control del autobús y no (13)______ (poder) evitar (*to avoid*) el accidente. Según nos informaron, no (14)______ (lastimarse) ningún pasajero del autobús.

**CONSEJOS**

Reading Spanish-language newspapers is a good way to practice verb tenses. You will find that both the imperfect and the preterite occur with great regularity. Many newsstands carry international papers, and many Spanish-language newspapers (such as Spain's *El País*, Mexico's *Reforma*, and Argentina's *Clarín*) are on the Web.

**3** **Completar** Completa las frases de una manera lógica. Usa el pretérito o el imperfecto. En parejas, comparen sus respuestas.

1. De niño/a, yo...
2. Yo conducía el coche mientras...
3. Anoche mi novio/a...
4. Ayer el/la profesor(a)...
5. La semana pasada un(a) amigo/a...
6. Con frecuencia mis padres...
7. Esta mañana en la cafetería...
8. Hablábamos con el doctor cuando...

# Comunicación

4 **Entrevista** Usa estas preguntas para entrevistar a un(a) compañero/a acerca de su primer(a) novio/a. Si quieres, puedes añadir (*to add*) otras preguntas.

1. ¿Quién fue tu primer(a) novio/a?
2. ¿Cuántos años tenían ustedes cuando se conocieron?
3. ¿Cómo era él/ella?
4. ¿Qué le gustaba hacer? ¿Le interesaban los deportes?
5. ¿Por cuánto tiempo salieron ustedes?
6. ¿Qué hacían ustedes cuando salían?
7. ¿Pensaban casarse?
8. ¿Cuándo y por qué rompieron ustedes?

5  **La sala de emergencia** En parejas, miren la lista e inventen qué les pasó a estas personas que están en la sala de emergencias.

*modelo*

*Eran las tres de la tarde. Como todos los días, Pablo jugaba al fútbol con sus amigos. Estaba muy contento. De repente, se cayó y se rompió el brazo. Después fue a la sala de emergencias.*

| Paciente | Edad | Hora | Condición |
|---|---|---|---|
| 1. Pablo Romero | 9 años | 15:20 | hueso roto (el brazo) |
| 2. Estela Rodríguez | 45 años | 15:25 | tobillo torcido |
| 3. Lupe Quintana | 29 años | 15:37 | embarazada, dolores |
| 4. Manuel López | 52 años | 15:45 | infección de garganta |
| 5. Marta Díaz | 3 años | 16:00 | temperatura muy alta, fiebre |
| 6. Roberto Salazar | 32 años | 16:06 | dolor de muelas |
| 7. Marco Brito | 18 años | 16:18 | daño en el cuello, posible fractura |
| 8. Ana María Ortiz | 66 años | 16:29 | reacción alérgica a un medicamento |

6  **Situación** Anoche alguien robó (*stole*) el examen de la **Lección 10** de la oficina de tu profesor(a) y tú tienes que averiguar (*to find out*) quién lo hizo. Pregúntales a tres compañeros dónde estaban, con quién estaban y qué hicieron entre las ocho y las doce de la noche.

# Síntesis

7  **La primera vez** En grupos, cuéntense cómo fue la primera vez que les pusieron una inyección, se rompieron un hueso, pasaron la noche en un hospital, estuvieron mareados/as, etc. Incluyan los siguientes puntos en su conversación: una descripción del día que hacía, sus edades, qué pasó y cómo se sentían.

# 10.3 Constructions with se

**ANTE TODO** In **Lección 7** you learned how to use **se** as the third person reflexive pronoun (**El se despierta. Ellos se visten. Ella se baña.**). **Se** can also be used to form constructions in which the person performing the action is not expressed or is de-emphasized.

## Impersonal constructions with *se*

- In Spanish, verbs that are not reflexive can be used with **se** to form impersonal constructions. These are statements in which the person performing the action is not expressed or defined. In English, the passive voice or indefinite subjects *(you, they, one)* are used.

**Se habla** español en Costa Rica.
*Spanish is spoken in Costa Rica.*

**Se hacen** operaciones aquí.
*They perform operations here.*

**Se puede leer** en la sala de espera.
*You can read in the waiting room.*

**Se necesitan** medicinas enseguida.
*They need medicine right away.*

**¡ATENCIÓN!**

Note that the third person singular verb form is used with singular nouns and the third person plural form is used with plural nouns:

**Se vende ropa.**

**Se venden camisas.**

- You often see the impersonal **se** in signs, advertisements, and directions.

SE PROHÍBE NADAR

ENTRADA

Se entra por la izquierda

## *Se* for unplanned events

Bueno, vamos a sacarle una radiografía para ver si se le rompió el hueso.

- **Se** is also used to form statements that describe accidental or unplanned events. In this construction, the person who performs the action is de-emphasized, so as to imply that the accident or unplanned event is not his or her direct responsibility. These statements are constructed using the following pattern.

| se | + | [INDIRECT OBJECT PRONOUN] | + | [VERB] | + | [SUBJECT] |
|---|---|---|---|---|---|---|
| **Se** | | me | | cayó | | la pluma. |

▶ In this type of construction, what would normally be the direct object of the sentence becomes the subject, and it agrees with the verb, not with the indirect object pronoun.

**¡ATENCIÓN!**

While Spanish has a verb for *to fall* (**caer**), there is no direct translation for *to drop.* **Dejar caer** (*let fall*) is often used to mean *to drop.*
Ex: **El médico dejó caer la aspirina.** (*The doctor dropped the aspirin*).

▶ The following verbs are the ones most frequently used with **se** to describe unplanned events.

## Verbs commonly used with *se*

| | | | |
|---|---|---|---|
| **caer** | *to fall; to drop* | **perder (e: ie)** | *to lose* |
| **dañar** | *to damage; to break down* | **quedar** | *to be left behind* |
| **olvidar** | *to forget* | **romper** | *to break* |

**Se me perdió** el teléfono de la farmacia.
*I lost the pharmacy's phone number.*

**Se nos olvidaron** los pasajes.
*We forgot the tickets.*

▶ To clarify or emphasize who the person involved in the action is, this construction commonly begins with the preposition **a** + [*noun*] or **a** + [*prepositional pronoun*].

**CONSÚLTALO**

For an explanation of prepositional pronouns, refer to **Estructura 9.4**, p. 286.

**Al paciente** se le perdió la receta.
*The patient lost his prescription.*

**A Diana** se le olvidó ir al consultorio ayer.
*Diana forgot to go to the doctor's office yesterday.*

**A mí** se me cayeron los cuadernos.
*I dropped the notebooks.*

**A ustedes** se les quedaron los libros en casa.
*You left the books at home.*

Completa las frases de la columna A con **se** impersonal y los verbos correspondientes en presente.

**A**

1. Se enseñan (enseñar) cinco lenguas en esta universidad.
2. ________ (comer) muy bien en El Cráter.
3. ________ (vender) muchas camisetas allí.
4. ________ (servir) platos exquisitos cada noche.
5. ________ (necesitar) mucho dinero.
6. ________ (buscar) secretaria.

Completa las frases de la columna B con **se** y los verbos en pretérito para expresar sucesos imprevistos.

**B**

1. Se me rompieron (*I broke*) las gafas.
2. ________ (*You* (fam.) *dropped*) las pastillas.
3. ________ (*They lost*) la receta.
4. ________ (*You* (form.) *left*) aquí la radiografía.
5. ________ (*We forgot*) pagar la medicina.
6. ________ (*They left*) los antibióticos en la clínica.

# Práctica

**1** **¿Cierto o falso?** Lee estas oraciones sobre la vida en 1901. Indica si lo que dice cada oración es **cierto** o **falso**. Luego corrige las oraciones falsas.

1. Se veía mucha televisión.
2. Se escribían muchos libros.
3. Se viajaba mucho en tren.
4. Se montaba a caballo.
5. Se mandaba mucho correo electrónico.
6. Se preparaban muchas comidas en casa.
7. Se llevaban minifaldas.
8. Se pasaba mucho tiempo con la familia.

**2** **Traducir** Traduce estos letreros (*signs*) y anuncios (*ads*) al español.

1. Nurses needed
2. Eating and drinking prohibited
3. Programmers sought
4. English is spoken
5. Computers sold
6. No talking
7. Teacher needed
8. Books sold
9. Do not enter
10. Spanish is spoken

**3** **¿Qué pasó?** Mira los dibujos e indica lo que pasó en cada uno.

1. camarero / pastel

2. Sr. Álvarez / espejo

3. Arturo / tarea

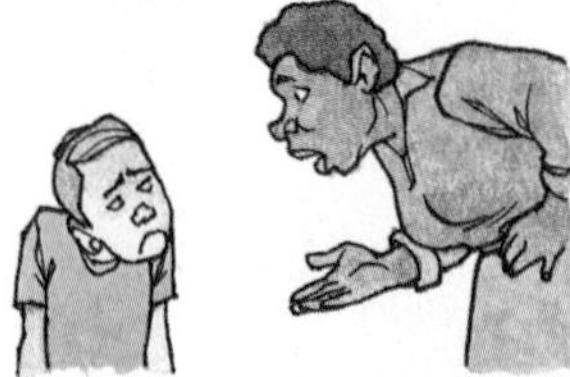

4. Sra. Domínguez / llaves

5. Carla y Lupe / botellas de vino

6. Juana / platos

# Comunicación

4

**Preguntas** Trabajen en parejas y usen estas preguntas para entrevistarse.

1. ¿Qué comidas se sirven en tu restaurante favorito?
2. ¿Se te olvidó invitar a alguien a tu última fiesta o comida? ¿A quién?
3. ¿A qué hora se abre la cafetería de tu universidad?
4. ¿Alguna vez se te quedó algo importante en la casa? ¿Qué?
5. ¿Alguna vez se te perdió algo importante durante un viaje?
6. ¿Qué se vende en una farmacia?
7. ¿Sabes si en la farmacia se aceptan cheques?
8. ¿Alguna vez se te rompió algo muy caro? ¿Qué?

5

**Opiniones** En parejas, terminen cada oración con ideas originales. Después, comparen los resultados con la clase para ver qué pareja tuvo las mejores ideas.

1. No se tiene que dejar propina cuando...
2. Antes de viajar, se debe...
3. Si se come bien, ...
4. Para tener una vida sana, se debe...
5. Se sirve la mejor comida en...
6. Se hablan muchas lenguas en...

# Síntesis

6

**Anuncios** En grupos, preparen dos anuncios de televisión para presentar a la clase. Usen el imperfecto y por lo menos dos construcciones con **se** en cada uno.

**NOTA CULTURAL**

En muchos países de Latinoamérica es posible conseguir medicinas en **las farmacias**, sin la receta de un médico. Comúnmente, los farmacéuticos (*pharmacists*) diagnostican el problema del/de la cliente/a y le venden el medicamento adecuado.

*modelo*

Se me cayeron unos libros en el pie y me dolía mucho. Pero ahora no, gracias a SuperAspirina 500. ¡Dos pastillas y se me fue el dolor! Se puede comprar SuperAspirina 500 en todas las farmacias Recetamax.

# 10.4 Adverbs

**ANTE TODO** Adverbs are words that describe how, when, and where actions take place. They can modify verbs, adjectives, and even other adverbs. In previous lessons, you have already learned many Spanish adverbs, such as the ones below.

| | | |
|---|---|---|
| bien | nunca | temprano |
| mal | hoy | ayer |
| muy | siempre | aquí |

- The most common adverbs are those which end in **-mente.** These are equivalent to the English adverbs which end in *-ly*.

| | |
|---|---|
| **fácilmente** *easily* | **generalmente** *generally* |
| **verdaderamente** *truly, really* | **simplemente** *simply* |

- To form adverbs which end in **-mente**, add **-mente** to the feminine form of the adjective. If the adjective does not have a special feminine form, just add **-mente** to the standard form.

| ADJECTIVE | FEMININE FORM | SUFFIX | ADVERB |
|---|---|---|---|
| seguro | segura | -mente | seguramente |
| fabuloso | fabulosa | -mente | fabulosamente |
| enorme | | -mente | enormemente |
| feliz | | -mente | felizmente |

- Adverbs that end in **-mente** generally follow the verb, while adverbs that modify an adjective or another adverb precede the word they modify.

| | |
|---|---|
| Javier dibuja **maravillosamente**. | Inés está **casi siempre** ocupada. |
| *Javier draws wonderfully.* | *Inés is almost always busy.* |

**¡ATENCIÓN!**

When a sentence contains two or more adverbs in sequence, the suffix **-mente** is dropped from all but the last adverb.

Ex: **El médico nos habló simple y abiertamente.** *The doctor spoke to us simply and openly.*

• • •

Adjectives do not lose their accents when adding **-mente**.

*Ex:*

**fácil** → **fácilmente**

**débil** → **débilmente**

## Common adverbs and adverbial expressions

| | | | | | |
|---|---|---|---|---|---|
| **a menudo** | *often* | **así** | *like this; so* | **menos** | *less* |
| **a tiempo** | *on time* | **bastante** | *enough; rather* | **muchas veces** | *a lot; many times* |
| **a veces** | *sometimes* | **casi** | *almost* | **poco** | *little* |
| **además (de)** | *furthermore; besides* | **con frecuencia** | *frequently* | **por lo menos** | *at least* |
| **apenas** | *hardly; scarcely* | **de vez en cuando** | *from time to time* | **pronto** | *soon* |
| | | **despacio** | *slowly* | **rápido** | *quickly* |

**¡ATENCIÓN!**

**Rápido** functions as an adjective (**Ella tiene una computadora rápida.**) as well as an adverb (**Ella corre rápido.**). Note that as an adverb, **rápido** does not need to agree with any other word in the sentence. You can also use the adverb **rápidamente** (**Ella corre rápidamente**).

**¡INTÉNTALO!** Transforma los siguientes adjetivos en adverbios.

| | | |
|---|---|---|
| 1. alegre alegremente | 5. real ________ | 9. maravilloso ________ |
| 2. constante ________ | 6. frecuente ________ | 10. normal ________ |
| 3. gradual ________ | 7. tranquilo ________ | 11. básico ________ |
| 4. perfecto ________ | 8. regular ________ | 12. afortunado ________ |

# Práctica

**1**

**Escoger** Completa las oraciones con los adverbios adecuados.

1. La cita era para las dos pero llegamos ____________. (mientras, nunca, tarde)
2. El problema fue que ____________ se nos descompuso el despertador. (aquí, ayer, despacio)
3. La recepcionista no se enojó porque sabe que normalmente llego ____________. (a veces, a tiempo, poco)
4. ____________ el doctor estaba listo. (por lo menos, muchas veces, casi)
5. ____________ tuvimos que esperar cinco minutos. (así, además, apenas)
6. El doctor dijo que nuestra hija Irene necesitaba cambiar su rutina diaria ____________. (temprano, menos, inmediatamente)
7. El doctor nos explicó ____________ las recomendaciones del Cirujano General (*Surgeon General*) sobre la salud de los jóvenes. (de vez en cuando, bien, apenas)
8. _______________ nos dijo que Irene estaba bien, pero tenía que hacer más ejercicio y comer mejor. (bastante, afortunadamete, a menudo)

**NOTA CULTURAL**

La doctora Antonia Novello, de Puerto Rico, fue la primera mujer y la primera hispana en tomar el cargo de **Cirujana General** de los Estados Unidos (1990-1993).

# Comunicación

**2**

**Aspirina** Lee el anuncio y responde a las preguntas con un(a) compañero/a.

1. ¿Cuáles son los adverbios que aparecen en el anuncio?
2. Según el anuncio, ¿cuáles son las ventajas (*advantages*) de este tipo de aspirina? ¿Cuáles son sus cualidades?
3. ¿Tienen ustedes muchos dolores de cabeza? ¿Qué toman para curarlos?
4. ¿Qué medicamentos ven con frecuencia en los anuncios de televisión? Escriban descripciones de varios de estos anuncios. Usen adverbios en sus descripciones.

# Lectura

## Antes de leer

### Estrategia

**Activating background knowledge**

Using what you already know about a particular subject will often help you better understand a reading selection. For example, if you read an article about a recent medical discovery, you might think about what you already know about health in order to understand unfamiliar words or concepts.

**Examinar el texto**

Utiliza las estrategias de lectura que tú consideras las más efectivas para hacer unas observaciones preliminares acerca del texto. Después trabajen en parejas para comparar sus observaciones acerca del texto. Luego contesten las siguientes preguntas:

- Analiza el formato del texto. ¿Qué tipo de texto es? ¿Dónde crees que se publicó este artículo?
- ¿Quiénes son Carla Baron y Tomás Monterrey?
- Mira la foto del libro. ¿Qué sugiere el título del libro sobre su contenido?

**Conocimiento previo**

Ahora piensen en su conocimiento previo° sobre el cuidado de la salud en los viajes. Consideren las siguientes preguntas:

- ¿Viajaste alguna vez a otro estado o a otro país?
- ¿Tuviste algunos problemas durante tus viajes con el agua, la comida o el clima del país?
- ¿Olvidaste poner en tu maleta algún medicamento que después necesitaste?
- Imagina que tu amigo/a se va de viaje. Dile por lo menos cinco cosas que debe hacer para prevenir cualquier problema de salud.

recursos

vistahigher learning.com

conocimiento previo *Background knowledge*

## Libro de la semana

## Después de leer

**Correspondencias** Busca las correspondencias entre los problemas y las recomendaciones.

**Problemas**

1. el agua _____
2. el sol _____
3. la comida _____
4. la identificación _____
5. el clima _____

**Recomendaciones**

a. Hay que adaptarse a los ingredientes no familiares.
b. Toma sólo productos purificados (*purified*).
c. Es importante llevar ropa adecuada cuando viajas.
d. Lleva loción o crema con alta protección solar.
e. Lleva tu pasaporte.

# Entrevista a Carla Baron

por Tomás Monterrey

*Tomás:* ¿Por qué escribió su libro *Cómo hacer un viaje saludable y feliz?*

*Carla:* Me encanta viajar, conocer otras culturas y escribir. Mi primer viaje lo hice cuando era estudiante universitaria. Todavía recuerdo el día en que llegamos a San Juan, Puerto Rico. Era el panorama ideal para unas vacaciones maravillosas, pero al llegar a la habitación del hotel, bebí mucha agua de la llave° y luego pedí un jugo de frutas con mucho hielo°. El clima en San Juan es tropical y yo tenía mucha sed y calor. Los síntomas llegaron en menos de media hora: pasé dos días con dolor de estómago y corriendo al cuarto de baño cada 10 minutos. Desde entonces, siempre que viajo sólo bebo agua mineral y llevo un pequeño bolso con medicinas necesarias como pastillas para el dolor y también bloqueador solar, una crema repelente de mosquitos y un desinfectante.

*Tomás:* ¿Son reales° las situaciones que se narran en su libro?

*Carla:* Sí, son reales y son mis propias° historias°. A menudo los autores crean caricaturas divertidas de un turista en dificultades. ¡En mi libro la turista en dificultades soy yo!

*Tomás:* ¿Qué recomendaciones puede encontrar el lector en su libro?

*Carla:* Bueno, mi libro es anecdótico y humorístico, pero el tema de la salud se trata° de manera seria. En general, se dan recomendaciones sobre ropa adecuada para cada sitio, consejos para protegerse del sol, y comidas y bebidas adecuadas para el turista que viaja al Caribe o a la América del Sur.

*Tomás:* ¿Tiene algún consejo para las personas que se enferman cuando viajan?

*Carla:* Muchas veces los turistas toman el avión sin saber nada acerca del país que van a visitar. Ponen toda su ropa en la maleta, toman el pasaporte, la cámara fotográfica y ¡a volar°! Es necesario tomar precauciones porque nuestro cuerpo necesita adaptarse al clima, al sol, a la humedad, al agua y a la comida. Se trata de° viajar, admirar las maravillas del mundo y regresar a casa con hermosos recuerdos. En resumen, el secreto es "prevenir en vez de° curar".

llave *faucet* hielo *ice* reales *true* propias *own* historias *stories* se trata *is treated* ¡a volar! *Off they go!* Se trata de *It's a question of* en vez de *instead of*

**Seleccionar** Selecciona la respuesta correcta.

1. El tema principal de este libro es ____.
   a. Puerto Rico b. la salud y el agua c. otras culturas
   d. el cuidado de la salud en los viajes
2. Las situaciones narradas en el libro son ____.
   a. autobiográficas b. inventadas c. ficticias
3. ¿Qué recomendaciones no vas a encontrar en este libro? ____
   a. cómo vestirse adecuadamente
   b. cómo prevenir las quemaduras solares
   c. consejos sobre la comida y la bebida
   d. cómo dar propina en los países del Caribe o de América del Sur
4. En opinión de la Srta. Baron, ____.
   a. es bueno tomar agua de la llave y beber jugo de frutas con mucho hielo
   b. es mejor tomar solamente agua embotellada (*bottled*)
   c. los minerales son buenos para el dolor abdominal
   d. es importante visitar el cuarto de baño cada 10 minutos
5. ¿Cuál de los siguientes productos no lleva la autora cuando viaja a otros países? ____
   a. desinfectante
   b. crema repelente
   c. detergente
   d. pastillas medicinales

# Escritura

## Estrategia

### Mastering the simple past tenses

In Spanish, when you write about events that occurred in the past you will need to know when to use the preterite and when to use the imperfect tense. A good understanding of the uses of each tense will make it much easier to determine which one to use as you write.

Look at the following summary of the uses of the preterite and the imperfect and write your own example sentence for each of the rules described.

**Preterite vs. imperfect**

**Preterite**

1. Actions viewed as completed
   ______________________________
   ______________________________
2. Beginning or end of past actions
   ______________________________
   ______________________________
3. Series of past actions
   ______________________________
   ______________________________

**Imperfect**

1. Ongoing past actions
   ______________________________
   ______________________________
2. Habitual past actions
   ______________________________
   ______________________________
3. Mental, physical and emotional states and characteristics in the past
   ______________________________
   ______________________________

Get together with a few classmates to compare your example sentences. Then use these sentences and the chart as a guide to help you decide which tense to use as you are writing a story or other type of narration about the past.

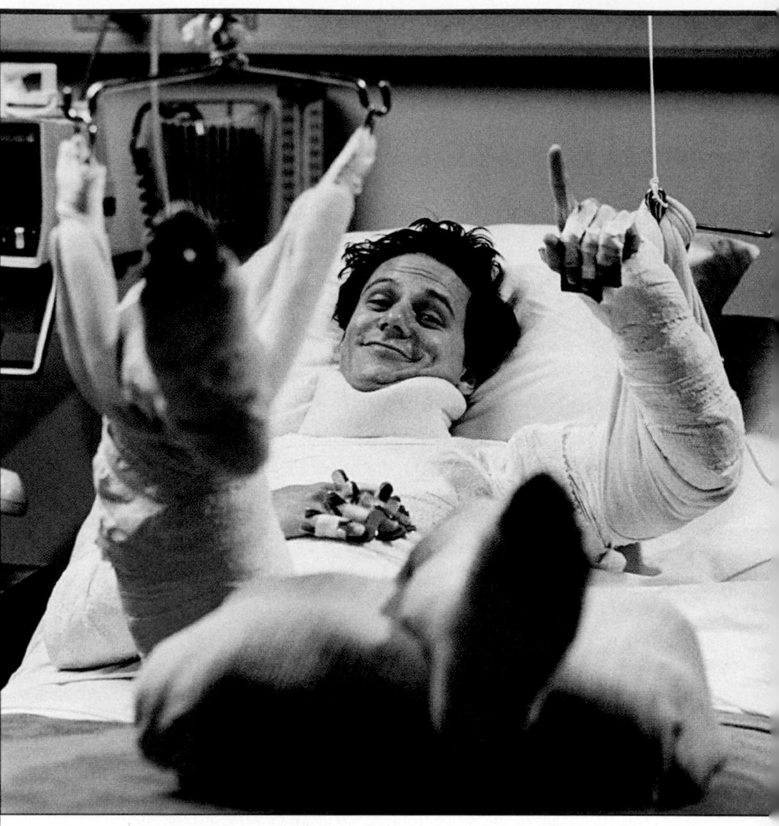

## Tema

### Escribir una historia

Escribe una historia acerca de una experiencia tuya° (o de otra persona) con una enfermedad, accidente o problema médico. Tu historia puede ser real o imaginaria y puede tratarse de un incidente divertido, humorístico o desastroso°. Incluye todos los detalles relevantes. Consulta la lista de sugerencias° con detalles que puedes incluir.

- Descripción del/de la paciente
  Nombre y apellidos
  Edad
  Características físicas
  Historial médico°
- Descripción de los síntomas
  Enfermedades
  Accidente
  Problemas médicos
- Descripción del tratamiento°
  Tratamientos
  Recetas
  Operaciones

**tuya** *of yours* **desastroso** *disastrous* **sugerencias** *suggestions* **Historial médico** *medical history* **tratamiento** *treatment*

# Plan de escritura

1 **Ideas y organización**

Haz una lista de todos los detalles que quieres narrar. Escoge los detalles más interesantes para tu narración.

2 **Primer borrador**

Utilizando tus apuntes de **Ideas y organización** y tu lista de los usos del pretérito y el imperfecto, escribe el primer borrador de tu historia.

3 **Comentario**

Intercambia tu historia con la de un(a) compañero/a. Lee su borrador y reflexiona sobre las partes mejor escritas de su historia. Comparte tus impresiones. Utiliza esta guía para evaluar el trabajo de tu compañero/a:

1. ¿Son interesantes los detalles de la narración? ¿Necesita más detalles o menos detalles?
2. ¿Contiene redundancias la narración? ¿Cómo pueden eliminarse?
3. ¿Es lógica la secuencia de los eventos?
4. ¿Se usan correctamente el pretérito y el imperfecto?
5. ¿Notas errores de gramática o de ortografía?

4 **Redacción**

Revisa el primer borrador según las indicaciones de tu compañero/a. Si es necesario, incorpora nuevas ideas para enriquecer la narración de los eventos. Utiliza esta guía para hacer la última revisión antes de escribir tu copia final:

1. Subraya cada verbo para comprobar el uso correcto del pretérito y del imperfecto.
2. Revisa la concordancia entre el sujeto y el verbo de cada frase.
3. Revisa la concordancia entre los sustantivos y los adjetivos.
4. Revisa los pronombres para comprobar el uso correcto de cada uno.
5. Revisa la ortografía y la puntuación otra vez con la ayuda de tus **Anotaciones para mejorar la escritura.**

5 **Evaluación y progreso**

Reúnete° con tres compañeros/as. Doblen° la parte superior de cada composición para esconder° el nombre del/de la autor(a). Intercambien sus composiciones con las de otro grupo. Lean los trabajos del otro grupo e intenten determinar de quién es cada composición. Como último paso, lee con interés los comentarios y las correcciones de tu profesor(a), anotando los errores en las **Anotaciones para mejorar la escritura** en tu **Carpeta de trabajos.**

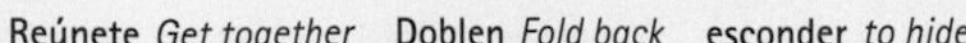

Reúnete *Get together* Doblen *Fold back* esconder *to hide*

# Escuchar

## Estrategia

**Listening for specific information**

You can listen for specific information effectively once you identify the subject of a conversation and use your background knowledge to predict what kinds of information you might hear.

To practice this strategy, you will listen to a paragraph from a letter Marta wrote to a friend about her fifteenth birthday celebration. Before you listen to the paragraph, use what you know about this type of party to predict the content of the letter. What kinds of details might Marta include in her description of the celebration? Now listen to the paragraph and jot down the specific information Marta relates. Then compare these details to the predictions you made about the letter.

## Preparación

Mira la foto. ¿Con quién crees que está conversando Carlos Peña? ¿De qué están hablando?

## Ahora escucha 

Ahora escucha la conversación de la señorita Méndez y Carlos Peña. Marca las frases donde se mencionan los síntomas de Carlos.

1. ____ Tiene infección en los ojos.
2. ____ Se lastimó el dedo.
3. ____ No puede dormir.
4. ____ Siente dolor en los huesos.
5. ____ Está mareado.
6. ____ Está congestionado.
7. ____ Le duele el estómago.
8. ____ Le duele la cabeza.
9. ____ Es alérgico a la aspirina.
10. ____ Tiene tos.
11. ____ Le duele la garganta.
12. ____ Se rompió la pierna.
13. ____ Tiene dolor de oído.
14. ____ Tiene frío.

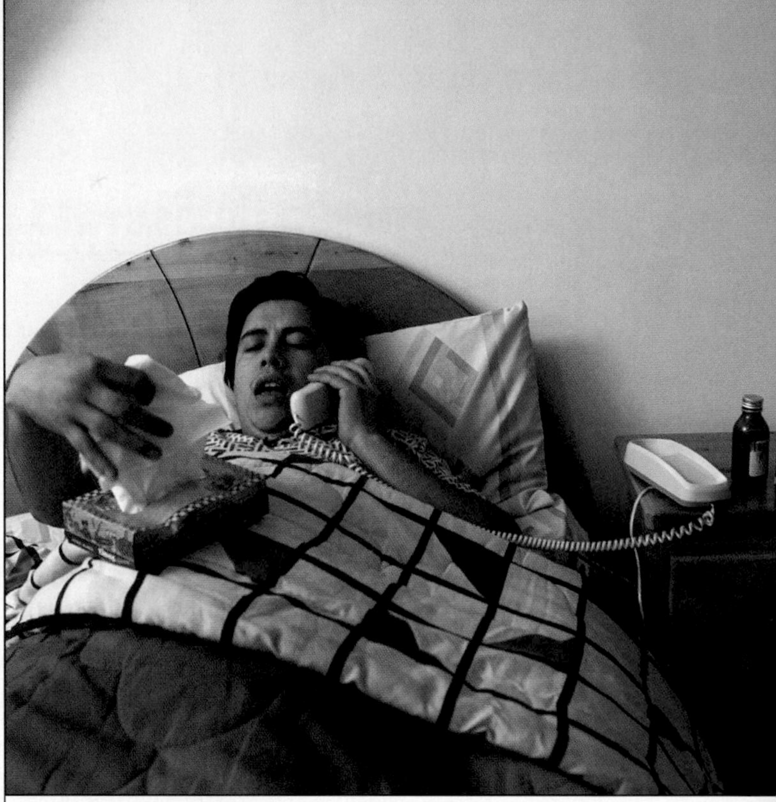

## Comprensión

### Preguntas

1. ¿Tiene fiebre Carlos?
2. ¿Cuánto tiempo hace que le duele la garganta a Carlos?
3. ¿Qué tiene que hacer el médico antes de recetarle algo a Carlos?
4. ¿A qué hora es su cita con el médico?
5. Después de darle una cita con el médico, ¿qué otra información le pide a Carlos la señorita del consultorio?
6. En tu opinión, ¿qué tiene Carlos? ¿Gripe? ¿Un resfriado? ¿Alergias? Explica tu opinión.

### Diálogo

Con un(a) compañero/a, escribe el diálogo entre el Dr. Aguilar y Carlos Peña en el consultorio del médico. Usa la información del diálogo telefónico para pensar en lo que dice el médico mientras examina a Carlos. Imagina cómo responde Carlos y qué preguntas le hace al médico. ¿Cuál es el diagnóstico del médico?

recursos

TEXT CD
Lección 10

# Proyecto

## Participa en una conferencia

Imagina que eres un conferenciante° preparando una conferencia° en la que vas a hablar sobre el sistema político y social costarricense.

### 1 Prepara la presentación

Prepara una presentación sobre dos o tres de los sistemas políticos y sociales de Costa Rica que más te interesan. Aquí tienes una lista de los posibles temas que puedes usar en tu presentación.

- El sistema de sanidad°: el seguro° médico, la eficacia del sistema, la repercusión económica
- El sistema educativo: la enseñanza pública, las universidades
- Las ayudas° sociales: las ayudas para las víctimas de los accidentes de trabajo, las ayudas a la maternidad
- El gobierno: la democracia, los partidos políticos
- El sistema jurídico°
- La defensa nacional y la eliminación del ejército

Usa los **Recursos para la investigación** para buscar información sobre los temas sociales que escojas para la conferencia.

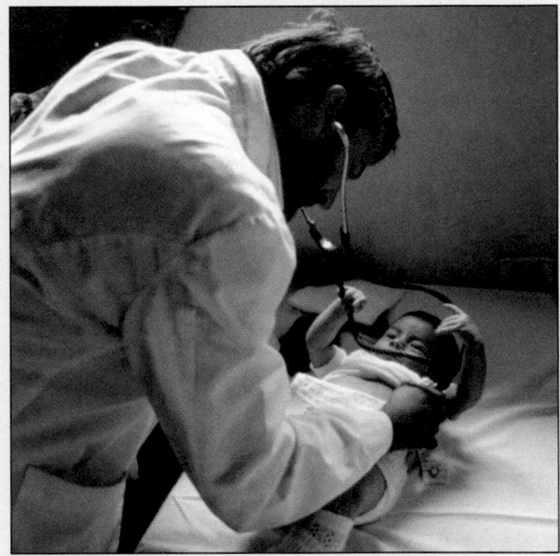

En los hospitales públicos de Costa Rica, como el Hospital de los Niños, los servicios médicos son gratuitos.

### 2 Presenta la información

Presenta tu información en la conferencia y pregúntales después a tus compañeros/as su opinión sobre los sistemas políticos y sociales de Costa Rica. ¿Qué tienen en común estos sistemas con los de los Estados Unidos? ¿En qué se diferencian los sistemas?

**recursos para la investigación**

| | |
|---|---|
|  **Internet** Palabras clave: Costa Rica, San José, seguro médico, gobierno |  **Comunidad** Estudiantes y profesores que son de Costa Rica o que lo conocen |
|  **Biblioteca** Enciclopedias, libros sobre Costa Rica, libros sobre sistemas políticos y sociales |  **Otros recursos** Embajadas o consulados costarricenses |

conferenciante *lecturer* conferencia *lecture* sistema de sanidad *health care system* seguro *insurance* ayudas *assistance* jurídico *legal*

# Costa Rica

## El país en cifras

- **Área:** 51.100 km² (19.730 millas²), *aproximadamente el área de Virginia Occidental°*
- **Población:** 4.200.000

*Costa Rica es el país de Centroamérica con la población más homogénea. El 98% de sus habitantes es blanco y mestizo°. Más del 50% de la población es de descendencia° española y un alto porcentaje tiene sus orígenes en otros países europeos.*

- **Capital:** San José —1.037.000
- **Ciudades principales:** Alajuela —173.000, Cartago —119.000, Puntarenas —102.000, Heredia —73.000

SOURCE: Population Division, UN Secretariat

- **Moneda:** colón costarricense°
- **Idioma:** español (oficial)

Bandera de Costa Rica

### Costarricenses célebres

- **Carmen Lyra,** escritora (1888–1949)
- **Chavela Vargas,** cantante (1919– )
- **Óscar Arias Sánchez,** político (1949– )
- **Claudia Poll,** nadadora° olímpica (1972– )

Óscar Arias recibió el Premio Nobel de la Paz en 1987.

Celebración del Viernes Santo

Cráter del Volcán Poás

Edificio Metálico en San José

Basílica de Nuestra Señora de los Ángeles en Cartago

ESTADOS UNIDOS
OCÉANO ATLÁNTICO
COSTA RICA
OCÉANO PACÍFICO
AMÉRICA DEL SUR

**recursos**

| WB pp. 121–122 | VM pp. 267–268 | I CD-ROM Lección 10 | vistahigher learning.com |
|---|---|---|---|

Virginia Occidental *West Virginia* mestizo *of indigenous and white parentage* descendencia *descent* costarricense *Costa Rican* nadadora *swimmer* ejército *army* gastos *expenditures* cuartel *barracks*

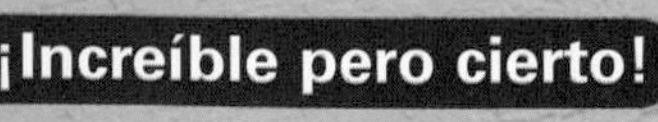

### ¡Increíble pero cierto!

Costa Rica es el único país latinoamericano que no tiene ejército°. Sin gastos° militares, el gobierno puede poner más dinero en la educación y las artes. En la foto aparece el Museo Nacional de Costa Rica, antiguo cuartel del ejército.

## Lugares • Los parques nacionales

Establecido° para la protección de los delicados ecosistemas de la región y su biodiversidad, el sistema de parques nacionales ocupa el 12% del territorio de Costa Rica. En los parques, los ecoturistas pueden ver hermosas cataratas°, montañas y una multitud de plantas exóticas. Algunos parques ofrecen también la oportunidad de ver quetzales, monos°, jaguares, armadillos y elegantes mariposas° en su hábitat natural.

## Economía • Las plantaciones de café

Costa Rica fue el primer país centroamericano en desarrollar° la industria del café. En el siglo° XIX los costarricenses empezaron a exportar su delicioso café, de rico aroma, a Inglaterra°, lo cual contribuyó mucho a la prosperidad de la nación. Hoy día, más de 50.000 costarricenses trabajan en el cultivo de café. El café representa cerca del 15% de las exportaciones anuales del país.

ar Caribe

imón

anca

PANAMÁ

Bañistas en Limón

## Sociedad • Una nación progresista

Un modelo de democracia y de estabilidad, Costa Rica es también uno de los países más progresistas del mundo°. Ofrece servicios médicos gratuitos° a todos sus ciudadanos° y también a los turistas. En 1870 Costa Rica eliminó la pena de muerte° y en 1948 eliminó el ejército° e hizo obligatoria y gratuita la educación para todos los costarricenses.

**¿Qué aprendiste?** Responde a las preguntas con una frase completa.

1. ¿Cómo se llama la capital de Costa Rica?
2. ¿Quién es Claudia Poll?
3. ¿Qué porcentaje del territorio de Costa Rica ocupan los parques nacionales?
4. ¿Qué hacen los parques nacionales?
5. ¿Qué pueden ver los turistas en los parques nacionales?
6. ¿Cuántos costarricenses trabajan en las plantaciones de café hoy día?
7. ¿Cuándo eliminó Costa Rica la pena de muerte?

**Conexión Internet** Investiga estos temas en el sitio **www.vistahigherlearning.com.**

1. Busca información sobre Óscar Arias Sánchez. ¿Quién es? ¿Por qué se le considera (*is he considered*) un costarricense célebre?
2. Busca información sobre los artistas de Costa Rica. ¿Qué artista, escritor o cantante te interesa más? ¿Por qué?

Establecido *Established* cataratas *waterfalls* monos *monkeys* mariposas *butterflies* desarrollar *develop* siglo *century* Inglaterra *England* mundo *world* gratuitos *free* ciudadanos *citizens* pena de muerte *death penalty* ejército *army*

## El cuerpo

| | |
|---|---|
| **la boca** | *mouth* |
| **el brazo** | *arm* |
| **la cabeza** | *head* |
| **el corazón** | *heart* |
| **el cuello** | *neck* |
| **el cuerpo** | *body* |
| **el dedo** | *finger* |
| **el estómago** | *stomach* |
| **la garganta** | *throat* |
| **el hueso** | *bone* |
| **la muela** | *molar* |
| **la nariz** | *nose* |
| **el oído** | *(sense of) hearing; inner ear* |
| **el ojo** | *eye* |
| **la oreja** | *(outer) ear* |
| **el pie** | *foot* |
| **la pierna** | *leg* |
| **la rodilla** | *knee* |
| **el tobillo** | *ankle* |

## La salud

| | |
|---|---|
| **el accidente** | *accident* |
| **el antibiótico** | *antibiotic* |
| **la aspirina** | *aspirin* |
| **la clínica** | *clinic* |
| **el consultorio** | *doctor's office* |
| **el/la dentista** | *dentist* |
| **el/la doctor(a)** | *doctor* |
| **el dolor (de cabeza)** | *(head)ache; pain* |
| **el/la enfermero/a** | *nurse* |
| **el examen médico** | *physical exam* |
| **la farmacia** | *pharmacy* |
| **la gripe** | *flu* |
| **el hospital** | *hospital* |
| **la infección** | *infection* |
| **el medicamento** | *medication* |
| **la medicina** | *medicine* |
| **la operación** | *operation* |
| **el/la paciente** | *patient* |
| **la pastilla** | *pill; tablet* |
| **la radiografía** | *X-ray* |
| **la receta** | *prescription* |
| **el resfriado** | *cold (illness)* |
| **la sala de emergencia(s)** | *emergency room* |
| **la salud** | *health* |
| **el síntoma** | *symptom* |
| **la tos** | *cough* |

## Verbos

| | |
|---|---|
| **caerse** | *to fall (down)* |
| **dañar** | *to damage; to break down* |
| **darse con** | *to bump into; to run into* |
| **doler (o:ue)** | *to hurt* |
| **enfermarse** | *to get sick* |
| **estar enfermo/a** | *to be sick* |
| **estornudar** | *to sneeze* |
| **lastimarse (el pie)** | *to injure (one's foot)* |
| **olvidar** | *to forget* |
| **poner una inyección** | *to give an injection* |
| **prohibir** | *to prohibit* |
| **recetar** | *to prescribe* |
| **romper** | *to break* |
| **romperse (la pierna)** | *to break (one's leg)* |
| **sacar(se) una muela** | *to have a tooth removed* |
| **ser alérgico/a (a)** | *to be allergic (to)* |
| **sufrir una enfermedad** | *to suffer an illness* |
| **tener dolor *(m.)*** | *to have a pain* |
| **tener fiebre** | *to have a fever* |
| **tomar la temperatura** | *to take someone's temperature* |
| **torcerse (o:ue) (el tobillo)** | *to sprain (one's ankle)* |
| **toser** | *to cough* |

## Adjetivos

| | |
|---|---|
| **congestionado/a** | *congested; stuffed-up* |
| **embarazada** | *pregnant* |
| **grave** | *grave; serious* |
| **mareado/a** | *dizzy; nauseated* |
| **médico/a** | *medical* |
| **saludable** | *healthy* |
| **sano/a** | *healthy* |

**recursos**

| LM p. 60 | Lab CD/MP3 Lección 10 | Vocab CD Lección 10 |
|---|---|---|

## Adverbios

| | |
|---|---|
| **a menudo** | *often* |
| **a tiempo** | *on time* |
| **a veces** | *sometimes* |
| **además (de)** | *furthermore; besides* |
| **apenas** | *hardly; scarcely* |
| **así** | *like this; so* |
| **bastante** | *enough; rather* |
| **casi** | *almost* |
| **con frecuencia** | *frequently* |
| **de niño/a** | *as a child* |
| **de vez en cuando** | *from time to time* |
| **despacio** | *slowly* |
| **menos** | *less* |
| **mientras** | *while* |
| **muchas veces** | *a lot; many times* |
| **poco** | *little* |
| **por lo menos** | *at least* |
| **pronto** | *soon* |
| **rápido** | *quickly* |
| **todos los días** | *every day* |

| | |
|---|---|
| **Expresiones útiles** | *See page 303.* |

# La tecnología

# 11

## Communicative Goals

*You will learn how to:*

- Talk about using technology and electronic products
- Use common expressions on the telephone
- Talk about car trouble

**A PRIMERA VISTA**

- ¿Se llevan ellos bien o mal?
- ¿Crees que hace mucho tiempo que se conocen?
- ¿Son saludables?
- ¿Qué partes del cuerpo se ven en la foto?

# La tecnología

## Más vocabulario

| | |
|---|---|
| **la calculadora** | *calculator* |
| **la cámara de video, digital** | *video, digital camera* |
| **el canal** | *(TV) channel* |
| **el cederrón** | *CD-ROM* |
| **la contestadora** | *answering machine* |
| **el estéreo** | *stereo* |
| **el *fax*** | *fax (machine)* |
| **la televisión por cable** | *cable television* |
| **el tocadiscos compacto** | *compact disc player* |
| **el video(casete)** | *video(cassette)* |
| **el archivo** | *file* |
| **arroba** | *@ symbol* |
| **la dirección electrónica** | *e-mail address* |
| **Internet** | *Internet* |
| **la página principal** | *home page* |
| **el programa de computación** | *software* |
| **la red** | *network; Web* |
| **el sitio web** | *website* |
| **apagar** | *to turn off* |
| **borrar** | *to erase* |
| **descargar** | *to download* |
| **funcionar** | *to work* |
| **grabar** | *to record* |
| **guardar** | *to save* |
| **imprimir** | *to print* |
| **llamar** | *to call* |
| **navegar (en Internet)** | *to surf (the Internet)* |
| **poner, prender** | *to turn on* |
| **quemar** | *to burn (a CD)* |
| **sonar (o:ue)** | *to ring* |
| **descompuesto/a** | *not working; out of order* |
| **lento/a** | *slow* |
| **lleno/a** | *full* |

## Variación léxica

computadora ⟷ ordenador (*Esp.*), computador (*Col.*)

descargar ⟷ bajar (*Esp., Col., Arg., Ven.*)

**recursos**

| TEXT CD | WB | LM | Lab CD/MP3 | I CD-ROM | Vocab CD |
|---|---|---|---|---|---|
| Lección 11 | pp. 123–124 | p. 61 | Lección 11 | Lección 11 | Lección 11 |

# Práctica

**1 Escuchar** Escucha esta conversación entre dos amigas. Después completa las oraciones.

1. María y Ana están en ______.
   a. una tienda b. un cibercafé c. un restaurante
2. El hijo de Ana le mandó ______.
   a. unas fotos digitales b. un cederrón c. un disco compacto
3. A María le encantan ______.
   a. los celulares b. las cámaras digitales c. los cibercafés
4. Ana prefiere guardar las fotos en ______.
   a. la pantalla b. un archivo c. un cederrón
5. María quiere tomar un café y ______.
   a. poner la computadora b. sacar fotos digitales
   c. navegar en Internet
6. Ana paga por el café y ______.
   a. el uso de Internet b. la impresora c. el cederrón

**2 Oraciones** Escribe oraciones usando los elementos siguientes. Usa el pretérito y agrega (*add*) las palabras necesarias.

1. Yo / descargar / fotos digitales / Internet
2. Yo / apagar / televisor / diez / noche
3. ¿Quién / poner / videocasetera?
4. Daniel y su esposa / comprar / computadora portátil / ayer
5. Sara y yo / ir / cibercafé / para / navegar en Internet
6. Jaime / decidir / comprar / calculadora / nuevo
7. Sandra / perder / control remoto
8. David / poner / contestadora / y / acostarse
9. teléfono celular / sonar / pero / yo / no contestar
10. Yo / sacar / fotos / cámara digital

**3 Preguntas** Mira el dibujo de las páginas 330–331 y contesta las preguntas.

1. ¿Qué tipo de café es?
2. ¿Cuántas impresoras hay? ¿Cuántos ratones?
3. ¿Por qué vinieron estas personas al café?
4. ¿Qué hace el camarero?
5. ¿Qué hace la mujer en la computadora? ¿Y el hombre?
6. ¿Qué máquinas están cerca del televisor?
7. ¿Dónde hay un cibercafé en tu ciudad?
8. ¿Por qué puedes tú necesitar un cibercafé?

En la gasolinera

## Más vocabulario

| | |
|---|---|
| **la autopista, la carretera** | *highway* |
| **la calle** | *street* |
| **la circulación, el tráfico** | *traffic* |
| **el garaje, el taller (mecánico)** | *(mechanic's) garage; repair shop* |
| **la gasolinera** | *gas station* |
| **la licencia de conducir** | *driver's license* |
| **el/la mecánico/a** | *mechanic* |
| **la policía** | *police (force)* |
| **la velocidad máxima** | *speed limit* |
| **arrancar** | *to start* |
| **arreglar** | *to fix; to arrange* |
| **bajar(se) de** | *to get off of/out of (a vehicle)* |
| **conducir, manejar** | *to drive* |
| **estacionar** | *to park* |
| **parar** | *to stop* |
| **subir(se) a** | *to get on/into (a vehicle)* |

**4**

**Completar** Completa las siguientes frases con las palabras correctas.

1. Para poder conducir legalmente necesitas...
2. Puedes poner las maletas en...
3. Si tu carro no funciona debes llevarlo a...
4. Para llenar el tanque de tu coche necesitas ir a...
5. Antes de un viaje largo, es importante revisar...
6. Otra palabra para autopista es...
7. Mientras hablas por teléfono celular, no es buena idea...
8. Otra palabra para coche es...

**¡LENGUA VIVA!**

Aunque **carro** es el término que se usa en la mayoría de países hispanos, no es el único. En España, por ejemplo, se dice **coche**, y en Argentina, Chile y Uruguay se dice **auto**.

**5**

**Conversación** Completa la conversación con las formas correctas de las siguientes palabras.

| | | | | |
|---|---|---|---|---|
| el aceite | la gasolina | llenar | revisar | el taller |
| el baúl | las llantas | manejar | el parabrisas | el volante |

**EMPLEADO** Bienvenido al (1)__________ mecánico *Óscar*. ¿En qué le puedo servir?

**JUAN** Buenos días. Quiero (2)__________ el tanque y revisar (3)__________, por favor.

**EMPLEADO** Con mucho gusto. Si quiere, también le limpio (4)__________.

**JUAN** Sí, gracias. Está un poquito sucio. La próxima semana tengo que (5)__________ hasta Buenos Aires. ¿Puede cambiar (6)__________? Están gastadas (*worn*).

**EMPLEADO** Claro que sí, pero voy a tardar un par de horas.

**JUAN** Mejor regreso mañana. Ahora no tengo tiempo. ¿Cuánto le debo por (7)__________?

**EMPLEADO** Sesenta pesos. Y veinticinco por (8)__________ y cambiar el aceite.

**CONSÚLTALO**

For more information about **Buenos Aires**, see **Panorama** p. 358.

# Comunicación

**6** **Preguntas** Trabajen en grupos para contestar las siguientes preguntas. Después compartan sus respuestas con la clase.

1. a. ¿Tienes un teléfono celular? ¿Para qué lo usas?
   b. ¿Qué utilizas más: el teléfono o el correo electrónico? ¿Por qué?
   c. En tu opinión, ¿cuáles son las ventajas (*advantages*) y desventajas de los diferentes modos de comunicación?
2. a. ¿Con qué frecuencia usas la computadora?
   b. ¿Para qué usas Internet?
   c. ¿Tienes tu propio sitio web? ¿Cómo es?
3. a. ¿Miras la televisión con frecuencia? ¿Qué programas ves?
   b. ¿Tienes televisión por cable? ¿Por qué?
   c. ¿Tienes una videocasetera? ¿Un reproductor de DVD? ¿Un reproductor de DVD en la computadora?
   d. ¿A través de (*By*) qué medio escuchas música? ¿Radio, estéreo, tocadiscos compacto o computadora?
4. a. ¿Tienes licencia de conducir?
   b. ¿Cuánto tiempo hace que la conseguiste?
   c. ¿Tienes carro? Descríbelo.
   d. ¿Llevas tu carro al taller? ¿Para qué?

**NOTA CULTURAL**

Algunos sitios web utilizan códigos para identificar su país de origen. Éstos son los códigos para algunos países hispanohablantes.

| | |
|---|---|
| **Argentina** | **.ar** |
| **Colombia** | **.co** |
| **México** | **.mx** |
| **España** | **.es** |
| **Venezuela** | **.ve** |

**CONSÚLTALO**

To review expressions like **hace...que**, see **Lección 10, Expresiones útiles**, p. 303.

**7** **Postal** En parejas, lean la tarjeta postal. Después contesten las preguntas.

19 julio de 1979

Hola Paco,

¡Saludos! Estamos de viaje por unas semanas. La Costa del Sol es muy bonita. No hemos encontrado a tus amigos porque nunca están en casa cuando llamamos. El teléfono suena y suena y nadie contesta. Vamos a seguir llamando.

Sacamos muchas fotos muy divertidas. Cuando regresemos y las revelemos (*get them developed*), te las voy a enseñar. Las playas son preciosas y la gente muy amable. Hasta ahora (*until now*) el único problema fue que la oficina en la cual reservamos un carro perdió nuestros papeles y tuvimos que esperar mucho tiempo.

También tuvimos un pequeño problema con el hotel. La agencia de viajes nos reservó una habitación en un hotel que está muy lejos de todo. No podemos cambiarla, pero no me importa mucho. A pesar de eso, estamos contentos.

Tu hermana, Gabriela

Francisco Jiménez
San Lorenzo 3250
Rosario, Argentina 2000

1. ¿Cuáles son los problemas que ocurren en el viaje de Gabriela?
2. Con la tecnología de hoy, ¿existen los mismos problemas cuando se viaja? ¿Por qué?
3. Hagan una comparación entre la tecnología de los años 70 y 80 y la de hoy.
4. Imaginen que la hija de Gabriela escribe un correo electrónico sobre el mismo tema con fecha de hoy. Escriban ese correo, incorporando la tecnología de hoy (teléfonos celulares, Internet, cámaras digitales, etc.). Inventen nuevos problemas.

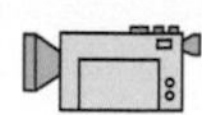

# Tecnohombre, ¡mi héroe!

**El autobús se daña.**

**PERSONAJES**

MAITE

INÉS

DON FRANCISCO

ÁLEX

JAVIER

SR. FONSECA

**ÁLEX** ¿Bueno? ... Con él habla... Ah, ¿cómo estás? ... Aquí, yo muy bien. Vamos para Ibarra. ¿Sabes lo que pasó? Esta tarde íbamos para Ibarra cuando Javier tuvo un accidente en el autobús. Se cayó y tuvimos que llevarlo a una clínica.

**JAVIER** Episodio veintiuno: Tecnohombre y los superamigos suyos salvan el mundo una vez más.

**INÉS** Oh, Tecnohombre, ¡mi héroe!

**MAITE** ¡Qué cómicos! Un día de éstos, ya van a ver...

**ÁLEX** Van a ver quién es realmente Tecnohombre. Mis superamigos y yo nos hablamos todos los días por el teléfono Internet, trabajando para salvar el mundo. Pero ahora, con su permiso, quiero escribirle un mensaje electrónico a mi mamá y navegar en la red un ratito.

**INÉS** Pues... no sé... creo que es el alternador. A ver... sí... Mire, don Francisco... está quemado el alternador.

**DON FRANCISCO** Ah, sí. Pero aquí no podemos arreglarlo. Conozco a un mecánico pero está en Ibarra, a veinte kilómetros de aquí.

**ÁLEX** ¡Tecnohombre, a sus órdenes!

**DON FRANCISCO** ¡Eres la salvación, Álex! Llama al Sr. Fonseca al cinco, treinta y dos, cuarenta y siete, noventa y uno. Nos conocemos muy bien. Seguro que nos ayuda.

**ÁLEX** Buenas tardes. ¿Con el Sr. Fonseca por favor? ... Soy Álex Morales, cliente de Ecuatur. Le hablo de parte del señor Francisco Castillo... Es que íbamos para Ibarra y se nos dañó el autobús. ... Pensamos que es el... el alternador... Estamos a veinte kilómetros de la ciudad...

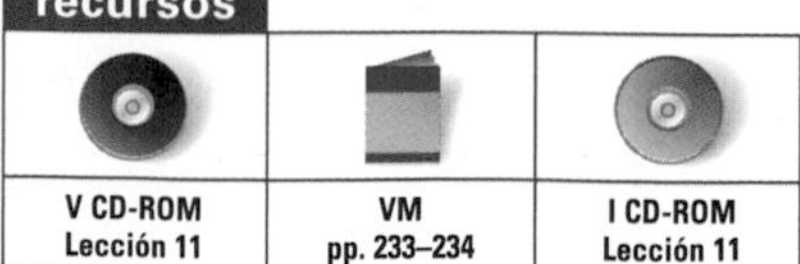

**DON FRANCISCO** Chicos, creo que tenemos un problema con el autobús. ¿Por qué no se bajan?

**DON FRANCISCO** Mmm, no veo el problema.

**INÉS** Cuando estaba en la escuela secundaria, trabajé en el taller de mi tío. Me enseñó mucho sobre mecánica. Por suerte, arreglé unos autobuses como éste.

**DON FRANCISCO** ¡No me digas! Bueno, ¿qué piensas?

**SR. FONSECA** Creo que va a ser mejor arreglar el autobús allí mismo. Tranquilo, enseguida salgo.

**ÁLEX** Buenas noticias. El señor Fonseca viene enseguida. Piensa que puede arreglar el autobús aquí mismo.

**MAITE** ¡La Mujer Mecánica y Tecnohombre, mis héroes!

**DON FRANCISCO** ¡Y los míos también!

## Enfoque cultural El transporte en la ciudad

En las ciudades hispanas suele haber (*there is usually*) más transporte público que en las estadounidenses y sus habitantes dependen menos de los carros. En los países hispanos también es más frecuente el uso de carros pequeños y de motocicletas que gastan poca gasolina. En las ciudades españolas, por ejemplo, la gasolina es muy cara y también hay poco espacio para el estacionamiento (*parking*); por eso es tan frecuente el uso de vehículos pequeños y económicos.

## Expresiones útiles

### Talking on the telephone

- ▶ **Aló./¿Bueno?/Diga.**
  *Hello.*
- ▶ **¿Quién habla?**
  *Who is speaking?*
- ▶ **¿De parte de quién?**
  *Who is calling?*
- ▷ **Con él/ella habla.**
  *This is he/she.*
- ▷ **Le hablo de parte de Francisco Castillo.**
  *I'm speaking to you on behalf of Francisco Castillo.*
- ▶ **¿Puedo dejar un recado?**
  *May I leave a message?*
- ▷ **Está bien. Llamo más tarde.**
  *That's fine. I'll call later.*

### Talking about bus or car problems

- ▶ **¿Qué pasó?**
  *What happened?*
- ▷ **Se nos dañó el autobús.**
  *The bus broke down.*
- ▷ **Se nos pinchó una llanta.**
  *We had a flat tire.*
- ▷ **Está quemado el alternador.**
  *The alternator is burned out.*

### Saying how far away things are

- ▶ **Está a veinte kilómetros de aquí.**
  *It's twenty kilometers from here.*
- ▶ **Estamos a veinte millas de la ciudad.**
  *We're twenty miles from the city.*

### Expressing surprise

- ▶ **¡No me digas!**
  *You don't say!* (fam.)
- ▶ **¡No me diga!**
  *You don't say!* (form.)

### Offering assistance

- ▶ **A sus órdenes.**
  *At your service.*

### Additional vocabulary

- ▶ **aquí mismo**
  *right here*

# Reacciona a la fotonovela

**1**

**Seleccionar** Selecciona las respuestas que completan correctamente las siguientes frases.

1. Álex quiere ____.
   a. llamar a su mamá por teléfono celular b. escribirle a su mamá y navegar en la red c. hablar por teléfono Internet y navegar en la red
2. Se les dañó el autobús. Inés dice que ____.
   a. el alternador está quemado b. se pinchó una llanta c. el taller está lejos
3. Álex llama al mecánico, el señor ____.
   a. Castillo b. Ibarra c. Fonseca
4. Maite llama a Inés la "Mujer Mecánica" porque antes ____.
   a. trabajaba en el taller de su tío b. arreglaba computadoras c. conocía a muchos mecánicos
5. El grupo está a ____ de la ciudad.
   a. veinte millas b. veinte grados centígrados c. veinte kilómetros

**2**

**Identificar** Identifica quién puede decir las siguientes frases.

1. Gracias a mi tío tengo un poco de experiencia arreglando autobuses.
2. Sé manejar un autobús pero no sé arreglarlo. ¿Por qué no llamamos a mi amigo?
3. Sabes, admiro mucho a la Mujer Mecánica y a Tecnohombre.
4. Aló... Sí, ¿de parte de quién?
5. El nombre de Tecnohombre fue idea mía. ¡Qué cómico!, ¿no?

JAVIER
ÁLEX
MAITE
INÉS
DON FRANCISCO

**3**

**Problema mecánico** Trabajen en parejas para representar los papeles (*roles*) de un(a) mecánico/a y un(a) cliente/a que está llamando al taller porque su carro está descompuesto. Usen las instrucciones como guía.

| Mecánico/a | Cliente/a |
| --- | --- |
| Contesta el teléfono con un saludo y el nombre del taller. | Saluda y explica que tu carro está descompuesto. |
| Pregunta qué tipo de problema tiene exactamente. | Explica que tu carro no arranca cuando hace frío. |
| Di que debe traer el carro al taller. | Pregunta cuándo puedes llevarlo. |
| Ofrece una hora para revisar el carro. | Acepta la hora que ofrece el/la mecánico/a. |
| Da las gracias y despídete. | Despídete y cuelga (*hang up*) el teléfono. |

Ahora cambien los papeles y representen otra conversación. Ustedes son un(a) técnico/a y un(a) cliente/a. Usen estas ideas:

el celular no guarda mensajes
la computadora no descarga fotos
la impresora imprime muy lentamente
el reproductor de DVD está descompuesto

# Ortografía

## La acentuación de palabras similares

Although accent marks usually indicate which syllable in a word is stressed, they are also used to distinguish between words that have the same or similar spellings.

**Él maneja el coche.** **Sí, voy si quieres.**

Although one-syllable words do not usually carry written accents, some *do* have accent marks to distinguish them from words that have the same spelling but different meanings.

**Sé cocinar.** **Se baña.** **¿Tomas té?** **Te duermes.**

**Sé** (*I know*) and **té** (*tea*) have accent marks to distinguish them from the pronouns **se** and **te**.

**para mí** **mi cámara** **Tú lees.** **tu estéreo**

**Mí** (*Me*) and **tú** (*you*) have accent marks to distinguish them from the possessive adjectives **mi** and **tu**.

**¿Por qué vas?** **Voy porque quiero.**

Several words of more than one syllable also have accent marks to distinguish them from words that have the same or similar spellings.

**Éste es rápido.** **Este módem es rápido.**

Demonstrative pronouns have accent marks to distinguish them from demonstrative adjectives.

**¿Cuándo fuiste?** **Fui cuando me llamó.**
**¿Dónde trabajas?** **Voy al taller donde trabajo.**

Adverbs have accent marks when they are used to convey a question.

**Práctica** Marca los acentos en las palabras que los necesitan.

**ANA** Alo, soy Ana. ¿Que tal?
**JUAN** Hola, pero... ¿por que me llamas tan tarde?
**ANA** Porque mañana tienes que llevarme a la universidad. Mi auto esta dañado.
**JUAN** ¿Como se daño?
**ANA** Se daño el sabado. Un vecino (*neighbor*) choco con (*crashed into*) el.

**Crucigrama** Utiliza las siguientes pistas (*clues*) para completar el crucigrama. ¡Ojo con los acentos!

**Horizontales**

1. Él __________ levanta.
4. No voy __________ no puedo.
7. Tú __________ acuestas.
9. ¿ __________ es el examen?
10. Quiero este video y __________.

**Verticales**

2. ¿Cómo __________ usted?
3. Eres __________ mi hermano.
5. ¿__________ tal?
6. Me gusta __________ suéter.
8. Navego __________ la red.

| | | | | | | | | | |
|---|---|---|---|---|---|---|---|---|---|
| | 1 | 2 | | | 3 | | | | |
| | | | | 4 | | | 5 | | 6 |
| | | 7 | 8 | | | | | | |
| 9 | | | | | | | 10 | | |

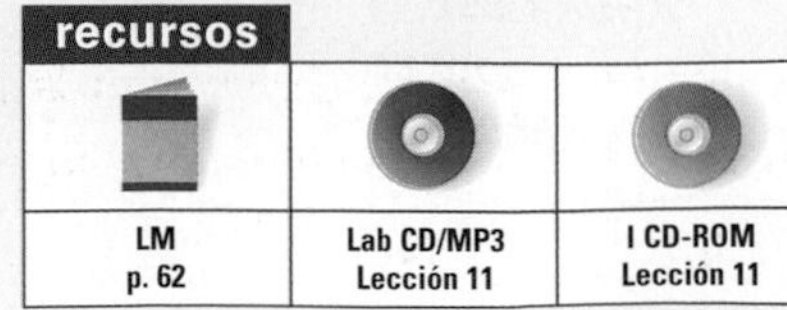

# 11.1 Familiar commands

**ANTE TODO** In Spanish, the command forms are used to give orders or advice. You use **tú** commands when you want to give an order or advice to someone you normally address with the familiar **tú**.

**recursos**
WB pp. 125–132
LM pp. 63–66
Lab CD/MP3 Lección 11
I CD-ROM Lección 11
vistahigher learning.com

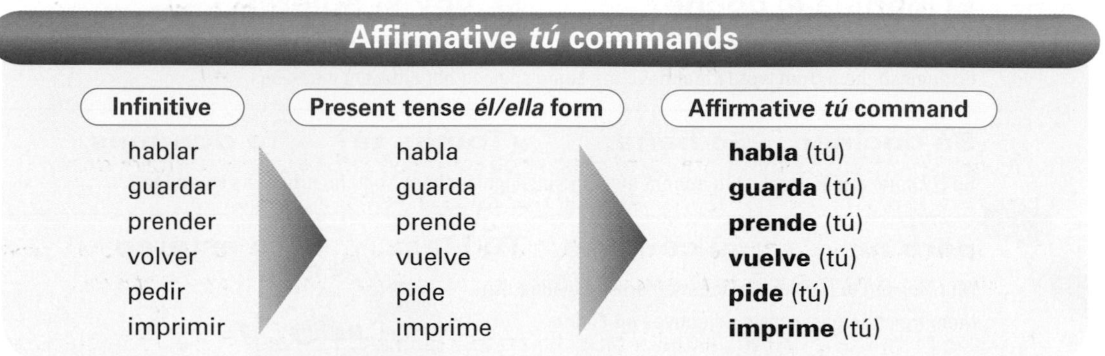

**Affirmative *tú* commands**

| Infinitive | Present tense *él/ella* form | Affirmative *tú* command |
|---|---|---|
| hablar | habla | **habla** (tú) |
| guardar | guarda | **guarda** (tú) |
| prender | prende | **prende** (tú) |
| volver | vuelve | **vuelve** (tú) |
| pedir | pide | **pide** (tú) |
| imprimir | imprime | **imprime** (tú) |

- Affirmative **tú** commands usually have the same form as the **él/ella** form of the present indicative.

**Guarda** el documento antes de cerrarlo.
*Save the document before closing it.*

**Imprime** tu tarea para la clase de inglés.
*Print your homework for English class.*

- There are eight irregular affirmative **tú** commands.

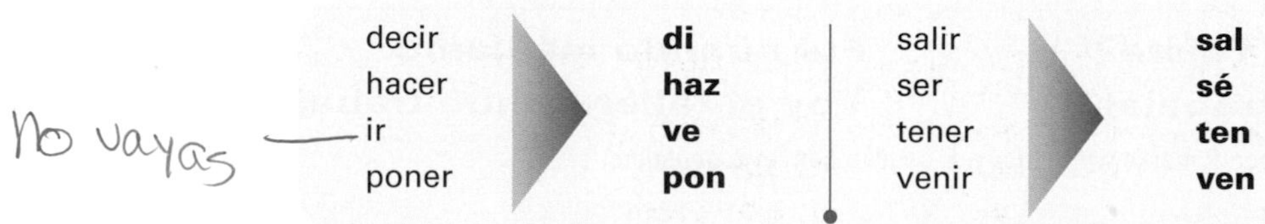

| | | | |
|---|---|---|---|
| decir | **di** | salir | **sal** |
| hacer | **haz** | ser | **sé** |
| ir | **ve** | tener | **ten** |
| poner | **pon** | venir | **ven** |

¡**Sal** de aquí ahora mismo!
*Leave here at once!*

**Haz** los ejercicios.
*Do the exercises.*

- Since **ir** and **ver** have the same **tú** command (**ve**), context will determine the meaning.

**Ve** al cibercafé con Yolanda.
*Go to the cybercafé with Yolanda.*

**Ve** ese programa... es muy interesante.
*See that program... it's very interesting.*

## Negative *tú* commands

| Infinitive | Present tense *yo* form | Negative *tú* command |
|---|---|---|
| hablar | hablo | **no hables** (tú) |
| guardar | guardo | **no guardes** (tú) |
| prender | prendo | **no prendas** (tú) |
| volver | vuelvo | **no vuelvas** (tú) |
| pedir | pido | **no pidas** (tú) |

▶ The negative **tú** commands are formed by dropping the final **–o** of the **yo** form of the present tense. For **–ar** verbs, add **–es**. For **–er** and **–ir** verbs, add **–as**.

Héctor, **no pares** el carro en el medio de la calle.
*Héctor, don't stop the car in the middle of the street.*

**No prendas** la computadora todavía.
*Don't turn on the computer yet.*

▶ Verbs with irregular **yo** forms maintain the same irregularity in their negative **tú** commands. These verbs include **conducir, conocer, decir, hacer, ofrecer, oír, poner, salir, tener, traducir, traer, venir,** and **ver**.

**No pongas** aquel cederrón en la computadora portátil.
*Don't put that CD-ROM in the laptop.*

**No conduzcas** tan rápido.
*Don't drive so fast.*

▶ Note also that stem-changing verbs keep their stem changes in negative **tú** commands.

No p**ie**rdas tu licencia de conducir.
*Don't lose your driver's license.*

No v**ue**lvas a esa gasolinera.
*Don't go back to that gas station.*

No rep**i**tas las instrucciones.
*Don't repeat the instructions.*

▶ Verbs ending in **–car**, **–gar**, and **–zar** have a spelling change in the negative **tú** commands.

| | | |
|---|---|---|
| sa**car** | **c** → **qu** | no sa**qu**es |
| apa**gar** | **g** → **gu** | no apa**gu**es |
| almor**zar** | **z** → **c** | no almuer**c**es |

▶ The following verbs have irregular negative **tú** commands.

| Infinitive | Negative *tú* command |
|---|---|
| dar | **no des** |
| estar | **no estés** |
| ir | **no vayas** |
| saber | **no sepas** |
| ser | **no seas** |

**¡ATENCIÓN!**

In affirmative commands, reflexive, indirect, and direct object pronouns are always attached to the end of the verb. In negative commands, these pronouns always precede the verb.

**Bórralos. /No los borres.**

**Escríbeles** un correo electrónico./**No les escribas** un correo electrónico.

•••

When a pronoun is attached to an affirmative command that has two or more syllables, an accent mark is added to maintain the original stress:

**borra → bórralos**
**prende → préndela**
**imprime → imprímelo**

**¡INTÉNTALO!** Indica los mandatos (*commands*) familiares afirmativos y negativos de estos verbos.

1. correr ___Corre___ más rápido. No ___corras___ más rápido.
2. llenar ______ el tanque. No ______ el tanque.
3. salir ______ ahora. No ______ ahora.
4. descargar ______ ese documento. No ______ ese documento.
5. venir ______ aquí. No ______ aquí.
6. levantarse ______ temprano. No ______ temprano.
7. volver ______ pronto. No ______ pronto.
8. hacerlo ______ ya. No ______ ahora.

# Práctica

**1**

**Completar** Tu mejor amigo no entiende nada de tecnología y te pide ayuda. Completa los comentarios de tu amigo con el mandato de cada verbo.

1. No ________ en una hora. ________ ahora mismo. (venir)
2. ________ tu tarea después. No la ________ ahora. (hacer)
3. No ________ a la tienda a comprar papel para la impresora. ________ a la cafetería a comprarme algo de comer. (ir)
4. No ________ que no sabes abrir un archivo. ________ que el programa de computación funciona sin problemas. (decirme)
5. ________ generoso con tu tiempo, y no ________ antipático si no entiendo fácilmente. (ser)
6. ________ mucha paciencia y no ________ prisa. (tener)
7. ________ tu teléfono celular, pero no ________ la computadora. (apagar)

**2**

**Cambiar** Pedro y Marina no pueden ponerse de acuerdo (*agree*) cuando viajan en su carro. Cuando Pedro dice que algo es necesario, Marina expresa una opinión diferente. Usa la información entre paréntesis para formar las órdenes que Marina le da a Pedro.

*modelo*

**Pedro:** Necesito revisar el aceite del carro. (seguir hasta el próximo pueblo)
**Marina:** No revises el aceite del carro. Sigue hasta el próximo pueblo.

1. Necesito conducir más rápido. (parar el carro)
2. Necesito poner el radio. (hablarme)
3. Necesito almorzar ahora. (comer más tarde)
4. Necesito sacar los discos compactos. (manejar con cuidado)
5. Necesito estacionar el carro en esta calle. (pensar en otra opción)
6. Necesito volver a esa gasolinera. (arreglar el carro en un taller)
7. Necesito leer el mapa. (pedirle ayuda a aquella señora)
8. Necesito dormir en el carro. (acostarse en una cama)

**3**

**Problemas** Tú y tu compañero/a trabajan en el centro de computadoras de la universidad. Muchos estudiantes están llamando con problemas. Denles órdenes para ayudarlos a resolverlos.

*modelo*

**Problema:** No veo nada en la pantalla.
**Tu respuesta:** Prende la pantalla de tu computadora.

| apagar... | descargar... | guardar... | navegar... | quemar... |
|---|---|---|---|---|
| borrar... | funcionar... | imprimir... | prender... | grabar... |

1. No me gusta este programa de computación.
2. Tengo miedo de perder mi documento.
3. Prefiero leer este sitio web en papel.
4. Mi correo electrónico funciona muy lentamente.
5. Busco información sobre los gauchos de Argentina.
6. Tengo demasiados archivos en mi computadora.
7. Mi computadora se congeló (*froze*).
8. Quiero ver las fotos del cumpleaños de mi hermana.

**NOTA CULTURAL**

**Los gauchos** (*nomadic cowboys*), conocidos por su habilidad (*skill*) para montar caballos y utilizar lazos, viven en la región más extensa de Argentina, la Patagonia. Esta región ocupa casi la mitad (*half*) de la superficie (*land area*) del país.

# Comunicación

4 

**Órdenes** Circula por la clase e intercambia órdenes negativas y afirmativas con tus compañeros/as. Debes seguir las órdenes que ellos te dan o reaccionar apropiadamente.

*modelo*

**Estudiante 1:** Dame todo tu dinero.
**Estudiante 2:** No, no quiero dártelo. Muéstrame tu cuaderno.
**Estudiante 1:** Aquí está.
**Estudiante 3:** Ve a la pizarra y escribe tu nombre.
**Estudiante 4:** No quiero. Hazlo tú.

5 

**Anuncios** Miren este anuncio (*ad*). Luego, en grupos pequeños, preparen tres anuncios adicionales para tres escuelas que compiten (*compete*) con ésta.

# Síntesis

6   

**¡Tanto que hacer!** Tu profesor(a) te va a dar una lista de diligencias (*errands*). Algunas las hiciste tú y algunas las hizo tu compañero/a. Las diligencias que ya hicieron tienen esta marca ✔. Pero quedan cuatro diligencias por hacer. Dale mandatos a tu compañero/a, y él/ella responde para confirmar si hay que hacerla o ya la hizo.

*modelo*

**Estudiante 1:** Llena el tanque.
**Estudiante 2:** Ya llené el tanque. / ¡Oh, no! Tenemos que llenar el tanque.

# 11.2 Por and para

**ANTE TODO** Unlike English, Spanish has two words that mean *for*: **por** and **para.** These two prepositions are not interchangeable. Study the following charts to see how they are used.

***Por* is used to indicate...**

| | |
|---|---|
| 1. **Motion or a general location** (*around, through, along, by*) | La excursión nos llevó **por** el centro.<br>*The tour took us through downtown.*<br>Pasamos **por** el parque y **por** el río.<br>*We passed by the park and along the river.* |
| 2. **Duration of an action** (*for, during, in*) | Estuve en la Patagonia **por** un mes.<br>*I was in Patagonia for a month.*<br>Ana navegó la red **por** la tarde.<br>*Ana surfed the net in the afternoon.* |
| 3. **Reason or motive for an action** (*because of, on account of, on behalf of*) | Lo hizo **por** su familia.<br>*She did it on behalf of her family.*<br>Papá llegó a casa tarde **por** el tráfico.<br>*Dad arrived home late because of the traffic.* |
| 4. **Object of a search** (*for, in search of*) | Vengo **por** ti a las ocho.<br>*I'm coming for you at eight.*<br>Javier fue **por** su cámara digital.<br>*Javier went in search of his digital camera.* |
| 5. **Means by which something is done** (*by, by way of, by means of*) | Ellos viajan **por** la autopista.<br>*They travel by (by way of) the highway.*<br>¿Hablaste con la policía **por** teléfono?<br>*Did you talk to the police by (on the) phone?* |
| 6. **Exchange or substitution** (*for, in exchange for*) | Le di dinero **por** la videocasetera.<br>*I gave him money for the VCR.*<br>Muchas gracias **por** el cederrón.<br>*Thank you very much for the CD-ROM.* |
| 7. **Unit of measure** (*per, by*) | José manejaba a 120 kilómetros **por** hora.<br>*José was driving 120 kilometers per hour.* |

**¡ATENCIÓN!**

**Por** is also used in several idiomatic expressions, including:
**por aquí** *around here*
**por ejemplo** *for example*
**por eso** *that's why; therefore*
**por fin** *finally*

**¡ATENCIÓN!**

Remember that when giving an exact time, **de** is used instead of **por** before **la mañana**, **la tarde**, etc.

La clase empieza a las nueve **de** la mañana.

• • •

In addition to **por**, **durante** is also commonly used to mean *for* when referring to time.

Esperé al mecánico **durante** cincuenta minutos.

**_Para_ is used to indicate...**

| | |
|---|---|
| **1. Destination** (*toward, in the direction of*) | Salimos **para** Córdoba el sábado. *We are leaving for Córdoba on Saturday.* |
| **2. Deadline or a specific time in the future** (*by, for*) | Él va a arreglar el carro **para** el viernes. *He will fix the car by Friday.* |
| **3. Purpose or goal** + [*infinitive*] (*in order to*) | Juan estudia **para** (ser) mecánico. *Juan is studying to be a mechanic.* |
| **4. Purpose** + [*noun*] (*for, used for*) | Es una llanta **para** el carro. *It's a tire for the car.* |
| **5. The recipient of something** (*for*) | Compré una impresora **para** mi hijo. *I bought a printer for my son.* |
| **6. Comparison with others or an opinion** (*for, considering*) | **Para** un joven, es demasiado serio. *For a young person, he is too serious.* **Para** mí, esta lección no es difícil. *For me, this lesson isn't difficult.* |
| **7. In the employ of** (*for*) | Sara trabaja **para** Telecom Argentina. *Sara works for Telecom Argentina.* |

▶ In many cases it is grammatically correct to use either **por** or **para** in a sentence. The meaning of the sentence is different, however, depending on which preposition is used.

| | |
|---|---|
| Caminé **por** el parque. *I walked through the park.* | Caminé **para** el parque. *I walked to (toward) the park.* |
| Trabajó **por** su padre. *He worked for (in place of) his father.* | Trabajó **para** su padre. *He worked for his father('s company).* |

**¡INTÉNTALO!** Completa estas frases con las preposiciones **por** o **para**.

1. Fuimos al cibercafé ___por___ la tarde.
2. Necesitas un módem ______ navegar en la red.
3. Entraron ______ la puerta.
4. Quiero un pasaje ______ Buenos Aires.
5. ______ arrancar el carro, necesito la llave.
6. Arreglé el televisor ______ mi amigo.
7. Estuvieron nerviosos ______ el examen.
8. ¿No hay una gasolinera ______ aquí?
9. Esta computadora es ______ Ud.
10. Juan está enfermo. Tengo que trabajar ______ él.
11. Estuvimos en Cancún ______ dos meses.
12. ______ mí, el español es difícil.
13. Tengo que estudiar la lección ______ el lunes.
14. Voy a ir ______ la carretera.
15. Compré dulces ______ mi novia.
16. Compramos el auto ______ un buen precio.

# Práctica

**1**

**Completar** Completa este párrafo con las preposiciones **por** o **para.**

El mes pasado mi esposo y yo hicimos un viaje a Buenos Aires y sólo pagamos dos mil dólares (1)______ los pasajes. Estuvimos en Buenos Aires (2)______ una semana y recorrimos toda la ciudad. Durante el día caminamos (3)______ la plaza San Martín, el microcentro y el barrio de La Boca, donde viven muchos artistas. (4)______ la noche fuimos a una tanguería, que es una especie de teatro (5)______ mirar a la gente bailar tango. Dos días después decidimos hacer una excursión (6)______ las pampas (7)______ ver el paisaje y un rodeo con gauchos. Alquilamos (*we rented*) un carro y manejamos (8)______ todas partes y pasamos unos días muy agradables. El último *(last)* día que estuvimos en Buenos Aires fuimos a Galerías Pacífico (9)______ comprar recuerdos (*souvenirs*) (10)______ nuestros hijos y nietos. Compramos tantos regalos que tuvimos que pagar impuestos (*duties*) cuando pasamos (11)______ la aduana al regresar.

**2**

**Oraciones** Crea frases originales con los elementos de las columnas. Une los elementos usando **por** o **para**.

*modelo*

Fuimos a Mar del Plata por razones de salud para visitar a un especialista.

| | | | | |
|---|---|---|---|---|
| (No) fuimos al mercado | por/para | comprar frutas | por/para | ¿? |
| (No) fuimos a las montañas | por/para | tres días | por/para | ¿? |
| (No) fuiste a Mar del Plata | por/para | razones de salud | por/para | ¿? |
| (No) fueron a Buenos Aires | por/para | tomar el sol | por/para | ¿? |

**NOTA CULTURAL**

**Mar del Plata** es un centro turístico en la costa de Argentina. La ciudad es conocida como "la perla del Atlántico" y todos los años muchos turistas visitan sus playas y casinos.

**3**

**Describir** Usa **por** o **para** y el tiempo presente para describir estos dibujos.

1. ____________________

2. ____________________

3. ____________________

4. ____________________

5. ____________________

6. ____________________

# Comunicación

4 **Descripciones** Usa **por** o **para** y completa estas frases de una manera (*manner*) lógica. Luego, compara tus respuestas con las de un(a) compañero/a.

1. En casa, hablo con mis amigos...
2. Mi padre/madre trabaja...
3. Ayer fui al taller...
4. Los miércoles tengo clases...
5. A veces voy a la biblioteca...
6. Esta noche tengo que estudiar...
7. Necesito... dólares...
8. Compré un regalo...
9. Mi mejor amigo/a estudia...
10. Necesito hacer la tarea...

5 **Situación** En parejas, dramaticen esta situación. Utilicen muchos ejemplos de **por** y **para**.

| Hijo/a | Padre/Madre |
|---|---|
| Pídele dinero a tu padre/madre. | Pregúntale a tu hijo/a para qué lo necesita. |
| Dile que quieres comprar un carro. | Pregúntale por qué necesita un carro. |
| Explica tres razones por las que necesitas un carro. | Explica por qué sus razones son buenas o malas. |
| Dile que por no tener un carro tu vida es muy difícil. | Decide si vas a darle el dinero y explica por qué. |

# Síntesis

6 **Una subasta (*auction*)** Cada estudiante debe traer a la clase un objeto o una foto del objeto para vender. En grupos, túrnense para ser el/la vendedor(a) y los postores (*bidders*). Para empezar, el/la vendedor(a) describe el objeto y explica para qué se usa y por qué alguien debe comprarlo.

*modelo*

**Vendedor(a):** Aquí tengo una videocasetera Sony. Pueden usar esta videocasetera para ver películas en su casa o para grabar sus programas favoritos. Sólo hace un año que la compré y todavía funciona perfectamente. ¿Quién ofrece $150.00 para empezar?

**Postor(a) 1:** $50.00 por la videocasetera.

**Vendedor(a):** ¿Quién me ofrece $60.00? Es una ganga a este precio. Yo pagué $200.00 por ella.

**Postor(a) 2:** Ofrezco $60.00 por la videocasetera.

# 11.3 Reciprocal reflexives

**ANTE TODO** In **Lección 7**, you learned that reflexive verbs indicate that the subject of a sentence does the action to itself. Reciprocal reflexives, on the other hand, express a shared or reciprocal action between two or more people or things. In this context, the pronoun means *(to) each other* or *(to) one another.*

Luis y Marta **se** miran en el espejo.
*Luis and Marta look at themselves in the mirror.*

Luis y Marta **se** miran.
*Luis and Marta look at each other.*

- Only the plural forms of the reflexive pronouns (**nos**, **os**, **se**) are used to express reciprocal actions because the action must involve more than one person or thing.

Cuando **nos vimos** en la calle, **nos abrazamos**.
*When we saw each other on the street, we hugged one another.*

Ustedes **se** van a **encontrar** en el cibercafé, ¿no?
*You are meeting each other at the cybercafé, right?*

**Nos ayudamos** cuando usamos la computadora.
*We help each other when we use the computer.*

Las amigas **se saludaron** y **se besaron**.
*The friends greeted each other and kissed one another.*

**¡ATENCIÓN!**

Here is a list of common verbs that can express reciprocal actions:

**abrazar(se)** *to hug; to embrace (each other)*
**ayudar(se)** *to help (each other)*
**besar(se)** *to kiss (each other)*
**encontrar(se)** *to meet (each other); run into (each other)*
**saludar(se)** *to greet (each other)*

**¡INTÉNTALO!** Indica el reflexivo recíproco adecuado y el presente o el pretérito de estos verbos.

**El presente**

1. (escribir) Los novios se escriben.
   Nosotros ____________.
   Ana y Ernesto ____________.
2. (escuchar) Mis tíos ____________.
   Nosotros ____________.
   Ellos ____________.
3. (ver) Nosotros ____________.
   Fernando y Tomás ____________.
   Ustedes ____________.
4. (llamar) Ellas ____________.
   Mis hermanos ____________.
   Pepa y yo ____________.

**El pretérito**

1. (saludar) Nicolás y tú se saludaron.
   Nuestros vecinos ____________.
   Nosotros ____________.
2. (hablar) Los amigos ____________.
   Elena y yo ____________.
   Nosotras ____________.
3. (conocer) Alberto y yo ____________.
   Ustedes ____________.
   Ellos ____________.
4. (encontrar) Ana y Javier ____________.
   Los primos ____________.
   Mi hermana y yo ____________.

# Práctica

1 **Un amor recíproco** Describe a Laura y a Elián usando los verbos recíprocos.

*modelo*

Laura veía a Elián todos los días. Elián veía a Laura todos los días.
*Laura y Elián se veían todos los días.*

1. Laura conocía bien a Elián. Elián conocía bien a Laura.
2. Laura miraba a Elián con amor. Elián la miraba con amor también.
3. Laura entendía bien a Elián. Elián entendía bien a Laura.
4. Laura hablaba con Elián todas las noches por teléfono. Elián hablaba con Laura todas las noches por teléfono.
5. Laura ayudaba a Elián con sus problemas. Elián la ayudaba también con sus problemas.

2 **Describir** Mira los dibujos y describe lo que estas personas hicieron.

1. Las hermanas __________.

2. Ellos __________.

3. Gilberto y Mercedes __________ / __________ / __________.

4. Tú y yo __________ / __________.

# Comunicación

3 **Preguntas** En parejas, túrnense para hacerse estas preguntas.

1. ¿Se vieron tú y tu mejor amigo/a ayer? ¿Cuándo se ven ustedes normalmente?
2. ¿Dónde se encuentran tú y tus amigos?
3. ¿Se ayudan tú y tu mejor amigo/a con sus problemas?
4. ¿Se entienden bien tú y tu novio/a?
5. ¿Dónde se conocieron tú y tu novio/a? ¿Cuánto tiempo hace que se conocen ustedes?
6. ¿Cuándo se dan regalos tú y tu novio/a?
7. ¿Se escriben tú y tus amigos por correo electrónico o prefieren llamarse por teléfono?
8. ¿Siempre se llevan bien tú y tu compañero/a de cuarto? Explica.

# 11.4 Stressed possessive adjectives and pronouns

**ANTE TODO** In contrast to English, Spanish has two types of possessive adjectives: the unstressed (or short) forms you learned in **Lección 3** and the stressed (or long) forms. The stressed possessive adjectives are used for emphasis or to express the English phrases *of mine, of yours, of his,* and so on.

### Stressed possessive adjectives

| Masculine singular | Feminine singular | Masculine plural | Feminine plural | |
|---|---|---|---|---|
| **mío** | **mía** | **míos** | **mías** | *my; (of) mine* |
| **tuyo** | **tuya** | **tuyos** | **tuyas** | *your; (of) yours* (fam.) |
| **suyo** | **suya** | **suyos** | **suyas** | *your; (of) yours* (form.); *his; (of) his; her; (of) hers; its* |
| **nuestro** | **nuestra** | **nuestros** | **nuestras** | *our; (of) ours* |
| **vuestro** | **vuestra** | **vuestros** | **vuestras** | *your; (of) yours* (fam.) |
| **suyo** | **suya** | **suyos** | **suyas** | *your; (of) yours* (form.); *their; (of) theirs* |

**¡ATENCIÓN!**

Used with **un/una**, these possessives are similar in meaning to the English expression *of mine/yours/etc.*

**Juancho es un amigo mío.**
*Juancho is a friend of mine.*

- Stressed possessive adjectives must agree in gender and number with the nouns they modify.

**su** impresora
*her printer*

**nuestros** televisores
*our television sets*

la impresora **suya**
*her printer*

los televisores **nuestros**
*our television sets*

- Stressed possessive adjectives are placed after the noun they modify, while unstressed possessive adjectives are placed before the noun.

Son **mis** llaves.
*They are my keys.*

Son las llaves **mías**.
*They are my keys.*

- A definite article, an indefinite article, or a demonstrative adjective usually precedes a noun modified by a stressed possessive adjective.

Me encantan {
**unos** discos compactos **tuyos**. *I love some of your CDs.*
**los** discos compactos **tuyos**. *I love your CDs.*
**estos** discos compactos **tuyos**. *I love these CDs of yours.*

- Since **suyo, suya, suyos,** and **suyas** have more than one meaning, you can avoid confusion by using the construction: [*article*] + [*noun*] + **de** + [*subject pronoun*].

**el** teclado **suyo**

el teclado **de él/ella** *his/her keyboard*
el teclado **de usted** *your keyboard*
el teclado **de ellos/ellas** *their keyboard*
el teclado **de ustedes** *your keyboard*

**CONSÚLTALO**

This is the same construction you learned in **Lección 3** for clarifying **su** and **sus**. To review unstressed possessive adjectives, see **Estructura 3.2**, p. 83.

## Possessive pronouns

- Possessive pronouns are used to replace a noun + [*possessive adjective*]. In Spanish, the possessive pronouns have the same forms as the stressed possessive adjectives, and they are preceded by a definite article.

**la** calculadora **nuestra** → **la nuestra**
**el** *fax* **tuyo** → **el tuyo**
**los** archivos **suyos** → **los suyos**

- A possessive pronoun agrees in number and gender with the noun it replaces.

—Aquí está **mi coche**. ¿Dónde está **el tuyo**?
*Here's my car. Where is yours?*

—**El mío** está en el taller de mi hermano.
*Mine is at my brother's garage.*

—¿Tienes **las revistas** de Carlos?
*Do you have Carlos' magazines?*

—No, pero tengo **las nuestras.**
*No, but I have ours.*

**¡ATENCIÓN!**

The definite article (**el/la**) is usually omitted when a stressed possessive follows the verb **ser**.

Perdone, ¿pero **es suya** esta cámara?

No, no **es mía**.

La Mujer Mecánica y Tecnohombre, ¡mis héroes!

¡Y los míos también!

**¡INTÉNTALO!** Indica las formas tónicas (*stressed*) de estos adjetivos posesivos y los pronombres posesivos correspondientes.

| | adjetivos | pronombres |
|---|---|---|
| 1. su videocasetera | la videocasetera suya | la suya |
| 2. mi televisor | mío | el mío |
| 3. nuestros discos compactos | nuestros | los nuestros |
| 4. tus calculadoras | tíos | los tíos |
| 5. su monitor | suyo | |
| 6. mis videos | míos | |
| 7. nuestra impresora | nuestras | |
| 8. tu estéreo | tuyo | |
| 9. nuestro cederrón | nuestro | |
| 10. mi computadora | mía | |

# Práctica

**1**

**Frases** Forma frases con las siguientes palabras. Usa el presente.

1. Un / amiga / suyo / vivir / Mendoza
2. ¿Me / prestar / calculadora / tuyo?
3. El / coche / suyo / nunca / funcionar / bien
4. No / nos / interesar / problemas / suyo
5. Yo / querer / cámara digital / mío / ahora mismo
6. Un / amigos / nuestro / manejar / como / loco

**2**

**¿Es suyo?** Un policía ha capturado al hombre que robó (*robbed*) en tu casa. Ahora quiere saber qué cosas son tuyas. Túrnate con un(a) compañero/a para hacer el papel del policía y usa las pistas (*clues*) para contestar las preguntas.

*modelo*

No/viejo

**Policía:** *Esta calculadora, ¿es suya?*

**Estudiante:** *No, no es mía. La mía era más vieja.*

1. Sí

2. Sí

3. Sí

4. No/grande

5. No/pequeño

6. No/de Shakira

**NOTA CULTURAL**

Hija de madre colombiana y padre libanés, **Shakira** se inspira en las dos culturas para crear su música. A los 15 años grabó un álbum que se encontró entre los favoritos de la música latina. En 2001, Shakira entró al mercado norteamericano con su álbum *Laundry Service* que incluye canciones en inglés y español.

**3**

**Conversaciones** Completa estas conversaciones con las formas adecuadas de los pronombres posesivos.

1. —La casa de los Ortiz estaba en la Avenida 9 de Julio. ¿Dónde estaba la casa de ustedes?
   —__________ estaba en la calle Bolívar.
2. —A Carmen le encanta su monitor nuevo.
   —¿Sí? A José no le gusta __________.
3. —Puse mis discos aquí. ¿Dónde pusiste __________, Alfonso?
   —Puse __________ en el escritorio.
4. —Se me olvidó traer mis llaves. ¿Trajeron ustedes __________?
   —No, dejamos __________ en casa.
5. —Yo compré mi computadora en una tienda y Marta compró __________ en Internet. Y __________, ¿dónde la compraste?
   —__________ es de Cíbermax.

# Comunicación

4 **Identificar** Trabajen en grupos. Cada estudiante da tres objetos. Pongan (*Put*) todos los objetos juntos. Luego, un(a) estudiante escoge uno o dos objetos y le pregunta a otro/a si esos objetos son suyos. Usen los adjetivos posesivos en sus preguntas.

*modelo*

**Estudiante 1:** Felipe, ¿son tuyos estos discos compactos?
**Estudiante 2:** Sí, son míos.
No, no son míos. Son los discos compactos de Bárbara.

5 **Comparar** Trabajen en parejas. Intenta (*Try to*) convencer a tu compañero/a de que algo que tú tienes es mejor que el que él/ella tiene. Pueden hablar de sus carros, estéreos, discos compactos, clases, horarios o trabajos.

*modelo*

**Estudiante 1:** Mi computadora tiene una pantalla de quince pulgadas (*inches*). ¿Y la tuya?
**Estudiante 2:** La mía es mejor porque tiene una pantalla de diecisiete pulgadas.
**Estudiante 1:** Pues la mía...

# Síntesis

6 **Inventos locos** En grupos pequeños, lean la descripción de este invento fantástico. Después diseñen su propio invento y expliquen por qué es mejor que el de los demás grupos. Utilicen los posesivos, **por** y **para** y el vocabulario de **Contextos**.

**Nuestro celular tiene conexión a Internet, ¿y el tuyo?**

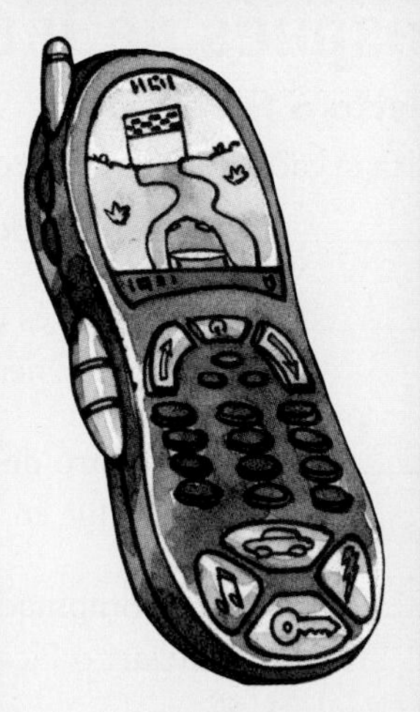

**Este teléfono celular es mucho mejor que el tuyo por estas razones:**

- El nuestro tiene capacidad para guardar un millón de mensajes electrónicos.
- El celular nuestro toma video.
- Da la temperatura.
- Funciona como control remoto para la tele.
- También arranca el coche y toca música como un *walkman*.

**Sirve para todo.**

Oferta: $45 dólares por mes (con un contrato mínimo de dos años)

Para más información, llama al 607-362-1990 o visita nuestro sitio web www.telefonoloco.com

# Lectura

## Antes de leer

### Estrategia

**Recognizing borrowed words**

One way languages grow is by borrowing words from each other. English words that relate to technology are often borrowed by Spanish and other languages throughout the world. Sometimes the words are modified slightly to fit the sounds of the languages that borrow them. When reading in Spanish, you can often increase your understanding by looking for words borrowed from English or other languages you know.

**Examinar el texto**

Mira brevemente° la selección. ¿De qué trata°? ¿Cómo lo sabes?

**Buscar**

Esta lectura contiene varias palabras tomadas° del inglés. Trabaja con un(a) compañero/a para encontrarlas.

**Predecir**

Trabaja con un(a) compañero/a para contestar las siguientes preguntas.

1. En la foto, ¿quiénes participan en el juego?
2. ¿Jugabas en una computadora cuando eras niño/a? ¿Juegas ahora?
3. ¿Cómo cambiaron las computadoras y la tecnología en los años 80? ¿En los años 90?
4. ¿Qué tipo de "inteligencia" tiene una computadora?
5. ¿Qué significa "inteligencia artificial" para ti?

brevemente *briefly* ¿De qué trata? *What is it about?* tomadas *taken*

# Inteligencia y memoria: la inteligencia artificial

por **Alfonso Santamaría**

Una de las principales características de la película de ciencia ficción *2001: una odisea del espacio*, es la gran inteligencia de su protagonista no humano, la computadora HAL-9000. Para muchas personas, la genial película de Stanley Kubrick es una reflexión sobre la evolución de la inteligencia, desde que el hombre utilizó por primera vez un hueso como herramienta° hasta la llegada de la inteligencia artificial (I.A.).

Ahora que vivimos en el siglo XXI, un mundo en el que Internet y el *fax* son ya comunes, podemos preguntarnos: ¿consiguieron los científicos especialistas en I.A. crear una computadora como HAL? La respuesta es no. Hoy día no existe una computadora con las capacidades intelectuales de HAL porque todavía no existen *inteligencias*

**herramienta** *tool* **sentido común** *common sense* **desarrollo** *development* **ajedrez** *chess*

## Después de leer

**¿Cierto o falso?**

Indica si cada frase es cierta o falsa. Corrige las frases falsas.

_______ 1. La computadora HAL-9000 era muy inteligente.

_______ 2. Deep Blue es un buen ejemplo de la inteligencia artificial general.

_______ 3. El maestro de ajedrez Garry Kasparov le ganó a Deep Blue en 1997.

_______ 4. Las computadoras no tienen la creatividad de Mozart o Picasso.

_______ 5. Hoy hay computadoras como HAL-9000.

*artificiales generales* que demuestren lo que llamamos "sentido común"°. Sin embargo, la I.A. está progresando mucho en el desarrollo° de las inteligencias especializadas. El ejemplo más famoso es Deep Blue, la computadora de IBM especializada en jugar al ajedrez°.

La idea de crear una máquina con capacidad para jugar al ajedrez se originó en 1950. En esa década, el científico Claude Shannon desarrolló una teoría que se convirtió en realidad en 1967, cuando apareció el primer programa que permitió a una computadora competir, aunque sin éxito°, en un campeonato° de ajedrez. Más de veinte años después, un grupo de expertos en I.A. fue al centro de investigación

Thomas J. Watson de Nueva York para desarrollar Deep Blue, la computadora que en 1997 derrotó° al campeón mundial de ajedrez, Garry Kasparov. Esta extraordinaria computadora pudo ganarle al maestro ruso de ajedrez porque estaba diseñada para procesar 200 millones de jugadas° por segundo. Además, Deep Blue guardaba en su memoria una recopilación de los movimientos de ajedrez más brillantes de toda la historia, entre ellos los que Kasparov efectuó en sus competiciones anteriores.

Para muchas personas la victoria de Deep Blue sobre Kasparov simbolizó la victoria de la inteligencia artificial sobre la del ser humano°. Debemos reconocer los grandes avances científicos en el área de las computadoras y las ventajas° que pueden traernos en un futuro, pero también tenemos que entender sus limitaciones. Las computadoras generan nuevos modelos con conocimientos° muy definidos, pero todavía no tienen sentido común: una computadora como Deep Blue puede ganar una partida° de ajedrez, pero no puede explicar la diferencia entre una reina° y un peón°. Tampoco puede crear algo nuevo y original a partir de lo establecido, como hicieron Mozart o Picasso.

Las inteligencias artificiales especializadas son una realidad. ¿Pero una inteligencia como la de HAL-9000? Pura ciencia ficción. ■

**éxito** *success* **campeonato** *championship* **derrotó** *defeated* **jugadas** *moves* **la del ser humano** *that of the human being* **ventajas** *advantages* **conocimientos** *knowledge* **partida** *match* **reina** *queen* **peón** *pawn*

## Preguntas

Contesta las preguntas.

1. ¿Qué tipo de inteligencia se relaciona con HAL-9000?
2. ¿Qué tipo de inteligencia tienen las computadoras como Deep Blue?
3. ¿Cuándo se originó la idea de crear una máquina para jugar al ajedrez?
4. ¿Qué compañía inventó Deep Blue?
5. ¿Por qué Deep Blue le pudo ganar a Garry Kasparov?

## Conversar

En grupos pequeños, hablen de los siguientes temas.

1. ¿Son las computadoras más inteligentes que los seres humanos?
2. ¿Para qué cosas son mejores las computadoras, y para qué cosas son mejores los seres humanos? ¿Por qué?
3. En el futuro, ¿van a tener las computadoras la inteligencia de los seres humanos? ¿Cuándo?

# Escritura

## Estrategia

### Listing key words

Once you have determined the purpose for a piece of writing and identified your audience, it is helpful to make a list of key words you can use while writing. If you were to write a description of your campus, for example, you would probably need a list of prepositions that describe location, such as **en frente de, al lado de,** and **detrás de.** Likewise, a list of descriptive adjectives would be useful to you if you were writing about the people and places of your childhood.

By preparing a list of potential words ahead of time, you will find it easier to avoid using the dictionary while writing your first draft. You will probably also learn a few new words in Spanish while preparing your list of key words.

Listing useful vocabulary is also a valuable organizational strategy, since the act of brainstorming key words will help you to form ideas about your topic. In addition, a list of key words can help you avoid redundancy when you write.

If you were going to help someone write a personal ad, what words would be most helpful to you? Jot a few of them down and compare your list with a partner's. Did you choose the same words? Would you choose any different or additional words, based on what your partner wrote?

1. ______________________
2. ______________________
3. ______________________
4. ______________________
5. ______________________
6. ______________________

## Tema

### Escribir instrucciones

Un(a) amigo/a tuyo/a quiere escribir un anuncio° personal en un sitio web para citas románticas. Tú tienes experiencia con esto y vas a decirle qué debe decir y no decir en su perfil°.

Escríbele un correo en el que le explicas claramente° cómo hacerlo.

Cuando escribas tu correo considera la siguiente información:

- El nombre del sitio web
- Mandatos afirmativos que describen en detalle lo que tu amigo/a debe escribir
- Una descripción física, sus pasatiempos, sus actividades favoritas y otras cosas originales como el tipo de carro que tiene o su signo del zodiaco
- Su dirección electrónica, su número de teléfono celular, etc.
- Mandatos negativos sobre cosas que tu amigo/a no debe escribir en el anuncio

**anuncio** *ad* **perfil** *profile* **claramente** *clearly*

# Plan de escritura

1 **Ideas y organización**

Apunta° las palabras y expresiones que quieres utilizar para las instrucciones, incluyendo la información importante para un anuncio personal. Si quieres, puedes basar tus instrucciones en un anuncio inventado por ti.

2 **Primer borrador**

Utilizando la lista de palabras clave° de **Ideas y organización,** escribe el primer borrador de las instrucciones. Utiliza el texto, los apuntes de clase y el diccionario solamente como último recurso°.

3 **Comentario**

Intercambia tus instrucciones con las de un(a) compañero/a. Comparte tus opiniones sobre el primer borrador utilizando estas preguntas como guía:

a. ¿Están claras las instrucciones o necesitan alguna clarificación?
b. ¿Hay suficientes detalles o hay demasiados?
c. ¿Hay errores de gramática, vocabulario o puntuación?
d. ¿Tienes otras sugerencias para mejorar las instrucciones?

4 **Redacción**

Revisa el primer borrador según las instrucciones de tu compañero/a. Utiliza la siguiente guía para hacer una última revisión antes de escribir tu versión final.

a. Mira las instrucciones. ¿Omitiste detalles importantes? ¿Incluiste demasiados detalles?
b. Subraya° todos los verbos. ¿Utilizaste la forma correcta de cada uno?
c. Revisa la ortografía y la puntuación una vez más con la ayuda de tus **Anotaciones para mejorar la escritura.**

5 **Evaluación y progreso**

Trabaja con un(a) compañero/a. Lee las instrucciones que escribió. Cuando recibas las correcciones y los comentarios de tu profesor(a), anota tus errores en las **Anotaciones para mejorar la escritura** en tu **Carpeta de trabajos.**

Apunta *Jot down* clave *key* recurso *resource* Subraya *Underline*

# Escuchar

## Estrategia

**Recognizing the genre of spoken discourse**

You will encounter many different genres of spoken discourse in Spanish. For example, you may hear a political speech, a radio interview, a commercial, a message on an answering machine, or a news broadcast. Try to identify the genre of what you hear so that you can activate your background knowledge about that type of discourse and identify the speakers' motives and intentions.

To practice this strategy, you will now listen to two short selections. Identify the genre of each one.

## Preparación

Mira la foto de Ricardo Moreno. ¿Puedes imaginarte qué tipo de discurso vas a oír?

## Ahora escucha 

Mientras escuchas a Ricardo Moreno, responde a las preguntas.

1. ¿Qué tipo de discurso es?
   a. las noticias° por radio o televisión
   b. una conversación entre amigos
   c. un anuncio° comercial
   d. una reseña° de una película
2. ¿De qué habla?
   a. del tiempo
   b. de su vida
   c. de un producto o servicio
   d. de algo que oyó o vio
3. ¿Cuál es el propósito°?
   a. informar
   b. vender
   c. relacionarse con alguien
   d. dar opiniones

**recursos**

TEXT CD
Lección 11

## Comprensión

### Identificar

Indica si la siguiente información está incluida en el discurso; si está incluida, escribe los detalles que escuchaste.

| | Sí | No |
|---|---|---|
| 1. El anuncio describe un servicio. ________ | ❍ | ❍ |
| 2. Explica cómo está de salud. ________ | ❍ | ❍ |
| 3. Informa sobre la variedad de productos. ________ | ❍ | ❍ |
| 4. Pide tu opinión. ________ | ❍ | ❍ |
| 5. Explica por qué es la mejor tienda. ________ | ❍ | ❍ |
| 6. Informa sobre el tiempo para mañana. ________ | ❍ | ❍ |
| 7. Informa dónde se puede conseguir el servicio. ________ | ❍ | ❍ |
| 8. Informa sobre las noticias del mundo. ________ | ❍ | ❍ |

### Haz un anuncio

Con tres o cuatro compañeros, hagan un anuncio comercial de algún producto. No se olviden de dar toda la información necesaria. Después presenten su anuncio a la clase.

noticias *news* anuncio *advertisement* reseña *review* propósito *purpose*

# Proyecto

## Promociona un nuevo cibercafé

Imagina que trabajas para una agencia de publicidad en Argentina. Tienes que crear un anuncio° para promocionar un nuevo cibercafé en Buenos Aires.

### 1 Diseña el anuncio

Crea un anuncio para una revista, teniendo en cuenta° el mercado argentino. Usa los **recursos para la investigación** para encontrar información sobre cibercafés en países hispanos. Investiga también el mercado argentino para poder explicar por qué es necesario un nuevo cibercafé en la capital. El anuncio debe:

- describir toda la tecnología que se ofrece a los clientes, incluyendo fotos o dibujos si es posible.
- explicar por qué este cibercafé es mejor que los que ya existen en Buenos Aires.
- hablar de los precios, de la zona donde está ubicado° y de otros servicios importantes que se ofrecen en el cibercafé.

### 2 Presenta la información

Usa el anuncio de revista como base para hacer un anuncio publicitario de radio. Puedes presentar el anuncio a tus compañeros/as en persona o lo puedes grabar para la clase. El anuncio debe animar° a tus compañeros/as a visitar el cibercafé.

**recursos para la investigación**

| | |
|---|---|
|  **Internet** Palabras clave: cibercafé, Buenos Aires, Internet, tecnología |  **Comunidad** Personas que conocen los nuevos adelantos° en Internet, o que han estado° en un cibercafé, estudiantes o profesores argentinos |
|  **Biblioteca** Revistas de Internet, periódicos |  **Otros recursos** Anuncios de cibercafés en Internet |

anuncio *ad* teniendo en cuenta *keeping in mind* está ubicado *is located* animar *encourage* adelantos *advances* han estado *have been*

# Argentina

## El país en cifras

- **Área:** 2.780.400 $km^2$ (1.074.000 $millas^2$)
  *Argentina es el país de habla española más grande del mundo. Su territorio es dos veces el tamaño° de Alaska.*
- **Población:** 39.302.000
- **Capital:** Buenos Aires —12.439.000
  *En Buenos Aires vive cerca del cuarenta por ciento de la población total del país. La ciudad es conocida° como el "París de Sudamérica" por el estilo parisino° de muchas de sus calles y edificios.*

Buenos Aires

- **Ciudades principales:** Córdoba —1.458.000, Rosario —1.370.000, Mendoza —1.025.000

SOURCE: Population Division, UN Secretariat

- **Moneda:** peso argentino
- **Idiomas:** español (oficial), guaraní

Bandera de Argentina

### Argentinos célebres

- **Jorge Luis Borges,** escritor (1899–1986)
- **María Eva Duarte de Perón ("Evita"),** primera dama° (1919–1952)
- **Mercedes Sosa,** cantante (1935– )
- **Gato Barbieri,** saxofonista (1935– )

tamaño *size* conocida *known* parisino *Parisian* primera dama *First Lady* ancha *wide* lado *side* mide *it measures* campo *field*

ESTADOS UNIDOS
OCÉANO ATLÁNTICO
AMÉRICA DEL SUR
OCÉANO PACÍFICO
ARGENTINA

Gaucho de la Patagonia

BOLIVIA
PARAGUAY
Las cataratas de Iguazú
San Miguel De Tucumán
La Cordillera de los Andes
Córdoba
URUGUAY
Aconcagua
Rosario
Río Paraná
Mendoza
CHILE
Buenos Aires
Mar del Plata
La Pampa
Océano Atlántico
San Carlos de Bariloche
Montañas de Patagonia
Patagonia
Vista de San Carlos de Bariloche 
Tierra del Fuego

**recursos**

| WB pp. 133–134 | VM pp. 269–270 | I CD-ROM Lección 11 | vistahigherlearning.com |
|---|---|---|---|

## ¡Increíble pero cierto!

La Avenida 9 de Julio en Buenos Aires es la calle más ancha° del mundo. De lado° a lado mide° cerca de 140 metros, lo que es equivalente a un campo° y medio de fútbol. Su nombre conmemora el Día de la Independencia de Argentina.

## Historia • Inmigración europea

Se dice que Argentina es el país más "europeo" de toda la Latinoamérica, porque después del año 1880, una gran cantidad de inmigrantes dejó Europa para establecerse en este país. Las diferentes culturas de estos inmigrantes, que venían de Italia, Alemania, España e Inglaterra, han dejado una profunda huella° en la música, el cine, el arte y la arquitectura de la Argentina.

## Artes • El tango

El tango, un baile con sonidos y ritmos de origen africano, italiano y español, es uno de los símbolos culturales más importantes de la Argentina. Se originó entre los porteños°, muchos de ellos inmigrantes, en la década de 1880. Se hizo popular en París y más tarde entre la clase alta de Argentina. En un principio°, el tango era un baile provocativo y violento, pero se hizo más romántico durante los años 30. Hoy día es popular en muchas partes del mundo°.

## Lugares • Las cataratas de Iguazú

Entre las fronteras de la Argentina, el Paraguay y el Brasil, al norte de Buenos Aires y cerca de la confluencia° de los ríos Iguazú y Paraná, están las famosas cataratas° de Iguazú. Estas extensas cataratas tienen unos 70 m (230 pies) de altura° y, en época de lluvias, llegan a medir 4 km (2,5 mi) de ancho. Situadas en el Parque Nacional Iguazú, las cataratas son uno de los sitios turísticos más visitados de la América del Sur.

**¿Qué aprendiste?** Responde a las preguntas con una frase completa.

1. ¿Qué porcentaje de la población de la Argentina vive en la capital?
2. ¿Quién es Mercedes Sosa?
3. Se dice que la Argentina es el país más europeo de América Latina. ¿Por qué?
4. ¿Qué tipo de baile es uno de los símbolos culturales más importantes de la Argentina?
5. ¿Dónde y cuándo se originó el tango?
6. ¿Cómo era el tango originalmente?
7. ¿En qué parque nacional están las cataratas de Iguazú?

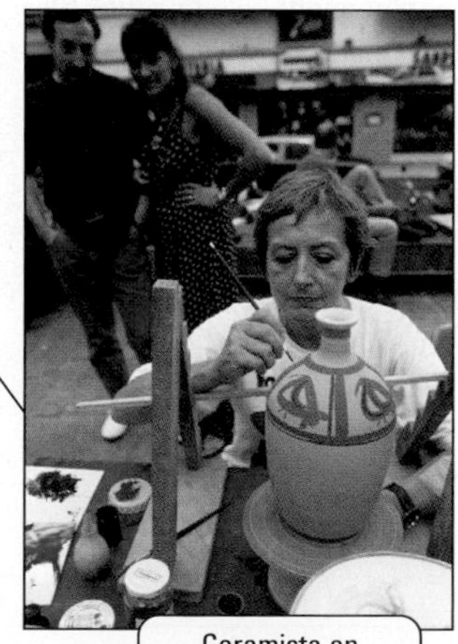

Ceramista en Buenos Aires

**Conexión Internet** Investiga estos temas en el sitio **www.vistahigherlearning.com.**

1. Busca información sobre el tango. ¿Te gustan los ritmos y sonidos del tango? ¿Por qué? ¿Se baila el tango en tu comunidad?
2. ¿Quiénes fueron Juan y Eva Perón y qué importancia tienen en la historia de la Argentina?

**han dejado una profunda huella** *have left a deep mark* **porteños** *people of Buenos Aires* **En un principio** *At first* **mundo** *world* **confluencia** *junction* **cataratas** *waterfalls* **altura** *height*

## La tecnología

| | |
|---|---|
| **la calculadora** | *calculator* |
| **la cámara digital, de video** | *digital, video camera* |
| **el canal** | *(TV) channel* |
| **el cibercafé** | *cybercafé* |
| **la contestadora** | *answering machine* |
| **el control remoto** | *remote control* |
| **el disco compacto** | *compact disc* |
| **el estéreo** | *stereo* |
| **el *fax*** | *fax (machine)* |
| **el radio** | *radio (set)* |
| **el teléfono (celular)** | *(cell) telephone* |
| **la televisión por cable** | *cable television* |
| **el televisor** | *televison set* |
| **el tocadiscos compacto** | *compact disc player* |
| **el video(casete)** | *video(cassette)* |
| **la videocasetera** | *VCR* |
| **el *walkman*** | *walkman* |
| **apagar** | *to turn off* |
| **funcionar** | *to work* |
| **llamar** | *to call* |
| **poner, prender** | *to turn on* |
| **sonar (o:ue)** | *to ring* |
| **descompuesto/a** | *not working; out of order* |
| **lento/a** | *slow* |
| **lleno/a** | *full* |

## Verbos

| | |
|---|---|
| **abrazar(se)** | *to hug; to embrace (each other)* |
| **ayudar(se)** | *to help (each other)* |
| **besar(se)** | *to kiss (each other)* |
| **encontrar(se) (o:ue)** | *to meet (each other); to run into (each other)* |
| **saludar(se)** | *to greet (each other)* |

## La computadora

| | |
|---|---|
| **el archivo** | *file* |
| **arroba** | *@ symbol* |
| **el cederrón** | *CD-ROM* |
| **la computadora (portátil)** | *(portable) computer; (laptop)* |
| **la dirección electrónica** | *e-mail address* |
| **el disco compacto** | *compact disc* |
| **la impresora** | *printer* |
| **Internet** | *Internet* |
| **el monitor** | *(computer) monitor* |
| **la página principal** | *home page* |
| **la pantalla** | *screen* |
| **el programa de computación** | *software* |
| **el ratón** | *mouse* |
| **la red** | *network; Web* |
| **el reproductor de DVD** | *DVD player* |
| **el sitio web** | *website* |
| **el teclado** | *keyboard* |
| **borrar** | *to erase* |
| **descargar** | *to download* |
| **grabar** | *to record* |
| **guardar** | *to save* |
| **imprimir** | *to print* |
| **navegar (en Internet)** | *to surf (the Internet)* |
| **quemar** | *to burn (a CD)* |

## El carro

| | |
|---|---|
| **la autopista, la carretera** | *highway* |
| **el baúl** | *trunk* |
| **la calle** | *street* |
| **el capó, el cofre** | *hood* |
| **el carro, el coche** | *car* |
| **la circulación, el tráfico** | *traffic* |
| **el garaje, el taller (mecánico)** | *garage; (mechanic's) repair shop* |
| **la gasolina** | *gasoline* |
| **la gasolinera** | *gas station* |
| **la licencia de conducir** | *driver's license* |
| **la llanta** | *tire* |
| **el/la mecánico/a** | *mechanic* |
| **el parabrisas** | *windshield* |
| **la policía** | *police (force)* |
| **la velocidad máxima** | *speed limit* |
| **el volante** | *steering wheel* |
| **arrancar** | *to start* |
| **arreglar** | *to fix; to arrange* |
| **bajar(se) de** | *to get off of/out of (a vehicle)* |
| **conducir, manejar** | *to drive* |
| **estacionar** | *to park* |
| **llenar (el tanque)** | *to fill (the tank)* |
| **parar** | *to stop* |
| **revisar (el aceite)** | *to check (the oil)* |
| **subir(se) a** | *to get on/into (a vehicle)* |

## Otras palabras y expresiones

| | |
|---|---|
| **por aquí** | *around here* |
| **por ejemplo** | *for example* |
| **por eso** | *that's why; therefore* |
| **por fin** | *finally* |

| | |
|---|---|
| ***Por* and *para*** | *See pages 342–343.* |
| **Stressed possessive adjectives and pronouns** | *See page 348.* |
| **Expresiones útiles** | *See page 335.* |

**recursos**

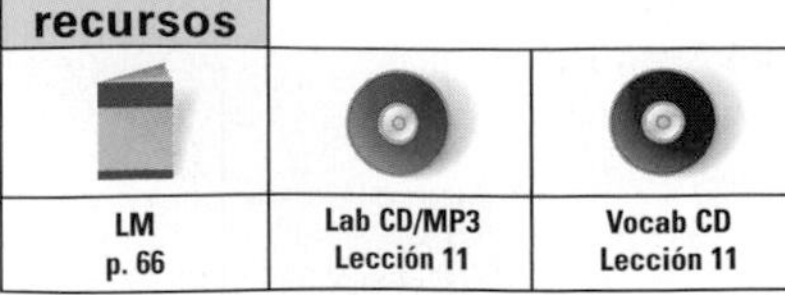

# La vivienda

# 12

## Communicative Goals

***You will learn how to:***

- **Welcome people to your home**
- **Describe your house or apartment**
- **Talk about household chores**
- **Give instructions**

### A PRIMERA VISTA

- *¿Está el chico en casa?*
- *¿Tiene una casa moderna o vieja?*
- *¿Tiene una computadora?*
- *¿Se va a vestir para ir al trabajo o al gimnasio?*

# La vivienda

## Más vocabulario

| | |
|---|---|
| **las afueras** | *suburbs; outskirts* |
| **el alquiler** | *rent (payment)* |
| **el ama (*m., f.*) de casa** | *housekeeper; caretaker* |
| **el barrio** | *neighborhood* |
| **el edificio de apartamentos** | *apartment building* |
| **el/la vecino/a** | *neighbor* |
| **la vivienda** | *housing* |
| **el balcón** | *balcony* |
| **el cuarto** | *room* |
| **la entrada** | *entrance* |
| **la escalera** | *stairs; stairway* |
| **el garaje** | *garage* |
| **el jardín** | *garden; yard* |
| **el pasillo** | *hallway* |
| **el patio** | *patio; yard* |
| **el sótano** | *basement; cellar* |
| **la cafetera** | *coffee maker* |
| **el electrodoméstico** | *electrical appliance* |
| **el horno (de microondas)** | *(microwave) oven* |
| **la lavadora** | *washing machine* |
| **la luz** | *light, electricity* |
| **la secadora** | *clothes dryer* |
| **la tostadora** | *toaster* |
| **el cartel** | *poster* |
| **la mesita de noche** | *night stand* |
| **los muebles** | *furniture* |
| **alquilar** | *to rent* |
| **mudarse** | *to move (from one house to another)* |

## Variación léxica

alcoba, dormitorio ⟷ aposento (*Rep. Dom.*); recámara (*Méx.*)

apartamento ⟷ departamento (*Arg., Chile*); piso (*Esp.*)

lavar los platos ⟷ lavar/fregar los trastes (*Amér. C., Rep. Dom.*)

**recursos**

| TEXT CD Lección 12 | 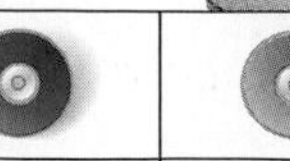 WB pp. 135–136 | 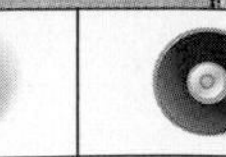 LM p. 67 | Lab CD/MP3 Lección 12 | I CD-ROM Lección 12 | Vocab CD Lección 12 |
|---|---|---|---|---|---|

el altillo

la alcoba, el dormitorio

la cómoda

el armario

el cuadro/ la pintura

Hace la cama. (hacer)

la almohada

la manta

## Los quehaceres domésticos

| | |
|---|---|
| **arreglar** | *to neaten; to straighten up* |
| **barrer el suelo** | *to sweep the floor* |
| **cocinar** | *to cook* |
| **ensuciar** | *to get (something) dirty* |
| **hacer quehaceres domésticos** | *to do household chores* |
| **lavar (el suelo, los platos)** | *to wash (the floor, the dishes)* |
| **limpiar la casa** | *to clean the house* |
| **planchar la ropa** | *to iron the clothes* |
| **quitar la mesa** | *to clear the table* |

la sala

las cortinas

la lámpara

la mesita

el sofá

Pasa la aspiradora. (pasar)

la alfombra

# Práctica

**1** **Escuchar** Escucha la conversación y completa las frases.

1. Pedro va a limpiar primero ____________.
2. Paula va a comenzar en ____________.
3. Pedro le recuerda (*reminds*) a Paula que debe ____________ en la alcoba de huéspedes.
4. Pedro va a ____________ en el sótano.
5. Pedro también va a limpiar ____________.
6. Ellos están limpiando la casa porque ________________________.

**2** **Escoger** Escoge la letra de la respuesta correcta.

1. Cuando quieres salir al aire libre y estás en el tercer piso, vas _________.
   a. al pasillo b. al balcón c. al sótano
2. Cuando quieres tener una lámpara y un despertador cerca de tu cama, puedes ponerlos en _________.
   a. el barrio b. el cuadro c. la mesita de noche
3. Si no quieres vivir en el centro de la ciudad, puedes mudarte _________.
   a. al alquiler b. a las afueras c. a la vivienda
4. Guardamos (*We keep*) los pantalones, las camisas y los zapatos en _________.
   a. la secadora b. el armario c. el patio
5. Para subir de la planta baja al primer piso, usamos ______.
   a. las entradas b. los carteles c. las escaleras
6. Ponemos cuadros y pinturas en _________.
   a. las paredes b. los quehaceres c. los jardines

**3** **Definiciones** En parejas, identifiquen cada cosa que se describe. Luego inventen sus propias descripciones de algunas palabras y expresiones de **Contextos**.

*modelo*

**Estudiante 1:** Si vives en un apartamento, lo tienes que pagar cada mes.
**Estudiante 2:** el alquiler

1. Es donde pones la cabeza cuando duermes.
2. Es el quehacer doméstico que haces después de comer.
3. Cubren (*They cover*) las ventanas y decoran la sala a la vez (*at the same time*).
4. Algunos ejemplos de éstos son las cómodas, las mesitas y los sillones.
5. Son las personas que viven en tu barrio.

**4**

**Completar** Completa las siguientes frases con la palabra más adecuada.

1. Para tomar vino necesitas...
2. Para comer una ensalada necesitas...
3. Para tomar café necesitas...
4. Para poner la comida en la mesa necesitas...
5. Para limpiarte la boca después de comer necesitas...
6. Para cortar (*to cut*) un bistec necesitas...
7. Para tomar agua necesitas...
8. Para tomar sopa necesitas...

**5**

**Los quehaceres** Trabajen en grupos para indicar quién hace estos quehaceres domésticos en su casa. Luego contesten las preguntas.

*modelo*

**Estudiante 1:** ¿Quién pasa la aspiradora en tu casa?
**Estudiante 2:** Mi hermano y yo pasamos la aspiradora.

| | | |
|---|---|---|
| barrer el suelo | lavar los platos | planchar la ropa |
| cocinar | lavar la ropa | sacar la basura |
| hacer las camas | pasar la aspiradora | sacudir los muebles |

1. ¿Quién hace más quehaceres, tú o tus compañeros/as?
2. ¿Quiénes hacen la mayoría de los quehaceres, los hombres o las mujeres?
3. ¿Piensas que debes hacer más quehaceres? ¿Por qué?

# Comunicación

6

**La vida doméstica** En parejas, describan las habitaciones que ven en estas fotos. Identifiquen y describan cinco muebles o adornos (*accessories*) de cada foto y digan dos quehaceres que se pueden hacer en cada habitación.

7

**Mi apartamento** Dibuja el plano de un apartamento amueblado (*furnished*) imaginario y escribe los nombres de las habitaciones y de los muebles. En parejas, pónganse espalda contra espalda (*sit back to back*). Uno/a de los/las dos describe su apartamento mientras su compañero/a lo dibuja según (*according to*) la descripción. Cuando terminen, miren el segundo dibujo. ¿Es similar al dibujo original? Hablen de los cambios que se necesitan hacer para mejorar el dibujo. Repitan la actividad intercambiando los papeles (*roles*).

**CONSÚLTALO**

To review bathroom-related vocabulary, see **Lección 7, Contextos,** p. 202.

8

**¡Corre, corre!** Tu profesor(a) va a darte una serie incompleta de dibujos que forman una historia. Tú y tu compañero/a tienen dos series diferentes. Descríbanse los dibujos para completar la historia.

*modelo*

**Estudiante 1:** Marta quita la mesa.
**Estudiante 2:** Francisco...

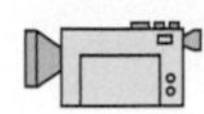

# ¡Les va a encantar la casa!

**Don Francisco y los estudiantes llegan a Ibarra.**

**PERSONAJES**

INÉS

DON FRANCISCO

ÁLEX

JAVIER

SRA. VIVES

**SRA. VIVES** ¡Hola, bienvenidos!

**DON FRANCISCO** Señora Vives, le presento a los chicos. Chicos, ésta es la señora Vives, el ama de casa.

**SRA. VIVES** Encantada. Síganme que quiero mostrarles la casa. ¡Les va a encantar!

**SRA. VIVES** Esta alcoba es para los chicos. Tienen dos camas, una mesita de noche, una cómoda... En el armario hay más mantas y almohadas por si las necesitan.

**SRA. VIVES** Ésta es la sala. El sofá y los sillones son muy cómodos. Pero, por favor, ¡no los ensucien!

**SRA. VIVES** Allí están la cocina y el comedor. Al fondo del pasillo hay un baño.

**DON FRANCISCO** Chicos, a ver... ¡atención! La señora Vives les va a preparar las comidas. Pero quiero que ustedes la ayuden con los quehaceres domésticos. Quiero que arreglen sus alcobas, que hagan las camas, que pongan la mesa... ¿entendido?

**JAVIER** No se preocupe... la vamos a ayudar en todo lo posible.

**ÁLEX** Sí, cuente con nosotros.

**recursos**

| V CD-ROM Lección 12 | VM pp. 235–236 | I CD-ROM Lección 12 |
|---|---|---|

**SRA. VIVES** Javier, no ponga las maletas en la cama. Póngalas en el piso, por favor.

**SRA. VIVES** Tomen ustedes esta alcoba, chicas.

**INÉS** Insistimos en que nos deje ayudarla a preparar la comida.

**SRA. VIVES** No, chicos, no es para tanto, pero gracias por la oferta. Descansen un rato que seguramente están cansados.

**ÁLEX** Gracias. A mí me gustaría pasear por la ciudad.

**INÉS** Perdone, don Francisco, ¿a qué hora viene el guía mañana?

**DON FRANCISCO** ¿Martín? Viene temprano, a las siete de la mañana. Les aconsejo que se acuesten temprano esta noche. ¡Nada de televisión ni de conversaciones largas!

**ESTUDIANTES** ¡Ay, don Francisco!

## Enfoque cultural Las viviendas

Del mismo modo que en los países hispanos era típico construir las ciudades en torno a una plaza central, también era frecuente construir las casas alrededor de un patio abierto central. Aunque esta arquitectura tradicional ya no es muy común, la importancia del patio sigue intacta en la cultura hispana. No es extraño ver crecer árboles de mangos y de aguacates en los patios de las casas de los países tropicales de Latinoamérica. En el sur de España, los geranios y otras flores alegran los balcones y terrazas de las viviendas.

## Expresiones útiles

### Welcoming people

- **¡Bienvenido(s)/a(s)!**
  *Welcome!*

### Showing people around the house

- **Síganme... que quiero mostrarles la casa.**
  *Follow me... I want to show you the house.*
- **Esta alcoba es para los chicos.**
  *This bedroom is for the guys.*
- **Ésta es la sala.**
  *This is the living room.*
- **Allí están la cocina y el comedor.**
  *The kitchen and dining room are over there.*
- **Al fondo del pasillo hay un baño.**
  *At the end of the hall there is a bathroom.*

### Telling people what to do

- **Quiero que la ayude(n) con los quehaceres domésticos.**
  *I want you to help her with the household chores.*
- **Quiero que arregle(n) su(s) alcoba(s).**
  *I want you to straighten your room(s).*
- **Quiero que haga(n) las camas.**
  *I want you to make the beds.*
- **Quiero que ponga(n) la mesa.**
  *I want you to set the table.*
- **Cuente con nosotros.**
  *You can count on us.*
- **Insistimos en que nos deje ayudarla a preparar la comida.**
  *We insist that you let us help you make the food.*
- **Le (Les) aconsejo que se acueste(n) temprano.**
  *I recommend that you go to bed early.*

### Other expressions

- **No es para tanto.**
  *It's not a big deal.*
- **Gracias por la oferta.**
  *Thanks for the offer.*

# Reacciona a la fotonovela

**1**

**¿Cierto o falso?** Indica si lo que dicen las siguientes frases es **cierto** o **falso**. Corrige las frases falsas.

| | Cierto | Falso |
|---|---|---|
| 1. Las alcobas de los estudiantes tienen dos camas, dos mesitas de noche y una cómoda. | ❍ | ❍ |
| 2. La señora Vives no quiere que Javier ponga las maletas en la cama. | ❍ | ❍ |
| 3. El sofá y los sillones están en la sala. | ❍ | ❍ |
| 4. Los estudiantes tienen que sacudir los muebles y sacar la basura. | ❍ | ❍ |
| 5. Los estudiantes van a preparar las comidas. | ❍ | ❍ |

**2**

**Identificar** Identifica quién puede decir las siguientes frases.

1. Nos gustaría preparar la comida esta noche. ¿Le parece bien a usted?
2. Miren, si quieren otra almohada o manta, hay más en el armario.
3. Tranquilo, tranquilo, que nosotros vamos a ayudarla muchísimo.
4. Tengo ganas de caminar un poco por la ciudad.
5. No quiero que nadie mire la televisión esta noche. ¡Tenemos que levantarnos temprano mañana!

ÁLEX
JAVIER
INÉS
DON FRANCISCO
SRA. VIVES

**3**

**Completar** Los estudiantes y la señora Vives están haciendo los quehaceres. Adivina en qué cuarto está cada uno de ellos.

1. Inés limpia el congelador. Inés está en __________.
2. Javier limpia el escritorio. Javier está en ________________.
3. Álex pasa la aspiradora debajo de la mesa y las sillas. Álex está en _________.
4. La señora Vives sacude el sillón. La señora Vives está en __________.
5. Don Francisco no está haciendo nada. Él está dormido en _________________.

**4**

**Mi casa** Dibuja el plano (*floor plan*) de una casa o de un apartamento. Puede ser el plano de la casa o del apartamento donde vives o de donde te gustaría vivir. Después, trabajen en parejas y describan lo que se hace en cuatro de las habitaciones. Para terminar, pídanse (*ask for*) ayuda para hacer dos quehaceres domésticos. Pueden usar estas frases en su conversación.

| | |
|---|---|
| Quiero mostrarte... | Al fondo hay... |
| Ésta es (la cocina). | Quiero que me ayudes a (sacar la basura). |
| Allí yo (preparo la comida). | Por favor, ayúdame con... |

# Ortografía

## Las mayúsculas y las minúsculas

Here are some of the rules that govern the use of capital letters (**mayúsculas**) and lowercase letters (**minúsculas**) in Spanish.

**Los estudiantes llegaron al aeropuerto a las dos. Luego fueron al hotel.**

In both Spanish and English, the first letter of every sentence is capitalized.

---

**Rubén Blades** **Panamá** **Colón** **los Andes**

The first letter of all proper nouns (names of people, countries, cities, geographical features, etc.) is capitalized.

---

***Cien años de soledad*** ***Don Quijote de la Mancha***
***El País*** ***Muy Interesante***

The first letter of the first word in titles of books, films, and works of art is generally capitalized, as well as the first letter of any proper names. In newspaper and magazine titles, as well as other short titles, the initial letter of each word is often capitalized.

---

**la señora Ramos** **don Francisco**
**el presidente** **Sra. Vives**

Titles associated with people are *not* capitalized unless they appear as the first word in a sentence. Note, however, that the first letter of an abbreviated title is capitalized.

---

**Último** **Álex** **MENÚ** **PERDÓN**

Accent marks should be retained on capital letters. In practice, however, this rule is often ignored.

---

**lunes** **viernes** **marzo** **primavera**

The first letter of days, months, and seasons is not capitalized.

---

**español** **estadounidense** **japonés** **panameños**

The first letter of nationalities and languages is not capitalized.

**Práctica** Corrige las mayúsculas y minúsculas incorrectas.

1. soy lourdes romero. Soy Colombiana.
2. éste Es mi Hermano álex.
3. somos De panamá.
4. ¿es ud. La sra. benavides?
5. ud. Llegó el Lunes, ¿no?

**Palabras desordenadas** Lee el diálogo de las serpientes. Ordena las letras para saber de qué palabras se trata. Después escribe las letras indicadas para descubrir por qué llora Pepito.

m n a a P á ___ ___ ___ ___ ___ ___

s t e m r a ___ ___ ___ ___ ___ ___

i g s l é n ___ ___ ___ ___ ___ ___

y a U r u g u ___ ___ ___ ___ ___ ___ ___

r o ñ e s a ___ ___ ___ ___ ___ ___

¡ ___orque ___e acabo de morder° la ___en___u___!

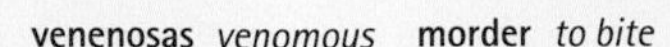

venenosas *venomous* morder *to bite*

*Respuestas: Panamá, martes, inglés, Uruguay, señora. ¡Porque me acabo de morder la lengua!*

**recursos**

| LM p. 68 | Lab CD/MP3 Lección 12 | I CD-ROM Lección 12 |
|---|---|---|

# 12.1 Relative pronouns

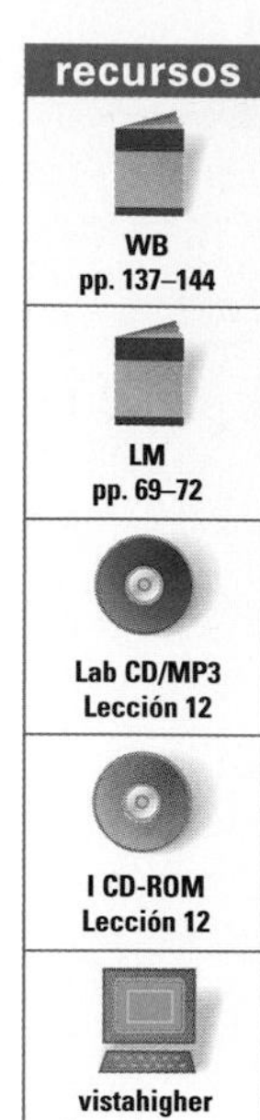

In both English and Spanish, relative pronouns are used to combine two sentences or clauses that share a common element, such as a noun or pronoun. Study the following diagram.

Mis padres me regalaron **la aspiradora.**
*My parents gave me the vacuum cleaner.*

**La aspiradora** funciona muy bien.
*The vacuum cleaner works really well.*

La aspiradora **que** me regalaron mis padres funciona muy bien.
*The vacuum cleaner that my parents gave me works really well.*

**Lourdes** es muy inteligente.
*Lourdes is very intelligent.*

**Lourdes** estudia español.
*Lourdes is studying Spanish.*

Lourdes, **quien** estudia español, es muy inteligente.
*Lourdes, who studies Spanish, is very intelligent.*

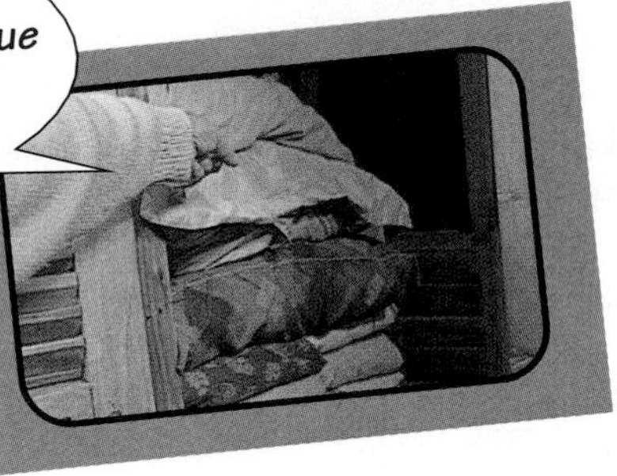

- Spanish has three frequently-used relative pronouns, as shown in the following list.

| | |
|---|---|
| **que** | *that; which; who* |
| **quien(es)** | *who; whom; that* |
| **lo que** | *that which; what* |

**¡ATENCIÓN!**

Interrogative words (**qué, quién,** etc.) always carry an accent. Relative pronouns, however, never carry a written accent.

- **Que** is the most frequently used relative pronoun. It can refer to things or to people. Unlike its English counterpart, *that,* **que** is never omitted.

¿Dónde está la cafetera **que** compré?
*Where is the coffee maker (that) I bought?*

El hombre **que** limpia es Pedro.
*The man who is cleaning is Pedro.*

- The relative pronoun **quien** refers only to people and is often used after a preposition or the personal **a.** Note that **quien** has only two forms: **quien** (singular) and **quienes** (plural).

¿Son las chicas **de quienes** me hablaste la semana pasada?
*Are they the girls (that) you told me about last week?*

Eva, **a quien** conocí anoche, es mi nueva vecina.
*Eva, whom I met last night, is my new neighbor.*

**¡LENGUA VIVA!**

In English, it is generally recommended that *who(m)* be used to refer to people, and that *that* and *which* be used to refer to things. In Spanish, however, it is perfectly acceptable to use **que** when referring to people.

- **Quien(es)** is occasionally used instead of **que** in clauses set off by commas.

Lola, **quien** es cubana, es médica.
*Lola, who is Cuban, is a doctor.*

Su tía, **que** es alemana, ya llegó.
*His aunt, who is German, already arrived.*

- Unlike **que** and **quien(es), lo que** doesn't refer to a specific noun. It refers to an idea, a situation, or a past event and means *what, that which,* or *the thing that.*

**Lo que** me molesta es el calor.
*What bothers me is the heat.*

**Lo que** quiero es una casa.
*What I want is a house.*

**¡INTÉNTALO!** Completa las siguientes oraciones con pronombres relativos.

1. Voy a utilizar los platos ___que___ me regaló mi abuela.
2. Ana comparte un apartamento con la chica a ________ conocimos en la fiesta de Jorge.
3. Esta oficina tiene todo ________ necesitamos.
4. Puedes estudiar en el dormitorio ________ está a la derecha de la cocina.
5. Los señores ________ viven en esa casa acaban de llegar de Centroamérica.
6. Los niños a ________ viste en nuestro jardín son mis sobrinos.
7. La piscina ________ ves desde la ventana es la piscina de mis vecinos.
8. Fue Úrsula ________ ayudó a mamá a limpiar el refrigerador.
9. Ya te dije que fue mi padre ________ alquiló el apartamento.
10. ________ te dijo Pablo no es cierto.
11. Tengo que sacudir los muebles ________ están en el altillo una vez al mes.
12. No entiendo por qué no lavaste los vasos ________ te dije.
13. La mujer a ________ saludaste vive en las afueras.
14. ¿Sabes ________ necesita este dormitorio? ¡Unas cortinas!
15. No quiero volver a hacer ________ hice ayer.
16. No me gusta vivir con personas a ________ no conozco.

# Práctica

**1** **Combinar** Combina elementos de la columna A y la columna B para formar oraciones lógicas.

**A**

1. Ése es el hombre ____.
2. La mujer ____.
3. No traje ____.
4. ¿Te gusta la tostadora ____?
5. ¿Cómo se llama el programa ____?
6. Rubén Blades, ____.

**B**

a. con quien bailaba es mi vecina
b. que te compró Cecilia
c. quien canta mis canciones (*songs*) favoritas, es de Panamá
d. que arregló mi lavadora
e. lo que necesito para la clase de matemáticas
f. que comiste en el restaurante
g. que viste en la televisión anoche

**NOTA CULTURAL**

**Rubén Blades** es un cantante y actor panameño muy famoso. Ganador de cuatro premios Grammy, Rubén Blades es conocido por su propio estilo de música salsa que demuestra una conciencia social. Se graduó de la Universidad de Panamá y de la Escuela de Derecho de Harvard.

**2** **Completar** Completa la historia sobre la casa que Jaime y Tina quieren comprar, usando los pronombres relativos **que, quien, quienes** o **lo que.**

1. Jaime y Tina son los chicos a ________ conocí la semana pasada.
2. Quieren comprar una casa ________ está en las afueras de la ciudad.
3. Es una casa ________ era de una artista famosa.
4. La artista, a ________ yo conocía, murió el año pasado y no tenía hijos.
5. Ahora se vende la casa con todos los muebles ________ ella tenía.
6. La sala tiene una alfombra ________ ella trajo de Kuwait.
7. La casa tiene muchos estantes, ________ a Tina le encanta.

**3** **Combinar** Javier y Ana acaban de casarse y han comprado una casa y muchas otras cosas. Combina sus declaraciones para formar una sola oración con los pronombres relativos **que, quien(es)** y **lo que.**

*modelo*

Vamos a usar los vasos nuevos mañana. Los pusimos en el comedor.
*Mañana vamos a usar los vasos nuevos que pusimos en el comedor.*

1. Tenemos una cafetera nueva. Mi prima nos la regaló.
2. Tenemos una cómoda nueva. Es bueno porque no hay espacio en el armario.
3. Esos platos no nos costaron mucho. Están encima del horno.
4. Esas copas me las regaló mi amiga Amalia. Ella viene a visitarme mañana.
5. La lavadora está casi nueva. Nos la regalaron mis suegros.
6. La vecina nos dio una manta de lana. Ella la compró en México.

# Comunicación

4

**Entrevista** En parejas, túrnense para hacerse las siguientes preguntas.

1. ¿Qué es lo que más te gusta de vivir en las afueras o en la ciudad?
2. ¿Cómo son las personas que viven en tu barrio?
3. ¿Cuál es el quehacer doméstico que menos te gusta? ¿Y el que más te gusta?
4. ¿Quién es la persona que hace los quehaceres domésticos en tu casa?
5. ¿Quiénes son las personas con quienes más sales los fines de semana? ¿Quién es la persona a quien más llamas por teléfono?
6. ¿Cuál es el deporte que más te gusta? ¿Cuál es el que menos te gusta?
7. ¿Cuál es el barrio de tu ciudad que más te gusta y por qué?
8. ¿Quién es la persona a quien más llamas cuando tienes problemas?
9. ¿Quién es la persona a quien más admiras? ¿Por qué?
10. ¿Qué es lo que más te gusta de tu casa?
11. ¿Qué es lo que más te molesta de tus amigos?
12. ¿Qué es lo que menos te gusta de tu barrio?

5

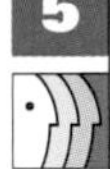

**Adivinanza** En grupos, túrnense para describir distintas partes de una vivienda usando pronombres relativos. Los demás compañeros tienen que hacer preguntas hasta que adivinen (*guess*) la palabra.

*modelo*

**Estudiante 1:** Es lo que tenemos en el dormitorio.
**Estudiante 2:** ¿Es el mueble que usamos para dormir?
**Estudiante 1:** No. Es lo que usamos para guardar la ropa.
**Estudiante 3:** Lo sé. Es la cómoda.

# Síntesis

6

**Definir** En parejas, definan las palabras. Usen los pronombres relativos **que, quien(es)** y **lo que.** Luego compartan sus definiciones con la clase.

*modelo*

lavadora Es lo que se usa para lavar la ropa.
pastel Es un postre que comes en tu cumpleaños.

| | | | |
|---|---|---|---|
| alquiler | flan | patio | tenedor |
| amigos | guantes | postre | termómetro |
| aspiradora | jabón | sillón | vaso |
| enfermera | manta | sótano | vecino |

**AYUDA**

Remember that **de**, followed by the name of a material, means *made of.*

**Es de algodón.**
*It's made of cotton.*

•••

**Es un tipo de** means *It's a kind/sort of...*

**Es un tipo de flor.**
*It's a kind of flower.*

# 12.2 Formal commands

**ANTE TODO** As you learned in **Lección 11**, the command forms are used to give orders or advice. Formal commands are used with people you address as **usted** or **ustedes.** Observe the following examples, then study the chart.

**Hable** con ellos, don Francisco.
*Talk with them, don Francisco.*

**Coma** frutas y verduras.
*Eat fruits and vegetables.*

**Laven** los platos ahora mismo.
*Wash the dishes right now.*

**Beban** menos té y café.
*Drink less tea and coffee.*

**CONSEJOS**

Learning these command forms will be very helpful since the same forms are used for the subjunctive, which you will begin learning in the next section.

**Formal commands (*Ud.* and *Uds.*)**

| Infinitive | Present tense *yo* form | *Ud.* command | *Uds.* command |
|---|---|---|---|
| limpiar | limpi**o** | limpi**e** | limpi**en** |
| barrer | barr**o** | barr**a** | barr**an** |
| sacudir | sacud**o** | sacud**a** | sacud**an** |
| decir (e:i) | dig**o** | dig**a** | dig**an** |
| pensar (e:ie) | piens**o** | piens**e** | piens**en** |
| volver (o:ue) | vuelv**o** | vuelv**a** | vuelv**an** |
| servir (e:i) | sirv**o** | sirv**a** | sirv**an** |

▶ The **Ud.** and **Uds.** commands, like the negative **tú** commands, are formed by dropping the final **-o** of the **yo** form of the present tense. For **-ar** verbs, add **-e** or **-en**. For **-er** and **-ir** verbs, add **-a** or **-an**.

▶ Verbs with irregular **yo** forms maintain the same irregularity in their formal commands. These verbs include **conducir, conocer, decir, hacer, ofrecer, oír, poner, salir, tener, traducir, traer, venir,** and **ver.**

**Oiga,** don Francisco...
*Listen, don Francisco...*

**¡Salga** inmediatamente!
*Leave immediately!*

**Ponga** la mesa, por favor.
*Set the table, please.*

**Hagan** la cama antes de salir.
*Make the bed before leaving.*

▶ Note also that stem-changing verbs maintain their stem-changes in **Ud.** and **Uds.** commands.

| e:ie | o:ue | e:i |
|---|---|---|
| No **pierda** la llave. | **Vuelva** temprano, joven. | **Sirva** la sopa, por favor. |
| **Cierren** la puerta. | **Duerman** bien, chicos. | **Repitan** las frases. |

**CONSEJOS**

These spelling changes are necessary to ensure that the words are pronounced correctly.
See **Lección 8, Pronunciación,** p. 243, and **Lección 9, Pronunciación,** p. 277.

• • •

It may help you to study the following five series of syllables. Note that within each series, the consonant sound doesn't change.

**ca que qui co cu**
**za ce ci zo zu**
**ga gue gui go gu**
**ja ge gi jo ju**

▶ Verbs ending in **-car, -gar,** and **-zar** have a spelling change in the command forms.

| | | |
|---|---|---|
| sa**car** | **c** → **qu** | sa**qu**e, sa**qu**en |
| ju**gar** | **g** → **gu** | jue**gu**e, jue**gu**en |
| almor**zar** | **z** → **c** | almuer**c**e, almuer**c**en |

▶ The following verbs have irregular formal commands.

| Infinitive | *Ud.* command | *Uds.* command |
|---|---|---|
| dar | **dé** | **den** |
| estar | **esté** | **estén** |
| ir | **vaya** | **vayan** |
| saber | **sepa** | **sepan** |
| ser | **sea** | **sean** |

▶ To make a formal command negative, simply place **no** before the verb.

**No ponga** las maletas en la cama.
*Don't put the suitcases on the bed.*

**No ensucien** los sillones.
*Don't dirty the armchairs.*

**¡ATENCIÓN!**

When a pronoun is attached to an affirmative command that has two or more syllables, an accent mark is added to maintain the original stress:

**limpie → límpielo**
**lean → léanlo**
**diga → dígamelo**
**sacudan → sacúdanlos**

▶ In affirmative commands, reflexive, indirect and direct object pronouns are always attached to the end of the verb.

Siénten**se**, por favor.
Sígа**me,** Laura.

Acuésten**se** ahora.
Póngan**las** en el suelo, por favor.

▶ In negative commands, these pronouns always precede the verb.

No **se** preocupe.
No **me lo** dé.

No **los** ensucien.
No **nos las** traigan.

▶ **Ud.** and **Uds.** can be used with the command forms to strike a more formal tone. In such instances they follow the command form.

**Muéstrele usted** la foto a su amigo.
*Show the photo to your friend.*

**Tomen ustedes** esta alcoba.
*Take this bedroom.*

**¡INTÉNTALO!** Indica cuáles son los mandatos afirmativos y negativos correspondientes.

1. escucharlo (Ud.) Escúchelo. No lo escuche.
2. decírmelo (Uds.) ______. ______.
3. salir (Ud.) ______. ______.
4. servírnoslo (Uds.) ______. ______.
5. barrerla (Ud.) ______. ______.
6. hacerlo (Ud.) ______. ______.
7. ir (Uds.) ______. ______.
8. sentarse (Uds.) ______. ______.

# Práctica

**1** **Completar** La señora González quiere mudarse de casa. Ayúdala a organizarse. Indica el mandato formal de cada verbo.

1. __________ los anuncios (*ads*) del periódico y __________. (leer, guardar)
2. __________ personalmente y __________ las casas usted misma. (ir, ver)
3. Decida qué casa quiere y __________ al agente. __________ un contrato de alquiler. (llamar, pedirle)
4. __________ un camión *(truck)* para ese día y __________ la hora exacta de llegada. (contratar, preguntarles)
5. El día de la mudanza *(On moving day)* __________ tranquila. __________ a revisar su lista para completar todo lo que tiene que hacer. (estar, volver)
6. Primero, __________ a todos en casa que usted va a estar ocupada. No __________ que usted va a hacerlo todo. (decirles, decirles)
7. __________ tiempo para hacer las maletas tranquilamente. No __________ las maletas a los niños más grandes. (sacar, hacerles)
8. No __________. __________ que todo va a salir bien. (preocuparse, saber)

**2** **¿Qué dicen?** Mira los dibujos y escribe un mandato lógico para cada uno. Usa palabras que aprendiste en **Contextos**.

1. ______________________________

2. ______________________________

3. ______________________________

4. ______________________________

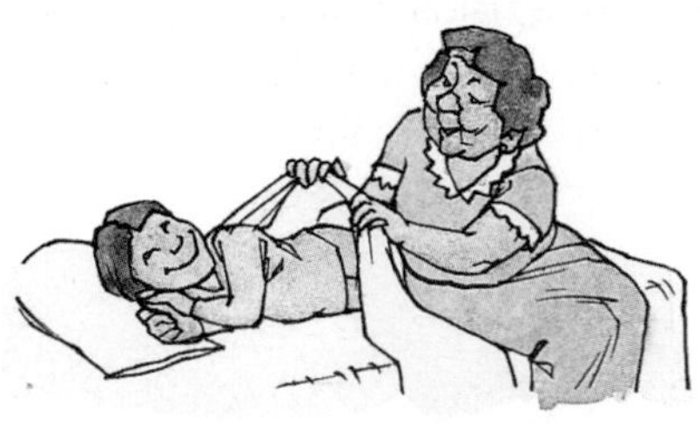

5. ______________________________

6. ______________________________

# Comunicación

3 **Solucionar** Trabajen en parejas para presentar los siguientes problemas. Un(a) estudiante presenta los problemas de la columna A y el/la otro/a los de la columna B. Usen mandatos formales y túrnense para ofrecer soluciones.

*modelo*

**Estudiante 1:** Vilma se torció un tobillo jugando al tenis. Es la tercera vez.
**Estudiante 2:** *No juegue más al tenis. / Vaya a ver a un especialista.*

A

1. Se me perdió el libro de español con todas mis notas.
2. A Vicente se le cayó la botella de vino para la cena.
3. ¿Cómo? ¿Se le olvidó traer el traje de baño a la playa?
4. Se nos quedaron los boletos en la casa. El avión sale en una hora.

B

1. Mis hijas no se levantan temprano. Siempre llegan tarde a la escuela.
2. A mi abuela le robaron las maletas. Era su primer día de vacaciones.
3. Nuestra casa es demasiado pequeña para nuestra familia.
4. Me preocupo constantemente por Roberto. Trabaja demasiado.

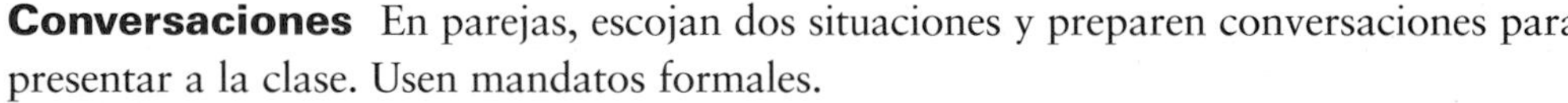

4 **Conversaciones** En parejas, escojan dos situaciones y preparen conversaciones para presentar a la clase. Usen mandatos formales.

**NOTA CULTURAL**

El 31 de diciembre de 1999, los Estados Unidos cedió control del **Canal de Panamá** al gobierno de Panamá, terminando así casi 100 años de administración estadounidense.

*modelo*

**Lupita:** *Señor Ramírez, siento mucho llegar tan tarde. Mi niño se enfermó. ¿Qué debo hacer?*
**Sr. Ramírez:** *No se preocupe. Siéntese y descanse un poco.*

**SITUACIÓN 1** Profesor Rosado, no vine la semana pasada porque el equipo jugaba en Boquete. ¿Qué debo hacer para ponerme al día *(catch up)*?

**SITUACIÓN 2** Los invitados de la boda llegan a las cuatro de la tarde, la mesa está sin poner y el champán sin servir. Los camareros apenas están llegando. ¿Qué deben hacer los camareros?

**SITUACIÓN 3** Mi novio es un poco aburrido. No le gustan ni el cine, ni los deportes, ni salir a comer. Tampoco habla mucho. ¿Qué puedo hacer o qué le puedo decir?

**SITUACIÓN 4** Tengo que preparar una presentación para mañana sobre el Canal de Panamá. ¿Por dónde comienzo?

# Síntesis

5 **Presentar** En grupos, preparen un anuncio (*ad*) de televisión para presentar a la clase. El anuncio debe tratar de (*be about*) un detergente, un electrodoméstico, o una agencia inmobiliaria (*real estate agency*). Usen mandatos, los pronombres relativos **(que, quien(es)** o **lo que)** y el **se** impersonal.

*modelo*

*Compre el lavaplatos Siglo XXI. Tiene todo lo que usted desea. Es el lavaplatos que mejor funciona. Venga a verlo ahora mismo... No pierda ni un minuto más. Se aceptan tarjetas de crédito.*

# 12.3 The present subjunctive

**ANTE TODO** With the exception of commands, all of the verb forms you have been using have been in the indicative mood. The indicative is used to state facts and to express actions or states that the speaker considers to be real and definite. In contrast, the subjunctive mood expresses the speaker's attitudes toward events, as well as actions or states the speaker views as uncertain or hypothetical.

### Present subjunctive of regular verbs

| | | hablar | comer | escribir |
|---|---|---|---|---|
| SINGULAR FORMS | yo | habl**e** | com**a** | escrib**a** |
| | tú | habl**es** | com**as** | escrib**as** |
| | Ud./él/ella | habl**e** | com**a** | escrib**a** |
| PLURAL FORMS | nosotros/as | habl**emos** | com**amos** | escrib**amos** |
| | vosotros/as | habl**éis** | com**áis** | escrib**áis** |
| | Uds./ellos/ellas | habl**en** | com**an** | escrib**an** |

**¡LENGUA VIVA!**

You may think that English has no subjunctive, but it does! It used to be very common but now survives mostly in set expressions such as *if I were you* and *be that as it may*.

- The present subjunctive is formed very much like **usted** and **ustedes** and *negative* **tú** commands. From the **yo** form of the present indicative, drop the **-o** ending, and replace it with the subjunctive endings.

| INFINITIVE | | PRESENT INDICATIVE | | VERB STEM | | PRESENT SUBJUNCTIVE |
|---|---|---|---|---|---|---|
| hablar | ▶ | **hablo** | ▶ | **habl-** | ▶ | **hable** |
| comer | ▶ | **como** | ▶ | **com-** | ▶ | **coma** |
| escribir | ▶ | **escribo** | ▶ | **escrib-** | ▶ | **escriba** |

- The present subjunctive endings are:

| *–ar* verbs | | *–er* and *–ir* verbs | |
|---|---|---|---|
| **–e** | **–emos** | **–a** | **–amos** |
| **–es** | **–éis** | **–as** | **–áis** |
| **–e** | **–en** | **–a** | **–an** |

**CONSEJOS**

Note that, in the present subjunctive, –**ar** verbs use endings normally associated with present tense –**er** and –**ir** verbs. Likewise, –**er** and –**ir** verbs in the present subjunctive use endings normally associated with –**ar** verbs in the present tense. Note also that, in the present subjunctive, the **yo** form is the same as the **Ud./él/ella** form.

- Verbs with irregular **yo** forms show the same irregularity in all forms of the present subjunctive.

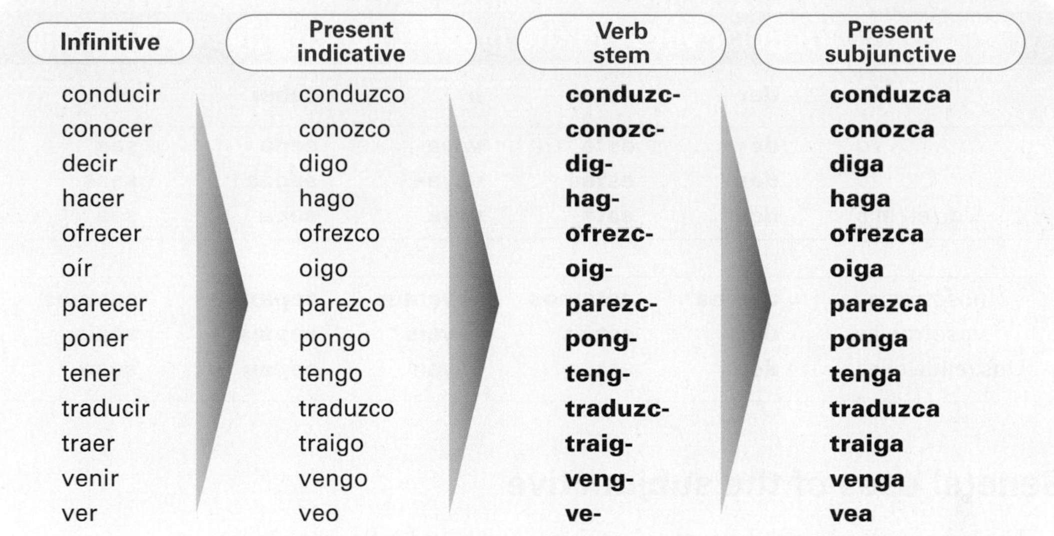

| Infinitive | Present indicative | Verb stem | Present subjunctive |
|---|---|---|---|
| conducir | conduzco | **conduzc-** | **conduzca** |
| conocer | conozco | **conozc-** | **conozca** |
| decir | digo | **dig-** | **diga** |
| hacer | hago | **hag-** | **haga** |
| ofrecer | ofrezco | **ofrezc-** | **ofrezca** |
| oír | oigo | **oig-** | **oiga** |
| parecer | parezco | **parezc-** | **parezca** |
| poner | pongo | **pong-** | **ponga** |
| tener | tengo | **teng-** | **tenga** |
| traducir | traduzco | **traduzc-** | **traduzca** |
| traer | traigo | **traig-** | **traiga** |
| venir | vengo | **veng-** | **venga** |
| ver | veo | **ve-** | **vea** |

- To maintain the **-c, -g,** and **-z** sounds, verbs ending in **-car, -gar,** and **-zar** have a spelling change in all forms of the present subjunctive.

**sacar:** sa**qu**e, sa**qu**es, sa**qu**e, sa**qu**emos, sa**qu**éis, sa**qu**en

**jugar:** jue**gu**e, jue**gu**es, jue**gu**e, ju**gu**emos, ju**gu**éis, jue**gu**en

**almorzar:** almuer**c**e, almuer**c**es, almuer**c**e, almor**c**emos, almor**c**éis, almuer**c**en

## Present subjunctive of stem-changing verbs

**¡ATENCIÓN!**

Note that stem-changing verbs and verbs that have a spelling change have the same ending as regular verbs in the present subjunctive.

- **-Ar** and **-er** stem-changing verbs have the same stem changes in the subjunctive as they do in the present indicative.

**pensar (e:ie):** pi**e**nse, pi**e**nses, pi**e**nse, pensemos, penséis, pi**e**nsen

**mostrar (o:ue):** m**ue**stre, m**ue**stres, m**ue**stre, mostremos, mostréis, m**ue**stren

**entender (e:ie):** ent**ie**nda, ent**ie**ndas, ent**ie**nda, entendamos, entendáis, ent**ie**ndan

**volver (o:ue):** v**ue**lva, v**ue**lvas, v**ue**lva, volvamos, volváis, v**ue**lvan

- **–Ir** stem-changing verbs have the same stem changes in the subjunctive as they do in the present indicative, but in addition, the **nosotros/as** and **vosotros/as** forms undergo a stem change. The unstressed **e** changes to **i,** while the unstressed **o** changes to **u.**

**pedir (e:i):** p**i**da, p**i**das, p**i**da, p**i**damos, p**i**dáis, p**i**dan

**sentir (e:ie):** s**ie**nta, s**ie**ntas, s**ie**nta, s**i**ntamos, s**i**ntáis, s**ie**ntan

**dormir (o:ue):** d**ue**rma, d**ue**rmas, d**ue**rma, d**u**rmamos, d**u**rmáis, d**ue**rman

## Irregular verbs in the present subjunctive

▶ The following five verbs are irregular in the present subjunctive.

**Irregular verbs in the present subjunctive**

| | | dar | estar | ir | saber | ser |
|---|---|---|---|---|---|---|
| SINGULAR FORMS | yo | **dé** | **esté** | **vaya** | **sepa** | **sea** |
| | tú | **des** | **estés** | **vayas** | **sepas** | **seas** |
| | Ud./él/ella | **dé** | **esté** | **vaya** | **sepa** | **sea** |
| PLURAL FORMS | nosotros/as | **demos** | **estemos** | **vayamos** | **sepamos** | **seamos** |
| | vosotros/as | **deis** | **estéis** | **vayáis** | **sepáis** | **seáis** |
| | Uds./ellos/ellas | **den** | **estén** | **vayan** | **sepan** | **sean** |

**¡ATENCIÓN!**

The subjunctive form of **hay** (*there is, there are*) is also irregular: **haya**.

## General uses of the subjunctive

▶ The subjunctive is mainly used to express: 1) will and influence, 2) emotion, 3) doubt, disbelief, and denial, and 4) indefiniteness and nonexistence.

▶ The subjunctive is most often used in sentences that consist of a main clause and a subordinate clause. The main clause contains a verb or expression that triggers the use of the subjunctive. The conjunction **que** connects the subordinate clause to the main clause.

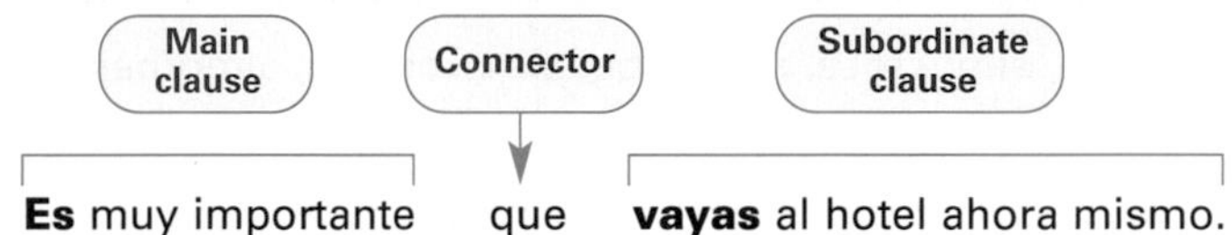


▶ These impersonal expressions are always followed by clauses in the subjunctive:

| | | |
|---|---|---|
| **Es bueno que...** *It's good that...* | **Es mejor que...** *It's better that...* | **Es malo que...** *It's bad that...* |
| **Es importante que...** *It's important that...* | **Es necesario que...** *It's necessary that...* | **Es urgente que...** *It's urgent that...* |

**¡INTÉNTALO!** Indica el presente de subjuntivo de los siguientes verbos.

1. (alquilar, beber, vivir) que yo alquile, beba, viva
2. (estudiar, aprender, asistir) que tú ______
3. (encontrar, poder, dormir) que él ______
4. (hacer, tener, venir) que nosotras ______
5. (dar, hablar, escribir) que ellos ______
6. (pagar, empezar, buscar) que ustedes ______
7. (ser, ir, saber) que yo ______
8. (estar, dar, oír) que tú ______
9. (arreglar, leer, abrir) que nosotros ______
10. (cantar, leer, vivir) que ellas ______

# Práctica

**1**

**Completar** Completa las oraciones conjugando los verbos entre paréntesis. Luego empareja las oraciones del primer grupo con las del segundo grupo.

**A**

1. Es mejor que ___________ en casa. (nosotros, cenar)
2. Es importante que ___________ las casas colgantes de Cuenca. (tú, visitar)
3. Señora, es urgente que le ___________ la muela. Parece que tiene una infección. (yo, sacar)
4. Es malo que Ana les ___________ tantos dulces a los niños. (dar)
5. Es necesario que ___________ a la una de la tarde. (Uds., llegar)
6. Es importante que ___________ temprano. (nosotros, acostarse)

**B**

a. Es importante que ___________ más verduras. (ellos, comer)
b. No, es mejor que ___________ a comer. (nosotros, salir)
c. Y yo creo que es bueno que ___________ a Madrid después. (yo, ir)
d. En mi opinión, no es necesario que ___________ tanto. (nosotros, dormir)
e. ¿Ah, sí? ¿Es necesario que me ___________ un antibiótico también? (yo, tomar)
f. Para llegar a tiempo, es necesario que ___________ temprano. (nosotros, almorzar)

**NOTA CULTURAL**

**Las casas colgantes** (*hanging*) de Cuenca, España, son muy famosas. Estas casas están situadas en un acantilado (*cliff*) y forman parte del paisaje (*landscape*) de la ciudad.

# Comunicación

**2**

**Minidiálogos** En parejas, completen los minidiálogos con expresiones impersonales de una manera lógica.

*modelo*

**Miguelito:** Mamá, no quiero arreglar mi cuarto.
**Señora Casas:** *Es necesario que lo arregles. Y es importante que sacudas los muebles también.*

1. **MIGUELITO** Mamá, no quiero estudiar. Quiero salir a jugar con mis amigos.
   **SRA. CASAS** ___________________________
2. **MIGUELITO** Mamá, es que no me gustan las verduras. Prefiero comer pasteles.
   **SRA. CASAS** ___________________________
3. **MIGUELITO** ¿Tengo que poner la mesa, mamá?
   **SRA. CASAS** ___________________________
4. **MIGUELITO** No me siento bien, mamá. Me duele todo el cuerpo y tengo fiebre.
   **SRA. CASAS** ___________________________

**3**

**Entrevista** Trabajen en parejas. Entrevístense usando estas preguntas. Expliquen sus respuestas.

1. ¿Es importante que los niños ayuden con los quehaceres domésticos?
2. ¿Es urgente que los norteamericanos aprendan otras lenguas?
3. Si un(a) norteamericano/a quiere aprender francés, ¿es mejor que lo aprenda en Francia?
4. En su universidad, ¿es necesario que los estudiantes vivan en residencias estudiantiles?
5. ¿Es importante que todos los estudiantes asistan a la universidad?

# 12.4 Subjunctive with verbs of will and influence

You will now learn how to use the subjunctive with verbs and expressions of will and influence.

- Verbs of will and influence are often used when someone wants to affect the actions or behavior of other people.

Enrique **quiere** que salgamos a cenar.
*Enrique wants us to go out to dinner.*

Paola **prefiere** que cenemos en casa.
*Paola prefers that we have dinner at home.*

**¡ATENCIÓN!**

In English, constructions using the infinitive, such as *I want you to go,* are often used with verbs or expressions of will or influence. This is not the case in Spanish, where the subjunctive would be used in a subordinate clause.

- Here is a list of widely used verbs of will and influence.

**Verbs of will and influence**

| | | | |
|---|---|---|---|
| **aconsejar** | *to advise* | **pedir** (e:i) | *to ask (for)* |
| **desear** | *to wish; to desire* | **preferir** (e:ie) | *to prefer* |
| **importar** | *to be important; to matter* | **prohibir** | *to prohibit* |
| | | **querer** (e:ie) | *to want* |
| **insistir (en)** | *to insist (on)* | **recomendar** (e:ie) | *to recommend* |
| **mandar** | *to order* | **rogar** (o:ue) | *to beg; to plead* |
| **necesitar** | *to need* | **sugerir** (e:ie) | *to suggest* |

- Some impersonal expressions, such as **es necesario que, es importante que, es mejor que,** and **es urgente que,** are considered expressions of will or influence.

- When the main clause contains an expression of will or influence, the subjunctive is required in the subordinate clause, provided that the two clauses have different subjects.

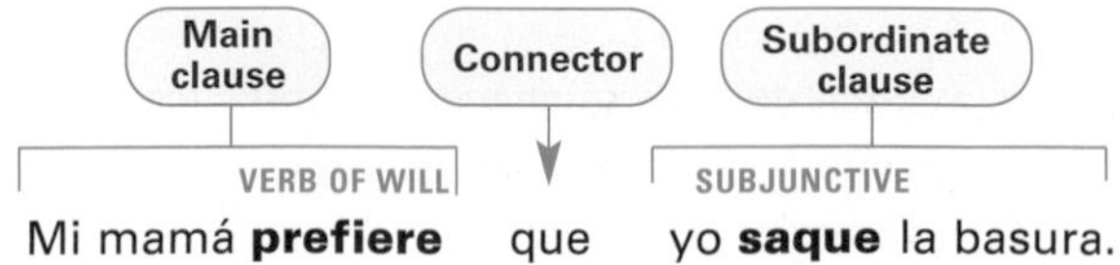


Mi mamá **prefiere** que yo **saque** la basura.

Quiero que arreglen sus alcobas, que hagan las camas, que pongan la mesa...

- Indirect object pronouns are often used with the verbs **aconsejar, importar, mandar, pedir, prohibir, recomendar, rogar,** and **sugerir.**

**Te** aconsejo que estudies.
*I advise you to study.*

**Le** sugiero que vaya a casa.
*I suggest that he go home.*

**Les** recomiendo que barran el suelo.
*I recommend that you sweep the floor.*

**Le** ruego que no venga.
*I beg him not to come.*

- Note that all the forms of **prohibir** in the present tense carry a written accent, except for the **nosotros** form: **prohíbo, prohíbes, prohíbe, prohibimos, prohibís, prohíben.**

Ella les **prohíbe** que miren la televisión.
*She prohibits them from watching television.*

Nos **prohíben** que nademos en la piscina.
*They prohibit that we swim in the swimming pool.*

- The infinitive is used with words or expressions of will and influence, if there is no change of subject in the sentence.

No quiero **sacudir** los muebles.
*I don't want to dust the furniture.*

Paco prefiere **descansar.**
*Paco prefers to rest.*

Es importante **sacar** la basura.
*It's important to take out the trash.*

No es necesario **quitar** la mesa.
*It's not necessary to clear the table.*

**¡INTÉNTALO!** Completa cada oración con la forma correcta del verbo entre paréntesis.

1. Te sugiero que ___vayas___ (ir) con ella al supermercado.
2. Él necesita que yo le __________ (prestar) dinero.
3. No queremos que tú __________ (hacer) nada especial para nosotros.
4. Mis papás quieren que yo __________ (limpiar) mi cuarto.
5. Nos piden que la __________ (ayudar) a preparar la comida.
6. Quieren que tú __________ (sacar) la basura todos los días.
7. Quiero __________ (descansar) esta noche.
8. Es importante que ustedes __________ (limpiar) los estantes.
9. Su tía les manda que __________ (poner) la mesa.
10. Te aconsejo que no __________ (salir) con él.
11. Mi tío insiste en que mi prima __________ (hacer) la cama.
12. Prefiero __________ (ir) al cine.
13. Es necesario __________ (estudiar).
14. Recomiendo que ustedes __________ (pasar) la aspiradora.

# Práctica

**1** **Completar** Completa el diálogo con palabras de la lista.

| cocina | haga | quiere | sea |
|---|---|---|---|
| comas | ponga | saber | ser |
| diga | prohíbe | sé | vaya |

**IRENE** Tengo problemas con Vilma. Sé que debo hablar con ella. ¿Qué me recomiendas que le (1)__________?

**JULIA** Pues, necesito (2)__________ más antes de darte consejos.

**IRENE** Bueno, para empezar me (3)__________ que traiga dulces a la casa.

**JULIA** Pero chica, tiene razón. Es mejor que tú no (4)__________ cosas dulces.

**IRENE** Sí, ya lo sé. Pero quiero que (5)__________ más flexible. Además, insiste en que yo (6)__________ todo en la casa.

**JULIA** Yo (7)__________ que Vilma (8)__________ y hace los quehaceres todos los días.

**IRENE** Sí, pero siempre que hay fiesta me pide que (9)__________ los cubiertos y las copas en la mesa y que (10)__________ al sótano por las servilletas y los platos. ¡Es lo que más odio: ir al sótano!

**JULIA** Mujer, ¡Vilma sólo (11)__________ que ayudes en la casa!

**2** **Aconsejar** En parejas, lean lo que dice cada persona. Luego den consejos lógicos usando verbos como **aconsejar, recomendar** y **prohibir.** Sus consejos deben ser diferentes de lo que la persona quiere hacer.

*modelo*

**Isabel:** Quiero conseguir un comedor con los muebles más caros del mundo.

**Consejo:** *Te aconsejamos que consigas unos muebles menos caros.*

1. **DAVID** Pienso poner el cuadro del lago de Maracaibo en la cocina.
2. **SARA** Voy a ir a la gasolinera para comprar unas copas de cristal elegantes.
3. **SR. ALARCÓN** Insisto en comenzar a arreglar el jardín en marzo.
4. **SRA. VILLA** Quiero ver las tazas y los platos de la tienda El Ama de Casa Feliz.
5. **DOLORES** Voy a poner servilletas de tela (*cloth*) para los cuarenta invitados.
6. **SR. PARDO** Pienso poner todos mis muebles nuevos en el altillo.
7. **SRA. GONZÁLEZ** Hay una fiesta en mi casa esta noche pero no quiero arreglar la casa.
8. **CARLITOS** Hoy no tengo ganas de hacer las camas ni de quitar la mesa.

**NOTA CULTURAL**

En el **lago de Maracaibo**, en Venezuela, hay casas suspendidas sobre el agua que se llaman palafitos. Los palafitos son reminiscentes de la ciudad italiana de Venecia, de donde viene el nombre "Venezuela", que significa "pequeña Venecia".

**3** **Preguntas** En parejas, túrnense para contestar las preguntas. Usen el subjuntivo.

1. ¿Te dan consejos tus amigos/as? ¿Qué te aconsejan? ¿Aceptas sus consejos? ¿Por qué?
2. ¿Qué te sugieren tus profesores que hagas antes de terminar los cursos que tomas?
3. ¿Insisten tus amigos/as en que salgas mucho con ellos?
4. ¿Qué quieres que te regalen tu familia y tus amigos/as en tu cumpleaños?
5. ¿Qué le recomiendas tú a un(a) amigo/a que no quiere salir los sábados con su novio/a?
6. ¿Qué les aconsejas a los nuevos estudiantes de tu universidad?

# Comunicación

4 **Inventar** En parejas, preparen una lista de seis personas famosas. Un(a) estudiante da el nombre de una persona famosa y el/la otro/a le da un consejo.

*modelo*

**Estudiante 1:** Judge Judy.
**Estudiante 2:** Le recomiendo que sea más simpática con la gente.
**Estudiante 2:** Leonardo DiCaprio.
**Estudiante 1:** Le aconsejo que haga más películas.

5 **Hablar** En parejas, miren la ilustración. Imaginen que Gerardo es su hermano y necesita ayuda para arreglar su casa y resolver sus problemas románticos y económicos. Usen expresiones impersonales y verbos como **aconsejar**, **sugerir** y **recomendar**.

*modelo*

Es mejor que arregles el apartamento más a menudo.
Te aconsejo que no dejes para mañana lo que puedes hacer hoy.

# Síntesis

6  **La doctora Salvamórez** Hernán tiene problemas con su novia y le escribe a la doctora Salvamórez, columnista del periódico *Panamá y su gente*. Ella responde a las cartas de personas con problemas románticos. En parejas, lean la carta de Hernán y después usen el subjuntivo para escribir los consejos de la doctora.

Estimada doctora Salvamórez,

Mi novia nunca quiere que yo salga de casa. No le molesta que vengan mis amigos a visitarme. Pero insiste en que nosotros sólo miremos los programas de televisión que ella quiere. Necesita saber dónde estoy en cada momento, y yo necesito que ella me dé un poco de independencia. ¿Qué hago?

Hernán

# Lectura

## Antes de leer

### Estrategia

**Locating the main parts of a sentence**

Did you know that a text written in Spanish is an average of 15% longer than the same text written in English? Because the Spanish language tends to use more words to express ideas, you will often encounter long sentences when reading in Spanish. Of course, the length of sentences varies with genre and with authors' individual styles. To help you understand long sentences, identify the main parts of the sentence before trying to read it in its entirety. First locate the main verb of the sentence, along with its subject, ignoring any words or phrases set off by commas. Then reread the sentence, adding details like direct and indirect objects, transitional words, and prepositional phrases.

#### Examinar el texto

Mira el formato de la lectura. ¿Qué tipo de documento es? ¿Qué cognados encuentras en la lectura? ¿Qué te dicen sobre el tema de la selección?

#### ¿Probable o improbable?

Mira brevemente el texto e indica si las siguientes frases son probables o improbables.

1. Este folleto° es de interés turístico.
2. Describe un edificio moderno cubano.
3. Incluye algunas explicaciones de arquitectura.
4. Espera atraer° a visitantes al lugar.

#### Frases largas

Mira el texto y busca algunas frases largas. Con un(a) compañero/a, identifiquen las partes principales de la frase y después examinen las descripciones adicionales. ¿Qué significan las frases?

folleto *brochure* atraer *to attract* épocas *time periods*

*Bienvenidos al*
*Palacio de Las Garzas*

**El palacio está abierto de martes a domingo.**
**Para más información,**
**llame al teléfono 507-226-7000.**
**También puede solicitar° un folleto**
**a la casilla° 3467,**
**Ciudad de Panamá, Panamá.**

## Después de leer

#### Ordenar

Pon los siguientes eventos en el orden cronológico adecuado.

_____ El palacio se convirtió en residencia presidencial.

_____ Durante diferentes épocas°, maestros, médicos y banqueros practicaron su profesión en el palacio.

_____ El Dr. Belisario Porras ocupó el palacio por primera vez.

_____ Los colonizadores construyeron el palacio.

_____ Se renovó el palacio.

_____ Los turistas pueden visitar el palacio de martes a domingo.

El Palacio de Las Garzas° es la residencia oficial del Presidente de Panamá desde 1903. Fue construido en 1673 para ser la casa de un gobernador español. Con el paso de los años fue almacén, escuela, hospital, aduana, banco y por último, palacio presidencial.

En la actualidad el edificio tiene tres pisos, pero los planos originales muestran una construcción de un piso con un gran patio en el centro. La restauración del palacio comenzó en el año 1922 y los trabajos fueron realizados por el arquitecto Villanueva-Myers y el pintor Roberto Lewis. El palacio, un monumento al estilo colonial, todavía conserva su elegancia y buen gusto, y es una de las principales atracciones turísticas del barrio Casco Viejo°.

## *Planta baja*

### *El patio de las Garzas*

Una antigua puerta de hierro° recibe a los visitantes. El patio interior todavía conserva los elementos originales de la construcción: piso de mármol°, columnas de perla gris y una magnífica fuente de agua en el centro. Aquí están las nueve garzas que le dan el nombre al palacio y que representan las nueve provincias de Panamá.

## *Primer piso*

### *El salón Amarillo*

Aquí el turista puede visitar una galería de cuarenta y un retratos° de gobernadores y personajes ilustres de Panamá. La principal atracción de este salón es el sillón presidencial, que se usa especialmente cuando hay cambio de presidente. Otros atractivos de esta área son el comedor de Los Tamarindos, que se destaca° por la elegancia de sus muebles y sus lámparas de cristal, y el patio andaluz, con sus coloridos mosaicos que representan la unión de la cultura indígena y la española.

### *El salón Dr. Belisario Porras*

Este elegante y majestuoso salón es uno de los lugares más importantes del Palacio de Las Garzas. Lleva su nombre en honor al Dr. Belisario Porras, quien fue tres veces presidente de Panamá (1912–1916, 1918–1920 y 1920–1924).

## *Segundo piso*

Es el área residencial del palacio y el visitante no tiene acceso a ella. Los armarios, las cómodas y los espejos de la alcoba fueron comprados en Italia y Francia por el presidente Porras, mientras que las alfombras, cortinas y frazadas° son originarias de España.

**solicitar** *request* **casilla** *post office box* **Garzas** *Herons* **Casco Viejo** *Old Quarter* **hierro** *iron* **mármol** *marble* **retratos** *portraits* **se destaca** *stands out* **frazadas** *blankets*

**Preguntas**

Contesta las preguntas.

1. ¿Qué sala es notable por sus muebles elegantes y sus lámparas de cristal?
2. ¿En qué parte del palacio se encuentra la residencia del presidente?
3. ¿Dónde empiezan los turistas su visita al palacio?
4. ¿En qué lugar se representa artísticamente la rica herencia cultural de Panamá?
5. ¿Qué salón honra la memoria de un gran panameño?
6. ¿Qué partes del palacio te gustaría más visitar? ¿Por qué? Explica tu respuesta.

**Conversación**

En grupos de tres o cuatro estudiantes, hablen sobre lo siguiente:

1. ¿Qué tiene en común el Palacio de Las Garzas con otras residencias presidenciales u otras casas muy grandes?
2. ¿Te gustaría vivir en el Palacio de Las Garzas? ¿Por qué?
3. Imagina que puedes diseñar tu palacio ideal. Describe los planos para cada piso del palacio.

# Escritura

## Estrategia

### Using linking words

You can make your writing sound more sophisticated by using linking words to connect simple sentences or ideas and create more complex sentences. Consider the following passages, which illustrate this effect:

**Without linking words**

En la actualidad el edificio tiene tres pisos. Los planos originales muestran una construcción de un piso con un gran patio en el centro. La restauración del palacio comenzó en el año 1922. Los trabajos fueron realizados por el arquitecto Villanueva-Myers y el pintor Roberto Lewis.

**With linking words**

En la actualidad el edificio tiene tres pisos, pero los planos originales muestran una construcción de un piso con un gran patio en el centro. La restauración del palacio comenzó en el año 1922 y los trabajos fueron realizados por el arquitecto Villanueva-Myers y el pintor Roberto Lewis.

**Linking words**

| | |
|---|---|
| **cuando** | *when* |
| **mientras** | *while* |
| **pero** | *but* |
| **porque** | *because* |
| **pues** | *since* |
| **que** | *that; who; which* |
| **quien** | *who* |
| **sino** | *but (rather)* |
| **y** | *and* |
| **o** | *or* |

## Tema

**Escribir un contrato de arrendamiento**

Eres el/la administrador(a)° de un edificio de apartamentos. Prepara un contrato de arrendamiento° para los nuevos inquilinos°. El contrato debe incluir los siguientes detalles:

- La dirección° del apartamento y del/de la administrador(a)
- Las fechas del contrato
- El precio del alquiler y el día que se debe pagar
- El precio del depósito
- Información y reglas° acerca de:
  - la basura
  - el correo
  - los animales domésticos
  - el ruido°
  - los servicios° de electricidad y agua
  - el uso de electrodomésticos
- Otros aspectos importantes de la vida comunitaria

administrador(a) *manager* contrato de arrendamiento *lease* inquilinos *tenants* dirección *address* reglas *rules* ruido *noise* servicios *utilities*

# Plan de escritura

**1 Ideas y organización**

Después de pensar en el tema durante unos minutos, apunta tus ideas usando un mapa de ideas. Convierte el mapa en bosquejo° para asegurar la organización lógica de tu escrito.

**2 Primer borrador**

Utiliza tu bosquejo de **Ideas y organización** para escribir el primer borrador del contrato. Consulta tus apuntes de clase y las **Anotaciones para mejorar la escritura** en tu **Carpeta de trabajos** para no repetir errores previos.

**3 Comentario**

Intercambia el contrato con un(a) compañero/a. Lee su borrador y anota las partes mejor escritas de su composición, especialmente el uso de las palabras de enlace°. Compartan sus impresiones utilizando esta guía:

1. ¿Incluye toda la información pertinente?
2. ¿Hay una buena organización de los detalles específicos dentro del contrato?
3. ¿Emplea palabras de enlace para unir ideas y frases cortas?
4. ¿Qué sugerencias puedes darle al/a la escritor(a) para mejorar su documento?
5. ¿Ves errores gramaticales u ortográficos?

**4 Redacción**

Revisa el primer borrador según las indicaciones de tu compañero/a. Utiliza esta guía para hacer la última revisión antes de escribir tu versión final:

1. Utiliza palabras de enlace para unir las oraciones cortas.
2. Revisa la concordancia entre el sujeto y el verbo de cada oración.
3. Revisa la concordancia entre los sustantivos y los adjetivos.
4. Cuando es necesario, sustituye los sustantivos por pronombres u otro elemento gramatical para evitar la redundancia.
5. Consulta tus **Anotaciones para mejorar la escritura** antes de revisar la ortografía y la puntuación.

**5 Evaluación y progreso**

Trabaja con tres compañeros/as y lee sus trabajos. Después de escuchar atentamente las reglas de los "administradores", escoge las que, en tu opinión, garantizan una vida comunitaria tranquila°. Explica tu elección. No olvides leer atentamente los comentarios y las correcciones de tu profesor(a). Finalmente, anota los errores fundamentales en las **Anotaciones para mejorar la escritura** en tu **Carpeta de trabajos.**

bosquejo *outline* palabras de enlace *linking words* tranquila *calm; quiet*

# Escuchar

## Estrategia

**Using visual cues**

Visual cues like illustrations and headings provide useful clues about what you will hear.

 To practice this strategy, you will listen to a passage related to the following photo. Jot down the clues the photo gives you as you listen.

## Preparación

Mira el dibujo. ¿Qué pistas te da para comprender la conversación que vas a escuchar? ¿Qué significa *bienes raíces*?

## Ahora escucha 

Mira los anuncios de esta página y escucha la conversación entre el señor Núñez, Adriana y Felipe. Luego indica si cada descripción se refiere a la casa ideal de Adriana y Felipe, a la casa del anuncio° o al apartamento del anuncio.

| Frases | La casa ideal | La casa del anuncio | El apartamento del anuncio |
|---|---|---|---|
| Es barato. | ____ | ____ | ____ |
| Tiene cuatro alcobas. | ____ | ____ | ____ |
| Tiene una oficina. | ____ | ____ | ____ |
| Tiene un balcón. | ____ | ____ | ____ |
| Tiene una cocina moderna. | ____ | ____ | ____ |
| Tiene un jardín muy grande. | ____ | ____ | ____ |
| Tiene un patio. | ____ | ____ | ____ |

18G

### Bienes raíces

Se vende.
4 alcobas, 3 baños, cocina moderna, jardín con árboles frutales.
B/. 225.000

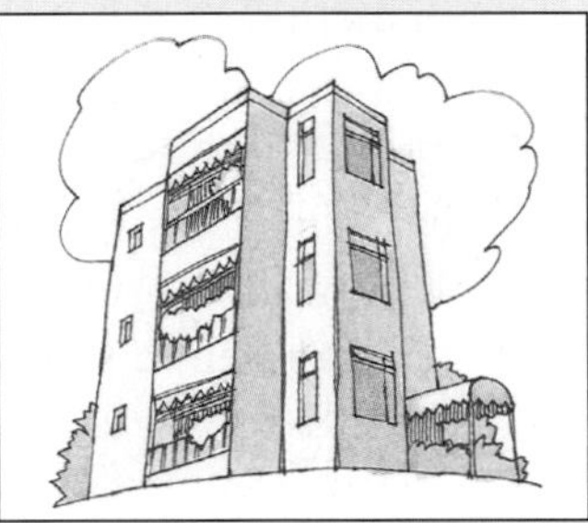

Se alquila.
2 alcobas, 1 baño.
Balcón. Urbanización Las Brisas. B/. 525

## Comprensión

**Preguntas**

1. ¿Cuál es la relación entre el señor Núñez, Adriana y Felipe? ¿Cómo lo sabes?
2. ¿Qué diferencia de opinión hay entre Adriana y Felipe sobre dónde quieren vivir?
3. Usa la información de los dibujos y la conversación para entender lo que dice Adriana al final. ¿Qué significa "todo a su debido tiempo"?

**Conversación** En parejas, túrnense para hacer y responder a las preguntas.

1. ¿Qué tienen en común el apartamento y la casa del anuncio con el lugar donde tú vives?
2. ¿Qué piensas de la recomendación del señor Núñez?
3. ¿Qué tipo de sugerencias te da tu familia sobre dónde vivir?
4. ¿Dónde prefieres vivir tú, en un apartamento o en una casa? Explica por qué.

anuncio *advertisement*

# Proyecto

## Diseña una casa de vacaciones

Imagina que quieres construir° una casa de vacaciones en Panamá. Vas a decidir dónde quieres construir la casa y cómo va a ser.

### 1 Escribe una carta al contratista

Escribe una carta detallada° al contratista de obras°, explicando dónde vas a construir la casa, cómo va a ser y los muebles que quieres para la casa. Primero usa los **Recursos para la investigación** para decidir en qué ciudad o región de Panamá quieres construir la casa. Busca fotos del lugar que escojas. Comienza la carta con el encabezamiento° "Estimado/a Sr./Sra...." y concluye con "Atentamente" antes de tu firma°. Tu carta al contratista de obras puede incluir la siguiente información:

- una descripción de la ubicación° de la casa (selva°, isla, valle°, con vistas al mar, etc.)
- una explicación del tipo de casa que quieres (cuántos pisos, de madera°, de cemento, etc.)
- un plano° que tú dibujaste, incluyendo el nombre de cada cuarto de la casa
- una descripción de los muebles que debe llevar cada cuarto

### 2 Presenta la información a tus compañeros

Reúnete con 3 ó 4 compañeros/as. Prepara fotos y/o un mapa para mostrar dónde vas a construir la casa. Usa el plano para describirles la casa y todos los detalles especiales, incluyendo los muebles.

**recursos para la investigación**

| | | | |
|---|---|---|---|
|  | **Internet** Palabras clave: Panamá, fotos, turismo, casas, bienes raíces |  | **Comunidad** Personas de Panamá, personas que saben de los estilos y materiales de construcción en Centroamérica |
|  | **Biblioteca** Mapas, enciclopedias, guías turísticas, revistas |  | **Otros recursos** revistas y folletos turísticos que se pueden recortar (*cut up*), anuncios de casas |

construir *to build* detallada *detailed* contratista de obras *building contractor* encabezamiento *salutation* firma *signature* ubicación *location* selva *forest; jungle* valle *valley* madera *wood* plano *floor plan*

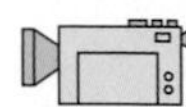

# Panamá

## El país en cifras

- **Área:** 78.200 km² (30.193 millas²), *aproximadamente el área de Carolina del Sur*
- **Población:** 1.773.000
- **Capital:** La ciudad de Panamá —1.299.000
- **Ciudades principales:** Colón —138.000, David —125.000

SOURCE: Population Division, UN Secretariat

- **Moneda:** balboa; Es equivalente al dólar estadounidense.

*En Panamá circulan los billetes de dólar estadounidense. El país centroamericano, sin embargo, acuña° sus propias monedas. "El peso" es una moneda grande equivalente a cincuenta centavos°. La moneda de cinco centavos es llamada frecuentemente "real".*

- **Idiomas:** español (oficial), chibcha, inglés

*La mayoría de los panameños es bilingüe. La lengua materna del 14% de los panameños es el inglés.*

Bandera de Panamá

Mujer kuna lavando una mola

Un turista disfruta del bosque tropical colgado de un cable.

COSTA RICA
Lago Gatún
Canal de Panamá
Islas San Blas
Bocas del Toro
Cordillera de San Blas
Colón
Río Chepo
Mar Caribe
Serranía de Tabasará
Ciudad de Panamá
David
Isla del Rey
Río Cobre
Océano Pacífico
Golfo de Panamá
Isla de Coiba

### Panameños célebres

- **Rod Carew,** beisbolista (1945– )
- **Mireya Moscoso,** política (1947– )
- **Rubén Blades,** músico y político (1948– )

Ruinas de un fuerte panameño

**recursos**

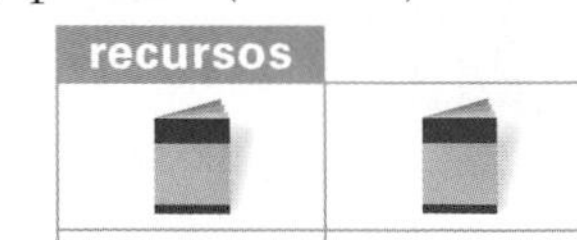

| WB | VM | I CD-ROM | vistahigher |
|---|---|---|---|
| pp. 145–146 | p. 271–272 | Lección 12 | learning.com |

acuña *mints* centavos *cents*
actualmente *currently*
peaje *toll* promedio *average*

### ¡Increíble pero cierto!

¿Conocías estos datos sobre el Canal de Panamá?

- Gracias al Canal de Panamá, el viaje en barco de Nueva York a Tokio es 3.000 millas más corto.
- Su construcción costó 639 millones de dólares.
- Actualmente° lo usan 38 barcos al día.
- El peaje° promedio° cuesta 40.000 dólares.

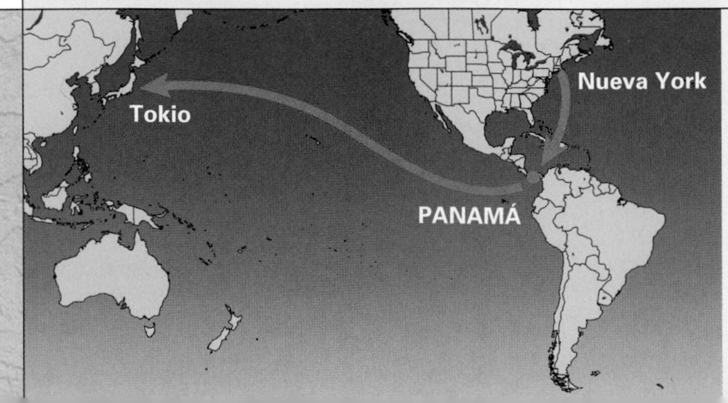

## Lugares • El Canal de Panamá

El Canal de Panamá conecta el océano Pacífico con el océano Atlántico. Se empezó a construir en 1903 y se terminó diez años después. Es la fuente° principal de ingresos° del país, gracias al dinero que se recibe de los más de 12.000 buques° que pasan anualmente por el canal.

## Artes • La mola

La mola es una forma de arte textil de los kunas, una tribu indígena que vive en las islas San Blas, en Panamá. Las molas se hacen con capas° y fragmentos de tela° de colores vivos°. Sus diseños son muchas veces abstractos, inspirados en las formas del coral. Las molas tradicionales son las más apreciadas y sus diseños son completamente geométricos. Antes sólo se usaban como ropa, pero hoy día también se usan para decorar las casas.

## Deportes • El buceo

Panamá, cuyo° nombre significa "lugar de muchos peces°", es un sitio excelente para los aficionados del buceo, el buceo con esnórkel y la pesca. Las playas en los dos lados del istmo°, el mar Caribe a un lado y el océano Pacífico al otro, son muy variadas. Unas están destinadas al turismo y otras tienen un gran valor° ecológico, por la diversidad de su vida marina, abundante en arrecifes° de coral. En la playa Bluff, por ejemplo, se pueden observar cuatro especies de tortugas° en peligro° de extinción.

COLOMBIA

Vista de la Ciudad de Panamá

**¿Qué aprendiste?** Responde a las preguntas con una frase completa.

1. ¿Cuál es la lengua materna del catorce por ciento de los panameños?
2. ¿A qué unidad monetaria (*monetary unit*) es equivalente el balboa?
3. ¿Qué océanos une el Canal de Panamá?
4. ¿Quién es Rubén Blades?
5. ¿Qué son las molas?
6. ¿Cómo son los diseños de las molas?
7. ¿Para qué se usaban las molas antes?
8. ¿Cómo son las playas de Panamá?
9. ¿Qué significa "Panamá"?

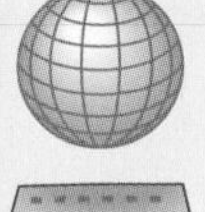

**Conexión Internet** Investiga estos temas en el sitio **www.vistahigherlearning.com.**

1. Investiga la historia de las relaciones entre Panamá y los Estados Unidos y la decisión de devolver (*give back*) el Canal de Panamá. ¿Estás de acuerdo con la decisión? Explica tu opinión.
2. Investiga los kunas u otro grupo indígena de Panamá. ¿En qué partes del país viven? ¿Qué lenguas hablan? ¿Cómo es su cultura?

fuente *source* ingresos *income* buques *ships* capas *layers* tela *fabric* vivos *bright* cuyo *whose* peces *fish* istmo *isthmus* valor *value* arrecifes *reefs* tortugas *turtles* peligro *danger*

## Las viviendas

| | |
|---|---|
| **las afueras** | *suburbs; outskirts* |
| **el alquiler** | *rent (payment)* |
| **el ama (*m., f.*) de casa** | *housekeeper; caretaker* |
| **el barrio** | *neighborhood* |
| **el edificio de apartamentos** | *apartment building* |
| **el/la vecino/a** | *neighbor* |
| **la vivienda** | *housing* |
| **alquilar** | *to rent* |
| **mudarse** | *to move (from one house to another)* |

## Los cuartos y otros lugares

| | |
|---|---|
| **la alcoba, el dormitorio** | *bedroom* |
| **el altillo** | *attic* |
| **el balcón** | *balcony* |
| **la cocina** | *kitchen* |
| **el comedor** | *dining room* |
| **el cuarto** | *room* |
| **la entrada** | *entrance* |
| **la escalera** | *stairs; stairway* |
| **el garaje** | *garage* |
| **el jardín** | *garden; yard* |
| **la oficina** | *office* |
| **el pasillo** | *hallway* |
| **el patio** | *patio; yard* |
| **la sala** | *living room* |
| **el sótano** | *basement; cellar* |

## Los muebles y otras cosas

| | |
|---|---|
| **la alfombra** | *carpet; rug* |
| **la almohada** | *pillow* |
| **el armario** | *closet* |
| **el cartel** | *poster* |
| **la cómoda** | *chest of drawers* |
| **las cortinas** | *curtains* |
| **el cuadro** | *picture* |
| **el estante** | *bookcase; bookshelves* |
| **la lámpara** | *lamp* |
| **la luz** | *light; electricity* |
| **la manta** | *blanket* |
| **la mesita** | *end table* |
| **la mesita de noche** | *night stand* |
| **los muebles** | *furniture* |
| **la pared** | *wall* |
| **la pintura** | *painting; picture* |
| **el sillón** | *armchair* |
| **el sofá** | *couch; sofa* |

## Los electrodomésticos

| | |
|---|---|
| **la cafetera** | *coffee maker* |
| **la cocina, la estufa** | *stove* |
| **el congelador** | *freezer* |
| **el electrodoméstico** | *electric appliance* |
| **el horno (de microondas)** | *(microwave) oven* |
| **la lavadora** | *washing machine* |
| **el lavaplatos** | *dishwasher* |
| **el refrigerador** | *refrigerator* |
| **la secadora** | *clothes dryer* |
| **la tostadora** | *toaster* |

## La mesa

| | |
|---|---|
| **la copa** | *wineglass; goblet* |
| **la cuchara** | *(table or large) spoon* |
| **el cuchillo** | *knife* |
| **el plato** | *plate* |
| **la servilleta** | *napkin* |
| **la taza** | *cup* |
| **el tenedor** | *fork* |
| **el vaso** | *glass* |

## Los quehaceres domésticos

| | |
|---|---|
| **arreglar** | *to neaten; to straighten up* |
| **barrer el suelo** | *to sweep the floor* |
| **cocinar** | *to cook* |
| **ensuciar** | *to get (something) dirty* |
| **hacer la cama** | *to make the bed* |
| **hacer quehaceres domésticos** | *to do household chores* |
| **lavar (el suelo, los platos)** | *to wash (the floor, the dishes)* |
| **limpiar la casa** | *to clean the house* |
| **pasar la aspiradora** | *to vacuum* |
| **planchar la ropa** | *to iron the clothes* |
| **poner la mesa** | *to set the table* |
| **quitar la mesa** | *to clear the table* |
| **sacar la basura** | *to take out the trash* |
| **sacudir los muebles** | *to dust the furniture* |

## Verbos y expresiones verbales

| | |
|---|---|
| **aconsejar** | *to advise* |
| **insistir (en)** | *to insist (on)* |
| **mandar** | *to order* |
| **recomendar (e:ie)** | *to recommend* |
| **rogar (o:ue)** | *to beg; to plead* |
| **sugerir (e:ie)** | *to suggest* |
| **Es bueno que...** | *It's good that...* |
| **Es importante que...** | *It's important that...* |
| **Es malo que...** | *It's bad that...* |
| **Es mejor que...** | *It's better that...* |
| **Es necesario que...** | *It's necessary that...* |
| **Es urgente que...** | *It's urgent that...* |

| | |
|---|---|
| **Relative pronouns** | *See page 370.* |
| **Expresiones útiles** | *See page 367.* |

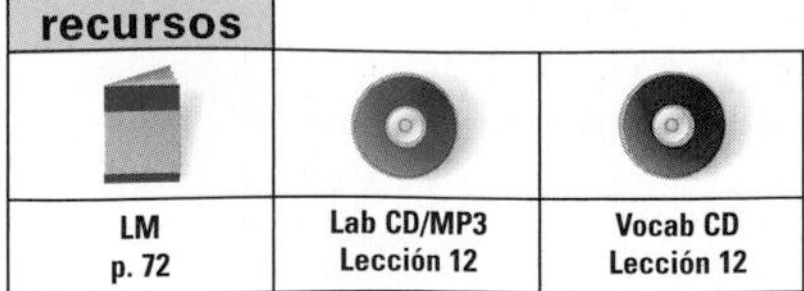

# La naturaleza

# 13

## Communicative Goals

*You will learn how to:*

- Talk about and discuss the environment
- Express your beliefs and opinions about issues

**A PRIMERA VISTA**

- ¿Son estas personas excursionistas?
- ¿Es importante que usen zapatos deportivos?
- ¿Se llevan bien o mal?
- ¿Se divierten o no?

# La naturaleza

## Más vocabulario

| | |
|---|---|
| **el animal** | *animal* |
| **el bosque (tropical)** | *(tropical; rain) forest* |
| **el desierto** | *desert* |
| **la naturaleza** | *nature* |
| **la planta** | *plant* |
| **la región** | *region; area* |
| **la selva, la jungla** | *jungle* |
| **la tierra** | *land; soil* |
| **el cielo** | *sky* |
| **la estrella** | *star* |
| **la luna** | *moon* |
| **el mundo** | *world* |
| **la conservación** | *conservation* |
| **la contaminación (del aire; del agua)** | *(air; water) pollution* |
| **la deforestación** | *deforestation* |
| **la ecología** | *ecology* |
| **el ecoturismo** | *ecotourism* |
| **la energía (nuclear; solar)** | *(nuclear; solar) energy* |
| **la extinción** | *extinction* |
| **la lluvia (ácida)** | *(acid) rain* |
| **el medio ambiente** | *environment* |
| **el peligro** | *danger* |
| **el recurso natural** | *natural resource* |
| **la solución** | *solution* |
| **el gobierno** | *government* |
| **la ley** | *law* |
| **la población** | *population* |
| **puro/a** | *pure* |

## Variación léxica

césped ←→ pasto (*Perú*); grama (*Venez., Col.*); zacate (*Méx.*)

**recursos**

| TEXT CD | WB | LM | Lab CD/MP3 | I CD-ROM | Vocab CD |
|---|---|---|---|---|---|
| Lección 13 | pp. 149–150 | p. 73 | Lección 13 | Lección 13 | Lección 13 |

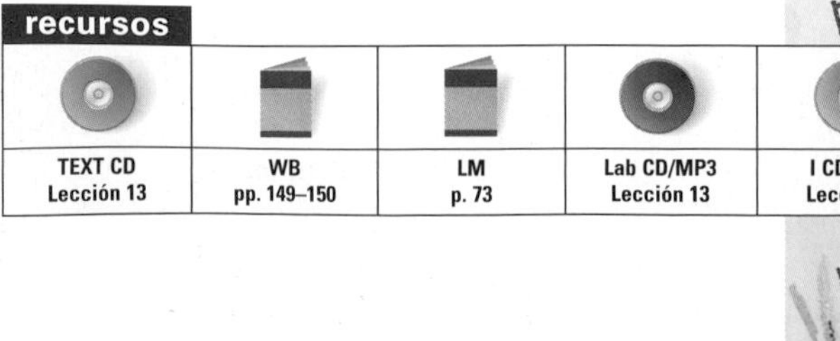

el ave, el pájaro
el cráter
el volcán
el pez
la vaca
el árbol
el césped, la hierba
el perro
el gato

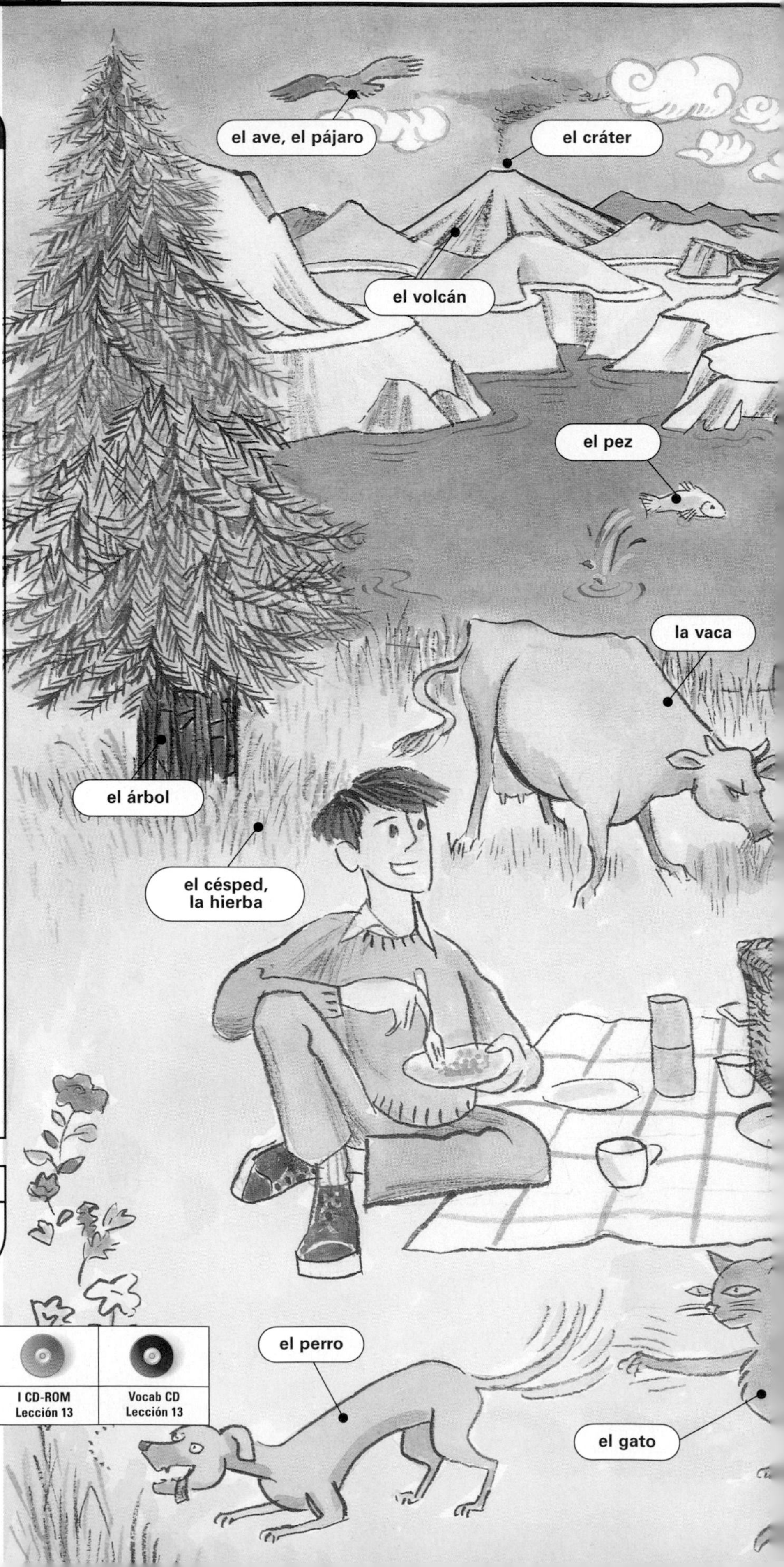

la nube
el sol
el valle
el sendero
el lago
la piedra
el río
la flor

# Práctica

**1** **Escuchar** Mientras escuchas las frases, anota los sustantivos (*nouns*) que se refieren a las plantas, los animales, la tierra y el cielo.

| Plantas | Animales | Tierra | Cielo |
|---|---|---|---|
| ________ | ________ | ________ | ________ |
| ________ | ________ | ________ | ________ |
| ________ | ________ | ________ | ________ |

**2** **Seleccionar** Selecciona la palabra que no está relacionada con cada grupo.

1. estrella • gobierno • luna • sol
2. gatos • peces • perros • hierba
3. contaminación • extinción • ecoturismo • deforestación
4. lago • río • mar • peligro •
5. vaca • gato • pájaro • población
6. conservación • lluvia ácida • ecología • recurso natural
7. cielo • cráter • aire • nube
8. desierto • solución • selva • bosque
9. nube • cielo • lluvia • piedra
10. flor • césped • sendero • árbol

**3** **Definir** Trabaja con un(a) compañero/a para definir o describir cada palabra. Sigue el modelo.

*modelo*
**Estudiante 1:** *¿Qué es el cielo?*
**Estudiante 2:** *El cielo está sobre la tierra y tiene nubes.*

1. la población
2. un valle
3. la lluvia
4. la naturaleza
5. un desierto
6. la extinción
7. la ecología
8. un sendero

**4** **Describir** Trabajen en parejas para describir las siguientes fotos.

## El reciclaje

### Más vocabulario

| | |
|---|---|
| **cazar** | *to hunt* |
| **conservar** | *to conserve* |
| **contaminar** | *to pollute* |
| **controlar** | *to control* |
| **cuidar** | *to take care of* |
| **dejar de (+ *inf.*)** | *to stop (doing something)* |
| **desarrollar** | *to develop* |
| **descubrir** | *to discover* |
| **destruir** | *to destroy* |
| **estar afectado/a (por)** | *to be affected (by)* |
| **estar contaminado/a** | *to be polluted* |
| **evitar** | *to avoid* |
| **mejorar** | *to improve* |
| **proteger** | *to protect* |
| **reducir** | *to reduce* |
| **resolver (o:ue)** | *to resolve; to solve* |
| **respirar** | *to breathe* |

**5** **Completar** Selecciona la palabra o la expresión adecuada para completar cada frase.

| | | |
|---|---|---|
| contaminar | se desarrollaron | resolver |
| controlan | descubrir | recoger |
| destruyen | están afectadas | cuidan |
| reciclamos | proteger | mejoramos |

1. Si vemos basura en las calles, la debemos __________.
2. Los científicos trabajan para __________ nuevas soluciones.
3. Es necesario que todos trabajemos juntos para __________ los problemas del medio ambiente.
4. Debemos __________ el medio ambiente porque hoy día está en peligro.
5. Muchas leyes nuevas __________ el número de árboles que se puede cortar (*cut down*).
6. Las primeras civilizaciones __________ cerca de los ríos y los mares.
7. Todas las personas del mundo __________ por la contaminación.
8. Los turistas deben tener cuidado de no __________ las regiones que visitan.
9. Podemos conservar los recursos si __________ el aluminio, el vidrio y el plástico.
10. La lluvia ácida, la contaminación y la deforestación __________ el medio ambiente.

# Comunicación

6

**¿Es importante?** Lee el siguiente párrafo y después contesta las preguntas con un(a) compañero/a.

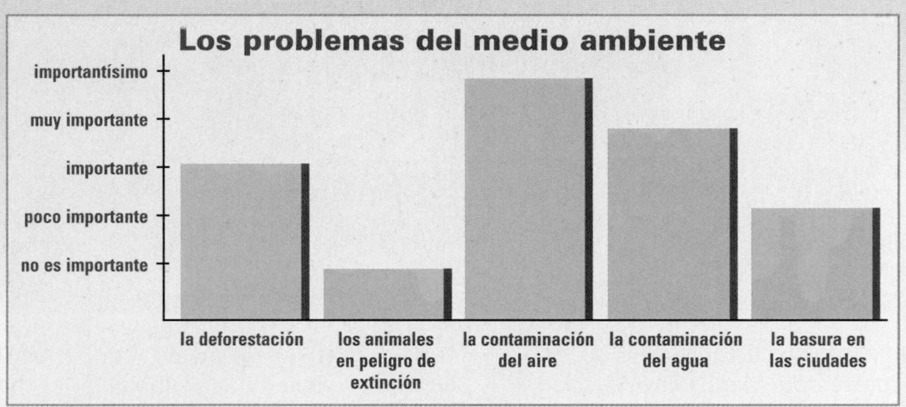


**Para celebrar El día de la tierra**, una estación de radio colombiana hizo una pequeña encuesta (*survey*) entre estudiantes universitarios, donde les preguntaron sobre los problemas del medio ambiente. Se les preguntó cuáles creían que eran los cinco problemas más importantes del medio ambiente. Ellos también tenían que decidir el orden de importancia de estos problemas, del uno al cinco.

Los resultados probaron (*proved*) que la mayoría de los estudiantes están preocupados por la contaminación del aire. Muchos mencionaron que no hay aire puro en las ciudades. El problema número dos para los estudiantes es que los ríos y los lagos están afectados por la contaminación. La deforestación quedó como el problema número tres, la basura en las ciudades el número cuatro y los animales en peligro de extinción el número cinco.

1. ¿Según la encuesta, qué problema consideran más grave? ¿Qué problema consideran menos grave?
2. ¿Cómo creen que se puede evitar o resolver el problema más importante?
3. ¿Es necesario resolver el problema menos importante? ¿Por qué?
4. ¿Consideran ustedes que existen los mismos problemas en su comunidad? Den algunos ejemplos.

7

**Situaciones** Trabajen en grupos pequeños para representar las siguientes situaciones.

1. Un(a) representante de una agencia ambiental (*environmental*) habla con el/la presidente/a de una compañía industrial que está contaminando un río o el aire.
2. Un(a) guía de ecoturismo habla con un grupo sobre cómo disfrutar (*enjoy*) de la naturaleza y conservar el medio ambiente.
3. Un(a) representante de la universidad habla con un grupo de nuevos estudiantes sobre la campaña (*campaign*) ambiental de la universidad y trata de reclutar (*tries to recruit*) miembros para un club que trabaja para la protección del medio ambiente.

8

**Escribir una carta** Trabajen en parejas para escribir una carta a una empresa real o imaginaria que esté contaminando el medio ambiente. Expliquen las consecuencias que sus acciones van a tener para el medio ambiente. Sugiéranle algunas ideas para que solucionen el problema. Utilicen por lo menos diez palabras de **Contextos**.

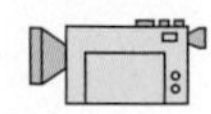

# ¡Qué paisaje más hermoso!

**Martín y los estudiantes visitan el sendero en las montañas.**

PERSONAJES

MAITE

INÉS

DON FRANCISCO

ÁLEX

JAVIER

MARTÍN

**DON FRANCISCO** Chicos, les presento a Martín Dávalos, el guía de la excursión. Martín, nuestros pasajeros—Maite, Javier, Inés y Álex.

**MARTÍN** Mucho gusto. Voy a llevarlos al área donde vamos a ir de excursión mañana. ¿Qué les parece?

**ESTUDIANTES** ¡Sí! ¡Vamos!

**MAITE** ¡Qué paisaje más hermoso!

**INÉS** No creo que haya lugares más bonitos en el mundo.

**JAVIER** Entiendo que mañana vamos a cruzar un río. ¿Está contaminado?

**MARTÍN** En las montañas el río no parece estar afectado por la contaminación. Cerca de las ciudades, sin embargo, el río tiene bastante contaminación.

**ÁLEX** ¡Qué aire tan puro se respira aquí! No es como en la Ciudad de México... Tenemos un problema gravísimo de contaminación.

**MARTÍN** A menos que resuelvan ese problema, los habitantes van a sufrir muchas enfermedades en el futuro.

**INÉS** Creo que todos debemos hacer algo para proteger el medio ambiente.

**MAITE** Yo creo que todos los países deben establecer leyes que controlen el uso de automóviles.

**recursos**

| V CD-ROM Lección 13 | VM pp. 237–238 | I CD-ROM Lección 13 |
|---|---|---|

**MARTÍN** Esperamos que ustedes se diviertan mucho, pero es necesario que cuiden la naturaleza.

**JAVIER** Se pueden tomar fotos, ¿verdad?

**MARTÍN** Sí, con tal de que no toques las flores o las plantas.

**ÁLEX** ¿Hay problemas de contaminación en esta región?

**MARTÍN** La contaminación es un problema en todo el mundo. Pero aquí tenemos un programa de reciclaje. Si ves por el sendero botellas, papeles o latas, recógelos.

**JAVIER** Pero Maite, ¿tú vas a dejar de usar tu carro en Madrid?

**MAITE** Pues voy a tener que usar el metro... Pero tú sabes que mi coche es tan pequeñito... casi no contamina nada.

**INÉS** ¡Ven, Javier!

**JAVIER** ¡¡Ya voy!!

## Enfoque cultural El ecoturismo

La contaminación es un problema en todo el mundo, incluyendo los países hispanohablantes. Sin embargo (*However*), el ecoturismo enseña a los turistas y a los habitantes de las regiones turísticas la importancia de cuidar el medio ambiente. El ecoturismo es muy popular en los bosques tropicales de países como Costa Rica y Perú, donde hay animales y plantas que están en peligro de extinción. Gracias al ecoturismo, los dueños de las tiendas de estas zonas turísticas son sus mismos habitantes, lo cual evita que el turismo altere estas regiones.

## Expresiones útiles

### Talking about the environment

- ▶ **¿Hay problemas de contaminación en esta región?**
  *Are there problems with pollution in this region/area?*
- ▷ **La contaminación es un problema en todo el mundo.**
  *Pollution is a problem throughout the world.*

- ▶ **¿Está contaminado el río?**
  *Is the river polluted?*
- ▷ **En las montañas el río no parece estar afectado por la contaminación.**
  *In the mountains, the river does not seem to be affected by pollution.*
- ▷ **Cerca de las ciudades el río tiene bastante contaminación.**
  *Near the cities, the river is pretty polluted.*

- ▶ **¡Qué aire tan puro se respira aquí!**
  *The air you breathe here is so pure!*
- ▶ **Puedes tomar fotos, con tal de que no toques las plantas.**
  *You can take pictures, provided that you don't touch the plants.*
- ▶ **Es necesario que cuiden la naturaleza.**
  *It's necessary that you take care of nature/respect the environment.*
- ▶ **Tenemos un problema gravísimo de contaminación.**
  *We have an extremely serious problem with pollution.*
- ▶ **A menos que resuelvan el problema, los habitantes van a sufrir muchas enfermedades.**
  *Unless they solve the problem, the inhabitants are going to suffer many illnesses.*
- ▶ **Tenemos un programa de reciclaje.**
  *We have a recycling program.*
- ▶ **Si ves por el sendero botellas, papeles o latas, recógelos.**
  *If you see bottles, papers, or cans along the trail, pick them up.*

# Reacciona a la fotonovela

**1** **Seleccionar** Selecciona la respuesta más lógica para cada frase.

1. Martín va a llevar a los estudiantes al lugar donde van a __________.
   a. contaminar el río b. bailar c. ir de excursión
2. El río está más afectado por la contaminación __________.
   a. cerca de los bosques b. en las ciudades c. en las montañas
3. Martín quiere que los estudiantes __________.
   a. limpien los senderos b. descubran nuevos senderos c. no usen sus autos
4. La naturaleza está formada por __________.
   a. los ríos, las montañas y las leyes b. los animales, las latas y los ríos
   c. los lagos, los animales y las plantas
5. La contaminación del aire puede producir __________.
   a. problemas del estómago b. enfermedades respiratorias c. enfermedades mentales

**2** **Identificar** Identifica quién puede decir las siguientes frases. Puedes usar cada nombre más de una vez.

ÁLEX INÉS MAITE MARTÍN JAVIER

1. Es necesario que hagamos algo por el medio ambiente, ¿pero qué?
2. En mi ciudad es imposible respirar aire limpio. ¡Está muy contaminado!
3. En el futuro, a causa del problema de la contaminación, las personas van a tener problemas de salud.
4. El metro es una excelente alternativa al coche.
5. ¿Está limpio o contaminado el río?
6. Es importante reciclar latas y botellas.
7. De todos los lugares del mundo, me parece que éste es el mejor.
8. Como todo el mundo usa automóviles, debemos establecer leyes para controlar cómo y cuándo usarlos.

**NOTA CULTURAL**

En la capital de México existe la ley de "Hoy no circula" la cual controla el uso de **los automóviles**. Las personas no pueden manejar su carro un día a la semana. Por ejemplo, los automóviles con placas (*plates*) que terminan en 5 y 6 no pueden circular los lunes.

**3** **Preguntas** Responde a las siguientes preguntas usando la información de **Fotonovela**.

1. Según Martín, ¿qué es necesario que hagan los estudiantes? ¿Qué no pueden hacer?
2. ¿Qué problemas del medio ambiente mencionan Martín y los estudiantes?
3. ¿Qué cree Maite que deben hacer los países?
4. ¿Qué cosas se pueden reciclar? Menciona tres.
5. ¿Qué otro medio de transporte importante dice Maite que hay en Madrid?

**4** **El medio ambiente** En parejas, discutan algunos problemas ambientales y sus posibles soluciones. Usen las siguientes preguntas y frases en su conversación.

- ¿Hay problemas de contaminación donde vives?
- Tenemos un problema muy grave de contaminación de...
- ¿Cómo podemos resolver los problemas de la contaminación?

# Ortografía

## Los signos de puntuación

In Spanish, as in English, punctuation marks are important because they help you express your ideas in a clear, organized way.

**No podía ver las llaves. Las buscó por los estantes, las mesas, las sillas, el suelo; minutos después, decidió mirar por la ventana. Allí estaban...**

The **punto y coma** (;), the **tres puntos** (...), and the **punto** (.) are used in very similar ways in Spanish and English.

**Argentina, Brasil, Paraguay y Uruguay son miembros de Mercosur.**

In Spanish, the **coma** (,) is not used before **y** or **o** in a series.

**13,5%** **29,2°** **3.000.000** **$2.999,99**

In numbers, Spanish uses a **coma** where English uses a decimal point and a **punto** where English uses a comma.

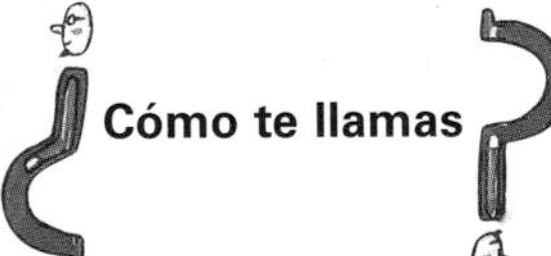


**¿Dónde está?** **¡Ven aquí!**

Questions in Spanish are preceded and followed by **signos de interrogación** (¿ ?), and exclamations are preceded and followed by **signos de exclamación** (¡ !).

**Práctica** Lee el párrafo e indica los signos de puntuación necesarios.

Ayer recibí la invitación de boda de Marta mi amiga colombiana inmediatamente empecé a pensar en un posible regalo fui al almacén donde Marta y su novio tenían una lista de regalos había de todo copas cafeteras tostadoras finalmente decidí regalarles un perro ya sé que es un regalo extraño pero espero que les guste a los dos

**¿Palabras de amor?** El siguiente diálogo tiene diferentes significados (*meanings*) dependiendo de los signos de puntuación que utilices y el lugar donde los pongas. Intenta encontrar los diferentes significados.

**JULIÁN** me quieres
**MARISOL** no puedo vivir sin ti
**JULIÁN** me quieres dejar
**MARISOL** no me parece mala idea
**JULIÁN** no eres feliz conmigo
**MARISOL** no soy feliz

**recursos**

| LM p. 74 | Lab CD/MP3 Lección 13 | I CD-ROM Lección 13 |
|---|---|---|

# 13.1 The subjunctive with verbs of emotion

**ANTE TODO** In the previous lesson, you learned how to use the subjunctive with expressions of will and influence. You will now learn how to use the subjunctive with verbs and expressions of emotion.

| Main clause | | Subordinate clause |
|---|---|---|
| Marta **espera** | que | yo **vaya** al lago este fin de semana. |

▶ When the verb in the main clause of a sentence expresses an emotion or feeling such as hope, fear, joy, pity, surprise, etc., the subjunctive is required in the subordinate clause.

**Nos alegramos de** que te **gusten** las flores.
*We are happy that you like the flowers.*

**Siento** que tú no **puedas** venir mañana.
*I'm sorry that you can't come tomorrow.*

**Temo** que Ana no **pueda** ir mañana con nosotros.
*I'm afraid that Ana won't be able to go with us tomorrow.*

Le **sorprende** que Juan **sea** tan joven.
*It surprises him that Juan is so young.*

Esperamos que ustedes se diviertan mucho en la excursión.

Es triste que tengamos un problema grave de contaminación en la Ciudad de México.

**recursos**

WB pp. 151–156

LM pp. 75–77

Lab CD/MP3 Lección 13

I CD-ROM Lección 13

vistahigher learning.com

### Common verbs and expressions of emotion

| | | | |
|---|---|---|---|
| **alegrarse (de)** | *to be happy* | **tener miedo (de)** | *to be afraid (of)* |
| **esperar** | *to hope; to wish* | **es extraño** | *it's strange* |
| **gustar** | *to be pleasing; to like* | **es una lástima** | *it's a shame* |
| **molestar** | *to bother* | **es ridículo** | *it's ridiculous* |
| **sentir** (e:ie) | *to be sorry; to regret* | **es terrible** | *it's terrible* |
| **sorprender** | *to surprise* | **es triste** | *it's sad* |
| **temer** | *to be afraid; to fear* | **ojalá (que)** | *I hope (that); I wish (that)* |

**CONSÚLTALO**

Certain verbs of emotion like **gustar**, **molestar**, and **sorprender** require indirect object pronouns. For more examples, see **Estructura 7.4**, pp. 220–221.

**Me molesta** que la gente no **recicle** el plástico.
*It bothers me that people don't recycle plastic.*

**Es triste** que **tengamos** problemas con la deforestación.
*It's sad that we have problems with deforestation.*

- As with expressions of will and influence, the infinitive, not the subjunctive, is used after an expression of emotion when there is no change of subject from the main clause to the subordinate clause. Compare these sentences.

Temo **llegar** tarde.
*I'm afraid I'll arrive late.*

Temo que mi novio **llegue** tarde.
*I'm afraid my boyfriend will arrive late.*

- The expression **ojalá (que)** means *I hope* or *I wish,* and it is always followed by the subjunctive. Note that the use of **que** with this expression is optional.

**Ojalá (que) se conserven** nuestros recursos naturales.
*I hope (that) our natural resources will be conserved.*

**Ojalá (que) recojan** la basura hoy.
*I hope (that) they collect the garbage today.*

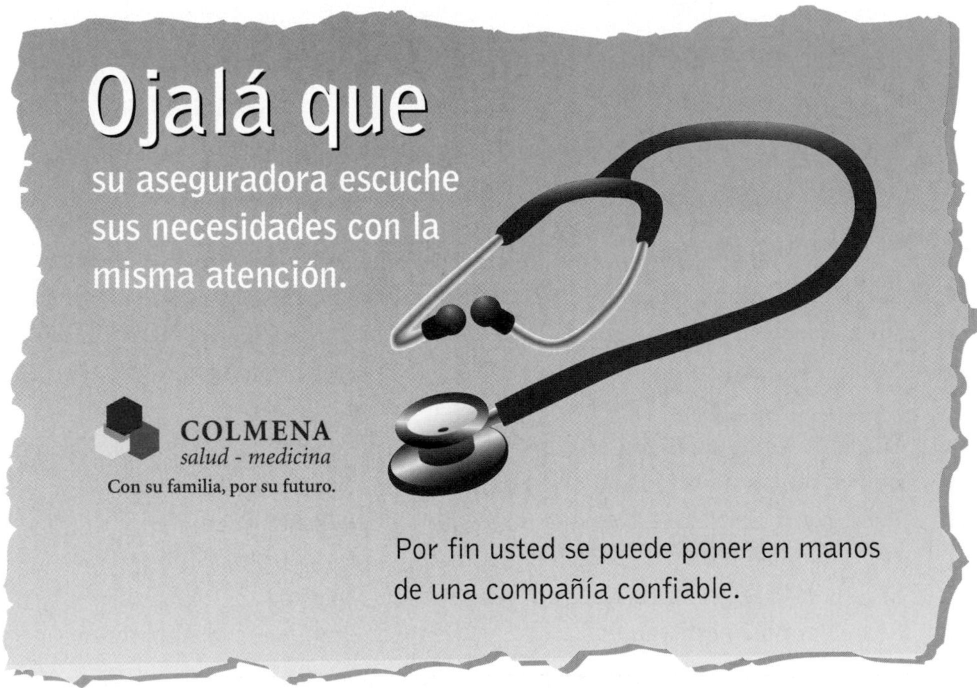


**¡INTÉNTALO!** Completa las oraciones con las formas correctas de los verbos.

1. Ojalá que ellos descubran (descubrir) nuevas formas de energía.
2. Espero que Ana nos ________ (ayudar) a recoger la basura en la carretera.
3. Es una lástima que la gente no ________ (reciclar) más.
4. Esperamos ________ (proteger) el aire de nuestra comunidad.
5. Me alegro de que mis amigos ________ (querer) conservar la naturaleza.
6. A mis padres les gusta que nosotros ________ (participar) en programas de conservación.
7. Es malo ________ (contaminar) el medio ambiente.
8. Espero que tú ________ (venir) a la reunión (*meeting*) del Club de Ecología.
9. Siento que nuestras ciudades ________ (estar) afectadas por la contaminación.
10. Ojalá que yo ________ (poder) hacer algo para reducir la contaminación.

# Práctica

1 **Completar** Completa el diálogo con palabras de la lista. Compara tus respuestas con las de un(a) compañero/a.

Bogotá, Colombia

| | | |
|---|---|---|
| alegro | molesta | salga |
| encuentren | ojalá | tengo miedo de |
| estén | puedan | vayan |
| lleguen | reduzcan | visitar |

**OLGA** Me alegro de que Adriana y Raquel (1)__________ a Colombia. ¿Van a estudiar?

**SARA** Sí. Es una lástima que (2)__________ una semana tarde. Ojalá que la universidad las ayude a buscar casa. (3)__________ que no consigan dónde vivir.

**OLGA** Me (4)__________ que seas tan pesimista, pero sí, yo también espero que (5)__________ gente simpática y que hablen mucho español.

**SARA** Sí, ojalá. Van a hacer un estudio sobre la deforestación en las costas. Es triste que en tantos países los recursos naturales (6)__________ en peligro.

**OLGA** Pues, me (7)__________ de que no se queden mucho en la capital por la contaminación. (8)__________ tengan tiempo de viajar por el país.

**SARA** Sí, espero que (9)__________ por lo menos ir a la costa. Sé que también esperan (10)__________ la Catedral de Sal de Zipaquirá.

**NOTA CULTURAL**

Los principales factores que determinan la temperatura de **Bogotá, Colombia** son su proximidad al ecuador y su altitud, 2.650 metros (8.660 pies) sobre el nivel (*level*) del mar. Con un promedio (*average*) de 14.5° C (58° F), Bogotá disfruta de un clima templado (*mild*) durante la mayor parte del año. Hay, sin embargo, variaciones considerables durante el día (18° C) y la noche (9° C).

2 **Transformar** Transforma los siguientes elementos en frases completas para formar un diálogo entre Juan y la madre de Raquel. Añade palabras si es necesario. Luego, con un(a) compañero/a, presenta el diálogo a la clase.

1. Juan, / esperar / (tú) escribirle / Raquel. / Ser / tu / novia. / Ojalá / no / sentirse / sola
2. molestarme / (Ud.) decirme / lo que / tener / hacer. / Ahora / mismo / le / estar / escribiendo
3. alegrarme / oírte / decir / eso. / Ser / terrible / estar / lejos / cuando / nadie / recordarte
4. señora, / ¡yo / tener / miedo / (ella) no recordarme / mí! / Ser / triste / estar / sin / novia
5. ser / ridículo / (tú) sentirte / así. / Tú / saber / ella / querer / casarse / contigo
6. ridículo / o / no, / sorprenderme / (todos) preocuparse / ella / y / (nadie) acordarse / mí

# Comunicación

3 

**Comentar** En parejas, túrnense para formar oraciones sobre su ciudad, sus clases, su gobierno o algún otro tema, usando expresiones como **me alegro de que, temo que** y **es extraño que.** Luego reaccionen a los comentarios de su compañero/a.

*modelo*

**Estudiante 1:** Me alegro de que vayan a limpiar el río.
**Estudiante 2:** Yo también. Me preocupa que el agua del río esté tan sucia.

4

**Contestar** Lee el mensaje electrónico que Raquel le escribió a su novio Juan. Luego, en parejas, contesten el mensaje usando expresiones como **me sorprende que, me molesta que** y **es una lástima que.**

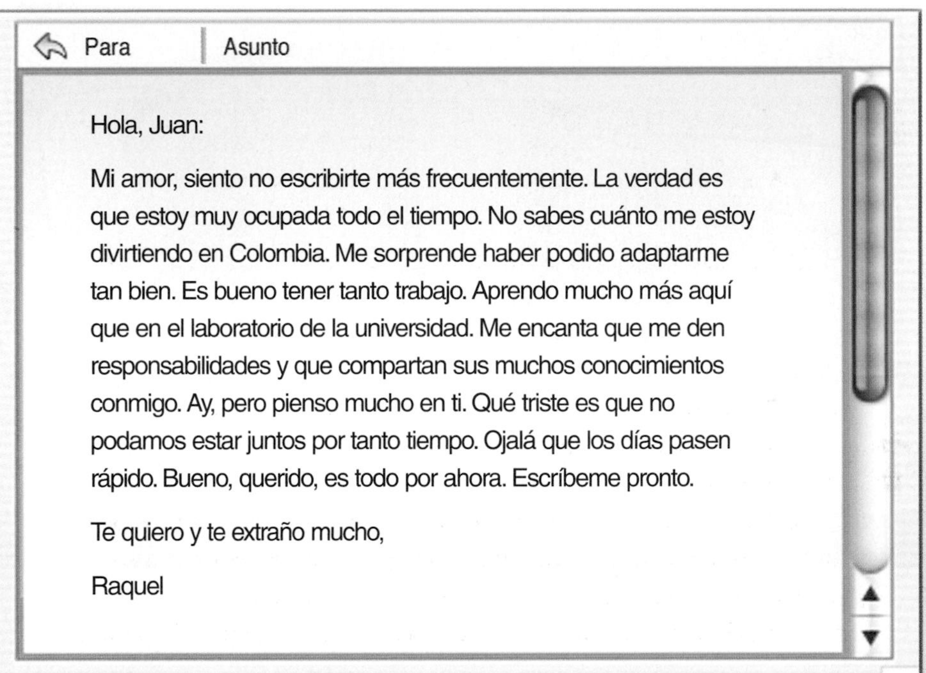

Para | Asunto

Hola, Juan:

Mi amor, siento no escribirte más frecuentemente. La verdad es que estoy muy ocupada todo el tiempo. No sabes cuánto me estoy divirtiendo en Colombia. Me sorprende haber podido adaptarme tan bien. Es bueno tener tanto trabajo. Aprendo mucho más aquí que en el laboratorio de la universidad. Me encanta que me den responsabilidades y que compartan sus muchos conocimientos conmigo. Ay, pero pienso mucho en ti. Qué triste es que no podamos estar juntos por tanto tiempo. Ojalá que los días pasen rápido. Bueno, querido, es todo por ahora. Escríbeme pronto.

Te quiero y te extraño mucho,

Raquel

**AYUDA**

**Echar de menos (a alguien)** and **extrañar (a alguien)**, are two ways of saying *to miss* (*someone*).

# Síntesis

5    

**No te preocupes** Estás muy preocupado/a por los problemas del medio ambiente y le comentas a tu compañero/a todas tus preocupaciones. Él/ella va a darte la solución adecuada para tus preocupaciones. Su profesor(a) les va a dar una hoja distinta a cada uno con la información necesaria para completar la actividad.

*modelo*

**Estudiante 1:** Me molesta que las personas tiren basura en las calles.
**Estudiante 2:** Por eso es muy importante que los políticos hagan leyes para conservar las ciudades limpias.

# 13.2 The subjunctive with doubt, disbelief, and denial

Just as the subjunctive is required with expressions of emotion, influence, and will, it is also used with expressions of doubt, disbelief, and denial.

- The subjunctive is always used in a subordinate clause when there is a change of subject and the expression in the main clause implies negation or uncertainty.

- Here is a list of some common expressions of doubt, disbelief, or denial.

**Expressions of doubt, disbelief, or denial**

| | | | |
|---|---|---|---|
| **dudar** | *to doubt* | **no es seguro** | *it's not certain* |
| **negar** (e:ie) | *to deny* | **no es verdad** | *it's not true* |
| **no creer** | *not to believe* | **es imposible** | *it's impossible* |
| **no estar seguro/a (de)** | *not to be sure* | **es improbable** | *it's improbable* |
| **no es cierto** | *it's not true; it's not certain* | **(no) es posible** | *it's (not) possible* |
| | | **(no) es probable** | *it's (not) probable* |

El gobierno **niega** que el agua **esté** contaminada.
*The government denies that the water is contaminated.*

**Dudo** que el gobierno **resuelva** el problema.
*I doubt that the government will solve the problem.*

**Es probable** que **haya** menos bosques y selvas en el futuro.
*It's probable that there will be fewer forests and jungles in the future.*

**No es verdad** que mi hermano **estudie** ecología.
*It's not true that my brother studies ecology.*

**¡LENGUA VIVA!**

In English, the expression *it is probable* indicates a fairly high degree of certainty. In Spanish, however, **es probable** implies uncertainty and therefore triggers the subjunctive in the subordinate clause: **Es muy probable que venga Elena.**

▶ The indicative is used in a subordinate clause when there is no doubt or uncertainty in the main clause. Here is a list of some expressions of certainty.

### Expressions of certainty

| | | | |
|---|---|---|---|
| **no dudar** | *not to doubt* | **estar seguro/a (de)** | *to be sure* |
| **no cabe duda de** | *there is no doubt* | **es cierto** | *it's true; it's certain* |
| **no hay duda de** | *there is no doubt* | **es seguro** | *it's certain* |
| **no negar** (e:ie) | *not to deny* | **es verdad** | *it's true* |
| **creer** | *to believe* | **es obvio** | *it's obvious* |

**No negamos** que **hay** demasiados carros en las carreteras.
*We don't deny that there are too many cars on the highways.*

**Es verdad** que Colombia **es** un país bonito.
*It's true that Colombia is a beautiful country.*

**No hay duda de** que el Amazonas **es** uno de los ríos más largos.
*There is no doubt that the Amazon is one of the longest rivers.*

**Es obvio** que los tigres **están** en peligro de extinción.
*It's obvious that tigers are in danger of extinction.*

▶ In affirmative sentences, the verb **creer** expresses belief or certainty, so it is followed by the indicative. In negative sentences, however, when doubt is implied, **creer** is followed by the subjunctive.

**No creo** que **haya** vida en el planeta Marte.
*I don't believe that there is life on the planet Mars.*

**Creo** que **debemos** usar exclusivamente la energía solar.
*I believe we should use solar energy exclusively.*

▶ The expressions **quizás** and **tal vez** are usually followed by the subjunctive because they imply doubt about something.

**Quizás haga** sol mañana.
*Perhaps it will be sunny tomorrow.*

**Tal vez veamos** la luna esta noche.
*Perhaps we will see the moon tonight.*

**¡INTÉNTALO!** Completa estas frases con la forma correcta del verbo.

1. Dudo que ellos trabajen (trabajar).
2. Es cierto que él ________ (comer) mucho.
3. Es imposible que ellos ________ (salir).
4. Es probable que ustedes ________ (ganar).
5. No creo que ella ________ (volver).
6. Es posible que nosotros ________ (ir).
7. Dudamos que tú ________ (reciclar).
8. Creo que ellos ________ (jugar) al fútbol.
9. No niego que ustedes ________ (estudiar).
10. Es posible que ella no ________ (venir) a casa.
11. Es probable que ellos ________ (dormir).
12. Es posible que Marta ________ (llamar).
13. Tal vez Juan no nos ________ (oír).
14. No es cierto que ellos nos ________ (ayudar).
15. Es obvio que Luis ________ (aburrirse).
16. Creo que Juana ________ (ir) a casarse.

# Práctica

**1** 

**Escoger** Escoge las respuestas correctas para completar el diálogo. Luego dramatiza el diálogo con un(a) compañero/a.

**RAÚL** Ustedes dudan que yo realmente (1)__________ (estudio/estudie). No niego que a veces me (2)__________ (divierto/divierta) demasiado, pero no cabe duda de que (3)__________ (tomo/tome) mis estudios en serio. Estoy seguro de que cuando me vean graduarme van a pensar de manera diferente. Creo que no (4)__________ (tienen/tengan) razón con sus críticas.

**PAPÁ** Es posible que tu mamá y yo no (5)__________ (tenemos/tengamos) razón. Es cierto que a veces (6)__________ (dudamos/dudemos) de ti. Pero no hay duda de que te (7)__________ (pasas/pases) toda la noche en Internet y oyendo música. No es nada seguro que (8)__________ (estás/estés) estudiando.

**RAÚL** Es verdad que (9)__________ (uso/use) mucho la computadora pero, ¡piensen! ¿No es posible que (10)__________ (es/sea) para buscar información para mis clases? ¡No hay duda de que Internet (11)__________ (es/sea) el mejor recurso del mundo! Es obvio que ustedes (12)__________ (piensan/piensen) que no hago nada, pero no es cierto.

**PAPÁ** No dudo que esta conversación nos (13)__________ (va/vaya) a ayudar. Pero tal vez esta noche (14)__________ (puedes/puedas) trabajar sin música. ¿Está bien?

**2**

**Dudas** Carolina es una chica que siempre miente. Expresa tus dudas sobre lo que Carolina está diciendo ahora. Usa las expresiones entre paréntesis para tus respuestas.

*modelo*

El próximo año mi familia y yo vamos de vacaciones por diez meses. (dudar)

*¡Ja! Dudo que vayan de vacaciones por ese tiempo. ¡Ustedes no son ricos!*

1. Estoy escribiendo una novela en español. (no creer)
2. Mi tía es la directora del *Sierra Club*. (no ser verdad)
3. Dos profesores míos juegan para los Osos *(Bears)* de Chicago. (ser imposible)
4. Mi mejor amiga conoce al chef Emeril. (no ser cierto)
5. Mi padre es dueño del Centro Rockefeller. (no ser posible)
6. Yo ya tengo un doctorado *(doctorate)* en lenguas. (ser improbable)

**AYUDA**

Some useful expressions to say that you don't believe someone:
**¡Qué va!**
**¡Imposible!**
**¡No te creo!**
**¡Es mentira!**

# Comunicación

**3**

**NOTA CULTURAL**

La asociación de **Mary Axtmann** trabaja para la conservación del bosque San Patricio. También ofrece conferencias sobre temas ambientales, hace un censo anual de pájaros y tiene un grupo de guías voluntarios. La comunidad hace todo el trabajo; la asociación no recibe ninguna ayuda del gobierno.

**Entrevista** En parejas, imaginen que trabajan para un periódico y que tienen que hacerle una entrevista a la conservacionista Mary Axtmann, la coordinadora del programa Ciudadanos Pro Bosque San Patricio, en Puerto Rico. Escriban seis preguntas para la entrevista después de leer las declaraciones de Mary Axtmann. Al final, inventen las respuestas de Axtmann.

## Declaraciones de Mary Axtmann:

**"...que el bosque es un recurso ecológico educativo para la comunidad."**

**"El bosque San Patricio es un pulmón (*lung*) que produce oxígeno para la ciudad."**

**"El bosque San Patricio está en medio de la ciudad de San Juan. Por eso digo que este bosque es una esmeralda (*emerald*) en un mar de concreto."**

**"El bosque pertenece (*belongs*) a la comunidad."**

**"Nosotros salvamos este bosque mediante la propuesta (*proposal*) y no la protesta."**

**4**

**AYUDA**

Here are some useful verbs for talking about plans:
**esperar** → *to hope*
**querer** → *to want*
**pretender** → *to intend*
**pensar** → *to plan*
Note that **pretender** and *pretend* are false cognates. To say *to pretend,* use the verb **fingir**.

**Adivinar** Escribe cinco oraciones sobre tu vida presente y futura. Cuatro deben ser falsas y sólo una debe ser cierta. Presenta tus oraciones al grupo. El grupo adivina *(guesses)* cuál es la oración cierta y expresa sus dudas sobre las oraciones falsas.

*modelo*

**Estudiante 1:** *Quiero irme un año a la selva a trabajar.*
**Estudiante 2:** *Dudo que te guste vivir en la selva.*
**Estudiante 3:** *En cinco años voy a ser presidente de los Estados Unidos.*
**Estudiante 2:** *No creo que seas presidente de los Estados Unidos en cinco años. ¡Tal vez en treinta!*

# Síntesis

**5**

**Intercambiar** En grupos, escriban un párrafo sobre los problemas del medio ambiente en su estado o en su comunidad. Compartan su párrafo con otro grupo, que va a ofrecer opiniones y soluciones. Luego presenten su párrafo, con las opiniones y soluciones del otro grupo, a la clase.

# 13.3 The subjunctive with conjunctions

**ANTE TODO** In both Spanish and English, conjunctions are words or phrases that connect other words and clauses in sentences. Certain conjunctions commonly introduce adverbial clauses, which describe *how, why, when,* and *where* an action takes place.

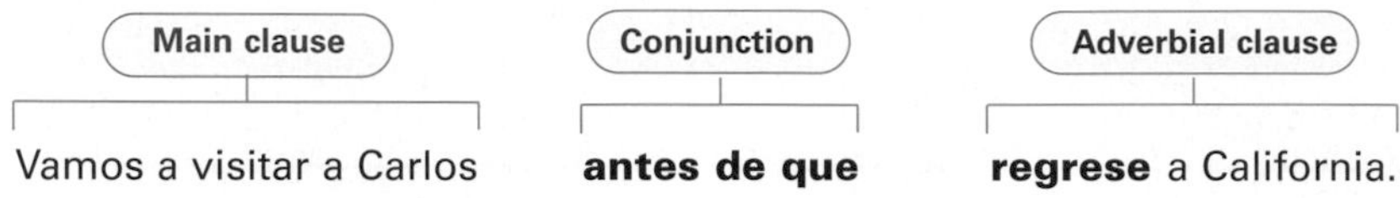

▶ The subjunctive is used to express a hypothetical situation, uncertainty as to whether an action or event will take place, or a condition that may or may not be fulfilled.

Voy a dejar un recado **en caso de que Gustavo me llame.**
*I'm going to leave a message in case Gustavo calls me.*

Voy al supermercado **para que tengas** algo de comer.
*I'm going to the store so that you'll have something to eat.*

▶ Here is a list of the conjunctions that always require the subjunctive.

**Conjunctions that require the subjunctive**

| | | | |
|---|---|---|---|
| **a menos que** | *unless* | **en caso (de) que** | *in case (that)* |
| **antes (de) que** | *before* | **para que** | *so that* |
| **con tal (de) que** | *provided that* | **sin que** | *without* |

Algunos animales van a morir **a menos que** haya leyes para protegerlos.
*Some animals are going to die unless there are laws to protect them.*

Ellos nos llevan a la selva **para que** veamos las plantas tropicales.
*They are taking us to the jungle so that we may see the tropical plants.*

▶ The infinitive is used after the prepositions **antes de, para,** and **sin** when there is no change of subject.

Te llamamos **antes de salir** de la casa.
*We will call you before leaving the house.*

Te llamamos mañana **antes de que salgas.**
*We will call you tomorrow before you leave.*

**¡ATENCIÓN!**

Note that while you may use a gerund with the English equivalent of these conjunctions, in Spanish you must use the subjunctive.
Ex: **Lo hacemos sin que nos lo pidan.**
*We do it without them (their) asking us.*

## Conjunctions with subjunctive or indicative

### Conjunctions used with subjunctive or indicative

| | | | |
|---|---|---|---|
| **cuando** | *when* | **hasta que** | *until* |
| **después de que** | *after* | **tan pronto como** | *as soon as* |
| **en cuanto** | *as soon as* | | |

- With the conjunctions above, use the subjunctive in the subordinate clause if the main clause expresses a future action or command.

  Vamos a resolver el problema **cuando desarrollemos** nuevas tecnologías.
  *We are going to solve the problem when we develop new technologies.*

  **Después de que** ustedes **tomen** sus refrescos, reciclen las botellas.
  *After you drink your soft drinks, recycle the bottles.*

- With these conjunctions, the indicative is used in the subordinate clause if the verb in the main clause expresses an action that habitually happens, or that happened in the past.

  Contaminan los ríos **cuando construyen** nuevos edificios.
  *They pollute the rivers when they build new buildings.*

  Contaminaron el río **cuando construyeron** ese edificio.
  *They polluted the river when they built that building.*

**¡INTÉNTALO!** Completa las oraciones con las formas correctas de los verbos.

1. Voy a estudiar ecología cuando vuelva (volver) a la universidad.
2. No podemos evitar la lluvia ácida a menos que todos ________ (trabajar) juntos.
3. No podemos conducir sin ________ (contaminar) el aire.
4. Siempre recogemos mucha basura cuando ________ (ir) al parque.
5. Elisa habló con el Presidente del Club de Ecología después de que ________ (terminar) la reunión.
6. Vamos de excursión para ________ (observar) los animales y plantas.
7. La contaminación va a ser un problema muy serio hasta que nosotros ________ (cambiar) nuestros sistemas de producción y transporte.
8. El gobierno debe crear más parques nacionales antes de que los bosques y ríos ________ (estar) completamente contaminados.
9. La gente recicla con tal de que no ________ (ser) difícil.

# Práctica

**1** **Completar** La señora Montero habla de una excursión que quiere hacer con su familia. Completa las oraciones con la forma correcta de cada verbo.

1. Voy a llevar a mis hijos al parque para que __________ (aprender) sobre la naturaleza.
2. Voy a pasar todo el día allí a menos que ________ (hacer) mucho frío.
3. En bicicleta podemos explorar el parque sin __________ (caminar) demasiado.
4. Vamos a bajar al cráter con tal de que no se __________ (prohibir).
5. Siempre llevamos al perro cuando __________ (ir) al parque.
6. No pensamos ir muy lejos en caso de que __________ (llover).
7. Vamos a almorzar a la orilla (*shore*) del río cuando nosotros __________ (terminar) de preparar la comida.
8. Mis hijos van a dejar todo limpio antes de __________ (salir) del parque.

**2** **Oraciones** Completa las siguientes oraciones de una manera lógica.

1. No podemos controlar la contaminación del aire a menos que…
2. Voy a reciclar los productos de papel y de vidrio en cuanto…
3. Debemos comprar coches eléctricos tan pronto como…
4. Protegemos los animales en peligro de extinción para que…
5. Mis amigos y yo vamos a recoger la basura de la universidad después de que…
6. No podemos desarrollar nuevas fuentes *(sources)* de energía sin…
7. Hay que eliminar la contaminación del agua para…
8. No podemos proteger la naturaleza sin que…

**3** **Organizaciones** En parejas, lean las descripciones de las organizaciones de conservación. Luego expresen en sus propias *(own)* palabras las opiniones de cada organización.

**Organización:**
**Fundación Río Orinoco**

**Problema:**
La destrucción de los ríos

**Solución:**
Programa para limpiar las orillas de los ríos y reducir la erosión y así proteger los ríos

**Organización:**
**Oficina de Turismo Internacional**

**Problema:**
Necesidad de mejorar la imagen del país en el mercado turístico internacional

**Solución:**
Plan para promover el ecoturismo en los 33 parques nacionales, usando agencias de publicidad e implementando un plan agresivo de conservación

**Organización:**
**Asociación Nabusimake-Pico Colón**

**Problema:**
Un lugar turístico popular en la Sierra Nevada, Santa Marta, necesita mejor mantenimiento

**Solución:**
Programa de voluntarios para limpiar y mejorar los senderos

**AYUDA**

Here are some expressions you can use as you do **Actividad 3**:

**Se puede evitar… con tal de que…**

**Es necesario… para que…**

**Debemos prohibir… antes de que…**

**No es posible… sin que…**

**Vamos a… tan pronto como…**

**A menos que… no vamos a…**

# Comunicación

4

**Preguntas** En parejas, túrnense para hacerse las siguientes preguntas.

1. ¿Qué haces cada noche antes de acostarte?
2. ¿Qué haces después de salir de la universidad?
3. ¿Qué hace tu familia para que puedas asistir a la universidad?
4. ¿Qué piensas hacer tan pronto como te gradúes?
5. ¿Qué quieres hacer mañana, a menos que haga mal tiempo?
6. ¿Qué haces en tus clases sin que los profesores lo sepan?

5

**Comparar** En parejas, comparen una actividad rutinaria que ustedes hacen con algo que van a hacer en el futuro. Usen palabras de la lista.

| | | | |
|---|---|---|---|
| antes de | después de que | hasta que | sin (que) |
| antes de que | en caso de que | para (que) | tan pronto como |

*modelo*

**Estudiante 1:** *El sábado vamos al lago. Tan pronto como volvamos, vamos a estudiar para el examen.*

**Estudiante 2:** *Todos los sábados llevo a mi primo al parque para que juegue. Pero el sábado que viene, con tal de que no llueva, lo voy a llevar a las montañas.*

# Síntesis

6

**Tres en raya (*Tic-Tac-Toe*)** Formen dos equipos. Una persona comienza una frase y otra persona de su equipo la termina usando palabras de la gráfica. El primer equipo que forme tres oraciones seguidas *(in a row)* gana el tres en raya. Hay que usar la conjunción o la preposición y el verbo correctamente. Si no, ¡no cuenta!

**¡LENGUA VIVA!**

***Tic-tac-toe*** has various names in the Spanish-speaking world, including **tres en raya, tres en línea, ta-te-ti, gato, la vieja,** and **triqui-triqui.**

*modelo*

*Equipo 1*

**Estudiante 1:** *Dudo que podamos eliminar la deforestación...*

**Estudiante 2:** *sin que nos ayude el gobierno.*

*Equipo 2*

**Estudiante 1:** *Creo que podemos conservar nuestros recursos naturales...*

**Estudiante 2:** *con tal de que todos hagamos algo para ayudar.*

| | | |
|---|---|---|
| cuando | con tal de que | para que |
| antes de que | para | sin que |
| hasta que | en caso de que | antes de |

# Lectura

## Antes de leer

### Estrategia
**Recognizing the purpose of a text**

When you are faced with an unfamiliar text, it is important to determine the writer's purpose. If you are reading an editorial in a newspaper, for example, you know that the journalist's objective is to persuade you of his or her point of view. Identifying the purpose of a text will help you better comprehend its meaning.

**Examinar el texto**

Utiliza las estrategias de lectura para familiarizarte con el texto. Después contesta las siguientes preguntas y compara tus respuestas con las de un(a) compañero/a.

- ¿De qué trata la lectura?°
- ¿Es una fábula°, un poema, un artículo de periódico...?
- ¿Cómo lo sabes?

**Predicciones**

Lee estas predicciones sobre la lectura e indica si estás de acuerdo° con ellas. Después compara tus opiniones con las de un(a) compañero/a.

1. La lectura trata del medio ambiente.
2. La autora se preocupa por la contaminación.
3. Habla de la naturaleza y de los seres humanos.
4. Tiene opiniones muy fuertes.

**Determinar el propósito**

Con un(a) compañero/a, hablen de los posibles propósitos° del texto. Consideren estas preguntas:

- ¿Qué te dice el género° del texto sobre los posibles propósitos del texto?
- ¿Piensas que el texto puede tener más de un propósito? ¿Por qué?

recursos

vistahigher learning.com

¿De qué trata la lectura? *What is the reading about?* fábula *fable* estás de acuerdo *you agree* propósitos *purposes* género *type*

# Todos contra la contaminación

Gloria Fuertes

*La escritora española Gloria Fuertes nació el 28 de julio de 1917 y murió en 1988. En 1950 publicó su primer libro de poesía y desde entonces escribió poemas para niños y para adultos. De 1960 a 1963 vivió en los Estados Unidos donde dio clases de literatura en varias universidades. A partir de los años setenta trabajó en programas para niños en Televisión Española.*

Que los hombres no manchen° los ríos.
Que los hombres no manchen el mar.
Que los niños no maltraten° los árboles.
Que los hombres no ensucien la ciudad.

(No quererse es lo que más contamina,
sobre el barco o bajo la mina°).

Que los tigres no tengan garras°,
que los países no tengan guerras°.

Que los niños no maten pájaros,
que los gatos no maten ratones°
y sobre todo, que los hombres
no maten hombres.

manchen *pollute* maltraten *mistreat* mina *mine*
garras *claws* guerras *wars* ratones *mice*

# Después de leer

## ¿Cierto o falso?

Indica si lo que se dice es **cierto** o **falso**. Corrige las afirmaciones falsas.

1. La autora cree que los hombres no manchan los ríos.
2. Ella piensa que las ciudades están limpias.
3. Ella quiere que los países no tengan guerras.
4. Según ella, es importante que los hombres no se maten.
5. Dice que los gatos no matan los ratones.

## Contestar

Contesta estas preguntas.

1. ¿Cuáles son tres de los problemas que menciona la poeta?
2. ¿Qué crees que quiere decir la poeta en los siguientes versos: "No quererse es lo que más contamina, sobre el barco o bajo la mina"?
3. ¿Tienen importancia las repeticiones en el poema? Explica por qué.
4. Explica qué significan para ti los últimos versos del poema.

## Ser poeta

En grupos, un(a) estudiante asume el papel de la poeta de "Todos contra la contaminación". Los/Las otros/as estudiantes le hacen preguntas sobre las ideas y los sentimientos expresados en su poema.

## Un grupo de poetas

El poema de Gloria Fuertes habla de algunos problemas del medio ambiente. En grupos pequeños escojan uno de los problemas mencionados y escriban un poema sobre ese tema. Altérnense para escribir un verso cada vez que sea su turno. Compartan su poema con la clase cuando lo terminen.

# Escritura

## Estrategia

### Considering audience and purpose

Writing always has a specific purpose. During the planning stages, a writer must determine to whom he or she is addressing the piece, and what he or she wants to express to the reader. Once you have defined both your audience and your purpose, you will be able to decide which genre, vocabulary, and grammatical structures will best serve your literary composition.

Let's say you want to share your thoughts on local traffic problems. Your audience can be either the local government or the community. You could choose to write a newspaper article, a letter to the editor, or a letter to the city's governing board. But first you should ask yourself these questions:

1. Are you going to comment on traffic problems in general, or are you going to point out several specific problems?
2. Are you simply intending to register a complaint?
3. Are you simply intending to inform others and increase public awareness of the problems?
4. Are you hoping to persuade others to adopt your point of view?
5. Are you hoping to inspire others to take concrete actions?

The answers to these questions will help you establish the purpose of your writing and determine your audience. Of course, your writing can have more than one purpose. For example, you may intend for your writing to both inform others of a problem and inspire them to take action.

## Tema

### Escribir una carta o un artículo

Escoge uno de los siguientes temas. Luego decide si vas a escribir una carta a un(a) amigo/a, una carta a un periódico, un artículo de periódico o de revista, etc.

1. Escribe sobre los programas que existen para proteger la naturaleza en tu comunidad. ¿Funcionan bien? ¿Participan todos los vecinos de tu comunidad en los programas? ¿Tienes dudas sobre el futuro del medio ambiente en tu comunidad?
2. Describe uno de los atractivos naturales de tu región. ¿Te sientes optimista sobre el futuro de tu región? ¿Qué están haciendo el gobierno y los ciudadanos° de tu región para proteger la naturaleza? ¿Es necesario hacer más?
3. Escribe sobre algún programa para proteger el medio ambiente a nivel° nacional. ¿Es un programa del gobierno o de una empresa° privada°? ¿Cómo funciona? ¿Quiénes participan? ¿Tienes dudas sobre el programa? ¿Crees que debe cambiarse o mejorarse? ¿Cómo?

**ciudadanos** *citizens* **nivel** *level* **empresa** *company* **privada** *private*

# Plan de escritura

**1** **Ideas y organización**

Toma unos minutos para contestar estas preguntas:

- ¿Cuál es el propósito° de tu composición?
- ¿Quién va a leer tu composición?
- Utiliza las estrategias de organización, como un mapa de ideas o un esquema°, para planear tu composición.

**2** **Primer borrador**

Utilizando tus apuntes° de **Ideas y organización,** escribe el primer borrador. No debes consultar el texto, los apuntes de clase ni el diccionario.

**3** **Comentario**

Intercambia el primer borrador con el de un(a) compañero/a. Lee su borrador y comparte tu análisis utilizando esta guía:

a. ¿Está claro el borrador? ¿Cuál es el propósito de la composición de tu compañero/a?
b. ¿Incluye toda la información pertinente?
c. ¿Está bien organizado el borrador?
d. ¿Es interesante?
e. ¿Hay errores gramaticales u ortográficos?

**4** **Redacción**

Revisa el primer borrador según las indicaciones de tu compañero/a. Si tu compañero/a tuvo dificultad en determinar el propósito de tu composición, repasa la sección de **Ideas y organización** antes de revisar tu borrador. Usa esta guía para hacer una última revisión antes de escribir la versión final:

a. Subraya° cada verbo para comprobar° la concordancia° de los verbos y los sujetos.
b. Revisa la concordancia de los sustantivos y los adjetivos en cada oración.
c. Revisa los pronombres para comprobar el uso correcto de cada uno.
d. Revisa la ortografía y la puntuación otra vez con la ayuda de tus **Anotaciones para mejorar la escritura.**

**5** **Evaluación y progreso**

Comparte tu versión final con dos compañeros/as de clase. Cada estudiante debe leer su versión en voz alta. Después los otros miembros del grupo deben hacerle preguntas o comentarios. El/La escritor(a) debe responder oralmente a cada pregunta o comentario. Lee con cuidado los comentarios que hace tu profesor(a) en tu trabajo y anota los errores más importantes en las **Anotaciones para mejorar la escritura** en tu **Carpeta de trabajos.**

**propósito** *purpose* **esquema** *outline* **apuntes** *notes* **Subraya** *Underline* **comprobar** *to check* **concordancia** *agreement*

# Escuchar

## Estrategia

**Using background knowledge/**
**Guessing meaning from context**

Listening for the general idea, or gist, can help you follow what someone is saying even if you can't hear or understand some of the words. When you listen for the gist, you simply try to capture the essence of what you hear without focusing on individual words.

To practice these strategies, you will listen to a paragraph written by Jaime Urbinas, an urban planner. Before listening to the paragraph, write down what you think it will be about, based on Jaime Urbinas' profession. As you listen to the paragraph, jot down any words or expressions you don't know and use context clues to guess their meanings.

## Preparación

Mira el dibujo. ¿Qué pistas° te da sobre el tema del discurso° de Soledad Morales?

## Ahora escucha 

Vas a escuchar un discurso de Soledad Morales, una activista preocupada por el medio ambiente. Antes de escuchar, marca las palabras y frases que tú crees que ella va a usar en su discurso. Después marca las palabras y frases que escuchaste.

| Palabras | Antes de escuchar | Después de escuchar |
|---|---|---|
| el futuro | ______ | ______ |
| el cine | ______ | ______ |
| los recursos naturales | ______ | ______ |
| el aire | ______ | ______ |
| los ríos | ______ | ______ |
| la contaminación | ______ | ______ |
| las diversiones | ______ | ______ |
| la reciclaje | ______ | ______ |

pistas *clues* discurso *speech* Subraya *Underline*

## Comprensión

### Escoger

Subraya° la definición correcta de cada palabra.

1. patrimonio (fatherland, heritage, acrimony)
2. ancianos (elderly, ancient, antiques)
3. entrelazadas (destined, interrupted, intertwined)
4. aguantar (to hold back, to destroy, to pollute)
5. apreciar (to value, to imitate, to consider)
6. tala (planting, cutting, watering)

### Ahora ustedes

Trabaja con un(a) compañero/a. Escriban seis recomendaciones que creen que la señora Morales va a darle al gobierno colombiano para mejorar los problemas del medio ambiente.

1. ______________________
2. ______________________
3. ______________________
4. ______________________
5. ______________________
6. ______________________

recursos

TEXT CD
Lección 13

# Proyecto

## Protege el medio ambiente

Imagina que eres un(a) activista ambiental° en Colombia. Crees que es muy importante que se proteja la bella naturaleza del país.

### 1 Escribe una carta

Escribe una carta a un representante del gobierno colombiano para hablarle de tus preocupaciones, deseos y dudas sobre el futuro del medio ambiente en Colombia. Primero usa los **Recursos para la investigación** para informarte del paisaje y del medio ambiente de Colombia, incluyendo los problemas ambientales. Busca fotos que representen la información que encontraste. También investiga para obtener el nombre del representante del gobierno que está encargado° del medio ambiente. Sigue este orden en tu carta:

- Encabeza° la carta con "Estimado/a Sr./Sra. ..." y concluye con "Atentamente" antes de tu firma°.
- Explica lo que temes de los problemas ambientales, lo que esperas y tus dudas sobre el futuro.
- Explica lo que recomiendas para resolver algunos de los problemas.

### 2 Presenta la información

Lee la carta a tus compañeros/as. Muéstrales fotos del paisaje colombiano y fotos que muestren problemas ambientales, para ayudarlos a entender por qué tus preocupaciones y recomendaciones son urgentes e importantes.

Las tortugas marinas están en grave peligro de extinción.

**recursos para la investigación**

| | |
|---|---|
|  **Internet** Palabras clave: Colombia, ecología, medio ambiente, contaminación, gobierno, Ministerio del Medio Ambiente, fotos |  **Comunidad** Estudiantes o profesores que son de Colombia, personas de la comunidad que han viajado° a Colombia |
| 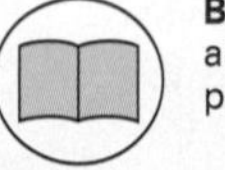 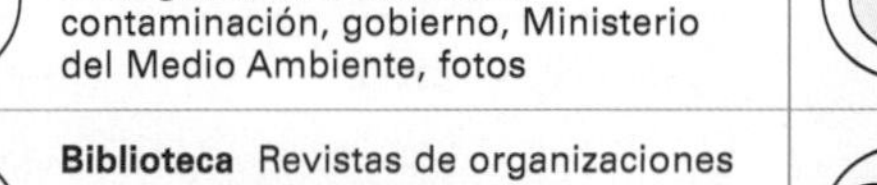 **Biblioteca** Revistas de organizaciones ambientales internacionales, periódicos |  **Otros recursos** Comunicación con organizaciones ambientales internacionales por teléfono o correo electrónico |

**ambiental** *environmental* **encargado** *in charge of* **Encabeza** *Write a salutation* **firma** *signature* **han viajado** *have traveled*

# Colombia

## El país en cifras

- **Área:** 1.138.910 km$^2$ (439.734 millas$^2$), *tres veces el área de Montana*
- **Población:** 43.821.000

*De todos los países de habla hispana, sólo México tiene más habitantes° que Colombia. Casi toda la población colombiana vive en las áreas montañosas y la costa occidental° del país. Aproximadamente el 55% de la superficie° del país está sin poblar°.*

- **Capital:** Santa Fe de Bogotá —6.547.000
- **Ciudades principales:** Cali —2.893.000, Medellín —3.070.000, Barranquilla —1.853.000, Cartagena —768.000

SOURCE: Population Division, UN Secretariat

Medellín

- **Moneda:** peso colombiano
- **Idiomas:** español (oficial)

Bandera de Colombia

### Colombianos célebres

- **Edgar Negret,** escultor°, pintor (1920– )
- **Gabriel García Márquez,** escritor (1928– )
- **Juan Pablo Montoya,** automovilista (1975– )
- **Shakira,** cantante (1977– )

habitantes *inhabitants* occidental *western* superficie *surface* sin poblar *unpopulated* escultor *sculptor* dioses *gods* arrojaban *threw* cacique *chief* llevó *led* de oro *golden*

Plaza Bolívar, Bogotá

Baile típico de Barranquilla

Barranquilla
Cartagena
Mar Caribe
PANAMÁ
Sierra Nevada de Santa Marta
VENEZUELA
Río Magdalena
Cordillera Occidental de los Andes
Medellín
Cordillera Central de los Andes
Río Meta
Bogotá
Cali
Volcán Nevado del Huila
Cordillera Oriental de los Andes
Océano Pacífico
ECUADOR
PERÚ
ESTADOS UNIDOS
OCÉANO ATLÁNTICO
COLOMBIA
OCÉANO PACÍFICO
AMÉRICA DEL SUR

Cultivo de caña de azúcar cerca de Cali

**recursos**

| WB | VM | I CD-ROM | vistahigher |
|---|---|---|---|
| pp. 157–158 | pp. 273–274 | Lección 13 | learning.com |

### ¡Increíble pero cierto!

En el siglo XVI los exploradores españoles oyeron la leyenda de El Dorado. Esta leyenda cuenta que los indios, como parte de un ritual en honor a los dioses°, arrojaban° oro a la laguna de Guatavita y el cacique° se sumergía en sus aguas cubierto de oro. Aunque esto era cierto, muy pronto la exageración llevó° al mito de una ciudad de oro°.

Laguna de Guatavita

## Lugares • El Museo del Oro

El famoso Museo del Oro° del Banco de la República fue fundado° en Bogotá en 1939 para preservar las piezas de orfebrería° de la época precolombina. En el museo, que tiene más de 30.000 piezas de oro, se pueden ver joyas°, ornamentos religiosos y figuras que sirvieron de ídolos. El cuidado con el que se hicieron los objetos de oro refleja la creencia° de las tribus indígenas de que el oro era la expresión física de la energía creadora° de los dioses°.

## Literatura • Gabriel García Márquez (1928– )

Gabriel García Márquez, ganador del Premio Nobel de Literatura en 1982, es uno de los escritores contemporáneos más importantes del mundo. García Márquez publicó su primer cuento° en 1947, cuando era estudiante universitario. Su libro más conocido, *Cien años de soledad*, está escrito en el estilo° literario llamado "realismo mágico", un estilo que mezcla° la realidad con lo irreal y lo mítico°.

## Historia • Cartagena de Indias

Los españoles fundaron la ciudad de Cartagena de Indias en 1533 y construyeron a su lado la fortaleza° más grande de las Américas, el Castillo de San Felipe de Barajas. En la ciudad de Cartagena se conservan° muchos edificios de la época colonial, como iglesias, monasterios, palacios y mansiones. Cartagena es conocida también por el Festival de Música del Caribe y su prestigioso Festival Internacional de Cine.

BRASIL

**¿Qué aprendiste?** Responde a las preguntas con una frase completa.

1. ¿Cuáles son las principales ciudades de Colombia?
2. ¿Qué país de habla hispana tiene más habitantes que Colombia?
3. ¿Quién es Edgar Negret?
4. ¿Para qué fue fundado el Museo del Oro?
5. ¿Qué tipos de objetos hay en el Museo del Oro?
6. ¿Quién ganó el Premio Nobel de Literatura en 1982?
7. ¿Cuál es el libro más famoso de García Márquez?
8. ¿Qué es el "realismo mágico"?
9. ¿Qué construyeron los españoles al lado de la ciudad de Cartagena de Indias?
10. ¿Qué festivales internacionales se celebran en Cartagena?

**Conexión Internet** Investiga estos temas en el sitio **www.vistahigherlearning.com.**

1. Busca información sobre las ciudades más grandes de Colombia. ¿Qué lugares de interés hay en estas ciudades? ¿Qué puede hacer un(a) turista en estas ciudades?
2. Busca información sobre pintores y escultores colombianos como Edgar Negret, Débora Arango o Fernando Botero. ¿Cuáles son algunas de sus obras más conocidas? ¿Cuáles son sus temas?

Oro *Gold* fundado *founded* orfebrería *goldsmithing* joyas *jewels* creencia *belief* creadora *creative* dioses *gods* cuento *story* estilo *style* mezcla *mixes* mítico *mythical* fortaleza *fortress* se conservan *are preserved*

## La naturaleza

| | |
|---|---|
| **el árbol** | *tree* |
| **el bosque (tropical)** | *(tropical; rain) forest* |
| **el césped, la hierba** | *grass* |
| **el cielo** | *sky* |
| **el cráter** | *crater* |
| **el desierto** | *desert* |
| **la estrella** | *star* |
| **la flor** | *flower* |
| **el lago** | *lake* |
| **la luna** | *moon* |
| **el mundo** | *world* |
| **la naturaleza** | *nature* |
| **la nube** | *cloud* |
| **la piedra** | *stone* |
| **la planta** | *plant* |
| **la región** | *region; area* |
| **el río** | *river* |
| **la selva, la jungla** | *jungle* |
| **el sendero** | *trail; trailhead* |
| **el sol** | *sun* |
| **la tierra** | *land; soil* |
| **el valle** | *valley* |
| **el volcán** | *volcano* |

## Los animales

| | |
|---|---|
| **el animal** | *animal* |
| **el ave, el pájaro** | *bird* |
| **el gato** | *cat* |
| **el perro** | *dog* |
| **el pez** | *fish* |
| **la vaca** | *cow* |

## El medio ambiente

| | |
|---|---|
| **la conservación** | *conservation* |
| **la contaminación (del aire; del agua)** | *(air; water) pollution* |
| **la deforestación** | *deforestation* |
| **la ecología** | *ecology* |
| **el ecoturismo** | *ecotourism* |
| **la energía (nuclear, solar)** | *(nuclear, solar) energy* |
| **el envase** | *container* |
| **la extinción** | *extinction* |
| **el gobierno** | *government* |
| **la lata** | *(tin) can* |
| **la ley** | *law* |
| **la lluvia (ácida)** | *(acid) rain* |
| **el medio ambiente** | *environment* |
| **el peligro** | *danger* |
| **la población** | *population* |
| **el reciclaje** | *recycling* |
| **el recurso natural** | *natural resource* |
| **la solución** | *solution* |
| **cazar** | *to hunt* |
| **conservar** | *to conserve* |
| **contaminar** | *to pollute* |
| **controlar** | *to control* |
| **cuidar** | *to take care of* |
| **dejar de (+ *inf.*)** | *to stop (doing something)* |
| **desarrollar** | *to develop* |
| **descubrir** | *to discover* |
| **destruir** | *to destroy* |
| **estar afectado/a (por)** | *to be affected (by)* |
| **estar contaminado/a** | *to be polluted* |
| **evitar** | *to avoid* |
| **mejorar** | *to improve* |
| **proteger** | *to protect* |
| **reciclar** | *to recycle* |
| **recoger** | *to pick up* |
| **reducir** | *to reduce* |
| **resolver (o:ue)** | *to resolve; to solve* |
| **respirar** | *to breathe* |
| **de aluminio** | *(made) of aluminum* |
| **de plástico** | *(made) of plastic* |
| **de vidrio** | *(made) of glass* |
| **puro/a** | *pure* |

## Las emociones

| | |
|---|---|
| **alegrarse (de)** | *to be happy* |
| **esperar** | *to hope; to wish* |
| **sentir (e:ie)** | *to be sorry; to regret* |
| **temer** | *to fear* |
| **es extraño** | *it's strange* |
| **es una lástima** | *it's a shame* |
| **es ridículo** | *it's ridiculous* |
| **es terrible** | *it's terrible* |
| **es triste** | *it's sad* |
| **ojalá (que)** | *I hope (that); I wish (that)* |

## Las dudas y certezas

| | |
|---|---|
| **(no) dudar** | *(not) to doubt* |
| **(no) negar (e:ie)** | *(not) to deny* |
| **(no) creer** | *(not) to believe* |
| **es imposible** | *it's impossible* |
| **es improbable** | *it's improbable* |
| **es obvio** | *it's obvious* |
| **No cabe duda de** | *There is no doubt that...* |
| **No hay duda de** | *There is no doubt that...* |
| **(no) es posible** | *it's (not) possible* |
| **(no) es probable** | *it's (not) probable* |
| **(no) es cierto** | *it's (not) certain* |
| **(no) es verdad** | *it's (not) true* |
| **(no) es seguro** | *it's (not) certain* |

## Conjunciones

| | |
|---|---|
| **a menos que** | *unless* |
| **antes (de) que** | *before* |
| **con tal (de) que** | *provided (that)* |
| **cuando** | *when* |
| **después de que** | *after* |
| **en caso (de) que** | *in case (that)* |
| **en cuanto** | *as soon as* |
| **hasta que** | *until* |
| **para que** | *so that* |
| **sin que** | *without* |
| **tan pronto como** | *as soon as* |

| | |
|---|---|
| **Expresiones útiles** | *See page 401.* |

**recursos**

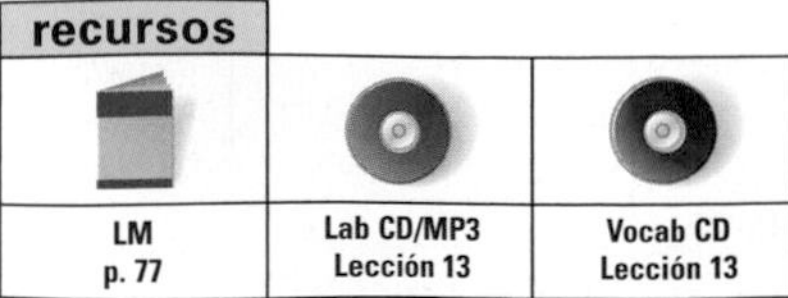

| LM p. 77 | Lab CD/MP3 Lección 13 | Vocab CD Lección 13 |
|---|---|---|

# En la ciudad

# 14

## Communicative Goals

*You will learn how to:*

- Give advice to others
- Give and receive directions
- Discuss daily chores

**A PRIMERA VISTA**

- ¿Viven estas personas en un bosque, un pueblo o una ciudad?
- ¿Dónde están, en una calle o en un sendero?
- ¿Es limpio o sucio el lugar donde están?
- ¿Es posible que estén afectadas por la contaminación?

# En la ciudad

## Más vocabulario

| | |
|---|---|
| **la frutería** | *fruit store* |
| **la heladería** | *ice cream shop* |
| **la pastelería** | *pastry shop* |
| **la pescadería** | *fish market* |
| **la cuadra** | *(city) block* |
| **la dirección** | *address* |
| **la esquina** | *corner* |
| **el estacionamiento** | *parking lot* |
| **derecho** | *straight (ahead)* |
| **enfrente de** | *opposite; facing* |
| **hacia** | *toward* |
| **cruzar** | *to cross* |
| **doblar** | *to turn* |
| **hacer diligencias** | *to run errands* |
| **quedar** | *to be located* |
| **el cheque (de viajero)** | *(traveler's) check* |
| **la cuenta corriente** | *checking account* |
| **la cuenta de ahorros** | *savings account* |
| **ahorrar** | *to save (money)* |
| **cobrar** | *to cash (a check)* |
| **depositar** | *to deposit* |
| **firmar** | *to sign* |
| **llenar (un formulario)** | *to fill out (a form)* |
| **pagar a plazos** | *to pay in installments* |
| **pagar al contado, en efectivo** | *to pay in cash* |
| **pedir prestado** | *to borrow* |
| **pedir un préstamo** | *to apply for a loan* |
| **ser gratis** | *to be free of charge* |

## Variación léxica

cuadra ⟷ manzana (*Esp.*)
direcciones ⟷ indicaciones (*Esp.*)
doblar ⟷ girar; virar; voltear
hacer diligencias ⟷ hacer mandados

**recursos**

| TEXT CD | WB | LM | Lab CD/MP3 | I CD-ROM | Vocab CD |
|---|---|---|---|---|---|
| Lección 14 | pp. 159–160 | p. 79 | Lección 14 | Lección 14 | Lección 14 |

# Práctica

**1** **Escuchar** Mira el dibujo de las páginas 426 y 427. Luego escucha las frases e indica si lo que dice cada una es **cierto** o **falso.**

| | Cierto | Falso | | Cierto | Falso |
|---|---|---|---|---|---|
| 1. | ❍ | ❍ | 6. | ❍ | ❍ |
| 2. | ❍ | ❍ | 7. | ❍ | ❍ |
| 3. | ❍ | ❍ | 8. | ❍ | ❍ |
| 4. | ❍ | ❍ | 9. | ❍ | ❍ |
| 5. | ❍ | ❍ | 10. | ❍ | ❍ |

**2** **Seleccionar** Selecciona los lugares de la lista en los que haces las siguientes diligencias.

| | | |
|---|---|---|
| banco | lavandería | pescadería |
| carnicería | joyería | salón de belleza |
| frutería | pastelería | zapatería |

1. comprar galletas
2. comprar manzanas
3. comprar un collar (*necklace*)
4. cortarte (*to cut*) el pelo
5. lavar la ropa
6. comprar pescado
7. comprar pollo
8. comprar sandalias

**3** **Completar** Llena los espacios en blanco con las palabras más adecuadas.

1. El banco me regaló un reloj. Fue ________.
2. Me gusta ________ dinero, pero no me molesta gastarlo.
3. La cajera me dijo que tenía que ________ el cheque en el dorso (*on the back*) para cobrarlo.
4. Para pagar con un cheque, necesito tener dinero en mi ________.
5. Mi madre va a un ________ para obtener dinero en efectivo cuando el banco está cerrado.
6. Cada viernes, Julio lleva su cheque al banco y lo ________ para tener dinero en efectivo.
7. Cada viernes Ana lleva su cheque al banco y lo ________ en su cuenta de ahorros.
8. Anoche en el restaurante, Marco ________ en vez de usar una tarjeta de crédito.
9. Cuando viajas, es buena idea llevar cheques ________.
10. Para pedir un préstamo, Miguel y Susana tuvieron que ________ cuatro formularios.

**En el correo**

**¡LENGUA VIVA!**

Note that **correo** can mean either *mail* or *post office*. Other ways to say *post office* are: **la oficina de correos** and **correos**.

4 **Conversación** Completa la conversación entre Juanita y el cartero con las palabras más adecuadas.

**CARTERO** Buenas tardes, ¿es usted la señorita Ramírez? Le traigo un (1)__________.

**JUANITA** Sí, soy yo. ¿Quién lo envía?

**CARTERO** La Sra. Ramírez. Y también tiene dos (2)__________.

**JUANITA** Ay, pero ¡ninguna es de mi novio! ¿No llegó nada de Manuel Fuentes?

**CARTERO** Sí, pero él echó la carta al (3)__________ sin poner un (4)__________ en el sobre.

**JUANITA** Entonces, ¿qué recomienda usted que haga?

**CARTERO** Sugiero que vaya al (5)__________. Con tal de que pague el costo del sello, se le puede dar la carta sin ningún problema.

**JUANITA** Uy, otra diligencia, y no tengo mucho tiempo esta tarde para (6)__________ cola en el correo, pero voy enseguida. ¡Ojalá que sea una carta de amor!

**¡LENGUA VIVA!**

In Spanish, **Soy yo** means *That's me* or *It's me*. **¿Eres tú?/ ¿Es Ud.?** means *Is that you?*

5 **En el banco** Tú eres un(a) empleado/a de banco y tu compañero/a es un(a) estudiante universitario/a que necesita abrir una cuenta corriente. En parejas, hagan una lista de las palabras que pueden necesitar para esta conversación. Después lean las siguientes situaciones y modifiquen su lista original según la situación.

- una pareja de recién casados quiere pedir un préstamo para comprar una casa
- una persona quiere información de los servicios que ofrece el banco
- un(a) estudiante va a estudiar al extranjero (*abroad*) y quiere saber qué tiene que hacer para llevar su dinero de una forma segura
- una persona acaba de ganar 50 millones de dólares en la lotería y quiere saber cómo invertirlos (*invest it*)

Ahora, escojan una de las cuatro situaciones y represéntenla para la clase.

# Comunicación

**6**

**Diligencias** En parejas, decidan quién va a hacer cada diligencia y cuál es la manera más rápida de llegar a los diferentes lugares desde el campus.

**¡ATENCIÓN!**

Note these different meanings:

**quedar** *to be located; to be left over; to fit*

**quedarse** *to stay, to remain*

*modelo*

Cobrar unos cheques

**Estudiante 1:** *Yo voy a cobrar unos cheques. ¿Cómo llego al banco?*

**Estudiante 2:** *Conduce hacia el norte hasta cruzar la calle Oak. El banco queda en la esquina a la izquierda.*

1. Enviar un paquete
2. Comprar botas nuevas
3. Comprar un pastel de cumpleaños
4. Lavar unas camisas
5. Comprar helado
6. Cortarte (*to cut*) el pelo

**7**

**El Hatillo** Trabajen en parejas para representar los papeles (*roles*) de un(a) turista que está perdido/a en El Hatillo y de un(a) residente de la ciudad que quiere ayudarlo/la.

**NOTA CULTURAL**

**El Hatillo** es un pueblo cerca de Caracas popular por su arquitectura pintoresca, sus restaurantes y sus tiendas de artesanía.

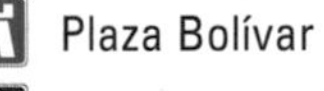

*modelo*

Plaza Sucre, Café Primavera

**Estudiante 1:** *Perdón, ¿por dónde queda la Plaza Sucre?*

**Estudiante 2:** *Del Café Primavera, camine derecho por la calle Sucre hasta cruzar la calle Comercio…*

1. Plaza Bolívar, farmacia
2. Casa de la Cultura, Plaza Sucre
3. banco, terminal
4. estacionamiento (este), escuela
5. Plaza Sucre, estacionamiento (oeste)
6. joyería, banco
7. farmacia, joyería
8. zapatería, iglesia

**8**

**Direcciones** En grupos, escriban un minidrama en el que unos/as turistas están preguntando cómo llegar a diferentes sitios de la comunidad en la que ustedes viven.

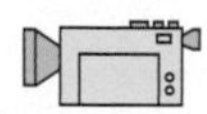

# Estamos perdidos.

**Maite y Álex hacen diligencias en el centro.**

PERSONAJES

MAITE

INÉS

DON FRANCISCO

ÁLEX

JAVIER

MARTÍN

JOVEN

1

**MARTÍN & DON FRANCISCO** Buenas tardes.

**JAVIER** Hola. ¿Qué tal? Estamos conversando sobre la excursión de mañana.

2

**DON FRANCISCO** ¿Ya tienen todo lo que necesitan? A todos los excursionistas yo siempre les recomiendo llevar zapatos cómodos, una mochila, gafas oscuras y un suéter por si hace frío.

**JAVIER** Todo listo, don Francisco.

3

**MARTÍN** Les aconsejo que traigan algo de comer.

**ÁLEX** Mmm... no pensamos en eso.

**MAITE** ¡Deja de preocuparte tanto, Álex! Podemos comprar algo en el supermercado ahora mismo. ¿Vamos?

6

**JOVEN** ¡Hola! ¿Puedo ayudarte en algo?

**MAITE** Sí, estamos perdidos. ¿Hay un banco por aquí con cajero automático?

**JOVEN** Mmm... no hay ningún banco en esta calle que tenga cajero automático.

7

**JOVEN** Pero conozco uno en la calle Pedro Moncayo que sí tiene cajero automático. Cruzas esta calle y luego doblas a la izquierda. Sigues todo derecho y antes de que lleguen a la Joyería Crespo van a ver un letrero grande del Banco del Pacífico.

8

**MAITE** También buscamos un supermercado.

**JOVEN** Pues, allí mismo enfrente del banco hay un supermercado pequeño. Fácil, ¿no?

**MAITE** Creo que sí. Muchas gracias por su ayuda.

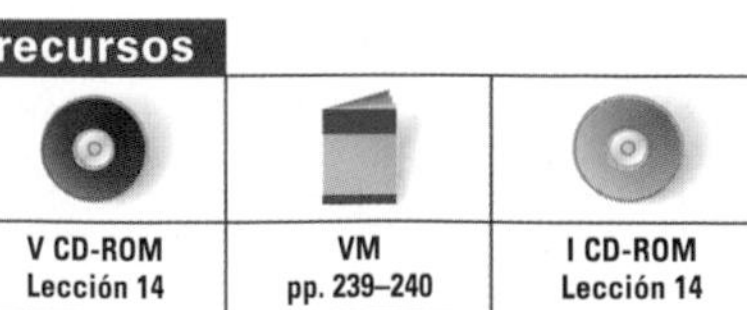

| recursos | | |
|---|---|---|
| V CD-ROM Lección 14 | VM pp. 239–240 | I CD-ROM Lección 14 |

**ÁLEX** ¡Excelente idea! En cuanto termine mi café te acompaño.

**MAITE** Necesito pasar por el banco y por el correo para mandar unas cartas.

**ÁLEX** Está bien.

**ÁLEX** ¿Necesitan algo del centro?

**INÉS** ¡Sí! Cuando vayan al correo, ¿pueden echar estas postales al buzón? Además necesito unas estampillas.

**ÁLEX** Por supuesto.

**MAITE** Ten, guapa, tus sellos.

**INÉS** Gracias, Maite. ¿Qué tal les fue en el centro?

**MAITE** ¡Súper bien! Fuimos al banco y al correo. Luego en el supermercado compramos comida para la excursión. Y antes de regresar, paramos en una heladería.

**MAITE** ¡Ah! Y otra cosa. Cuando llegamos al centro conocimos a un joven muy simpático que nos dio direcciones. Era muy amable... ¡y muy guapo!

## Enfoque cultural Las tiendas especializadas

La popularidad de los supermercados está aumentando (*growing*) en los países hispanos, pero todavía muchas personas van a tiendas especializadas para comprar comidas como la carne, el pescado, el pan y los dulces. La pulpería, por ejemplo, es una tienda típica de las zonas rurales de algunos países de Latinoamérica. La gente va a una pulpería para tomar una bebida o comprar productos esenciales. Otra tienda típica de algunos países hispanos es la rosticería, donde se asan (*roast*) y se venden carnes para llevar (*takeout*).

## Expresiones útiles

### Giving advice

- ▶ **Les recomiendo/Hay que llevar zapatos cómodos.**
  *I recommend that you/It's necessary to wear comfortable shoes.*
- ▶ **Les aconsejo que traigan algo de comer.**
  *I advise you to bring something to eat.*

### Talking about errands

- ▶ **Necesito pasar por el banco.**
  *I need to go by the bank.*
- ▷ **En cuanto termine mi café te acompaño.**
  *As soon as I finish my coffee, I'll go with you.*

### Getting directions

- ▶ **Estamos perdidos.**
  *We're lost.*
- ▶ **¿Hay un banco por aquí con cajero automático?**
  *Is there a bank around here with an ATM?*
- ▷ **Crucen esta calle y luego doblen a la izquierda/derecha.**
  *Cross this street and then turn to the left/right.*
- ▷ **Sigan todo derecho.**
  *Go straight ahead.*
- ▷ **Antes de que lleguen a la joyería van a ver un letrero grande.**
  *Before you get to the jewelry store, you're going to see a big sign.*
- ▶ **¿Por dónde queda el supermercado?**
  *Where is the supermarket?*
- ▷ **Está a dos cuadras de aquí.**
  *It's two blocks from here.*
- ▷ **Queda en la calle Flores.**
  *It's on Flores street.*
- ▷ **Pues, allí mismo enfrente del banco hay un supermercado.**
  *Well, right in front of the bank there is a supermarket.*

# Reacciona a la fotonovela

**1** **¿Cierto o falso?** Decide si lo que dicen las siguientes frases es **cierto** o **falso.** Corrige las frases falsas.

| | Cierto | Falso |
|---|---|---|
| 1. Don Francisco insiste en que los excursionistas lleven una cámara. | ❍ | ❍ |
| 2. Inés escribió unas postales y ahora necesita mandarlas por correo. | ❍ | ❍ |
| 3. El joven dice que el Banco del Atlántico tiene un cajero automático. | ❍ | ❍ |
| 4. Enfrente del banco hay una heladería. | ❍ | ❍ |

**CONSÚLTALO**

To review the use of verbs like **insistir**, see **Estructura 12.4**, p. 382.

**2** **Ordenar** Pon los eventos de la **Fotonovela** en el orden correcto.

a. Un joven ayuda a Álex y a Maite a encontrar el banco porque están perdidos.__
b. Álex y Maite comen un helado.__
c. Inés les da unas postales a Maite y a Álex para echar al buzón.__
d. Maite y Álex van al banco y al correo.__
e. Álex termina su café.__
f. Maite y Álex van al supermercado y compran comida.__

**3** **Otras diligencias** En parejas, hagan una lista de las diligencias que Maite, Álex, Inés y Javier necesitan hacer para completar las siguientes actividades.

1. ir de excursión
2. pedir una beca (*scholarship*)
3. visitar una nueva ciudad
4. abrir una cuenta corriente
5. celebrar el cumpleaños de Maite
6. comprar una nueva computadora portátil

**4** **Conversación** Un(a) compañero/a y tú son vecinos/as. Uno/a de ustedes acaba de mudarse y necesita ayuda porque no conoce la ciudad. Los dos tienen que hacer algunas diligencias y deciden hacerlas juntos/as. Preparen una conversación breve incluyendo planes para ir a los siguientes lugares.

*modelo*

**Estudiante 1:** Necesito lavar mi ropa. ¿Sabes dónde queda una lavandería?
**Estudiante 2:** Sí. Aquí a dos cuadras hay una. También tengo que lavar mi ropa. ¿Qué te parece si vamos juntos?

- un banco
- una lavandería
- un supermercado
- una heladería
- una panadería

**AYUDA**

**primero** *first*
**luego** *then*
**¿Sabes dónde queda…?** *Do you know where…is?*
**¿Qué te parece?** *What do you think?*
**¡Cómo no!** *But of course!*

# Ortografía

## Las abreviaturas

In Spanish, as in English, abbreviations are often used in order to save space and time while writing. Here are some of the most commonly used abbreviations in Spanish.

**usted → Ud.** **ustedes → Uds.**

As you have already learned, the subject pronouns **usted** and **ustedes** are often abbreviated.

**don → D.** **doña → Dña.** **doctor(a) → Dr(a).**
**señor → Sr.** **señora → Sra.** **señorita → Srta.**

These titles are frequently abbreviated.

**centímetro → cm** **metro → m** **kilómetro → km**
**litro → l** **gramo → g, gr** **kilogramo → kg**

The abbreviations for these units of measurement are often used, but without periods.

**por ejemplo → p. ej.** **página(s) → pág(s).**

These abbreviations are often seen in books.

**derecha → dcha.** **izquierda → izq., izqda.**
**código postal → C.P.** **número → n.º**

These abbreviations are often used in mailing addresses.

**Banco → Bco.** **Compañía → Cía.**
**cuenta corriente → c/c.** **Sociedad Anónima (*Inc.*) → S.A.**

These abbreviations are frequently used in the business world.

**Práctica** Escribe otra vez la siguiente información usando las abreviaturas adecuadas.

1. doña María
2. señora Pérez
3. Compañía Mexicana de Inversiones
4. usted
5. Banco de Santander
6. doctor Medina
7. Código Postal 03697
8. cuenta corriente número 20-453

**Emparejar** En la tabla hay 9 abreviaturas. Empareja los cuadros necesarios para formarlas.

| S. | c. | C. | c | co. | U |
|---|---|---|---|---|---|
| B | c/ | Sr | A. | D | dc |
| ta. | P. | ña. | ha. | m | d. |

**recursos**

| LM p. 80 | Lab CD/MP3 Lección 14 | I CD-ROM Lección 14 |
|---|---|---|

# 14.1 The subjunctive in adjective clauses

**ANTE TODO** In **Lección 13**, you learned that the subjunctive is used in adverbial clauses after certain conjunctions. You will now learn how the subjunctive can be used in adjective clauses to express that the existence of someone or something is uncertain or indefinite.

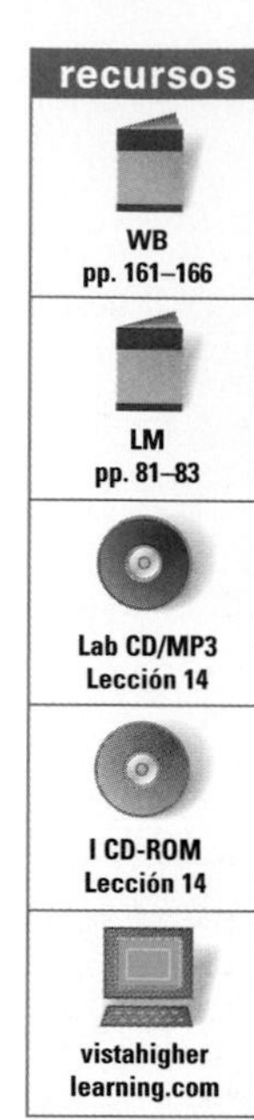


- The subjunctive is used in an adjective (or subordinate) clause that refers to a person, place, thing, or idea that either does not exist or whose existence is uncertain or indefinite. In the examples below, compare the differences in meaning between the statements using the indicative and those using the subjunctive.

**¡ATENCIÓN!**

Adjective clauses are subordinate clauses that modify a noun or pronoun in the main clause of a sentence. That noun or pronoun is called the *antecedent.*

| Indicative | Subjunctive |
|---|---|
| Necesito **el libro** que **tiene** información sobre Venezuela.<br>*I need **the book** that has information about Venezuela.* | Necesito **un libro** que **tenga** información sobre Venezuela.<br>*I need **a book** that has information about Venezuela.* |
| Quiero vivir en **esta casa** que **tiene** jardín.<br>*I want to live in **this house** that has a garden.* | Quiero vivir en **una casa** que **tenga** jardín.<br>*I want to live in **a house** that has a garden.* |
| En mi barrio, hay **una heladería** que **vende** helado de mango.<br>*In my neighborhood, **there's an ice cream store** that sells mango ice cream.* | En mi barrio no hay **ninguna heladería** que **venda** helado de mango.<br>*In my neighborhood, **there are no ice cream stores** that sell mango ice cream.* |

- When the adjective clause refers to a person, place, thing, or idea that is clearly known, certain, or definite, the indicative is used.

Quiero ir **al supermercado** que **vende** productos venezolanos.
*I want to go to the supermarket that sells Venezuelan products.*

Busco **al profesor** que **enseña** japonés.
*I'm looking for the professor who teaches Japanese.*

Conozco **a alguien** que **va** a esa peluquería.
*I know someone who goes to that beauty salon.*

Tengo **un amigo** que **vive** cerca de mi casa.
*I have a friend who lives near my house.*

▶ The personal **a** is not used with direct objects that are hypothetical people. However, as you learned in **Lección 7**, **alguien** and **nadie** are always preceded by the personal **a** when they function as direct objects.

Necesitamos **un empleado** que **sepa** usar computadoras.
*We need an employee who knows how to use computers.*

Necesitamos **al empleado** que **sabe** usar computadoras.
*We need the employee who knows how to use computers.*

Buscamos **a alguien** que **pueda** cocinar.
*We're looking for someone who can cook.*

No conocemos **a nadie** que **pueda** cocinar.
*We don't know anyone who can cook.*

**¡ATENCIÓN!**

Here are some verbs which are commonly followed by adjective clauses in the subjunctive:

| | |
|---|---|
| **necesitar** | **encontrar** |
| **querer** | **conocer** |
| **buscar** | **haber** |

▶ The subjunctive is commonly used in questions with adjective clauses when the speaker is trying to find out information about which he or she is uncertain. However, if the person who responds to the question knows the information, the indicative is used.

—¿Hay un parque que **esté** cerca de nuestro hotel?
*Is there a park that's near our hotel?*

—Sí, hay un parque que **está** muy cerca del hotel.
*Yes, there's a park that's very near the hotel.*

**¡INTÉNTALO!** Escoge entre el subjuntivo o el indicativo para completar cada oración.

1. Necesito una persona que ___pueda___ (puede/pueda) cantar bien.
2. Buscamos a alguien que __________ (tiene/tenga) paciencia.
3. ¿Hay restaurantes aquí que __________ (sirven/sirvan) comida japonesa?
4. Tengo una amiga que __________ (saca/saque) fotografías muy bonitas.
5. Hay una carnicería que __________ (está/esté) cerca de aquí.
6. No vemos ningún apartamento que nos __________ (interesa/interese).
7. Conozco a un estudiante que __________ (come/coma) hamburguesas todos los días.
8. ¿Hay alguien que __________ (dice/diga) la verdad?

# Práctica

**1** **Completar** Completa estas frases con la forma correcta del indicativo o del subjuntivo de los verbos entre paréntesis.

1. Buscamos un hotel que __________ (tener) piscina.
2. ¿Sabe usted dónde __________ (quedar) el Correo Central?
3. ¿Hay algún buzón por aquí donde yo __________ (poder) echar una carta?
4. Ana quiere ir a la carnicería que __________ (estar) en la avenida Lecuna.
5. Encontramos un restaurante que __________ (servir) comida venezolana típica.
6. ¿Conoces a alguien que __________ (saber) mandar un *fax* por computadora?
7. Necesitas al empleado que __________ (entender) este nuevo programa de computación.
8. No hay nada en este mundo que __________ (ser) gratis.

**2** **Oraciones** Marta está haciendo diligencias en Caracas con una amiga. Forma frases con los siguientes elementos, usando el presente del indicativo o del subjuntivo. Haz los cambios que sean necesarios.

1. yo / conocer / un / panadería / que / vender / pan / cubano
2. ¿hay / alguien / que / saber / dirección / de / un / buen / carnicería?
3. yo / querer / comprarle / mi / hija / un / zapatos / que / gustar
4. Ella / no / encontrar / nada / que / gustar / en / ese / zapatería
5. ¿tener / dependientas / algo / que / ser / más / barato?
6. ¿conocer / tú / alguno / banco / que / ofrecer / cuentas / corriente / gratis?
7. nosotras / no / conocer / nadie / que / hacer / tanto / diligencias / como / nosotras
8. nosotras / necesitar / un / línea / de / metro / que / nos / llevar / a / casa

**NOTA CULTURAL**

El **metro** de Caracas empezó a funcionar en 1983, después de varios años de intensa publicidad para promoverlo (*promote it*). El arte fue un recurso importante en la promoción del metro, y en las estaciones se pueden admirar obras (*works*) de famosos escultores venezolanos como Carlos Cruz-Diez y Jesús Rafael Soto.

**3** **Anuncios clasificados** En parejas, lean estos anuncios y luego describan el tipo de persona u objeto que se busca.

## CLASIFICADOS

**VENDEDOR(A)** Se necesita persona dinámica y responsable con buena presencia. Experiencia mínima de un año. Horario de trabajo flexible. Llamar a Joyería Aurora de 10 a 13h y de 16 a 18h. Tel: 263-7553

**PELUQUERÍA UNISEX** Se busca persona con experiencia en peluquería y maquillaje para trabajar tiempo completo. Llamar de 9 a 13:30h. Tel: 261-3548

**COMPARTIR APARTAMENTO** Se necesita compañera para compartir apartamento de 2 alcobas en el Chaco. Alquiler $500 por mes. No fumar. Llamar al 951-3642 entre 19 y 22h.

**CLASES DE INGLÉS** Profesor de Inglaterra con diez años de experiencia ofrece clases para grupos o instrucción privada para individuos. Llamar al 933-4110 de 16:30 a 18:30h.

**SE BUSCA CONDOMINIO** Se busca condominio en Sabana Grande con 3 alcobas, 2 baños, sala, comedor y aire acondicionado. Tel: 977-2018.

**EJECUTIVO DE CUENTAS** Se requiere joven profesional con al menos dos años de experiencia en el sector financiero. Se ofrecen beneficios excelentes. Enviar currículum vitae al Banco Unión, Avda. Urdaneta 263, Caracas.

# Comunicación

4

**Completar** Completa estas frases de una manera lógica. Luego, compara tus respuestas con las de un(a) compañero/a.

1. Deseo un trabajo *(job)* que...
2. Algún día espero tener un apartamento (una casa) que...
3. Mis padres buscan un carro que..., pero yo quiero un carro que...
4. Tengo un(a) novio/a que...
5. Un consejero/a *(advisor)* debe ser una persona que...
6. Me gustaría conocer a alguien que...
7. En esta clase no hay nadie que...
8. No tengo ningún profesor que...

5

**Encuesta** Tu profesor(a) va a darte una hoja de actividades. Circula por la clase y pregúntales a tus compañeros/as si conocen a alguien que haga cada actividad de la lista. Si responden que sí, pregúntales quién es y anota sus respuestas. Luego informa a la clase de los resultados de tu encuesta.

*modelo*

Trabajar en un supermercado
**Estudiante 1:** ¿Conoces a alguien que trabaje en un supermercado?
**Estudiante 2:** Sí, conozco a alguien que trabaja en un supermercado. Es mi hermano menor.

| Actividades | Nombres | Respuestas |
|---|---|---|
| 1. Dar direcciones buenas | | |
| 2. Hablar japonés | | |
| 3. Graduarse este año | | |
| 4. Necesitar un préstamo | | |
| 5. Pedir prestado un carro | | |
| 6. Odiar ir de compras | | |
| 7. Ser venezolano/a | | |
| 8. Manejar una motocicleta | | |
| 9. Trabajar en una zapatería | | |
| 10. No tener tarjeta de crédito | | |

# Síntesis

6

**Busca los cuatro** Tu profesor te va a dar una hoja con ocho anuncios clasificados y a tu compañero/a otra hoja con ocho anuncios distintos a los tuyos. Háganse preguntas para encontrar los cuatro anuncios de cada hoja que tienen su respuesta en la otra.

*modelo*

**Estudiante 1:** ¿Hay alguien que necesite una alfombra?
**Estudiante 2:** No, no hay nadie que necesite una alfombra.

# 14.2 Nosotros/as commands

You have already learned familiar (**tú**) commands and formal (**Ud./Uds.**) commands. You will now learn **nosotros/as** commands, which are used to give orders or suggestions that include yourself and other people.

- **Nosotros/as** commands correspond to the English *Let's*.
- Both affirmative and negative **nosotros/as** commands are generally formed by using the first-person plural form of the present subjunctive.

**Crucemos** la calle.
*Let's cross the street.*

**No crucemos** la calle.
*Let's not cross the street.*

- The affirmative *Let's* + [*verb*] command may also be expressed with **vamos a** + [*infinitive*]. Remember, however, that **vamos a** + [*infinitive*] can also mean *we are going to (do something)*. Context and tone of voice determine which meaning is being expressed.

**Vamos a cruzar** la calle.
*Let's cross the street.*

**Vamos a trabajar** mucho.
*We're going to work a lot.*

- To express *Let's go*, the present indicative form of **ir** (**vamos**) is used, not the subjunctive. For the negative command, however, the subjunctive is used.

**Vamos** a la pescadería.

No **vayamos** a la pescadería.

- Object pronouns are always attached to affirmative **nosotros/as** commands. A written accent is added to maintain the original stress.

**Firmemos** el cheque. → **Firmémoslo.** **Escribamos** a Ana y Raúl. → **Escribámosles.**

- Object pronouns are placed in front of negative **nosotros/as** commands.

No **les paguemos** el préstamo.

No **se lo digamos** a ellos.

**CONSÚLTALO**

Remember that stem-changing **–ir** verbs have an additional stem change in the **nosotros/as** and **vosotros/as** forms of the present subjunctive. To review these forms, see **Estructura 12.3**.

**¡ATENCIÓN!**

When **nos** or **se** are attached to an affirmative **nosotros/as** command, the final **–s** is dropped from the verb ending.

**Sentémonos allí.**
**Démoselo a ella.**
**Mandémoselo a ellos.**

• • •

The **nosotros/as** command form of **irse** (*to go away*) is **vámonos.** Its negative form is **no nos vayamos.**

**¡INTÉNTALO!** Indica los mandatos afirmativos y negativos de la primera persona del plural (**nosotros/as**) de los siguientes verbos.

1. estudiar estudiemos, no estudiemos
2. cenar ____________
3. leer ____________
4. decidir ____________
5. decir ____________
6. cerrar ____________
7. levantarse ____________
8. irse ____________

# Práctica

**1** **Completar** Completa esta conversación con mandatos usando **nosotros/as.** Luego, representa la conversación con un(a) compañero/a.

**MARÍA** Sergio, ¿quieres hacer diligencias ahora o por la tarde?
**SERGIO** No (1)__________ (dejarlas) para más tarde. (2)__________ (Hacerlas) ahora. ¿Qué tenemos que hacer?
**MARÍA** Necesito comprar sellos.
**SERGIO** Yo también. (3)__________ (Ir) al correo.
**MARÍA** Pues, antes de ir al correo, necesito sacar dinero de mi cuenta corriente.
**SERGIO** Bueno, (4)__________ (buscar) un cajero automático.
**MARÍA** ¿Tienes hambre?
**SERGIO** Sí. (5)__________ (Cruzar) la calle y (6)__________ (entrar) en ese café.
**MARÍA** Buena idea.
**SERGIO** ¿Nos sentamos aquí?
**MARÍA** No, no (7)__________ (sentarse) aquí; (8)__________ (sentarse) enfrente de la ventana.
**SERGIO** ¿Qué pedimos?
**MARÍA** (9)__________ (Pedir) café y pan dulce.

**2** **Responder** Responde a cada mandato usando **nosotros/as** según las indicaciones. Sustituye los sustantivos por los objetos directos e indirectos.

*modelo*

Vamos a vender el carro. (Sí)
*Sí, vendámoslo.*

1. Vamos a levantarnos a las seis. (Sí)
2. Vamos a enviar los paquetes. (No)
3. Vamos a depositar el cheque. (Sí)
4. Vamos al supermercado. (No)
5. Vamos a mandar esta tarjeta postal a nuestros amigos. (No)
6. Vamos a limpiar la habitación. (Sí)
7. Vamos a mirar la televisión. (No)
8. Vamos a bailar. (Sí)
9. Vamos a pintar la sala. (No)
10. Vamos a comprar estampillas. (Sí)

## Comunicación

3 **Preguntar** Tú y tu compañero/a están de vacaciones en Caracas y se hacen sugerencias para resolver las situaciones que se presentan. Inventen mandatos afirmativos o negativos usando **nosotros/as**.

*modelo*

Se nos olvidaron las tarjetas de crédito.
*Paguemos en efectivo./No compremos más regalos.*

1. El museo está a sólo una cuadra de aquí.
2. Tenemos hambre.
3. Hay mucha cola en el cine.

1. Tenemos muchos cheques de viajero.
2. Tenemos prisa para llegar al cine.
3. Estamos cansados y queremos dormir.

4 **Decisiones** Trabajen en grupos pequeños. Ustedes están en Caracas por dos días. Lean esta página de una guía turística sobre la ciudad y decidan qué van a hacer hoy por la mañana, por la tarde y por la noche. Hagan oraciones con mandatos afirmativos o negativos usando **nosotros/as.**

*modelo*

*Visitemos el Museo de Arte Contemporáneo Sofía Imber esta tarde. Quiero ver las esculturas de Jesús Rafael Soto.*

**NOTA CULTURAL**

El venezolano **Jesús Rafael Soto** (1923– ) es un escultor y pintor moderno. Sus obras cinéticas (*kinetic works*) frecuentemente incluyen formas que brillan (*shimmer*) y vibran.

### Guía de Caracas

**MUSEOS**

- **Museo de Arte Colonial** Avenida Panteón
- **Museo de Arte Contemporáneo Sofía Imber** Parque Central. Esculturas de Jesús Rafael Soto y pinturas de Miró, Chagall y Picasso.
- **Galería de Arte Nacional** Parque Central. Colección de más de 4000 obras de arte venezolano.

**SITIOS DE INTERÉS**

- **Plaza Bolívar**
- **Jardín Botánico** Avenida Interna UCV. De 8:00 a 5:00.
- **Parque del Este** Avenida Francisco de Miranda. Parque más grande de la ciudad con terrario.
- **Casa Natal de Simón Bolívar** Esquina de Sociedad de la avenida Universitaria. Casa colonial donde nació El Libertador.

**RESTAURANTES**

- **El Barquero** Avenida Luis Roche
- **Restaurante El Coyuco** Avenida Urdaneta
- **Restaurante Sorrento** Avenida Francisco Solano
- **Café Tonino** Avenida Andrés Bello

## Síntesis

5 **Situación** Tú y un(a) compañero/a viven juntos en un apartamento y tienen problemas económicos. Describan los problemas y sugieran algunas soluciones. Hagan oraciones con mandatos afirmativos o negativos usando **nosotros/as.**

*modelo*

*Es importante que reduzcamos nuestros gastos (expenses). Hagamos un presupuesto (budget).*

# 14.3 Past participles used as adjectives

**ANTE TODO** In **Lección 5**, you learned about present participles (**estudiando**). Both Spanish and English have past participles. The past participles of English verbs often end in **-ed** (*to turn* → *turned*), but many are also irregular (*to buy* → *bought; to drive* → *driven*).

**¡ATENCIÓN!**

The past participles of **–er** and **–ir** verbs whose stems end in **–a, –e,** or **–o** carry a written accent mark on the **i** of the **–ido** ending.

| | |
|---|---|
| caer | **caído** |
| creer | **creído** |
| leer | **leído** |
| oír | **oído** |
| reír | **reído** |
| sonreír | **sonreído** |
| traer | **traído** |

▶ In Spanish, regular **-ar** verbs form the past participle with **-ado.** Regular **-er** and **-ir** verbs form the past participle with **-ido.**

| INFINITIVE | STEM | PAST PARTICIPLE |
|---|---|---|
| bailar | bail- | **bailado** |
| comer | com- | **comido** |
| vivir | viv- | **vivido** |

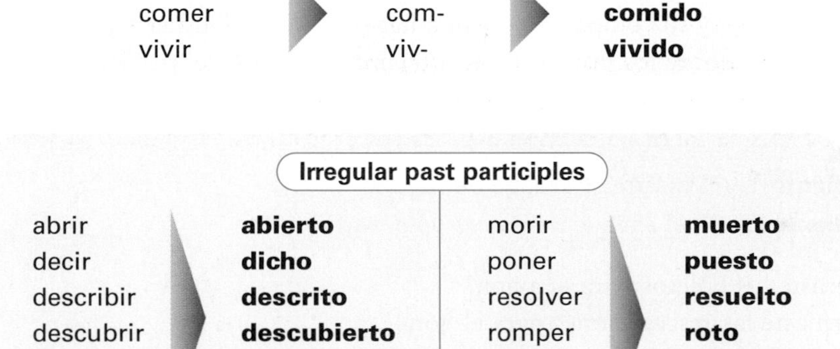

**Irregular past participles**

| | | | |
|---|---|---|---|
| abrir | **abierto** | morir | **muerto** |
| decir | **dicho** | poner | **puesto** |
| describir | **descrito** | resolver | **resuelto** |
| descubrir | **descubierto** | romper | **roto** |
| escribir | **escrito** | ver | **visto** |
| hacer | **hecho** | volver | **vuelto** |

**CONSEJOS**

You already know several participles used as adjectives: **aburrido, interesado, nublado, perdido,** etc.

• • •

Note that all irregular past participles except **dicho** and **hecho** end in **–to.**

▶ In Spanish, as in English, past participles can be used as adjectives. They are often used with the verb **estar** to describe a condition or state that results from an action. Like other Spanish adjectives, they must agree in gender and number with the nouns they modify.

En la entrada hay algunos letreros **escritos** en español.
*In the entrance, there are some signs written in Spanish.*

La joyería **está cerrada.**
*The jewelry store is closed.*

Tenemos la mesa **puesta** y la cena **hecha.**
*We have the table set and dinner made.*

El cheque ya **está firmado.**
*The check is already signed.*

**¡INTÉNTALO!** Indica la forma correcta del participio pasado de estos verbos.

1. hablar hablado
2. beber ____________
3. decidir ____________
4. romper ____________
5. escribir ____________
6. cantar ____________
7. oír ____________
8. traer ____________
9. correr ____________
10. leer ____________
11. ver ____________
12. hacer ____________
13. morir ____________
14. reír ____________
15. mirar ____________
16. abrir ____________

# Práctica

**1** **Completar** Completa estas frases con la forma adecuada del participio pasado del verbo que está entre paréntesis.

1. Hoy mi peluquería favorita está __________ (cerrar).
2. Por eso, voy al salón de belleza de la esquina que está __________ (abrir) todos los días.
3. Queda en la Plaza Bolívar, una plaza muy __________ (conocer).
4. Todos los productos y servicios de esta tienda están __________ (describir) en un catálogo.
5. El nombre del salón está __________ (escribir) en el letrero y en la acera (*sidewalk*).
6. Cuando esta diligencia esté __________ (hacer), necesito pasar por el banco.

**NOTA CULTURAL**

**Simón Bolívar** (1783–1830) es considerado el "libertador" de cinco países de Suramérica: Venezuela, Perú, Bolivia, Colombia y Ecuador. Su apellido se ve en nombres como Bolivia, Ciudad Bolívar, la Universidad Simón Bolívar, el bolívar (la moneda venezolana) y en los nombres de muchas plazas y monumentos.

**2** **Preparaciones** Tú y tu compañero/a van a hacer un viaje. Túrnense para hacerse las siguientes preguntas sobre los preparativos *(preparations)*. Usen el participio pasado en sus respuestas.

*modelo*

**Estudiante 1:** ¿Firmaste el cheque de viajero?
**Estudiante 2:** Sí, el cheque de viajero ya está firmado.

1. ¿Compraste los boletos para el avión?
2. ¿Confirmaste las reservaciones para el hotel?
3. ¿Firmaste tu pasaporte?
4. ¿Lavaste la ropa?
5. ¿Resolviste el problema con el banco?
6. ¿Pagaste todas las cuentas?
7. ¿Hiciste todas las diligencias?
8. ¿Hiciste las maletas?

**3** **El estudiante competitivo** En parejas, túrnense para hacer el papel (*play the role*) de un(a) estudiante que es muy competitivo/a y siempre quiere ser mejor que los demás. Usen los participios pasados de los verbos subrayados.

*modelo*

**Estudiante 1:** A veces se me daña la computadora.
**Estudiante 2:** Yo sé mucho de computadoras. Mi computadora nunca está dañada.

1. Yo no hago la cama todos los días.
2. Casi nunca resuelvo mis problemas.
3. Nunca guardo mis documentos importantes.
4. Es difícil para mí terminar mis tareas.
5. Siempre se me olvida firmar mis tarjetas de crédito.
6. Nunca pongo la mesa cuando ceno.
7. No quiero escribir la composición para mañana.
8. Casi nunca lavo mi carro.

# Comunicación

4 

**Preguntas** En parejas, túrnense para hacerse estas preguntas.

1. ¿Dejas alguna luz prendida en tu casa por la noche?
2. ¿Está ordenado tu cuarto?
3. ¿Prefieres comprar libros usados o nuevos? ¿Por qué?
4. ¿Tienes mucho dinero ahorrado?
5. ¿Necesitas pedirles dinero prestado a tus padres?
6. ¿Estás preocupado/a por el medio ambiente?
7. ¿Qué haces cuando no estás preparado/a para una clase?
8. ¿Qué haces cuando estás perdido/a en una ciudad?

5

**Describir** Tú y un(a) compañero/a son agentes de policía y tienen que investigar un crimen. Miren el dibujo y describan lo que encontraron en la habitación del señor Villalonga. Usen el participio pasado en la descripción. Luego, comparen su descripción con la de otra pareja.

*modelo*

*La puerta del baño no estaba cerrada.*

**AYUDA**

You may want to use the past participles of these verbs to describe the illustration:
**abrir, desordenar** *(to make untidy)*, **hacer, poner, tirar** *(to throw)*

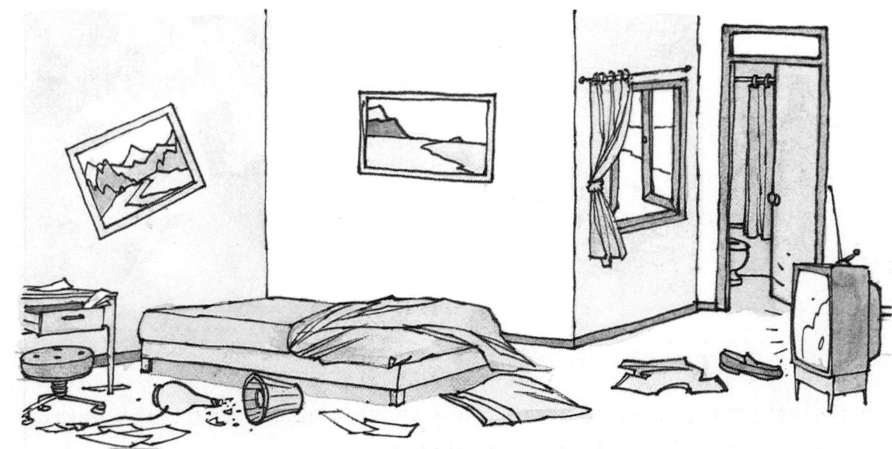

# Síntesis

6 

**Entre líneas** En parejas, representen una conversación entre un empleado de banco y una clienta. Usen las primeras dos líneas para empezar y la última para terminar, pero inventen las líneas del medio (*middle*). Usen participios pasados.

**EMPLEADO** Buenos días, señora Ibáñez. ¿En qué la puedo ayudar?
**CLIENTA** Tengo un problema con este banco. ¡Todavía no está resuelto!
...
**CLIENTA** ¡No vuelvo nunca a este banco!

# Lectura

## Antes de leer

### Estrategia

**Identifying point of view**

You can understand a narrative more completely if you identify the point of view of the narrator. You can do this by simply asking yourself from whose perspective the story is being told. Some stories are narrated in the first person. That is, the narrator is a character in the story, and everything you read is filtered through that person's thoughts, emotions, and opinions. Other stories have an omniscient narrator who is not one of the story's characters and who reports the thoughts and actions of all the characters.

**Examinar el texto**

Lee brevemente el cuento. ¿De qué trata? ¿Cómo lo sabes? ¿Se narra en primera persona o tiene un narrador omnisciente? ¿Cómo lo sabes?

**Seleccionar**

Completa cada frase con la información adecuada.

1. Los personajes° son ______.
   a. árabes b. franceses c. argentinos
2. Abderrahmán era ______.
   a. el ingeniero más sabio de los árabes
   b. un califa importante
   c. supervisor de la construcción de la ciudad
3. El cuento° tiene que ver° con ______.
   a. la construcción de una ciudad
   b. los problemas del califa con su esposa
   c. la burocracia en Bagdad
4. El supervisor de la construcción prometió terminar el proyecto dentro de ______.
   a. diez años b. cuatro años c. un año

personajes *characters* cuento *story*
tiene que ver con *has to do with*

## Grandezas° de la Burocracia

Marco Denevi

*Marco Denevi nació en Buenos Aires, Argentina, en 1922 y murió en la misma ciudad en 1998. Su novela* Rosaura a las diez *lo llevó a la fama en 1955. Escribió cuentos, novelas, obras teatrales y, a partir de 1980°, se dedicó a escribir periodismo político. La obra de Denevi, candidato al Premio Nobel de Literatura, se caracteriza por su ingenio° y sentido del humor.*

## Después de leer

**Completar**

Completa cada frase con la información adecuada.

1. Abderrahmán quería fundar ________________.
2. Kamaru-l-Akmar prometió ________________.
3. Después del primer año, Kamaru-l-Akmar pidió ________________.
4. Abderrahmán se enojó porque ________________.
5. Cuando Abderrahmán vio la ciudad, dijo que ________________.
6. Mientras planeaban la futura ciudad, los ingenieros y arquitectos construyeron ________________.

Cuentan que Abderrahmán decidió fundar° la ciudad más hermosa del mundo, para lo cual mandó llamar a una multitud de ingenieros, de arquitectos y de artistas a cuya cabeza estaba Kamaru-l-Akmar, el primero y el más sabio° de los ingenieros árabes.

Kamaru-l-Akmar prometió que en un año la ciudad estaría edificada°, con sus alcázares°, sus mezquitas° y jardines más bellos que los de Susa y Ecbatana y aun° que los de Bagdad. Pero solicitó al califa° que le permitiera construirla con entera libertad y fantasía y según sus propias ideas, y que no se dignase verla sino una vez que estuviese concluida°. Abderrahmán, sonriendo, accedió.

Al cabo del° primer año Kamaru-l-Akmar pidió otro año de prórroga°, que el califa gustosamente le concedió. Esto se repitió varias veces. Así transcurrieron° no menos de diez años. Hasta que Abderrahmán, encolerizado°, decidió ir a investigar.

Cuando llegó, una sonrisa le borró el ceño adusto°. ¡Es la más hermosa ciudad que han contemplado ojos mortales! —le dijo a Kamaru-l-Akmar—. ¿Por qué no me avisaste que estaba construida?

Kamaru-l-Akmar inclinó la frente° y no se atrevió° a confesar al califa que lo que estaba viendo eran los palacios y jardines que los ingenieros, arquitectos y demás artistas habían levantado para sí mismos mientras estudiaban los planes de la futura ciudad.

Así fue construida Zahara, a orillas del° Guadalquivir.

grandezas *grandeurs* a partir de 1980 *from 1980 on*
ingenio *creativity* fundar *to found* sabio *wise*
estaría edificada *would be built* alcázares *fortresses*
mezquitas *mosques* aun *even* califa *caliph (an Islamic leader)*
sino una vez que estuviese concluida *until it was finished*
Al cabo de *At the end of* prórroga *extension*
transcurrieron *passed* encolerizado *angry*
le borró el ceño adusto *wiped the stern frown off his face*
frente *forehead* no se atrevió *didn't dare* a orillas de *on the shores of*

**Contestar**

Contesta estas preguntas.

1. Describe al califa y a Kamaru-l-Akmar. ¿Qué tipo de personas crees que son? Explica tu respuesta.
2. ¿Por qué el ingeniero no quiere que Abderrahmán vea la ciudad antes de que termine la construcción? Explica tu respuesta.
3. ¿Qué significa la palabra **burocracia**? Da algunos ejemplos.
4. ¿Por qué este cuento se llama *Grandezas de la burocracia*?
5. ¿Crees que el narrador de este cuento está a favor° o en contra de° la burocracia? Explica tu opinión.

**Diálogo**

Trabaja con un(a) compañero/a para preparar una conversación en tres partes, basándose en la lectura. Después presenten la conversación a la clase.

- Primera parte: El califa habla con el más sabio de los ingenieros sobre la ciudad que quiere fundar.
- Segunda parte: Kamaru-l-Akmar pide la séptima prórroga y explica por qué es necesaria. El califa se la concede pero no está muy contento.
- Tercera parte: Abderrahmán y Kamaru-l-Akmar visitan el lugar de construcción en el décimo año.

a favor de *in favor of* en contra de *against*

# Escritura

## Estrategia

### Avoiding redundancies

Redundancy is the needless repetition of words or ideas. To avoid redundancy with verbs and nouns, consult a Spanish language thesaurus (**Diccionario de sinónimos**). You can also avoid redundancy by using object pronouns, possessive adjectives, demonstrative adjectives and pronouns, and relative pronouns. Remember that in Spanish, subject pronouns are generally used only for clarification, emphasis, or contrast. Study the example below:

*Redundant:*

*Susana quería visitar a su amiga. Susana estaba en la ciudad. Susana tomó el tren y perdió el mapa de la ciudad. Susana estaba perdida en la ciudad. Susana estaba nerviosa. Por fin, la amiga de Susana la llamó a Susana y le dio direcciones.*

*Improved:*

*Susana, quien estaba en la ciudad, quería visitar a su amiga. Tomó el tren y perdió el mapa. Estaba perdida y nerviosa. Por fin, su amiga la llamó y le dio direcciones.*

## Tema

**Escribir un correo electrónico**

Vas a visitar a un(a) amigo/a que vive en una ciudad que no conoces. Vas a pasar allí una semana y tienes que hacer también un trabajo para tu clase de literatura. Tienes planes de alquilar un carro pero no sabes cómo llegar del aeropuerto a la casa de tu amigo/a.

Escríbele a tu amigo/a un correo electrónico describiendo lo que te interesa hacer allí y dale sugerencias de actividades que pueden hacer juntos/as. No olvides mencionar lo que necesitas para hacer tu trabajo. Puedes basarte en una visita real o imaginaria.

Considera la siguiente lista de datos que puedes incluir en el correo electrónico:

- El nombre de la ciudad que vas a visitar
- Los lugares que más te interesa visitar
- Lo que necesitas para hacer tu trabajo:
  - acceso a Internet
  - direcciones para llegar a la biblioteca pública
  - tiempo para estar solo/a
  - libros para consultar
- Mandatos para las actividades que van a compartir

# Plan de escritura

1 **Ideas y organización**

Después de pensar en el tema durante unos minutos, apunta tus ideas. Utiliza un mapa de ideas para organizar el borrador de tu correo electrónico.

2 **Primer borrador**

Utiliza tus notas de **Ideas y organización** para escribir el primer borrador de tu correo electrónico. Usa el diccionario solamente como último recurso y no te olvides de repasar° tu lista de **Anotaciones para mejorar la escritura** en tu **Carpeta de trabajos.**

3 **Comentario**

Intercambia tu composición con la de un(a) compañero/a. Lee su borrador y anota los aspectos mejor escritos. Compartan sus impresiones utilizando esta guía:

1. ¿Incluye toda la información pertinente?
2. ¿Está bien organizado?
3. ¿Hay alguna redundancia?
4. ¿Qué sugerencias puedes darle al/a la escritor(a) para mejorar su composición?
5. ¿Hay errores gramaticales u ortográficos?

4 **Redacción**

Revisa el primer borrador según las indicaciones de tu compañero/a. Incorpora nuevas ideas y/o más información si es necesario. Utiliza esta guía para hacer la última revisión antes de escribir la versión final del correo electrónico:

1. Subraya° el sujeto de cada oración. Si es necesario, usa pronombres u otro elemento gramatical para eliminar la redundancia.
2. Subraya dos veces cada verbo para comprobar la concordancia con el sujeto. ¡Cuidado con los verbos irregulares en el subjuntivo!
3. Revisa la concordancia entre los sustantivos y los adjetivos en cada oración.
4. Comprueba° el uso correcto de los pronombres.
5. Consulta tus **Anotaciones para mejorar la escritura** antes de revisar la ortografía y la puntuación.

5 **Evaluación y progreso**

Trabaja con dos o tres compañeros/as. Utilicen una parte de cada composición para formular una nueva redacción° y compártanla con la clase. Cuando tu profesor(a) te devuelva° tu trabajo, lee sus comentarios y correcciones y anota los errores de conceptos fundamentales en tu lista de **Anotaciones para mejorar la escritura** en tu **Carpeta de trabajos.**

repasar *review* Subraya *Underline* Comprueba *Check* redacción *version* devuelva *returns*

# Escuchar

## Estrategia

**Listening for specific information/ Listening for linguistic cues**

As you already know, you don't have to hear or understand every word when listening to Spanish. You can often get the facts you need by listening for specific pieces of information. You should also be aware of the linguistic structures you hear. For example, by listening for verb endings, you can ascertain whether the verbs describe past, present, or future actions, and they can also indicate who is performing the action.

To practice these strategies, you will listen to a short paragraph about an environmental issue. What environmental problem is being discussed? What is the cause of the problem? Has the problem been solved, or is the solution under development?

## Preparación

Describe la foto. Según la foto, ¿qué información específica piensas que vas a oír en el diálogo?

## Ahora escucha 

Lee estas frases y luego escucha la conversación entre Alberto y Eduardo. Indica si cada verbo se refiere a algo en el pasado, en el presente o en el futuro.

**Acciones**

1. Demetrio / comprar en Macro __________
2. Alberto / comprar en Macro __________
3. Alberto / estudiar psicología __________
4. carro / tener frenos malos __________
5. Eduardo / comprar un anillo para Rebeca __________
6. Eduardo / estudiar __________

## Comprensión

### Descripciones

Marca las frases que describen correctamente a Alberto.

1. _______ Es organizado en sus estudios.
2. _______ Compró unas flores para su novia.
3. _______ No le gusta tomar el metro.
4. _______ No conoce bien la zona de Sabana Grande y Chacaíto.
5. _______ No tiene buen sentido de la orientación°.
6. _______ Le gusta ir a los lugares que están de moda.

### Preguntas

1. ¿Por qué Alberto prefiere ir en metro a Macro?
2. ¿Crees que Alberto y Eduardo viven en una ciudad grande o en un pueblo? ¿Cómo lo sabes?
3. ¿Va Eduardo a acompañar a Alberto? ¿Por qué?

### Conversación

En grupos pequeños, hablen de sus tiendas favoritas y de cómo llegar a ellas desde la universidad. ¿En qué lugares tienen la última moda? ¿Los mejores precios? ¿Hay buenas tiendas cerca de la universidad?

recursos

sentido de la orientación *sense of direction*

# Proyecto

## Promociona° una comunidad

Imagina que eres miembro de un grupo que está diseñando y promocionando una comunidad modelo en Venezuela.

### 1 Prepara un folleto

Crea un folleto° para hacer publicidad de una comunidad modelo que van a construir° en Venezuela. Usa los **Recursos para la investigación** para escoger el lugar ideal para el proyecto, considerando la geografía, el terreno, el clima, el acceso a ciudades grandes, los eventos culturales y los atractivos naturales. El folleto puede incluir la siguiente información:

- Un pequeño mapa de Venezuela que indica dónde está localizada la comunidad modelo
- Fotos de la zona
- Un mapa de la zona que muestra las tiendas y las atracciones principales del centro de la comunidad
- Una explicación de la ubicación° ideal de la comunidad, incluyendo clima, atractivos naturales y acceso a ciudades importantes
- Varios párrafos que expliquen las características de la comunidad, sus atracciones y las razones por las cuales va a ser una comunidad mejor que las otras

### 2 Presenta la información

Reúnete con tres o cuatro compañeros/as. Usa el folleto como guía para promocionar la comunidad con tus compañeros. La meta° de la presentación es mostrar que esta comunidad es única por su ubicación, atracciones y recursos.

Luego comparen las comunidades que han planeado. ¿Están en las mismas regiones geográficas o en lugares muy distintos? ¿Tienen las mismas atracciones culturales y naturales? ¿Qué ventajas especiales tiene cada una de sus comunidades?

**recursos para la investigación**

| | |
|---|---|
|  **Internet** Palabras clave: Venezuela, ciudad, ciudades, fotos, geografía, atractivos, arte, cultura, mapa |  **Comunidad** Profesores, estudiantes o personas en la comunidad que son venezolanos o que han viajado° por Venezuela |
|  **Biblioteca** Mapas, enciclopedias, revistas, guías turísticas |  **Otros recursos** Investigar los recursos especiales que tienen las mejores comunidades |

promociona *promote* folleto *brochure* construir *to build* ubicación *location* meta *goal* han viajado *have traveled*

# Venezuela

## El país en cifras

- **Área:** 912.050 km$^2$ (352.144 millas$^2$), *aproximadamente dos veces el área de California*
- **Población:** 23.323.000
- **Capital:** Caracas —3.261.000
- **Ciudades principales:** Maracaibo —2.172.000, Valencia —2.320.000, Maracay —1.249.000, Barquisimeto —1.005.000

SOURCE: Population Division, UN Secretariat

- **Moneda:** bolívar
- **Idiomas:** español (oficial), arahuaco, caribe

*El yanomami es uno de los idiomas indígenas que se habla en Venezuela. La cultura de los yanomami tiene su centro en el sur de Venezuela, en el bosque tropical. Son cazadores° y agricultores y viven en comunidades de hasta 400 miembros.*

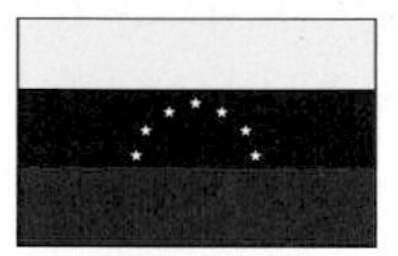

Bandera de Venezuela

### Venezolanos célebres

- **Teresa Carreño,** compositora y pianista (1853–1917)
- **Rómulo Gallegos,** escritor y político (1884–1979)
- **Andrés Eloy Blanco,** poeta (1897–1955)
- **Baruj Benacerraf,** científico (1920– )

*Baruj Benacerraf, junto con dos de sus colegas, recibió el Premio Nobel por sus investigaciones en el campo° de la inmunología y las enfermedades autoinmunes. Nacido en Caracas, Benacerraf también vivió en París y reside ahora en los Estados Unidos.*

Vista central de Caracas

Maracaibo
Lago de Maracaibo
Valencia
Caracas
Cordillera Central de la Costa
Río Orinoco
COLOMBIA
Macizo de las Guayanas
GUY.
BRASIL
ESTADOS UNIDOS
OCÉANO ATLÁNTICO
OCÉANO PACÍFICO
VENEZUELA

Llanero de la zona central de Venezuela

Una piragua

**recursos**

| WB | VM | I CD-ROM | vistahigher learning.com |
|---|---|---|---|
| pp. 167–168 | pp. 275–276 | Lección 14 | |

cazadores *hunters* campo *field* caída *drop* catarata *waterfall*

### ¡Increíble pero cierto!

Con una caída° de 979 m (3.212 pies) desde la meseta de Auyan Tepuy, Salto Ángel (*Angel Falls*), en Venezuela, es la catarata° más alta del mundo, ¡diecisiete veces más alta que las cataratas del Niágara! James C. Angel la descubrió en 1937. Los indígenas de la zona la denominan Churún Merú.

## Economía • El petróleo

La industria petrolera° es muy importante para la economía venezolana. La mayor concentración de petróleo se encuentra debajo del lago Maracaibo, el lago más grande de Suramérica. En 1976 se nacionalizaron las empresas° petroleras y pasaron a ser propiedad° del estado con el nombre de *Petróleos de Venezuela*. Este producto representa más del 70% de las exportaciones del país, siendo Estados Unidos su principal comprador°.

## Actualidades • Caracas

El *boom* petrolero de los años cincuenta transformó a Caracas en una ciudad cosmopolita. Sus rascacielos° y excelentes sistemas de transporte la hacen una de las ciudades más modernas de Latinoamérica. El metro, construido en 1983, es uno de los más modernos del mundo y sus extensas carreteras y autopistas conectan la ciudad con el interior del país. El corazón de la ciudad es el Parque Central, una zona de centros comerciales, tiendas, restaurantes y clubes.

## Historia • Simón Bolívar (1783-1830)

A finales del siglo° XVIII, Venezuela, al igual que otros países suramericanos, todavía estaba bajo el dominio de la corona° española. El general Simón Bolívar, nacido en Caracas, es llamado "El Libertador" porque fue el líder del movimiento independentista suramericano en el área que hoy es Venezuela, Colombia, Ecuador, Perú y Bolivia.

**¿Qué aprendiste?** Responde a las preguntas con una frase completa.

1. ¿Cuál es la moneda de Venezuela?
2. ¿Quién fue Rómulo Gallegos?
3. ¿Cuál es el lago más grande de Suramérica?
4. ¿Cuál es el producto más exportado de Venezuela?
5. ¿Qué ocurrió en 1976 con las empresas petroleras?
6. ¿Cómo se llama la capital de Venezuela?
7. ¿Qué hay en el Parque Central de Caracas?
8. ¿Por qué es conocido Simón Bolívar como "El Libertador"?

Tejedor° en Los Aleros, aldea° en los Andes de Venezuela

**Conexión Internet** Investiga estos temas en el sitio **www.vistahigherlearning.com.**

1. Busca información sobre Simón Bolívar. ¿Cuáles son algunos de los episodios más importantes de su vida? ¿Crees que Bolívar fue un estadista (*statesman*) de primera categoría? ¿Por qué?
2. Prepara un plan para un viaje de ecoturismo por el Orinoco. ¿Qué quieres ver y hacer durante la excursión? ¿Por qué?

industria petrolera *oil industry* empresas *companies* propiedad *property* comprador *buyer* rascacielos *skyscrapers* siglo *century* corona *crown* tejedor *weaver* aldea *village*

## En la ciudad

| | |
|---|---|
| **el banco** | *bank* |
| **la carnicería** | *butcher shop* |
| **el correo** | *post office* |
| **el estacionamiento** | *parking lot* |
| **la frutería** | *fruit store* |
| **la heladería** | *ice cream shop* |
| **la joyería** | *jewelry store* |
| **la lavandería** | *laundromat* |
| **la panadería** | *bakery* |
| **la pastelería** | *pastry shop* |
| **la peluquería, el salón de belleza** | *beauty salon* |
| **la pescadería** | *fish market* |
| **el supermercado** | *supermarket* |
| **la zapatería** | *shoe store* |
| **hacer cola** | *to stand in line* |
| **hacer diligencias** | *to run errands* |

## En el correo

| | |
|---|---|
| **el cartero** | *mail carrier* |
| **el correo** | *mail/post office* |
| **el paquete** | *package* |
| **la estampilla, el sello** | *stamp* |
| **el sobre** | *envelope* |
| **echar (una carta) al buzón** | *to put (a letter) in the mailbox; to mail* |
| **enviar, mandar** | *to send; to mail* |

## En el banco

| | |
|---|---|
| **el cajero automático** | *ATM* |
| **la cuenta corriente** | *checking account* |
| **la cuenta de ahorros** | *savings account* |
| **el cheque (de viajero)** | *(traveler's) check* |
| **ahorrar** | *to save (money)* |
| **cobrar** | *to cash (a check)* |
| **depositar** | *to deposit* |
| **firmar** | *to sign* |
| **llenar (un formulario)** | *to fill out (a form)* |
| **pagar a plazos** | *to pay in installments* |
| **pagar al contado, en efectivo** | *to pay in cash* |
| **pedir prestado** | *to borrow* |
| **pedir un préstamo** | *to apply for a loan* |
| **ser gratis** | *to be free of charge* |

## Las direcciones

| | |
|---|---|
| **la cuadra** | *(city) block* |
| **la dirección** | *address* |
| **la esquina** | *corner* |
| **el letrero** | *sign* |
| **cruzar** | *to cross* |
| **dar direcciones** | *to give directions* |
| **doblar** | *to turn* |
| **estar perdido/a** | *to be lost* |
| **quedar** | *to be located* |
| **(al) este** | *(to the) east* |
| **(al) norte** | *(to the) north* |
| **(al) oeste** | *(to the) west* |
| **(al) sur** | *(to the) south* |
| **derecho** | *straight (ahead)* |
| **enfrente de** | *opposite; facing* |
| **hacia** | *toward* |

| | |
|---|---|
| **Past participles used as adjectives** | *See page 441.* |
| **Expresiones útiles** | *See page 431.* |

recursos

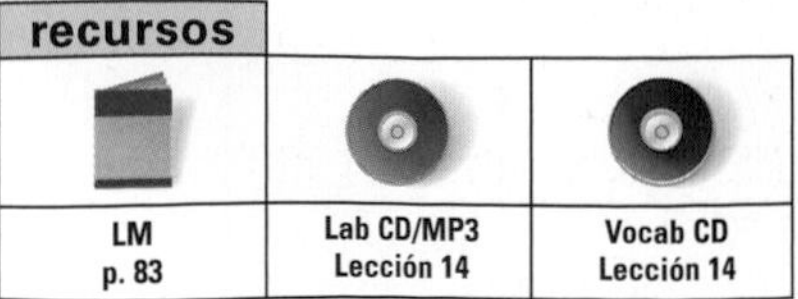

# El bienestar

# 15

## Communicative Goals

*You will learn how to:*

- Talk about health, well-being, and nutrition
- Talk about physical activities

**A PRIMERA VISTA**

- *¿Dónde están estas personas?*
- *¿Practican deportes frecuentemente?*
- *¿Son activos o sedentarios?*
- *¿Es probable que les importe su salud?*

# El bienestar

## Más vocabulario

| | |
|---|---|
| **adelgazar** | *to lose weight; to slim down* |
| **aliviar el estrés** | *to reduce stress* |
| **aliviar la tensión** | *to reduce tension* |
| **apurarse, darse prisa** | *to hurry; to rush* |
| **aumentar de peso, engordar** | *to gain weight* |
| **calentarse (e:ie)** | *to warm up* |
| **disfrutar (de)** | *to enjoy; to reap the benefits (of)* |
| **entrenarse** | *to practice; to train* |
| **estar a dieta** | *to be on a diet* |
| **estar en buena forma** | *to be in good shape* |
| **hacer gimnasia** | *to work out* |
| **llevar una vida sana** | *to lead a healthy lifestyle* |
| **mantenerse en forma** | *to stay in shape* |
| **sufrir muchas presiones** | *to be under a lot of pressure* |
| **tratar de (+ *inf.*)** | *to try (to do something)* |
| **la droga** | *drug* |
| **el/la drogadicto/a** | *drug addict* |
| **activo/a** | *active* |
| **débil** | *weak* |
| **en exceso** | *in excess; too much* |
| **flexible** | *flexible* |
| **fuerte** | *strong* |
| **sedentario/a** | *sedentary; related to sitting* |
| **tranquilo/a** | *calm; quiet* |
| **el bienestar** | *well-being* |

## Variación léxica

hacer ejercicios aeróbicos ⟷ hacer aeróbic *(Esp.)*

entrenador ⟷ monitor

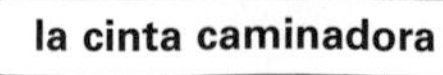


**recursos**

|  | 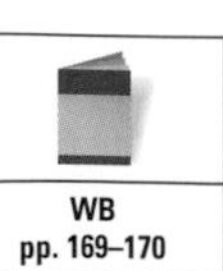 |  | 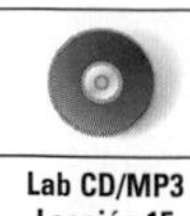 | 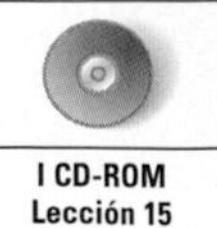 |  |
|---|---|---|---|---|---|
| TEXT CD Lección 15 | WB pp. 169–170 | LM p. 85 | Lab CD/MP3 Lección 15 | I CD-ROM Lección 15 | Vocab CD Lección 15 |

# Práctica

**1** **Escuchar** Mira el dibujo en las páginas 454 y 455. Luego escucha las frases e indica si lo que se dice en cada frase es **cierto** o **falso.**

| | Cierto | Falso | | Cierto | Falso |
|---|---|---|---|---|---|
| 1. | ❍ | ❍ | 6. | ❍ | ❍ |
| 2. | ❍ | ❍ | 7. | ❍ | ❍ |
| 3. | ❍ | ❍ | 8. | ❍ | ❍ |
| 4. | ❍ | ❍ | 9. | ❍ | ❍ |
| 5. | ❍ | ❍ | 10. | ❍ | ❍ |

**2** **Identificar** Identifica el opuesto (*opposite*) de cada palabra.

| | |
|---|---|
| apurarse | fuerte |
| disfrutar | mantenerse en forma |
| engordar | sedentario |
| estar enfermo | sufrir muchas presiones |
| flexible | tranquilo |

1. activo
2. adelgazar
3. aliviar el estrés
4. débil
5. ir despacio
6. estar sano
7. nervioso
8. ser teleadicto

**3** **Combinar** Combina palabras de cada columna para formar diez frases lógicas sobre el bienestar.

| | |
|---|---|
| 1. David levanta pesas | a. aumentó de peso. |
| 2. Estás en buena forma | b. estiramiento. |
| 3. Felipe se lastimó | c. fuertes. |
| 4. José y Rafael | d. presiones. |
| 5. María y yo somos | e. porque quieren adelgazar. |
| 6. Mi hermano | f. porque haces ejercicio. |
| 7. Sara hace ejercicios de | g. sudan mucho en el gimnasio. |
| 8. Mis primas están a dieta | h. un músculo de la pierna. |
| 9. Para llevar una vida sana, | i. no se debe fumar. |
| 10. Ellos sufren muchas | j. y corre mucho. |

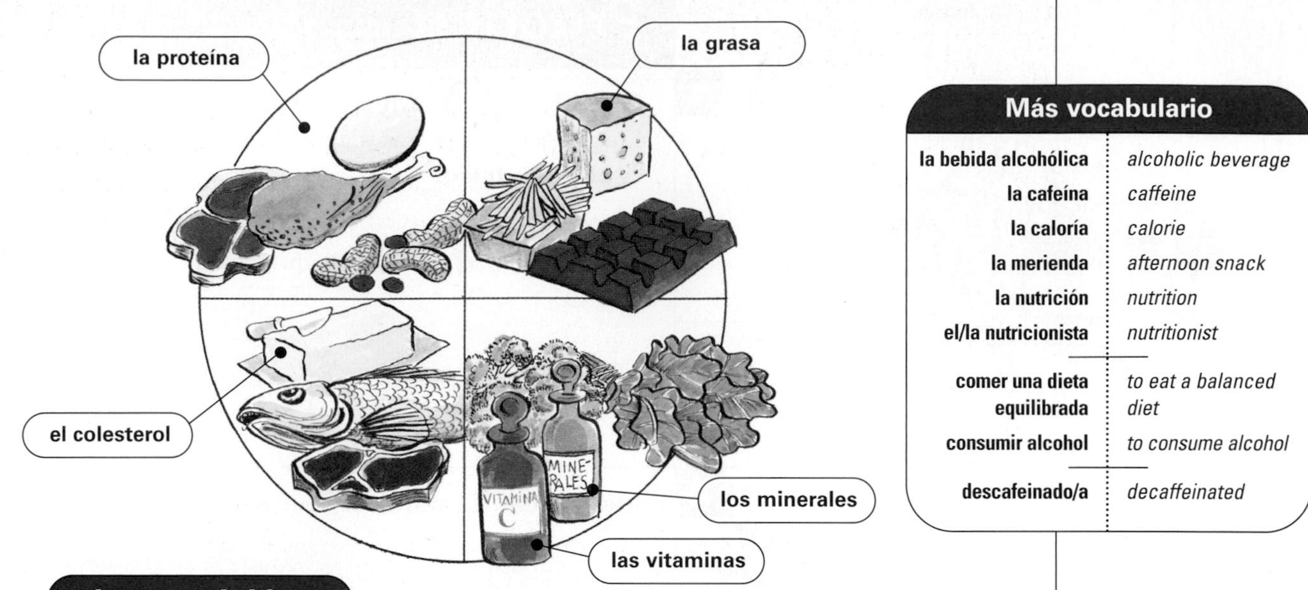


## La nutrición

### Más vocabulario

| | |
|---|---|
| **la bebida alcohólica** | *alcoholic beverage* |
| **la cafeína** | *caffeine* |
| **la caloría** | *calorie* |
| **la merienda** | *afternoon snack* |
| **la nutrición** | *nutrition* |
| **el/la nutricionista** | *nutritionist* |
| **comer una dieta equilibrada** | *to eat a balanced diet* |
| **consumir alcohol** | *to consume alcohol* |
| **descafeinado/a** | *decaffeinated* |

**4** **Completar** Completa cada frase con la palabra adecuada.

1. Después de hacer ejercicio, como pollo o bistec porque contienen ____.
   a. drogas b. proteínas c. grasa
2. Para ____ es necesario consumir comidas de todos los grupos alimenticios (*nutrition groups*).
   a. aliviar el estrés b. correr c. comer una dieta equilibrada
3. Mis primas ____ una buena comida.
   a. disfrutan de b. tratan de c. sudan
4. Mi entrenador no come chocolate ni papas fritas porque contienen ____.
   a. dietas b. vitaminas c. mucha grasa
5. Mi padre no come mantequilla porque él necesita reducir ____.
   a. la nutrición b. el colesterol c. el bienestar
6. Mi novio cuenta ____ porque está a dieta.
   a. las pesas b. los músculos c. las calorías

**CONSÚLTALO**

To review what you have learned about nutrition and food groups, see **Contextos Lección 8**, pp. 234–237.

**5**  **La nutrición** En parejas, hablen de los tipos de comida que comen y las consecuencias que tienen para su salud. Luego compartan la información con la clase.

1. ¿Cuántas comidas con mucha grasa comes regularmente? ¿Piensas que debes comer menos comidas de este tipo? ¿Por qué?
2. ¿Compras comidas con muchos minerales y vitaminas? ¿Necesitas consumir más comidas que los contienen? ¿Por qué?
3. ¿Tiene algún miembro de tu familia problemas con el colesterol? ¿Qué haces para evitar problemas con el colesterol?
4. ¿Eres vegetariano/a? ¿Conoces a alguien que sea vegetariano/a? ¿Qué piensas de la idea de no comer carne u otros productos animales? ¿Es posible comer una dieta equilibrada sin comer carne? Explica.
5. ¿Tomas cafeína en exceso? ¿Qué ventajas (*advantages*) y desventajas tiene la cafeína? Den ejemplos de productos que contienen cafeína y productos descafeinados.
6. ¿Llevas una vida sana? ¿Y tus amigos? ¿Crees que en general los estudiantes llevan una vida sana? ¿Por qué?

**AYUDA**

Some useful words:
**sano = saludable**
**en general = por lo general**
**estricto**
**normalmente**
**muchas veces**
**a veces**
**de vez en cuando**

# Comunicación

6 **Un anuncio** En grupos de cuatro, imaginen que son dueños/as de un gimnasio con un equipo (*equipment*) moderno, entrenadores calificados y un(a) nutricionista. Preparen y presenten un anuncio para la televisión que hable del gimnasio y atraiga (*attracts*) a una gran variedad de nuevos clientes. No se olviden de presentar la siguiente información:

- Las ventajas de estar en buena forma
- El equipo que tienen
- Los servicios y clases que ofrecen
- Las características únicas del gimnasio
- La dirección y el teléfono del gimnasio
- El precio para los socios (*members*) del gimnasio

7 **Recomendaciones para la salud** En parejas, imaginen que están preocupados con los malos hábitos de un(a) amigo/a suyo/a que no está bien últimamente (*lately*). Escriban y representen una conversación en la cual hablan de lo que está pasando en la vida de su amigo/a y los cambios que necesita hacer para llevar una vida sana.

8 **El teleadicto** Con un(a) compañero/a, representen los papeles (*play the roles*) de un(a) nutricionista y un(a) teleadicto/a. La persona sedentaria habla de sus malos hábitos en las comidas y de que no hace ejercicio. También dice que toma demasiado café y que siente mucho estrés. El/La nutricionista le sugiere una dieta equilibrada con bebidas descafeinadas y una rutina para mantenerse en buena forma. El/La teleadicto/a le da las gracias por su ayuda.

9 **El gimnasio perfecto** Tú y tu compañero/a quieren encontrar el gimnasio perfecto. Tú tienes el anuncio del gimnasio *Bienestar* y tu compañero tiene el del gimnasio *Músculos*. Hazle preguntas a tu compañero/a sobre las actividades que se ofrecen en el otro gimnasio. Tu profesor(a) le va a dar a cada uno de ustedes una hoja distinta con la información necesaria para completar la actividad.

*modelo*

**Estudiante 1:** ¿Se ofrecen clases para levantar pesas?
**Estudiante 2:** Sí, se ofrecen clases todos los lunes a las seis de la tarde para levantar pesas.

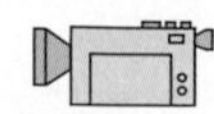

# ¡Qué buena excursión!

**Martín y los estudiantes van de excursión a las montañas.**

PERSONAJES

MAITE

INÉS

DON FRANCISCO

ÁLEX

JAVIER

MARTÍN

**MARTÍN** Buenos días, don Francisco.

**DON FRANCISCO** ¡Hola, Martín!

**MARTÍN** Ya veo que han traído lo que necesitan. ¡Todos han venido muy bien equipados!

**MARTÍN** Muy bien. ¡Atención, chicos! Primero hagamos algunos ejercicios de estiramiento...

**MARTÍN** Es bueno que se hayan mantenido en buena forma. Entonces, jóvenes, ¿ya están listos?

**JAVIER** ¡Sí, listísimos! No puedo creer que finalmente haya llegado el gran día.

**DON FRANCISCO** ¡Hola! ¡Qué alegría verlos! ¿Cómo les fue en la excursión?

**JAVIER** Increíble, don Efe. Nunca había visto un paisaje tan espectacular. Es un lugar estupendo. Saqué mil fotos y tengo montones de escenas para dibujar.

**MAITE** Nunca había hecho una excursión. ¡Me encantó! Cuando vuelva a España, voy a tener mucho que contarle a mi familia.

**INÉS** Ha sido la mejor excursión de mi vida. Amigos, Martín, don Efe, mil gracias.

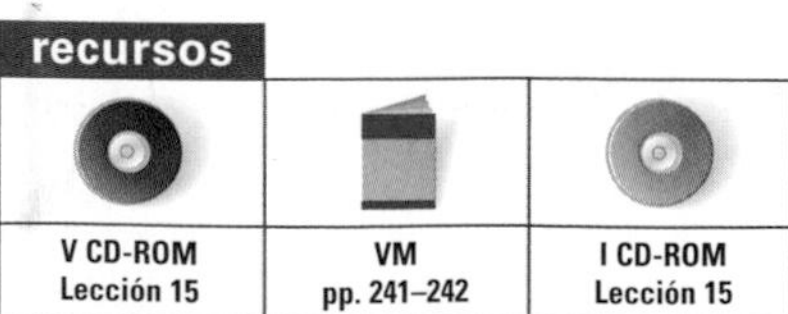

**recursos**

| V CD-ROM Lección 15 | VM pp. 241–242 | I CD-ROM Lección 15 |
|---|---|---|

**MARTÍN** ¡Fabuloso! ¡En marcha, pues!

**DON FRANCISCO** ¡Adiós! ¡Cuídense!

*Martín y los estudiantes pasan ocho horas caminando en las montañas. Hablan, sacan fotos y disfrutan del paisaje. Se divierten muchísimo.*

**ÁLEX** Sí, gracias, Martín. Gracias por todo.

**MARTÍN** No hay de qué. Ha sido un placer.

**DON FRANCISCO** Chicos, pues, es hora de volver. Creo que la señora Vives nos ha preparado una cena muy especial.

## Expresiones útiles

### Getting ready to start a hike

- **Ya veo que han traído lo que necesitan.**
  *I see that you have brought what you need.*
- **¡Todos han venido muy bien equipados!**
  *Everyone has come very well equipped!*
- **Primero hagamos algunos ejercicios de estiramiento.**
  *First let's do some stretching exercises.*
- **No puedo creer que finalmente haya llegado el gran día.**
  *I can't believe that the big day has finally arrived.*

- **¿(Están) listos?**
  *(Are you) ready?*
- **¡En marcha, pues!**
  *Let's get going, then!*

### Talking about a hike

- **¿Cómo les fue en la excursión?**
  *How did the hike go?*
- **Nunca había visto un paisaje tan espectacular.**
  *I had never seen such spectacular scenery.*
- **Nunca había hecho una excursión. ¡Me encantó!**
  *I had never gone on a hike before. I loved it!*
- **Ha sido la mejor excursión de mi vida.**
  *It's been the best hike of my life.*

### Courtesy expressions

- **Gracias por todo.**
  *Thanks for everything.*
- **Ha sido un placer.**
  *It's been a pleasure.*
- **¡Cuídense!**
  *Take care!*

## Enfoque cultural Para estar en buena forma

Cada país del mundo hispano tiene deportes populares diferentes. En Argentina, por ejemplo, se juega mucho al fútbol, en Venezuela se juega al béisbol y en Colombia y España hay muchos aficionados al ciclismo. Otro deporte conocido en el mundo hispano es el jai alai, que es un juego de pelota originario del País Vasco (España). Su nombre significa "día de fiesta" en vascuence y es un deporte que se practica también en México, en la Florida, en Rhode Island y en Connecticut (EE.UU.).

# Reacciona a la fotonovela

**1**

**Seleccionar** Selecciona la respuesta que mejor completa cada frase.

1. Antes de salir, Martín les recomienda a los estudiantes que hagan _____.
   a. ejercicios de estiramiento b. ejercicios aeróbicos c. gimnasia
2. Los excursionistas hablaron, _____ en las montañas.
   a. levantaron pesas y se divirtieron b. caminaron y dibujaron
   c. sacaron fotos y disfrutaron del paisaje
3. Inés dice que ha sido la mejor excursión _____.
   a. del viaje b. del año c. de su vida
4. Cuando Maite vuelva a España, va a _____.
   a. tener montones de escenas para dibujar b. tener mucho que contarle a su familia
   c. tener muchas fotos que enseñarle a su familia
5. La señora Vives les ha preparado _____.
   a. una cena especial b. un día en las montañas muy especial
   c. una excursión espectacular

**NOTA CULTURAL**

En Latinoamérica hay muchos lugares populares para hacer **excursiones**. Cientos de personas viajan anualmente a México para escalar los volcanes Popocatépetl e Iztaccíhuatl.

En Centroamérica, el bosque Monteverde de Costa Rica y el Parque Internacional La Amistad de Panamá son muy famosos. En Suramérica la zona montañosa de los Andes es muy visitada.

**2**

**Identificar** Identifica quién puede decir las siguientes frases.

1. Oye, muchísimas gracias por el mejor día de mi vida. ¡Fue divertidísimo!
2. Parece que están todos preparados, ¿no? ¡Perfecto! Bueno, ¡vamos!
3. Cuando vea a mis papás y a mis hermanos voy a tener mucho que contarles.
4. Debemos volver ahora para comer. ¡Vamos a tener una cena especial!
5. El lugar fue fenomenal, uno de los más bonitos que he visto. ¡Qué bueno que traje mi cámara!
6. ¡Gracias por todo, Martín!

JAVIER

INÉS

ÁLEX

MAITE

DON FRANCISCO

MARTÍN

**3**

**Inventar** En parejas, hagan descripciones de los personajes de la **fotonovela**. Utilicen las frases, la lista de palabras y otras expresiones que sepan.

| | | |
|---|---|---|
| aliviar el estrés | hacer ejercicios de estiramiento | mantenerse en forma |
| bienestar | masaje | teleadicto/a |
| grasa | llevar una vida sana | vitamina |

*modelo*

*Martín es activo, flexible y fuerte.*
*Martín siempre hace ejercicios de estiramiento. Está en buena forma y lleva una vida muy sana...*

1. A Javier le duelen los músculos después de hacer gimnasia.
2. Don Francisco a veces sufre presiones y estrés en su trabajo.
3. A Inés le encanta salir con amigos o leer un buen libro.
4. Álex trata de comer una dieta equilibrada.
5. Maite no es muy flexible.

# Ortografía

## Las letras b y v

Since there is no difference in pronunciation between the Spanish letters **b** and **v**, spelling words that contain these letters can be tricky. Here are some tips.

**nombre** **blusa** **absoluto** **descubrir**

The letter **b** is always used before consonants.

**bonita** **botella** **buscar** **bienestar**

At the beginning of words, the letter **b** is usually used when it is followed by the letter combinations **-on, -or, -ot, -u, -ur, -us, -ien,** and **-ene.**

**adelgazaba** **disfrutaban** **ibas** **íbamos**

The letter **b** is used in the verb endings of the imperfect tense for **–ar** verbs and the verb **ir.**

**voy** **vamos** **estuvo** **tuvieron**

The letter **v** is used in the present tense forms of **ir** and in the preterite forms of **estar** and **tener.**

**octavo** **huevo** **activa** **grave**

The letter **v** is used in these noun and adjective endings: **-avo/a, -evo/a, -ivo/a, -ave, -eve.**

**Práctica** Completa las palabras con las letras **b** o **v.**

1. Una __ez me lastimé el __razo cuando esta__a __uceando.
2. Manuela se ol__idó sus li__ros en el auto__ús.
3. Ernesto tomó el __orrador y se puso todo __lanco de tiza.
4. Para tener una __ida sana y saluda__le necesitas tomar __itaminas.
5. En mi pue__lo hay un __ule__ar que tiene muchos ár__oles.

**El ahorcado** (*Hangman*) Juega al ahorcado para adivinar las palabras.

1. __ u __ __ s Están en el cielo.
2. __ u __ __ n Relacionado con el correo
3. __ o __ e __ __ a Está llena de líquido.
4. __ i __ __ e Fenómeno meteorológico
5. __ e __ __ __ __ __ s Los "ojos" de la casa

**recursos**

| LM p. 86 | Lab CD/MP3 Lección 15 | I CD-ROM Lección 15 |
|---|---|---|

# 15.1 The present perfect

**ANTE TODO** In **Lección 14**, you learned how to form past participles. You will now learn how to form the present perfect indicative (**el pretérito perfecto de indicativo**), a compound tense that uses the past participle. The present perfect is used to talk about what someone *has done*. In Spanish, it is formed with the present tense of the auxiliary verb **haber** and a past participle.

**recursos**

WB pp. 171–176

LM pp. 87–89

Lab CD/MP3 Lección 15

I CD-ROM Lección 15

vistahigherlearning.com

**Present indicative of *haber***

| Singular forms | | Plural forms | |
|---|---|---|---|
| yo | **he** | nosotros/as | **hemos** |
| tú | **has** | vosotros/as | **habéis** |
| Ud./él/ella | **ha** | Uds./ellos/ellas | **han** |

Tú no **has aumentado de** peso.
*You haven't gained weight.*

Yo ya **he leído** esos libros.
*I've already read those books.*

¿**Ha asistido** Juan a la clase de ejercicios aeróbicos?
*Has Juan attended the aerobics class?*

**Hemos conocido** al entrenador.
*We have met the trainer.*

**CONSÚLTALO**

To review what you have learned about participles, see **Estructura 14.3**, p. 441.

▶ The past participle does not change in form when it is part of the present perfect tense; it only changes in form when it is used as an adjective.

Clara **ha abierto** las ventanas.
*Clara has opened the windows.*

Yo **he cerrado** la puerta del gimnasio.
*I've closed the door to the gym.*

Las ventanas están **abiertas.**
*The windows are open.*

La puerta del gimnasio está **cerrada.**
*The door to the gym is closed.*

▶ In Spanish, the present perfect indicative is generally used just as it is used in English: to talk about what someone has done or what has occurred. It usually refers to the recent past.

**He trabajado** cuarenta horas esta semana.
*I have worked forty hours this week.*

¿Cuál es el último libro que **has leído**?
*What is the last book that you have read?*

**CONSÚLTALO**

Remember that the Spanish equivalent of the English *to have just (done something)* is **acabar de** + [*infinitive*]. Do not use the present perfect to express that English structure.
**Juan acaba de llegar.**
*Juan has just arrived.*
See **Estructura 6.3**, p. 185.

▶ In English, the auxiliary verb and the past participle are often separated. In Spanish, however, these two elements—**haber** and the past participle—cannot be separated by any word.

Siempre **hemos vivido** en Bolivia.
*We have always lived in Bolivia.*

Usted nunca **ha venido** a mi oficina.
*You have never come to my office.*

▶ The word **no** and any object or reflexive pronouns are placed immediately before **haber.**

Yo **no he comido la merienda.**
*I haven't eaten the snack.*

¿Por qué **no la has comido**?
*Why haven't you eaten it?*

Susana ya **se ha entrenado**.
*Susana has already practiced.*

Ellos **no lo han terminado**.
*They haven't finished it.*

▶ Note that *to have* can be either a main verb or an auxiliary verb in English. As a main verb, it corresponds to **tener,** while as an auxiliary, it corresponds to **haber.**

**Tengo** muchos amigos.
*I have a lot of friends.*

**He tenido** mucho éxito.
*I have had a lot of success.*

▶ To form the present perfect of **hay,** use the third person singular of **haber (ha) + habido.**

**Ha habido** muchos problemas con el nuevo profesor.
*There have been a lot of problems with the new professor.*

**Ha habido** un accidente en la calle Central.
*There has been an accident on Central Street.*

**¡INTÉNTALO!** Indica el pretérito perfecto de indicativo de los siguientes verbos.

1. (disfrutar, comer, vivir) yo he disfrutado, he comido, he vivido
2. (traer, adelgazar, compartir) tú ____
3. (venir, estar, correr) Ud. ____
4. (leer, resolver, poner) ella ____
5. (decir, romper, hacer) ellos ____
6. (mantenerse, dormirse) nosotros ____
7. (estar, escribir, ver) yo ____
8. (vivir, correr, morir) él ____

# Práctica

**1**

**Completar** Estas oraciones describen el bienestar o los problemas de unos estudiantes. Completa las oraciones con el pretérito perfecto de indicativo de los verbos de la lista.

| adelgazar | comer | llevar |
|---|---|---|
| aumentar | hacer | sufrir |

1. Luisa ______________ muchas presiones este año.
2. Juan y Raúl ______________ de peso porque no hacen ejercicio.
3. Pero María y yo ______________ porque trabajamos en exceso y nos olvidamos de comer.
4. Desde siempre, yo ______________ una vida muy sana.
5. Pero tú y yo no ______________ gimnasia este semestre.

**2**

**¿Qué has hecho?** Indica si has hecho lo siguiente.

*modelo*

Escalar una montaña

*Sí, he escalado varias montañas./No, no he escalado nunca una montaña.*

1. Jugar al baloncesto
2. Viajar a Bolivia
3. Conocer a una persona famosa
4. Levantar pesas
5. Comer un insecto
6. Recibir un masaje
7. Aprender un segundo idioma
8. Bailar salsa
9. Ver una película española
10. Escuchar música latina
11. Estar despierto 24 horas
12. Bucear

**AYUDA**

You may use some of these expressions in your answers:

**una vez** *once*

**un par de veces** *a couple of times*

**algunas veces** *a few times*

**varias veces** *several times*

**muchas veces** *many times, often*

**3**

**La vida sana** En parejas, túrnense para hacer preguntas sobre el tema de la vida sana. Sean creativos.

*modelo*

Encontrar un gimnasio

**Estudiante 1:** *¿Has encontrado un buen gimnasio cerca de tu casa?*

**Estudiante 2:** *Yo no he encontrado un gimnasio pero sé que debo buscar uno.*

1. Tratar de estar en forma
2. Estar a dieta los últimos dos meses
3. Dejar de tomar refrescos
4. Hacerse una prueba del colesterol
5. Entrenarse cinco días a la semana
6. Cambiar de una vida sedentaria a una vida activa
7. Tomar vitaminas por las noches y por las mañanas
8. Hacer ejercicio para aliviar la tensión
9. Consumir mucha proteína
10. Dejar de fumar

# Comunicación

**4** **Descripción** En parejas, describan lo que ha(n) hecho y no ha(n) hecho la(s) persona(s) en cada dibujo. Usen la imaginación.

1. Jorge y Raúl

2. Luisa

3. Jacobo

4. Natalia y Diego

5. Ricardo

6. Carmen

**5**  **Describir** En parejas, identifiquen a una persona que lleva una vida muy sana. Puede ser una persona que conocen o un personaje que aparece en una película o programa de televisión. Entre los dos, escriban una descripción de lo que esta persona ha hecho para llevar una vida sana.

**NOTA CULTURAL**

El doctor venezolano **Pedro Penzini Fleury** tiene un programa popular de radio sobre la importancia del bienestar en la vida diaria. También tiene una columna en el periódico.

*modelo*

*Pedro Penzini Fleury siempre ha hecho todo lo posible para mantenerse en forma. Él...*

# Síntesis

**6**  **Situación** Trabajen en parejas para representar los papeles de un(a) enfermero/a de la universidad y un(a) estudiante. El/La enfermero/a de la clínica de la universidad está conversando con el/la estudiante que no se siente nada bien. El/La enfermero/a debe averiguar de dónde viene el problema e investigar los hábitos del/de la estudiante. El/La estudiante le explica lo que ha hecho en los últimos meses y cómo se ha sentido. Luego el/la enfermero/a le da recomendaciones al/a la estudiante de cómo llevar una vida más sana.

# 15.2 The past perfect

**ANTE TODO** The past perfect indicative (**el pretérito pluscuamperfecto de indicativo**) is used to talk about what someone *had done* or what *had occurred* before another past action, event, or state. Like the present perfect, the past perfect uses a form of **haber**—in this case, the imperfect—plus the past participle.

**Past perfect indicative**

| | | cerrar | perder | asistir |
|---|---|---|---|---|
| SINGULAR FORMS | yo | **había** cerrado | **había** perdido | **había** asistido |
| | tú | **habías** cerrado | **habías** perdido | **habías** asistido |
| | Ud./él/ella | **había** cerrado | **había** perdido | **había** asistido |
| PLURAL FORMS | nosotros/as | **habíamos** cerrado | **habíamos** perdido | **habíamos** asistido |
| | vosotros/as | **habíais** cerrado | **habíais** perdido | **habíais** asistido |
| | Uds./ellos/ellas | **habían** cerrado | **habían** perdido | **habían** asistido |

Antes de 2003, **había vivido** en La Paz.
*Before 2003, I had lived in La Paz.*

Cuando llegamos, Luis ya **había salido.**
*When we arrived, Luis had already left.*

▶ The past perfect is often used with the word **ya** (*already*) to indicate that an action, event, or state had already occurred before another. Remember that, unlike its English equivalent, **ya** cannot be placed between **haber** and the past participle.

Ella **ya había salido** cuando llamaron.
*She had already left when they called.*

Cuando llegué, Raúl **ya se había acostado.**
*When I arrived, Raúl had already gone to bed.*

**¡ATENCIÓN!**

The past perfect is often used in conjunction with **antes de** + [*noun*] or **antes de** + [*infinitive*] to describe when the action(s) occurred.

**Antes de este año, nunca había estudiado español.**
*Before this year, I had never studied Spanish.*

**Luis me había llamado antes de venir.**
*Luis had called me before he came.*

**¡INTÉNTALO!** Indica el pretérito pluscuamperfecto de indicativo de cada verbo.

1. Nosotros ya habíamos cenado (cenar) cuando nos llamaron.
2. Antes de tomar esta clase, yo no ____________ (estudiar) nunca el español.
3. Antes de ir a México, ellos nunca ____________ (ir) a otro país.
4. Eduardo nunca ____________ (entrenarse) tanto en invierno.
5. Tú siempre ____________ (llevar) una vida sana antes del año pasado.
6. Antes de conocerte, yo ya te ____________ (ver) muchas veces.

# Práctica

**NOTA CULTURAL**

**La yerba mate**, una bebida similar al té, es muy popular en Argentina, Uruguay y Paraguay. Se dice que controla el estrés, la obesidad, y que estimula el sistema inmunológico. Tradicionalmente, se toma en una calabaza (*gourd*) con una bombilla filtrante (*tea-filtering straw*).

**1**

**Completar** Completa los minidiálogos con las formas correctas del pretérito pluscuamperfecto de indicativo.

1. **SARA** Antes de cumplir los 15 años, ¿__________ (estudiar) tú otra lengua?
   **JOSÉ** Sí, __________ (tomar) clases de inglés y de italiano.
2. **DOLORES** Antes de ir a Argentina, ¿__________ (probar) tú y tu familia el mate?
   **TOMÁS** Sí, ya __________ (tomar) mate muchas veces.
3. **ANTONIO** Antes de este año, ¿__________ (correr) usted en un maratón?
   **SRA. VERA** No, nunca lo __________ (hacer).
4. **SOFÍA** Antes de su enfermedad, ¿__________ (sufrir) muchas presiones tu tío?
   **IRENE** Sí... y él nunca __________ (mantenerse) en buena forma.

**2**

**Quehaceres** Indica lo que ya había hecho cada miembro de la familia antes de la llegada de la madre, la señora Ferrer.

**3**

**Tu vida** Indica si ya habías hecho las siguientes cosas antes de cumplir los 16 años.

1. Hacer un viaje en avión
2. Escalar una montaña
3. Escribir un poema
4. Leer una novela
5. Enamorarte
6. Tomar clases de aeróbicos
7. Montar a caballo
8. Ir de pesca
9. Manejar un carro
10. Navegar en la red

# Comunicación

4

**Lo dudo** Tu profesor(a) va a darte una hoja de actividades. Escribe cinco oraciones, algunas ciertas y algunas falsas, de cosas que habías hecho antes de venir a la universidad. Luego, en grupos, túrnense para leer sus oraciones. Cada miembro del grupo debe decir "es cierto" o "lo dudo" después de cada una. Escribe la reacción de cada compañero/a en la columna apropiada. ¿Quién obtuvo más respuestas ciertas?

| Oraciones | Miguel | Ana | Beatriz |
|---|---|---|---|
| 1. Cuando tenía 10 años, ya había manejado el carro de mi papá. | Lo dudo. | Es cierto. | Lo dudo. |
| 2. | | | |
| 3. | | | |
| 4. | | | |
| 5. | | | |

# Síntesis

5

**Gimnasio Olímpico** En parejas, lean el anuncio y contesten las preguntas.

1. Identifiquen los elementos del pretérito pluscuamperfecto de indicativo en el anuncio.
2. ¿Cómo era la vida del hombre cuando llevaba una vida sedentaria? ¿Cómo es ahora?
3. ¿Se identifican ustedes con algunos de los hábitos, presentes o pasados, de este hombre? ¿Con cuáles?
4. ¿Qué les recomienda el hombre del anuncio a los lectores? ¿Creen que les da buenos consejos?

# 15.3 The present perfect subjunctive

ANTE TODO The present perfect subjunctive (**el pretérito perfecto de subjuntivo**), like the present perfect indicative, is used to talk about what *has happened*. The present perfect subjunctive is formed using the present subjunctive of the auxiliary verb **haber** and a past participle.

| Present perfect indicative | | | Present perfect subjunctive | | |
|---|---|---|---|---|---|
| | PRESENT INDICATIVE OF **HABER** | PAST PARTICIPLE | | PRESENT SUBJUNCTIVE OF **HABER** | PAST PARTICIPLE |
| **yo** | **he** | **hablado** | **yo** | **haya** | **hablado** |

**Present perfect subjunctive**

| | | **cerrar** | **perder** | **asistir** |
|---|---|---|---|---|
| SINGULAR FORMS | yo | **haya** cerrado | **haya** perdido | **haya** asistido |
| | tú | **hayas** cerrado | **hayas** perdido | **hayas** asistido |
| | Ud./él/ella | **haya** cerrado | **haya** perdido | **haya** asistido |
| PLURAL FORMS | nosotros/as | **hayamos** cerrado | **hayamos** perdido | **hayamos** asistido |
| | vosotros/as | **hayáis** cerrado | **hayáis** perdido | **hayáis** asistido |
| | Uds./ellos/ellas | **hayan** cerrado | **hayan** perdido | **hayan** asistido |

**¡ATENCIÓN!**

The perfect forms are often used with **ya** (*already*). Remember that **ya** must come either before or after **haber** and the participle, which are never separated in Spanish.

Dudo que Enrique **ya** lo **haya hecho.**

Dudo que Enrique lo **haya hecho ya.**

• • •

In Spanish the present perfect subjunctive is used for a recent action.

No creo que lo **hayas dicho** bien.
*I don't think you said it right.*

Espero que él **haya llegado**.
*I hope he arrived.*

▶ The same conditions which trigger the use of the present subjunctive apply to the present perfect subjunctive.

**Present subjunctive**

Espero que **duermas** bien.
*I hope that you sleep well.*

No creo que **aumente** de peso.
*I don't think he will gain weight.*

**Present perfect subjunctive**

Espero que **hayas dormido** bien.
*I hope that you have slept well.*

No creo que **haya aumentado** de peso.
*I don't think he has gained weight.*

▶ The action expressed by the present perfect subjunctive is seen as occurring before the action expressed in the main clause.

Me alegro de que ustedes **se hayan reído** tanto esta tarde.
*I'm glad that you have laughed so much this afternoon.*

Dudo que ella **se haya divertido** mucho con su suegra.
*I doubt that she has enjoyed herself much with her mother-in-law.*

¡INTÉNTALO! Indica el pretérito perfecto de subjuntivo de los verbos entre paréntesis.

1. Me gusta que ustedes ___hayan dicho___ (decir) la verdad.
2. No creo que tú ______________ (comer) tanto.
3. Es imposible que usted ______________ (poder) hacer tal (*such a*) cosa.
4. Me alegro de que tú y yo ______________ (merendar) juntas.
5. Es posible que yo ______________ (adelgazar) un poco esta semana.
6. Espero que ______________ (haber) suficiente comida en la celebración.

# Práctica

**1**

**Completar** Laura está preocupada por su familia y sus amigos/as. Completa las oraciones con la forma correcta del pretérito perfecto de subjuntivo de los verbos entre paréntesis.

1. ¡Qué lástima que Julio ________________ (sentirse) tan mal en la competencia! Dudo que ________________ (entrenarse) lo suficiente.
2. No creo que Lourdes y su amiga ________________ (irse) de ese trabajo donde siempre tienen tantos problemas. Espero que Lourdes ________________ (aprender) a aliviar el estrés.
3. Es triste que Nuria y yo ________________ (perder) el partido. Esperamos que los entrenadores del gimnasio nos ________________ (preparar) un buen programa para ponernos en forma.
4. No estoy segura de que Samuel ________________ (llevar) una vida sana. Es bueno que él ________________ (decidir) mejorar su dieta.
5. Me preocupa mucho que Ana y Rosa ________________ (fumar) tanto de jóvenes (*as young people*). Es increíble que ellas no ________________ (enfermarse).
6. Me alegro de que mi abuela ________________ (disfrutar) de buena salud toda su vida. Es increíble que ella ________________ (cumplir) noventa años.

**2**

**Describir** Haz dos comentarios sobre la(s) persona(s) que hay en cada dibujo usando frases como **no creo que, dudo que, es probable que, me alegro de que, espero que** y **siento que.** Usa el pretérito perfecto de subjuntivo.

**CONSÚLTALO**

To review verbs of will and influence, see **Estructura 12.4**, p. 382. To review expressions of doubt, disbelief, and denial, see **Estructura 13.2**, p. 408.

*modelo*

Es probable que Javier haya levantado pesas por muchos años.
Me alegro de que Javier se haya mantenido en forma.

Javier

1. Rosa y Sandra

2. Roberto

3. Mariela

4. Lorena y su amigo

5. señora Matos

6. Sonia y René

# Comunicación

3 **¿Sí o no?** En parejas, comenten estas afirmaciones (*statements*) usando las expresiones de la lista.

| | | |
|---|---|---|
| Dudo que... | Es imposible que... | Me alegro de que (no)... |
| Es bueno que (no)... | Espero que (no)... | No creo que... |

*modelo*

**Estudiante 1:** Ya llegó el fin del año escolar.
**Estudiante 2:** Es imposible que haya llegado el fin del año escolar.

1. Recibí una A en la clase de español.
2. Tu mejor amigo aumentó de peso recientemente.
3. Madonna dio un concierto ayer con Plácido Domingo.
4. Mis padres ganaron un millón de dólares.
5. He aprendido a hablar japonés.
6. Nuestro/a profesor(a) vino aquí de Bolivia.
7. Salí anoche con...
8. El año pasado mi familia y yo fuimos de excursión a...

4 **Viaje por Bolivia** Imaginen que sus amigos, Luis y Julia, están viajando por Bolivia y que les han mandado postales a ustedes. En grupos, lean las postales y conversen de lo que les ha escrito Luis. Usen frases como **dudo que, espero que, me alegro de que, temo que, siento que** y **es posible que.**

**NOTA CULTURAL**

**Aimará** es una de las lenguas oficiales de Bolivia, como el español y el quechua. Casi la mitad (*half*) de la población del país habla lenguas indígenas.

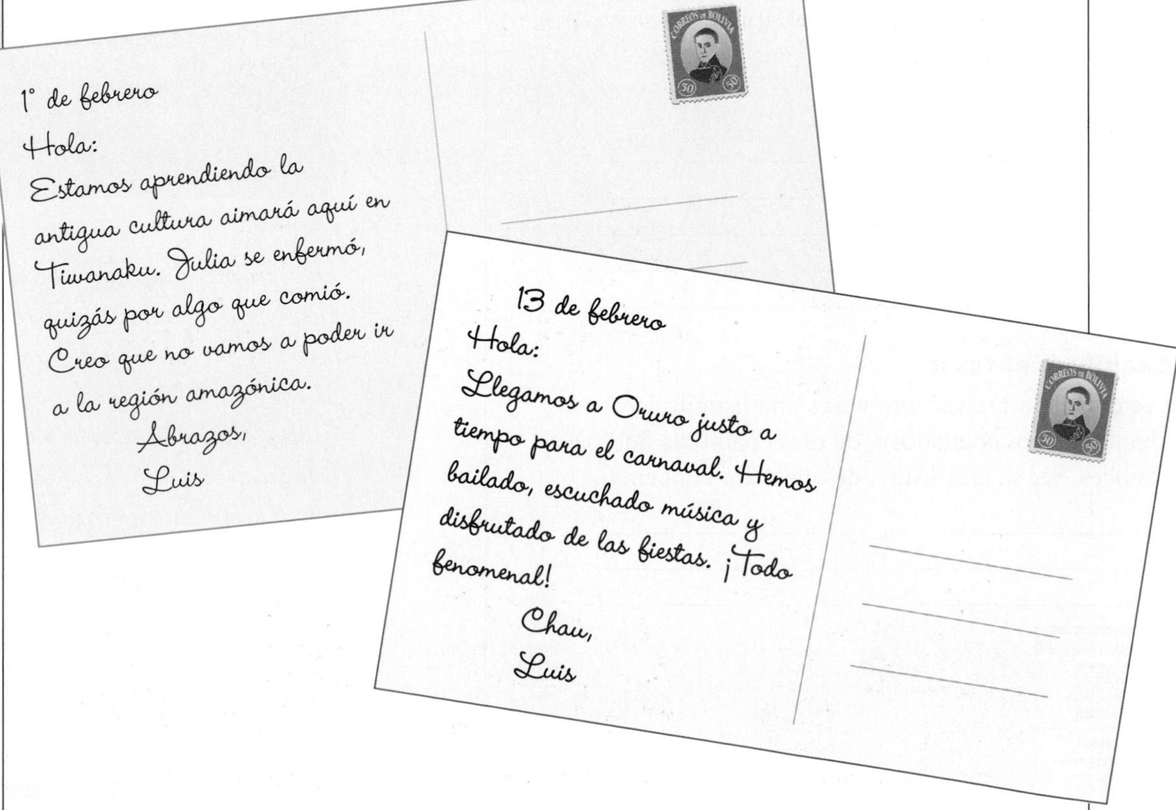

1° de febrero

Hola:

Estamos aprendiendo la antigua cultura aimará aquí en Tiwanaku. Julia se enfermó, quizás por algo que comió. Creo que no vamos a poder ir a la región amazónica.

Abrazos,

Luis

13 de febrero

Hola:

Llegamos a Oruro justo a tiempo para el carnaval. Hemos bailado, escuchado música y disfrutado de las fiestas. ¡Todo fenomenal!

Chau,

Luis

# Lectura

## Antes de leer

### Estrategia
**Making inferences**

For dramatic effect and to achieve a smoother writing style, authors often do not explicitly supply the reader with all the details of a story or poem. Clues in the text can help you infer those things the writer chooses not to state in a direct manner. You simply "read between the lines" to fill in the missing information and draw conclusions. To practice making inferences, read the following statement:

A Liliana le encanta ir al gimnasio. Hace años que empezó a levantar pesas.

Based on this statement alone, what inferences can you draw about Liliana?

**El título**

Sin leer el texto del poema, lee el título. Piensa en las cosas de la vida que una persona no escoge.

Haz una lista.

______________________________

______________________________

______________________________

______________________________

______________________________

**Examinar el texto**

Lee el poema brevemente y haz una lista de algunos de los cognados y de otras palabras que conoces. Según esta lista, ¿de qué trata el poema?

______________ ______________

______________ ______________

______________ ______________

recursos

vistahigher learning.com

# Uno no escoge

**Gioconda Belli**

*La escritora nicaragüense Gioconda Belli nació en Managua en 1948. Durante la lucha° de revolución de su país, Belli vivió en México en donde escribió su novela* Línea de fuego. *Con esta novela ganó el premio Las Américas en 1978. La obra de Belli rompe con las estructuras tradicionales y expresa la urgencia de un cambio social en su país.*

Uno no escoge el país donde nace;
pero ama el país donde ha nacido.

Uno no escoge el tiempo para venir al mundo;
pero debe dejar huella° de su tiempo.

Nadie puede evadir su responsabilidad.

Nadie puede taparse° los ojos, los oídos,
enmudecer° y cortarse° las manos.

Todos tenemos un deber de amor que cumplir,
una historia que nacer
una meta° que alcanzar°.

No escogimos el momento para venir al mundo:
Ahora podemos hacer el mundo
en que nacerá° y crecerá°
la semilla° que trajimos con nosotros.

**lucha** *fight* **dejar huella** *leave a mark* **taparse** *to cover up* **enmudecer** *to fall silent* **cortarse** *to cut* **meta** *goal* **alcanzar** *to reach* **nacerá** *will be born* **crecerá** *will grow* **la semilla** *seed*

# Después de leer

### ¿Cierto o falso?

Indica si estos comentarios sobre el texto son **ciertos** o **falsos.**

| | Cierto | Falso |
|---|---|---|
| 1. Podemos escoger el país donde nacemos. | ❍ | ❍ |
| 2. No es necesario hacer algo importante en la vida. | ❍ | ❍ |
| 3. Debemos ser responsables. | ❍ | ❍ |
| 4. No debemos dejar de ver, escuchar y saber lo que pasa en el mundo. | ❍ | ❍ |
| 5. Debemos ignorar el amor. | ❍ | ❍ |
| 6. Cada persona tiene importancia en el mundo. | ❍ | ❍ |

### Inferencias

Contesta estas preguntas.

1. ¿Cuál es el tema principal del poema?
2. ¿Estás de acuerdo con las ideas de la poeta?
3. ¿Por qué crees que escribió el poema?
4. Después de leer, ¿has cambiado tu opinión sobre el significado del título? ¿Qué piensas ahora?

### Analizar

El poema está compuesto de seis partes. Con un(a) compañero/a, traten de escribir el significado de cada una de las partes. Después, compartan sus ideas con la clase.

### Preguntas

Contesta estas preguntas.

1. ¿Cuáles son tus metas personales?
2. ¿Tienes muchas responsabilidades? ¿Cuáles son?
3. ¿Crees que lo que haga una persona puede cambiar el mundo? ¿Por qué?
4. ¿Crees que Gioconda Belli es una líder en cuestiones de bienestar social en su país? Explica tu respuesta.

# Escritura

## Estrategia

### Organizing information logically

Many times a written piece may require you to include a great deal of information. You might want to organize your information in one of three different ways:

- Chronologically (e.g., events in the history of a country)
- Sequentially (e.g., steps in a recipe)
- In order of importance

Organizing your information in this manner will make both your writing and your message clearer to your readers. If you were writing a piece on weight reduction, for example, you would need to organize your ideas about two general areas: eating right and exercise. You would need to decide which of the two is more important according to your purpose in writing the piece. If your main idea is that eating right is the key to losing weight, you might want to start your piece with a discussion of good eating habits. You might want to discuss the following aspects of eating right in order of their importance:

- Quantities of food
- Selecting appropriate foods from the food pyramid
- Healthful recipes
- Percentage of fat in each meal
- Calorie count
- Percentage of carbohydrates in each meal
- Frequency of meals

You would then complete the piece by following the same process to discuss the various aspects of the importance of getting exercise.

## Tema

**Escribir un plan personal de bienestar**

Desarrolla un plan personal para mejorar tu bienestar, tanto físico como emocional. Tu plan debe describir:

1. Lo que has hecho para mejorar tu bienestar y llevar una vida sana
2. Lo que no has podido hacer todavía
3. Las actividades que debes hacer en los próximos meses

Considera también la siguiente lista de preguntas.

**La nutrición**

- ¿Comes una dieta equilibrada?
- ¿Consumes suficientes vitaminas y minerales? ¿Consumes demasiada grasa?
- ¿Quieres aumentar de peso o adelgazar?
- ¿Qué puedes hacer para mejorar tu dieta?

**El ejercicio**

- ¿Haces ejercicio? ¿Con qué frecuencia?
- ¿Vas al gimnasio? ¿Qué tipo de ejercicios haces allí?
- ¿Practicas algún deporte?
- ¿Qué puedes hacer para mejorar tu bienestar físico?

**El estrés**

- ¿Sufres muchas presiones?
- ¿Qué actividades o problemas te causan estrés?
- ¿Qué haces (o debes hacer) para aliviar el estrés y sentirte más tranquilo/a?
- ¿Qué puedes hacer para mejorar tu bienestar emocional?

# Plan de escritura

1 **Ideas y organización**

Antes de escribir, piensa y anota lo que has hecho hasta ahora, lo que no has hecho, y lo que todavía tienes que hacer para conseguir tus objetivos. Organiza en orden cronológico tus planes para el futuro, según la importancia de cada actividad.

2 **Primer borrador**

Utiliza tus apuntes de **Ideas y organización** para escribir el primer borrador de tu plan personal. Haz todo lo que puedas sin la ayuda del texto o del diccionario.

3 **Comentario**

Intercambia° tu plan personal con el de un(a) compañero/a y lee su borrador. Comparte tus opiniones sobre el documento, utilizando estas preguntas como guía:

a. ¿Incluye toda la información pertinente?
b. ¿Está organizada la información de una manera lógica?
c. ¿Se puede mejorar la organización de las ideas?
d. ¿Hay errores gramaticales u ortográficos°?
e. ¿Qué otras sugerencias puedes darle al/a la escritor(a) para mejorar el documento?

4 **Redacción**

Revisa el primer borrador según las indicaciones de tu compañero/a. Antes de escribir la versión final, revisa tu trabajo según la siguiente guía:

a. Subraya° cada verbo para comprobar° el uso correcto de los tiempos verbales y del subjuntivo. ¡Cuidado con los verbos irregulares!
b. Revisa la concordancia° entre los verbos y los sujetos.
c. Revisa la concordancia entre los sustantivos y los artículos definidos e indefinidos.
d. Revisa la concordancia entre los sustantivos y los adjetivos.
e. Revisa los pronombres para comprobar el uso correcto de cada uno.
f. Consulta tus **Anotaciones para mejorar la escritura** para evitar la repetición de errores previos.

5 **Evaluación y progreso**

Comparte tu descripción con tres estudiantes. Compilen las mejores ideas de cada estudiante en un nuevo plan de bienestar para presentar a la clase. Cuando recibas los comentarios y las correcciones de tu profesor(a), anota tus errores en las **Anotaciones para mejorar la escritura** en tu **Carpeta de trabajos.**

Intercambia *Exchange* ortográficos *spelling* Subraya *Underline* comprobar *to check* concordancia *agreement*

# Escuchar

## Estrategia

**Listening for the gist/ Listening for cognates**

Combining these two strategies is an easy way to get a good sense of what you hear. When you listen for the gist, you get the general idea of what you're hearing, which allows you to interpret cognates and other words in a meaningful context. Similarly, the cognates give you information about the details of the story that you might not have understood when listening for the gist.

To practice these strategies, you will listen to a short paragraph. Write down the gist of what you hear and jot down a few cognates. Based on the gist and the cognates, what conclusions can you draw about what you heard?

## Preparación

Mira la foto. ¿Qué pistas° te da de lo que vas a oír?

## Ahora escucha 

Escucha lo que dice Ofelia Cortez de Bauer. Anota algunos de los cognados que escuchas y también la idea general del discurso°.

____________________________________

____________________________________

____________________________________

____________________________________

Idea general: __________________________

Ahora contesta las siguientes preguntas.

1. ¿Cuál es el género° del discurso?
2. ¿Cuál es el tema?
3. ¿Cuál es el propósito°?

**recursos**
TEXT CD
Lección 15

pistas *clues* discurso *speech* género *genre* propósito *purpose* público *audience* debía haber incluido *should have included*

## Comprensión

### ¿Cierto o falso?

Indica si lo que dicen las siguentes frases es **cierto** o **falso**. Corrige las oraciones que son falsas.

| | Cierto | Falso |
|---|---|---|
| 1. La señora Bauer habla de la importancia de estar en buena forma y de hacer ejercicio. | ❍ | ❍ |
| 2. Según ella, lo más importante es que lleves el programa sugerido por los expertos. | ❍ | ❍ |
| 3. La señora Bauer participa en actividades individuales y de grupo. | ❍ | ❍ |
| 4. El único objetivo del tipo de programa que ella sugiere es adelgazar. | ❍ | ❍ |

### Preguntas

1. Imagina que el programa de radio sigue. Según las pistas que ella dio, ¿qué vas a oír en la segunda parte?
2. ¿A qué tipo de público° le interesa el tema del que habla la señora Bauer?
3. ¿Sigues los consejos de la señora Bauer? Explica tu respuesta.
4. ¿Qué piensas de los consejos que ella da? ¿Hay otra información que ella debía haber incluido°?

# Proyecto

## Promociona° una excursión

Estás a cargo de° promocionar una excursión por Bolivia. Este viaje no es como ningún otro porque combina el ejercicio con el turismo y la aventura, y es sólo para personas que estén en buena forma.

### 1 Prepara un folleto

Crea un folleto° llamativo° para vender la idea de este tipo de excursión. Usa los **Recursos para la investigación** para identificar los lugares que van a visitar en Bolivia y lo que van a hacer en cada uno de esos lugares. El folleto puede incluir lo siguiente:

- Fotos y descripciones de los lugares que van a visitar
- Descripciones de las actividades que van a hacer en cada lugar, con enfoque° en las actividades deportivas y de aventura
- Una explicación de las comidas y de otros aspectos de la excursión que son importantes para la salud
- Una advertencia° de que las personas que participan deben estar en buena forma
- Una explicación del examen médico que los viajeros necesitan hacerse antes del viaje
- El costo del viaje

### 2 Presenta la información

Usa el folleto para crear un anuncio° publicitario informativo. Explica los aspectos especiales de esta excursión, incluyendo las aventuras y las actividades deportivas que se ofrecen. Puedes presentar el anuncio informativo en vivo° o filmarlo en video para después presentarlo a la clase.

En grupos pequeños, comparen las excursiones que han planeado. ¿Qué tienen en común? ¿En qué se diferencian?

**recursos para la investigación**

| | |
|---|---|
|  **Internet** Palabras clave: Bolivia, turismo, fotos, excursiones |  **Comunidad** Profesores, estudiantes o personas de la comunidad que son de Bolivia o que han viajado por Bolivia |
|  **Biblioteca** Guías turísticas, revistas, mapas, enciclopedias |  **Otros recursos** Mapa topográfico, folletos de agencias de viajes |

Promociona *Promote* a cargo de *in charge of* folleto *brochure* llamativo *eye-catching* enfoque *focus* advertencia *warning* anuncio *commercial; announcement* en vivo *live*

# Bolivia

## El país en cifras

- **Área:** 1.098.580 km² (424.162 millas²), *equivalente al área total de Francia y España*
- **Población:** 8.705.000

*Los indígenas quechua y aimará constituyen más de la mitad° de la población de Bolivia. Estos grupos indígenas han mantenido sus culturas y lenguas tradicionales. Las personas de descendencia indígena y europea representan la tercera parte de la población. El 15% restante° es gente de descendencia europea nacida en Latinoamérica. Una gran mayoría de los bolivianos, más o menos el 70%, vive en el altiplano°.*

- **Capital:** La Paz, sede° del gobierno, capital administrativa—1.662.000; Sucre, sede del Tribunal Supremo, capital constitucional y judicial—189.000
- **Ciudades principales:** Santa Cruz de la Sierra—1.286.000, Cochabamba—794.000, Oruro—202.000, Potosí—124.000

SOURCE: Population Division, UN Secretariat

- **Moneda:** peso boliviano
- **Idiomas:** español (oficial), aimará (oficial), quechua (oficial)

Bandera de Bolivia

### Bolivianos célebres

- **Jesús Lara,** escritor (1898–1980)
- **Víctor Paz Estenssoro,** político y presidente (1907–2001)
- **María Luisa Pacheco,** pintora (1919–1982)
- **Matilde Casazola,** poeta (1942– )

la mitad *half* restante *remaining* altiplano *high plateau* sede *seat* paraguas *umbrella* cascada *waterfall*

Plaza San Francisco

Vista de la ciudad de Sucre

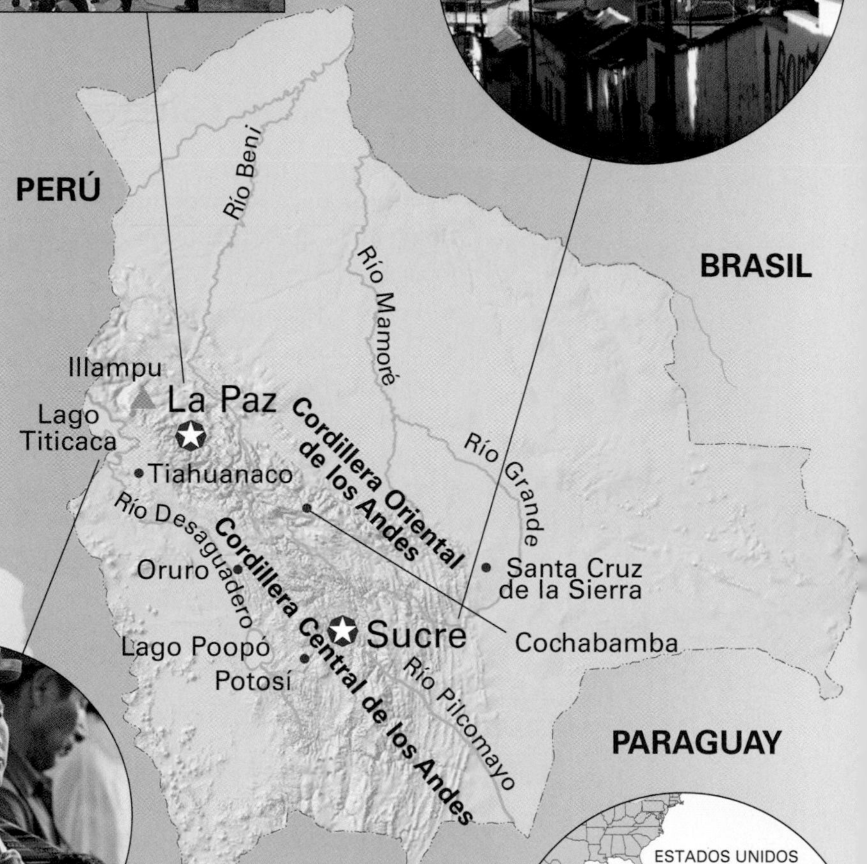

Mujer indígena con bebé

PERÚ
BRASIL
PARAGUAY
ARGENTINA
CHILE
Río Beni
Río Mamoré
Río Grande
Illampu
La Paz
Lago Titicaca
Tiahuanaco
Cordillera Oriental de los Andes
Río Desaguadero
Oruro
Cordillera Central de los Andes
Santa Cruz de la Sierra
Sucre
Cochabamba
Lago Poopó
Potosí
Río Pilcomayo
ESTADOS UNIDOS
OCÉANO ATLÁNTICO
OCÉANO PACÍFICO
BOLIVIA

**recursos**

| WB pp. 177–178 | VM pp. 277–278 | I CD-ROM Lección 15 | vistahigherlearning.com |
|---|---|---|---|

## ¡Increíble pero cierto!

La Paz es la capital más alta del mundo. Su aeropuerto está situado a una altitud de 3.600 m. (12.000 pies). Ah, y si viajas en carro hasta La Paz, ¡no te olvides del paraguas°! En la carretera, que cruza 9.000 metros de densa selva, te encontrarás con una cascada°.

## Lugares • El lago Titicaca

Titicaca, situado en los Andes de Bolivia y Perú, es el lago navegable más alto del mundo y está a una altitud de 3.815 metros (12.500 pies). También es el segundo lago más grande, después del lago Maracaibo, de Suramérica, con un área de más de 8.000 $km^2$ (3.000 $millas^2$). La mitología inca cuenta° que los hijos del dios° Sol emergieron de las profundas aguas del lago Titicaca para fundar° su imperio°. Los indígenas de la zona todavía hacen botes° de totora° a la manera° antigua y los usan para navegar las claras aguas del lago.

## Artes • La música andina

La música andina, compartida por Bolivia, Perú, Ecuador, Chile y Argentina, es el aspecto más conocido de su folklore. Hay muchos conjuntos° profesionales que dan a conocer° esta música popular, de origen indígena, alrededor° del mundo. Uno de los grupos más importantes son los Kjarkas, que llevan más de veinticinco años actuando en los escenarios internacionales. Los instrumentos típicos que se usan son la zampoña y la quena (dos tipos de flauta°), el arpa°, el bombo°, la guitarra y el charango, que es una pequeña guitarra andina.

## Historia • Tiahuanaco

Tiahuanaco, que significa "Ciudad de los dioses", es un sitio arqueológico de ruinas preincaicas situado cerca de La Paz y el lago Titicaca. Se piensa que los antepasados° de los indígenas aimará fundaron este centro ceremonial hace unos 15.000 años. En el año 1100, la ciudad tenía más o menos 60.000 habitantes. En este sitio se pueden ver el Templo de Kalasasaya, el Monolito Ponce, el Templete Subterráneo, la Puerta del Sol y la Puerta de la Luna. La Puerta del Sol es un impresionante monumento que tiene tres metros de alto y cuatro de ancho° y que pesa aproximadamente unas 10 toneladas.

**¿Qué aprendiste?** Responde a las preguntas con una frase completa.

1. ¿Qué idiomas se hablan en Bolivia?
2. ¿Dónde vive la mayoría de los bolivianos?
3. ¿Cuál es la capital administrativa de Bolivia?
4. ¿Cómo se llama la moneda de Bolivia?
5. Según la mitología inca, ¿qué ocurrió en el lago Titicaca?
6. ¿Qué hacen los indios con la totora?
7. ¿Qué es la quena?
8. ¿Qué es el charango?
9. ¿Qué es la Puerta del Sol?
10. ¿Cómo se llama el sitio arqueológico situado cerca de La Paz y el lago Titicaca?

**Conexión Internet** Investiga estos temas en el sitio **www.vistahigherlearning.com.**

1. Busca información sobre un(a) boliviano/a célebre. ¿Cuáles son algunos de los episodios más importantes de su vida? ¿Qué ha hecho esta persona? ¿Por qué es célebre?
2. Busca información sobre Tiahuanaco u otro sitio arqueológico en Bolivia. ¿Qué han descubierto los arqueólogos en ese sitio?

cuenta *tells the story* dios *god* fundar *to found* imperio *empire* botes *rowboats* totora *reed* manera *way* conjuntos *groups* dan a conocer *make known* alrededor *around* flauta *flute* arpa *harp* bombo *drum* antepasados *ancestors* ancho *wide*

## El bienestar

| | |
|---|---|
| **el bienestar** | *well-being* |
| **la droga** | *drug* |
| **el/la drogadicto/a** | *drug addict* |
| **el masaje** | *massage* |
| **el/la teleadicto/a** | *couch potato* |
| **adelgazar** | *to lose weight; to slim down* |
| **aliviar el estrés** | *to reduce stress* |
| **aliviar la tensión** | *to reduce tension* |
| **apurarse, darse prisa** | *to hurry; to rush* |
| **aumentar de peso, engordar** | *to gain weight* |
| **disfrutar (de)** | *to enjoy; to reap the benefits (of)* |
| **estar a dieta** | *to be on a diet* |
| **(no) fumar** | *(not) to smoke* |
| **llevar una vida sana** | *to lead a healthy lifestyle* |
| **sufrir muchas presiones** | *to be under a lot of pressure* |
| **tratar de (+ *inf.*)** | *to try (to do something)* |
| **activo/a** | *active* |
| **débil** | *weak* |
| **en exceso** | *in excess; too much* |
| **flexible** | *flexible* |
| **fuerte** | *strong* |
| **sedentario/a** | *sedentary; related to sitting* |
| **tranquilo/a** | *calm; quiet* |

## En el gimnasio

| | |
|---|---|
| **la cinta caminadora** | *treadmill* |
| **la clase de ejercicios aeróbicos** | *aerobics class* |
| **el/la entrenador(a)** | *trainer* |
| **el músculo** | *muscle* |
| **calentarse (e:ie)** | *to warm up* |
| **entrenarse** | *to practice; to train* |
| **estar en buena forma** | *to be in good shape* |
| **hacer ejercicio** | *to exercise* |
| **hacer ejercicios aeróbicos** | *to do aerobics* |
| **hacer ejercicios de estiramiento** | *to do stretching exercises* |
| **hacer gimnasia** | *to work out* |
| **levantar pesas** | *to lift weights* |
| **mantenerse en forma** | *to stay in shape* |
| **sudar** | *to sweat* |

## La nutrición

| | |
|---|---|
| **la bebida alcohólica** | *alcoholic beverage* |
| **la cafeína** | *caffeine* |
| **la caloría** | *calorie* |
| **el colesterol** | *cholesterol* |
| **la grasa** | *fat* |
| **la merienda** | *afternoon snack* |
| **el mineral** | *mineral* |
| **la nutrición** | *nutrition* |
| **el/la nutricionista** | *nutritionist* |
| **la proteína** | *protein* |
| **la vitamina** | *vitamin* |
| **comer una dieta equilibrada** | *to eat a balanced diet* |
| **consumir alcohol** | *to consume alcohol* |
| **descafeinado/a** | *decaffeinated* |

| | |
|---|---|
| **Expresiones útiles** | *See page 459.* |

**recursos**

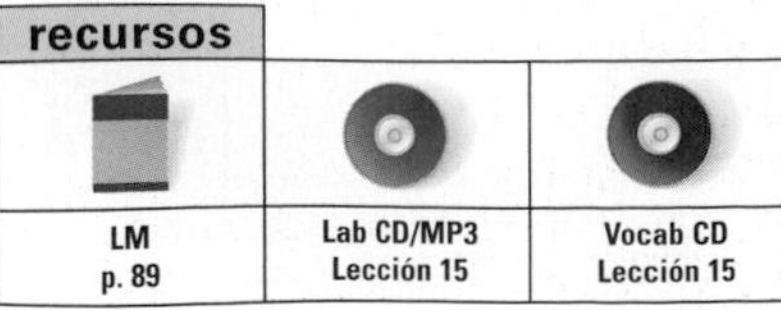

# l mundo del trabajo 16

## Communicative Goals

*You will learn how to:*

- Talk about your future plans
- Talk about and discuss work
- Interview for a job
- Express agreement and disagreement

### A PRIMERA VISTA

- ¿Están trabajando las personas en la foto?
- ¿Dibujan algo?
- ¿Llevan ropa profesional?
- ¿Están descansando o están ocupados?

# El mundo del trabajo

## Más vocabulario

| | |
|---|---|
| **el/la abogado/a** | *lawyer* |
| **el actor, la actriz** | *actor* |
| **el/la consejero/a** | *counselor; advisor* |
| **el/la contador(a)** | *accountant* |
| **el/la corredor(a) de bolsa** | *stockbroker* |
| **el/la diseñador(a)** | *designer* |
| **el/la electricista** | *electrician* |
| **el/la gerente** | *manager* |
| **el hombre/la mujer de negocios** | *businessperson* |
| **el/la jefe/a** | *boss* |
| **el/la maestro/a** | *teacher* |
| **el/la político/a** | *politician* |
| **el/la psicólogo/a** | *psychologist* |
| **el/la secretario/a** | *secretary* |
| **el/la técnico/a** | *technician* |
| **el ascenso** | *promotion* |
| **el aumento de sueldo** | *raise* |
| **la carrera** | *career* |
| **la compañía, la empresa** | *company; firm* |
| **el empleo** | *job; employment* |
| **los negocios** | *business; commerce* |
| **la ocupación** | *occupation* |
| **el oficio** | *trade* |
| **la profesión** | *profession* |
| **la reunión** | *meeting* |
| **el teletrabajo** | *telecommuting* |
| **el trabajo** | *job; work* |
| **la videoconferencia** | *videoconference* |
| **dejar** | *to quit; to leave behind* |
| **despedir (e:i)** | *to fire* |
| **invertir (e:ie)** | *to invest* |
| **renunciar (a)** | *to resign (from)* |
| **tener éxito** | *to be successful* |
| **comercial** | *commercial; business related* |

## Variación léxica

abogado/a ←→ licenciado/a (*Amér. C.*)
contador(a) ←→ contable (*Esp.*)

# Práctica

**1** **Escuchar** Escucha la descripción que hace Juan Figueres de su profesión y luego completa las frases con las palabras adecuadas.

1. Juan Figueres es ________.
   a. actor b. hombre de negocios c. pintor
2. El Sr. Figueres es el ________ de una compañía multinacional.
   a. secretario b. técnico c. gerente
3. El Sr. Figueres quería ________ en la cual pudiera trabajar en otros países.
   a. una carrera b. un ascenso c. un aumento de sueldo
4. El Sr. Figueres viaja mucho porque ________.
   a. tiene reuniones en otros países b. prefiere el teletrabajo
   c. utiliza las videoconferencias

**2** **Escoger** Escoge la ocupación de la lista que corresponda a cada descripción.

| | |
|---|---|
| la arquitecta | el corredor de bolsa |
| el bombero | el diseñador |
| la carpintera | la electricista |
| el científico | el maestro |
| la contadora | la técnica |

1. Desarrolla teorías de biología, química, física, etc.
2. Construye (*Builds*) armarios, sillas, mesas, casas y otras cosas de madera (*wood*).
3. Nos ayuda a iluminar nuestras casas y arregla los electrodomésticos.
4. Combate los fuegos (*fires*) que destruyen edificios.
5. Ayuda a la gente a invertir su dinero.
6. Trabaja con números y arregla las cuentas de diferentes negocios.
7. Enseña a los niños.
8. Diseña ropa.
9. Arregla las computadoras.
10. Diseña edificios.

**3** **Asociaciones** ¿Qué profesiones asocias con las siguientes palabras?

*modelo*
emociones *psicólogo/a*

1. pinturas
2. consejos
3. elecciones
4. comida
5. leyes
6. teatro
7. pirámide
8. escuela
9. periódico
10. pelo

**4** **Conversación** Completa la entrevista con el nuevo vocabulario que se ofrece en la lista de la derecha.

**ENTREVISTADOR** Recibí la (1)__________ que usted llenó y vi que tiene mucha experiencia.

**ASPIRANTE** Por eso decidí mandar una copia de mi (2)__________ cuando vi su (3)__________ en el periódico.

**ENTREVISTADOR** Me alegro de que lo haya hecho. Pero dígame, ¿por qué dejó usted su (4)__________ anterior?

**ASPIRANTE** Lo dejé porque quiero un mejor (5)__________.

**ENTREVISTADOR** ¿Y cuánto quiere usted (6)__________ ?

**ASPIRANTE** Pues, eso depende de los (7)__________ que me puedan ofrecer.

**ENTREVISTADOR** Muy bien. Pues, creo que usted tiene la experiencia necesaria, pero tengo que (8)__________ a dos aspirantes más. Le vamos a llamar la semana que viene.

**ASPIRANTE** Hasta pronto, y gracias por la (9)__________.

### Más vocabulario

| | |
|---|---|
| **el anuncio** | *advertisement* |
| **el/la aspirante** | *candidate; applicant* |
| **los beneficios** | *benefits* |
| **el currículum** | *résumé* |
| **la entrevista** | *interview* |
| **el/la entrevistador(a)** | *interviewer* |
| **el puesto** | *position; job* |
| **el salario, el sueldo** | *salary* |
| **la solicitud (de trabajo)** | *(job) application* |
| **contratar** | *to hire* |
| **entrevistar** | *to interview* |
| **ganar** | *to earn* |
| **obtener** | *to obtain; to get* |
| **solicitar** | *to apply (for a job)* |

**5** **Completar** Escoge la respuesta que completa cada frase.

1. Voy a _____ mi empleo.
   a. tener éxito b. renunciar a c. entrevistar
2. Quiero dejar mi _____ porque no me gusta mi jefe.
   a. anuncio b. gerente c. puesto
3. Por eso, fui a una _____ con una consejera de carreras.
   a. profesión b. reunión c. ocupación
4. Ella me dijo que necesito revisar mi _____.
   a. currículum b. compañía c. aspirante
5. ¿Cuándo obtuviste _____ más reciente?, me preguntó.
   a. la reunión b. la videoconferencia c. el aumento de sueldo
6. Le dije que deseo trabajar en una empresa con excelentes _____.
   a. beneficios b. entrevistas c. solicitudes de trabajo
7. Y quiero tener la oportunidad de _____ en la nueva empresa.
   a. invertir b. obtener c. perder

### ¡LENGUA VIVA!

**Trabajo**, **empleo**, and **puesto** all translate as *job*, but each has additional meanings: **trabajo** means *work*, **empleo** means *employment*, and **puesto** means *position*.

**6** **Preguntas** Responde a cada pregunta con una respuesta breve.

1. ¿Te gusta tu especialización?
2. ¿Lees los anuncios de empleo en el periódico con regularidad?
3. ¿Piensas que una carrera que beneficia a otros es más importante que un empleo con un salario muy bueno? Explica tu respuesta.
4. ¿Obtienes siempre los puestos que quieres?
5. ¿Te preparas bien para las entrevistas?
6. ¿Crees que una persona debe renunciar a un puesto si no se ofrecen ascensos?
7. ¿Te gustaría más un teletrabajo o un trabajo tradicional en una oficina?
8. ¿Piensas que los jefes siempre tienen razón?
9. ¿Quieres tener tu propia empresa?
10. ¿Cuál es tu carrera ideal?

# Comunicación

7 **Una entrevista** Trabaja con un(a) compañero/a para representar los papeles de un(a) aspirante a un puesto y un(a) entrevistador(a).

El/La entrevistador(a) debe describir...

- el empleo
- las responsabilidades
- el salario
- los beneficios

El/La aspirante debe...

- presentar su experiencia
- obtener más información sobre el puesto

Entonces...

- el/la entrevistador(a) debe decidir si va a contratar al/a la aspirante
- el/la aspirante debe decidir si va a aceptar el puesto

8 **Un(a) consejero/a de carreras** En parejas, representen los papeles de un(a) consejero/a de carreras y una persona que quiere saber cuál es la mejor ocupación para él/ella. El/La consejero/a debe hacerle preguntas sobre su educación, su experiencia y sus intereses y debe sugerir dos o tres profesiones posibles. Después, intercambien (*swap*) los papeles.

9 **Una feria de trabajo** La clase va a celebrar una feria (*fair*) de trabajo. Unos estudiantes van a ser representantes de compañías que buscan empleados y otros van a estar buscando nuevos puestos. Los representantes deben preparar carteles con el nombre de su compañía y los puestos que ofrecen. Los que buscan empleo deben circular por la clase y hablar con tres representantes sobre sus experiencias de trabajo y el tipo de trabajo que están buscando. Los entrevistadores deben describir los puestos y conseguir los nombres y las referencias de los solicitantes.

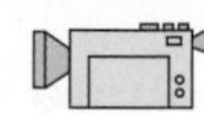

# ¡Es un plan sensacional!

**Don Francisco y los estudiantes hablan de sus ocupaciones futuras.**

**PERSONAJES**

MAITE

INÉS

DON FRANCISCO

ÁLEX

JAVIER

**MAITE** La señora Vives es una cocinera magnífica.

**DON FRANCISCO** Me alegro de que les guste.

**DON FRANCISCO** Oigan, ¿qué me dicen del lugar donde fueron de excursión? ¿Qué les pareció?

**MAITE** ¡El paisaje es bellísimo!

**INÉS** Martín fue un guía excelente. Mostró mucho interés en que aprendiéramos sobre el medio ambiente.

**DON FRANCISCO** Sí, Martín es el mejor guía que conozco. Pero hablando de profesiones, ¿quieren saber cuáles son mis planes para el futuro?

**MAITE** ¡Me muero por saberlo!

**DON FRANCISCO** He decidido que el próximo verano voy a establecer mi propia compañía de turismo.

**MAITE** ¡Es un plan sensacional! Pero ahora escuchen el mío. Yo voy a ser periodista y tendré mi propio programa de entrevistas. Me verán en la tele entrevistando a políticos, científicos, hombres y mujeres de negocios y actores y actrices.

**JAVIER** No me cabe duda de que seré un pintor famoso. Todo el mundo querrá comprar mis cuadros y llegaré a ser más famoso que Picasso, que Dalí, que Velázquez...

**INÉS** Seré arqueóloga. Investigaré sitios arqueológicos en el Ecuador y en otros países. Escribiré libros sobre mis descubrimientos.

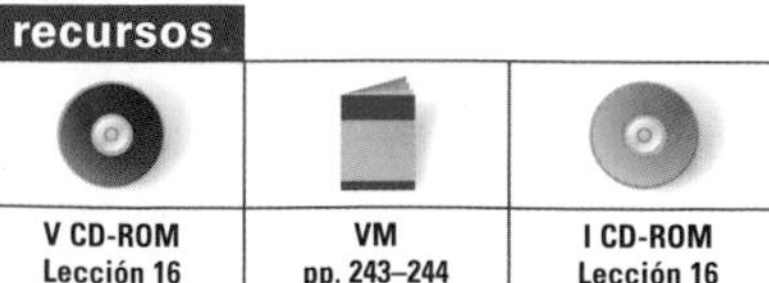

**recursos**

| V CD-ROM Lección 16 | VM pp. 243–244 | I CD-ROM Lección 16 |
|---|---|---|

**JAVIER** ¡Buena idea, don Efe! Con su experiencia y talento, será un gran éxito.

**ÁLEX** Sí, estoy completamente de acuerdo.

**DON FRANCISCO** ¡Qué amables son! Pero, díganme, ¿cuáles son sus planes? Supongo que también ustedes han pensado en el futuro.

**ÁLEX** Pues claro, don Francisco. En cinco años habré establecido una compañía especializada en Internet.

**INÉS** Serás millonario, ¿eh?

**ÁLEX** Exactamente, porque muchísima gente habrá invertido montones de dinero en mi empresa.

**MAITE** ¡Fenomenal! Cuando sean famosos yo los invitaré a todos a mi programa. Y usted también vendrá, don Efe.

**DON FRANCISCO** ¡Enseguida! ¡Vendré conduciendo un autobús!

**DON FRANCISCO** ¡Por el porvenir!

**ESTUDIANTES** ¡Por el porvenir!

## Enfoque cultural Las mujeres en el mundo del trabajo

Las mujeres en los países de habla hispana están trabajando en todas las ocupaciones posibles. Aunque todavía existe en muchas ocasiones una diferencia de sueldo entre hombres y mujeres, como ocurre prácticamente en todos los países del mundo, este problema va siendo cada vez más pequeño. En el mundo hispano muchas mujeres han ocupado altos puestos en la política, como Violeta Chamorro (Nicaragua) y Mireya Moscoso (Panamá), ambas presidentas de sus respectivos países.

## Expresiones útiles

### Talking about future plans

▶ **¿Quieren saber cuáles son mis planes para el futuro?**
*Do you want to know what my plans for the future are?*
▷ **Me muero por saberlo.**
*I'm dying to know.*

▶ **¿Cuáles son tus/sus planes?**
*What are your plans?*
▷ **Seré un(a) pintor(a) famoso/a.**
*I will be a famous painter.*
▷ **Tendré mi propio programa.**
*I will have my own program.*

▶ **¿Dónde trabajarás?**
*Where will you work?*
▷ **Trabajaré en México.**
*I will work in Mexico.*

▶ **¿Qué piensas hacer después de graduarte?**
*What do you intend to do after graduating?*
▷ **Pienso establecer mi propia compañía.**
*I intend to start my own company.*

### Agreement and disagreement

▶ **Estoy (completamente) de acuerdo.**
*I agree (completely).*
▶ **Claro (que sí).**
*Of course.*
▶ **Por supuesto.**
*Of course.*
▶ **No estoy de acuerdo.**
*I don't agree.*
▶ **No es así.**
*That's not the way it is.*
▶ **De ninguna manera.**
*No way.*

### Giving a toast

▶ **¡Por el porvenir!**
*Here's to the future!*

# Reacciona a la fotonovela

**1** **¿Cierto o falso?** Indica si lo que dicen las siguientes frases es **cierto** o **falso**. Corrige las frases falsas.

| | Cierto | Falso |
|---|---|---|
| 1. Álex será millonario porque mucha gente invertirá en su compañía. | ❍ | ❍ |
| 2. Don Francisco preparó una comida deliciosa. | ❍ | ❍ |
| 3. Martín insistió en que los estudiantes aprendieran sobre la historia del Ecuador. | ❍ | ❍ |
| 4. Inés será arqueóloga. | ❍ | ❍ |

**2** **Identificar** Identifica quién puede decir las siguientes frases.

1. Con mi talento y experiencia en turismo, creo que mi compañía tendrá mucho éxito.
2. Siempre me ha interesado mucho la historia de mi país.
3. La comunicación y la tecnología me han gustado por mucho tiempo. Estableceré una empresa que se especialice en esas cosas.
4. Voy a ser más famoso que Dalí.
5. ¿Mi plan para el futuro? Trabajar en televisión y hablar con gente interesante.

INÉS

ÁLEX

DON FRANCISCO

**NOTA CULTURAL**

El pintor español **Salvador Dalí** es uno de los máximos representantes del **surrealismo**, tendencia estética que refleja el subconsciente (*subconscious*) del artista. Las obras de Dalí están llenas de símbolos e imágenes fantásticas que muestran sus sueños y su propia realidad.

**3**  **Profesiones** Los protagonistas de la **fotonovela** mencionan las siguientes profesiones. En parejas, túrnense para definir cada profesión.

1. arqueólogo/a
2. actor/actriz
3. científico/a
4. cocinero/a
5. hombre/mujer de negocios
6. periodista
7. pintor(a)
8. político/a

**AYUDA**

Remember that the indefinite article is not used with professions, unless they are modified by an adjective.

José es **pintor**.

José es **un buen pintor**.

**4**  **Mis planes** En grupos, hablen de sus planes para el futuro. Utilicen estas frases:

▸ ¿Qué piensas hacer después de graduarte?
▸ ¿Quieres saber cuáles son mis planes para el futuro?
▸ ¿Cuáles son tus planes?
▸ ¿Dónde trabajarás?
▹ El próximo año/verano, voy a...
▹ Seré un(a)...
▹ Trabajaré en...

# Ortografía

## Las letras **y, ll** y **h**

The letters **ll** and **y** were not pronounced alike in Old Spanish. Nowadays, however, **ll** and **y** have the same or similar pronunciations in many parts of the Spanish-speaking world. This results in frequent misspellings. The letter **h**, as you already know, is silent in Spanish, and it is often difficult to know whether words should be written with or without it. Here are some of the word groups that are spelled with each letter.

**talla** **sello** **botella** **amarillo**

The letter **ll** is used in these endings: **–allo/a, –ello/a, –illo/a.**

**llave** **llega** **llorar** **lluvia**

The letter **ll** is used at the beginning of words in these combinations: **lla-, lle-, llo-, llu-.**

**cayendo** **leyeron** **oye** **incluye**

The letter **y** is used in some forms of the verbs **caer**, **leer**, and **oír** and in verbs ending in **–uir.**

**hiperactivo** **hospital** **hipopótamo** **humor**

The letter **h** is used at the beginning of words in these combinations: **hiper-**, **hosp-**, **hidr-**, **hipo-**, **hum-**.

**hiato** **hierba** **hueso** **huir**

The letter **h** is also used in words that begin with these combinations: **hia-, hie-, hue-, hui-.**

**Práctica** Llena los espacios con **h, ll** o **y**. Después escribe una frase con cada una de las palabras.

1. cuchi___o
2. ___ielo
3. cue___o
4. estampi___a
5. estre___a
6. ___uésped
7. destru___ó
8. pla___a

**Adivinanza** Aquí tienes una adivinanza (*riddle*). Intenta descubrir de qué se trata.

**recursos**

| LM | Lab CD/MP3 | I CD-ROM |
|---|---|---|
| | 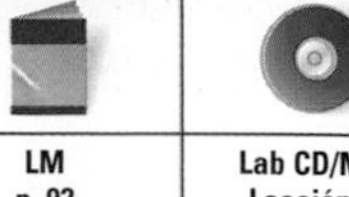 |  |
| p. 92 | Lección 16 | Lección 16 |

[1] El huevo

# 16.1 The future

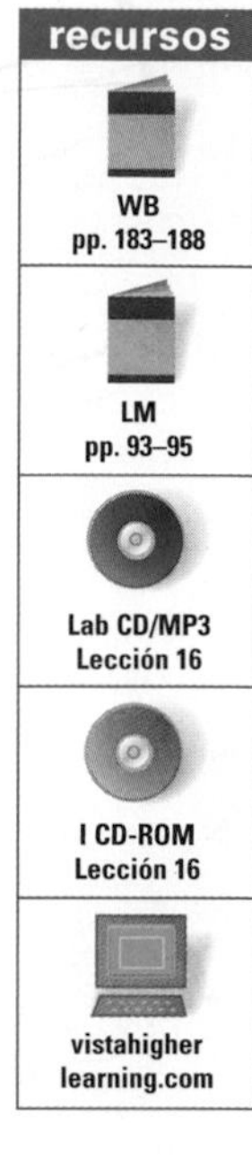


**ANTE TODO** You have already learned ways of expressing the near future in Spanish. You will now learn how to form and use the future tense. Compare the different ways of expressing the future in Spanish and English.

**Present indicative**

**Voy** al cine mañana.
*I'm going to the movies tomorrow.*

**Present subjunctive**

Ojalá **vaya al cine** mañana.
*I hope I will go to the movies tomorrow.*

***ir a* + [infinitive]**

**Voy a ir** al cine.
*I'm going to go to the movies.*

**Future**

**Iré** al cine.
*I will go to the movies.*

**Future tense**

| | | **estudiar** | **aprender** | **recibir** |
|---|---|---|---|---|
| SINGULAR FORMS | yo | estudiar**é** | aprender**é** | recibir**é** |
| | tú | estudiar**ás** | aprender**ás** | recibir**ás** |
| | Ud./él/ella | estudiar**á** | aprender**á** | recibir**á** |
| PLURAL FORMS | nosotros/as | estudiar**emos** | aprender**emos** | recibir**emos** |
| | vosotros/as | estudiar**éis** | aprender**éis** | recibir**éis** |
| | Uds./ellos/ellas | estudiar**án** | aprender**án** | recibir**án** |

**CONSÚLTALO**

To review **ir a** + [*infinitive*], see **Estructura 4.1**, p. 112.

- In Spanish, the future is a simple tense that consists of one word, whereas in English it is made up of the auxiliary verb *will* or *shall*, and the main verb.

  ¿Cuándo **recibirás** el ascenso?
  *When **will you** receive the promotion?*

  Mañana **aprenderemos** más.
  *Tomorrow **we will** learn more.*

**¡ATENCIÓN!**

Note that all of the future endings have a written accent except the **nosotros/as** form.

- The future endings are the same for regular and irregular verbs. For regular verbs, simply add the endings to the infinitive. For irregular verbs, add the endings to the irregular stem.

**Irregular verbs in the future**

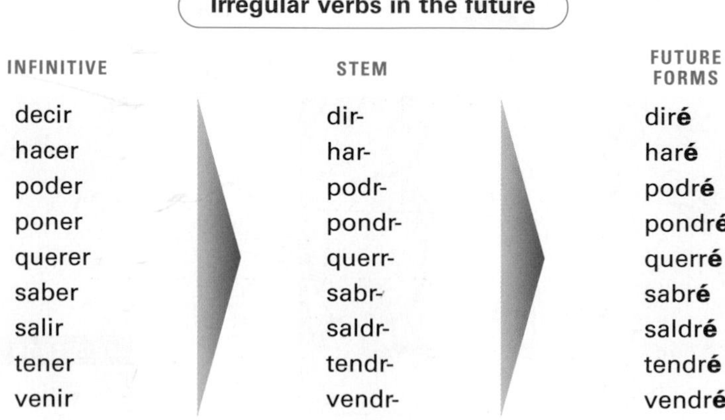

| INFINITIVE | STEM | FUTURE FORMS |
|---|---|---|
| decir | dir- | dir**é** |
| hacer | har- | har**é** |
| poder | podr- | podr**é** |
| poner | pondr- | pondr**é** |
| querer | querr- | querr**é** |
| saber | sabr- | sabr**é** |
| salir | saldr- | saldr**é** |
| tener | tendr- | tendr**é** |
| venir | vendr- | vendr**é** |

- The future of **hay** (*inf.* **haber**) is **habrá** *(there will be).*

La próxima semana **habrá** dos reuniones.
*Next week there will be two meetings.*

**Habrá** muchos gerentes en la videoconferencia.
*There will be many managers at the videoconference.*

- Although the English word *will* can refer to future time, it also refers to someone's willingness to do something. In this case, Spanish uses **querer** + [*infinitive*], not the future tense.

**¿Quieres llamarme**, por favor?
*Will you please call me?*

**¿Quieren ustedes escucharnos**, por favor?
*Will you please listen to us?*

**COMPARE & CONTRAST**

In Spanish, the future tense has an additional use: expressing conjecture or probability. English sentences involving expressions such as *I wonder, I bet, must be, may, might,* and *probably* are often translated into Spanish using the *future of probability*.

—¿Dónde **estarán** mis llaves?
*I wonder where my keys are.*

—¿Qué hora **será**?
*What time can it be? (I wonder what time it is.)*

—**Estarán** en la cocina.
*They're probably in the kitchen.*

—**Serán** las once o las doce.
*It must be (It's probably) eleven or twelve.*

Note that although the future tense is used, these verbs express conjecture about *present* conditions, events, or actions.

**CONSÚLTALO**

To review these conjunctions of time, see **Estructura 13.3**, p. 412.

- The future may also be used in the main clause of sentences in which the present subjunctive follows a conjunction of time such as **cuando, después (de) que, en cuanto, hasta que,** and **tan pronto como.**

**Cuando llegues** a la oficina, **hablaremos**.
*When you arrive at the office, we will talk.*

**Saldremos tan pronto como termine** su trabajo.
*We will leave as soon as you finish your work.*

**¡INTÉNTALO!** Conjuga los verbos entre paréntesis en futuro.

1. (dejar, correr, invertir) yo dejaré, correré, invertiré
2. (renunciar, beber, vivir) tú ______
3. (hacer, poner, venir) Lola ______
4. (tener, decir, querer) nosotros ______
5. (ir, ser, estar) ustedes ______
6. (solicitar, comer, repetir) usted ______
7. (saber, salir, poder) yo ______
8. (encontrar, jugar, servir) tú ______

# Práctica

**1** **Planes** Celia está hablando de sus planes. Repite lo que dice, usando el tiempo futuro.

*modelo*

Voy a consultar el índice de Empresas 500 en la biblioteca.
*Consultaré el índice de Empresas 500 en la biblioteca.*

1. Álvaro y yo nos vamos a casar pronto.
2. Julián me va a decir dónde puedo buscar trabajo.
3. Voy a buscar un puesto con un buen sueldo.
4. Voy a leer los anuncios clasificados todos los días.
5. Voy a obtener un puesto en mi especialización.
6. Mis amigos van a estar contentos por mí.

**2** **¿Quién será? ¿Qué hará?** En parejas, imaginen que están con un(a) amigo/a en un café y ven entrar a un hombre o una mujer. Imaginen cómo será su vida y utilicen el futuro de probabilidad en su conversación. Usen estas preguntas como guía y después lean su conversación delante de la clase.

*modelo*

**Estudiante 1:** *¿Tendrá éxito en su profesión?*
**Estudiante 2:** *Creo que sí porque lleva ropa cara.*

- ¿Estará soltero/a?
- ¿Cuántos años tendrá?
- ¿En qué trabajará?
- ¿Será famoso/a?
- ¿Tendrá éxito en su profesión?
- ¿Con quién vivirá?
- ¿Estará esperando a alguien? ¿A quién?

**3** **Preguntas** Imaginen que han aceptado uno de los puestos de los anuncios. En parejas, túrnense para hablar sobre los detalles (*details*) del puesto. Usen las preguntas de guía y hagan también sus propias preguntas.

**Laboratorios LUNA**
Se busca científico con mucha imaginación para crear nuevos productos. Mínimo 3 años de experiencia. Puesto con buen sueldo y buenos beneficios.
Tel: 492-38-67

**SE BUSCA CONTADOR(A)**
Mínimo 5 años de experiencia. Debe hablar inglés, francés y alemán. Salario: 120.000 dólares al año. Envíen currículum por fax al: 924-90-34.

**SE BUSCAN**
Actores y actrices con experiencia para telenovela. Trabajarán por las noches. Salario: 40 dólares la hora. Soliciten puesto en persona. Calle El Lago n. 24, Managua.

**SE NECESITAN**
Jóvenes periodistas para periódico nacional. Horario: 4:30 a 20:30. Comenzarán inmediatamente. Salario anual: 20.000 dólares al año. Tel. contacto: 245-94-30.

1. ¿Cuál será el trabajo?
2. ¿Qué harás?
3. ¿Cuánto te pagarán?
4. ¿Sabes si te ofrecerán beneficios?
5. ¿Sabes el horario que tendrás? ¿Es importante saberlo?
6. ¿Crees que te gustará? ¿Por qué?
7. ¿Cuándo comenzarás a trabajar?
8. ¿Qué crees que aprenderás?

# Comunicación

4

Conversar Tú y tu compañero/a viajarán a la República Dominicana por siete días. En parejas, indiquen lo que harán y no harán. Digan dónde, cómo, con quién o en qué fechas lo harán, usando el anuncio (*ad*) como guía. Pueden usar sus propias ideas también.

**NOTA CULTURAL**

En la **República Dominicana** está el punto más alto y el más bajo de las Antillas. El Pico Duarte mide (*measures*) 3.175 metros y el lago Enriquillo está a 45 metros bajo el nivel del mar (*sea level*).

*modelo*

**Estudiante 1:** *¿Qué haremos el martes?*
**Estudiante 2:** *Visitaremos el Jardín Botánico.*
**Estudiante 1:** *Pues, tú visitarás el Jardín Botánico y yo caminaré por el Mercado Modelo.*

**¡Bienvenido a la República Dominicana!**

Se divertirá desde el momento en que llegue al **Aeropuerto Internacional de las Américas**.

- Visite la ciudad colonial de **Santo Domingo** con su interesante arquitectura.
- Vaya al **Jardín Botánico** y disfrute de nuestra abundante naturaleza.
- En el **Mercado Modelo** no va a poder resistir la tentación de comprar artesanías.
- No deje de escalar la montaña del **Pico Duarte** (se recomiendan 3 días).
- ¿Le gusta bucear? **Cabarete** tiene todo el equipo que usted necesita.
- ¿Desea nadar? **Punta Cana** le ofrece hermosas playas.

5

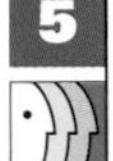

**Planear** En grupos pequeños, hagan planes para formar una empresa privada. Usen las preguntas como guía. Después presenten su plan a la clase.

1. ¿Cómo se llamará y qué tipo de empresa será?
2. ¿Cuántos empleados tendrá y cuáles serán sus oficios o profesiones?
3. ¿Qué tipo de beneficios se ofrecerán?
4. ¿Quién será el/la gerente y quién será el jefe/la jefa? ¿Por qué?
5. ¿Permitirá su empresa el teletrabajo? ¿Por qué?
6. ¿Dónde pondrá anuncios para conseguir empleados?

# Síntesis

6

**El futuro de Cristina** Tu profesor(a) va a darte una serie incompleta de dibujos sobre el futuro de Cristina. Tú y tu compañero/a tienen dos series diferentes. Háganse preguntas y respondan de acuerdo a los dibujos para completar la historia.

*modelo*

**Estudiante 2:** *¿Qué hará Cristina en el año 2010?*
**Estudiante 1:** *Ella se graduará en el año 2010.*

# 16.2 The future perfect

**ANTE TODO** Like other compound tenses you have learned, the future perfect (**el futuro perfecto**) is formed with a form of **haber** and the past participle. It is used to talk about what will have happened by some future point in time.

**Future perfect**

| | | hablar | comer | vivir |
|---|---|---|---|---|
| SINGULAR FORMS | yo | **habré** hablado | **habré** comido | **habré** vivido |
| | tú | **habrás** hablado | **habrás** comido | **habrás** vivido |
| | Ud./él/ella | **habrá** hablado | **habrá** comido | **habrá** vivido |
| PLURAL FORMS | nosotros/as | **habremos** hablado | **habremos** comido | **habremos** vivido |
| | vosotros/as | **habréis** hablado | **habréis** comido | **habréis** vivido |
| | Uds./ellos/ellas | **habrán** hablado | **habrán** comido | **habrán** vivido |

**¡ATENCIÓN!**

As with other compound tenses, the past participle never varies in the future perfect; it always ends in **–o**.

▶ The phrases **para** + [*time expression*] and **dentro de** + [*time expression*] are used with the future perfect to talk about what will have happened by some future point in time.

**Para el lunes, habré hecho** todas las preparaciones.
*By Monday, I will have made all the preparations.*

**Dentro de un año, habré renunciado** a mi trabajo.
*Within a year, I will have resigned from my job.*

**¡ATENCIÓN!**

The future perfect is also used like the future of probablility, except that it represents a past action.

**¿Adónde habrá ido Raúl?**
*I wonder where Raúl has gone?*

**¡INTÉNTALO!** Indica la forma apropiada del futuro perfecto.

1. Para el sábado, nosotros habremos obtenido (obtener) el dinero.
2. Yo ________________ (terminar) el trabajo para cuando lleguen mis amigos.
3. Silvia ________________ (hacer) todos los planes para el próximo fin de semana.
4. Para el cinco de junio, ustedes ________________ (llegar) a Quito.
5. Para esa fecha, Ernesto y tú ________________ (recibir) muchas ofertas.
6. Para el ocho de octubre, nosotros ya ________________ (llegar) a Colombia.
7. Para entonces, yo ________________ (volver) de la República Dominicana.
8. Para cuando yo te llame, ¿________________ (decidir) tú lo que vamos a hacer?
9. Para las nueve, mi hermana ________________ (salir).
10. Para las ocho, tú y yo ________________ (limpiar) el piso.

# Práctica

1 **Escoger** Juan Luis habla de lo que habrá ocurrido en ciertos momentos del futuro. Escoge los verbos que mejor completen cada oración y ponlos en el futuro perfecto.

| | | |
|---|---|---|
| casarse | leer | solicitar |
| comprar | romperse | tomar |
| graduarse | ser | viajar |

1. Para mañana por la tarde, yo ya _______________ mi examen de biología.
2. Para la semana que viene, el profesor _______________ nuestros exámenes.
3. Dentro de tres meses, Juan y Marisa _______________ en Las Vegas.
4. Dentro de cinco meses, tú y yo _______________ de la universidad.
5. Para el fin de mayo, yo _______________ un trabajo en un banco.
6. Dentro de un año, tú _______________ una casa nueva.
7. Antes de cumplir los 50 años, usted _______________ a Europa.
8. Dentro de 25 años, Emilia ya _______________ presidenta de los EE.UU.

# Comunicación

2 **Encuesta** Tu profesor(a) te va a dar una hoja de actividades. Pregúntales a tres compañeros/as para cuándo habrán hecho las cosas relacionadas con sus futuras carreras que se mencionan en la lista. Toma nota de las respuestas y comparte más tarde con la clase la información que obtuviste sobre tus compañeros/as.

*modelo*

**Estudiante 1:** *¿Para cuándo habrás terminado tus estudios, Carla?*
**Estudiante 2:** *Para el año que viene, habré terminado mis estudios.*
**Estudiante 1:** *Carla habrá terminado sus estudios el año que viene.*

# Síntesis

3 **Competir** En parejas, preparen una conversación hipotética (8 líneas o más) que ocurra en una fiesta. Una persona dice lo que habrá hecho para algún momento del futuro; la otra responde, diciendo cada vez algo más exagerado. Prepárense para representar la conversación delante de la clase.

*modelo*

**Estudiante 1:** *Cuando tenga 30 años, habré ganado un millón de dólares.*
**Estudiante 2:** *Y yo habré llegado a ser multimillonaria.*
**Estudiante 1:** *Para el 2020, me habrán escogido como la mejor diseñadora de París.*
**Estudiante 2:** *Pues, yo habré ganado el Premio Nobel de literatura.*

**NOTA CULTURAL**

El argentino Carlos Saavedra Lamas fue el primer latinoamericano en recibir un **Premio Nobel**. Lo recibió en 1936 por su trabajo como mediador en el conflicto entre Bolivia y Paraguay.

# 16.3 The past subjunctive

**ANTE TODO** You will now learn how to form and use the past subjunctive (**el pretérito imperfecto de subjuntivo**), also called the imperfect subjunctive. Like the present subjunctive, the past subjunctive is used mainly in multiple-clause sentences which express states and conditions such as will, influence, emotion, commands, indefiniteness, and non-existence.

**The past subjunctive**

| | | **estudiar** | **aprender** | **recibir** |
|---|---|---|---|---|
| SINGULAR FORMS | yo | estudia**ra** | aprendie**ra** | recibie**ra** |
| | tú | estudia**ras** | aprendie**ras** | recibie**ras** |
| | Ud./él/ella | estudia**ra** | aprendie**ra** | recibie**ra** |
| PLURAL FORMS | nosotros/as | estudiá**ramos** | aprendié**ramos** | recibié**ramos** |
| | vosotros/as | estudia**rais** | aprendie**rais** | recibie**rais** |
| | Uds./ellos/ellas | estudia**ran** | aprendie**ran** | recibie**ran** |

**¡ATENCIÓN!**

Note that the **nosotros/as** form of the past subjunctive always has a written accent.

- The past subjunctive endings are the same for all verbs.

| | |
|---|---|
| **-ra** | **-ramos** |
| **-ras** | **-rais** |
| **-ra** | **-ran** |

**¡LENGUA VIVA!**

The past subjunctive has another set of endings:

| | |
|---|---|
| **–se** | **–semos** |
| **–ses** | **–seis** |
| **–se** | **–sen** |

It's a good idea to learn to recognize these endings because they are sometimes used in literary and formal contexts.

**Deseaba que mi esposo recibiese un ascenso.**

- The past subjunctive is formed using the **Uds./ellos/ellas** form of the preterite. By dropping the **–ron** ending from this preterite form, you establish the stem of all the past subjunctive forms. To this stem you then add the past subjunctive endings.

| INFINITIVE | PRETERITE FORM | STEM | PAST SUBJUNCTIVE |
|---|---|---|---|
| hablar | ellos habla~~ron~~ | habla- | habla**ra**, habla**ras**, hablá**ramos** |
| beber | ellos bebie~~ron~~ | bebie- | bebie**ra**, bebie**ras**, bebié**ramos** |
| escribir | ellos escribie~~ron~~ | escribie- | escribie**ra**, escribie**ras**, escribié**ramos** |

- For verbs with irregular preterites, add the past subjunctive endings to the irregular stem.

| INFINITIVE | PRETERITE FORM | STEM | PAST SUBJUNCTIVE |
|---|---|---|---|
| dar | die~~ron~~ | die- | die**ra**, die**ras**, dié**ramos** |
| decir | dije~~ron~~ | dije- | dije**ra**, dije**ras**, dijé**ramos** |
| estar | estuvie~~ron~~ | estuvie- | estuvie**ra**, estuvie**ras**, estuvié**ramos** |
| hacer | hicie~~ron~~ | hicie- | hicie**ra**, hicie**ras**, hicié**ramos** |
| ir/ser | fue~~ron~~ | fue- | fue**ra**, fue**ras**, fué**ramos** |
| poder | pudie~~ron~~ | pudie- | pudie**ra**, pudie**ras**, pudié**ramos** |
| poner | pusie~~ron~~ | pusie- | pusie**ra**, pusie**ras**, pusié**ramos** |
| querer | quisie~~ron~~ | quisie- | quisie**ra**, quisie**ras**, quisié**ramos** |
| saber | supie~~ron~~ | supie- | supie**ra**, supie**ras**, supié**ramos** |
| tener | tuvie~~ron~~ | tuvie- | tuvie**ra**, tuvie**ras**, tuvié**ramos** |
| venir | vinie~~ron~~ | vinie- | vinie**ra**, vinie**ras**, vinié**ramos** |

**¡LENGUA VIVA!**

**Quisiera**, the past subjunctive form of **querer**, is often used to make polite requests.

**Quisiera hablar con Marco, por favor.**
*I would like to speak to Marco, please.*

**¿Quisieran ustedes algo más?**
*Would you like anything else?*

▶ **–Ir** stem-changing verbs and other verbs with spelling changes follow a similar process to form the past subjunctive.

| INFINITIVE | PRETERITE FORM | STEM | PAST SUBJUNCTIVE |
|---|---|---|---|
| preferir | prefirie~~ron~~ | prefirie- | prefirie**ra,** prefirie**ras,** prefirié**ramos** |
| repetir | repitie~~ron~~ | repitie- | repitie**ra,** repitie**ras,** repitié**ramos** |
| dormir | durmie~~ron~~ | durmie- | durmie**ra,** durmie**ras,** durmié**ramos** |
| conducir | conduje~~ron~~ | conduje- | conduje**ra,** conduje**ras,** condujé**ramos** |
| creer | creye~~ron~~ | creye- | creye**ra,** creye**ras,** creyé**ramos** |
| destruir | destruye~~ron~~ | destruye- | destruye**ra,** destruye**ras,** destruyé**ramos** |
| oír | oye~~ron~~ | oye- | oye**ra,** oye**ras,** oyé**ramos** |

**CONSEJOS**

When a situation that triggers the subjunctive is involved, most cases follow this pattern:
*main verb in present indicative → subordinate verb in present subjunctive*
**Espero** que María **venga.**
*main verb in past indicative → subordinate verb in past subjunctive*
**Esperaba** que María **viniera.**

▶ The past subjunctive is used in the same contexts and situations as the present subjunctive and the present perfect subjunctive, except that it generally describes actions, events, or conditions that have already happened.

Me pidieron que no **llegara** tarde.
*They asked me not to arrive late.*

Me sorprendió que ustedes no **vinieran** a la cena.
*It surprised me that you didn't come to the dinner.*

Salió antes de que yo **pudiera** hablar contigo.
*He left before I could talk to you.*

Ellos querían que yo **escribiera** una novela romántica.
*They wanted me to write a romantic novel.*

**¡INTÉNTALO!** Indica la forma apropiada del pretérito imperfecto de subjuntivo de los verbos entre paréntesis.

1. Quería que tú ___vinieras___ (venir) más temprano.
2. Esperábamos que ustedes ________ (hablar) mucho más en la reunión.
3. No creían que yo ________ (poder) hacerlo.
4. Se opuso a que nosotros ________ (invertir) el dinero ayer.
5. Sentí mucho que ustedes no ________ (estar) con nosotros anoche.
6. No era necesario que ellas ________ (hacer) todo.
7. Me pareció increíble que tú ________ (saber) dónde encontrarlo.
8. No había nadie que ________ (creer) tu historia.
9. Mis padres insistieron en que yo ________ (ir) a la universidad.
10. Queríamos salir antes de que ustedes ________ (llegar).

# Práctica

**1** **Diálogos** Completa los diálogos con el pretérito imperfecto de subjuntivo de los verbos entre paréntesis. Después representa los diálogos con un(a) compañero/a.

1. —¿Qué le dijo el consejero a Andrés? Quisiera saberlo.
   —Le aconsejó que ________ (dejar) los estudios de arte y que ________ (estudiar) una carrera que ________ (pagar) mejor.
   —Siempre el dinero. ¿No se enojó Andrés de que le ________ (aconsejar) eso?
   —Sí, y le dijo que no creía que ninguna otra carrera le ________ (ir) a gustar más.
2. —Qué lástima que ellos no te ________ (ofrecer) el puesto de gerente.
   —Querían a alguien que ________ (tener) experiencia en el sector público.
   —Pero, ¿cómo? ¿Y tu maestría? ¿No te molestó que te ________ (decir) eso?
   —No, no tengo experiencia en esa área, pero les gustó mucho mi currículum. Me pidieron que ________ (volver) en un año y ________ (solicitar) el puesto otra vez. Para entonces habré obtenido la experiencia que necesito y podré conseguir el puesto que quiera.
3. —Cuánto me alegro de que tus hijas ________ (venir) ayer a visitarte. ¿Cuándo se van?
   —Bueno, yo esperaba que se ________ (quedar) dos semanas, pero no pueden. Ojalá ________ (poder). Hace mucho que no las veo.

**2** **Año nuevo, vida nueva** El año pasado, Marta y Alberto querían cambiar de vida. Aquí tienen las listas con sus buenos propósitos para el Año Nuevo (*New Year's resolutions*). Ellos no consiguieron hacer realidad ninguno. En parejas, lean las listas y escriban por qué creen que no los consiguieron. Usen el pretérito imperfecto de subjuntivo.

**AYUDA**

Puedes usar estas expresiones:
**No era verdad que...**
**Era difícil que...**
**Era imposible que...**
**No era cierto que...**
**Su novio/a no quería que...**

*modelo*

obtener un mejor puesto de trabajo
Era difícil que Alberto consiguiera un mejor puesto porque su novia le pidió que no cambiara de puesto.

Alberto
pedir un aumento de sueldo
tener una vida más sana
visitar más a su familia
dejar de fumar

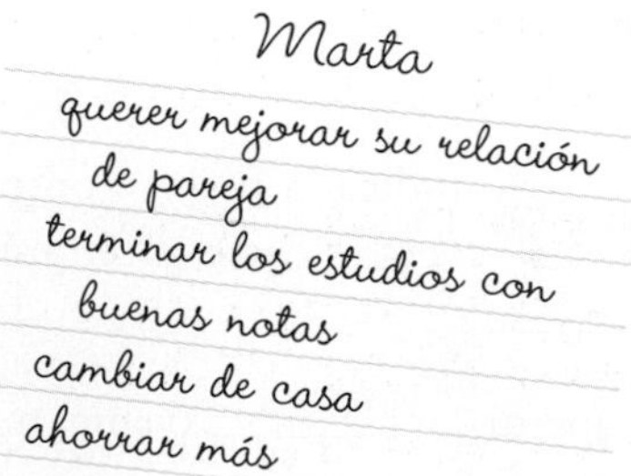

# Comunicación

**3**

**Reaccionar** Manuel acaba de llegar de Nicaragua. Reacciona a lo que te dice, usando el pretérito imperfecto de subjuntivo. Escribe las oraciones y luego compáralas con las de un(a) compañero/a.

*modelo*

El día que llegué, me esperaban mi abuela y tres primos.
*¡Qué bien! Me alegré de que vieras a tu familia después de tantos años.*

1. Fuimos al volcán Masaya. ¡Y vimos la lava del volcán!
2. Visitamos la Catedral de Managua, que fue dañada por el terremoto *(earthquake)* de 1972.
3. No tuvimos tiempo de ir a la playa, pero pasamos unos días en el Hotel Dariense en Granada.
4. Fui a conocer el nuevo museo de arte y también fui al Teatro Rubén Darío.
5. Nos divertimos haciendo compras en Metrocentro.
6. Eché monedas *(coins)* en la fuente *(fountain)* de la Plaza de la República y pedí un deseo.

**NOTA CULTURAL**

El nicaragüense **Rubén Darío** (1867-1916) es uno de los poetas más famosos de Latinoamérica. *Cantos de vida y esperanza* es una de sus obras.

**4**

**Oraciones** Haz cinco oraciones sobre lo que otros esperaban de ti en el pasado y cinco más sobre lo que tú esperabas de ellos. Luego, en grupos, túrnense para compartir sus propias oraciones y para transformar las oraciones de sus compañeros/as. Sigan el modelo.

*modelo*

**Estudiante 1:** *Mi profesora quería que yo fuera a Granada para estudiar español.*
**Estudiante 2:** *Su profesora quería que él fuera a Granada para estudiar español.*
**Estudiante 3:** *Yo deseaba que mis padres me enviaran a España.*
**Estudiante 4:** *Cecilia deseaba que sus padres la enviaran a España.*

# Síntesis

**5**

**¡Vaya fiesta!** Dos amigos/as fueron a una fiesta y se enojaron. Uno/a quería irse temprano, pero el/la otro/a quería irse más tarde porque estaba hablando con el/la chico/a que le gustaba a su amigo/a. En parejas, inventen una conversación en la que esos amigos intentan arreglar todos los malentendidos (*misunderstandings*) que tuvieron en la fiesta. Usen el pretérito imperfecto de subjuntivo y después representen la conversación delante de la clase.

*modelo*

**Estudiante 1:** *¡Yo no pensaba que fueras tan aburrido/a!*
**Estudiante 2:** *Yo no soy aburrido/a, sólo quería que nos fuéramos temprano.*

# Lectura

## Antes de leer

### Estrategia

**Recognizing similes and metaphors**

Similes and metaphors are figures of speech that are often used in literature to make descriptions more colorful and vivid.

In English, a simile (**símil**) makes a comparison using the words *as* or *like*. In Spanish the words **como** and **parece** are most often used in similes. Example: **Mario estaba tan contento como un niño con zapatos nuevos.** (*Mario was as happy as a kid with new shoes.*)

A metaphor (**metáfora**) is a figure of speech that identifies one thing with the attributes and qualities of another thing. Whereas a simile says one thing is like another, a metaphor says that one thing *is* another. In Spanish, **ser** is most often used in metaphors. Example: **La vida es sueño.** (*Life is a dream.*)

#### Examinar el texto

Lee el texto una vez usando las estrategias de lectura de las lecciones anteriores. ¿Qué te indican sobre el contenido de la lectura? Toma nota de las metáforas y los símiles que aparecen. ¿Qué significan? ¿Qué te dicen sobre el tema de la lectura?

#### Contestar

1. ¿Quién es Pablo Neruda? (Ve a **Panorama** de la **Lección 9**, página 294.)
2. ¿Cuál es el significado de las siguientes oraciones?
   a. Su corazón y sus labios dijeron al unísono. —Sí.
   b. El cartero que lo atendía se jubiló jorobado como un camello.
   c. Soy de fierro.

## El cartero de Neruda
(un fragmento)

**Antonio Skármeta**

*Antonio Skármeta nació en 1940 en Antofagasta (Chile). Estudió humanidades en la Universidad de Chile donde trabajó como actor y director de la compañía de teatro estudiantil CADIP. En 1975, se fue a vivir a Berlín y durante esos años fue profesor en la Academia de Artes, Cine y Televisión. Hoy día, Skármeta es conocido tanto por sus novelas y cuentos como por su labor cinematográfica. El gran éxito internacional que obtuvo la película* Il Postino, *basada en su novela* El cartero de Neruda (Ardiente paciencia), *lo confirmó como uno de los escritores chilenos más célebres.*

## Después de leer

#### Preguntas

Contesta las siguientes preguntas.

1. ¿Quiénes son los personajes que hablan en este fragmento de la novela?
2. ¿Cómo son los personajes?
3. ¿Cuántos clientes va a tener el cartero? ¿Por qué?
4. ¿Es bueno el sueldo del cartero?
5. ¿Le importa a Mario el sueldo?
6. ¿Te gustaría ser el cartero de Neruda? ¿Por qué?
7. ¿Con qué persona famosa quisieras trabajar?
8. ¿Cuál es tu profesión ideal?

Mario Jiménez jamás había usado corbata, pero antes de entrar se arregló el cuello de la camisa como si llevara una y trató, con algún éxito, de abreviar° con dos golpes° de peineta° su melena° heredada° de fotos de los Beatles.

—Vengo por el aviso° —declamó° al funcionario°, con una sonrisa que emulaba la de Burt Lancaster.

—¿Tiene bicicleta? —preguntó aburrido el funcionario.

Su corazón y sus labios° dijeron al unísono.

—Sí.

—Bueno —dijo el oficinista, limpiándose los lentes—, se trata de un puesto de cartero para isla Negra.

—Qué casualidad° —dijo Mario—. Yo vivo al lado, en la caleta°.

—Eso está muy bien. Pero lo que está mal es que hay un solo cliente.

—¿Uno nada más?

—Sí, pues. En la caleta todos son analfabetos°. No pueden leer ni las cuentas.

—¿Y quién es el cliente?

—Pablo Neruda.

Mario Jiménez tragó° lo que le pareció un litro de saliva.

—Pero eso es formidable.

—¿Formidable? Recibe kilos de correspondencia diariamente. Pedalear con la bolsa sobre tu lomo° es igual que cargar° un elefante sobre los hombros°. El cartero que lo atendía se jubiló jorobado° como un camello.

—Pero yo tengo sólo diecisiete años.

—¿Y estás sano?

—¿Yo? Soy de fierro°. ¡Ni un resfrío en mi vida!

El funcionario deslizó° los lentes sobre el tabique° de la nariz y lo miró por encima del marco°.

—El sueldo es una mierda°. Los otros carteros se las arreglan° con las propinas. Pero con un cliente, apenas te alcanzará° para el cine una vez por semana.

—Quiero el puesto.

—Está bien. Me llamo Cosme.

—Cosme.

—Me debes decir «don Cosme».

—Sí, don Cosme.

—Soy tu jefe.

—Sí, jefe.

El hombre levantó un bolígrafo azul, le sopló su aliento para entibiar la tinta°, y preguntó sin mirarlo.

—¿Nombre?

—Mario Jiménez —respondió Mario Jiménez solemnemente.

Y en cuanto terminó de emitir ese vital comunicado, fue hasta la ventana, desprendió° el aviso, y lo hizo recalar en lo más profundo del bolsillo trasero° de su pantalón.

**abreviar** *shorten* **golpes** *strokes* **peineta** *comb* **melena** *mop of hair* **heredada** *inherited* **aviso** *advertisement* **declamó** *he declaimed* **funcionario** *government employee* **labios** *lips* **casualidad** *coincidence* **caleta** *cove* **analfabetos** *illiterate* **tragó** *gulped* **lomo** *back* **cargar** *to carry* **hombros** *shoulders* **jorobado** *hunchbacked* **fierro** *iron* **deslizó** *slid* **tabique** *bridge* **marco** *frame* **una mierda** *crappy* **se las arreglan** *make it up* **alcanzará** *will be enough* **sopló su aliento para entibiar la tinta** *breathed on it to warm the ink* **desprendió** *took down* **lo hizo recalar en lo más profundo del bolsillo trasero** *stuck it in the deepest part of his back pocket*

## El diario de Mario

Imagina que eres Mario Jiménez. Escribe en tu diario lo que pasó el día que conseguiste el trabajo de cartero de Pablo Neruda. Incluye la siguiente información:

- Una descripción del tipo de trabajo que buscabas
- Lo que pensabas del puesto después de leer el anuncio
- Lo que hiciste antes de la entrevista
- Una descripción de la persona que te entrevistó
- Lo que pasó durante la entrevista
- Lo que pensabas durante la entrevista
- Lo que sentías durante la entrevista
- Lo que hiciste después de la entrevista

## Terminar la historia

Trabajen en grupos para escribir la continuación del fragmento de la historia "El cartero de Neruda". La primera persona escribe un párrafo y lo pasa a la próxima persona. Él/Ella añade un párrafo y así hasta terminar la historia. Incluyan todos los detalles posibles y asegúrense de que la historia sea coherente e interesante.

## Minidrama

En parejas, preparen un minidrama basado en "El cartero de Neruda" y preséntenlo a la clase. Utilicen el diálogo que hay en el texto e inventen también una conversación más larga, basada en lo que saben de la personalidad de cada personaje.

# Escritura

## Estrategia

### Using note cards

Note cards serve as valuable study aids in many different contexts. When you write, note cards can help you organize and sequence the information you wish to present.

Let's say you are going to write a personal narrative about a trip you took. You would jot down notes about each part of the trip on a different note card. Then you could easily arrange them in chronological order or use a different organization, such as the best parts and the worst parts, traveling and staying, before and after, etc.

Here are some helpful techniques for using note cards to prepare for your writing:

- Label the top of each card with a general subject, such as **el avión** or **el hotel.**
- Number the cards in each subject category in the upper right corner to help you organize them.
- Use only the front side of each note card so that you can easily flip through them to find information.

Study the following example of a note card used to prepare a composition:

3

En el aeropuerto de Santo Domingo

Cuando llegamos al aeropuerto de Santo Domingo, después de siete horas de viaje, estábamos cansados pero felices. Hacía sol y viento.

## Tema

### Escribir una composición

Escribe una composición sobre tus planes profesionales y personales para el futuro. Utiliza el tiempo futuro. No te olvides de hacer planes para estas áreas de tu vida:

**Lugar**

- ¿Dónde vivirás?
- ¿Vivirás en la misma ciudad siempre? ¿Te mudarás mucho?

**Familia**

- ¿Te casarás? ¿Con quién?
- ¿Tendrás hijos? ¿Cuántos?

**Empleo**

- ¿En qué profesión trabajarás?
- ¿Tendrás tu propia empresa?

**Finanzas**

- ¿Ganarás mucho dinero?
- ¿Ahorrarás mucho dinero? ¿Lo invertirás?

Termina tu composición con una lista de metas profesionales, utilizando el futuro perfecto.

Por ejemplo: **Para el año 2020, habré empezado mi propio negocio. Para el año 2030, habré ganado más dinero que Bill Gates.**

## Plan de escritura

### 1 Ideas y organización

Utiliza unas fichas° para apuntar tus planes y metas° para el futuro. Dedica una ficha a cada plan o meta. No te olvides de asignar un año a cada meta.

### 2 Primer borrador

Utiliza tus apuntes de **Ideas y organización** para escribir el primer borrador de tu composición. Usa el diccionario sólo como último recurso.

### 3 Comentario

Intercambia tu composición con la de un(a) compañero/a. Lee su borrador y anota los aspectos mejor escritos de su composición. Compartan sus impresiones utilizando esta guía:

a. ¿Habla de metas específicas para su futuro?
b. ¿Ha organizado su información de una manera lógica?
c. ¿Qué sugerencias puedes darle al/a la escritor(a) para organizar mejor su descripción?
d. ¿Encuentras errores gramaticales u ortográficos?

### 4 Redacción

Revisa el primer borrador según las indicaciones de tu compañero/a. Antes de escribir tu versión final, revisa tu composición según la siguiente guía:

a. Subraya° cada verbo para comprobar el modo y el tiempo. Recuerda que el tema requiere el uso del futuro y del futuro perfecto.
b. Revisa la concordancia entre los sustantivos y los adjetivos en cada oración.
c. Revisa los pronombres para comprobar el uso correcto de cada uno.
d. Consulta tus **Anotaciones para mejorar la escritura** para evitar la repetición de errores previos.

### 5 Evaluación y progreso

Compartan su trabajo en grupos. Cada estudiante leerá su composición al grupo. Después, formulen una cronología° con las metas de cada estudiante. Cuando recibas los comentarios y las correcciones de tu profesor(a), anota tus errores en las **Anotaciones para mejorar la escritura** en tu **Carpeta de trabajos.**

fichas *note cards* metas *goals* Subraya *underline* cronología *timeline*

# Escuchar

## Estrategia

**Using background knowledge/ Listening for specific information**

If you know the subject of something you are going to hear, your background knowledge will help you anticipate words and phrases you're going to hear, and will help you identify important information that you should listen for.

To practice these strategies, you will listen to a radio advertisement for the **Hotel El Retiro**. Before you listen, write down a list of the things you expect the advertisement to contain. Then make another list of important information you would listen for if you were a tourist considering staying at the hotel. After listening to the advertisement, look at your lists again. Did they help you anticipate the content of the advertisement and focus on key information? Explain your answer.

## Preparación

Mira la foto. ¿De qué crees que van a hablar? Haz una lista de la información que esperas oír en este tipo de situación.

## Ahora escucha 

Ahora vas a oír una entrevista entre la señora Sánchez y Rafael Ventura Romero. Antes de escuchar la entrevista, haz una lista de la información que esperas oír según tu conocimiento previo° del tema.

1. ______________________
2. ______________________
3. ______________________
4. ______________________

Mientras escuchas la entrevista, llena el formulario con la información necesaria. Si no oyes un dato° que necesitas, escribe *Buscar en el currículum*. ¿Oíste toda la información que habías anotado en tu lista?

## Comprensión

**Puesto solicitado** ______________________
**Nombre y apellidos del solicitante** ______________________
**Dirección** ______________ **Tel.** ______________

Educación ______________________
Experiencia profesional: Puesto ______________________
Empresa ______________________
¿Cuánto tiempo? ______________________

**Referencias:**
Nombre ______________________
Dirección ______________ Tel. ______________
Nombre ______________________
Dirección ______________ Tel. ______________

### Preguntas

1. ¿Cuántos años hace que Rafael Ventura trabaja para Dulces González?
2. ¿Cuántas referencias tiene Rafael?
3. ¿Cuándo se gradúa Rafael?
4. ¿Cuál es la profesión de Armando Carreño?
5. ¿Cómo sabes si los resultados de la entrevista han sido positivos para Rafael Ventura?

conocimiento previo *prior knowledge* dato *fact, piece of information*

recursos

TEXT CD
Lección 16

# Proyecto

## Escribe una cronología° de tu carrera

Imagina que en el futuro trabajarás para una empresa multinacional que tiene sus oficinas más importantes en Nicaragua o en la República Dominicana. Vas a crear un plan o una cronología para tu futura carrera profesional.

### 1 Desarrolla una cronología

Prepara una cronología con texto y fotos de tu futura carrera. Usa los **Recursos para la investigación** para buscar información sobre industrias y compañías que operen en Nicaragua o en la República Dominicana. La cronología puede incluir las siguientes cosas:

- Una descripción de la empresa y sus productos
- Fotos relacionadas con la empresa y sus productos
- Una descripción de tu carrera, desde el comienzo hasta tu jubilación°, incluyendo los puestos que vas a tener en la empresa
- Fotos relacionadas con tu carrera

### 2 Presenta la información

Reúnete con un(a) compañero/a para explicarle tus planes para el porvenir. Usa la cronología que preparaste y muéstrale las fotos para informarle de tus planes para tu vida profesional.

**recursos para la investigación**

| | |
|---|---|
|  **Internet** Palabras clave: Nicaragua, República Dominicana, empresa, industria, compañía multinacional |  **Comunidad** Personas en la comunidad que han trabajado en Centroamérica o en el Caribe |
|  **Biblioteca** Revistas, periódicos, libros de economía y de comercio |  **Otros recursos** Investigar las industrias y empresas principales de Nicaragua y de la República Dominicana |

cronología *timeline* jubilación *retirement*

# Nicaragua

## El país en cifras

- **Área:** 129.494 $km^2$ (49.998 $millas^2$), *aproximadamente el área de Nueva York Nicaragua es el país más grande de Centroamérica. Su terreno es muy variado e incluye bosques tropicales, montañas, sabanas° y marismas°, además de unos 40 volcanes.*
- **Población:** 5.359.000
- **Capital:** Managua—1.166.000

*Managua está en una región de una notable inestabilidad geográfica, con muchos volcanes y terremotos°. En décadas recientes, los nicaragüenses han decidido que no vale la pena° construir rascacielos° porque no resisten los terremotos.*

- **Ciudades principales:** León—249.000, Masaya—149.000, Granada—113.000

SOURCE: Population Division, UN Secretariat

- **Moneda:** córdoba
- **Idiomas:** español (oficial), misquito, inglés

Bandera de Nicaragua

### Nicaragüenses célebres

- **Rubén Darío,** poeta (1867–1916)
- **Violeta Barrios de Chamorro,** política y ex-presidenta (1930– )
- **Daniel Ortega,** político y ex-presidente (1945– )
- **Gioconda Belli,** poeta (1948– )

Pintada° en una pared de Managua

Típico hogar misquito en la costa atlántica

Violeta Barrios de Chamorro

**recursos**

| WB | VM | I CD-ROM | vistahigher |
|---|---|---|---|
| pp. 189–190 | pp. 279–280 | Lección 16 | learning.com |

sabanas *grasslands* marismas *marshes* pintada *political graffiti* terremoto *earthquake* no vale la pena *it's not worthwhile* rascacielos *skyscrapers* tiburón *shark* agua dulce *freshwater* bahía *bay* fue cercada *was closed off* atunes *tuna*

### ¡Increíble pero cierto!

En el lago Nicaragua está la única especie de tiburón° de agua dulce° del mundo. Los científicos creen que el lago fue antes una enorme bahía° que luego fue cercada° por erupciones volcánicas. Esta teoría explicaría la presencia de tiburones, atunes° y otras especies de peces que normalmente sólo viven en mares y océanos.

## Historia • Las huellas° de Acahualinca

La región de Managua se caracteriza por tener un gran número de sitios prehistóricos. Las huellas de Acahualinca son uno de los restos° más famosos y antiguos°. Se formaron hace más de 6.000 años, a orillas° del lago Managua. Las huellas, tanto de humanos como de animales, se dirigen° hacia una misma dirección, lo que ha hecho pensar a los expertos que éstos corrían hacia el lago para escapar de una erupción volcánica.

## Artes • Ernesto Cardenal (1925- )

Ernesto Cardenal, poeta, escultor y sacerdote° católico, es uno de los escritores más famosos de Nicaragua, país conocido por sus grandes poetas. Ha escrito más de 35 libros y se le considera uno de los principales autores de Latinoamérica. Desde joven creyó en el poder de la poesía para mejorar la sociedad, y trabajó por establecer la igualdad y la justicia en su país. En los años 60, Cardenal estableció la comunidad artística del archipiélago Solentiname en el lago Nicaragua. Fue ministro de cultura del país desde 1979 hasta 1988, y también ha servido como vicepresidente de Casa de los Tres Mundos, una organización creada para el intercambio cultural internacional.

## Naturaleza • El lago Nicaragua

El lago Nicaragua, con un área de más de 8.000 km$^2$ (3.100 millas$^2$), es el lago más grande de Centroamérica. Dentro del lago hay más de 370 islas, formadas por las erupciones del volcán Mombacho. La isla Zapatera, casi deshabitada ahora, fue un cementerio° indígena donde todavía se encuentran estatuas prehistóricas que parecen representar dioses. En el lago tambien se encuentran muchos peces exóticos.

**¿Qué aprendiste?** Responde a las preguntas con una frase completa.

1. ¿Por qué no hay muchos rascacielos en Managua?
2. Nombra dos ex-presidentes de Nicaragua.
3. ¿Qué especie única vive en el lago Nicaragua?
4. ¿Cuál es una de las teorías sobre la formación de las huellas de Acahualinca?
5. ¿Por qué es famoso el archipiélago Solentiname?
6. ¿Qué cree Ernesto Cardenal acerca de la poesía?
7. ¿Cómo se formaron las islas del lago Nicaragua?
8. ¿Qué hay de interés arqueológico en la isla Zapatera?

**Conexión Internet** Investiga estos temas en el sitio **www.vistahigherlearning.com.**

1. ¿Dónde se habla inglés en Nicaragua y por qué?
2. ¿Qué información hay ahora sobre la economía y/o los derechos humanos en Nicaragua?

huellas *footprints* restos *remains* antiguos *ancient* orillas *shores* se dirigen *are headed* sacerdote *priest* cementerio *cemetery*

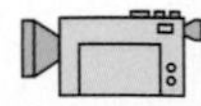



# La República Dominicana

## El país en cifras

- **Área:** 48.730 km² (18.815 millas²), *el área combinada de New Hampshire y Vermont*
- **Población:** 8.752.000

*La isla La Española, llamada así tras° el primer viaje de Cristóbal Colón, estuvo bajo el completo dominio de la corona° española hasta 1697, cuando la parte oeste de la isla pasó a ser propiedad° francesa. Hoy día está dividida políticamente en dos países, La República Dominicana en la zona este y Haití en el oeste.*

SOURCE: Population Division, UN Secretariat

- **Capital:** Santo Domingo—2.889.000

*La mitad° de la población de la República Dominicana vive en la capital.*

- **Ciudades principales:** Santiago de los Caballeros—1.632.000, La Vega—335.000, Puerto Plata—255.000, San Pedro de Macorís—213.000
- **Moneda:** peso dominicano
- **Idiomas:** español (oficial), criollo haitiano

Bandera de la República Dominicana

### Dominicanos célebres

- **Juan Pablo Duarte,** político y padre de la patria° (1808–1876)
- **Celeste Woss y Gil,** pintora (1891–1985)
- **Juan Luis Guerra,** compositor y cantante de merengue (1956– )

Hombres tocando los palos en una misa en Nochebuena

Catedral de Santa María la Menor



Trabajadores del campo recogen la cosecha de ajos

**recursos**

| WB pp. 189–190 | VM pp. 281–282 | I CD-ROM Lección 16 | vistahigherlearning.com |
|---|---|---|---|

tras *after* corona *crown* propiedad *property* mitad *half* padre de la patria *founding father* fortaleza *fortress* se construyó *was built* naufragó *shipwrecked* enterrado *buried*

## ¡Increíble pero cierto!

La primera fortaleza° del Nuevo Mundo se construyó° en la República Dominicana en 1492 cuando la Santa María, uno de los tres barcos de Cristóbal Colón, naufragó° allí. Aunque la fortaleza, hecha con los restos del barco, fue destruida por tribus indígenas, el amor de Colón por la isla nunca murió. Colón insistió en ser enterrado° allí.

## Ciudades • Santo Domingo

La zona colonial de Santo Domingo, fundada en 1496, posee° algunas de las construcciones más antiguas del hemisferio. Gracias a las restauraciones°, la arquitectura de la ciudad es famosa no sólo por su belleza sino también por el buen estado de sus edificios. Entre sus sitios más visitados se cuentan° la Calle de las Damas, llamada así porque allí paseaban las señoras de la corte del Virrey; el Alcázar de Colón, un palacio construido por Diego Colón, hijo de Cristóbal, en 1509; y la Fortaleza Ozama, la más vieja de las Américas, construida en 1503.

## Deportes • El béisbol

El béisbol es un deporte muy practicado en el Caribe. Los primeros países hispanos en tener una liga fueron Cuba y México, donde se empezó a jugar al béisbol en el siglo° XIX. Hoy día este deporte es una afición° nacional en la República Dominicana. Pedro Martínez y Manny Ramírez son sólo dos de los muchísimos beisbolistas dominicanos que han alcanzado° enorme éxito e inmensa popularidad entre los aficionados.

## Artes • El merengue

El merengue, una música para bailar originaria de la República Dominicana, tiene sus raíces° en el campo. Tradicionalmente las canciones hablaban de los problemas sociales de los campesinos°. Sus instrumentos eran el acordeón, el saxofón, el bajo°, el guayano° y la tambora, un tambor° característico del lugar. Entre 1930 y 1960, el merengue se popularizó en las ciudades y adoptó un tono más urbano. En este período empezaron a formarse grandes orquestas. Uno de los cantantes más famosos y que más ha ayudado a internacionalizar esta música es Juan Luis Guerra.

**¿Qué aprendiste?** Responde a las preguntas con una frase completa.

1. Aproximadamente ¿qué porcentaje de la población vive en la capital?
2. ¿Cuándo se fundó la ciudad de Santo Domingo?
3. ¿Qué es el Alcázar de Colón?
4. Nombra dos beisbolistas famosos de la República Dominicana.
5. ¿De qué hablaban las canciones de merengue tradicionales?
6. ¿Qué instrumentos se utilizaban para tocar (*play*) el merengue?
7. ¿Cuándo se transformó el merengue en un estilo urbano?
8. ¿Qué cantante ha ayudado a internacionalizar el merengue?

**Conexión Internet** Investiga estos temas en el sitio **www.vistahigherlearning.com.**

1. Busca más información sobre la isla La Española. ¿Cómo son las relaciones entre la República Dominicana y Haití?
2. Busca más información sobre la zona colonial de Santo Domingo: la Catedral de Santa María, la Casa de Bastidas o el Panteón Nacional. ¿Cómo son estos edificios? ¿Te gustan? Explica tus respuestas.

posee *possesses* restauraciones *restorations* se cuentan *are included* siglo *century* afición *love* han alcanzado *have reached* raíces *roots* campesinos *rural people* bajo *bass* guayano *metal scraper* tambor *drum*

## Las ocupaciones

| | |
|---|---|
| **el/la abogado/a** | *lawyer* |
| **el actor, la actriz** | *actor* |
| **el/la arqueólogo/a** | *archaeologist* |
| **el/la arquitecto/a** | *architect* |
| **el/la bombero/a** | *firefighter* |
| **el/la carpintero/a** | *carpenter* |
| **el/la científico/a** | *scientist* |
| **el/la cocinero/a** | *cook; chef* |
| **el/la consejero/a** | *counselor; advisor* |
| **el/la contador(a)** | *accountant* |
| **el/la corredor(a) de bolsa** | *stockbroker* |
| **el/la diseñador(a)** | *designer* |
| **el/la electricista** | *electrician* |
| **el hombre/la mujer de negocios** | *businessperson* |
| **el/la maestro/a** | *teacher* |
| **el/la peluquero/a** | *hairdresser* |
| **el/la pintor(a)** | *painter* |
| **el/la político/a** | *politician* |
| **el/la psicólogo/a** | *psychologist* |
| **el/la reportero/a** | *reporter; journalist* |
| **el/la secretario/a** | *secretary* |
| **el/la técnico/a** | *technician* |

## La entrevista

| | |
|---|---|
| **el anuncio** | *advertisement* |
| **el/la aspirante** | *candidate; applicant* |
| **los beneficios** | *benefits* |
| **el currículum** | *résumé* |
| **la entrevista** | *interview* |
| **el/la entrevistador(a)** | *interviewer* |
| **el puesto** | *position; job* |
| **el salario, el sueldo** | *salary* |
| **la solicitud (de trabajo)** | *(job) application* |
| **contratar** | *to hire* |
| **entrevistar** | *to interview* |
| **ganar** | *to earn* |
| **obtener** | *to obtain; to get* |
| **solicitar** | *to apply (for a job)* |

## El mundo del trabajo

| | |
|---|---|
| **el ascenso** | *promotion* |
| **el aumento de sueldo** | *raise* |
| **la carrera** | *career* |
| **la compañía, la empresa** | *company; firm* |
| **el empleo** | *job; employment* |
| **el/la gerente** | *manager* |
| **el/la jefe/a** | *boss* |
| **los negocios** | *business; commerce* |
| **la ocupación** | *occupation* |
| **el oficio** | *trade* |
| **la profesión** | *profession* |
| **la reunión** | *meeting* |
| **el teletrabajo** | *telecommuting* |
| **el trabajo** | *job; work* |
| **la videoconferencia** | *videoconference* |
| **dejar** | *to quit; to leave behind* |
| **despedir (e:i)** | *to fire* |
| **invertir (e:ie)** | *to invest* |
| **renunciar (a)** | *to resign (from)* |
| **tener éxito** | *to be successful* |
| **comercial** | *commercial; business-related* |

## Palabras adicionales

| | |
|---|---|
| **dentro de (diez años)** | *within (ten years)* |
| **en el futuro** | *in the future* |
| **el porvenir** | *the future* |
| **próximo/a** | *next* |

## Expresiones útiles

| | |
|---|---|
| **Expresiones útiles** | *See page 487.* |

**recursos**

| LM p. 95 | Lab CD/MP3 Lección 16 | Vocab CD Lección 16 |
|---|---|---|

# Un festival de arte 17

## Communicative Goals

***You will learn how to:***

- **Talk about and discuss the arts**
- **Express what you would like to do**
- **Express hesitation**

**A PRIMERA VISTA**

- ¿Estará trabajando el hombre de la foto?
- ¿Es artista o arquitecto?
- ¿Tendrá un oficio?
- ¿Será una persona creativa o no?

# Un festival de arte

## Más vocabulario

| | |
|---|---|
| **el/la compositor(a)** | *composer* |
| **el/la director(a)** | *director; (musical) conductor* |
| **el/la dramaturgo/a** | *playwright* |
| **el/la escritor(a)** | *writer* |
| **el personaje (principal)** | *(main) character* |
| **las bellas artes** | *(fine) arts* |
| **el boleto** | *ticket* |
| **la canción** | *song* |
| **la comedia** | *comedy; play* |
| **el cuento** | *short story* |
| **la cultura** | *culture* |
| **el drama** | *drama; play* |
| **el espectáculo** | *show* |
| **el festival** | *festival* |
| **la historia** | *history; story* |
| **la obra** | *work (of art, music, etc.)* |
| **la obra maestra** | *masterpiece* |
| **la ópera** | *opera* |
| **la orquesta** | *orchestra* |
| **aburrirse** | *to get bored* |
| **dirigir** | *to direct* |
| **presentar** | *to present; to put on (a performance)* |
| **publicar** | *to publish* |
| **artístico/a** | *artistic* |
| **clásico/a** | *classical* |
| **dramático/a** | *dramatic* |
| **extranjero/a** | *foreign* |
| **folklórico/a** | *folk* |
| **moderno/a** | *modern* |
| **musical** | *musical* |
| **romántico/a** | *romantic* |
| **talentoso/a** | *talented* |

## Variación léxica

banda ←→ grupo musical (*Esp.*)
boleto ←→ entrada (*Esp.*)

**recursos**

| TEXT CD | WB | LM | Lab CD/MP3 | I CD-ROM | Vocab CD |
|---|---|---|---|---|---|
| Lección 17 | pp. 191–192 | p. 97 | Lección 17 | Lección 17 | Lección 17 |

# Práctica

**1** **Escuchar** Escucha la conversación y contesta las preguntas.

1. ¿Adónde fueron Ricardo y Juanita?
2. ¿Cuál fue el espectáculo que más le gustó a Ricardo?
3. ¿Qué le gustó más a Juanita?
4. ¿Qué dijo Ricardo del actor?
5. ¿Qué dijo Juanita del actor?
6. ¿Qué compró Juanita en el festival?
7. ¿Qué compró Ricardo?
8. ¿Qué poetas le interesaron a Ricardo?

**2** **¿Cierto o falso?** Indica si lo que se afirma en las siguientes oraciones es **cierto** o **falso**.

| | Cierto | Falso |
|---|---|---|
| 1. Las bellas artes incluyen la pintura, la escultura, la música, el baile y el drama. | ❍ | ❍ |
| 2. Un boleto es un tipo de instrumento musical que se usa mucho en las óperas. | ❍ | ❍ |
| 3. El tejido es un tipo de música. | ❍ | ❍ |
| 4. La comedia es un tipo de orquesta. | ❍ | ❍ |
| 5. "Hacer un papel" quiere decir usar materiales como papel y pinturas de muchos colores. | ❍ | ❍ |
| 6. Un cuento es una narración corta que puede ser oral o escrita. | ❍ | ❍ |
| 7. Una obra maestra es un ejemplo del mejor trabajo de un(a) artista. | ❍ | ❍ |
| 8. Un compositor es el personaje principal de una obra de teatro. | ❍ | ❍ |
| 9. Publicar es la acción de hablar al público en grandes grupos. | ❍ | ❍ |
| 10. Los personajes principales de una ópera cantan. | ❍ | ❍ |

**3** **Artistas** Indica la especialidad de cada uno de estos artistas.

1. Antonio Banderas
2. Frida Kahlo
3. Gloria Estefan
4. Octavio Paz
5. William Shakespeare
6. Miguel de Cervantes
7. Joan Miró
8. Leonard Bernstein
9. Toni Morrison
10. Mikhail Baryshnikov

**4**

**Los favoritos** En parejas, túrnense para preguntarse cuál es su programa favorito de cada categoría.

*modelo*

una película musical

Mi película musical favorita es *Brigadoon*.

1. una película de ciencia ficción ______
2. un programa de entrevistas ______
3. una telenovela ______
4. una película de horror ______
5. una película de acción ______
6. un concurso ______
7. una película de vaqueros ______
8. una película de aventuras ______
9. un documental ______
10. un programa de dibujos animados ______

**El cine y la televisión**

| | |
|---|---|
| **el canal** | *channel* |
| **el concurso** | *game show; contest* |
| **los dibujos animados** | *cartoons* |
| **el documental** | *documentary* |
| **la estrella (*m., f.*) de cine** | *movie star* |
| **el premio** | *prize; award* |
| **el programa de entrevistas** | *talk show* |
| **la telenovela** | *soap opera* |
| **...de acción** | *action* |
| **...de aventuras** | *adventure* |
| **...de ciencia ficción** | *science fiction* |
| **...de horror** | *horror* |
| **...de vaqueros** | *western* |

**5**

**Completar** Completa las siguientes frases con las palabras adecuadas.

| | | | |
|---|---|---|---|
| aburrirse | canal | estrella | musical |
| aplauden | de vaqueros | extranjera | romántica |
| artística | director | folklórica | talentosa |

1. Una película que fue hecha en otro país es una película...
2. Si las personas que asisten a un espectáculo lo aprecian, ellos...
3. Una persona que puede hacer muchas cosas muy bien es una persona...
4. Una película que trata del amor y de las emociones es una película...
5. Una persona que pinta, esculpe y/o hace artesanía es una persona...
6. La música que refleja la historia de una región o de un país es música...
7. Si la acción tiene lugar en el oeste de los EE.UU. durante el siglo XIX probablemente es una película...
8. Una obra en la cual los actores presentan la historia por medio de (*by means of*) canciones y bailes es un drama...
9. Cuando una película no tiene una buena historia, el público empieza a...
10. Si quieres ver un programa de televisión diferente, es necesario que cambies de...

**¡ATENCIÓN!**

**Apreciar** means *to appreciate* only in the sense of evaluating the worth of something. Use **agradecer** to express the idea *to be thankful for.*

Le **agradezco** mucho su ayuda.
*I thank you for your help.*

**6**

**Analogías** En parejas, completen las analogías con las palabras adecuadas. Después, preparen una conversación utilizando al menos seis de las palabras que han encontrado.

1. alegre ⟷ triste ⊜ comedia ⟷
2. escultor ⟷ escultora ⊜ bailarín ⟷
3. drama ⟷ dramaturgo ⊜ pintura ⟷
4. *Los Simpson* ⟷ dibujos animados ⊜ *Jeopardy* ⟷
5. de entrevistas ⟷ programa ⊜ de vaqueros ⟷
6. aplaudir ⟷ público ⊜ hacer el papel ⟷
7. poema ⟷ literatura ⊜ tejido ⟷
8. músico ⟷ tocar ⊜ cantante ⟷

**¡LENGUA VIVA!**

Remember that Spanish last names are never plural, although **los** may be used with a family name.

**Los Simpson**
*The Simpsons*

# Comunicación

**7**

**Crucigrama (*Crossword puzzle*)** Tu profesor(a) les va a dar a ti y a tu compañero/a un crucigrama incompleto. Tú tienes las palabras que necesita tu compañero/a y él/ella tiene las palabras que tú necesitas. Tienen que darse pistas (*clues*) para completarlo. No pueden decir la palabra necesaria; deben utilizar definiciones, ejemplos y frases incompletas.

**1 horizontal:** Fiesta popular que se hace generalmente en las calles de las ciudades

**2 vertical:** Novelas que puedes ver en la televisión

**8**

**Preguntas** Contesta las siguientes preguntas sobre el arte en tu vida. Comparte tus respuestas con un(a) compañero/a.

**La música**

1. ¿Qué tipo de música prefieres? ¿Por qué?
2. ¿Tocas un instrumento? ¿Cuál?
3. ¿Qué instrumento quisieras aprender a tocar?

**El cine**

4. ¿Con qué frecuencia vas al cine?
5. ¿Qué tipos de películas prefieres?

**Las bellas artes**

6. ¿Qué haces que se puede considerar artístico? ¿Pintas, dibujas, esculpes, haces artesanías, actúas en dramas, tocas un instrumento, cantas o escribes?
7. ¿Con qué frecuencia vas a un museo de arte o asistes a conciertos, al teatro o a lecturas públicas de poesía?
8. ¿Es el arte una parte importante de tu vida? ¿Por qué?

**9**

**Programa** Trabajen en grupos pequeños para crear un programa de televisión o un corto (*short film*) para el canal de televisión de la universidad.

**AYUDA**

**género** *genre*
**propósito** *purpose*

- Primero decidan el género y el propósito del programa o del corto. Cada grupo debe escoger un género distinto. Algunos de los géneros posibles: documental, concurso, programa de entrevistas, película de acción.
- Después, escriban el programa o el corto y preséntenlo a la clase.

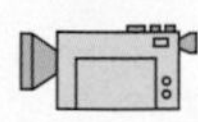

# ¡Ahí vienen Romeo y Julieta!

**Álex y Maite van a ver una obra de teatro.**

PERSONAJES

MAITE

ÁLEX

JAVIER

INÉS

1

**ÁLEX** Oye, ¿qué clase de películas te gustan? ¿las de acción? ¿las de horror? Para mí las mejores son las de ciencia ficción.

**MAITE** Eso no me sorprende. Mis películas favoritas son las películas románticas. ¿Pero sabes lo que me fascina?

2

**ÁLEX** No. Pero dime, querida, ¿qué es lo que más te fascina?

**MAITE** La poesía. Ahora estoy leyendo una colección de García Lorca... Es fenomenal...

3

**ÁLEX** ¡No me digas! A mí también me gusta la poesía. ¿Conoces a Octavio Paz, el poeta mexicano?

**MAITE** Pues, claro. Fue Premio Nobel de Literatura en 1990...

6

**MAITE** Oye, Álex, ¿te gustaría ser escritor?

**ÁLEX** Pues, creo que me gustaría ser poeta, pero publicaría todos mis poemas en Internet. ¿Te gustaría ser poeta?

7

**MAITE** Pues, no. Pero sí creo que me gustaría ser cantante. De no ser periodista, habría sido cantante de ópera.

**ÁLEX** ¿Cantante de ópera? Odio la ópera.

8

**JAVIER** Mira, ahí vienen Romeo y Julieta. ¡Míralos qué contentos! Ven conmigo... Vamos a sorprenderlos antes de que abran la puerta.

**recursos**

| V CD-ROM Lección 17 | VM pp. 245–246 | I CD-ROM Lección 17 |
|---|---|---|

Pedro Almodóvar

**ÁLEX** ¡Uuuuyy! ¡Eres una experta en literatura!

**MAITE** Sí, leo de todo. Ahora en la mesita de noche tengo una colección de cuentos de Carme Riera, una española que también es periodista. En cuanto la termine te la dejo.

**ÁLEX** ¡Trato hecho!

*Álex y Maite se besan.*

**JAVIER** ¿Qué? ¿Les gustó la obra de teatro?

## Expresiones útiles

### Accepting an offer

▶ **¡Trato hecho!**
*You've got a deal!*

### Talking about things you would like to do

▶ **¿Te gustaría ser escritor(a)?**
*Would you* (fam.) *like to be a writer?*

▷ **Creo que me gustaría ser poeta/cantante.**
*I think I would like to be a poet/singer.*

▶ **De no ser periodista, habría sido cantante de ópera.**
*If I weren't a journalist, I would have been an opera singer.*

### Hesitating

▶ **Bueno...**
*Well...*

▶ **Pues...**
*Well...*

▶ **Este...**
*Umm...*

## Enfoque cultural El cine hispano

El cine hispano siempre se ha distinguido por su excelencia. El español Luis Buñuel fue uno de los primeros directores del cine de vanguardia (*avant-garde*). Su película *El perro andaluz* de 1929 es una obra maestra de este género. En el año 2000 Pedro Almodóvar, otro español de gran éxito, consiguió un Oscar con su película *Todo sobre mi madre.* En la generación más joven hay directores como el estadounidense de origen mexicano Robert Rodríguez, que ha hecho películas de éxito como *El mariachi, Desperado* y *Spy Kids.*

# Reacciona a la fotonovela

**NOTA CULTURAL**

El español **Federico García Lorca** (1898-1936) es uno de los escritores más reconocidos del mundo hispano. Entre sus obras se destaca (*stands out*) *Poeta en Nueva York*. Además de escribir poesía, Lorca escribió obras de teatro, como *La casa de Bernarda Alba*.

**1** **Seleccionar** Selecciona la respuesta correcta.

1. Maite está leyendo ahora a los autores ____.
   a. Riera y García Lorca b. Octavio Paz y García Lorca c. Octavio Paz y Riera
2. ____ ganó el Premio Nobel de Literatura en 1990.
   a. García Lorca b. Carme Riera c. Octavio Paz
3. ____ dice que le gustaría ser poeta porque le gusta mucho la poesía.
   a. Maite b. Álex c. Javier
4. Si no estudiara periodismo, Maite sería ____.
   a. cantante de ópera b. escritora de novelas románticas c. poeta
5. "Romeo y Julieta" hace referencia a ____.
   a. Javier e Inés b. el espectáculo que vieron Álex y Maite c. Álex y Maite

**2** **Identificar** Identifica quién puede decir las siguientes frases.

1. Me encantan los cuentos de Riera. ¿Te interesa leer sus libros?
2. Ya llegaron los románticos. ¿Por qué no los sorprendemos?
3. ¡Parece que sabes muchísimo de poesía y de novelas!
4. Oye, ¿qué tal la obra que vieron? ¿Me la recomiendan o no?
5. Me gusta mucho la ópera. A veces creo que me gustaría cantar profesionalmente.
6. Prefiero las películas de ciencia ficción a las de horror o de acción.

ÁLEX

JAVIER

MAITE

**3** **Correspondencias** ¿A qué eventos culturales asistirán Álex y Maite juntos?

| | | |
|---|---|---|
| **una exposición de cerámica precolombina** | **un concierto** | **una ópera** |
| **una exposición de pintura española** | **una telenovela** | **una tragedia** |

1. Escucharán música clásica y conocerán a un director muy famoso.
2. El público aplaudirá mucho a la señora que es soprano.
3. Como a Inés le gusta la historia, la llevarán a ver esto.
4. Como a Javier le gustaría ver arte, entonces irán con él.

**4** **El fin de semana** Vas a asistir a dos eventos culturales el próximo fin de semana con un(a) compañero/a de clase. Comenten entre ustedes por qué les gustan o les disgustan algunas de las actividades que van sugiriendo. Escojan al final dos actividades que puedan realizar juntos/as. Usen las siguientes frases y expresiones en su conversación.

- ¿Qué te gustaría ver/hacer este fin de semana?
- ¿Te gustaría asistir a...?
- ¡Trato hecho!
- Odio..., ¿qué tal si...?

# Ortografía

## Las trampas ortográficas

Some of the most common spelling mistakes in Spanish occur when two or more words have very similar spellings. This section reviews some of those words.

**compro** **compró** **hablo** **habló**

There is no accent mark in the **yo** form of **–ar** verbs in the present tense. There is, however, an accent mark in the **él/ella/Ud.** form of **–ar** verbs in the preterite.

**este** (adjective) **éste** (pronoun) **esté** (verb)

The demonstrative adjectives **esta** and **este** do not have an accent mark. The demonstrative pronouns **ésta** and **éste** have an accent mark on the first syllable. The verb forms **está** (*present indicative*) and **esté** (*present subjunctive*) have an accent mark on the last syllable.

**jo-ven** **jó-ve-nes** **bai-la-rín** **bai-la-ri-na**

The location of the stressed syllable in a word determines whether or not a written accent mark is needed. When a plural or feminine form has more syllables than the singular or masculine form, an accent mark must sometimes be added or deleted to maintain the correct stress.

**No me gusta la ópera, sino el teatro.**
**No quiero ir al festival si no vienes conmigo.**

The conjunction **sino** (*but rather*) should not be confused with **si no** (*if not*). Note also the difference between **mediodía** (*noon*) and **medio día** (*half a day*) and between **por qué** (*why*) and **porque** (*because*).

**Práctica** Completa las frases con las palabras adecuadas para cada ocasión.

1. Javier me explicó que __________ lo invitabas, él no iba a venir. (sino/si no)
2. Me gustan mucho las __________ folklóricas. (canciones/canciónes)
3. Marina __________ su espectáculo en El Salvador. (presento/presentó)
4. Yo prefiero __________. (éste/esté)

**Palabras desordenadas** Ordena las letras para descubrir las palabras correctas. Después, ordena las letras indicadas para descubrir la respuesta a la pregunta.

¿Adónde va Manuel?

y u n a s e d ó

q u e r o p

z o g a d e l a

á s e t

h a i t e s a b o n c i

Manuel va __ __ __ __ __ __ __ __.[1]

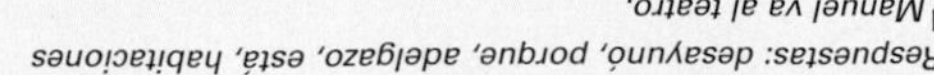


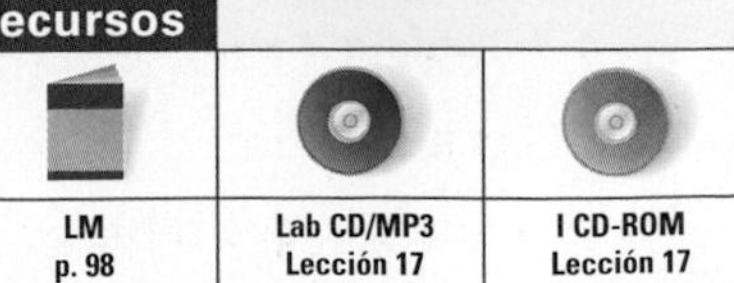

## 17.1 The conditional

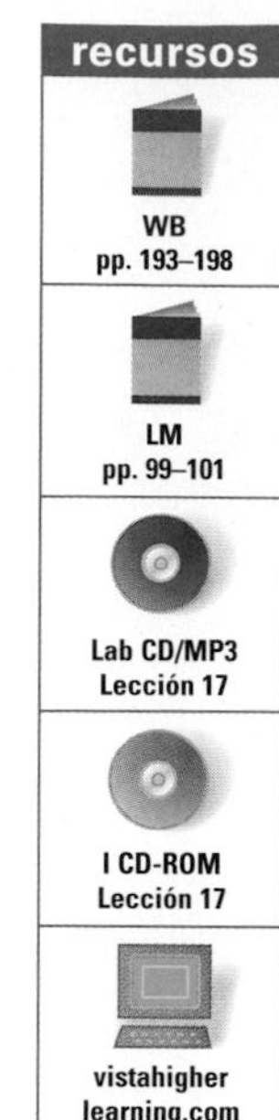


**ANTE TODO** The conditional tense in Spanish expresses what you *would do* or what *would happen* under certain circumstances.

**The conditional tense**

| | | visitar | comer | aplaudir |
|---|---|---|---|---|
| SINGULAR FORMS | yo | visitar**ía** | comer**ía** | aplaudir**ía** |
| | tú | visitar**ías** | comer**ías** | aplaudir**ías** |
| | Ud./él/ella | visitar**ía** | comer**ía** | aplaudir**ía** |
| PLURAL FORMS | nosotros/as | visitar**íamos** | comer**íamos** | aplaudir**íamos** |
| | vosotros/as | visitar**íais** | comer**íais** | aplaudir**íais** |
| | Uds./ellos/ellas | visitar**ían** | comer**ían** | aplaudir**ían** |

**¡ATENCIÓN!**

The polite expressions **Me gustaría...** (*I would like...*) and **Te gustaría** (*You would like...*) used by Álex and Maite in the **Fotonovela,** are another example of the conditional.

- The conditional tense is formed much like the future tense. The endings are the same for all verbs, both regular and irregular. For regular verbs, you simply add the appropriate endings to the infinitive.

- For irregular verbs add the conditional endings to the irregular stems.

| INFINITIVE | STEM | CONDITIONAL | INFINITIVE | STEM | CONDITIONAL |
|---|---|---|---|---|---|
| decir | dir- | dir**ía** | querer | querr- | querr**ía** |
| hacer | har- | har**ía** | saber | sabr- | sabr**ía** |
| poder | podr- | podr**ía** | salir | saldr- | saldr**ía** |
| poner | pondr- | pondr**ía** | tener | tendr- | tendr**ía** |
| haber | habr- | habr**ía** | venir | vendr- | vendr**ía** |

**¡ATENCIÓN!**

All forms of the conditional have an accent mark.

•••

The infinitive of **hay** is **haber**, so its conditional form is **habría**.

- While in English the conditional is a compound verb form made up of the auxiliary verb *would* and a main verb, in Spanish it is a simple verb form that consists of one word.

Yo no **me pondría** ese vestido.
*I would not wear that dress.*

¿**Vivirían** ustedes en otro país?
*Would you live in another country?*

- The conditional is commonly used to make polite requests.

**¿Podrías** abrir la ventana, por favor?
*Would you open the window, please?*

**¿Sería** tan amable de venir a mi oficina?
*Would you be so kind as to come to my office?*

**CONSEJOS**

Keep in mind the two parallel combinations shown in these sentences:
1) present tense in main clause → future tense in subordinate clause
2) past tense in main clause → conditional tense in subordinate clause

- In Spanish, as in English, the conditional expresses the future in relation to a past action or state of being. In other words, the future indicates what *will happen* whereas the conditional indicates what *would happen*.

**Creo** que mañana **hará** sol.
*I think it will be sunny tomorrow.*

**Creía** que hoy **haría** sol.
*I thought it would be sunny today.*

- The English *would* is often used with a verb to express the conditional, but it can also mean *used to*, in the sense of past habitual action. To express past habitual actions, Spanish uses the imperfect, not the conditional.

**Íbamos** al parque los sábados.
*We would go to the park on Saturdays.*

De adolescentes, **comíamos** mucho.
*As teenagers, we used to eat a lot.*

**COMPARE & CONTRAST**

In **Lección 16**, you learned the *future of probability*. Spanish also has the *conditional of probability*, which expresses conjecture or probability about a past condition, event, or action. Compare these Spanish and English sentences.

**Serían** las once de la noche cuando Elvira me llamó.
*It must have been (It was probably) 11 p.m. when Elvira called me.*

Sonó el teléfono. **¿Llamaría** Emilio para cancelar nuestra cita?
*The phone rang. I wondered if it was Emilio calling to cancel our date.*

Note that English conveys conjecture or probability with phrases such as *I wondered if*, *probably*, and *must have been*. In contrast, Spanish gets these same ideas across with conditional forms.

**¡INTÉNTALO!** Indica la forma apropiada del condicional de los verbos que están entre paréntesis.

1. Yo escucharía, leería, esculpiría (escuchar, leer, esculpir)
2. Tú ________________ (apreciar, comprender, compartir)
3. Marcos ________________ (poner, venir, querer)
4. Nosotras ________________ (ser, saber, ir)
5. Ustedes ________________ (presentar, deber, aplaudir)
6. Ella ________________ (salir, poder, hacer)
7. Yo ________________ (tener, tocar, aburrirse)
8. Tú ________________ (decir, ver, publicar)

# Práctica

**1** **De viaje** A un grupo de artistas le gustaría hacer un viaje a Honduras. En las siguientes oraciones nos cuentan sus planes de viaje. Complétalas con el condicional del verbo entre paréntesis.

1. Me ____________ (gustar) llevar algunos libros de poesía de Leticia de Oyuela.
2. Ana ____________ (querer) ir primero a Copán para conocer las ruinas mayas.
3. Yo ____________ (decir) que fuéramos a Tegucigalpa primero.
4. Nosotras ____________ (preferir) ver una obra del Grupo Dramático de Tegucigalpa. Luego ____________ (poder) tomarnos un café.
5. Y nosotros ____________ (ver) los cuadros del pintor José Antonio Velásquez. Y tú, Luisa, ¿qué ____________ (hacer)?
6. Yo ____________ (tener) interés en ver o comprar cerámica de José Arturo Machado. Y a ti, Carlos, ¿te ____________ (interesar) ver la arquitectura colonial?

**NOTA CULTURAL**

**Leticia de Oyuela** (1935- ) es una escritora hondureña. En sus obras, Oyuela combina la historia con la ficción, y sus personajes, por lo general, desafían (*challenge*) los problemas sociales de su país.

**2** **¿Lo harías?** En parejas, pregúntense qué harían en las siguientes situaciones.

Estás en un concierto de tu banda favorita y la persona que está sentada delante no te deja ver.

Un amigo actor te invita a ver una película que acaba de hacer, y no te gusta nada cómo hace su papel.

Estás invitado/a a los Premios Ariel. Es posible que te vayan a dar un premio, pero ese día estás muy enfermo/a.

Te invitan, pagándote mucho dinero, para ir a un programa de televisión para hablar de tu vida privada y pelearte (*to fight*) con tu novio/a durante el programa.

**NOTA CULTURAL**

**Los Premios Ariel** de México son uno de los premios de cine con mayor proyección internacional. Cada año los entrega la Academia Mexicana de Ciencias y Artes Cinematográficas. Algunas películas que han ganado un Ariel son *Amores perros* y *El Crimen del Padre Amaro.*

**3** **Sugerencias** Matilde busca trabajo. Dile ocho cosas que tú harías si fueras ella. Usa el condicional. Luego compara tus sugerencias con las de un(a) compañero/a.

*modelo*

*Si yo fuera tú, buscaría trabajo en el periódico.*

**AYUDA**

Here are two ways of saying *If I were you:*
**Si yo fuera tú...**
**Yo en tu lugar...**

# Comunicación

4

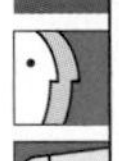

**Conversaciones** Tu profesor(a) te dará una hoja de actividades. En ella se presentan dos listas con diferentes problemas que supuestamente tienen los estudiantes. En parejas, túrnense para explicar los problemas de su lista; uno/a cuenta lo que le pasa y el/la otro/a dice lo que haría en esa situación usando la frase "Yo en tu lugar..." (*If I were you...*)

*modelo*

**Estudiante 1:** *¡Qué problema! Mi novio/a no me habla desde el domingo.*
**Estudiante 2:** *Yo en tu lugar no le diría nada por unos días para ver qué pasa.*

5

**Luces, cámara y acción** En grupos pequeños, elijan una película que les guste y después escriban una lista con las cosas que habrían hecho de manera diferente si hubieran sido los directores. Después, uno del grupo tiene que leer su lista, y el resto de la clase tiene que adivinar (*to guess*) de qué película se trata.

*Yo no contrataría a Keanu Reeves para ese papel.*

*Y tampoco haría muchas películas sobre el mismo tema.*

*Neo y Trinity, los protagonistas, se casarían y tendrían hijos.*

*Yo cambiaría el final de la historia.*

# Síntesis

6

**Encuesta** Tu profesor(a) te dará una hoja de actividades. Circula por la clase y pregúntales a tres compañeros/as qué actividad(es) de las que se describen les gustaría realizar. Usa el condicional de los verbos. Anota las respuestas e informa a la clase de los resultados de la encuesta.

*modelo*

**Estudiante 1:** *¿Harías el papel de un loco en una obra de teatro?*
**Estudiante 2:** *Sí, lo haría. Sería un papel muy interesante.*

# 17.2 The conditional perfect

Like other compound tenses you have learned—the present perfect, the past perfect, and the future perfect—the conditional perfect (**el condicional perfecto**) is formed with **haber** + [*past participle*].

## The conditional perfect

| | | pintar | comer | vivir |
|---|---|---|---|---|
| SINGULAR FORMS | yo | **habría** pintado | **habría** comido | **habría** vivido |
| | tú | **habrías** pintado | **habrías** comido | **habrías** vivido |
| | Ud./él /ella | **habría** pintado | **habría** comido | **habría** vivido |
| PLURAL FORMS | nosotros/as | **habríamos** pintado | **habríamos** comido | **habríamos** vivido |
| | vosotros/as | **habríais** pintado | **habríais** comido | **habríais** vivido |
| | Uds./ellos/ellas | **habrían** pintado | **habrían** comido | **habrían** vivido |

- The conditional perfect is used to express an action that would have occurred, but didn't.

¿No fuiste al espectáculo? ¡Te **habrías divertido**!
*You didn't go to the show? You would have had a good time!*

Maite **habría preferido** ir a la ópera, pero Álex prefirió ir al cine.
*Maite would have preferred to go to the opera, but Álex preferred to see a movie.*

**¡INTÉNTALO!** Indica las formas apropiadas del condicional perfecto de los verbos entre paréntesis.

1. Nosotros <u>habríamos hecho</u> (hacer) todos los quehaceres.
2. Tú ________________ (apreciar) mi poesía.
3. Ellos ________________ (pintar) un mural.
4. Usted ________________ (tocar) el piano.
5. Ellas ________________ (poner) la mesa.
6. Tú y yo ________________ (resolver) los problemas.
7. Silvia y Alberto ________________ (esculpir) una estatua.
8. Yo ________________ (presentar) el informe.
9. Ustedes ________________ (vivir) en el campo.
10. Tú ________________ (abrir) la puerta.

# Práctica

**1** **Completar** Completa los diálogos con la forma apropiada del condicional perfecto de los verbos de la lista. Luego, en parejas, representen los diálogos.

| divertirse | presentar | sentir | tocar |
|---|---|---|---|
| hacer | querer | tener | venir |

1. —Tú _______________ el papel de Aída mejor que ella. ¡Qué lástima!
   —Sí, mis padres _______________ desde California sólo para oírme cantar en Aída.
2. —Olga, yo esperaba algo más. Con un poco de dedicación y práctica la orquesta _______________ mejor y los músicos _______________ más éxito.
   —Menos mal que la compositora no los escuchó. Se _______________ avergonzada.
3. —Tania _______________ la comedia pero no pudo porque cerraron el teatro.
   —¡Qué lástima! Mi esposa y yo _______________ ir a la presentación de la obra. Siempre veo tragedias y sé que _______________.

**¡LENGUA VIVA!**

The common expression **Menos mal que...** means *It's a good thing that...* or *It's just as well that...*. It is followed by a verb in the indicative.

**2** **Combinar** En parejas, imaginen qué harían las siguientes personas en las situaciones presentadas. Combina elementos de cada una de las tres columnas para formar ocho oraciones usando el condicional perfecto.

| A | B | C |
|---|---|---|
| con talento artístico | yo | estudiar... |
| con más tiempo libre | tú | pintar... |
| en otra especialización | la gente | esculpir... |
| con más aprecio de las artes | mis compañeros y yo | viajar... |
| con más dinero | los artistas | escribir... |
| en otra película | Alejandro González Iñárritu | publicar... |

**NOTA CULTURAL**

El director de cine **Alejandro González Iñárritu** ha conseguido destacar (*stand out*) dentro de la nueva generación de cineastas (*filmmakers*) mexicanos. Su película *Amores perros* fue nominada para el Oscar a la mejor película extranjera en el 2001.

**3** **¿Qué habrías hecho?** Los siguientes dibujos muestran situaciones poco comunes. No sabemos qué hicieron estas personas, pero tú, ¿qué habrías hecho? Comparte tus respuestas con un(a) compañero/a.

**AYUDA**

Some suggestions are:
**Habría llevado el dinero a....**
**Yo habría atacado al oso** (*bear*) **con....**
**Yo habría...**

## Comunicación

**4**

**Preguntas** En parejas, imaginen que tienen cincuenta años y están hablando de sus años de juventud. ¿Qué habrían hecho de manera diferente?

*modelo*

¿Te (interesar) aprender a tocar un instrumento?
**Estudiante 1:** ¿Te habría interesado aprender a tocar un instrumento?
**Estudiante 2:** Sí, habría aprendido a tocar el piano.

1. ¿Te (gustar) viajar por Latinoamérica?
2. ¿Qué escritores (leer)?
3. ¿Qué clases (tomar)?
4. ¿Qué tipo de música (escuchar)?
5. ¿Qué tipo de amigos/as (tener)?
6. ¿A qué fiestas o viajes no (ir)?
7. ¿Con qué tipo de persona (salir)?
8. ¿Qué tipo de ropa (llevar)?

**5**

**Pobre Mario** En parejas, lean la carta que Mario le escribió a Enrique. Digan qué cosas Mario habría hecho de una manera diferente de haber tenido la oportunidad.

*modelo*

Mario no habría hecho este musical.

Enrique:

Ya llegó el último día del musical. Yo creía que nunca iba a acabar. En general, los cantantes y actores eran bastante malos, pero no tuve tiempo de buscar otros, y además los buenos ya tenían trabajo en otras obras. Ayer todo salió muy mal. Como era la última noche, yo había invitado a unos críticos a ver la obra, pero no pudieron verla. El primer problema fue la cantante principal. Ella estaba enojada conmigo porque no quise pagarle todo el dinero que quería. Dijo que tenía problemas de garganta, y no salió a cantar. Conseguí a otra cantante, pero los músicos de la orquesta todavía no habían llegado. Tenían que venir todos en un autobús no muy caro que yo había alquilado, pero el autobús salió a una hora equivocada. Entonces, el bailarín se enojó conmigo porque todo iba a empezar tarde.

Quizás tuviera razón mi padre. Seguramente soy mejor contador que director teatral.

Escríbeme,

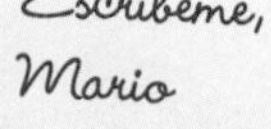

Mario

**¡LENGUA VIVA!**

The useful expression **de haber tenido la oportunidad** means *if I/he/you/etc. had had the opportunity.* You can use this expression in similar instances, such as **De haberlo sabido ayer, te habría llamado.**

## Síntesis

**6**

**Yo en tu lugar** Primero, cada estudiante hace una lista con tres errores que ha cometido, o tres problemas que ha tenido en su vida. Después, en parejas, túrnense para decirse qué habrían hecho en esas situaciones.

*modelo*

**Estudiante 1:** El año pasado saqué una mala nota en el examen de biología.
**Estudiante 2:** Yo no habría sacado una nota mala. Habría estudiado mucho más.

# 17.3 The past perfect subjunctive

**CONSÚLTALO**

To review the past perfect indicative, see **Estructura 15.2**, p. 466.

To review the present perfect subjunctive, see **Estructura 15.3**, p. 469.

**ANTE TODO** The past perfect subjunctive (**el pluscuamperfecto de subjuntivo**), also called the pluperfect subjunctive, is formed with the past subjunctive of **haber** + [*past participle*]. Compare the following subjunctive forms.

| Present subjunctive | Present perfect subjunctive |
|---|---|
| yo trabaje | yo haya trabajado |

| Past subjunctive | Past perfect subjunctive |
|---|---|
| yo trabajara | yo hubiera trabajado |

**Past perfect subjunctive**

| | | pintar | comer | vivir |
|---|---|---|---|---|
| SINGULAR FORMS | yo | **hubiera** pintado | **hubiera** comido | **hubiera** vivido |
| | tú | **hubieras** pintado | **hubieras** comido | **hubieras** vivido |
| | Ud./él/ella | **hubiera** pintado | **hubiera** comido | **hubiera** vivido |
| PLURAL FORMS | nosotros/as | **hubiéramos** pintado | **hubiéramos** comido | **hubiéramos** vivido |
| | vosotros/as | **hubierais** pintado | **hubierais** comido | **hubierais** vivido |
| | Uds./ellos/ellas | **hubieran** pintado | **hubieran** comido | **hubieran** vivido |

- The past perfect subjunctive is used in subordinate clauses under the same conditions that you have learned for other subjunctive forms, and in the same way the past perfect is used in English (*I had talked, you had spoken,* etc.). It refers to actions or conditions that had taken place before another action or condition in the past.

No había nadie que **hubiera dormido**.
*There wasn't anyone who had slept.*

Esperaba que Juan **hubiera ganado** el partido.
*I hoped that Juan had won the game.*

Dudaba que ellos **hubieran llegado**.
*I doubted that they had arrived.*

Llegué antes de que la clase **hubiera comenzado**.
*I arrived before the class had begun.*

**¡INTÉNTALO!** Indica la forma apropiada del pluscuamperfecto de subjuntivo de cada verbo entre paréntesis.

1. Esperaba que ustedes hubieran hecho (hacer) las reservaciones.
2. Dudaba que tú ______________ (decir) eso.
3. No estaba seguro de que ellos ______________ (ir).
4. No creían que nosotros ______________ (hablar) con Ricardo.
5. No había nadie que ______________ (poder) comer tanto como él.
6. No había nadie que ______________ (ver) el espectáculo.
7. Me molestó que tú no me ______________ (llamar) antes.
8. ¿Había alguien que no ______________ (apreciar) esa película?
9. No creían que nosotras ______________ (bailar) en el festival.
10. No era cierto que yo ______________ (ir) con él al concierto.

# Práctica

**1**

**Completar** Completa las oraciones con el pluscuamperfecto de subjuntivo de los verbos entre paréntesis.

1. Me alegré de que mi familia ______________ (irse) de viaje.
2. Me molestaba que Carlos y Miguel no ______________ (venir) a visitarme.
3. Dudaba que la música que yo escuchaba ______________ (ser) la misma que escuchaban mis padres.
4. No creían que nosotros ______________ (poder) aprender tanto español en un año.
5. Los músicos se alegraban de que su programa le ______________ (gustar) tanto al público.
6. La profesora se sorprendió de que nosotros ______________ (hacer) la tarea antes de venir a clase.

**2**

**Transformar** María está hablando de las emociones que ha sentido ante ciertos acontecimientos (*events*). Transforma sus oraciones según el modelo.

*modelo*

Me alegro de que hayan venido los padres de Micaela.
*Me alegré de que hubieran venido los padres de Micaela.*

1. Es muy triste que haya muerto la tía de Miguel.
2. Dudo que Guillermo haya comprado una casa tan grande.
3. No puedo creer que nuestro equipo haya perdido el partido.
4. Me alegro de que mi novio me haya llamado.
5. Me molesta que el periódico no haya llegado.
6. Dudo que hayan cerrado el Museo de Arte.

**¡LENGUA VIVA!**

Both the preterite and the imperfect can be used to describe past thoughts or emotions. In general, the imperfect describes a particular action or mental state without reference to its beginning or end; the preterite refers to the occurrence of an action, thought, or emotion at a specific moment.

**Pensaba que mi vida era aburrida.**

**Pensé que había dicho algo malo.**

**3**

**El regreso** Usa el pluscuamperfecto de subjuntivo para indicar lo que el astronauta Emilio Hernández esperaba que hubiera pasado en su familia y en el mundo, durante los 30 años que había estado en el espacio sin tener noticias del exterior.

*modelo*

su esposa / no casarse con otro hombre
*Esperaba que su esposa no se hubiera casado con otro hombre.*

1. su hija Diana / conseguir ser una pintora famosa
2. los políticos / acabar con todas las guerras (*wars*)
3. su suegra / irse a vivir a El Salvador
4. su hermano Ramón / tener un empleo más de dos meses
5. todos los países / resolver sus problemas económicos
6. su esposa / ya pagar el préstamo de la casa

**NOTA CULTURAL**

En **El Salvador** hay varios volcanes activos. El volcán Izalco, el cual permaneció (*remained*) activo hasta 1957, era conocido por su producción constante de humo y de lava. Los marineros (*sailors*) le decían El faro (*lighthouse*) del Pacífico.

# Comunicación

4 

**El robo** La semana pasada desaparecieron varias obras del museo. El detective sospechaba que los empleados del museo le estaban mintiendo. En parejas, siguiendo el modelo, digan qué era lo que pensaba el detective. Después, intenten descubrir qué realmente pasó. Presenten su teoría del robo a la clase.

*modelo*

El vigilante (*security guard*) le dijo que alguien había abierto las ventanas de una sala.

*El detective dudaba (no creía, pensaba que no era cierto, etc.) que alguien hubiera abierto las ventanas de la sala.*

1. El carpintero le dijo que ese día no había encontrado nada extraño en el museo.
2. La abogada le dijo que ella no había estado en el museo esa tarde.
3. El técnico le dijo que había comprado una casa porque había ganado la lotería.
4. La directora del museo le dijo que había visto al vigilante hablando con la abogada.
5. El vigilante dijo que la directora había dicho que esa noche no tenían que trabajar.
6. El carpintero se acordó de que la directora y el vigilante habían sido novios.

5

**Reacciones** Imagina que los siguientes acontecimientos (*events*) ocurrieron la semana pasada. Indica cómo reaccionaste ante cada uno.

*modelo*

Vino a visitarte tu tía de El Salvador.

*Me alegré de que hubiera venido a visitarme.*

1. Perdiste tu mochila con tus tarjetas de crédito y tus documentos.
2. Tu ex novio/a se casó con tu mejor amigo/a.
3. Encontraste cincuenta mil dólares cerca del banco.
4. Tus amigos/as te hicieron una fiesta sorpresa.

# Síntesis

6 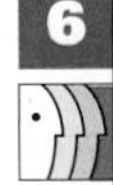

**Noticias** En grupos, lean los siguientes titulares (*headlines*) e indiquen cuáles hubieran sido sus reacciones si esto les hubiera ocurrido a ustedes. Luego escriban tres titulares más y compártanlos con los demás grupos. Utilicen el pluscuamperfecto de subjunctivo.

**Un grupo de turistas se encuentra con Elvis en una gasolinera.**
El cantante les saludó, les cantó unas canciones y después se marchó hacia las montañas, caminando tranquilamente.

**Tres jóvenes estudiantes se perdieron en un bosque de Maine.**
Después de estar tres horas perdidos, aparecieron en una gasolinera de un desierto de Australia.

**Ayer, una joven hondureña, después de pasar tres años en coma, se despertó y descubrió que podía entender el lenguaje de los animales.**
La joven, de momento, no quiere hablar con la prensa, pero una amiga suya nos dice que está deseando ir al zoológico.

# Lectura

## Antes de leer

### Estrategia

**Summarizing a text in your own words**

Summarizing a text in your own words can help you comprehend it better. Before summarizing a text, you may find it helpful to skim it and jot down a few notes about its general meaning. You can then read the text again, writing down the important details. Your notes will help you summarize what you have read. If the text is particularly long, you may want to subdivide it into smaller segments so that you can summarize it more easily.

**Examinar el texto**

Lee la selección rápidamente. ¿Qué tipo de documento es? ¿De qué trata? Luego lee el texto una segunda vez para comprenderlo mejor.

**Resumen**

Después de leer la biografía, completa el siguiente resumen del texto usando las siguientes palabras:

**literatura poema poesía poeta talentoso**

1. El ________ se llama "Entre lo que veo y digo...".
2. Esta obra es del ________ Octavio Paz y el tema es la ________.
3. El mexicano Octavio Paz es muy ________.
4. Paz ganó el Premio Nobel de ________ en 1990.

**Preguntas**

1. ¿Te gusta la poesía? ¿Prefieres leerla o escribirla?
2. ¿Quién escribió este poema?
3. ¿Conoces a Octavio Paz?
4. ¿Se repiten palabras en el poema? ¿Cuáles?

recursos

vistahigher learning.com

# Entre lo que veo y digo

## *A Roman Jakobson*

**Octavio Paz**

***El escritor mexicano Octavio Paz** nació en 1914 y murió en 1998. Paz dejó su país por unos años para ir a estudiar literatura a España y a los Estados Unidos. Además, trabajó como diplomático en Francia, Japón y la India. Paz fundó la famosa revista de literatura* Letras Libres *y participó activamente en la vida literaria de Hispanoamérica. Uno de sus libros más conocidos es* El laberinto de la soledad, *en el que el autor escribe sobre los problemas sociales de su país. Publicó varios libros de poesía y de ensayos sobre crítica de arte y sobre la historia y la cultura de México. Las obras de Paz se premiaron en numerosas ocasiones. Recibió el Premio Cervantes en 1981 y el Premio Nobel de Literatura en 1990.*

1

Entre lo que veo y digo,
entre lo que digo y callo°,
entre lo que callo y sueño,
entre lo que sueño y olvido,
la poesía.
Se desliza°
entre el sí y el no:
dice
lo que callo,
calla
lo que digo,
sueña
lo que olvido.
No es un decir:
es un hacer.
Es un hacer
que es un decir.
La poesía
se dice y se oye:
es real.
Y apenas digo
*es real,*
se disipa°.
¿Así es más real?

2

Idea palpable,
palabra
impalpable:
la poesía
va y viene
entre lo que es
y lo que no es.
Teje° reflejos
y los desteje°.
La poesía
siembra° ojos en la página,
siembra palabras en los ojos.
Los ojos hablan,
las palabras miran,
las miradas piensan.
Oír
los pensamientos,
ver
lo que decimos,
tocar
el cuerpo de la idea.
Los ojos
se cierran,
las palabras se abren.

**callo** *keep quiet* **desliza** *slides* **se disipa** *vanishes; dissipates*
**Teje** *Weaves* **desteje** *unravels* **siembra** *plants*

# Después de leer

## Contestar

El poema contiene varias personificaciones como, por ejemplo, **"Los ojos hablan"**. Las personificaciones atribuyen a los objetos cualidades y acciones que sólo tienen los seres vivos.

Busca ejemplos de personificaciones en el poema y después inventa tú otros cuatro.

1. Los ojos hablan.
2. ______________________.
3. ______________________.
4. ______________________.
5. ______________________.
6. ______________________.
7. ______________________.
8. ______________________.

Octavio Paz nos dice que la poesía es una experiencia abstracta. ¿Crees que las personificaciones que has encontrado ayudan a ver esa abstracción? ¿Cómo?

## Tú eres el/la poeta

Escribe un poema sobre un tema de tu elección. Para empezar, utiliza la primera parte de **"Entre lo que veo y digo"**. No olvides escribir un título. Cuando termines, comparte tu obra maestra con la clase.

(Título): ______________________

Entre lo que veo y digo,
Entre lo que digo y callo,
entre ____________ y ____________,
entre ____________ y ____________,
____________.

______________________

______________________

______________________

______________________

# Escritura

## Estrategia

### Finding biographical information

Biographical information can be useful for a great variety of writing topics. Whether you are writing about a famous person, a period in history, or even a particular career or industry, you will be able to make your writing both more accurate and more interesting when you provide detailed information about the people who are related to your topic.

To research biographical information, you may wish to start with general reference sources, such as encyclopedias and periodicals. Additional background information on people can be found in biographies or in nonfiction books about the person's field or industry. For example, if you wanted to write about Jennifer López, you could find background information from periodicals, including magazine interviews and movie or concert reviews. You might also find information in books or articles related to contemporary film and music.

Biographical information may also be available on the Internet, and depending on your writing topic, you may even be able to conduct interviews to get the information you need. Make sure to confirm the reliability of your sources whenever your writing includes information about other people.

You might want to look for the following kinds of information:

- Date of birth
- Date of death
- Childhood experiences
- Education
- Family life
- Place of residence
- Life-changing events
- Personal and professional accomplishments

## Tema

### ¿A quién te gustaría conocer?

Si pudieras invitar a cinco personas famosas a cenar en tu casa, ¿a quiénes invitarías? Pueden ser de cualquier° época de la historia y de cualquier profesión. Algunas posibilidades son:

- el arte
- la música
- el cine
- las ciencias
- la historia
- la política

Escribe una composición breve sobre la cena. Explica por qué invitarías a estas personas y describe lo que harías, lo que preguntarías y lo que dirías si tuvieras la oportunidad de conocerlas. Utiliza el condicional.

cualquier *any*

1 **Ideas y organización**

Busca información en Internet y en la biblioteca sobre las personas que escogiste°. Organiza la información de una manera lógica.

2 **Primer borrador**

Utiliza tus apuntes de **Ideas y organización** para escribir el primer borrador de tu composición.

3 **Comentario**

Comparte tu borrador y los datos° recogidos° en **Ideas y organización** con un(a) compañero/a de clase. Lee su información y su composición y ofrécele consejos basados en esta guía:

a. ¿Es interesante la composición?
b. ¿Contiene suficientes detalles?
c. ¿Está bien organizada?
d. ¿Hay errores ortográficos o gramaticales?

4 **Redacción**

Revisa el primer borrador según las indicaciones de tu compañero/a. Antes de escribir tu versión final, revisa tu trabajo según esta guía:

a. Busca los verbos en el condicional. ¿Están escritos correctamente?
b. Revisa la concordancia entre los sustantivos y los adjetivos en cada oración.
c. Subraya° los pronombres para comprobar el uso correcto de cada uno.
d. Consulta tus **Anotaciones para mejorar la escritura** para evitar la repetición de errores previos.

5 **Evaluación y progreso**

En grupos, compartan sus composiciones. Luego túrnense para crear diálogos basados en las cenas. Para cada diálogo, un(a) estudiante hará el papel del/de la entrevistador(a) y los/las otros/as estudiantes representarán a las personas famosas. Cuando el/la profesor(a) te devuelva° tu trabajo, lee sus observaciones para mejorar tu próxima composición. Como siempre, anota tus errores en las **Anotaciones para mejorar la escritura** en tu **Carpeta de trabajos.**

escogiste *you chose* datos *pieces of information* recogidos *collected* Subraya *Underline* devuelva *returns*

# Escuchar

## Estrategia
**Listening for key words/ Using the context**

The comprehension of key words is vital to understanding spoken Spanish. Use your background knowledge of the subject to help you anticipate what the key words might be. When you hear unfamiliar words, remember that you can use context to figure out their meaning.

To practice these strategies, you will now listen to a paragraph from a letter sent to a job applicant. Jot down key words, as well as any other words you figured out from the context.

## Preparación

Basándote en el dibujo, ¿qué palabras crees que usaría un crítico en una reseña° de esta película?

## Ahora escucha 

Ahora vas a escuchar la reseña de la película. Mientras escuches al crítico, recuerda que las críticas de cine son principalmente descriptivas. La primera vez que la escuches, identifica las palabras clave° y escríbelas en la columna A. Luego, escucha otra vez la reseña e identifica el significado de las palabras en la columna B mediante el contexto.

| A | B |
|---|---|
| 1. ______ | 1. estrenar |
| 2. ______ | 2. a pesar de |
| 3. ______ | 3. con reservas |
| 4. ______ | 4. supuestamente |
| 5. ______ | 5. la trama |
| 6. ______ | 6. conocimiento |

**recursos**

TEXT CD Lección 17

reseña *review* clave *key*

## Comprensión

### Cierto o falso

| | Cierto | Falso |
|---|---|---|
| 1. *El fantasma del lago Enriquillo* es una película de ciencia ficción. | ❍ | ❍ |
| 2. Los efectos especiales son espectaculares. | ❍ | ❍ |
| 3. Generalmente se ha visto a Jorge Verdoso en comedias románticas. | ❍ | ❍ |
| 4. Jaime Rebelde es un actor espectacular. | ❍ | ❍ |

### Preguntas

1. ¿Qué aspectos de la película le gustaron al crítico?
2. ¿Qué no le gustó al crítico de la película?
3. Si a ti te gustaran los actores, ¿irías a ver esta película? ¿Por qué?
4. Para ti, ¿cuáles son los aspectos más importantes de una película? Explica tu respuesta.

### Ahora ustedes

Trabaja con un grupo de compañeros/as. Escojan una película con actores muy famosos que no fue lo que esperaban. Escriban una reseña que describa el papel de los actores, la trama, los efectos especiales, la cinematografía u otros aspectos importantes de la película.

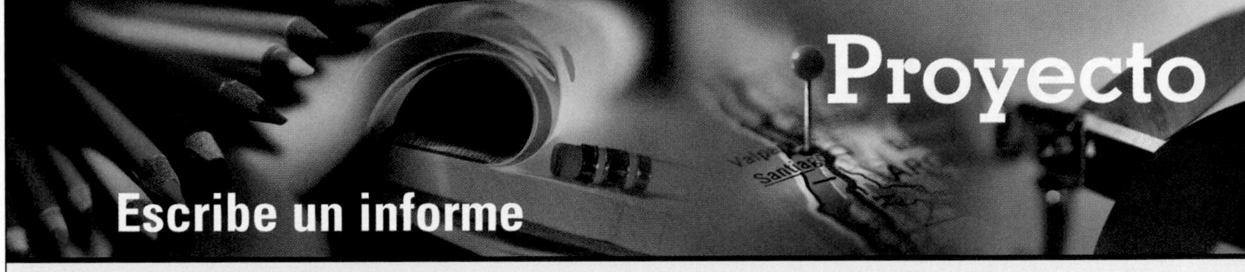


Imagina que estás escribiendo un informe sobre los mejores y más famosos artistas de Centroamérica. Tu informe debe incluir información sobre los artistas de El Salvador y de Honduras.

## 1 Escribe una sección del informe

Usa los **Recursos para la investigación** para buscar información de la historia del arte en Honduras y en El Salvador. Escoge tres o cuatro de los artistas más famosos de cada país. El informe debe incluir la siguiente información:

- Una descripción de las obras de cada artista
- Una explicación de por qué el artista fue escogido para aparecer en el informe
- Una foto de cada artista
- Fotos de las obras de cada artista (si no hay fotos disponibles° debes describir las obras más detalladamente°)

## 2 Presenta la información

Presenta el informe a la clase. Resume° lo que escribiste y muéstrales a tus compañeros/as las fotos que encontraste de los artistas y de su arte. Describe las obras y da tu opinión sobre ellas.

Iglesia con mural, El Salvador

**Palabras útiles**

| | |
|---|---|
| **el tema** | *subject* |
| **colorido/a** | *colorful* |
| **abstracto/a** | *abstract* |
| **informe** | *report* |

**recursos para la investigación**

**Internet** Palabras clave: Honduras, El Salvador, arte, museo, galería

**Comunidad** Profesores, estudiantes o personas en la comunidad que son de Honduras o El Salvador; profesores o estudiantes de arte

**Biblioteca** Libros, enciclopedias

**Otros recursos** El/La conservador(a)° del museo local o del museo de la universidad

disponibles *available* más detalladamente *in greater detail* Resume *Summarize* conservador(a) *curator*

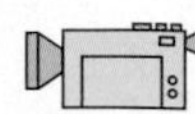

# El Salvador

## El país en cifras

- **Área:** 21.040 km² (8.124 millas²), *el tamaño° de Massachusetts*
- **Población:** 6.519.000

*El Salvador es el país centroamericano más pequeño y el más densamente° poblado. Su población, al igual que la de Honduras, es muy homogénea: casi el 95 por ciento de la población es mestiza.*

- **Capital:** San Salvador—1.533.000
- **Ciudades principales:** Soyapango—252.000, Santa Ana—202.000, San Miguel—183.000, Mejicanos—145.000

SOURCE: Population Division, UN Secretariat

- **Moneda:** colón, dólar estadounidense
- **Idiomas:** español (oficial), náhuatl, lenca

Bandera de El Salvador

### Salvadoreños célebres

- **Óscar Romero,** arzobispo° y activista por los derechos humanos° (1917–1980)
- **Claribel Alegría,** poeta, novelista y cuentista (1924– )
- **Roque Dalton,** poeta, ensayista y novelista (1935–1975)
- **María Eugenia Brizuela,** política (1956– )

Óscar Romero

tamaño *size* densamente *densely* arzobispo *archbishop* derechos humanos *human rights* laguna *lagoon* sirena *mermaid*

Ruinas de Tazumal

Salvadoreña secando hamacas (*hammocks*)

GUATEMALA
HONDURAS
Lago de Guija
Río de la Paz
Santa Ana
Río Lempa
Mejicanos
Ilobasco
Volcán de San Salvador
San Salvador
Soyapango
Río Torola
Río Goascorán
San Miguel
Volcán de San Vicente
Volcán de San Miguel
La Libertad
Océano Pacífico
Golfo de Fonseca

Aeropuerto Ilopango en San Salvador

ESTADOS UNIDOS
OCÉANO ATLÁNTICO
EL SALVADOR
OCÉANO PACÍFICO
AMÉRICA DEL SUR

**recursos**

| WB pp. 199–200 | VM pp. 283–284 | I CD-ROM Lección 17 | vistahigher learning.com |
|---|---|---|---|

## ¡Increíble pero cierto!

El rico folklore salvadoreño se basa sobre todo en sus extraordinarios recursos naturales. Por ejemplo, según una leyenda, las muertes que se producen en la Laguna° de Alegría tienen su explicación en la existencia de una sirena° solitaria que vive en el lago y captura a los jóvenes atractivos.

## Deportes • El *surfing*

El Salvador, con unos 300 kilómetros de costa en el Océano Pacífico, se ha convertido en un gran centro de *surfing* por la calidad° y consistencia de sus olas°. *La Libertad* es la playa que está más cerca de la capital, y allí las condiciones son perfectas para el *surfing*. Por eso vienen surfistas de todo el mundo a este pequeño pueblo salvadoreño. Los fines de semana hay muchísima gente en *La Libertad* y por eso muchos surfistas van al oeste, por la *Costa del Bálsamo*, donde las olas son buenas y hay menos gente.

## Naturaleza • El Parque Nacional Montecristo

El Parque Nacional Montecristo se encuentra en el norte del país. Es conocido también como El Trifinio porque es el punto donde se unen° Guatemala, Honduras y El Salvador. Este bosque está a una altitud de 2.400 metros (7.900 pies). Recibe 200 centímetros (80 pulgadas°) de lluvia al año y con frecuencia tiene una humedad° relativa del 100 por ciento. Sus altísimos árboles forman una bóveda° que la luz del sol no puede traspasar°. Allí hay muchas especies interesantes de plantas y animales, como orquídeas, hongos°, monos araña°, pumas, quetzales y tucanes.

## Artes • La artesanía de Ilobasco

Ilobasco es un pueblo de grandes artesanos. Es famoso por sus objetos de arcilla° y por los artículos de cerámica pintados a mano. Los productos más tradicionales de Ilobasco son los juguetes°, los adornos° y los utensilios de cocina. Se ofrecen excursiones en las que se puede observar paso a paso° la fabricación de estos productos. Las "sorpresas" de Ilobasco, pequeñas piezas° de cerámica en cuyo interior están representadas escenas de la vida diaria, son especialmente populares.

**¿Qué aprendiste?** Responde a las preguntas con una frase completa.

1. ¿Qué es el náhuatl?
2. ¿Quien es María Eugenia Brizuela?
3. Hay muchos lugares ideales para el *surfing* en El Salvador. ¿Por qué?
4. ¿A qué altitud se encuentra el parque Montecristo?
5. ¿Cuáles son algunos de los animales y las plantas que se encuentran en el bosque nuboso?
6. ¿Por qué al Parque Nacional Montecristo se le llama también El Trifinio?
7. ¿Por qué es famoso el pueblo de Ilobasco?
8. ¿Qué se puede ver en una excursión a Ilobasco?
9. ¿Qué son las "sorpresas" de Ilobasco?

**Conexión Internet** Investiga estos temas en el sitio **www.vistahigherlearning.com.**

1. El Parque Nacional Montecristo es una reserva natural; busca información sobre otros parques o zonas protegidas en El Salvador. ¿Cómo son estos lugares? ¿Qué tipos de plantas y animales se encuentran allí?
2. Busca información sobre museos u otros lugares turísticos en San Salvador (u otra ciudad de El Salvador).

calidad *quality* olas *waves* se unen *come together* pulgadas *inches* humedad *humidity* bóveda *canopy* traspasar *pierce* hongos *fungi* monos araña *spider monkeys* arcilla *clay* juguetes *toys* adornos *ornaments* paso a paso *step by step* pieza *piece*

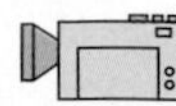



# Honduras

## El país en cifras

- **Área:** 112.492 km$^2$ (43.870 millas$^2$), *un poco más grande que Tennessee*
- **Población:** 6.828.000

*Cerca del 90 por ciento de la población de Honduras es mestiza. Todavía hay pequeños grupos indígenas como los jicaque, los miskito y los paya, que han mantenido su cultura sin influencias exteriores y que no hablan español.*

- **Capital:** Tegucigalpa—1.120.000

Tegucigalpa

- **Ciudades principales:** San Pedro Sula—470.000, El Progreso—81.000, La Ceiba—72.000

SOURCE: Population Division, UN Secretariat

- **Moneda:** lempira
- **Idiomas:** español (oficial), miskito, garífuna

Bandera de Honduras

### Hondureños célebres

- **José Antonio Velásquez,** pintor (1906–1983)
- **Argentina Díaz Lozano,** escritora (1917–1999)
- **Carlos Roberto Reina,** juez° y presidente del país (1926–2003)
- **Roberto Sosa,** escritor (1930– )

juez *judge* presos *prisoners* hamacas *hammocks*

Guacamayo

Hombres garífuna en Santa Fe

Islas de la Bahía
Mar Caribe
Golfo de Honduras
GUATEMALA
La Ceiba
Santa Fe
Laguna de Caratasca
San Pedro Sula
Río Ulúa
Sierra Rijol
Sierra de Payas
Río Patuca
Montañas de Colón
Sierra Espíritu Santo
Sierra Grita
El Progreso
Lago de Yojoa
Sierra Villasanta
Río Guayambre
Tegucigalpa
Río Coco
EL SALVADOR
Río Choluteca
Océano Pacífico
NICARAGUA
ESTADOS UNIDOS
OCÉANO ATLÁNTICO
HONDURAS
OCÉANO PACÍFICO
AMÉRICA DEL SUR

Niños pescando en el lago de Yojoa.

**recursos**

| WB pp. 199–200 | VM pp. 285–286 | I CD-ROM Lección 17 | vistahigher learning.com |
|---|---|---|---|

## ¡Increíble pero cierto!

Los presos° de la Penitenciaría Central de Tegucigalpa hacen objetos de madera, hamacas° y hasta instrumentos musicales. Sus artesanías son tan populares que los funcionarios de la prisión han abierto una pequeña tienda donde los turistas pueden regatear con este especial grupo de artesanos.

## Lugares • Copán

Copán es el sitio arqueológico más importante de Honduras, y para los que estudian la cultura maya, es uno de los más fascinantes de la región. Aproximadamente en 400 d.C., la ciudad era muy grande, con más de 150 edificios y plazas, patios, templos y canchas° para el juego de pelota°. Copán es famoso por las esculturas pintadas que adornan sus edificios; por los cetros° ceremoniales de piedra finamente° esculpidos; y por el templo llamado Rosalila.

## Economía • Las plantaciones de bananas

Hoy día las bananas son la exportación principal de Honduras. Hace más de cien años que tienen un papel fundamental en la historia económica y política del país. En 1889, la Standard Fruit Company empezó a exportar bananas a Nueva Orleans y la fruta resultó tan popular que rápidamente empezó a generar° grandes beneficios° para la Standard Fruit y para la United Fruit Company, otra compañía norteamericana. Debido al° enorme poder° económico que tenían en el país, estas compañías intervinieron° muchas veces en la política hondureña.

San Antonio de Oriente, 1957, José Antonio Velásquez

## Artes • José Antonio Velásquez (1906–1983)

José Antonio Velásquez fue uno de los pintores primitivistas° más famosos de su tiempo. Se le compara con pintores europeos del mismo género°, como Paul Gauguin o Emil Nolde, porque en sus obras representaba lo más concreto de la vida diaria que lo rodeaba°. Se nota fácilmente el énfasis del pintor en los detalles° de la escena°. En su pintura desaparecen° casi totalmente los juegos de perspectiva, y los colores utilizados en los paisajes son puros.

**¿Qué aprendiste?** Responde a las preguntas con una frase completa.

1. ¿Qué es la lempira?
2. ¿Por qué es famoso Copán?
3. ¿Dónde está el templo Rosalila?
4. ¿Cuál es la exportación principal de Honduras?
5. ¿Qué es la Standard Fruit Company?
6. ¿Cómo es el estilo de José Antonio Velásquez?
7. ¿Qué temas trataba Velásquez en su pintura?

**Conexión Internet** Investiga estos temas en el sitio **www.vistahigherlearning.com.**

1. ¿Cuáles son algunas de las exportaciones principales de Honduras, además de las bananas? ¿A qué países exporta Honduras sus productos?
2. Busca información sobre Copán u otro sitio arqueológico en Honduras. En tu opinión, ¿cuáles son los aspectos más interesantes del sitio?

canchas *courts* juego de pelota *jai-alai* cetros *scepters* finamente *in a refined way* generar *to generate* beneficios *profits* Debido al *Due to* poder *power* intervinieron *intervened* primitivistas *primitivist* género *genre* rodeaba *surrounded* detalles *details* escena *scene* desaparecen *disappear*

## Las bellas artes

| | |
|---|---|
| **el baile, la danza** | *dance* |
| **la banda** | *band* |
| **las bellas artes** | *(fine) arts* |
| **el boleto** | *ticket* |
| **la canción** | *song* |
| **la comedia** | *comedy; play* |
| **el concierto** | *concert* |
| **el cuento** | *short story* |
| **la cultura** | *culture* |
| **el drama** | *drama; play* |
| **la escultura** | *sculpture* |
| **el espectáculo** | *show* |
| **la estatua** | *statue* |
| **el festival** | *festival* |
| **la historia** | *history; story* |
| **la música** | *music* |
| **la obra** | *work (of art, music, etc.)* |
| **la obra maestra** | *masterpiece* |
| **la ópera** | *opera* |
| **la orquesta** | *orchestra* |
| **el personaje (principal)** | *(main) character* |
| **la pintura** | *painting* |
| **el poema** | *poem* |
| **la poesía** | *poetry* |
| **el público** | *audience* |
| **el teatro** | *theater* |
| **la tragedia** | *tragedy* |
| **aburrirse** | *to get bored* |
| **aplaudir** | *to applaud* |
| **apreciar** | *to appreciate* |
| **dirigir** | *to direct* |
| **esculpir** | *to sculpt* |
| **hacer el papel (de)** | *to play the role (of)* |
| **pintar** | *to paint* |
| **presentar** | *to present; to put on (a performance)* |
| **publicar** | *to publish* |
| **tocar (un instrumento musical)** | *to touch; to play (a musical instrument)* |
| **artístico/a** | *artistic* |
| **clásico/a** | *classical* |
| **dramático/a** | *dramatic* |
| **extranjero/a** | *foreign* |
| **folklórico/a** | *folk* |
| **moderno/a** | *modern* |
| **musical** | *musical* |
| **romántico/a** | *romantic* |
| **talentoso/a** | *talented* |

## Los artistas

| | |
|---|---|
| **el bailarín, la bailarina** | *dancer* |
| **el/la cantante** | *singer* |
| **el/la compositor(a)** | *composer* |
| **el/la director(a)** | *director; (musical) conductor* |
| **el/la dramaturgo/a** | *playwright* |
| **el/la escritor(a)** | *writer* |
| **el/la escultor(a)** | *sculptor* |
| **la estrella (*m., f.*) de cine** | *movie star* |
| **el/la músico/a** | *musician* |
| **el/la poeta** | *poet* |

## El cine y la televisión

| | |
|---|---|
| **el canal** | *channel* |
| **el concurso** | *game show; contest* |
| **los dibujos animados** | *cartoons* |
| **el documental** | *documentary* |
| **el premio** | *prize; award* |
| **el programa de entrevistas** | *talk show* |
| **la telenovela** | *soap opera* |
| **...de acción** | *action* |
| **...de aventuras** | *adventure* |
| **...de ciencia ficción** | *science fiction* |
| **...de horror** | *horror* |
| **...de vaqueros** | *western* |

## La artesanía

| | |
|---|---|
| **la artesanía** | *craftsmanship; crafts* |
| **la cerámica** | *pottery* |
| **el tejido** | *weaving* |

| | |
|---|---|
| **Expresiones útiles** | *See page 517.* |

**recursos**

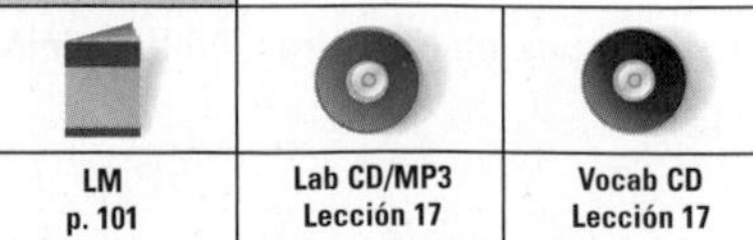

| LM p. 101 | Lab CD/MP3 Lección 17 | Vocab CD Lección 17 |
|---|---|---|

# Las actualidades 18

## Communicative Goals

*You will learn how to:*

- **Talk about and describe your travel experiences**
- **Discuss current events and issues**
- **Talk about and discuss the media**

### A PRIMERA VISTA

- ¿Qué profesión tendrán estas personas? ¿Son reporteros? ¿Periodistas?
- ¿Es una videoconferencia?
- ¿Hacen entrevistas?
- ¿Es posible que hablen con estrellas de cine? ¿Con políticos?

# Las actualidades

## Más vocabulario

| | |
|---|---|
| **el acontecimiento** | *event* |
| **las actualidades** | *news; current events* |
| **el artículo** | *article* |
| **la encuesta** | *poll; survey* |
| **la experiencia** | *experience* |
| **el informe** | *report; paper (written work)* |
| **los medios de comunicación** | *media; means of communication* |
| **las noticias** | *news* |
| **la prensa** | *press* |
| **el reportaje** | *report* |
| **el desastre (natural)** | *(natural) disaster* |
| **el huracán** | *hurricane* |
| **la inundación** | *flood* |
| **el terremoto** | *earthquake* |
| **el desempleo** | *unemployment* |
| **la (des)igualdad** | *(in)equality* |
| **la discriminación** | *discrimination* |
| **la guerra** | *war* |
| **la libertad** | *liberty; freedom* |
| **la paz** | *peace* |
| **el racismo** | *racism* |
| **el sexismo** | *sexism* |
| **el SIDA** | *AIDS* |
| **anunciar** | *to announce; to advertise* |
| **comunicarse (con)** | *to communicate (with)* |
| **durar** | *to last* |
| **informar** | *to inform* |
| **luchar (por/contra)** | *to fight; to struggle (for/against)* |
| **ocurrir** | *to occur; to happen* |
| **transmitir, emitir** | *to broadcast* |
| **(inter)nacional** | *(inter)national* |
| **peligroso/a** | *dangerous* |

## Variación léxica

informe ⟷ trabajo (*Esp.*)
noticiero ⟷ informativo (*Esp.*)

**recursos**

|  | 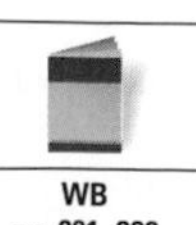 | 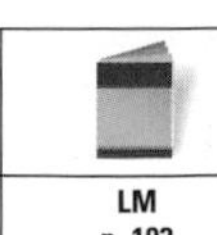 |  |  | 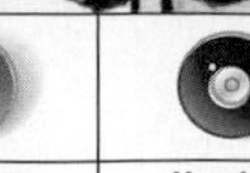 |
|---|---|---|---|---|---|
| TEXT CD Lección 18 | WB pp. 201–202 | LM p. 103 | Lab CD/MP3 Lección 18 | I CD-ROM Lección 18 | Vocab CD Lección 18 |

la tormenta
el ejército
el soldado
VOTA POR DÍAZ
NO
NO
NO
el discurso
la huelga
el candidato
el crimen
la violencia
el choque

**La política**

| | |
|---|---|
| **el/la ciudadano/a** | *citizen* |
| **el deber** | *responsibility; obligation* |
| **los derechos** | *rights* |
| **la dictadura** | *dictatorship* |
| **las elecciones** | *election* |
| **el impuesto** | *tax* |
| **la política** | *politics* |
| **el/la representante** | *representative* |
| **declarar** | *to declare; to say* |
| **elegir** | *to elect* |
| **obedecer** | *to obey* |
| **votar** | *to vote* |
| **político/a** | *political* |

# Práctica

**1** **Escuchar** Escucha las noticias y selecciona la frase que mejor completa las oraciones.

1. Los ciudadanos creen que ____.
   a. hay un huracán en el Caribe
   b. hay discriminación en la imposición de los impuestos
   c. hay una encuesta en el Caribe
2. Los ciudadanos creen que los candidatos tienen ____.
   a. el deber de asegurar la igualdad en los impuestos
   b. el deber de hacer las encuestas
   c. los impuestos
3. La encuesta muestra que los ciudadanos ____.
   a. quieren desigualdad en las elecciones
   b. quieren hacer otra encuesta
   c. quieren igualdad en los impuestos
4. Hay ____ en el Caribe.
   a. un incendio grande b. una tormenta peligrosa c. un tornado
5. Los servicios de Puerto Rico predijeron anoche que ____ podrían destruir edificios y playas.
   a. los vientos b. los terremotos c. las inundaciones

**2** **Categorías** Mira la lista e indica la categoría de cada uno de los siguientes términos. Las categorías son: **desastres naturales, política, medios de comunicación.**

1. reportaje
2. inundación
3. incendio
4. candidato/a
5. informe
6. ciudadano/a
7. encuesta
8. tornado
9. noticiero
10. prensa
11. elecciones
12. terremoto

**3** **Definir** Trabaja con un(a) compañero/a para definir las siguientes palabras.

1. guerra
2. crimen
3. ejército
4. desempleo
5. discurso
6. acontecimiento
7. sexismo
8. SIDA
9. huelga
10. racismo
11. locutor(a)
12. libertad

**4**

**Completar** Completa la siguiente noticia con los verbos adecuados para cada frase. Conjuga los verbos en el tiempo verbal correspondiente.

1. El grupo __________ a todos los medios de comunicación que iba a organizar una huelga general de los trabajadores.
   a. durar b. votar c. anunciar
2. El presidente del país ha sugerido algunas soluciones para evitar que eso ________.
   a. ocurrir b. luchar c. elegir
3. Todos los representantes políticos les pidieron a los ciudadanos que __________ al presidente.
   a. comer b. obedecer c. aburrir
4. La oposición, por otro lado, __________ a un líder para promover la huelga.
   a. publicar b. emitir c. elegir
5. El líder de la oposición dijo que si el gobierno ignoraba sus opiniones, la huelga iba a __________ mucho tiempo.
   a. transmitir b. obedecer c. durar
6. Hoy día, el líder de la oposición declaró que los ciudadanos estaban listos para __________ por sus derechos.
   a. informar b. comunicarse c. luchar

**5**

**Diálogo** Completa el siguiente diálogo con las palabras adecuadas.

| | | |
|---|---|---|
| **artículo** | **derechos** | **peligrosa** |
| **choque** | **dictaduras** | **transmitir** |
| **declarar** | **paz** | **violencia** |

**RAÚL** Oye, Agustín, ¿leíste el (1)__________ del diario *El País*?
**AGUSTÍN** ¿Cuál? ¿El del (2)__________ entre dos autobuses?
**RAÚL** No, el otro, sobre…
**AGUSTÍN** ¿Sobre la tormenta (3)__________ que viene mañana?
**RAÚL** No, hombre, el artículo sobre política…
**AGUSTÍN** ¡Ay, claro! Un análisis de las peores (4)__________ de la historia.
**RAÚL** ¡Agustín! Deja de interrumpir. Te quería hablar del artículo sobre la organización que lucha por los (5)__________ humanos y la (6)__________.
**AGUSTÍN** Ah, no lo leí.
**RAÚL** Parece que te interesan más las noticias sobre la (7)__________ , ¿eh?

**6**

**La vida civil** ¿Estás de acuerdo con las siguientes afirmaciones? Comparte tus respuestas con la clase.

1. Los medios de comunicación nos informan bien de las noticias.
2. Los medios de comunicación nos dan una visión global del mundo.
3. Los candidatos para las elecciones deben aparecer en todos los medios de comunicación.
4. Nosotros y nuestros representantes nos comunicamos bien.
5. Es importante que todos obedezcamos las leyes.
6. Es importante leer el diario todos los días.
7. Es importante mirar o escuchar un noticiero todos los días.
8. Es importante votar.

**AYUDA**

You may want to use these expressions:
**En mi opinión…**
**Está claro que…**
**(No) Estoy de acuerdo.**
**Según mis padres…**
**Sería ideal que…**

# Comunicación

**7** **Las actualidades** En parejas, describan lo que ven en las fotos. Luego, escriban una historia para explicar qué pasó en cada foto.

**8** **Un noticiero** En grupos, trabajen para presentar un noticiero de la tarde. Presenten por lo menos tres reportajes sobre espectáculos, política, crimen y temas sociales.

**¡LENGUA VIVA!**

Here are four ways to say *to happen:*
**acontecer**
**ocurrir**
**pasar**
**suceder**

**9**  **Las elecciones** Trabajen en parejas para representar una entrevista entre un(a) reportero/a de la televisión y un(a) político/a que va a ser candidato/a en las próximas elecciones. Antes de la entrevista, hagan una lista de los temas de los que el/la candidato/a va a hablar y de las preguntas que el/la reportero/a le va a hacer. Durante la entrevista, la clase va a hacer el papel del público. Después de la entrevista, el/la reportero/a va a hacerle preguntas y pedirle comentarios al público.

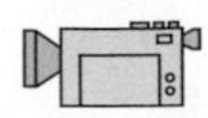

# ¡Hasta la próxima!

**Los estudiantes comparten con Roberto sus recuerdos (*memories*) favoritos de la aventura.**

PERSONAJES

MAITE

INÉS

DON FRANCISCO

ÁLEX

JAVIER

SRA. RAMOS

ROBERTO

**SRA. RAMOS** ¡Hola! Espero que todos hayan tenido un magnífico viaje.

**JAVIER** ¡Lo hemos pasado maravillosamente!

**SRA. RAMOS** ¿Qué tal, don Francisco? ¡Qué gusto volver a verlo!

**MAITE** ¡Roberto! ¿Cómo estás?

**MAITE** Álex, ven... es mi amigo Roberto. Nos conocimos en clase de periodismo. Es reportero del periódico de la universidad. Roberto, éste es mi novio, Álex.

**ROBERTO** Mucho gusto, Álex.

**ÁLEX** El gusto es mío.

**ROBERTO** A ver... Inés. ¿Cuál fue tu experiencia favorita?

**INÉS** Para mí lo mejor fue la excursión que hicimos a las montañas.

**ROBERTO** ¿Fue peligroso?

**JAVIER** No... Pero si nuestro guía no hubiera estado allí con nosotros, ¡seguro que nos habríamos perdido!

**ROBERTO** ¿Qué más ocurrió durante el viaje?

**MAITE** Pues figúrate que un día fuimos a comer al restaurante El Cráter. A la hora del postre la señora Perales, la dueña, me sorprendió con un pastel y un flan para mi cumpleaños.

**JAVIER** También tuvimos un problema con el autobús, pero Inés resolvió el problema con la ayuda de un mecánico. Ahora la llamamos La Mujer Mecánica.

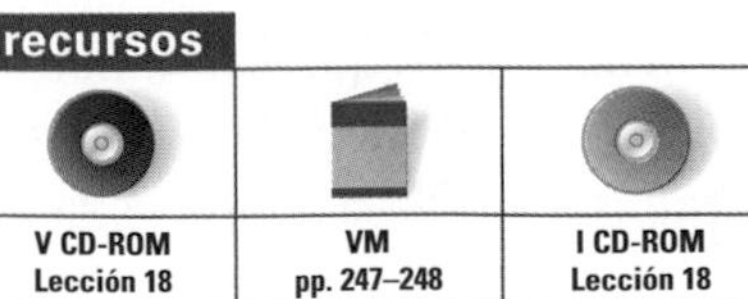

| recursos | | |
|---|---|---|
| V CD-ROM Lección 18 | VM pp. 247–248 | I CD-ROM Lección 18 |

4

**MAITE** Y éstos son mis amigos. Inés... Javier...

**JAVIER & INÉS** ¡Hola!

5

**MAITE** Pero, ¿qué estás haciendo tú aquí?

**ROBERTO** Ay, Maite, es que estoy cansado de escribir sobre crimen y política. Me gustaría hacerles una entrevista sobre las experiencias del viaje.

**MAITE** ¡Fenomenal!

9

**ROBERTO** Si pudieran hacer el viaje otra vez, ¿lo harían?

**ÁLEX** Sin pensarlo dos veces. Viajar es una buena manera de conocer mejor a las personas y de hacer amigos.

10

**DON FRANCISCO** ¡Adiós, chicos!

**ESTUDIANTES** ¡Adiós! ¡Adiós, don Efe! ¡Hasta luego!

**DON FRANCISCO** ¡Hasta la próxima, señora Ramos!

## Enfoque cultural Los medios de comunicación

El periódico en español que más se vende en el mundo es *El País*, de Madrid. Se venden más de un millón de ejemplares (*copies*) cada día. En cuanto a la televisión, una de las cadenas (*networks*) más importantes es Univisión, de gran popularidad en los Estados Unidos.

Desde 1986, Jorge Ramos es el conductor titular del Noticiero Univisión. Ramos es considerado uno de "los hispanos más influyentes de Norteamérica" (*Hispanic Trends*) y uno de "los 10 Latinos más admirados en Estados Unidos" (*revista Latino Leaders*).

## Expresiones útiles

### Saying you're happy to see someone

- **¡Qué gusto volver a verte!**
  *I'm happy to see you* (fam.) *again!*
- **¡Qué gusto volver a verlo/la!**
  *I'm happy to see you* (form.) *again!*
- **Gusto de verte.**
  *It's nice to see you* (fam.).
- **Gusto de verlo/la.**
  *It's nice to see you* (form.).

### Saying you had a good time

- **¡Lo hemos pasado maravillosamente!**
  *We've had a great time!*
- **¡Lo hemos pasado de película!**
  *We've had a great time!*
- **Lo pasamos muy bien.**
  *We had a good time.*
- **Nos divertimos mucho.**
  *We had a lot of fun.*

### Talking about your trip

- **¿Cuál fue tu experiencia favorita?**
  *What was your favorite experience?*
- ▷ **Lo mejor fue la excursión que hicimos a las montañas.**
  *The best thing was the hike we went on in the mountains.*
- **¿Qué más ocurrió durante el viaje?**
  *What else happened on the trip?*
- ▷ **Lo peor fue cuando tuvimos un problema con el autobús.**
  *The worst thing was when we had a problem with the bus.*
- **Si pudieran hacer el viaje otra vez, ¿lo harían?**
  *If you could take the trip again, would you do it?*
- ▷ **Sin pensarlo dos veces.**
  *I wouldn't give it a second thought.*

# Reacciona a la fotonovela

**1**

**¿Cierto o falso?** Decide si lo que se afirma en las siguientes frases es **cierto** o **falso.** Corrige las frases que sean falsas.

| | Cierto | Falso |
|---|---|---|
| 1. Roberto es reportero; escribe artículos para el periódico de la universidad. | ❍ | ❍ |
| 2. Los artículos sobre el crimen y la política ya no le interesan tanto a Roberto. | ❍ | ❍ |
| 3. Para Inés, la mejor experiencia fue cuando cenaron en el restaurante El Cráter. | ❍ | ❍ |
| 4. La señora Ramos sabe mucho de autobuses; por eso la llaman La Mujer Mecánica. | ❍ | ❍ |
| 5. A Álex le encantó el viaje pero es algo que sólo haría una vez en su vida. | ❍ | ❍ |

**2**

**Identificar** Identifica quién puede hacer las siguientes afirmaciones.

1. ¿Te acuerdas del problema mecánico con el autobús? Qué bueno que estaba Inés allí, ¿no?
2. Si quieres hacer amigos y conocer mejor un país, tienes que viajar.
3. ¡Hola! Qué bueno volver a verlos. Me imagino que tuvieron un viaje maravilloso.
4. Creo que el mejor día fue cuando fuimos a un restaurante y me prepararon un pastel.
5. Ya no quiero escribir sobre cosas negativas. Prefiero hacer entrevistas sobre experiencias interesantes.

**3**

**Preguntas** Responde a las siguientes preguntas.

1. ¿Dónde se conocieron Maite y Roberto?
2. Normalmente, ¿sobre qué cosas escribe Roberto?
3. ¿Piensa Javier que el viaje fue peligroso? ¿Qué habría pasado si Martín no hubiera estado con ellos?
4. ¿Cuál fue la mejor experiencia de Maite? ¿Por qué?
5. ¿Qué piensa Álex sobre viajar?

**4**

**Mis experiencias** Tú y un(a) compañero/a de clase son unos amigos que no se han visto en algunos años. Hablen de las experiencias buenas y malas que tuvieron durante ese tiempo. Utilicen estas frases en la conversación:

- ¡Qué gusto volver a verte!
- Gusto de verte.
- Lo pasé de película/maravillosamente/muy bien.
- Me divertí mucho.
- Lo mejor fue...
- Lo peor fue...

# Ortografía

## Neologismos y anglicismos

As societies develop and interact, new words are needed to refer to inventions and discoveries, as well as to objects and ideas introduced by other cultures. In Spanish, many new terms have been invented to refer to such developments, and additional words have been "borrowed" from other languages.

| | | |
|---|---|---|
| **bajar un programa** *download* | **borrar** *to delete* | **correo basura** *junk mail* |
| **en línea** *online* | **enlace** *link* | **herramienta** *tool* |
| **navegador** *browser* | **pirata** *hacker* | **sistema operativo** *operating system* |

Many Spanish neologisms, or "new words," refer to computers and technology. Due to the newness of these words, more than one term may be considered acceptable.

**cederrón, CD-ROM** **escáner** **fax** **zoom**

In Spanish, many anglicisms, or words borrowed from English, refer to computers and technology. Note that the spelling of these words is often adapted to the sounds of the Spanish language.

**jazz, yaz** **rap** **rock** **walkman**

Music and music technology are another common source of anglicisms.

**gángster** **hippy, jipi** **póquer** **whisky, güisqui**

Other borrowed words refer to people or things that are strongly associated with another culture.

| | | | |
|---|---|---|---|
| **chárter** | **esnob** | **estrés** | **flirtear** |
| **gol** | **hall** | **hobby** | **iceberg** |
| **jersey** | **júnior** | **récord** | **yogur** |

There are many other sources of borrowed words. Over time, some anglicisms are replaced by new terms in Spanish, while others are accepted as standard usage.

**Práctica** Completa el diálogo usando las siguientes palabras.

| | | |
|---|---|---|
| **borrar** | **correo basura** | **esnob** |
| **chárter** | **en línea** | **estrés** |

**GUSTAVO** Voy a leer el correo electrónico.
**REBECA** Bah, yo sólo recibo __________. Lo único que hago con la computadora es __________ mensajes.
**GUSTAVO** Mira, cariño, hay un anuncio en Internet—un viaje barato a Punta del Este. Es un vuelo __________.
**REBECA** Últimamente tengo tanto __________. Sería buena idea que fuéramos de vacaciones. Pero busca un hotel muy bueno.
**GUSTAVO** Rebeca, no seas __________, lo importante es ir y disfrutar. Voy a comprar los boletos ahora mismo __________.

**Dibujo** Describe el dibujo utilizando por lo menos cinco anglicismos.

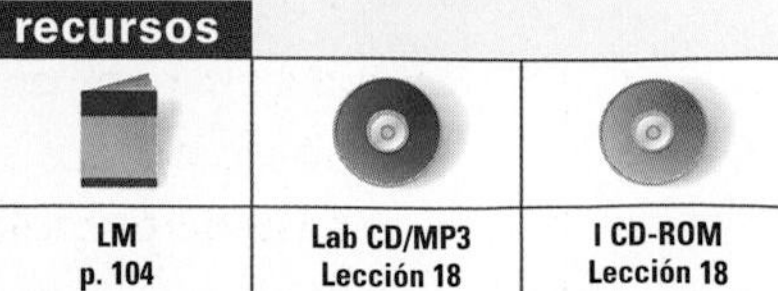

# 18.1 Si clauses

**Si** *(if)* clauses describe a condition or event upon which another condition or event depends. Sentences with **si** clauses consist of a **si** clause and a main (or result) clause.

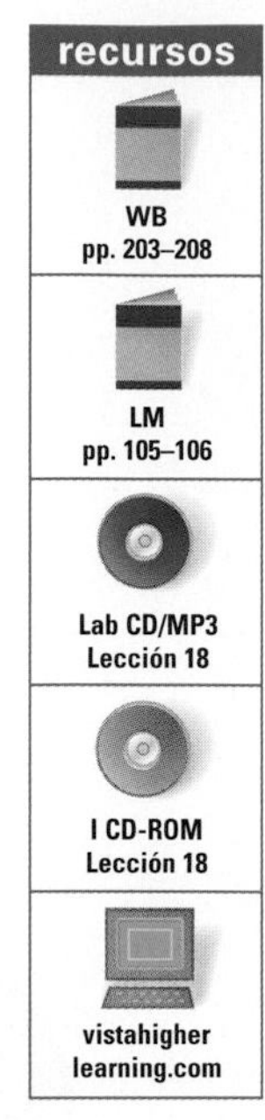

- **Si** clauses can speculate or hypothesize about a current event or condition. They express what *would happen* if an event or condition *were to occur.* This is called a contrary-to-fact situation. In such instances, the verb in the **si** clause is in the past subjunctive while the verb in the main clause is in the conditional.

Si **cambiaras** de empleo**, serías** más feliz.
*If you changed jobs, you would be happier.*

**Iría** de viaje a Suramérica si **tuviera** dinero.
*I would travel to South America if I had money.*

**¡ATENCIÓN!**

Remember the difference between **si** (*if*) and **sí** (*yes*).

- **Si** clauses can also describe a contrary-to-fact situation in the past. They can express what *would have happened* if an event or condition *had occurred.* In these sentences, the verb in the **si** clause is in the past perfect subjunctive while the verb in the main clause is in the conditional perfect.

Si **hubiera sido** estrella de cine, **habría sido** rico.
*If I had been a movie star, I would have been rich.*

No **habrías tenido** hambre si **hubieras desayunado.**
*You wouldn't have been hungry if you had eaten breakfast.*

- **Si** clauses can also express conditions or events that are possible or likely to occur. In such instances, the **si** clause is in the present indicative while the main clause uses a present, near future, future, or command form.

Si **puedes** venir, **llámame.**
*If you can come, call me.*

Si **puedo** venir, **te llamo.**
*If I can come, I'll call you.*

Si **terminas** la tarea, **tendrás** tiempo para mirar la televisión.
*If you finish your homework, you will have time to watch TV.*

Si **terminas** la tarea, **vas a tener** tiempo para mirar la televisión.
*If you finish your homework, you are going to have time to watch TV.*

**¡LENGUA VIVA!**

Note that in Spanish the conditional is never used immediately following **si**.

- When the **si** clause expresses habitual past conditions or events, *not* a contrary-to-fact situation, the imperfect is used in both the **si** clause and the main (or result) clause.

Si Alicia me **invitaba** a una fiesta, yo siempre **iba**.
*If (Whenever) Alicia invited me to a party, I would (used to) go.*

Mis padres siempre **iban** a la playa si **hacía** buen tiempo.
*My parents always went to the beach if the weather was good.*

- The **si** clause may be the first or second clause in a sentence. Note that a comma is used only when the **si** clause comes first.

**Si tuviera tiempo,** iría contigo.
*If I had time, I would go with you.*

Iría contigo **si tuviera tiempo.**
*I would go with you if I had time.*

## Summary of *si* clause sequences

| Condition | *Si* clause | Main clause |
|---|---|---|
| Possible or likely | **Si** + present | Present |
| Possible or likely | **Si** + present | Near future (**ir a** + infinitive) |
| Possible or likely | **Si** + present | Future |
| Possible or likely | **Si** + present | Command |
| Habitual in the past | **Si** + imperfect | Imperfect |
| Contrary-to-fact (present) | **Si** + past (imperfect) subjunctive | Conditional |
| Contrary-to-fact (past) | **Si** + past perfect (pluperfect) subjunctive | Conditional perfect |

**¡INTÉNTALO!** Cambia los tiempos y modos de los verbos que aparecen entre paréntesis para practicar todos los tipos de oraciones con **si** que se muestran en la tabla anterior.

1. Si usted ___va___ (ir) a la playa, tenga cuidado con el sol.
2. Si tú __________ (querer), te preparo la merienda.
3. Si __________ (hacer) buen tiempo, voy a ir al parque.
4. Si mis amigos __________ (ir) de viaje, sacaban muchas fotos.
5. Si ella me __________ (llamar), yo la invitaría a la fiesta.
6. Si nosotros __________ (querer) ir al teatro, compraríamos los boletos antes.
7. Si tú __________ (levantarse) temprano, desayunarías antes de ir a clase.
8. Si ellos __________ (tener) tiempo, te llamarían.
9. Si yo __________ (ser) astronauta, habría ido a la Luna.
10. Si él __________ (ganar) un millón de dólares, habría comprado una casa en la playa.
11. Si ustedes me __________ (decir) la verdad, no habríamos tenido este problema.
12. Si ellos __________ (trabajar) más, habrían tenido más éxito.

# Práctica

**1** **Emparejar** Empareja frases de la columna A con las de la columna B para crear oraciones lógicas.

| A | B |
|---|---|
| 1. Si aquí hubiera terremotos, ____ | a. se lo muestro al director. |
| 2. Si me informo bien, ____ | b. habrían muerto muchos más. |
| 3. Si me das el informe, ____ | c. muchos van a pasar hambre. |
| 4. Si la guerra hubiera continuado, ____ | d. podré explicar el desempleo. |
| 5. Si la huelga dura más de un mes, ____ | e. no permitiríamos edificios altos. |

**AYUDA**

Remember these forms of **haber**:
**(si) hubiera** *(if) there were*
**habría** *there would be*

**2** **Minidiálogos** Completa los minidiálogos entre Teresa y Anita.

**TERESA** ¿Qué (1)__________ hecho tú si tu papá te (2)__________ regalado un carro?
**ANITA** Me (3)__________ muerto de la felicidad.

**ANITA** Si (4)__________ a Paraguay, ¿qué vas a hacer?
**TERESA** (5)__________ a visitar a mis parientes.

**TERESA** Si tú y tu familia (6)__________ un millón de dólares, ¿qué comprarían?
**ANITA** Si nosotros tuviéramos un millón de dólares, (7)__________ tres casas nuevas.

**ANITA** Si tú (8)__________ tiempo, ¿irías al cine con más frecuencia?
**TERESA** Sí, yo (9)__________ con más frecuencia si tuviera tiempo.

**NOTA CULTURAL**

**Paraguay** es conocido como "El Corazón de América" porque está en el centro de Suramérica. Sus lugares más visitados son la capital Asunción, que está ubicada a orillas del río Paraguay y la ciudad de Itaguá, en donde se producen muchos textiles.

**3**  **Completar** En parejas, completen las frases de una manera lógica. Luego lean sus oraciones a sus compañeros.

1. Si tuviera un accidente de carro…
2. Me volvería loco/a *(I would go crazy)* si mi familia...
3. Me habría ido al Cuerpo de Paz *(Peace Corps)* si…
4. No volveré a ver las noticias en ese canal si…
5. Habría menos problemas si los medios de comunicación…
6. Si mis padres hubieran insistido en que fuera al ejército…
7. Si me ofrecen un viaje a la Luna…
8. Me habría enojado mucho si…
9. Si hubiera un desastre natural en mi ciudad…
10. Yo habría votado en las elecciones pasadas si…

# Comunicación

**4**

**Situaciones** Trabajen en grupos para contestar las siguientes preguntas. Después deben comunicar sus respuestas a la clase.

1. ¿Qué harías si fueras de vacaciones a Uruguay y al llegar no hubiera habitaciones en ninguno de los hoteles?
2. ¿Qué haces si encuentras dinero en la calle?
3. Imagina que estuviste en Montevideo por tres semanas. ¿Qué habrías hecho si hubieras observado un crimen allí?
4. ¿Qué harías tú si fueras de viaje y las líneas aéreas estuvieran en huelga?
5. ¿Qué haces si estás en la calle y alguien te pide dinero?
6. ¿Qué harías si estuvieras en un país extranjero y un reportero te confundiera *(confused)* con un actor o una actriz de Hollywood?

**NOTA CULTURAL**

En **Uruguay**, se encuentra uno de los destinos más exclusivos de Latinoamérica, Punta del Este. En esta zona del país, hay muchos hoteles elegantes, preciosas playas, islas tranquilas y reservas forestales.

**5**

**Oraciones** En parejas, túrnense para hablar de lo que hacen, harían o habrían hecho en estas circunstancias.

1. Si ves a tu novio/a con otro/a en el cine
2. Si hubieras ganado un viaje a Uruguay
3. Si mañana tuvieras el día libre
4. Si te casaras y tuvieras ocho hijos
5. Si tuvieras que cuidar a tus padres cuando sean mayores
6. Si no tuvieras que preocuparte por el dinero

**6**

**¿Qué pasaría?** En parejas, hagan seis oraciones con **si** basándose en las ilustraciones. Primero, deben buscar la ilustración de la causa y la del efecto correspondientes a cada oración. Su profesor(a) les va a dar a cada uno de ustedes una hoja distinta con la información necesaria para completar la actividad.

*modelo*

**Estudiante 1:** (*causa*) Si el presidente declarara una guerra,
**Estudiante 2:** (*efecto*) los ciudadanos lucharían por la paz.

# Síntesis

**7**

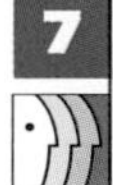

**Entrevista** En grupos, preparen cinco preguntas para hacerle a un(a) candidato/a a la presidencia de los Estados Unidos. Luego, túrnense para hacer el papel de entrevistador(a) y de candidato/a. El/La entrevistador(a) reacciona a cada una de las respuestas del/de la candidato/a.

*modelo*

**Entrevistador(a):** ¿Qué haría usted sobre el sexismo en el ejército?
**Candidato/a:** Pues, dudo que las mujeres puedan pelear en una guerra. Creo que deben hacer trabajos menos peligrosos.
**Entrevistador(a):** ¿Entonces usted no haría nada para eliminar el sexismo en el ejército?
**Candidato/a:** Si yo fuera presidente/a...

# 18.2 Summary of the uses of the subjunctive

**ANTE TODO** Since **Lección 12**, you have been learning about subjunctive verb forms and practicing their uses. The following chart summarizes the subjunctive forms you have studied. The chart on page 555 summarizes the uses of the subjunctive you have seen and contrasts them with uses of the indicative and the infinitive. These charts will help you review and synthesize what you have learned about the subjunctive in this book.

## Summary of subjunctive forms

| –ar verbs | | –er verbs | | –ir verbs | |
|---|---|---|---|---|---|
| PRESENT SUBJUNCTIVE | PAST SUBJUNCTIVE | PRESENT SUBJUNCTIVE | PAST SUBJUNCTIVE | PRESENT SUBJUNCTIVE | PAST SUBJUNCTIVE |
| hable | hablara | beba | bebiera | viva | viviera |
| hables | hablaras | bebas | bebieras | vivas | vivieras |
| hable | hablara | beba | bebiera | viva | viviera |
| hablemos | habláramos | bebamos | bebiéramos | vivamos | viviéramos |
| habléis | hablarais | bebáis | bebierais | viváis | vivierais |
| hablen | hablaran | beban | bebieran | vivan | vivieran |

| –ar verbs | –er verbs | –ir verbs |
|---|---|---|
| PRESENT PERFECT SUBJUNCTIVE | PRESENT PERFECT SUBJUNCTIVE | PRESENT PERFECT SUBJUNCTIVE |
| haya hablado | haya bebido | haya vivido |
| hayas hablado | hayas bebido | hayas vivido |
| haya hablado | haya bebido | haya vivido |
| hayamos hablado | hayamos bebido | hayamos vivido |
| hayáis hablado | hayáis bebido | hayáis vivido |
| hayan hablado | hayan bebido | hayan vivido |
| PAST PERFECT SUBJUNCTIVE | PAST PERFECT SUBJUNCTIVE | PAST PERFECT SUBJUNCTIVE |
| hubiera hablado | hubiera bebido | hubiera vivido |
| hubieras hablado | hubieras bebido | hubieras vivido |
| hubiera hablado | hubiera bebido | hubiera vivido |
| hubiéramos hablado | hubiéramos bebido | hubiéramos vivido |
| hubierais hablado | hubierais bebido | hubierais vivido |
| hubieran hablado | hubieran bebido | hubieran vivido |

**CONSÚLTALO**

To review the subjunctive, refer to these sections:

Present subjunctive, **Estructura 12.3**, pp. 378–380.

Present perfect subjunctive, **Estructura 15.3**, p. 469.

Past subjunctive, **Estructura 16.3**, pp. 496–497.

Past perfect subjunctive, **Estructura 17.3**, p. 527.

**The subjunctive is used...**

| | |
|---|---|
| 1. After verbs and/or expressions of will and influence, when the subject of the subordinate clause is different from the subject of the main clause | Los ciudadanos **desean** que el candidato presidencial los **escuche.** |
| 2. After verbs and/or expressions of emotion, when the subject of the subordinate clause is different from the subject of the main clause | Alejandra **se alegró** mucho de que le **dieran** el trabajo. |
| 3. After verbs and/or expressions of doubt, disbelief, and denial | **Dudo** que **vaya** a tener problemas para encontrar su maleta. |
| 4. After the conjunctions **a menos que, antes (de) que, con tal (de) que, en caso (de) que, para que,** and **sin que** | Cierra las ventanas **antes de que empiece** la tormenta. |
| 5. After **cuando, después (de) que, en cuanto, hasta que,** and **tan pronto como** when they refer to future actions | **Tan pronto como haga** la tarea, podrá salir con sus amigos. |
| 6. To refer to an indefinite or nonexistent antecedent mentioned in the main clause | Busco un empleado que **haya estudiado** computación. |
| 7. After **si** to express something impossible, improbable, or contrary to fact | **Si hubieras escuchado** el noticiero, te habrías informado sobre el terremoto. |

**The indicative is used...**

| | |
|---|---|
| 1. After verbs and/or expressions of certainty and belief | **Es cierto** que Uruguay **tiene** unas playas espectaculares. |
| 2. After the conjunctions **cuando, después (de) que, en cuanto, hasta que,** and **tan pronto como** when they do not refer to future actions | Hay más violencia **cuando hay** desigualdad social. |
| 3. To refer to a definite or specific antecedent mentioned in the main clause | Busco a la señora que me **informó** del crimen que ocurrió ayer. |
| 4. After **si** to express something possible, probable, or not contrary to fact | Pronto habrá más igualdad **si luchamos** contra la discriminación. |

**The infinitive is used...**

| | |
|---|---|
| 1. After expressions of will and influence when there is no change of subject from the main clause to the subordinate clause | Martín **desea ir** a Montevideo este año. |
| 2. After expressions of emotion when there is no change of subject from the main clause to the subordinate clause | **Me alegro de conocer** a tu esposo. |

# Práctica

**1** **Conversación** Completa la conversación con el tiempo verbal adecuado.

**EMA** Busco al reportero que (1)__________ (publicar) el libro sobre la dictadura de Stroessner.

**ROSA** Ah, usted busca a Miguel Pérez. Ha salido.

**EMA** Le había dicho que yo vendría a verlo el martes, pero él me dijo que (2)__________ (venir) hoy.

**ROSA** No creo que a Miguel se le (3)__________ (olvidar) la cita. Si usted le (4)__________ (pedir) una cita, él me lo habría mencionado.

**EMA** Pues no, no pedí cita, pero si él me hubiera dicho que era necesario yo lo (5)__________ (hacer).

**ROSA** Creo que Miguel (6)__________ (ir) a cubrir un incendio hace media hora. No pensaba que nadie (7)__________ (ir) a venir esta tarde. Si quiere, le digo que la (8)__________ (llamar) tan pronto como (9)__________ (llegar). A menos que usted (10)__________ (querer) dejar un recado...
*(Entra Miguel)*

**EMA** ¡Miguel! Amor, si hubieras llegado cinco minutos más tarde, no me (11)__________ (encontrar) aquí.

**MIGUEL** ¡Ema! ¿Qué haces aquí?

**EMA** Me dijiste que viniera hoy para que (12)__________ (poder) pasar más tiempo juntos.

**ROSA** *(En voz baja)* ¿Cómo? ¿Serán novios?

**NOTA CULTURAL**

El general **Alfredo Stroessner** es el dictador que más tiempo ha durado en el poder en un país de Suramérica. Stroessner se hizo presidente de Paraguay en 1954 y en la madrugada del 3 de febrero de 1989 fue derrocado (*overthrown*) en un golpe militar (*coup*). Después de esto, Stroessner se exilió a Brasil.

**2** **Escribir** Escribe uno o dos párrafos sobre tu participación en las próximas elecciones. Usa por lo menos cuatro de las frases que siguen.

- Votaré por... con tal de que...
- Quisiera saber...
- Si gana mi candidato/a...
- Espero que la economía...
- Estoy seguro/a de que...
- A menos que...
- Mis padres siempre me dijeron que...
- Si a la gente realmente le importara la familia...
- No habría escogido a ese/a candidato/a si...
- Si le preocuparan más los impuestos...
- Dudo que el/la otro/a candidato/a...
- En las próximas elecciones espero que...

**3** **Explicar** En parejas, escriban una conversación breve sobre cada tema de la lista. Usen por lo menos un verbo en el subjuntivo y otro en el indicativo o en el infinitivo. Sigan el modelo.

*modelo*

un tornado
**Estudiante 1:** Temo que este año haya tornados por nuestra zona.
**Estudiante 2:** No te preocupes. Creo que este año no va a haber muchos tornados.

| | | | |
|---|---|---|---|
| unas elecciones | una huelga | una inundación | la prensa |
| una guerra | un incendio | la libertad | un terremoto |

**AYUDA**

Some useful expressions:
**Espero que...**
**Ojalá que...**
**Es posible que...**
**Es terrible que...**
**Es importante que...**

# Comunicación

4 **Preguntas** Entrevista a un(a) compañero/a usando las siguientes preguntas.

1. ¿Te irías a vivir a un lugar donde pudiera ocurrir un desastre natural? ¿Por qué?
2. ¿Te gustaría que tu vida fuera como la de tus padres? ¿Por qué? Y tus hijos, ¿preferirías que tuvieran experiencias diferentes a las tuyas? ¿Cuáles?
3. ¿Te parece importante que elijamos a una mujer como presidente? ¿Por qué?
4. Si hubiera una guerra y te llamaran para entrar en el ejército, ¿obedecerías? ¿Lo considerarías tu deber? ¿Qué sentirías? ¿Qué pensarías?
5. Si sólo pudieras recibir noticias de un medio de comunicación, ¿cuál escogerías y por qué? Y si pudieras trabajar en un medio de comunicación, ¿escogerías el mismo?

5 **Consejos** En parejas, lean la guía turística. Luego túrnense para representar los papeles de un(a) cliente/a y de un(a) agente de viajes. El/La agente le da consejos al/a la cliente/a sobre los lugares que debe visitar y el/la cliente/a da su opinión sobre los consejos.

**NOTA CULTURAL**

**Uruguay** tiene uno de los climas más moderados del mundo: la temperatura media es de 22° C (72° F) en el verano y de 13° C (55° F) en el invierno. La mayoría de los días son soleados, llueve moderadamente y nunca nieva.

## ¡Conozca Uruguay!

La **Plaza Independencia** en **Montevideo**, con su **Puerta de la Ciudadela**, forma el límite entre la ciudad antigua y la nueva. Si le interesan las compras, desde este lugar puede comenzar su paseo por la **Avenida 18 de Julio**, la principal arteria comercial de la capital.

No deje de ir a **Punta del Este**. Conocerá uno de los lugares turísticos más fascinantes del mundo. No se pierda las maravillosas playas, el **Museo de Arte Americano** y la **Catedral Maldonado** (1895) con su famoso altar, obra del escultor **Antonio Veiga**.

Sin duda, querrá conocer la famosa ciudad vacacional de **Piriápolis**, con su puerto que atrae barcos cruceros, y disfrutar de sus playas y lindos paseos.

Tampoco se debe perder la **Costa de Oro**, junto al **Río de la Plata**. Para aquellos interesados en la historia, dos lugares favoritos son la conocida iglesia **Nuestra Señora de Lourdes** y el chalet de **Pablo Neruda**.

# Síntesis

6 **Dos artículos** Tu profesor(a) les va a dar a ti y a tu compañero/a dos artículos: uno sobre una huelga de trabajadores, y otro sobre la violencia en las escuelas. Trabajando en parejas, cada uno escoge y lee un artículo. Luego, háganse preguntas sobre los artículos.

# Lectura

## Antes de leer

### Estrategia

**Recognizing chronological order**

Recognizing the chronological order of events in a narrative is key to understanding the cause and effect relationship between them. When you are able to establish the chronological chain of events, you will easily be able to follow the plot. In order to be more aware of the order of events in a narrative, you may find it helpful to prepare a numbered list of the events as you read.

**Examinar el texto**

Lee el texto usando las estrategias de lectura que has aprendido.

- ¿Ves palabras nuevas o cognados? ¿Cuáles son?
- ¿Qué te dice el dibujo sobre el contenido?
- ¿Tienes algún conocimiento previo° sobre don Quijote?
- ¿Cuál es el propósito° del texto?
- ¿De qué trata° la lectura?

**Ordenar**

Lee el texto otra vez para establecer el orden cronológico de los eventos. Luego ordena los siguientes eventos según la historia.

_____ Don Quijote lucha contra los molinos de viento pensando que son gigantes.

_____ Don Quijote y Sancho toman el camino hacia Puerto Lápice.

_____ Don Quijote y Sancho descubren unos molinos de viento en un campo.

_____ El primer molino da un mal golpe a don Quijote, a su lanza y a su caballo.

_____ Don Quijote y Sancho Panza salen de su pueblo en busca de aventuras.

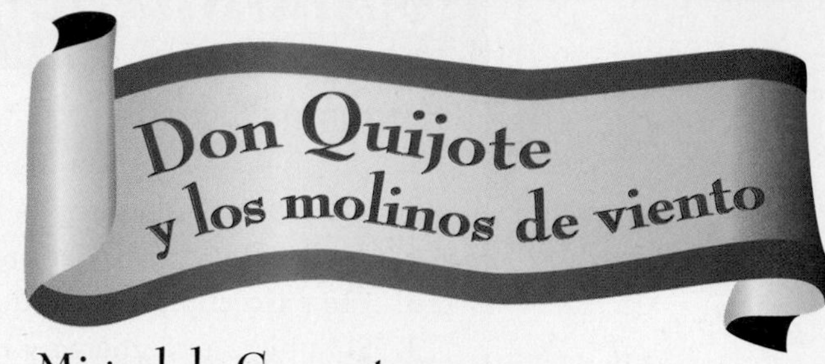


Miguel de Cervantes

**Fragmento adaptado de**
***El ingenioso hidalgo don Quijote de la Mancha***

*Miguel de Cervantes y Saavedra, el escritor más universal de la literatura española, nació en Alcalá de Henares en 1547 y murió en Madrid en 1616, tras° haber vivido una vida llena de momentos difíciles, llegando a estar en la cárcel° más de una vez. Su obra, sin embargo, ha disfrutado a través de los siglos de todo el éxito que se merece. Don Quijote representa no sólo la locura° sino también la búsqueda° del ideal. En esta ocasión presentamos el famoso episodio de los molinos de viento°.*

Entonces descubrieron treinta o cuarenta molinos de viento que había en aquel campo°. Cuando don Quijote los vio, dijo a su escudero°:

—La fortuna va guiando nuestras cosas mejor de lo que deseamos; porque allí, amigo Sancho Panza, se ven treinta, o pocos más, enormes gigantes con los que pienso hacer batalla y quitarles a todos las vidas, y comenzaremos a ser ricos; que ésta es buena guerra, y es gran servicio de Dios quitar tan malos seres° de la tierra.

—¿Qué gigantes?

—Aquellos que ves allí —respondió su amo°— de los brazos largos, que algunos normalmente los tienen de casi dos leguas°.

## Después de leer

**¿Realidad o fantasía?**

Indica si las siguientes afirmaciones sobre la lectura pertenecen a la realidad o la fantasía.

1. Don Quijote desea matar° a los enemigos.
2. Su escudero no ve a ningún ser° sobrenatural.
3. El caballero ataca a unas criaturas cobardes y viles.
4. Don Quijote no ganó la batalla porque los gigantes fueron transformados en molinos de viento.
5. El sabio Frestón transformó los gigantes en molinos de viento.

conocimiento previo *prior knowledge* propósito *purpose*
¿De qué trata...? *What is... about?* matar *to kill* ser *being*

—Mire usted —respondió Sancho— que aquéllos que allí están no son gigantes, sino molinos de viento, y lo que parecen brazos son las aspas°, que movidas por el viento, hacen andar la piedra del molino.

—Bien veo —respondió don Quijote— que no estás acostumbrado a las aventuras: ellos son gigantes; y si tienes miedo, quítate de ahí y reza° mientras yo voy a combatir con ellos en fiera° batalla.

Y diciendo esto, dio de espuelas° a su caballo Rocinante, sin oír las voces que su escudero Sancho le daba, diciéndole que, sin duda alguna, eran molinos de viento, y no gigantes, aquellos que iba a atacar. Pero él iba tan convencido de que eran gigantes, que ni oía las voces de su escudero Sancho, ni se daba cuenta, aunque estaba ya muy cerca, de lo que eran; antes iba diciendo en voz alta:

—No huyáis°, cobardes° y viles criaturas, que sólo os ataca un caballero°.

Se levantó entonces un poco de viento, y las grandes aspas comenzaron a moverse, y cuando don Quijote vio esto, dijo:

—Pues aunque mováis más brazos que los del gigante Briareo, me lo vais a pagar.

Y diciendo esto, y encomendándose de todo corazón° a su señora Dulcinea, pidiéndole que le ayudase en esta difícil situación, bien cubierto de su rodela°, con la lanza en posición de ataque, fue a todo el galope de Rocinante y embistió° el primer molino que estaba delante: y dándole con la lanza en el aspa, el viento la giró con tanta furia, que la rompió en pequeños fragmentos, llevándose con ella al caballo y al caballero, que fue dando vueltas por el campo. Fue rápidamente Sancho Panza a ayudarle, todo lo rápido que podía correr su asno°, y cuando llegó encontró que no se podía mover: tan grande fue el golpe° que se dio con Rocinante.

—¡Por Dios! —dijo Sancho—. ¿No le dije yo que mirase bien lo que hacía, que sólo eran molinos de viento, y la única persona que podía equivocarse era alguien que tuviese otros molinos en la cabeza?

—Calla°, amigo Sancho —respondió don Quijote—, que las cosas de la guerra, más que otras, cambian continuamente; estoy pensando que aquel sabio° Frestón, que me robó el estudio y los libros, ha convertido estos gigantes en molinos por quitarme la gloria de su vencimiento°: tan grande es la enemistad que me tiene; pero al final, sus malas artes no van a poder nada contra la bondad de mi espada°.

—Dios lo haga como pueda —respondió Sancho Panza.

Y ayudándole a levantarse, volvió a subir sobre Rocinante, que medio despaldado estaba°. Y hablando de la pasada aventura, siguieron el camino del Puerto Lápice.

**tras** *after* **cárcel** *jail* **locura** *insanity* **búsqueda** *search* **molinos de viento** *windmills* **campo** *field* **escudero** *squire* **seres** *beings* **amo** *master* **leguas** *leagues (measure of distance)* **aspas** *sails* **reza** *pray* **fiera** *vicious* **dio de espuelas** *he spurred* **No huyáis** *Do not flee* **cobardes** *cowards* **caballero** *knight* **encomendándose de todo corazón** *entrusting himself with all his heart* **rodela** *round shield* **embistió** *charged* **asno** *donkey* **golpe** *knock* **Calla** *Be quiet* **sabio** *magician* **vencimiento** *defeat* **espada** *sword* **que medio despaldado estaba** *whose back was half-broken*

## Personajes

1. En este fragmento, se mencionan los siguientes personajes. ¿Quiénes son?
   - don Quijote
   - Rocinante
   - Dulcinea
   - Sancho Panza
   - los gigantes
   - Frestón
2. ¿Qué puedes deducir de los personajes según la información que se da en este episodio?
3. ¿Quiénes son los personajes principales?
4. ¿Cuáles son las diferencias entre don Quijote y Sancho Panza? ¿Qué tienen en común?

## ¿Un loco o un héroe?

En un párrafo da tu opinión del personaje de don Quijote, basándote en la aventura de los molinos de viento. Ten en cuenta las acciones, los motivos y los sentimientos de don Quijote en su batalla contra los molinos de viento.

## Una entrevista

Trabajen en grupos de tres para preparar una entrevista sobre los acontecimientos de este fragmento de la novela de Cervantes. Un(a) estudiante representará el papel del/de la entrevistador(a) y los otros dos asumirán los papeles de don Quijote y de Sancho Panza, quienes comentarán el episodio desde su punto de vista.

# Escritura

## Estrategia

**Writing strong introductions and conclusions**

Introductions and conclusions serve a similar purpose: both are intended to focus the reader's attention on the topic being covered. The introduction presents a brief preview of the topic. In addition, it informs your reader of the important points that will be covered in the body of your writing. The conclusion reaffirms those points and concisely sums up the information that has been provided. A compelling fact or statistic, a humorous anecdote, or a question directed to the reader are all interesting ways to begin or end your writing.

For example, if you were writing a biographical report on Miguel de Cervantes, you might begin your essay with the fact that his most famous work, *Don Quijote de la Mancha*, is the second most widely published book ever. The rest of your introductory paragraph would outline the areas you would cover in the body of your paper, such as Cervantes' life, his works, and the impact of *Don Quijote* on world literature. In your conclusion, you would sum up the most important information in the report and tie this information together in a way that would make your reader want to learn even more about the topic. You could write, for example: "Cervantes, with his wit and profound understanding of human nature, is without peer in the history of world literature."

**Introducciones y conclusiones**

Trabajen en parejas para escribir una frase de introducción y otra de conclusión sobre los siguientes temas.

1. El episodio de *Don Quijote de la Mancha*
2. La definición de la locura
3. La realidad y la fantasía en la literatura

## Tema

**Escribir una composición**

Si tuvieras la oportunidad, ¿qué harías para mejorar el mundo? Escribe una composición sobre los cambios que harías en el mundo si tuvieras el poder° y los recursos necesarios. Piensa en lo que puedes hacer ahora y en lo que podrás hacer en el futuro. Considera estas preguntas:

- ¿Pondrías fin a todas las guerras? ¿Cómo?
- ¿Protegerías el medio ambiente? ¿Cómo?
- ¿Promoverías° la igualdad y eliminarías el sexismo y el racismo? ¿Cómo?
- ¿Eliminarías la corrupción en la política? ¿Cómo?
- ¿Eliminarías la escasez de viviendas° y el hambre?
- ¿Educarías a los demás sobre el SIDA? ¿Cómo?
- ¿Promoverías el fin de la violencia entre seres humanos?
- ¿Promoverías tu causa en los medios de comunicación? ¿Cómo?
- ¿Te dedicarías a alguna causa específica dentro de tu comunidad? ¿Cuál?
- ¿Te dedicarías a solucionar problemas nacionales o internacionales? ¿Cuáles?

**poder** *power* **Promoverías** *Would you promote* **escasez de vivienda** *homelessness*

# Plan de escritura

**1** **Ideas y organización**

Antes de escribir, organiza de una manera lógica la lista de los cambios que efectuarías° para mejorar el mundo.

**2** **Primer borrador**

Utiliza tus apuntes° de **Ideas y organización** para escribir el primer borrador de tu composición. Empieza y concluye con un hecho° o una pregunta que despierte el interés de tu lector(a). Utiliza el diccionario sólo como último recurso.

**3** **Comentario**

Intercambia tu composición con la de un(a) compañero/a. Lee su borrador y coméntalo, usando estas preguntas como guía:

**a.** ¿Es interesante la introducción? ¿Cómo se puede mejorar?
**b.** ¿Es interesante la conclusión? ¿Cómo se puede mejorar?
**c.** ¿Hay errores gramaticales u ortográficos?
**d.** ¿Está organizado de una manera lógica?

**4** **Redacción**

Revisa el primer borrador según las indicaciones de tu compañero/a. Antes de escribir tu versión final, revisa tu trabajo según la siguiente guía:

**a.** Subraya° los verbos para comprobar° que están en el modo y el tiempo adecuados. ¿Has utilizado el subjuntivo y el condicional correctamente?
**b.** Revisa la concordancia° entre el sujeto y el verbo en cada oración.
**c.** Revisa la concordancia entre los sustantivos y los adjetivos en cada oración.
**d.** Subraya los pronombres para comprobar el uso correcto de cada uno.
**e.** Consulta tus **Anotaciones para mejorar la escritura** para evitar la repetición de errores previos.

**5** **Evaluación y progreso**

En grupos de tres o cuatro estudiantes, intercambien sus composiciones. Cada persona debe leer la composición de un(a) compañero/a y resumirla oralmente en tres o cuatro oraciones. Cuando tu profesor(a) te devuelva° sus comentarios, léelos con cuidado. Repasa tu **Carpeta de trabajos** para poder apreciar tu progreso en la escritura. No te olvides de mirar tus **Anotaciones para mejorar la escritura.** Seguramente te sorprenderás de ver que hoy parece fácil lo que hace unos meses parecía tan difícil.

efectuarías *you would put into effect* apuntes *notes* hecho *fact* Subraya *Underline* comprobar *to confirm* concordancia *agreement* devuelva *returns*

# Escuchar

## Estrategia

**Recognizing genre/**
**Taking notes as you listen**

If you know the genre or type of discourse you are going to encounter, you can use your background knowledge to write down a few notes about what you expect to hear. You can then make additions and changes to your notes as you listen.

To practice these strategies, you will now listen to a short toothpaste commercial. Before listening to the commercial, write down the information you expect it to contain. Then update your notes as you listen.

## Preparación

Basándote en la foto, anticipa lo que vas a escuchar en el siguiente fragmento. Haz una lista y anota los diferentes tipos de información que crees que vas a oír.

## Ahora escucha 

Revisa la lista que hiciste para **Preparación.** Luego escucha el noticiero presentado por Sonia Hernández. Mientras escuchas, apunta los tipos de información que anticipaste y los que no anticipaste.

**Tipos de información que anticipaste**

1. ______________________
2. ______________________
3. ______________________

**Tipos de información que no anticipaste**

1. ______________________
2. ______________________
3. ______________________

## Comprensión

### Preguntas

1. ¿Dónde está Sonia Hernández?
______________________
2. ¿Quién es Jaime Pantufla?
______________________
3. ¿Dónde hubo una tormenta?
______________________
4. ¿Qué tipo de música toca el grupo Maná?
______________________
5. ¿Qué tipo de artista es Ugo Nespolo?
______________________
6. Además de lo que Sonia menciona, ¿de qué piensas que va a hablar en la próxima sección del programa?
______________________

### Ahora ustedes

En parejas, usen la presentación de Sonia Hernández como modelo para escribir un breve noticiero para la ciudad donde viven. Incluyan noticias locales, nacionales e internacionales. Luego compartan el papel de locutor(a) y presenten el noticiero a la clase. Pueden grabar el noticiero si quieren.

recursos

TEXT CD
Lección 18

# Proyecto

## Prepara un reportaje

Imagina que eres un(a) reportero/a que está cubriendo el Cono Sur° para una emisora de radio° y un diario. Te han pedido un reportaje de noticias sobre Paraguay y/o Uruguay.

### 1 Escribe un artículo periodístico

Escribe un artículo sobre las últimas noticias de Uruguay y/o de Paraguay. Usa los **Recursos para la investigación** para informarte de lo que está pasando en esos países. El artículo puede incluir las siguientes cosas:

- Un titular°
- Una descripción del/de los acontecimiento(s), con una explicación de cuándo y dónde tuvieron lugar, quiénes participaron, etc.
- Un pequeño mapa que indique dónde tuvo lugar el acontecimiento
- Fotos de los acontecimientos

### 2 Presenta la información

El locutor de la emisora de radio está enfermo y te toca a ti° presentar el noticiero. Usa el artículo que escribiste para hacer un reportaje radial. Recuerda que el reportaje debe ser más corto que el artículo. Presenta el noticiero a la clase en vivo° o en una grabación°.

34F

**Comienza el Carnaval**

Hoy viernes, comienzan las grandes fiestas del Carnaval en Encarnación, capital del departamento de Itapúa, Paraguay. Esta ciudad es famosa por la música, los desfiles° y las bailarinas de su Carnaval. Es tan popular que vienen a esta celebración muchas personas de otras partes del país y del extranjero. Todos los hoteles y pensiones están llenos en esta época del año.

¡Se prohíbe tirar° agua a los participantes de los desfiles! La policía estará pendiente.

**recursos para la investigación**

| | | | |
|---|---|---|---|
|  | **Internet** Palabras clave: Uruguay, Paraguay, periódico, diario, noticias |  | **Comunidad** Profesores, estudiantes o personas en la comunidad que son de Uruguay o Paraguay |
|  | **Biblioteca** Periódicos, revistas, mapas |  | **Otros recursos** Profesores de la Facultad de Asuntos Internacionales o de Estudios Latinoamericanos; embajadas° o consulados° |

Cono Sur *Southern Cone* emisora de radio *radio station* titular *headline* te toca a ti *it is up to you* en vivo *live* grabación *tape recording* desfiles *parades* tirar *throw* embajadas *embassies* consulados *consulates*

# Paraguay

## El país en cifras

- **Área:** 406.750 km² (157.046 millas²), *el tamaño° de California*
- **Población:** 5.778.000
- **Capital:** Asunción—1.472.000
- **Ciudades principales:** Ciudad del Este—134.000, San Lorenzo—133.000, Lambaré—100.000, Fernando de la Mora—95.000

SOURCE: Population Division, UN Secretariat

- **Moneda:** guaraní
- **Idiomas:** español (oficial), guaraní (oficial)

*Las tribus indígenas que habitaban la zona antes de la llegada de los españoles hablaban guaraní. Ahora el 90 por ciento de los paraguayos habla esta lengua, que se usa con frecuencia en canciones, poemas, periódicos y libros. Varios institutos y asociaciones, como el Teatro Guaraní, se dedican a preservar la cultura y la lengua guaraníes.*

Bandera de Paraguay

### Paraguayos célebres

- **Agustín Barrios,** guitarrista y compositor (1885–1944)
- **Josefina Plá,** escritora y ceramista (1909–1999)
- **Augusto Roa Bastos,** escritor (1917– )
- **Olga Blinder,** pintora (1921– )

BOLIVIA
ESTADOS UNIDOS
OCÉANO PACÍFICO
OCÉANO ATLÁNTICO
AMÉRICA DEL SUR
PARAGUAY
BRASIL
ARGENTINA
Río Verde
Río Negro
Río Paraguay
Concepción
Asunción
Fernando de la Mora
San Lorenzo
Lambaré
Ciudad del Este
Río Iguazú
Río Tebicuary
Cordillera de Caaguazú
Río Paraná

Paraguayo con alfombras típicas del país

Agricultor indio de la tribu maca

Itapúa

**recursos**

| WB | VM | I CD-ROM | vistahigher |
|---|---|---|---|
| pp. 209–210 | pp. 287–288 | Lección 18 | learning.com |

tamaño *size* multara *fined*

## ¡Increíble pero cierto!

¿Te imaginas qué pasaría si el gobierno multara° a los ciudadanos que no van a votar? En Paraguay, es una obligación. Ésta es una ley nacional, que otros países también tienen, para obligar a los ciudadanos a participar en las elecciones. En Paraguay los ciudadanos que no van a votar tienen que pagar una multa al gobierno.

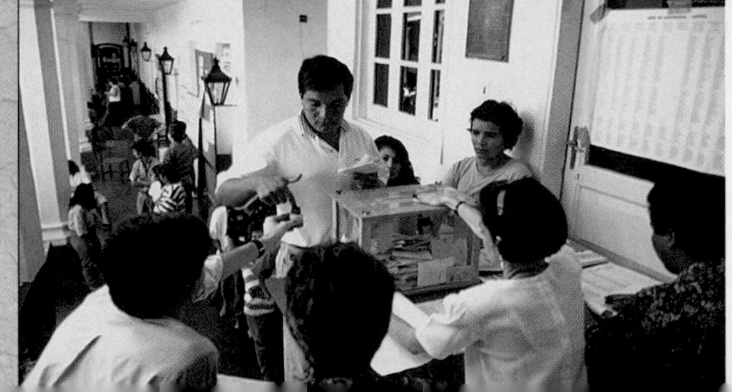

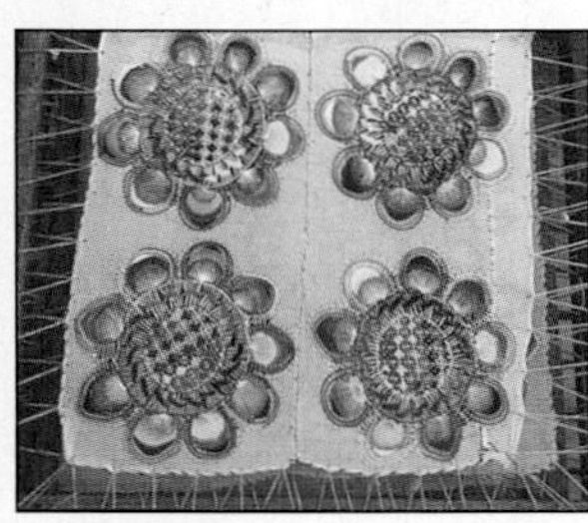

## Artesanía • El ñandutí

El ñandutí es la forma artesanal más conocida de Paraguay. Es un fino encaje° hecho a mano, que generalmente tiene forma circular. En guaraní, su nombre significa telaraña° y se llama así porque imita su trazado°. Estos encajes suelen ser blancos, pero también los hay de colores, y sus diseños pueden tener formas geométricas o florales. Aunque el ñandutí es originario de Itaguá, con el tiempo ha llegado a ser muy conocido en toda Suramérica.

## Ciencias • La represa Itaipú

La represa° Itaipú, la obra hidroeléctrica más ambiciosa hasta nuestros días, se encuentra en la frontera entre Paraguay y Brasil. Su construcción se inició en 1974 y duró once años. Durante los primeros cinco años, se usó suficiente concreto como para construir un edificio de 350 pisos. El proyecto dio trabajo a 100.000 paraguayos. En 1984 se puso en funcionamiento la Central Hidroeléctrica de Itaipú, la mayor del mundo. Gracias a su cercanía a las famosas Cataratas de Iguazú, muchos turistas visitan la Central, atraídos por lo imponente de su construcción.

## Naturaleza • Los ríos Paraguay y Paraná

Los ríos Paraguay y Paraná sirven de frontera natural entre Paraguay y Argentina, y son las principales rutas de transporte dentro de Paraguay. El río Paraná tiene unos 3.200 km navegables, y por esta ruta pasan barcos de más de 5.000 toneladas que pueden ir desde el estuario° del Río de la Plata hasta la ciudad de Asunción. El río Paraguay divide el Gran Chaco, una zona poco poblada, de la meseta° Paraná, donde vive la mayoría de los paraguayos.

**¿Qué aprendiste?** Responde a las preguntas con una frase completa.

1. ¿Quién es Augusto Roa Bastos?
2. ¿Cómo se llama la moneda de Paraguay?
3. ¿Qué es el ñandutí?
4. ¿De dónde es originario el ñandutí?
5. ¿Qué forma imita el ñandutí?
6. En total, ¿cuántos años tomó la construcción de la represa Itaipú?
7. ¿A cuántos paraguayos dio trabajo la construcción de la represa?
8. ¿Qué países separan los ríos Paraguay y Paraná?
9. ¿Qué distancia se puede navegar por el Paraná?

**Conexión Internet** Investiga estos temas en el sitio **www.vistahigherlearning.com**.

1. Busca información sobre Alfredo Stroessner, el ex-presidente de Paraguay. ¿Por qué se le considera un dictador?
2. Busca información sobre la historia de Paraguay. En tu opinión, ¿cuáles fueron los episodios decisivos en su historia?

encaje *lace* telaraña *spiderweb* trazado *outline; design* represa *dam* estuario *estuary* meseta *plateau*

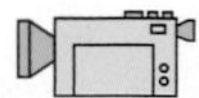



# Uruguay

## El país en cifras

- **Área:** 176.220 km$^2$ (68.039 millas$^2$) *el tamaño° del estado de Washington*
- **Población:** 3.385.000
- **Capital:** Montevideo—1.352.000

*Casi la mitad° de la población de Uruguay vive en Montevideo. Situada en la desembocadura° del famoso Río de la Plata, esta ciudad cosmopolita e intelectual es también un destino popular para las vacaciones, debido a sus numerosas playas de arena° blanca que se extienden hasta la ciudad de Punta del Este.*

- **Ciudades principales:** Salto—77.000, Paysandú—75.000, Las Piedras—61.000, Rivera—55.000

SOURCE: Population Division, UN Secretariat

- **Moneda:** peso uruguayo
- **Idiomas:** español (oficial)

Bandera de Uruguay

### Uruguayos célebres

- **Horacio Quiroga,** escritor (1878–1937)
- **Juana de Ibarbourou,** escritora (1895–1979)
- **Mario Benedetti,** escritor (1920– )
- **Cristina Peri Rossi,** escritora y profesora (1941– )

tamaño *size* mitad *half* desembocadura *mouth* arena *sand* avestruz *ostrich* no voladora *flightless* medir *measure* cotizado *valued*

Gaucho uruguayo

Rivera
BRASIL
Río Arapey
Salto
Cuchilla de Haedo
Río Uruguay
Paysandú
Río Negro
Embalse del Río Negro
Río Negro
Laguna Merín
Cuchilla Grande
Río Yí
Cuchilla Grande Inferior
Colonia
Las Piedras
Río de la Plata
Punta del Este
Montevideo

Entrada a la Ciudad Vieja, Colonia del Sacramento

ESTADOS UNIDOS
OCÉANO PACÍFICO
OCÉANO ATLÁNTICO
AMÉRICA DEL SUR
URUGUAY

**recursos**

| WB pp. 209–210 | VM pp. 289–290 | I CD-ROM Lección 18 | vistahigher learning.com |
|---|---|---|---|

## ¡Increíble pero cierto!

En Uruguay hay muchos animales curiosos, entre ellos el ñandú. De la misma especie del avestruz°, el ñandú es el ave no voladora° más grande del hemisferio occidental. Puede llegar a medir° dos metros. Normalmente, va en grupos de veinte o treinta y vive en el campo. Es muy cotizado° por su carne, sus plumas y sus huevos.

## Costumbres • La carne y el mate

La gran importancia de la producción ganadera° en las economías de Uruguay y Argentina se refleja en sus hábitos culinarios. Para los uruguayos, como para los argentinos, la carne de res es un elemento esencial de la dieta diaria. Algunos platos representativos son el asado°, la parrillada° y el chivito°. El mate, una infusión similar al té, es también muy típico de esta región. Es una bebida de origen indígena que está muy presente en la vida social y familiar de estos países aunque, curiosamente, no se puede consumir en bares o restaurantes.

## Deportes • El fútbol

El fútbol es, sin lugar a dudas, el deporte nacional de Uruguay. La afición a este deporte se inició hace mucho en Uruguay. En 1891, se formó el primer equipo de fútbol uruguayo y, en 1930, el país fue la sede° de la primera copa mundial. A partir de los años treinta se inició el período profesional del fútbol uruguayo. El equipo nacional ha conseguido grandes éxitos a lo largo de los años: dos campeonatos olímpicos en 1923 y 1928, y dos campeonatos mundiales en 1930 y 1950. De hecho, los uruguayos ya están trabajando para que la Copa Mundial de 2030 se celebre en su país.

## Costumbres • El Carnaval

El Carnaval de Montevideo es el más largo del mundo y uno de los mejores de Suramérica. Dura unos cuarenta días y cuenta con la participación de casi todos los habitantes de la ciudad. Durante el Carnaval, los uruguayos disfrutan de desfiles°, bailes y música en las calles de su capital. La celebración más conocida es el *Desfile de las Llamadas*, en el que participan bailarines que desfilan al ritmo del candombe, un colorido baile de tradición africana.

**¿Qué aprendiste?** Responde a las preguntas con una frase completa.

1. ¿Qué tienen en común los uruguayos célebres mencionados en la página 566?
2. ¿Cuál es el elemento esencial de la dieta uruguaya?
3. ¿En qué países es importante la producción ganadera?
4. ¿Qué es el mate?
5. ¿Cuándo se formó el primer equipo uruguayo de fútbol?
6. ¿Cuándo se celebró la primera Copa Mundial de fútbol?
7. ¿Cómo se llama la celebración más conocida del Carnaval de Montevideo?
8. ¿Cuántos días dura el Carnaval de Montevideo?

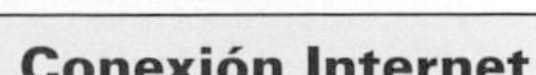

Edificio del Parlamento en Montevideo

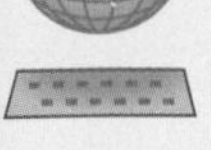

### Conexión Internet

Investiga estos temas en el sitio **www.vistahigherlearning.com.**

1. Uruguay es conocido como un país de muchos escritores. Busca información sobre uno de ellos y escribe una biografía.
2. Investiga cuáles son las comidas y bebidas favoritas de los uruguayos. Descríbelas e indica cuáles te gustaría probar y por qué.

ganadera *cattle (adj.)* asado *barbecue* parrillada *beef platter* chivito *goat* sede *site* desfiles *parades*

## Los medios de comunicación

| | |
|---|---|
| **el acontecimiento** | *event* |
| **las actualidades** | *news; current events* |
| **el artículo** | *article* |
| **el diario** | *newspaper* |
| **el informe** | *report; paper (written work)* |
| **el/la locutor(a)** | *(TV or radio) announcer* |
| **los medios de comunicación** | *media; means of communication* |
| **las noticias** | *news* |
| **el noticiero** | *newscast* |
| **la prensa** | *press* |
| **el reportaje** | *report* |
| **anunciar** | *to announce; to advertise* |
| **comunicarse (con)** | *to communicate (with)* |
| **durar** | *to last* |
| **informar** | *to inform* |
| **ocurrir** | *to occur; to happen* |
| **transmitir, emitir** | *to broadcast* |
| **(inter)nacional** | *(inter)national* |
| **peligroso/a** | *dangerous* |

## Las noticias

| | |
|---|---|
| **el choque** | *collision* |
| **el crimen** | *crime; murder* |
| **el desastre (natural)** | *(natural) disaster* |
| **el desempleo** | *unemployment* |
| **la (des)igualdad** | *(in)equality* |
| **la discriminación** | *discrimination* |
| **el ejército** | *army* |
| **la experiencia** | *experience* |
| **la guerra** | *war* |
| **la huelga** | *strike* |
| **el huracán** | *hurricane* |
| **el incendio** | *fire* |
| **la inundación** | *flood* |
| **la libertad** | *liberty; freedom* |
| **la paz** | *peace* |
| **el racismo** | *racism* |
| **el sexismo** | *sexism* |
| **el SIDA** | *AIDS* |
| **el/la soldado** | *soldier* |
| **el terremoto** | *earthquake* |
| **la tormenta** | *storm* |
| **el tornado** | *tornado* |
| **la violencia** | *violence* |

## La política

| | |
|---|---|
| **el/la candidato/a** | *candidate* |
| **el/la ciudadano/a** | *citizen* |
| **el deber** | *responsibility; obligation* |
| **los derechos** | *rights* |
| **la dictadura** | *dictatorship* |
| **el discurso** | *speech* |
| **las elecciones** | *election* |
| **la encuesta** | *poll; survey* |
| **el impuesto** | *tax* |
| **la política** | *politics* |
| **el/la representante** | *representative* |
| **declarar** | *to declare; to say* |
| **elegir** | *to elect* |
| **luchar (por/contra)** | *to fight; to struggle (for/against)* |
| **obedecer** | *to obey* |
| **votar** | *to vote* |
| **político/a** | *political* |

| | |
|---|---|
| **Expresiones útiles** | *See page 547.* |

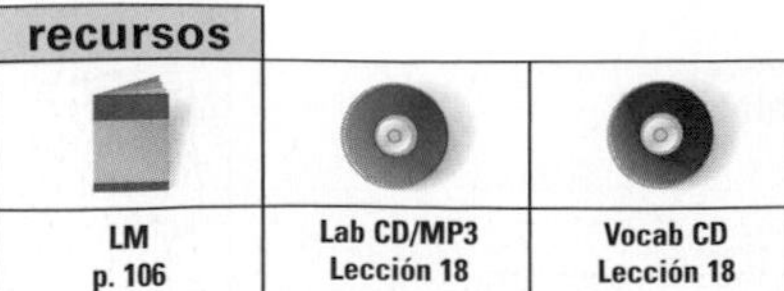

# Spanish Terms for Direction Lines and Classroom Use

Below is a list of useful terms that you might hear your instructor say in class. It also includes Spanish terms that appear in the direction lines of your textbook.

| En las instrucciones | *In direction lines* |
|---|---|
| **Camina/Caminen por la clase.** | *Walk around the classroom.* |
| **Ciertas o falsas** | *True or false* |
| **Cierto o falso** | *True or false* |
| **Circula/Circulen por la clase.** | *Walk around the classroom.* |
| **Completa las oraciones de una manera lógica.** | *Complete the sentences logically.* |
| **Con un(a) compañero/a...** | *With a classmate...* |
| **Contesta las preguntas.** | *Answer the questions.* |
| **Corrige las frases falsas.** | *Correct the false statements.* |
| **Di/ Digan...** | *Say...* |
| **En grupos...** | *In groups...* |
| **En parejas...** | *In pairs...* |
| **Entrevista ...** | *Interview...* |
| **Forma oraciones completas.** | *Create/Make complete sentences.* |
| **Háganse preguntas.** | *Ask each other questions.* |
| **Haz el papel de...** | *Play the role of...* |
| **Haz los cambios necesarios.** | *Make the necessary changes.* |
| **Indica/Indiquen si las oraciones...** | *Indicate if the sentences...* |
| **Lee/Lean en voz alta.** | *Read aloud.* |
| **...que mejor completa...** | *...that best completes...* |
| **Reúnete...** | *Get together...* |
| **Toma nota...** | *Take note...* |
| **Tomen apuntes.** | *Take notes.* |
| **Túrnense...** | *Take turns...* |

| Palabras útiles | *Useful words* |
|---|---|
| **el anuncio** | *advertisement/ad* |
| **los apuntes** | *notes* |
| **el borrador** | *draft* |
| **la concordancia** | *agreement* |
| **el contenido** | *contents* |
| **eficaz** | *efficient* |
| **la encuesta** | *survey* |
| **el equipo** | *team* |
| **el esquema** | *outline* |
| **el folleto** | *brochure* |
| **las frases** | *statements* |
| **la hoja de actividades** | *activity sheet/ handout* |
| **la hoja de papel** | *piece of paper* |
| **la información errónea** | *incorrect information* |
| **el/la lector(a)** | *reader* |
| **la lectura** | *reading* |
| **las oraciones** | *sentences* |
| **la ortografía** | *spelling* |
| **las palabras útiles** | *useful words* |
| **el papel** | *role* |
| **el párrafo** | *paragraph* |
| **el paso** | *step* |
| **la(s) persona(s) descrita(s)** | *the person (people) described* |
| **la pista** | *clue* |
| **por ejemplo** | *for example* |
| **el próposito** | *purpose* |
| **los recursos** | *resources* |
| **el reportaje** | *report* |
| **los resultados** | *results* |
| **según** | *according to* |
| **siguiente** | *following* |
| **la sugerencia** | *suggestion* |
| **el sustantivo** | *noun* |
| **el tema** | *topic* |
| **último** | *last* |
| **el último recurso** | *last resort* |

## Verbos útiles *Useful verbs*

| | |
|---|---|
| **adivinar** | *to guess* |
| **anotar** | *to jot down* |
| **añadir** | *to add* |
| **apoyar** | *to support* |
| **averiguar** | *to find out* |
| **combinar** | *to combine* |
| **compartir** | *to share* |
| **comprobar (o:ue)** | *to check* |
| **corregir (e:i)** | *to correct* |
| **crear** | *to create* |
| **devolver** | *to return* |
| **doblar** | *to fold* |
| **dramatizar** | *to act out* |
| **elegir** | *to choose/select* |
| **emparejar** | *to match* |
| **entrevistar** | *to interview* |
| **escoger** | *to choose* |
| **identificar** | *to identify* |
| **incluir** | *to include* |
| **informar** | *to report* |
| **intentar** | *to try* |
| **intercambiar** | *to exchange* |
| **investigar** | *to research* |
| **marcar** | *to mark* |
| **preguntar** | *to ask* |
| **recordar (o:ue)** | *to remember* |
| **responder** | *to answer* |
| **revisar** | *to revise* |
| **seguir** | *to follow* |
| **seleccionar** | *to select* |
| **subrayar** | *to underline* |
| **traducir** | *to translate* |
| **tratar de** | *to be about* |

## Expresiones útiles *Useful expressions*

| | |
|---|---|
| **Ahora mismo.** | *Right away.* |
| **¿Cómo no?** | *But of course.* |
| **¿Cómo se dice ________ en español?** | *How do you say ________ in Spanish?* |
| **¿Cómo se escribe ________?** | *How do you spell ________?* |
| **¿Comprende(n)?** | *Do you understand?* |
| **Con gusto.** | *With pleasure.* |
| **Con permiso.** | *Excuse me.* |
| **De acuerdo.** | *Okay.* |
| **De nada.** | *You're welcome.* |
| **¿De veras?** | *Really?* |
| **¿En qué página estamos?** | *What page are we on?* |
| **¿En serio?** | *Seriously?* |
| **Enseguida.** | *Right away.* |
| **Más despacio, por favor.** | *Slower, please.* |
| **Muchas gracias.** | *Thanks a lot.* |
| **No entiendo.** | *I don't understand.* |
| **No hay de qué.** | *Don't mention it.* |
| **No importa.** | *No problem./It doesn't matter.* |
| **¡No me digas!** | *You don't say.* |
| **No sé.** | *I don't know.* |
| **¡Ojalá!** | *Hopefully!* |
| **Perdone.** | *Pardon me.* |
| **Por favor.** | *Please.* |
| **Por supuesto.** | *Of course.* |
| **¡Qué bien!** | *Great!* |
| **¡Qué gracioso!** | *How funny!* |
| **¡Qué pena!** | *What a pain!* |
| **¿Qué significa ________?** | *What does ________ mean?* |
| **Repite, por favor.** | *Please repeat.* |
| **Tengo una pregunta.** | *I have a question.* |
| **¿Tiene(n) alguna pregunta?** | *Do you have any questions?* |
| **Vaya(n) a la página dos.** | *Go to page 2.* |

# Glossary of Grammatical Terms

**ADJECTIVE** A word that modifies, or describes, a noun or pronoun.

**muchos** libros *many books*

un hombre **rico** *a* ***rich*** *man*

las mujeres **altas** *the* ***tall*** *women*

**Demonstrative adjective** An adjective that specifies which noun a speaker is referring to.

**esta** fiesta *this party*

**ese** chico *that boy*

**aquellas** flores *those flowers*

**Possessive adjective** An adjective that indicates ownership or possession.

**mi** mejor vestido *my best dress*

Éste es **mi** hermano. *This is* ***my*** *brother*

**Stressed possessive adjective** A possessive adjective that emphasizes the owner or possessor.

Es un libro **mío**.
*It's* ***my book.*** */It's a book* ***of mine.***

Es amiga **tuya**; yo no la conozco.
*She's a friend* ***of yours****; I don't know her.*

**ADVERB** A word that modifies, or describes, a verb, adjective, or other adverb.

Pancho escribe **rápidamente**.
*Pancho writes* ***quickly.***

Este cuadro es **muy** bonito.
*This picture is* ***very*** *pretty.*

**ARTICLE** A word that points out a noun in either a specific or a non-specific way.

**Definite article** An article that points out a noun in a specific way.

**el** libro *the book*

**la** maleta *the suitcase*

**los** diccionarios *the dictionaries*

**las** palabras *the words*

**Indefinite article** An article that points out a noun in a general, non-specific way.

**un** lápiz *a pencil*

**una** computadora *a computer*

**unos** pájaros *some birds*

**unas** escuelas *some schools*

**CLAUSE** A group of words that contains both a conjugated verb and a subject, either expressed or implied.

**Main (or Independent) clause** A clause that can stand alone as a complete sentence.

**Pienso ir a cenar pronto.**
***I plan to go to dinner soon.***

**Subordinate (or Dependent) clause** A clause that does not express a complete thought and therefore cannot stand alone as a sentence.

Trabajo en la cafetería **porque necesito dinero para la escuela.**
*I work in the cafeteria* ***because I need money for school.***

**COMPARATIVE** A construction used with an adjective or adverb to express a comparison between two people, places, or things.

Este programa es **más interesante** que el otro.
*This program is* ***more interesting*** *than the other one.*

Tomás no es **tan alto como** Alberto.
*Tomás is not* ***as tall as*** *Alberto.*

**CONJUGATION** A set of the forms of a verb for a specific tense or mood or the process by which these verb forms are presented.

Preterite conjugation of **cantar:**

| | |
|---|---|
| cant**é** | cant**amos** |
| cant**aste** | cant**asteis** |
| cant**ó** | cant**aron** |

**CONJUNCTION** A word used to connect words, clauses, or phrases.

Susana es de Cuba **y** Pedro es de España.
*Susana is from Cuba* ***and*** *Pedro is from Spain.*

No quiero estudiar **pero** tengo que hacerlo.
*I don't want to study,* ***but*** *I have to.*

**CONTRACTION** The joining of two words into one. The only contractions in Spanish are **al** and **del**.

Mi hermano fue **al** concierto ayer.
*My brother went **to the** concert yesterday.*

Saqué dinero **del** banco.
*I took money **from the** bank.*

**DIRECT OBJECT** A noun or pronoun that directly receives the action of the verb.

| | |
|---|---|
| Tomás lee **el libro.**<br>*Tomás reads **the book.*** | **La** pagó ayer.<br>*She paid **it** yesterday.* |

**GENDER** The grammatical categorizing of certain kinds of words, such as nouns and pronouns, as masculine, feminine, or neuter.

**Masculine**
*articles* **el, un**
*pronouns* **él, lo, mío, éste, ése, aquél**
*adjective* **simpático**

**Feminine**
*articles* **la, una**
*pronouns* **ella, la, mía, ésta, ésa, aquélla**
*adjective* **simpática**

**IMPERSONAL EXPRESSION** A third-person expression with no expressed or specific subject.

| | |
|---|---|
| **Es muy importante.**<br>***It's very important.*** | **Llueve** mucho.<br>***It's raining** hard.* |

Aquí **se habla** español.
*Spanish **is spoken** here.*

**INDIRECT OBJECT** A noun or pronoun that receives the action of the verb indirectly; the object, often a living being, to or for whom an action is performed.

Eduardo **le** dio un libro **a Linda.**
*Eduardo gave a book **to Linda.***

La profesora **me** dio una C en el examen.
*The professor gave **me** a C on the test.*

**INFINITIVE** The basic form of a verb. Infinitives in Spanish end in **-ar**, **-er**, or **-ir**.

| | | |
|---|---|---|
| **hablar**<br>*to speak* | **correr**<br>*to run* | **abrir**<br>*to open* |

**INTERROGATIVE** An adjective or pronoun used to ask a question.

| | |
|---|---|
| ¿**Quién** habla?<br>***Who** is speaking?* | ¿**Cuántos** compraste?<br>***How many** did you buy?* |

¿**Qué** piensas hacer hoy?
***What** do you plan to do today?*

**INVERSION** Changing the word order of a sentence, often to form a question.

*Statement:* Elena pagó la cuenta del restaurante.

*Inversion:* ¿Pagó Elena la cuenta del restaurante?

**MOOD** A grammatical distinction of verbs that indicates whether the verb is intended to make a statement or command or to express a doubt, emotion, or condition contrary to fact.

**Imperative mood** Verb forms used to make commands.

| | |
|---|---|
| **Di** la verdad.<br>***Tell** the truth.* | **Caminen** ustedes conmigo.<br>***Walk** with me.* |

¡**Comamos** ahora!
***Let's eat** now!*

**Indicative mood** Verb forms used to state facts, actions, and states considered to be real.

Sé que **tienes** el dinero.
***I know** that **you have** the money.*

**Subjunctive mood** Verb forms used principally in subordinate (dependent) clauses to express wishes, desires, emotions, doubts, and certain conditions, such as contrary-to-fact situations.

Prefieren que **hables** en español.
*They prefer that **you speak** in Spanish.*

Dudo que Luis **tenga** el dinero necesario.
*I doubt that Luis **has** the necessary money.*

**NOUN** A word that identifies people, animals, places, things, and ideas.

| | |
|---|---|
| **hombre**<br>*man* | **gato**<br>*cat* |
| **México**<br>*Mexico* | **casa**<br>*house* |
| **libertad**<br>*freedom* | **libro**<br>*book* |

**NUMBER** A grammatical term that refers to singular or plural. Nouns in Spanish and English have number. Other parts of a sentence, such as adjectives, articles, and verbs, can also have number.

| Singular | Plural |
|---|---|
| **una** cosa<br>*a thing* | **unas** cosas<br>***some** things* |
| **el** profesor<br>***the** professor* | **los** profesores<br>***the** professors* |

**NUMBERS** Words that represent amounts.

**Cardinal numbers** Words that show specific amounts.

**cinco** minutos
***five** minutes*

el año **dos mil cuatro**
*the year **2004***

**Ordinal numbers** Words that indicate the order of a noun in a series.

| | |
|---|---|
| el **cuarto** jugador<br>*the **fourth** player* | la **décima** hora<br>*the **tenth** hour* |

**PAST PARTICIPLE** A past form of the verb used in compound tenses. The past participle may also be used as an adjective, but it must then agree in number and gender with the word it modifies.

Han **buscado** por todas partes.
*They have **searched** everywhere.*

Yo no había **estudiado** para el examen.
*I hadn't **studied** for the exam.*

Hay una **ventana abierta** en la sala.
*There is an **open window** in the living room.*

**PERSON** The form of the verb or pronoun that indicates the speaker, the one spoken to, or the one spoken about. In Spanish, as in English, there are three persons: first, second, and third.

| Person | Singular | Plural |
|---|---|---|
| 1st | **yo** *I* | **nosotros/as** *we* |
| 2nd | **tú, Ud.** *you* | **vosotros/as, Uds.** *you* |
| 3rd | **él, ella** *he/she* | **ellos, ellas** *they* |

**PREPOSITION** A word or words that describe(s) the relationship, most often in time or space, between two other words.

Anita es **de** California.
*Anita is **from** California.*

La chaqueta está **en** el carro.
*The jacket is **in** the car.*

Marta se peinó **antes de** salir.
*Marta combed her hair **before** going out.*

**PRESENT PARTICIPLE** In English, a verb form that ends in *-ing*. In Spanish, the present participle ends in **-ndo**, and is often used with **estar** to form a progressive tense.

Mi hermana está **hablando** por teléfono ahora mismo.
*My sister is **talking** on the phone right now.*

**PRONOUN** A word that takes the place of a noun or nouns.

**Demonstrative pronoun** A pronoun that takes the place of a specific noun.

Quiero **ésta**.
*I want **this one**.*

¿Vas a comprar **ése**?
*Are you going to buy **that one**?*

Juan prefirió **aquéllos**.
*Juan preferred **those** (over there).*

**Object pronoun** A pronoun that functions as a direct or indirect object of the verb.

**Te** digo la verdad.
*I'm telling **you** the truth.*

**Me lo** trajo Juan.
*Juan brought **it** to **me**.*

**Reflexive pronoun** A pronoun that indicates that the action of a verb is performed by the subject on itself. These pronouns are often expressed in English with *-self: myself, yourself*, etc.

Yo **me bañé** antes de salir.
***I bathed (myself)** before going out.*

Elena **se acostó** a las once y media.
*Elena **went to bed** at eleven-thirty.*

**Relative pronoun** A pronoun that connects a subordinate clause to a main clause.

El chico **que** nos escribió viene a visitar mañana.
*The boy **who** wrote us is coming to visit tomorrow.*

Ya sé **lo que** tenemos que hacer.
*I already know **what** we have to do.*

**Subject pronoun** A pronoun that replaces the name or title of a person or thing, and acts as the subject of a verb.

**Tú** debes estudiar más.
***You** should study more.*

**Él** llegó primero.
***He** arrived first.*

**SUBJECT** A noun or pronoun that performs the action of a verb and is often implied by the verb.

**María** va al supermercado.
***María** goes to the supermarket.*

(**Ellos**) Trabajan mucho.
***They** work hard.*

Esos **libros** son muy caros.
*Those **books** are very expensive.*

**SUPERLATIVE** A word or construction used with an adjective or adverb to express the highest or lowest degree of a specific quality among three or more people, places, or things.

De todas mis clases, ésta es la **más interesante**.
*Of all my classes, this is the **most interesting**.*

Raúl es el **menos simpático** de los chicos.
*Raúl is the **least pleasant** of the boys.*

**TENSE** A set of verb forms that indicates the time of an action or state: past, present, or future.

**Compound tense** A two-word tense made up of an auxiliary verb and a present or past participle. In Spanish, there are two auxiliary verbs: **estar** and **haber**.

En este momento, **estoy estudiando**.
*At this time, **I am studying**.*

El paquete no **ha llegado** todavía.
*The package **has** not **arrived** yet.*

**Simple tense** A tense expressed by a single verb form.

María **estaba** mal anoche.
*María **was** ill last night.*

Juana **hablará** con su mamá mañana.
*Juana **will** speak with her mom tomorrow.*

**VERB** A word that expresses actions or states-of-being.

**Auxiliary verb** A verb used with a present or past participle to form a compound tense. **Haber** is the most commonly used auxiliary verb in Spanish.

Los chicos **han** visto los elefantes.
*The children **have** seen the elephants.*

Espero que **hayas** comido.
*I hope you **have** eaten.*

**Reflexive verb** A verb that describes an action performed by the subject on itself and is always used with a reflexive pronoun.

**Me compré** un carro nuevo.
*I **bought myself** a new car.*

Pedro y Adela **se levantan** muy temprano.
*Pedro and Adela **get (themselves) up** very early.*

**Spelling change verb** A verb that undergoes a predictable change in spelling, in order to reflect its actual pronunciation in the various conjugations.

| | | | |
|---|---|---|---|
| **practicar** | c→qu | practico | practi**qu**é |
| **dirigir** | g→j | dirigí | diri**j**o |
| **almorzar** | z→c | almorzó | almor**c**é |

**Stem-changing verb** A verb whose stem vowel undergoes one or more predictable changes in the various conjugations.

| | |
|---|---|
| entender (i:ie) | ent**ie**ndo |
| pedir (e:i) | p**i**den |
| dormir (o:ue, u) | d**ue**rmo, d**u**rmieron |

# Verb Conjugation Tables

### The verb lists

The list of verbs below, and the model-verb tables that start on page 578 show you how to conjugate every verb taught in **VISTAS**. Each verb in the list is followed by a model verb conjugated according to the same pattern. The number in parentheses indicates where in the verb tables you can find the conjugated forms of the model verb. If you want to find out how to conjugate **divertirse**, for example, look up number 33, **sentir**, the model for verbs that follow the **e:ie** stem-change pattern.

### How to use the verb tables

In the tables you will find the infinitive, present and past participles, and all the simple forms of each model verb. The formation of the compound tenses of any verb can be inferred from the table of compound tenses, pages 578–585, either by combining the past participle of the verb with a conjugated form of **haber** or by combining the present participle with a conjugated form of **estar**.

**abrazar** (z:c) like cruzar (37)
**abrir** like vivir (3) *except* past participle is abierto
**aburrir(se)** like vivir (3)
**acabar de** like hablar (1)
**acampar** like hablar (1)
**acompañar** like hablar (1)
**aconsejar** like hablar (1)
**acordarse** (o:ue) like contar (24)
**acostarse** (o:ue) like contar (24)
**adelgazar** (z:c) like cruzar (37)
**afeitarse** like hablar (1)
**ahorrar** like hablar (1)
**alegrarse** like hablar (1)
**aliviar** like hablar (1)
**almorzar** (o:ue) like contar (24) *except* (z:c)
**alquilar** like hablar (1)
**andar** like hablar (1) *except* preterite stem is anduv–
**anunciar** like hablar (1)
**apagar** (g:gu) like llegar (41)
**aplaudir** like vivir (3)
**apreciar** like hablar (1)
**aprender** like comer (2)
**apurarse** like hablar (1)
**arrancar** (c:qu) like tocar (43)
**arreglar** like hablar (1)
**asistir** like vivir (3)
**aumentar** like hablar (1)
**ayudar(se)** like hablar (1)
**bailar** like hablar (1)
**bajar(se)** like hablar (1)
**bañarse** like hablar (1)
**barrer** like comer (2)
**beber** like comer (2)
**besar(se)** like hablar (1)
**borrar** like hablar (1)
**brindar** like hablar (1)
**bucear** like hablar (1)
**buscar** (c:qu) like tocar (43)
**caber** (4)
**caer(se)** (5)
**calentarse** (e:ie) like pensar (30)
**calzar** (z:c) like cruzar (37)
**cambiar** like hablar (1)
**caminar** like hablar (1)
**cantar** like hablar (1)
**casarse** like hablar (1)
**cazar** (z:c) like cruzar(37)
**celebrar** like hablar (1)
**cenar** like hablar (1)
**cepillarse** like hablar (1)
**cerrar** (e:ie) like pensar (30)
**cobrar** like hablar (1)
**cocinar** like hablar (1)
**comenzar** (e:ie) (z:c) like empezar (26)
**comer** (2)
**compartir** like vivir (3)
**comprar** like hablar (1)
**comprender** like comer (2)
**comprometerse** like comer (2)
**comunicarse** (c:qu) like tocar (43)
**conducir** (c:zc) (6)
**confirmar** like hablar (1)
**conocer** (c:zc) (35)
**conseguir** (e:i) like seguir (32)
**conservar** like hablar (1)
**consumir** like vivir (3)
**contaminar** like hablar (1)
**contar** (o:ue) (24)
**controlar** like hablar (1)
**correr** like comer (2)
**costar** (o:ue) like contar (24)
**creer** (y) (36)
**cruzar** (z:c) (37)
**cubrir** like vivir (3) *except* past participle is cubierto
**cuidar** like hablar (1)
**cumplir** like vivir (3)
**dañar** like hablar (1)
**dar** (7)
**deber** like comer (2)
**decidir** like vivir (3)
**decir** (e:i) (8)
**declarar** like hablar (1)
**dejar** like hablar (1)
**depositar** like hablar (1)
**desarrollar** like hablar (1)
**desayunar** like hablar (1)
**descansar** like hablar (1)
**descargar** like hablar (1)
**describir** like vivir (3) *except* past participle is descrito
**descubrir** like vivir (3) *except* past participle is descubierto
**desear** like hablar (1)
**despedirse** (e:i) like pedir (29)
**despertarse** (e:ie) like pensar (30)
**destruir** (y) (38)
**dibujar** like hablar (1)
**dirigir** (g:j) like vivir (3) *except* (g:j)
**disfrutar** like hablar (1)
**divertirse** (e:ie) like sentir (33)
**divorciarse** like hablar (1)
**doblar** like hablar (1)
**doler** (o:ue) like volver (34) *except* past participle is regular
**dormir(se)** (o:ue) (25)
**ducharse** like hablar (1)
**dudar** like hablar (1)
**durar** like hablar (1)
**echar** like hablar (1)
**elegir** (e:i) like pedir (29) *except* (g:j)

**emitir** like vivir (3)
**empezar** (e:ie) (z:c) (26)
**enamorarse** like hablar (1)
**encantar** like hablar (1)
**encontrar(se)** (o:ue) like contar (24)
**enfermarse** like hablar (1)
**engordar** like hablar (1)
**enojarse** like hablar (1)
**enseñar** like hablar (1)
**ensuciar** like hablar (1)
**entender** (e:ie) (27)
**entrenarse** like hablar (1)
**entrevistar** like hablar (1)
**enviar** (envío) (39)
**escalar** like hablar (1)
**escoger** (g:j) like proteger (42)
**escribir** like vivir (3) *except* past participle is escrito
**escuchar** like hablar (1)
**esculpir** like vivir (3)
**esperar** like hablar (1)
**esquiar** (esquío) like enviar (39)
**establecer** (c:zc) like conocer (35)
**estacionar** like hablar (1)
**estar** (9)
**estornudar** like hablar (1)
**estudiar** like hablar (1)
**evitar** like hablar (1)
**explicar** (c:qu) like tocar (43)
**explorar** like hablar (1)
**faltar** like hablar (1)
**fascinar** like hablar (1)
**firmar** like hablar (1)
**fumar** like hablar (1)
**funcionar** like hablar (1)
**ganar** like hablar (1)
**gastar** like hablar (1)
**grabar** like hablar (1)
**graduarse** (gradúo) (40)
**guardar** like hablar (1)
**gustar** like hablar (1)
**haber** (hay) (10)
**hablar** (1)
**hacer** (11)
**importar** like hablar (1)
**imprimir** like vivir (3)
**informar** like hablar (1)
**insistir** like vivir (3)
**interesar** like hablar (1)
**invertir** (e:ie) like sentir (33)
**invitar** like hablar (1)
**ir(se)** (12)
**jubilarse** like hablar (1)
**jugar** (u:ue) (g:gu) (28)
**lastimarse** like hablar (1)
**lavar(se)** like hablar (1)
**leer** (y) like creer (36)
**levantar(se)** like hablar (1)
**limpiar** like hablar (1)
**llamar(se)** like hablar (1)
**llegar** (g:gu) (41)
**llenar** like hablar (1)
**llevar(se)** like hablar (1)
**llover** (o:ue) like volver (34) *except* past participle is regular
**luchar** like hablar (1)
**mandar** like hablar (1)
**manejar** like hablar (1)
**mantener(se)** (e:ie) like **tener** (20)
**maquillarse** like hablar (1)
**mejorar** like hablar (1)
**merendar** (e:ie) like pensar (30)
**mirar** like hablar (1)
**molestar** like hablar (1)
**montar** like hablar (1)
**morir** (o:ue) like dormir (25) *except* past participle is muerto
**mostrar** (o:ue) like contar (24)
**mudarse** like hablar (1)
**nacer** (c:zc) like conocer (35)
**nadar** like hablar (1)
**navegar** (g:gu) like llegar (41)
**necesitar** like hablar (1)
**negar** (e:ie) like pensar (30) *except* (g:gu)
**nevar** (e:ie) like pensar (30)
**obedecer** (c:zc) like conocer (35)
**obtener** (e:ie) like tener (20)
**ocurrir** like vivir (3)
**odiar** like hablar (1)
**ofrecer** (c:zc) like conocer (35)
**oír** (13)
**olvidar** like hablar (1)
**pagar** (g:gu) like llegar (41)
**parar** like hablar (1)
**parecer** (c:zc) like conocer (35)
**pasar** like hablar (1)
**pasear** like hablar (1)
**patinar** like hablar (1)
**pedir** (e:i) (29)
**peinarse** like hablar (1)
**pensar** (e:ie) (30)
**perder** (e:ie) like entender (27)
**pescar** (c:qu) like tocar (43)
**pintar** like hablar (1)
**planchar** like hablar (1)
**poder** (o:ue) (14)
**poner(se)** (15)
**practicar** (c:qu) like tocar (43)
**preferir** (e:ie) like sentir (33)
**preguntar** like hablar (1)
**preocuparse** like hablar (1)
**preparar** like hablar (1)
**presentar** like hablar (1)
**prestar** like hablar (1)
**probar(se)** (o:ue) like contar (24)
**prohibir** like vivir (3)
**proteger** (g:j) (42)
**publicar** (c:qu) like tocar (43)
**quedar(se)** like hablar (1)
**quemar** like hablar (1)
**querer** (e:ie) (16)
**quitar(se)** like hablar (1)
**recetar** like hablar (1)
**recibir** like vivir (3)
**reciclar** like hablar (1)
**recoger** (g:j) like proteger (42)
**recomendar** (e:ie) like pensar (30)
**recordar** (o:ue) like contar (24)
**reducir** (c:zc) like conducir (6)
**regalar** like hablar (1)
**regatear** like hablar (1)
**regresar** like hablar (1)
**reír(se)** (e:i) (31)
**relajarse** like hablar (1)
**renunciar** like hablar (1)
**repetir** (e:i) like pedir (29)
**resolver** (o:ue) like volver (34)
**respirar** like hablar (1)
**revisar** like hablar (1)
**rogar** (o:ue) like contar (24) *except* (g:gu)
**romper(se)** like comer (2) *except* past participle is roto
**saber** (17)
**sacar** (c:qu) like tocar (43)
**sacudir** like vivir (3)
**salir** (18)
**saludar(se)** like hablar (1)
**secar(se)** (c:q) like tocar (43)
**seguir** (e:i) (32)
**sentarse** (e:ie) like pensar (30)
**sentir(se)** (e:ie) (33)
**separarse** like hablar (1)
**ser** (19)
**servir** (e:i) like pedir (29)
**solicitar** like hablar (1)
**sonar** (o:ue) like contar (24)
**sonreír** (e:i) like reír(se) (31)
**sorprender** like comer (2)
**subir** like vivir (3)
**sudar** like hablar (1)
**sufrir** like vivir (3)
**sugerir** (e:ie) like sentir (33)
**suponer** like poner (15)
**temer** like comer (2)
**tener** (e:ie) (20)
**terminar** like hablar (1)
**tocar** (c:qu) (43)
**tomar** like hablar (1)
**torcerse** (o:ue) like volver (34) *except* (c:z) and past participle is regular; e.g. yo tuerzo
**toser** like comer (2)
**trabajar** like hablar (1)
**traducir** (c:zc) like conducir (6)
**traer** (21)
**transmitir** like vivir (3)
**tratar** like hablar (1)
**usar** like hablar (1)
**vender** like comer (2)
**venir** (e:ie) (22)
**ver** (23)
**vestirse** (e:i) like pedir (29)
**viajar** like hablar (1)
**visitar** like hablar (1)
**vivir** (3)
**volver** (o:ue) (34)
**votar** like hablar (1)

## Regular verbs: simple tenses

| | Infinitive | INDICATIVE | | | | | SUBJUNCTIVE | | IMPERATIVE |
|---|---|---|---|---|---|---|---|---|---|
| | | Present | Imperfect | Preterite | Future | Conditional | Present | Past | |
| 1 | hablar | hablo | hablaba | hablé | hablaré | hablaría | hable | hablara | |
| | | hablas | hablabas | hablaste | hablarás | hablarías | hables | hablaras | habla tú (no hables) |
| | **Participles:** | habla | hablaba | habló | hablará | hablaría | hable | hablara | hable Ud. |
| | hablando | hablamos | hablábamos | hablamos | hablaremos | hablaríamos | hablemos | habláramos | hablemos |
| | hablado | habláis | hablabais | hablasteis | hablaréis | hablaríais | habléis | hablarais | hablad (no habléis) |
| | | hablan | hablaban | hablaron | hablarán | hablarían | hablen | hablaran | hablen Uds. |
| 2 | comer | como | comía | comí | comeré | comería | coma | comiera | |
| | | comes | comías | comiste | comerás | comerías | comas | comieras | come tú (no comas) |
| | **Participles:** | come | comía | comió | comerá | comería | coma | comiera | coma Ud. |
| | comiendo | comemos | comíamos | comimos | comeremos | comeríamos | comamos | comiéramos | comamos |
| | comido | coméis | comíais | comisteis | comeréis | comeríais | comáis | comierais | comed (no comáis) |
| | | comen | comían | comieron | comerán | comerían | coman | comieran | coman Uds. |
| 3 | vivir | vivo | vivía | viví | viviré | viviría | viva | viviera | |
| | | vives | vivías | viviste | vivirás | vivirías | vivas | vivieras | vive tú (no vivas) |
| | **Participles:** | vive | vivía | vivió | vivirá | viviría | viva | viviera | viva Ud. |
| | viviendo | vivimos | vivíamos | vivimos | viviremos | viviríamos | vivamos | viviéramos | vivamos |
| | vivido | vivís | vivíais | vivisteis | viviréis | viviríais | viváis | vivierais | vivid (no viváis) |
| | | viven | vivían | vivieron | vivirán | vivirían | vivan | vivieran | vivan Uds. |

## All verbs: compound tenses

| PERFECT TENSES | | | | | | | | | | | |
|---|---|---|---|---|---|---|---|---|---|---|---|
| INDICATIVE | | | | | | | | SUBJUNCTIVE | | | |
| Present Perfect | | Past Perfect | | Future Perfect | | Conditional Perfect | | Present Perfect | | Past Perfect | |
| he | | había | | habré | | habría | | haya | | hubiera | |
| has | hablado | habías | hablado | habrás | hablado | habrías | hablado | hayas | hablado | hubieras | hablado |
| ha | comido | había | comido | habrá | comido | habría | comido | haya | comido | hubiera | comido |
| hemos | vivido | habíamos | vivido | habremos | vivido | habríamos | vivido | hayamos | vivido | hubiéramos | vivido |
| habéis | | habíais | | habréis | | habríais | | hayáis | | hubierais | |
| han | | habían | | habrán | | habrían | | hayan | | hubieran | |

| PROGRESSIVE TENSES | | | | | | | | | | | |
|---|---|---|---|---|---|---|---|---|---|---|---|
| INDICATIVE | | | | | | | | SUBJUNCTIVE | | | |
| Present Progressive | | Past Progressive | | Future Progressive | | Conditional Progressive | | Present Progressive | | Past Progressive | |
| estoy<br>estás<br>está<br>estamos<br>estáis<br>estan | hablando<br>comiendo<br>viviendo | estaba<br>estabas<br>estaba<br>estábamos<br>estabais<br>estaban | hablando<br>comiendo<br>viviendo | estaré<br>estarás<br>estará<br>estaremos<br>estaréis<br>estarán | hablando<br>comiendo<br>viviendo | estaría<br>estarías<br>estaría<br>estaríamos<br>estaríais<br>estarían | hablando<br>comiendo<br>viviendo | esté<br>estés<br>esté<br>estemos<br>estéis<br>estén | hablando<br>comiendo<br>viviendo | estuviera<br>estuvieras<br>estuviera<br>estuviéramos<br>estuvierais<br>estuvieran | hablando<br>comiendo<br>viviendo |

## Irregular verbs

| | | INDICATIVE | | | | | SUBJUNCTIVE | | IMPERATIVE |
|---|---|---|---|---|---|---|---|---|---|
| | Infinitive | Present | Imperfect | Preterite | Future | Conditional | Present | Past | |
| 4 | caber | **quepo** | cabía | **cupe** | **cabré** | **cabría** | **quepa** | **cupiera** | |
| | | cabes | cabías | **cupiste** | **cabrás** | **cabrías** | **quepas** | **cupieras** | cabe tú (no **quepas**) |
| | **Participles:** | cabe | cabía | **cupo** | **cabrá** | **cabría** | **quepa** | **cupiera** | **quepa** Ud. |
| | cabiendo | cabemos | cabíamos | **cupimos** | **cabremos** | **cabríamos** | **quepamos** | **cupiéramos** | **quepamos** |
| | cabido | cabéis | cabíais | **cupisteis** | **cabréis** | **cabríais** | **quepáis** | **cupierais** | cabed (no **quepáis**) |
| | | caben | cabían | **cupieron** | **cabrán** | **cabrían** | **quepan** | **cupieran** | **quepan** Uds. |
| 5 | caer(se) | **caigo** | caía | **caí** | caeré | caería | **caiga** | **cayera** | |
| | | caes | caías | **caíste** | caerás | caerías | **caigas** | **cayeras** | cae tú (no **caigas**) |
| | **Participles:** | cae | caía | **cayó** | caerá | caería | **caiga** | **cayera** | **caiga** Ud. |
| | **cayendo** | caemos | caíamos | **caímos** | caeremos | caeríamos | **caigamos** | **cayéramos** | **caigamos** |
| | **caído** | caéis | caíais | **caísteis** | caeréis | caeríais | **caigáis** | **cayerais** | caed (no **caigáis**) |
| | | caen | caían | **cayeron** | caerán | caerían | **caigan** | **cayeran** | **caigan** Uds. |
| 6 | conducir | **conduzco** | conducía | **conduje** | conduciré | conduciría | **conduzca** | **condujera** | |
| | (c:zc) | conduces | conducías | **condujiste** | conducirás | conducirías | **conduzcas** | **condujeras** | conduce tú (no **conduzcas**) |
| | **Participles:** | conduce | conducía | **condujo** | conducirá | conduciría | **conduzca** | **condujera** | **conduzca** Ud. |
| | conduciendo | conducimos | conducíamos | **condujimos** | conduciremos | conduciríamos | **conduzcamos** | **condujéramos** | **conduzcamos** |
| | conducido | conducís | conducíais | **condujisteis** | conduciréis | conduciríais | **conduzcáis** | **condujerais** | conducid (no **conduzcáis**) |
| | | conducen | conducían | **condujeron** | conducirán | conducirían | **conduzcan** | **condujeran** | **conduzcan** Uds. |

| | Infinitive | INDICATIVE Present | Imperfect | Preterite | Future | Conditional | SUBJUNCTIVE Present | Past | IMPERATIVE |
|---|---|---|---|---|---|---|---|---|---|
| 7 | dar<br><br>**Participles:**<br>dando<br>dado | **doy**<br>das<br>da<br>damos<br>dais<br>dan | daba<br>dabas<br>daba<br>dábamos<br>dabais<br>daban | **di**<br>**diste**<br>**dio**<br>**dimos**<br>**disteis**<br>**dieron** | daré<br>darás<br>dará<br>daremos<br>daréis<br>darán | daría<br>darías<br>daría<br>daríamos<br>daríais<br>darían | **dé**<br>**des**<br>**dé**<br>**demos**<br>**deis**<br>**den** | **diera**<br>**dieras**<br>**diera**<br>**diéramos**<br>**dierais**<br>**dieran** | <br>da tú (no des)<br>**dé** Ud.<br>**demos**<br>dad (no **deis**)<br>**den** Uds. |
| 8 | decir (e:i)<br><br>**Participles:**<br>**diciendo**<br>**dicho** | **digo**<br>**dices**<br>**dice**<br>decimos<br>decís<br>**dicen** | decía<br>decías<br>decía<br>decíamos<br>decíais<br>decían | **dije**<br>**dijiste**<br>**dijo**<br>**dijimos**<br>**dijisteis**<br>**dijeron** | **diré**<br>**dirás**<br>**dirá**<br>**diremos**<br>**diréis**<br>**dirán** | **diría**<br>**dirías**<br>**diría**<br>**diríamos**<br>**diríais**<br>**dirían** | **diga**<br>**digas**<br>**diga**<br>**digamos**<br>**digáis**<br>**digan** | **dijera**<br>**dijeras**<br>**dijera**<br>**dijéramos**<br>**dijerais**<br>**dijeran** | <br>**di** tú (no **digas**)<br>**diga** Ud.<br>**digamos**<br>decid (no **digáis**)<br>**digan** Uds. |
| 9 | estar<br><br>**Participles:**<br>estando<br>estado | **estoy**<br>estás<br>está<br>estamos<br>estáis<br>están | estaba<br>estabas<br>estaba<br>estábamos<br>estabais<br>estaban | **estuve**<br>**estuviste**<br>**estuvo**<br>**estuvimos**<br>**estuvisteis**<br>**estuvieron** | estaré<br>estarás<br>estará<br>estaremos<br>estaréis<br>estarán | estaría<br>estarías<br>estaría<br>estaríamos<br>estaríais<br>estarían | esté<br>estés<br>esté<br>estemos<br>estéis<br>estén | **estuviera**<br>**estuvieras**<br>**estuviera**<br>**estuviéramos**<br>**estuvierais**<br>**estuvieran** | <br>está tú (no estés)<br>esté Ud.<br>estemos<br>estad (no estéis)<br>estén Uds. |
| 10 | haber<br><br>**Participles:**<br>habiendo<br>habido | **he**<br>**has**<br>**ha**<br>**hemos**<br>**habéis**<br>**han** | había<br>habías<br>había<br>habíamos<br>habíais<br>habían | **hube**<br>**hubiste**<br>**hubo**<br>**hubimos**<br>**hubisteis**<br>**hubieron** | **habré**<br>**habrás**<br>**habrá**<br>**habremos**<br>**habréis**<br>**habrán** | **habría**<br>**habrías**<br>**habría**<br>**habríamos**<br>**habríais**<br>**habrían** | **haya**<br>**hayas**<br>**haya**<br>**hayamos**<br>**hayáis**<br>**hayan** | **hubiera**<br>**hubieras**<br>**hubiera**<br>**hubiéramos**<br>**hubierais**<br>**hubieran** | |
| 11 | hacer<br><br>**Participles:**<br>haciendo<br>**hecho** | **hago**<br>haces<br>hace<br>hacemos<br>hacéis<br>hacen | hacía<br>hacías<br>hacía<br>hacíamos<br>hacíais<br>hacían | **hice**<br>**hiciste**<br>**hizo**<br>**hicimos**<br>**hicisteis**<br>**hicieron** | **haré**<br>**harás**<br>**hará**<br>**haremos**<br>**haréis**<br>**harán** | **haría**<br>**harías**<br>**haría**<br>**haríamos**<br>**haríais**<br>**harían** | **haga**<br>**hagas**<br>**haga**<br>**hagamos**<br>**hagáis**<br>**hagan** | **hiciera**<br>**hicieras**<br>**hiciera**<br>**hiciéramos**<br>**hicierais**<br>**hicieran** | <br>**haz** tú (no **hagas**)<br>**haga** Ud.<br>**hagamos**<br>haced (no **hagáis**)<br>**hagan** Uds. |
| 12 | ir<br><br>**Participles:**<br>**yendo**<br>**ido** | **voy**<br>**vas**<br>**va**<br>**vamos**<br>**vais**<br>**van** | **iba**<br>**ibas**<br>**iba**<br>**íbamos**<br>**ibais**<br>**iban** | **fui**<br>**fuiste**<br>**fue**<br>**fuimos**<br>**fuisteis**<br>**fueron** | iré<br>irás<br>irá<br>iremos<br>iréis<br>irán | iría<br>irías<br>iría<br>iríamos<br>iríais<br>irían | **vaya**<br>**vayas**<br>**vaya**<br>**vayamos**<br>**vayáis**<br>**vayan** | **fuera**<br>**fueras**<br>**fuera**<br>**fuéramos**<br>**fuerais**<br>**fueran** | <br>**ve** tú (no **vayas**)<br>**vaya** Ud.<br>**vamos**<br>id (no **vayáis**)<br>**vayan** Uds. |
| 13 | oír (y)<br><br>**Participles:**<br>**oyendo**<br>**oído** | **oigo**<br>**oyes**<br>**oye**<br>**oímos**<br>**oís**<br>**oyen** | oía<br>oías<br>oía<br>oíamos<br>oíais<br>oían | **oí**<br>**oíste**<br>**oyó**<br>**oímos**<br>**oísteis**<br>**oyeron** | oiré<br>oirás<br>oirá<br>oiremos<br>oiréis<br>oirán | oiría<br>oirías<br>oiría<br>oiríamos<br>oiríais<br>oirían | **oiga**<br>**oigas**<br>**oiga**<br>**oigamos**<br>**oigáis**<br>**oigan** | **oyera**<br>**oyeras**<br>**oyera**<br>**oyéramos**<br>**oyerais**<br>**oyeran** | <br>**oye** tú (no **oigas**)<br>**oiga** Ud.<br>**oigamos**<br>oíd (no **oigáis**)<br>**oigan** Uds. |

| | Infinitive | INDICATIVE | | | | | SUBJUNCTIVE | | IMPERATIVE |
|---|---|---|---|---|---|---|---|---|---|
| | | Present | Imperfect | Preterite | Future | Conditional | Present | Past | |
| 14 | poder (o:ue) | **puedo** | podía | **pude** | **podré** | **podría** | **pueda** | **pudiera** | |
| | | **puedes** | podías | **pudiste** | **podrás** | **podrías** | **puedas** | **pudieras** | **puede** tú (no **puedas**) |
| | **Participles:** | **puede** | podía | **pudo** | **podrá** | **podría** | **pueda** | **pudiera** | **pueda** Ud. |
| | **pudiendo** | podemos | podíamos | **pudimos** | **podremos** | **podríamos** | podamos | **pudiéramos** | podamos |
| | podido | podéis | podíais | **pudisteis** | **podréis** | **podríais** | podáis | **pudierais** | poded (no podáis) |
| | | **pueden** | podían | **pudieron** | **podrán** | **podrían** | **puedan** | **pudieran** | **puedan** Uds. |
| 15 | poner | **pongo** | ponía | **puse** | **pondré** | **pondría** | **ponga** | **pusiera** | |
| | | pones | ponías | **pusiste** | **pondrás** | **pondrías** | **pongas** | **pusieras** | **pon** tú (no **pongas**) |
| | **Participles:** | pone | ponía | **puso** | **pondrá** | **pondría** | **ponga** | **pusiera** | **ponga** Ud. |
| | poniendo | ponemos | poníamos | **pusimos** | **pondremos** | **pondríamos** | **pongamos** | **pusiéramos** | **pongamos** |
| | **puesto** | ponéis | poníais | **pusisteis** | **pondréis** | **pondríais** | **pongáis** | **pusierais** | poned (no **pongáis**) |
| | | ponen | ponían | **pusieron** | **pondrán** | **pondrían** | **pongan** | **pusieran** | **pongan** Uds. |
| 16 | querer (e:ie) | **quiero** | quería | **quise** | **querré** | **querría** | **quiera** | **quisiera** | |
| | | **quieres** | querías | **quisiste** | **querrás** | **querrías** | **quieras** | **quisieras** | **quiere** tú (no **quieras**) |
| | **Participles:** | **quiere** | quería | **quiso** | **querrá** | **querría** | **quiera** | **quisiera** | **quiera** Ud. |
| | queriendo | queremos | queríamos | **quisimos** | **querremos** | **querríamos** | queramos | **quisiéramos** | **queramos** |
| | querido | queréis | queríais | **quisisteis** | **querréis** | **querríais** | queráis | **quisierais** | quered (no queráis) |
| | | **quieren** | querían | **quisieron** | **querrán** | **querrían** | **quieran** | **quisieran** | **quieran** Uds. |
| 17 | saber | **sé** | sabía | **supe** | **sabré** | **sabría** | **sepa** | **supiera** | |
| | | sabes | sabías | **supiste** | **sabrás** | **sabrías** | **sepas** | **supieras** | sabe tú (no **sepas**) |
| | **Participles:** | sabe | sabía | **supo** | **sabrá** | **sabría** | **sepa** | **supiera** | **sepa** Ud. |
| | sabiendo | sabemos | sabíamos | **supimos** | **sabremos** | **sabríamos** | **sepamos** | **supiéramos** | **sepamos** |
| | sabido | sabéis | sabíais | **supisteis** | **sabréis** | **sabríais** | **sepáis** | **supierais** | sabed (no **sepáis**) |
| | | saben | sabían | **supieron** | **sabrán** | **sabrían** | **sepan** | **supieran** | **sepan** Uds. |
| 18 | salir | **salgo** | salía | salí | **saldré** | **saldría** | **salga** | saliera | |
| | | sales | salías | saliste | **saldrás** | **saldrías** | **salgas** | salieras | **sal** tú (no **salgas**) |
| | **Participles:** | sale | salía | salió | **saldrá** | **saldría** | **salga** | saliera | **salga** Ud. |
| | saliendo | salimos | salíamos | salimos | **saldremos** | **saldríamos** | **salgamos** | saliéramos | **salgamos** |
| | salido | salís | salíais | salisteis | **saldréis** | **saldríais** | **salgáis** | salierais | salid (no **salgáis**) |
| | | salen | salían | salieron | **saldrán** | **saldrían** | **salgan** | salieran | **salgan** Uds. |
| 19 | ser | **soy** | **era** | **fui** | seré | sería | **sea** | **fuera** | |
| | | **eres** | **eras** | **fuiste** | serás | serías | **seas** | **fueras** | **sé** tú (no **seas**) |
| | **Participles:** | **es** | **era** | **fue** | será | sería | **sea** | **fuera** | **sea** Ud. |
| | siendo | **somos** | **éramos** | **fuimos** | seremos | seríamos | **seamos** | **fuéramos** | **seamos** |
| | sido | **sois** | **erais** | **fuisteis** | seréis | seríais | **seáis** | **fuerais** | sed (no **seáis**) |
| | | **son** | **eran** | **fueron** | serán | serían | **sean** | **fueran** | **sean** Uds. |
| 20 | tener (e:ie) | **tengo** | **tenía** | **tuve** | **tendré** | **tendría** | **tenga** | **tuviera** | |
| | | **tienes** | **tenías** | **tuviste** | **tendrás** | **tendrías** | **tengas** | **tuvieras** | **ten** tú (no **tengas**) |
| | **Participles:** | **tiene** | **tenía** | **tuvo** | **tendrá** | **tendría** | **tenga** | **tuviera** | **tenga** Ud. |
| | teniendo | tenemos | **teníamos** | **tuvimos** | **tendremos** | **tendríamos** | **tengamos** | **tuviéramos** | **tengamos** |
| | tenido | tenéis | **teníais** | **tuvisteis** | **tendréis** | **tendríais** | **tengáis** | **tuvierais** | tened (no **tengáis**) |
| | | **tienen** | **tenían** | **tuvieron** | **tendrán** | **tendrían** | **tengan** | **tuvieran** | **tengan** Uds. |

| | Infinitive | INDICATIVE Present | Imperfect | Preterite | Future | Conditional | SUBJUNCTIVE Present | Past | IMPERATIVE |
|---|---|---|---|---|---|---|---|---|---|
| 21 | traer | **traigo** | traía | **traje** | traeré | traería | **traiga** | **trajera** | |
| | | traes | traías | **trajiste** | traerás | traerías | **traigas** | **trajeras** | trae tú (no **traigas**) |
| | **Participles:** | trae | traía | **trajo** | traerá | traería | **traiga** | **trajera** | **traiga** Ud. |
| | **trayendo** | traemos | traíamos | **trajimos** | traeremos | traeríamos | **traigamos** | **trajéramos** | **traigamos** |
| | **traído** | traéis | traíais | **trajisteis** | traeréis | traeríais | **traigáis** | **trajerais** | traed (no **traigáis**) |
| | | traen | traían | **trajeron** | traerán | traerían | **traigan** | **trajeran** | **traigan** Uds. |
| 22 | venir (e:ie) | **vengo** | venía | **vine** | **vendré** | **vendría** | **venga** | **viniera** | |
| | | **vienes** | venías | **viniste** | **vendrás** | **vendrías** | **vengas** | **vinieras** | **ven** tú (no **vengas**) |
| | **Participles:** | **viene** | venía | **vino** | **vendrá** | **vendría** | **venga** | **viniera** | **venga** Ud. |
| | **viniendo** | venimos | veníamos | **vinimos** | **vendremos** | **vendríamos** | **vengamos** | **viniéramos** | **vengamos** |
| | venido | venís | veníais | **vinisteis** | **vendréis** | **vendríais** | **vengáis** | **vinierais** | venid (no **vengáis**) |
| | | **vienen** | venían | **vinieron** | **vendrán** | **vendrían** | **vengan** | **vinieran** | **vengan** Uds. |
| 23 | ver | **veo** | **veía** | **vi** | veré | vería | **vea** | **viera** | |
| | | ves | **veías** | **viste** | verás | verías | **veas** | **vieras** | **ve** tú (no **veas**) |
| | **Participles:** | ve | **veía** | **vio** | verá | vería | **vea** | **viera** | **vea** Ud. |
| | **viendo** | vemos | **veíamos** | **vimos** | veremos | veríamos | **veamos** | **viéramos** | **veamos** |
| | **visto** | veis | **veíais** | **visteis** | veréis | veríais | **veáis** | **vierais** | ved (no **veáis**) |
| | | ven | **veían** | **vieron** | verán | verían | **vean** | **vieran** | **vean** Uds. |

## Stem-changing verbs

| | Infinitive | INDICATIVE Present | Imperfect | Preterite | Future | Conditional | SUBJUNCTIVE Present | Past | IMPERATIVE |
|---|---|---|---|---|---|---|---|---|---|
| 24 | contar (o:ue) | **cuento** | contaba | conté | contaré | contaría | **cuente** | contara | |
| | | **cuentas** | contabas | contaste | contarás | contarías | **cuentes** | contaras | **cuenta** tú (no **cuentes**) |
| | **Participles:** | **cuenta** | contaba | contó | contará | contaría | **cuente** | contara | **cuente** Ud. |
| | contando | contamos | contábamos | contamos | contaremos | contaríamos | contemos | contáramos | contemos |
| | contado | contáis | contabais | contasteis | contaréis | contaríais | contéis | contarais | contad (no contéis) |
| | | **cuentan** | contaban | contaron | contarán | contarían | **cuenten** | contaran | **cuenten** Uds. |
| 25 | dormir (o:ue) | **duermo** | dormía | dormí | dormiré | dormiría | **duerma** | **durmiera** | |
| | | **duermes** | dormías | dormiste | dormirás | dormirías | **duermas** | **durmieras** | **duerme** tú (no **duermas**) |
| | **Participles:** | **duerme** | dormía | **durmió** | dormirá | dormiría | **duerma** | **durmiera** | **duerma** Ud. |
| | **durmiendo** | dormimos | dormíamos | dormimos | dormiremos | dormiríamos | **durmamos** | **durmiéramos** | **durmamos** |
| | dormido | dormís | dormíais | dormisteis | dormiréis | dormiríais | **durmáis** | **durmierais** | dormid (no **durmáis**) |
| | | **duermen** | dormían | **durmieron** | dormirán | dormirían | **duerman** | **durmieran** | **duerman** Uds. |
| 26 | empezar | **empiezo** | empezaba | **empecé** | empezaré | empezaría | **empiece** | empezara | |
| | (e:ie) (c) | **empiezas** | empezabas | empezaste | empezarás | empezarías | **empieces** | empezaras | **empieza** tú (no **empieces**) |
| | | **empieza** | empezaba | empezó | empezará | empezaría | **empiece** | empezara | **empiece** Ud. |
| | **Participles:** | empezamos | empezábamos | empezamos | empezaremos | empezaríamos | **empecemos** | empezáramos | **empecemos** |
| | empezando | empezáis | empezabais | empezasteis | empezaréis | empezaríais | **empecéis** | empezarais | empezad (no **empecéis**) |
| | empezado | **empiezan** | empezaban | empezaron | empezarán | empezarían | **empiecen** | empezaran | **empiecen** Uds. |

| | Infinitive | INDICATIVE | | | | | SUBJUNCTIVE | | IMPERATIVE |
|---|---|---|---|---|---|---|---|---|---|
| | | Present | Imperfect | Preterite | Future | Conditional | Present | Past | |
| 27 | entender | **entiendo** | entendía | entendí | entenderé | entendería | **entienda** | entendiera | |
| | (e:ie) | **entiendes** | entendías | entendiste | entenderás | entenderías | **entiendas** | entendieras | **entiende** tú (no **entiendas**) |
| | | **entiende** | entendía | entendió | entenderá | entendería | **entienda** | entendiera | **entienda** Ud. |
| | **Participles:** | entendemos | entendíamos | entendimos | entenderemos | entenderíamos | entendamos | entendiéramos | entendamos |
| | entendiendo | entendéis | entendíais | entendisteis | entenderéis | entenderíais | entendáis | entendierais | entended (no entendáis) |
| | entendido | **entienden** | entendían | entendieron | entenderán | entenderían | **entiendan** | entendieran | **entiendan** Uds. |
| 28 | jugar (u:ue) | **juego** | jugaba | **jugué** | jugaré | jugaría | **juegue** | jugara | |
| | (gu) | **juegas** | jugabas | jugaste | jugarás | jugarías | **juegues** | jugaras | **juega** tú (no **juegues**) |
| | | **juega** | jugaba | jugó | jugará | jugaría | **juegue** | jugara | **juegue** Ud. |
| | **Participles:** | jugamos | jugábamos | jugamos | jugaremos | jugaríamos | juguemos | jugáramos | juguemos |
| | jugando | jugáis | jugabais | jugasteis | jugaréis | jugaríais | juguéis | jugarais | jugad (no juguéis) |
| | jugado | **juegan** | jugaban | jugaron | jugarán | jugarían | **jueguen** | jugaran | **jueguen** Uds. |
| 29 | pedir (e:i) | **pido** | pedía | pedí | pediré | pediría | **pida** | **pidiera** | |
| | | **pides** | pedías | pediste | pedirás | pedirías | **pidas** | **pidieras** | **pide** tú (no **pidas**) |
| | **Participles:** | **pide** | pedía | **pidió** | pedirá | pediría | **pida** | **pidiera** | **pida** Ud. |
| | **pidiendo** | pedimos | pedíamos | pedimos | pediremos | pediríamos | **pidamos** | **pidiéramos** | **pidamos** |
| | pedido | pedís | pedíais | pedisteis | pediréis | pediríais | **pidáis** | **pidierais** | pedid (no **pidáis**) |
| | | **piden** | pedían | **pidieron** | pedirán | pedirían | **pidan** | **pidieran** | **pidan** Uds. |
| 30 | pensar (e:ie) | **pienso** | pensaba | pensé | pensaré | pensaría | **piense** | pensara | |
| | | **piensas** | pensabas | pensaste | pensarás | pensarías | **pienses** | pensaras | **piensa** tú (no **pienses**) |
| | **Participles:** | **piensa** | pensaba | pensó | pensará | pensaría | **piense** | pensara | **piense** Ud. |
| | pensando | pensamos | pensábamos | pensamos | pensaremos | pensaríamos | pensemos | pensáramos | pensemos |
| | pensado | pensáis | pensabais | pensasteis | pensaréis | pensaríais | penséis | pensarais | pensad (no penséis) |
| | | **piensan** | pensaban | pensaron | pensarán | pensarían | **piensen** | pensaran | **piensen** Uds. |
| 31 | reír(se) (e:i) | **río** | reía | **reí** | reiré | reiría | **ría** | **riera** | |
| | | **ríes** | reías | **reíste** | reirás | reirías | **rías** | **rieras** | **ríe** tú (no **rías**) |
| | **Participles:** | **ríe** | reía | **rió** | reirá | reiría | **ría** | **riera** | **ría** Ud. |
| | **riendo** | **reímos** | reíamos | **reímos** | reiremos | reiríamos | **riamos** | **riéramos** | **riamos** |
| | **reído** | **reís** | reíais | **reísteis** | reiréis | reiríais | **riáis** | **rierais** | reíd (no **riáis**) |
| | | **ríen** | reían | **rieron** | reirán | reirían | **rían** | **rieran** | **rían** Uds. |
| 32 | seguir (e:i) | **sigo** | seguía | seguí | seguiré | seguiría | **siga** | **siguiera** | |
| | (gu) | **sigues** | seguías | seguiste | seguirás | seguirías | **sigas** | **siguieras** | **sigue** tú (no **sigas**) |
| | | **sigue** | seguía | **siguió** | seguirá | seguiría | **siga** | **siguiera** | **siga** Ud. |
| | **Participles:** | seguimos | seguíamos | seguimos | seguiremos | seguiríamos | **sigamos** | **siguiéramos** | **sigamos** |
| | **siguiendo** | seguís | seguíais | seguisteis | seguiréis | seguiríais | **sigáis** | **siguierais** | seguid (no **sigáis**) |
| | seguido | **siguen** | seguían | **siguieron** | seguirán | seguirían | **sigan** | **siguieran** | **sigan** Uds. |
| 33 | sentir (e:ie) | **siento** | sentía | sentí | sentiré | sentiría | **sienta** | **sintiera** | |
| | | **sientes** | sentías | sentiste | sentirás | sentirías | **sientas** | **sintieras** | **siente** tú (no **sientas**) |
| | **Participles:** | **siente** | sentía | **sintió** | sentirá | sentiría | **sienta** | **sintiera** | **sienta** Ud. |
| | **sintiendo** | sentimos | sentíamos | sentimos | sentiremos | sentiríamos | **sintamos** | **sintiéramos** | **sintamos** |
| | sentido | sentís | sentíais | sentisteis | sentiréis | sentiríais | **sintáis** | **sintierais** | sentid (no **sintáis**) |
| | | **sienten** | sentían | **sintieron** | sentirán | sentirían | **sientan** | **sintieran** | **sientan** Uds. |

| | Infinitive | INDICATIVE Present | Imperfect | Preterite | Future | Conditional | SUBJUNCTIVE Present | Past | IMPERATIVE |
|---|---|---|---|---|---|---|---|---|---|
| 34 | volver (o:ue) | **vuelvo** | volvía | volví | volveré | volvería | **vuelva** | volviera | |
| | | **vuelves** | volvías | volviste | volverás | volverías | **vuelvas** | volvieras | **vuelve** tú (no **vuelvas**) |
| | **Participles:** | **vuelve** | volvía | volvió | volverá | volvería | **vuelva** | volviera | **vuelva** Ud. |
| | volviendo | volvemos | volvíamos | volvimos | volveremos | volveríamos | volvamos | volviéramos | volvamos |
| | **vuelto** | volvéis | volvíais | volvisteis | volveréis | volveríais | volváis | volvierais | volved (no volváis) |
| | | **vuelven** | volvían | volvieron | volverán | volverían | **vuelvan** | volvieran | **vuelvan** Uds. |

## Verbs with spelling changes only

| | Infinitive | INDICATIVE Present | Imperfect | Preterite | Future | Conditional | SUBJUNCTIVE Present | Past | IMPERATIVE |
|---|---|---|---|---|---|---|---|---|---|
| 35 | conocer | **conozco** | conocía | conocí | conoceré | conocería | **conozca** | conociera | |
| | (c:zc) | conoces | conocías | conociste | conocerás | conocerías | **conozcas** | conocieras | conoce tú (no **conozcas**) |
| | | conoce | conocía | conoció | conocerá | conocería | **conozca** | conociera | **conozca** Ud. |
| | **Participles:** | conocemos | conocíamos | conocimos | conoceremos | conoceríamos | **conozcamos** | conociéramos | **conozcamos** |
| | conociendo | conocéis | conocíais | conocisteis | conoceréis | conoceríais | **conozcáis** | conocierais | conoced (no **conozcáis**) |
| | conocido | conocen | conocían | conocieron | conocerán | conocerían | **conozcan** | conocieran | **conozcan** Uds. |
| 36 | creer (y) | creo | creía | **creí** | creeré | creería | crea | **creyera** | |
| | | crees | creías | **creíste** | creerás | creerías | creas | **creyeras** | cree tú (no creas) |
| | **Participles:** | cree | creía | **creyó** | creerá | creería | crea | **creyera** | crea Ud. |
| | **creyendo** | creemos | creíamos | **creímos** | creeremos | creeríamos | creamos | **creyéramos** | creamos |
| | **creído** | creéis | creíais | **creísteis** | creeréis | creeríais | creáis | **creyerais** | creed (no creáis) |
| | | creen | creían | **creyeron** | creerán | creerían | crean | **creyeran** | crean Uds. |
| 37 | cruzar (c) | cruzo | cruzaba | **crucé** | cruzaré | cruzaría | **cruce** | cruzara | |
| | | cruzas | cruzabas | cruzaste | cruzarás | cruzarías | **cruces** | cruzaras | cruza tú (no **cruces**) |
| | **Participles:** | cruza | cruzaba | cruzó | cruzará | cruzaría | **cruce** | cruzara | **cruce** Ud. |
| | cruzando | cruzamos | cruzábamos | cruzamos | cruzaremos | cruzaríamos | **crucemos** | cruzáramos | **crucemos** |
| | cruzado | cruzáis | cruzabais | cruzasteis | cruzaréis | cruzaríais | **crucéis** | cruzarais | cruzad (no **crucéis**) |
| | | cruzan | cruzaban | cruzaron | cruzarán | cruzarían | **crucen** | cruzaran | **crucen** Uds. |
| 38 | destruir (y) | **destruyo** | destruía | destruí | destruiré | destruiría | **destruya** | **destruyera** | |
| | | **destruyes** | destruías | destruiste | destruirás | destruirías | **destruyas** | **destruyeras** | **destruye** tú (no **destruyas**) |
| | **Participles:** | **destruye** | destruía | **destruyó** | destruirá | destruiría | **destruya** | **destruyera** | **destruya** Ud. |
| | **destruyendo** | destruimos | destruíamos | destruimos | destruiremos | destruiríamos | **destruyamos** | **destruyéramos** | **destruyamos** |
| | destruido | destruís | destruíais | destruisteis | destruiréis | destruiríais | **destruyáis** | **destruyerais** | destruid (no **destruyáis**) |
| | | **destruyen** | destruían | **destruyeron** | destruirán | destruirían | **destruyan** | **destruyeran** | **destruyan** Uds. |
| 39 | enviar | **envío** | enviaba | envié | enviaré | enviaría | **envíe** | enviara | |
| | (envío) | **envías** | enviabas | enviaste | enviarás | enviarías | **envíes** | enviaras | **envía** tú (no **envíes**) |
| | | **envía** | enviaba | envió | enviará | enviaría | **envíe** | enviara | **envíe** Ud. |
| | **Participles:** | enviamos | enviábamos | enviamos | enviaremos | enviaríamos | **enviemos** | enviáramos | enviemos |
| | enviando | enviáis | enviabais | enviasteis | enviaréis | enviaríais | **enviéis** | enviarais | enviad (no **enviéis**) |
| | enviado | **envían** | enviaban | enviaron | enviarán | enviarían | **envíen** | enviaran | **envíen** Uds. |

| | | INDICATIVE | | | | | SUBJUNCTIVE | | IMPERATIVE |
|---|---|---|---|---|---|---|---|---|---|
| | **Infinitive** | **Present** | **Imperfect** | **Preterite** | **Future** | **Conditional** | **Present** | **Past** | |
| 40 | graduarse | **gradúo** | graduaba | gradué | graduaré | graduaría | **gradúe** | graduara | |
| | (gradúo) | **gradúas** | graduabas | graduaste | graduarás | graduarías | **gradúes** | graduaras | **gradúa** tú (no **gradúes**) |
| | **Participles:** | **gradúa** | graduaba | graduó | graduará | graduaría | **gradúe** | graduara | **gradúe** Ud. |
| | graduando | graduamos | graduábamos | graduamos | graduaremos | graduaríamos | graduemos | graduáramos | graduemos |
| | graduado | graduáis | graduabais | graduasteis | graduaréis | graduaríais | graduéis | graduarais | graduad (no graduéis) |
| | | **gradúan** | graduaban | graduaron | graduarán | graduarían | **gradúen** | graduaran | **gradúen** Uds. |
| 41 | llegar (gu) | llego | llegaba | **llegué** | llegaré | llegaría | **llegue** | llegara | |
| | | llegas | llegabas | llegaste | llegarás | llegarías | **llegues** | llegaras | llega tú (no **llegues**) |
| | **Participles:** | llega | llegaba | llegó | llegará | llegaría | **llegue** | llegara | **llegue** Ud. |
| | llegando | llegamos | llegábamos | llegamos | llegaremos | llegaríamos | **lleguemos** | llegáramos | **lleguemos** |
| | llegado | llegáis | llegabais | llegasteis | llegaréis | llegaríais | **lleguéis** | llegarais | llegad (no **lleguéis**) |
| | | llegan | llegaban | llegaron | llegarán | llegarían | **lleguen** | llegaran | **lleguen** Uds. |
| 42 | proteger (j) | **protejo** | protegía | protegí | protegeré | protegería | **proteja** | protegiera | |
| | | proteges | protegías | protegiste | protegerás | protegerías | **protejas** | protegieras | protege tú (no **protejas**) |
| | **Participles:** | protege | protegía | protegió | protegerá | protegería | **proteja** | protegiera | **proteja** Ud. |
| | protegiendo | protegemos | protegíamos | protegimos | protegeremos | protegeríamos | **protejamos** | protegiéramos | **protejamos** |
| | protegido | protegéis | protegíais | protegisteis | protegeréis | protegeríais | **protejáis** | protegierais | proteged (no **protejáis**) |
| | | protegen | protegían | protegieron | protegerán | protegerían | **protejan** | protegieran | **protejan** Uds. |
| 43 | tocar (qu) | toco | tocaba | **toqué** | tocaré | tocaría | **toque** | tocara | |
| | | tocas | tocabas | tocaste | tocarás | tocarías | **toques** | tocaras | toca tú (no **toques**) |
| | **Participles:** | toca | tocaba | tocó | tocará | tocaría | **toque** | tocara | **toque** Ud. |
| | tocando | tocamos | tocábamos | tocamos | tocaremos | tocaríamos | **toquemos** | tocáramos | **toquemos** |
| | tocado | tocáis | tocabais | tocasteis | tocaréis | tocaríais | **toquéis** | tocarais | tocad (no **toquéis**) |
| | | tocan | tocaban | tocaron | tocarán | tocarían | **toquen** | tocaran | **toquen** Uds. |

# Guide to Vocabulary

### Note on alphabetization

Formerly, **ch**, **ll**, and **ñ** were considered separate letters in the Spanish alphabet, **ch** appearing after **c**, **ll** after **l**, and **ñ** after **n**. In current practice, for purposes of alphabetization, **ch** and **ll** are not treated as separate letters, but **ñ** still follows **n**. Therefore, in this glossary you will find that **año**, for example, appears after **anuncio**.

### Abbreviations used in this glossary

| | | | | | |
|---|---|---|---|---|---|
| *adj.* | adjective | *form.* | formal | *pl.* | plural |
| *adv.* | adverb | *indef.* | indefinite | *poss.* | possessive |
| *art.* | article | *interj.* | interjection | *prep.* | preposition |
| *conj.* | conjunction | *i.o.* | indirect object | *pron.* | pronoun |
| *def.* | definite | *m.* | masculine | *ref.* | reflexive |
| *d.o.* | direct object | *n.* | noun | *sing.* | singular |
| *f.* | feminine | *obj.* | object | *sub.* | subject |
| *fam.* | familiar | *p.p.* | past participle | *v.* | verb |

## Spanish-English

### A

**a** *prep.* at; to 1
**¿A qué hora...?** At what time...? 1
**a bordo** aboard 1
**a dieta** on a diet 15
**a la derecha** to the right 2
**a la izquierda** to the left 2
**a la plancha** grilled 8
**a la(s)** + *time* at + *time* 1
**a menos que** unless 13
**a menudo** *adv.* often 10
**a nombre de** in the name of 5
**a plazos** in installments 14
**A sus órdenes.** At your service. 11
**a tiempo** *adv.* on time 10
**a veces** *adv.* sometimes 10
**a ver** let's see 2
**¡Abajo!** *adv.* Down! 15
**abeja** *f.* bee
**abierto/a** *adj.* open 5, 14
**abogado/a** *m., f.* lawyer 16
**abrazar(se)** *v.* to hug; to embrace (each other) 11
**abrazo** *m.* hug
**abrigo** *m.* coat 6
**abril** *m.* April 5
**abrir** *v.* to open 3
**abuelo/a** *m., f.* grandfather; grandmother 3
**abuelos** *pl.* grandparents 3
**aburrido/a** *adj.* bored; boring 5
**aburrir** *v.* to bore 7
**aburrirse** *v.* to get bored 17
**acabar de (+ *inf.*)** *v.* to have just *done something* 6
**acampar** *v.* to camp 5
**accidente** *m.* accident 10
**acción** *f.* action 17
**de acción** action (genre) 17
**aceite** *m.* oil 8
**ácido/a** *adj.* acid 13
**acompañar** *v.* to go with; to accompany 14
**aconsejar** *v.* to advise 12
**acontecimiento** *m.* event 18
**acordarse (de) (o:ue)** *v.* to remember 7
**acostarse (o:ue)** *v.* to go to bed 7
**activo/a** *adj.* active 15
**actor** *m.* actor 16
**actriz** *f.* actor 16
**actualidades** *f., pl.* news; current events 18
**acuático/a** *adj.* aquatic 4
**adelgazar** *v.* to lose weight; to slim down 15
**además (de)** *adv.* furthermore; besides; 10
**adicional** *adj.* additional
**adiós** *m.* good-bye 1
**adjetivo** *m.* adjective
**administración de empresas** *f.* business administration 2
**adolescencia** *f.* adolescence 9
**¿adónde?** *adv.* (to) where? (destination) 2
**aduana** *f.* customs 5
**aeróbico/a** *adj.* aerobic 15
**aeropuerto** *m.* airport 5
**afectado/a** *adj.* affected 13
**afeitarse** *v.* to shave 7
**aficionado/a** *adj.* fan 4
**afirmativo/a** *adj.* affirmative
**afueras** *f., pl.* suburbs; outskirts 12
**agencia de viajes** *f.* travel agency 5
**agente de viajes** *m., f.* travel agent 5
**agosto** *m.* August 5
**agradable** *adj.* pleasant
**agua** *f.* water 8
**agua mineral** mineral water 8
**ahora** *adv.* now 2
**ahora mismo** right now 5
**ahorrar** *v.* to save (money) 14
**ahorros** *m.* savings 14
**aire** *m.* air 5
**ajo** *m.* garlic 8
**al** (*contraction of* **a + el)** 2
**al aire libre** open-air 6
**al contado** in cash 14
**(al) este** (to the) east 14
**al fondo (de)** at the end (of) 12
**al lado de** beside 2
**(al) norte** (to the) north 14
**(al) oeste** (to the) west 14
**(al) sur** (to the) south 14
**alcoba** *f.* bedroom 12
**alcohol** *m.* alcohol 15
**alcohólico/a** *adj.* alcoholic 15
**alegrarse (de)** *v.* to be happy 13
**alegre** *adj.* happy; joyful 5
**alegría** *f.* happiness 9
**alemán, alemana** *adj.* German 3
**alérgico/a** *adj.* allergic 10
**alfombra** *f.* carpet; rug 12
**algo** *pron.* something; anything 7
**algodón** *m.* cotton 6
**alguien** *pron.* someone; somebody; anyone 7
**algún, alguno/a(s)** *adj.* any; some 7
**alimento** *m.* food
**alimentación** *f.* diet
**aliviar** *v.* to reduce 15
**aliviar el estrés/la tensión** to reduce stress/tension 15
**allí** *adv.* there 5
**allí mismo** right there 14
**almacén** *m.* department store 6
**almohada** *f.* pillow 12
**almorzar (o:ue)** *v.* to have lunch 4
**almuerzo** *m.* lunch 8

**aló** *interj.* hello (*on the telephone*) 11
**alquilar** *v.* to rent 12
**alquiler** *m.* rent (payment) 12
**alternador** *m.* alternator 11
**altillo** *m.* attic 12
**alto/a** *adj.* tall 3
**aluminio** *m.* aluminum 13
**ama de casa** *m., f.* housekeeper; caretaker 12
**amable** *adj.* nice; friendly 5
**amarillo/a** *adj.* yellow 6
**amigo/a** *m., f.* friend 3
**amistad** *f.* friendship 9
**amor** *m.* love 9
**anaranjado/a** *adj.* orange 6
**andar en patineta** to skateboard 4
**animal** *m.* animal 13
**aniversario (de bodas)** *m.* (wedding) anniversary 9
**anoche** *adv.* last night 6
**anteayer** *adv.* the day before yesterday 6
**antes** *adv.* before 7
  **antes (de) que** *conj.* before 13
  **antes de** *prep.* before 7
**antibiótico** *m.* antibiotic 10
**antipático/a** *adj.* unpleasant 3
**anunciar** *v.* to announce; to advertise 18
**anuncio** *m.* advertisement 16
**año** *m.* year 5
**el año pasado** *last* year 6
**apagar** *v.* to turn off 11
**aparato** *m.* appliance
**apartamento** *m.* apartment 12
**apellido** *m.* last name 3
**apenas** *adv.* hardly; scarcely 10
**aplaudir** *v.* to applaud 17
**apreciar** *v.* to appreciate 17
**aprender (a + *inf.*)** *v.* to learn 3
**apurarse** *v.* to hurry; to rush 15
**aquel, aquella** *adj.* that; those (over there) 6
**aquél, aquélla** *pron.* that; those (over there) 6
**aquello** *neuter, pron.* that; that thing; that fact 6
**aquellos/as** *pl. adj.* that; those (over there) 6
**aquéllos/as** *pl. pron.* those (ones) (over there) 6
**aquí** *adv.* here 1
  **Aquí está...** Here it is... 5
    **Aquí estamos en...** Here we are at/in... 2
    **aquí mismo** right here 11
**árbol** *m.* tree 13
**archivo** *m.* file 11
**armario** *m.* closet 12
**arqueólogo/a** *m., f.* archaeologist 16
**arquitecto/a** *m., f.* architect 16
**arrancar** *v.* to start (*a car*) 11
**arreglar** *v.* to fix; to arrange 11; to neaten; to straighten up 12
**arriba** *adv.* up
**arroba** *f.* @ symbol 11
**arroz** *m.* rice 8
**arte** *m.* art 2
**artes** *f., pl.* arts 17
**artesanía** *f.* craftsmanship; crafts 17
**artículo** *m.* article 18
**artista** *m., f.* artist 3
**artístico/a** *adj.* artistic 17
**arveja** *m.* pea 8
**asado/a** *adj.* roast 8
**ascenso** *m.* promotion 16
**ascensor** *m.* elevator 5
**así** *adv.* like this; so (*in such a way*) 10
  **así así** so so
**asistir (a)** *v.* to attend 3
**aspiradora** *f.* vacuum cleaner 12
**aspirante** *m. f.* candidate; applicant 16
**aspirina** *f.* aspirin 10
**atún** *m.* tuna 8
**aumentar** *v.* **de peso** to gain weight 15
**aumento** *m.* increase 16
  **aumento de sueldo** pay raise 16
**aunque** although
**autobús** *m.* bus 1
**automático/a** *adj.* automatic
**auto(móvil)** *m.* auto(mobile) 5
**autopista** *f.* highway 11
**ave** *f.* bird 13
**avenida** *f.* avenue
**aventura** *f.* adventure 17
  **de aventura** adventure (genre) 17
**avergonzado/a** *adj.* embarrassed 5
**avión** *m.* airplane 5
**¡Ay!** *interj.* Oh!
  **¡Ay, qué dolor!** Oh, what pain!
**ayer** *adv.* yesterday 6
**ayudar(se)** *v.* to help (each other) 11, 12
**azúcar** *m.* sugar 8
**azul** *adj. m., f.* blue 6

## B

**bailar** *v.* to dance 2
**bailarín/bailarina** *m., f.* dancer 17
**baile** *m.* dance 17
**bajar(se) de** *v.* to get off of/out of (a vehicle) 11
**bajo/a** *adj.* short (*in height*) 3
**bajo control** under control 7
**balcón** *m.* balcony 12
**baloncesto** *m.* basketball 4
**banana** *f.* banana 8
**banco** *m.* bank 14
**banda** *f.* band 17
**bandera** *f.* flag
**bañarse** *v.* to bathe; to take a bath 7
**baño** *m.* bathroom 7
**barato/a** *adj.* cheap 6
**barco** *m.* boat 5
**barrer** *v.* to sweep 12
  **barrer el suelo** *v.* to sweep the floor 12
**barrio** *m.* neighborhood 12
**bastante** *adv.* enough; rather 10; pretty 13
**basura** *f.* trash 12
**baúl** *m.* trunk 11
**beber** *v.* to drink 3
**bebida** *f.* drink 8
  **bebida alcohólica** *f.* alcoholic beverage 15
**béisbol** *m.* baseball 4
**bellas artes** *f., pl.* fine arts 17
**belleza** *f.* beauty 14
**beneficio** *m.* benefit 16
**besar(se)** *v.* to kiss (each other) 11
**beso** *m.* kiss 9
**biblioteca** *f.* library 2
**bicicleta** *f.* bicycle 4
**bien** *adj.* well 1
**bienestar** *m.* well-being 15
**bienvenido(s)/a(s)** *adj.* welcome 12
**billete** *m.* paper money; ticket
**billón** *m.* trillion
**biología** *f.* biology 2
**bisabuelo/a** *m.* great-grandfather/great-grandmother 3
**bistec** *m.* steak 8
**bizcocho** *m.* biscuit
**blanco/a** *adj.* white 6
**bluejeans** *m., pl.* jeans 6
**blusa** *f.* blouse 6
**boca** *f.* mouth 10
**boda** *f.* wedding 9
**boleto** *m.* ticket 17
**bolsa** *f.* purse, bag 6
**bombero/a** *m., f.* firefighter 16
**bonito/a** *adj.* pretty 3
**borrador** *m.* eraser 2
**borrar** *v.* to erase 11
**bosque** *m.* forest 13
  **bosque tropical** tropical forest; rainforest 13
**bota** *f.* boot 6
**botella** *f.* bottle 9
  **botella de vino** bottle of wine 9
**botones** *m., f. sing.* bellhop 5
**brazo** *m.* arm 10
**brindar** *v.* to toast (*drink*) 9
**bucear** *v.* to scuba dive 4
**bueno** *adv.* well 2, 17
**buen, bueno/a** *adj.* good 3, 6
  **¡Buen viaje!** Have a good trip! 1
  **buena forma** good shape

(*physical*) 15
**Buena idea.** Good idea. 4
**Buenas noches.** Good evening; Good night. 1
**Buenas tardes.** Good afternoon. 1
**buenísimo** extremely good
**¿Bueno?** Hello. (*on telephone*) 11
**Buenos días.** Good morning. 1
**bulevar** *m.* boulevard
**buscar** *v.* to look for 2
**buzón** *m.* mailbox 14

## C

**caballo** *m.* horse 5
**cabaña** *f.* cabin 5
**cabe: no cabe duda de** there's no doubt 13
**cabeza** *f.* head 10
**cada** *adj. m., f.* each 6
**caerse** *v.* to fall (down) 10
**café** *m.* café 4; *adj. m., f.* brown 6; *m.* coffee 8
**cafeína** *f.* caffeine 14
**cafetera** *f.* coffee maker 12
**cafetería** *f.* cafeteria 2
**caído/a** *p.p.* fallen 14
**caja** *f.* cash register 6
**cajero/a** *m., f.* cashier 14
**cajero automático** *m.* ATM 14
**calcetín** *m.* sock 6
**calculadora** *f.* calculator 11
**caldo** *m.* soup 8
**caldo de patas** *m.* beef soup 8
**calentarse** *v.* to warm up 15
**calidad** *f.* quality 6
**calle** *f.* street 11
**calor** *m.* heat 4
**caloría** *f.* calorie 15
**calzar** *v.* to take size... shoes 6
**cama** *f.* bed 5
**cámara digital** *f.* digital camera 11
**cámara de video** *f.* videocamera 11
**camarero/a** *m., f.* waiter 8
**camarón** *m.* shrimp 8
**cambiar (de/en)** *v.* to change 9
**cambio** *m.* **de moneda** currency exchange
**caminar** *v.* to walk 2
**camino** *m.* road
**camión** *m* truck; bus
**camisa** *f.* shirt 6
**camiseta** *f.* t-shirt 6
**campo** *m.* countryside 5
**canadiense** *adj.* Canadian 3
**canal** *m.* channel (TV) 17
**canción** *f.* song 17
**candidato/a** *m., f.* candidate 18
**cansado/a** *adj.* tired 5
**cantante** *m., f.* singer 17
**cantar** *v.* to sing 2
**capital** *f.* capital city 1
**capó** *m.* hood 11
**cara** *f.* face 7
**caramelo** *m.* caramel 9
**carne** *f.* meat 8
**carne de res** *f.* beef 8
**carnicería** *f.* butcher shop 14
**caro/a** *adj.* expensive 6
**carpintero/a** *m., f.* carpenter 16
**carrera** *f.* career 16
**carretera** *f.* highway 11
**carro** *m.* car; automobile 11
**carta** *f.* letter 4; (playing) card 5
**cartel** *m.* poster 12
**cartera** *f.* wallet 6
**cartero** *m.* mail carrier 14
**casa** *f.* house; home 2
**casado/a** *adj.* married 9
**casarse (con)** *v.* to get married (to) 9
**casi** *adv.* almost 10
**catorce** *adj.* fourteen 1
**cazar** *v.* to hunt 13
**cebolla** *f.* onion 8
**cederrón** *m.* CD-ROM 11
**celebrar** *v.* to celebrate 9
**celular** *adj.* cellular 11
**cena** *f.* dinner 8
**cenar** *v.* to have dinner 2
**centro** *m.* downtown 4
**centro comercial** shopping mall 6
**cepillarse los dientes/el pelo** *v.* to brush one's teeth/one's hair 7
**cerámica** *f.* pottery 17
**cerca de** *prep.* near 2
**cerdo** *m.* pork 8
**cereales** *m., pl.* cereal; grains 8
**cero** *m.* zero 1
**cerrado/a** *adj.* closed 5, 14
**cerrar (e:ie)** *v.* to close 4
**cerveza** *f.* beer 8
**césped** *m.* grass 13
**ceviche** *m.* marinated fish dish 8
**ceviche de camarón** *m.* lemon-marinated shrimp 8
**chaleco** *m.* vest
**champán** *m.* champagne 9
**champiñón** *m.* mushroom 8
**champú** *m.* shampoo 7
**chaqueta** *f.* jacket 6
**chau** *fam. interj.* bye 1
**cheque** *m.* (bank) check 14
**cheque (de viajero)** *m.* (traveler's) check 14
**chévere** *adj., fam.* terrific
**chico/a** *adj.* boy/girl 1
**chino/a** *adj.* Chinese 3
**chocar (con)** *v.* to run into
**chocolate** *m.* chocolate 9
**choque** *m.* collision 18
**chuleta** *f.* chop (*food*) 8
**chuleta de cerdo** *f.* pork chop 8
**cibercafé** *m.* cybercafé
**ciclismo** *m.* cycling 4
**cielo** *m.* sky 13
**cien(to)** one hundred 2, 6
**ciencia** *f.* science 2
**de ciencia ficción** *f.* science fiction (genre) 17
**científico/a** *m., f.* scientist 16
**cierto** *m.* certain 13
**Es cierto.** It's certain. 13
**No es cierto.** It's not certain. 13
**cinco** five 1
**cincuenta** fifty 2
**cine** *m.* movie theater 4
**cinta** *f.* (audio)tape
**cinta caminadora** *f.* treadmill 15
**cinturón** *m.* belt 6
**circulación** *f.* traffic 11
**cita** *f.* date; appointment 9
**ciudad** *f.* city 4
**ciudadano/a** *adj.* citizen 18
**Claro (que sí).** *fam.* Of course. 16
**clase** *f.* class 2
**clase de ejercicios aeróbicos** *f.* aerobics class 15
**clásico/a** *adj.* classical 17
**cliente/a** *m., f.* customer 6
**clínica** *f.* clinic 10
**cobrar** *v.* to cash (a check) 14
**coche** *m.* car; automobile 11
**cocina** *f.* kitchen; stove 12
**cocinar** *v.* to cook 12
**cocinero/a** *m., f.* cook, chef 16
**cofre** *m.* hood 14
**cola** *f.* line 14
**colesterol** *m.* cholesterol 15
**color** *m.* color 6
**comedia** *f.* comedy; play 17
**comedor** *m.* dining room 12
**comenzar (e:ie)** *v.* to begin 4
**comer** *v.* to eat 3
**comercial** *adj.* commercial; business-related 16
**comida** *f.* food; meal 8
**como** like; as 8
**¿cómo?** what?; how? 1
**¿Cómo es...?** What's... like? 3
**¿Cómo está usted?** *form.* How are you? 1
**¿Cómo estás?** *fam.* How are you? 1
**¿Cómo les fue...?** *pl.* How did ... go for you? 15
**¿Cómo se llama (usted)?** (*form.*) What's your name? 1
**¿Cómo te llamas (tú)?** (*fam.*) What's your name? 1
**cómoda** *f.* chest of drawers 12
**cómodo/a** *adj.* comfortable 5
**compañero/a de clase** *m., f.* classmate 2
**compañero/a de cuarto** *m., f.* roommate 2
**compañía** *f.* company; firm 16
**compartir** *v.* to share 3

**completamente** *adv.* completely 16
**compositor(a)** *m., f.* composer 17
**comprar** *v.* to buy 2
**compras** *f., pl.* purchases 5
**ir de compras** go shopping 5
**comprender** *v.* to understand 3
**comprobar** *v.* to check
**comprometerse (con)** *v.* to get engaged (to) 9
**computación** *f.* computer science 2
**computadora** *f.* computer 1
**computadora portátil** *f.* portable computer; laptop 11
**comunicación** *f.* communication 18
**comunicarse (con)** *v.* to communicate (with) 18
**comunidad** *f.* community 1
**con** *prep.* with 2
**Con él/ella habla.** This is he/she. (*on telephone*) 11
**con frecuencia** *adv.* frequently 10
**Con permiso.** Pardon me; Excuse me. 1
**con tal (de) que** provided (that) 13
**concierto** *m.* concert 17
**concordar** *v.* to agree
**concurso** *m.* game show; contest 17
**conducir** *v.* to drive 8, 11
**conductor(a)** *m., f.* driver 1
**confirmar** *v.* to confirm 5
**confirmar** *v.* **una reservación** *f.* to confirm a reservation 5
**confundido/a** *adj.* confused 5
**congelador** *m.* freezer 12
**congestionado/a** *adj.* congested; stuffed-up 10
**conmigo** *pron.* with me 4, 9
**conocer** *v.* to know; to be acquainted with 8
**conocido** *adj.; p.p.* known
**conseguir (e:i)** *v.* to get; to obtain 4
**consejero/a** *m., f.* counselor; advisor 16
**consejo** *m.* advice
**conservación** *f.* conservation 13
**conservar** *v.* to conserve 13
**construir** *v.* to build
**consultorio** *m.* doctor's office 10
**consumir** *v.* to consume 15
**contabilidad** *f.* accounting 2
**contador(a)** *m., f.* accountant 16
**contaminación** *f.* pollution 13
**contaminación del aire/del agua** air/water pollution 13
**contaminado/a** *adj.* polluted 13
**contaminar** *v.* to pollute 13
**contar** *v.* to count; to tell 4
**contar (con)** *v.* to count (on) 12
**contento/a** *adj.* happy; content 5
**contestadora** *f.* answering machine 11
**contestar** *v.* to answer 2
**contigo** *fam. pron.* with you 9
**contratar** *v.* to hire 16

**control** *m.* control 7
**control remoto** remote control 11
**controlar** *v.* to control 13
**conversación** *f.* conversation 2
**conversar** *v.* to converse, to chat 2
**copa** *f.* wineglass; goblet 12
**corazón** *m.* heart 10
**corbata** *f.* tie 6
**corredor(a)** *m., f.* **de bolsa** stockbroker 16
**correo** *m.* mail; post office 14
**correo electrónico** *m.* e-mail 4
**correr** *v.* to run 3
**cortesía** *f.* courtesy
**cortinas** *f., pl.* curtains 12
**corto/a** *adj.* short (*in length*) 6
**cosa** *f.* thing 1
**costar (o:ue)** *f.* to cost 6
**cráter** *m.* crater 13
**creer** *v.* to believe 13
**creer (en)** *v.* to believe (in) 3
**no creer (en)** *v.* not to believe (in) 13
**creído/a** *adj., p.p.* believed 14
**crema de afeitar** *f.* shaving cream 7
**crimen** *m.* crime; murder 18
**cruzar** *v.* to cross 14
**cuaderno** *m.* notebook 1
**cuadra** *f.* (city) block 14
**¿cuál(es)?** which?; which ones? 2
**¿Cuál es la fecha (de hoy)?** What is the date (today)? 5
**cuadro** *m.* picture 12
**cuadros** *m., pl.* plaid 6
**cuando** when 7; 13
**¿cuándo?** when? 2
**¿cuánto(s)/a(s)?** how much/how many? 1
**¿Cuánto cuesta...?** How much does... cost? 6
**¿Cuántos años tienes?** How old are you? 3
**cuarenta** forty 2
**cuarto de baño** *m.* bathroom 7
**cuarto** *m.* room 7; 12
**cuarto/a** *adj.* fourth 5
**menos cuarto** quarter to (time)
**y cuarto** quarter after (time) 1
**cuatro** four 1
**cuatrocientos/as** *m., f.* four hundred 6
**cubiertos** *m., pl.* silverware
**cubierto/a** *p.p.* covered
**cubrir** *v.* to cover
**cuchara** *f.* (table or large) spoon 12
**cuchillo** *m.* knife 12
**cuello** *m.* neck 10
**cuenta** *f.* bill 9; account 14
**cuenta corriente** *f.* checking account 14
**cuenta de ahorros** *f.* savings account 14
**cuento** *m.* story 17

**cuerpo** *m.* body 10
**cuidado** *m.* care 3
**cuidar** *v.* to take care of 13
**¡Cuídense!** Take care! 14
**cultura** *f.* culture 17
**cumpleaños** *m., sing.* birthday 9
**cumplir años** *v.* to have a birthday 9
**cuñado/a** *m., f.* brother-in-law; sister-in-law 3
**currículum** *m.* résumé 16
**curso** *m.* course 2

## D

**danza** *f.* dance 17
**dañar** *v.* to damage; to breakdown 10
**dar** *v.* to give 6, 9
**dar direcciones** *v.* to give directions 14
**dar un consejo** *v.* to give advice
**darse con** *v.* to bump into; to run into (something) 10
**darse prisa** *v.* to hurry; to rush 15
**de** *prep.* of; from 1
**¿De dónde eres?** *fam.* Where are you from? 1
**¿De dónde es usted?** *form.* Where are you from? 1
**¿De parte de quién?** Who is calling? (*on telephone*) 11
**¿de quién...?** whose...? (*sing.*) 1
**¿de quiénes...?** whose...? (*pl.*) 1
**de algodón** (made of) cotton 6
**de aluminio** (made of) aluminum 13
**de buen humor** in a good mood 5
**de compras** shopping 5
**de cuadros** plaid 6
**de excursión** hiking 4
**de hecho** in fact
**de ida y vuelta** roundtrip 5
**de la mañana** in the morning; A.M. 1
**de la noche** in the evening; at night; P.M. 1
**de la tarde** in the afternoon; in the early evening; P.M. 1
**de lana** (made of) wool 6
**de lunares** polka-dotted 6
**de mal humor** in a bad mood 5
**de mi vida** of my life 15
**de moda** in fashion 6
**De nada.** You're welcome. 1
**De ninguna manera.** No way. 16
**de niño/a** as a child 10
**de parte de** on behalf of 11
**de plástico** (made of) plastic 13
**de rayas** striped 6
**de repente** suddenly 6

**de seda** (made of ) silk 6
**de vaqueros** western (genre) 17
**de vez en cuando** from time to time 10
**de vidrio** (made of) glass 13
**debajo de** *prep.* below; under 2
**deber (+** ***infin.*****)** *v.* should; must 3; **Debe ser...** It must be... 6
**deber** *m.* responsibility; obligation 18
**debido a** due to (the fact that)
**débil** *adj.* weak 15
**decidido/a** *adj.* decided 14
**decidir (+** ***infin.*****)** *v.* (to decide) 3
**décimo/a** *adj.* tenth 5
**decir** *v.* **(que)** to say (that); to tell (that) 4, 9
**decir la respuesta** to say the answer 4
**decir la verdad** to tell the truth 4
**decir mentiras** to tell lies 4
**decir que** to say that 4
**declarar** *v.* to declare; to say 18
**dedo** *m.* finger 10
**deforestación** *f.* deforestation 13
**dejar** *v.* to let 12; to quit; to leave behind 16
**dejar de** *(+ inf.) v.* to stop *(doing something)* 13
**dejar una propina** *v.* to leave a tip 9
**del (***contraction of* **de + el)** of the; from the
**delante de** *prep.* in front of 2
**delgado/a** *adj.* thin; slender 3
**delicioso/a** *adj.* delicious 8
**demás** *adj.* the rest
**demasiado** *adj., adv.* too much 6
**dentista** *m., f.* dentist 10
**dentro de (diez años)** within (ten years) 16; inside
**dependiente/a** *m., f.* clerk 6
**deporte** *m.* sport 4
**deportista** *m.* sports person
**deportivo/a** *adj.* sports-related 4
**depositar** *v.* to deposit 14
**derecha** *f.* right 2
**derecho** *adj.* straight (ahead) 14
**a la derecha de** to the right of 2
**derechos** *m.* rights 18
**desarrollar** *v.* to develop 13
**desastre (natural)** *m.* (natural) disaster 18
**desayunar** *v.* to have breakfast 2
**desayuno** *m.* breakfast 8
**descafeinado/a** *adj.* decaffeinated 15
**descansar** *v.* to rest 2
**descargar** *v.* to download 11
**descompuesto/a** *adj.* not working; out-of-order 11
**describir** *v.* to describe 3
**descrito/a** *p.p.* described 14
**descubierto/a** *p.p.* discovered 14
**descubrir** *v.* to discover 13
**desde** from 6
**desear** *v.* to wish; to desire 2
**desempleo** *m.* unemployment 18
**desierto** *m.* desert 13
**(des)igualdad** *f.* (in)equality 18
**desordenado/a** *adj.* disorderly 5
**despacio** *adv.* slowly 10
**despedida** *f.* farewell; good-bye
**despedir (e:i)** *v.* to fire 16
**despedirse (de) (e:i)** *v.* to say good-bye (to) 7
**despejado/a** *adj.* clear (*weather*)
**despertador** *m.* alarm clock 7
**despertarse (e:ie)** *v.* to wake up 7
**después** *adv.* afterwards; then 7
**después de** after 7
**después de que** *conj.* after 13
**destruir** *v.* to destroy 13
**detrás de** *prep.* behind 2
**día** *m.* day 1
**día de fiesta** holiday 9
**diario** *m.* diary 1; newspaper 18
**diario/a** *adj.* daily 7
**dibujar** *v.* to draw 2
**dibujo** *m.* drawing 17
**dibujos animados** *m., pl.* cartoons 17
**diccionario** *m.* dictionary 1
**dicho/a** *p.p.* said 14
**diciembre** *m.* December 5
**dictadura** *f.* dictatorship 18
**diecinueve** nineteen 1
**dieciocho** eighteen 1
**dieciséis** sixteen 1
**diecisiete** seventeen 1
**diente** *m.* tooth 7
**dieta** *f.* diet 15
**comer una dieta equilibrada** to eat a balanced diet 15
**diez** ten 1
**difícil** *adj.* difficult; hard 3
**Diga.** Hello. (*on telephone*) 11
**diligencia** *f.* errand 14
**dinero** *m.* money 6
**dirección** *f.* address 14
**dirección electrónica** *f.* e-mail address 11
**direcciones** *f., pl.* directions 14
**director(a)** *m., f.* director; (*musical*) conductor 17
**dirigir** *v.* to direct 17
**disco compacto** compact disc (CD) 11
**discriminación** *f.* discrimination 18
**discurso** *m.* speech 18
**diseñador(a)** *m., f.* designer 16
**diseño** *m.* design
**disfrutar (de)** *v.* to enjoy; to reap the benefits (of) 15
**diversión** *f.* fun activity; entertainment; recreation 4
**divertido/a** *adj.* fun 7
**divertirse (e:ie)** *v.* to have fun 9
**divorciado/a** *adj.* divorced 9
**divorciarse (de)** *v.* to get divorced (from) 9
**divorcio** *m.* divorce 9
**doblar** *v.* to turn 14
**doble** *adj.* double
**doce** twelve 1
**doctor(a)** *m., f.* doctor 3
**documental** *m.* documentary 17
**documentos de viaje** *m., pl.* travel documents
**doler (o:ue)** *v.* to hurt 10
**dolor** *m.* ache; pain 10
**dolor de cabeza** *m.* headache 10
**doméstico/a** *adj.* domestic 12
**domingo** *m.* Sunday 2
**don/doña** *title of respect used with a person's first name* 1
**donde** *prep.* where
**¿Dónde está...?** Where is...? 2
**¿dónde?** where? 1
**dormir (o:ue)** *v.* to sleep 4
**dormirse (o:ue)** *v.* to go to sleep; to fall asleep 7
**dormitorio** *m.* bedroom 12
**dos** two 1
**dos veces** *f.* twice; two times 6
**doscientos/as** two hundred 6
**drama** *m.* drama; play 17
**dramático/a** *adj.* dramatic 17
**dramaturgo/a** *m., f.* playwright 17
**droga** *f.* drug 15
**drogadicto/a** *adj.* drug addict 15
**ducha** *f.* shower 7
**ducharse** *v.* to shower; to take a shower 7
**duda** *f.* doubt 13
**dudar** *v.* to doubt 13
**no dudar** *v.* not to doubt 13
**dueño/a** *m., f.* owner; landlord 8
**dulces** *m., pl.* sweets; candy 9
**durante** *prep.* during 7
**durar** *v.* to last 18

## E

**e** *conj. (used instead of* **y** *before words beginning with* **i** *and* **hi***)* and 4
**echar** *v.* to throw 14
**echar (una carta) al buzón** *v.* to throw (a letter) in the mailbox 14
**ecología** *f.* ecology 13
**economía** *f.* economics 2
**ecoturismo** *m.* ecotourism 13
**Ecuador** *m.* Ecuador 1
**ecuatoriano/a** *adj.* Ecuadorian 3
**edad** *f.* age 9
**edificio** *m.* building 12
**(en) efectivo** *m.* cash 6
**ejercicio** *m.* exercise 15
**ejercicios aeróbicos** *m.*

aerobic exercises 15
**ejercicios de estiramiento** stretching exercises 15
**ejército** *m.* army 18
**el** *m., sing., def. art.* the 1
**él** *sub. pron.* he 1; *adj. pron.* him
**elecciones** *f. pl.* election 18
**electricista** *m., f.* electrician 16
**electrodoméstico** *m.* electric appliance 12
**elegante** *adj. m., f.* elegant 6
**elegir** *v.* to elect 18
**ella** *sub. pron.* she 1; *obj. pron.* her
**ellos/as** *sub. pron.* they 1; them 1
**embarazada** *adj.* pregnant 10
**emergencia** *f.* emergency 10
**emitir** *v.* to broadcast 18
**emocionante** *adj. m., f.* exciting
**empezar (e:ie)** *v.* to begin 4
**empleado/a** *m., f.* employee 5
**empleo** *m.* job; employment 16
**empresa** *f.* company; firm 16
**en** *prep.* in; on 2
**en casa** at home 7
**en caso (de) que** in case (that) 13
**en cuanto** as soon as 13
**en efectivo** in cash 14
**en exceso** in excess; too much 15
**en línea** in-line 4
**¡En marcha!** Let's get going! 15
**en mi nombre** in my name
**en punto** on the dot; exactly; sharp (*time*) 1
**en qué** in what; how 2
**¿En qué puedo servirles?** How can I help you? 5
**enamorado/a (de)** *adj.* in love (with) 5
**enamorarse (de)** *v.* to fall in love (with) 9
**encantado/a** *adj.* delighted; pleased to meet you 1
**encantar** *v.* to like very much; to love (*inanimate things*) 7
**¡Me encantó!** I loved it! 15
**encima de** *prep.* on top of 2
**encontrar (o:ue)** *v.* to find 4
**encontrar(se) (o:ue)** *v.* to meet (each other); to run into (each other) 11
**encuesta** *f.* poll; survey 18
**energía** *f.* energy 13
**energía nuclear** nuclear energy 13
**energía solar** solar energy 13
**enero** *m.* January 5
**enfermarse** *v.* to get sick 10
**enfermedad** *f.* illness 10
**enfermero/a** *m., f.* nurse 10
**enfermo/a** *adj.* sick 10
**enfrente de** *adv.* opposite; facing 14
**engordar** *v.* to gain weight 15
**enojado/a** *adj.* mad; angry 5
**enojarse (con)** *v.* to get angry (with) 7
**ensalada** *f.* salad 8
**enseguida** *adv.* right away 9
**enseñar** *v.* to teach 2
**ensuciar** *v.* to get (something) dirty 12
**entender (e:ie)** *v.* to understand 4
**entonces** *adv.* then 7
**entrada** *f.* entrance 12; ticket 17
**entre** *prep.* between; among 2
**entremeses** *m., pl.* hors d'oeuvres 8
**entrenador(a)** *m., f.* trainer 15
**entrenarse** *v.* to practice; to train 15
**entrevista** *f.* interview 16
**entrevistador(a)** *m., f.* interviewer 16
**entrevistar** *v.* to interview 16
**envase** *m.* container 13
**enviar** *v.* to send; to mail 14
**equilibrado/a** *adj.* balanced 15
**equipado/a** *adj.* equipped 15
**equipaje** *m.* luggage 5
**equipo** *m.* team 4
**equivocado/a** *adj.* wrong 5
**eres** *fam.* you are 1
**es** he/she/it is 1
**Es bueno que...** It's good that... 12
**Es de...** He/She is from... 1
**Es extraño** It's strange 13
**Es importante que...** It's important that... 12
**Es imposible** It's impossible 13
**Es improbable** It's improbable 13
**Es malo que...** It's bad that... 12
**Es mejor que...** It's better that... 12
**Es necesario que...** It's necessary that... 12
**Es obvio.** It's obvious. 13
**Es ridículo.** It's ridiculous. 13
**Es seguro.** It's sure. 13
**Es terrible.** It's terrible. 13
**Es triste.** It's sad. 13
**Es urgente que...** It's urgent that... 12
**Es la una.** It's one o'clock. 1
**Es una lástima.** It's a shame. 13
**Es verdad.** It's true. 13
**esa(s)** *f., adj.* that; those 6
**ésa(s)** *f., pron.* those (ones) 6
**escalar** *v.* to climb 4
**escalar montañas** *v.* to climb mountains 4
**escalera** *f.* stairs; stairway 12
**escoger** *v.* to choose 8
**escribir** *v.* to write 3
**escribir un mensaje electrónico** to write an e-mail message 4
**escribir una (tarjeta) postal** to write a postcard 4
**escribir una carta** to write a letter 4
**escrito/a** *p.p.* written 14
**escritor(a)** *m., f* writer 17
**escritorio** *m.* desk 2
**escuchar** *v.* to listen to
**escuchar la radio** to listen (to) the radio 2
**escuchar música** to listen (to) music 2
**escuela** *f.* school 1
**esculpir** *v.* to sculpt 17
**escultor(a)** *m., f.* sculptor 17
**escultura** *f.* sculpture 17
**ese** *m., sing., adj.* that 6
**ése** *m., sing., pron.* that (one) 6
**eso** *neuter, pron.* that; that thing 6
**esos** *m., pl., adj.* those 6
**ésos** *m., pl., pron.* those (ones) 6
**España** *f.* Spain 1
**español** *m.* Spanish (*language*) 2
**español(a)** *adj. m., f.* Spanish 3
**espárragos** *m., pl.* asparagus 8
**especialización** *f.* major 2
**espectacular** *adj.* spectacular 15
**espectáculo** *m.* show 17
**espejo** *m.* mirror 7
**esperar** *v.* to hope; to wish 13
**esperar (+ *infin.*)** *v.* to wait (for); to hope 2
**esposo/a** *m., f.* husband/wife; spouse 3
**esquí (acuático)** *m.* (water) skiing 4
**esquiar** *v.* to ski 4
**esquina** *m.* corner 14
**está** he/she/it is, you are
**Está (muy) despejado.** It's (very) clear. (*weather*)
**Está (muy) nublado.** It's (very) cloudy. (*weather*)
**Está bien.** That's fine. 11
**esta(s)** *f., adj.* this; these 6
**esta noche** tonight 4
**ésta(s)** *f., pron.* this (one); these (ones) 6
**Ésta es...** *f.* This is... (*introducing someone*) 1
**establecer** *v.* to start, to establish 16
**estación** *f.* station; season 5
**estación de autobuses** bus station 5
**estación del metro** subway station 5
**estación de tren** train station 5
**estacionamiento** *m.* parking lot 14
**estacionar** *v.* to park 11
**estadio** *m.* stadium 2

**estado civil** *m.* marital status 9
**Estados Unidos** *m.* (EE.UU.; E.U.) United States 1
**estadounidense** *adj. m., f.* from the United States 3
**estampado/a** *adj.* print
**estampilla** *f.* stamp 14
**estante** *m.* bookcase; bookshelves 12
**estar** *v.* to be 2
**estar a (veinte kilómetros) de aquí.** to be (20 kilometers) from here 11
**estar a dieta** to be on a diet 15
**estar aburrido/a** to be bored 5
**estar afectado/a (por)** to be affected (by) 13
**estar bajo control** to be under control 7
**estar cansado/a** to be tired 5
**estar contaminado/a** to be polluted 13
**estar de acuerdo** to agree 16
**Estoy (completamente) de acuerdo.** I agree (completely) 16
**No estoy de acuerdo.** I don't agree. 16
**estar de moda** to be in fashion 6
**estar de vacaciones** *f., pl.* to be on vacation 5
**estar en buena forma** to be in good shape 15
**estar enfermo/a** to be sick 10
**estar listo/a** to be ready 15
**estar perdido/a** to be lost 14
**estar roto/a** to be broken 10
**estar seguro/a** to be sure 5
**estar torcido/a** to be twisted; to be sprained 10
**No está nada mal.** It's not at all bad. 5
**estatua** *f.* statue 17
**este** *m.* east 14; umm 17
**este** *m., sing., adj.* this 6
**éste** *m., sing., pron.* this (one) 6
**Éste es...** *m.* This is... (introducing someone) 1
**estéreo** *m.* stereo 11
**estilo** *m.* style
**estiramiento** *m.* stretching 15
**esto** *neuter pron.* this; this thing 6
**estómago** *m.* stomach 10
**estornudar** *v.* to sneeze 10
**estos** *m., pl., adj.* these 6
**éstos** *m., pl., pron.* these (ones) 6
**estrella** *f.* star 13
**estrella de cine** *m., f.* movie star 17
**estrés** *m.* stress 15
**estudiante** *m., f.* student 1, 2
**estudiantil** *adj. m., f.* student 2
**estudiar** *v.* to study 2
**estufa** *f.* stove 12
**estupendo/a** *adj.* stupendous 5
**etapa** *f.* stage 9
**evitar** *v.* to avoid 13
**examen** *m.* test; exam 2
**examen médico** physical exam 10
**excelente** *adj. m., f.* excellent 5
**exceso** *m.* excess; too much 15
**excursión** *f.* hike; tour; excursion
**excursionista** *m., f.* hiker 4
**éxito** *m.* success 16
**experiencia** *f.* experience 18
**explicar** *v.* to explain 2
**explorar** *v.* to explore
**expresión** *f.* expression
**extinción** *f.* extinction 13
**extranjero/a** *adj.* foreign 17
**extraño/a** *adj.* strange 13

## F

**fabuloso/a** *adj* fabulous 5
**fácil** *adj.* easy 3
**falda** *f.* skirt 6
**faltar** *v.* to lack; to need 7
**familia** *f.* family 3
**famoso/a** *adj.* famous 16
**farmacia** *f.* pharmacy 10
**fascinar** *v.* to fascinate 7
**favorito/a** *adj.* favorite 4
***fax*** *m.* fax (machine) 11
**febrero** *m.* February 5
**fecha** *f.* date 5
**feliz** *adj.* happy 5
**¡Felicidades!** Congratulations! (*for an event such as a birthday or anniversary*) 9
**¡Felicitaciones!** Congratulations! (*for an event such as an engagement or a good grade on a test*) 9
**¡Feliz cumpleaños!** Happy birthday! 9
**fenomenal** *adj.* great, phenomenal 5
**feo/a** *adj.* ugly 3
**festival** *m.* festival 17
**fiebre** *f.* fever 10
**fiesta** *f.* party 9
**fijo/a** *adj.* fixed, set 6
**fin** *m.* end 4
**fin de semana** weekend 4
**finalmente** *adv.* finally 15
**firmar** *v.* to sign (*a document*) 14
**física** *f.* physics 2
**flan (de caramelo)** *m.* baked (caramel) custard 9
**flexible** *adj.* flexible 15
**flor** *f.* flower 13
**folklórico/a** *adj.* folk; folkloric 17
**folleto** *m.* brochure
**fondo** *m.* end 12
**forma** *f.* shape 15
**formulario** *m.* form 14
**foto(grafía)** *f.* photograph 1
**francés, francesa** *adj. m., f.* French 3
**frecuentemente** *adv.* frequently 10
**frenos** *m., pl.* brakes
**fresco/a** *adj.* cool 5
**frijoles** *m., pl.* beans 8
**frío/a** *adj.* cold 5
**frito/a** *adj.* fried 8
**fruta** *f.* fruit 8
**frutería** *f.* fruit store 14
**frutilla** *f.* strawberry 8
**fuente de fritada** *f.* platter of fried food
**fuera** *adv.* outside
**fuerte** *adj. m., f.* strong 15
**fumar** *v.* to smoke 15
**(no) fumar** *v.* (not) to smoke 15
**funcionar** *v.* to work; to function 11
**fútbol** *m.* soccer 4
**fútbol americano** *m.* football 4
**futuro/a** *adj.* future 16
**en el futuro** in the future 16

## G

**gafas (de sol)** *f., pl.* (sun)glasses 6
**gafas (oscuras)** *f., pl.* (sun)glasses 6
**galleta** *f.* cookie 9
**ganar** *v.* to win 4; to earn (money) 16
**ganga** *f.* bargain 6
**garaje** *m.* garage; (mechanic's) repair shop; 11 garage (*in a house*) 12
**garganta** *f.* throat 10
**gasolina** *f.* gasoline 11
**gasolinera** *f.* gas station 11
**gastar** *v.* to spend (*money*) 6
**gato** *m.* cat 13
**gemelo/a** *m., f.* twin 3
**gente** *f.* people 3
**geografía** *f.* geography 2
**gerente** *m., f.* manager 16
**gimnasio** *m.* gymnasium 4
**gobierno** *m.* government 13
**golf** *m.* golf 4
**gordo/a** *adj.* fat 3
**grabadora** *f.* tape recorder 1
**grabar** *v.* to record 11
**gracias** *f., pl.* thank you; thanks 1
**Gracias por todo.** Thanks for everything. 9, 15
**Gracias una vez más.** Thanks again. 9
**graduarse (de/en)** *v.* to graduate (from/in) 9
**gran, grande** *adj.* big 3
**grasa** *f.* fat 15
**gratis** *adj. m., f.* free of charge 14

**grave** *adj.* grave; serious 10
**gravísimo/a** *adj.* extremely serious 13
**grillo** *m.* cricket
**gripe** *f.* flu 10
**gris** *adj. m., f.* gray 6
**gritar** *v.* to scream 7
**guantes** *m., pl.* gloves 6
**guapo/a** *adj.* handsome; good-looking 3
**guardar** *v.* to save (on a computer) 11
**guerra** *f.* war 18
**guía** *m., f.* guide
**gustar** *v.* to be pleasing to; to like 7
**Me gustaría...** I would like...
**gusto** *m.* pleasure 17
**El gusto es mío.** The pleasure is mine. 1
**Gusto de verlo/la.** *(form.)* It's nice to see you. 18
**Gusto de verte.** *(fam.)* It's nice to see you. 18
**Mucho gusto.** Pleased to meet you. 1
**¡Qué gusto volver a verlo/la!** *(form.)* I'm happy to see you again! 18
**¡Qué gusto volver a verte!** *(fam.)* I'm happy to see you again! 18

## H

**haber** *(aux. ) v.* to have *(done something)* 15
**Ha sido un placer.** It's been a pleasure. 15
**habitación** *f.* room 5
**habitación doble** double room 5
**habitación individual** single room 5
**hablar** *v.* to talk; to speak 2
**hacer** *v.* to do; to make; 4
**Hace buen tiempo.** The weather is good. 5
**Hace (mucho) calor.** It's (very) hot. *(weather)* 5
**Hace fresco.** It's cool. *(weather)* 5
**Hace (mucho) frío.** It's very cold. *(weather)* 5
**Hace mal tiempo.** The weather is bad. 5
**Hace (mucho) sol.** It's (very) sunny. *(weather)* 5
**Hace (mucho) viento.** It's (very) windy. *(weather)* 5
**hacer cola** to stand in line 14
**hacer diligencias** to run errands 14
**hacer ejercicio** to exercise 15
**hacer ejercicios aeróbicos** to do aerobics 15
**hacer ejercicios de estiramiento** to do stretching exercises 15
**hacer el papel (de)** to play the role (of) 17
**hacer gimnasia** to work out 15
**hacer juego (con)** to match (with) 6
**hacer la cama** to make the bed 12
**hacer las maletas** to pack (one's) suitcases 5
**hacer quehaceres domésticos** to do household chores 12
**hacer turismo** to go sightseeing 5
**hacer un viaje** to take a trip 5
**hacer una excursión** to go on a hike; to go on a tour 5
**hacia** *prep.* toward 14
**hambre** *f.* hunger 3
**hamburguesa** *f.* hamburger 8
**hasta** *prep.* until 6; toward
**Hasta la vista.** See you later. 1
**Hasta luego.** See you later. 1
**Hasta mañana.** See you tomorrow. 1
**hasta que** until 13
**Hasta pronto.** See you soon. 1
**hay** there is; there are 1
**Hay (mucha) contaminación.** It's (very) smoggy.
**Hay (mucha) niebla.** It's (very) foggy. 5
**Hay que** It is necessary that 14
**No hay duda de** There's no doubt 13
**No hay de qué.** You're welcome. 1
**hecho/a** *p.p.* done 14
**heladería** *f.* ice cream shop 14
**helado/a** *adj.* iced 8
**helado** *m.* ice cream 9
**hermanastro/a** *m., f.* stepbrother/stepsister 3
**hermano/a** *m., f.* brother/sister 3
**hermano/a mayor/menor** *m., f.* older/younger brother/sister 3
**hermanos** *m., pl.* siblings (brothers and sisters) 3
**hermoso/a** *adj.* beautiful 6
**hierba** *f.* grass 13
**hijastro/a** *m., f.* stepson/stepdaughter 3
**hijo/a** *m., f.* son/daughter 3
**hijo/a único/a** *m., f.* only child 3
**hijos** *m., pl.* children 3
**historia** *f.* history 2; story 17
**hockey** *m.* hockey 4
**hola** *interj.* hello; hi 1
**hombre** *m.* man 1
**hombre de negocios** *m.* businessman 16
**hora** *f.* hour 1; the time
**horario** *m.* schedule 2
**horno** *m.* oven 12
**horno de microondas** *m.* microwave oven 12
**horror** *m.* horror 17
**de horror** horror (genre) 17
**hospital** *m.* hospital 10
**hotel** *m.* hotel 5
**hoy** *adv.* today 2
**hoy día** *adv.* nowadays
**Hoy es...** Today is... 2
**huelga** *f.* strike (labor) 18
**hueso** *m.* bone 10
**huésped** *m., f.* guest 5
**huevo** *m.* egg 8
**humanidades** *f., pl.* humanities 2
**huracán** *m.* hurricane 18

## I

**ida** *f.* one way *(travel)*
**idea** *f.* idea 4
**iglesia** *f.* church 4
**igualdad** *f.* equality 18
**igualmente** *adv.* likewise 1
**impermeable** *m.* raincoat 6
**importante** *adj. m., f.* important 3
**importar** *v.* to be important to; to matter 7
**imposible** *adj. m., f.* impossible 13
**impresora** *f.* printer 11
**imprimir** *v.* to print 11
**improbable** *adj. m., f.* improbable 13
**impuesto** *m.* tax 18
**incendio** *m.* fire 18
**increíble** *adj. m., f.* incredible 5
**individual** *adj.* private *(room)* 5
**infección** *f.* infection 10
**informar** *v.* to inform 18
**informe** *m.* report; paper *(written work)* 18
**ingeniero/a** *m., f.* engineer 3
**inglés** *m.* English *(language)* 2
**inglés, inglesa** *adj.* English 3
**inodoro** *m.* toilet 6
**insistir (en)** *v.* to insist (on) 12
**inspector(a) de aduanas** *m., f.* customs inspector 5
**inteligente** *adj. m., f.* intelligent 3
**intercambiar** *v.* to exchange
**interesante** *adj. m., f.* interesting 3
**interesar** *v.* to be interesting to; to interest 7
**(inter)nacional** *adj. m., f.* (inter)national 18
**Internet** *m.* Internet 11
**inundación** *f.* flood 18
**invertir (i:ie)** *v.* to invest 16
**invierno** *m.* winter 5
**invitado/a** *m., f.* guest (*at a func-*

*tion)* 9
**invitar** *v.* to invite 9
**inyección** *f.* injection 10
**ir** *v.* to go 4
**ir a (+ *inf.*)** to be going to do something 4
**ir de compras** to go shopping 5
**ir de excursión (a las montañas)** to go for a hike (in the mountains) 4
**ir de pesca** to go fishing 5
**ir de vacaciones** to go on vacation 5
**ir en autobús** to go by bus 5
**ir en auto(móvil)** to go by auto(mobile); to go by car 5
**ir en avión** to go by plane 5
**ir en barco** to go by boat 5
**ir en metro** to go by subway 5
**ir en motocicleta** to go by motorcycle 5
**ir en taxi** to go by taxi 5
**ir en tren** to go by train 5
**irse** *v.* to go away; to leave 7
**italiano/a** *adj.* Italian 3
**izquierdo/a** *adj.* left 2
**a la izquierda de** to the left of 2

## J

**jabón** *m.* soap 7
**jamás** *adv.* never; not ever 7
**jamón** *m.* ham 8
**japonés, japonesa** *adj.* Japanese 3
**jardín** *m.* garden; yard 12
**jefe, jefa** *m., f.* boss 16
**joven** *adj. m., f.* young 3
**joven** *m., f.* youth; young person 1
**joyería** *f.* jewelry store 14
**jubilarse** *v.* to retire *(from work)* 9
**juego** *m.* game
**jueves** *m., sing.* Thursday 2
**jugador(a)** *m., f.* player 4
**jugar (u:ue)** *v.* to play 4
**jugar a las cartas** *f. pl.* to play cards 5
**jugo** *m.* juice 8
**jugo de fruta** *m.* fruit juice 8
**julio** *m.* July 5
**jungla** *f.* jungle 13
**junio** *m.* June 5
**juntos/as** *adj.* together 9
**juventud** *f.* youth 9

## K

**kilómetro** *m.* kilometer 11

## L

**la** *f., sing., def. art.* the 1
**la** *f., sing., d.o. pron.* her, it, *form.* you 5
**laboratorio** *m.* laboratory 2
**lago** *m.* lake 13
**lámpara** *f.* lamp 12
**lana** *f.* wool 6
**langosta** *f.* lobster 8
**lápiz** *m.* pencil 1
**largo/a** *adj.* long *(in length)* 6
**las** *f., pl., def. art.* the 1
**las** *f., pl., d.o.pron.* them; *form.* you 5
**lástima** *f.* shame 13
**lastimarse** *v.* to injure oneself 10
**lastimarse el pie** to injure one's foot 10
**lata** *f.* *(tin)* can 13
**lavabo** *m.* sink 7
**lavadora** *f.* washing machine 12
**lavandería** *f.* laundromat 14
**lavaplatos** *m., sing.* dishwasher 12
**lavar** *v.* to wash 12
**lavarse** *v.* to wash oneself 7
**lavarse la cara** to wash one's face 7
**lavarse las manos** to wash one's hands 7
**le** *sing., i.o. pron.* to/for him, her, *form.* you 6
**Le presento a...** *form.* I would like to introduce... to you. 1
**lección** *f.* lesson 1
**leche** *f.* milk 8
**lechuga** *f.* lettuce 8
**leer** *v.* to read 3
**leer correo electrónico** to read e-mail 4
**leer un periódico** to read a newspaper 4
**leer una revista** to read a magazine 4
**leído/a** *p.p.* read 14
**lejos de** *prep.* far from 2
**lengua** *f.* language 2
**lenguas extranjeras** *f., pl.* foreign languages 2
**lentes de contacto** *m., pl.* contact lenses 6
**lentes (de sol)** (sun)glasses 6
**lento/a** *adj.* slow 11
**les** *pl., i.o. pron.* to/for them, *form.* you 6
**letrero** *m.* sign 14
**levantar** *v.* to lift 15
**levantar pesas** to lift weights 15
**levantarse** *v.* to get up 7
**ley** *f.* law 13
**libertad** *f.* liberty; freedom 18
**libre** *adj. m., f.* free 4
**librería** *f.* bookstore 2
**libro** *m.* book 2
**licencia de conducir** *f.* driver's license 11
**limón** *m.* lemon 8
**limpiar** *v.* to clean 12
**limpiar la casa** *v.* to clean the house 12
**limpio/a** *adj.* clean 5
**línea** *f.* line 4
**listo/a** *adj.* ready; smart 5
**literatura** *f.* literature 2
**llamar** *v.* to call 11
**llamar por teléfono** to call on the phone
**llamarse** *v.* to be called; to be named 7
**llanta** *f.* tire 11
**llave** *f.* key 5
**llegada** *f.* arrival 5
**llegar** *v.* to arrive 2
**llenar** *v.* to fill 11, 14
**llenar el tanque** to fill the tank 11
**llenar (un formulario)** to fill out (a form) 14
**lleno/a** *adj.* full 11
**llevar** *v.* to carry 2; *v.* to wear; to take 6
**llevar una vida sana** to lead a healthy lifestyle 15
**llevarse bien/mal (con)** to get along well/badly (with) 9
**llover (o:ue)** *v.* to rain 5
**Llueve.** It's raining. 5
**lluvia** *f.* rain 13
**lluvia ácida** acid rain 13
**lo** *m., sing. d.o. pronoun.* him, it, *form.* you 5
**¡Lo hemos pasado de película!** We've had a great time! 18
**¡Lo hemos pasado maravillosamente!** We've had a great time! 18
**lo mejor** the best (thing) 18
**Lo pasamos muy bien.** We had a good time. 18
**lo peor** the worst (thing) 18
**lo que** that which; what 12
**Lo siento.** I'm sorry. 1
**Lo siento muchísimo.** I'm so sorry. 4
**loco/a** *adj.* crazy 6
**locutor(a)** *m., f.* (TV or radio) announcer 18
**lomo a la plancha** *m.* grilled flank steak 8
**los** *m., pl., def. art.* the 1
**los** *m.pl., d.o. pron.* them, *form.* you 5
**luchar (contra/por)** *v.* to fight; to struggle (against/for) 18
**luego** *adv.* then 7; *adv.* later 1
**lugar** *m.* place 4
**luna** *f.* moon 13
**lunares** *m.* polka dots 6

**lunes** *m., sing.* Monday 2
**luz** *f.* light; electricity 12

## M

**madrastra** *f.* stepmother 3
**madre** *f.* mother 3
**madurez** *f.* maturity; middle age 9
**maestro/a** *m., f.* teacher 16
**magnífico/a** *adj.* magnificent 5
**maíz** *m.* corn 8
**mal, malo/a** *adj.* bad 3
**maleta** *f.* suitcase 1
**mamá** *f.* mom 1
**mandar** *v.* to order 12; to send; to mail 14
**manejar** *v.* to drive 11
**manera** *f.* way 16
**mano** *f.* hand 1
  **¡Manos arriba!** Hands up!
**manta** *f.* blanket 12
**mantener** *v.* to maintain 15
  **mantenerse en forma** to stay in shape 15
**mantequilla** *f.* butter 8
**manzana** *f.* apple 8
**mañana** *f.* morning, a.m. 1; tomorrow 1
**mapa** *m.* map 2
**maquillaje** *m.* make-up 7
**maquillarse** *v.* to put on makeup 7
**mar** *m.* sea 5
**maravilloso/a** *adj.* marvelous 5
**mareado/a** *adj.* dizzy; nauseated 10
**margarina** *f.* margarine 8
**mariscos** *m., pl.* shellfish 8
**marrón** *adj. m., f.* brown 6
**martes** *m., sing.* Tuesday 2
**marzo** *m.* March 5
**más** *pron.* more 2
  **más de (+ *number*)** more than 8
  **más tarde** later 7
  **más... que** more... than 8
**masaje** *m.* massage 15
**matemáticas** *f., pl.* mathematics 2
**materia** *f.* course 2
**matrimonio** *m.* marriage 9
**máximo/a** *adj.* maximum 11
**mayo** *m.* May 5
**mayonesa** *f.* mayonnaise 8
**mayor** *adj.* older 3
  **el/la mayor** *adj.* eldest 8; oldest
**me** *pron.* me 6
  **Me duele mucho.** It hurts me a lot. 10
  **Me gusta...** I like... 2
  **No me gustan nada.** I don't like them at all. 2
  **Me gustaría(n)...** I would like... 17
  **Me llamo...** My name is... 1
  **Me muero por...** I'm dying to (for)...
**mecánico/a** *m., f.* mechanic 11
**mediano/a** *adj.* medium
**medianoche** *f.* midnight 1
**medias** *f., pl.* pantyhose, stockings 6
**medicamento** *m.* medication 10
**medicina** *f.* medicine 10
**médico/a** *m., f.* doctor 3; *adj.* medical 10
**medio/a** *adj.* half 3
  **medio ambiente** *m.* environment 13
  **medio/a hermano/a** *m., f.* half-brother/half-sister 3
  **mediodía** *m.* noon 1
  **medios de comunicación** *m., pl.* means of communication; media 18
  **y media** thirty minutes past the hour (time) 1
**mejor** *adj.* better 8
  **el/la mejor** *m., f.* the best 8
**mejorar** *v.* to improve 13
**melocotón** *m.* peach 8
**menor** *adj.* younger 3
  **el/la menor** *m., f.* youngest 8
**menos** *adv.* less 10
  **menos cuarto... menos quince...** quarter to... (*time*) 1
  **menos de (+ *number*)** fewer than 8
  **menos... que** less... than 8
**mensaje electrónico** *m.* e-mail message 4
**mentira** *f.* to lie 4
**menú** *m.* menu 8
**mercado** *m.* market 6
  **mercado al aire libre** open-air market 6
**merendar** *v.* to snack 8; to have an afternoon snack
**merienda** *f.* afternoon snack 15
**mes** *m.* month 5
**mesa** *f.* table 2
**mesita** *f.* end table 12
  **mesita de noche** night stand 12
**metro** *m.* subway 5
**mexicano/a** *adj.* Mexican 3
**México** *m.* Mexico 1
**mí** *pron. obj. of prep.* me 8
**mi(s)** *poss. adj.* my 3
**microonda** *f.* microwave 12
  **horno de microondas** *m.* microwave oven 12
**miedo** *m.* fear 3
**mientras** *adv.* while 10
**miércoles** *m., sing.* Wednesday 2
**mil** *m.* one thousand 6
  **mil millones** billion
  **Mil perdones.** I'm so sorry. (*lit.* A thousand pardons.) 4
**milla** *f.* mile 11
**millón** *m.* million 6
**millones (de)** *m.* millions (of)
**mineral** *m.* mineral 15
**minuto** *m.* minute 1
**mío(s)/a(s)** *poss.* my; (of) mine 11
**mirar** *v.* to look (at); to watch 2
  **mirar (la) televisión** to watch television
**mismo/a** *adj.* same 3
**mochila** *f.* backpack 2
**moda** *f.* fashion 6
**módem** *m.* modem
**moderno/a** *adj.* modern 17
**molestar** *v.* to bother; to annoy 7
**monitor** *m.* (computer) monitor 11
  **monitor(a)** *m., f.* trainer
**montaña** *f.* mountain 4
**montar a caballo** *v.* to ride a horse 5
**monumento** *m.* monument 4
**mora** *f.* blackberry 8
**morado/a** *adj.* purple 6
**moreno/a** *adj.* brunet(te) 3
**morir (o:ue)** *v.* to die 8
**mostrar (o:ue)** *v.* to show 4
**motocicleta** *f.* motorcycle 5
**motor** *m.* motor
**muchacho/a** *m., f.* boy; girl 3
**mucho/a** *adj., adv.* a lot of; much 2; many 3
  **muchas veces** *adv.* a lot; many times 10
  **Muchísimas gracias.** Thank you very, very much. 9
  **Mucho gusto.** Pleased to meet you. 1
  **(Muchas) gracias.** Thank you (very much); Thanks (a lot). 1
**muchísimo** very much 2
**mudarse** *v.* to move (from one house to another) 12
**muebles** *m., pl.* furniture 12
**muela** *f.* tooth 10
**muerte** *f.* death 9
**muerto/a** *p.p.* died 14
**mujer** *f.* woman 1
  **mujer de negocios** *f.* business woman 16
  **mujer policía** *f.* female police officer
**multa** *f.* fine
**mundial** *adj. m., f.* worldwide
**mundo** *m.* world 13
**municipal** *adj. m., f.* municipal
**músculo** *m.* muscle 15
**museo** *m.* museum 4
**música** *f.* music 2, 17
**musical** *adj. m., f.* musical 17
**músico/a** *m., f.* musician 17
**muy** *adv.* very 1
  **Muy amable.** That's very kind of you. 5
  **(Muy) bien, gracias.** (Very) well, thanks. 1

## N

**nacer** *v.* to be born 9
**nacimiento** *m.* birth 9
**nacional** *adj. m., f.* national 18
**nacionalidad** *f.* nationality 1
**nada** nothing 1; not anything 7
  **nada mal** not bad at all 5
**nadar** *v.* to swim 4
**nadie** *pron.* no one, nobody, not anyone 7
**naranja** *f.* orange 8
**nariz** *f.* nose 10
**natación** *f.* swimming 4
**natural** *adj. m., f.* natural 13
**naturaleza** *f.* nature 13
**navegar (en Internet)** *v.* to surf (the Internet) 11
**Navidad** *f.* Christmas 9
**necesario/a** *adj.* necessary 12
**necesitar (+ *inf.*)** *v.* to need 2
**negar (e:ie)** *v.* to deny 13
  **no negar (e:ie)** *v.* not to deny 13
**negativo/a** *adj.* negative
**negocios** *m., pl.* business; commerce 16
**negro/a** *adj.* black 6
**nervioso/a** *adj.* nervous 5
**nevar (e:ie)** *v.* to snow 5
  **Nieva.** It's snowing. 5
**ni...ni** neither... nor 7
**niebla** *f.* fog
**nieto/a** *m., f.* grandson/granddaughter 3
**nieve** *f.* snow
**ningún, ninguno/a(s)** *adj.* no; none; not; any 7
**ningún problema** no problem 7
**niñez** *f.* childhood 9
**niño/a** *m., f.* child 3
**no** no; not 1
  **No cabe duda de...** There is no doubt... 13
  **No es así.** That's not the way it is 16
  **No es para tanto.** It's not a big deal. 12
  **No es seguro.** It's not sure. 13
  **No es verdad.** It's not true. 13
  **No está nada mal.** It's not bad at all. 5
  **no estar de acuerdo** to disagree
  **No estoy seguro.** I'm not sure.
  **(no) hay** there is (not); there are (not) 1
  **No hay de qué.** You're welcome. 1
  **No hay duda de...** There is no doubt... 13
  **¡No me diga(s)!** You don't say! 11
  **No me gustan nada.** I don't like them at all. 2
  **no muy bien** not very well 1
  **¿no?** right? 1
  **No quiero.** I don't want to. 4
  **No sé.** I don't know.
  **No se preocupe.** (*form.*) Don't worry. 7
  **No te preocupes.** (*fam.*) Don't worry. 7
  **no tener razón** to be wrong 3
**noche** *f.* night 1
**nombre** *m.* name 1
**norte** *m.* north 14
**norteamericano/a** *adj.* (North) American 3
**nos** *pron.* us 6
  **Nos divertimos mucho.** We had a lot of fun. 18
  **Nos vemos.** See you. 1
**nosotros/as** *sub. pron.* we 1; *ob. pron.* us
**noticias** *f., pl.* news 18
**noticiero** *m.* newscast 18
**novecientos/as** *adj.* nine hundred 6
**noveno/a** *adj.* ninth 5
**noventa** ninety 2
**noviembre** *m.* November 5
**novio/a** *m., f.* boyfriend/girlfriend 3
**nube** *f.* cloud 13
**nublado/a** *adj.* cloudy 5
  **Está (muy) nublado.** It's very cloudy. 5
**nuclear** *adj. m. f.* nuclear 13
**nuera** *f.* daughter-in-law 3
**nuestro(s)/a(s)** *poss. adj.* our 3; (of ours) 11
**nueve** nine 1
**nuevo/a** *adj.* new 6
**número** *m.* number 1
  **número** (shoe) size 6
**nunca** *adj.* never; not ever 7
**nutrición** *f.* nutrition 15
**nutricionista** *m., f.* nutritionist 15

## O

**o** or 7
**o... o**; either... or 7
**obedecer (c:zc)** *v.* to obey 18
**obra** *f.* work (*of art, literature, music, etc.*) 17
  **obra maestra** *f.* masterpiece 17
**obtener** *v.* to obtain; to get 16
**obvio/a** *adj.* obvious 13
**océano** *m.* ocean 5
**ochenta** eighty 2
**ocho** *m.* eight 1
**ochocientos/as** *adj.* eight hundred 6
**octavo/a** *adj.* eighth 5
**octubre** *m.* October 5
**ocupación** *f.* occupation 16
**ocupado/a** *adj.* busy 5
**ocurrir** *v.* to occur; to happen 18
**odiar** *v.* to hate 9
**oeste** *m.* west 14
**oferta** *f.* offer 12
**oficina** *f.* office 12
**oficio** *m.* trade 16
**ofrecer (c:zc)** *v.* to offer 8
**oído** *m.* (sense of) hearing; inner ear 10
  **oído** *p.p.* heard 14
**oír** *v.* to hear 4
  **Oigan.** *form., pl.* Listen. (*in conversation*)
  **Oye.** *fam., sing.* Listen. (*in conversation*) 1
**ojalá (que)** *interj.* I hope (that); I wish (that) 13
**ojo** *m.* eye 10
**olvidar** *v.* to forget 10
**once** eleven 1
**ópera** *f.* opera 17
**operación** *f.* operation 10
**ordenado/a** *adj.* orderly 5
**ordinal** *adj.* ordinal (*number*)
**oreja** *f.* (outer) ear 10
**orquesta** *f.* orchestra 17
**ortografía** *f.* spelling
  **ortográfico/a** *adj.* spelling
**os** *fam., pl. pron.* you 6
**otoño** *m.* autumn 5
**otro/a** *adj.* other; another 6
  **otra vez** again

## P

**paciente** *m., f.* patient 10
**padrastro** *m.* stepfather 3
**padre** *m.* father 3
  **padres** *m., pl.* parents 3
**pagar** *v.* to pay 6, 9
  **pagar a plazos** to pay in installments 14
  **pagar al contado** to pay in cash 14
  **pagar en efectivo** to pay in cash 14
  **pagar la cuenta** to pay the bill 9
**página** *f.* page 11
  **página principal** *f.* home page 11
**país** *m.* country 1
**paisaje** *m.* landscape 5
**pájaro** *m.* bird 13
**palabra** *f.* word 1
**pan** *m.* bread 8
  **pan tostado** *m.* toasted bread 8
**panadería** *f.* bakery 14
**pantalla** *f.* screen 11
**pantalones** *m., pl.* pants 6
  **pantalones cortos** *m., pl.* shorts 6
**pantuflas** *f.* slippers 7
**papa** *f.* potato 8
  **papas fritas** *f., pl.* fried

potatoes; French fries 8
**papá** *m.* dad 3
**papás** *m., pl.* parents 3
**papel** *m.* paper 2; *m.* role 17
**papelera** *f.* wastebasket
**paquete** *m.* package 14
**par** *m.* pair 6
**para** *prep.* for; in order to; by; used for; considering 11
**para que** so that 13
**parabrisas** *m., sing.* windshield 11
**parar** *v.* to stop 11
**parecer** *v.* to seem 8
**pared** *f.* wall 12
**pareja** *f.* (married) couple; partner 9
**parientes** *m., pl.* relatives 3
**parque** *m.* park 4
**párrafo** *m.* paragraph
**parte: de parte de** on behalf of 11
**partido** *m.* game; match (*sports*) 4
**pasado/a** *adj.* last; past 6
**pasado** *p.p.* passed
**pasaje** *m.* ticket 5
**pasaje de ida y vuelta** *m.* roundtrip ticket 5
**pasajero/a** *m., f.* passenger 1
**pasaporte** *m.* passport 5
**pasar** *v.* to go through 5
**pasar la aspiradora** to vacuum 12
**pasar por el banco** to go by the bank 14
**pasar por la aduana** to go through customs 5
**pasar tiempo** to spend time 4
**pasarlo bien/mal** to have a good/bad time 9
**pasatiempo** *m.* pastime; hobby 4
**pasear** *v.* to take a walk; to stroll 4
**pasear en bicicleta** to ride a bicycle 4
**pasear por** to walk around 4
**pasillo** *m.* hallway 12
**pasta** *f.* **de dientes** toothpaste 7
**pastel** *m.* cake; pie 9
**pastel de chocolate** *m.* chocolate cake 9
**pastel de cumpleaños** *m.* birthday cake 9
**pastelería** *f.* pastry shop 14
**pastilla** *f.* pill; tablet 10
**patata** *f.* potato; 8
**patatas fritas** *f., pl.* fried potatoes; French fries 8
**patinar (en línea)** *v.* to skate (in-line) 4
**patineta** *f.* skateboard 4
**patio** *m.* patio; yard 12
**pavo** *m.* turkey 8
**paz** *f.* peace 18
**pedir (e:i)** *v.* to ask for; to request 4; to order (*food*) 8
**pedir prestado** *v.* to borrow 14
**pedir un préstamo** *v.* to apply for a loan 14
**peinarse** *v.* to comb one's hair 7
**película** *f.* movie 4
**peligro** *m.* danger 13
**peligroso/a** *adj.* dangerous 18
**pelirrojo/a** *adj.* red-haired 3
**pelo** *m.* hair 7
**pelota** *f.* ball 4
**peluquería** *f.* beauty salon 14
**peluquero/a** *m., f.* hairdresser 16
**penicilina** *f.* penicillin 10
**pensar (e:ie)** *v.* to think 4
**pensar (+ *inf.*)** *v.* to intend to 4; to plan to (*do something*)
**pensar en** *v.* to think about
**pensión** *f.* boardinghouse
**peor** *adj.* worse 8
**el/la peor** *adj.* the worst 8
**pequeño/a** *adj.* small 3
**pera** *f.* pear 8
**perder (e:ie)** *v.* to lose; to miss 4
**perdido/a** *adj.* lost 14
**Perdón.** Pardon me.; Excuse me. 1
**perezoso/a** *adj.* lazy
**perfecto/a** *adj.* perfect 5
**periódico** *m.* newspaper 4
**periodismo** *m.* journalism 2
**periodista** *m., f.* journalist 3
**permiso** *m.* permission
**pero** *conj.* but 2
**perro** *m.* dog 13
**persona** *f.* person 3
**personaje** *m.* character 17
**personaje (principal)** *m.* (main) character 17
**pesas** *f. pl.* weights 15
**pesca** *f.* fishing 5
**pescadería** *f.* fish market 14
**pescado** *m.* fish (*cooked*) 8
**pescador(a)** *m., f.* fisherman/ fisherwoman
**pescar** *v.* to fish 5
**peso** *m.* weight 15
**pez** *m.* fish (*live*) 13
**pie** *m.* foot 10
**piedra** *f.* stone 13
**pierna** *f.* leg 10
**pimienta** *f.* black pepper 8
**pintar** *v.* to paint 17
**pintor(a)** *m., f.* painter 16
**pintura** *f.* painting; picture 12, 17
**piña** *f.* pineapple 8
**piscina** *f.* swimming pool 4
**piso** *m.* floor (*of a building*) 5
**pizarra** *f.* blackboard 2
**placer** *m.* pleasure 15
**Ha sido un placer.** It's been a pleasure. 15
**planchar la ropa** *v.* to iron the clothes 12
**planes** *m., pl.* plans 4
**planta** *f.* plant 13
**planta baja** *f.* ground floor 5
**plástico** *m.* plastic 13
**plato** *m.* dish (*in a meal*) 8; *m.* plate 12
**plato principal** *m.* main dish 8
**playa** *f.* beach 5
**plaza** *f.* city or town square
**plazos** *m., pl.* periods; time 14
**pluma** *f.* pen 2
**población** *f.* population 13
**pobre** *adj. m., f.* poor 6
**pobreza** *f.* poverty
**poco/a** *adj.* little; few 5
**poder (o:ue)** *v.* to be able to; can 4
**poema** *m.* poem 17
**poesía** *f.* poetry 17
**poeta** *m., f.* poet 17
**policía** *f.* police (force) 11
**política** *f.* politics 18
**político/a** *m., f.* politician 16; *adj.* political 18
**pollo** *m.* chicken 8
**pollo asado** *m.* roast chicken 8
**ponchar** *v.* to go flat
**poner** *v.* to put; to place 4; *v.* to turn on (*electrical appliances*) 11
**poner la mesa** *v.* to set the table 12
**poner una inyección** *v.* to give an injection 10
**ponerse (+ *adj.*)** *v.* to become (+ *adj.*) 7; to put on 7
**por** *prep.* in exchange for; for; by; in; through; around; along; during; because of; on account of; on behalf of; in search of; by way of; by means of 11
**por aquí** around here 11
**por avión** by plane
**por ejemplo** for example 11
**por eso** that's why; therefore 11
**Por favor.** Please. 1
**por fin** finally 11
**por la mañana** in the morning 7
**por la noche** at night 7
**por la tarde** in the afternoon 7
**por lo menos** *adv.* at least 10
**¿por qué?** why? 2
**Por supuesto.** Of course. 16
**por teléfono** by phone; on the phone
**por último** finally 7
**porque** *conj.* because 2
**portátil** *m.* portable 11
**porvenir** *m.* future 16
**¡Por el porvenir!** Here's to the future! 16
**posesivo/a** *adj.* possessive 3
**posible** *adj.* possible 13
**Es posible.** It's possible. 13
**No es posible.** It's not possible. 13
**postal** *f.* postcard 4

**postre** *m.* dessert 9
**practicar** *v.* to practice 2
**practicar deportes** *m., pl.* to play sports 4
**precio (fijo)** *m.* (fixed; set) price 6
**preferir (e:ie)** *v.* to prefer 4
**pregunta** *f.* question
**preguntar** *v.* to ask (*a question*) 2
**premio** *m.* prize; award 17
**prender** *v.* to turn on 11
**prensa** *f.* press 18
**preocupado/a (por)** *adj.* worried (about) 5
**preocuparse (por)** *v.* to worry (about) 7
**preparar** *v.* to prepare 2
**preposición** *f.* preposition
**presentación** *f.* introduction
**presentar** *v.* to introduce
to put on (*a performance*) 17
**Le presento a...** I would like to introduce (name) to you... (*form.*) 1
**Te presento a...** I would like to introduce (name) to you... (*fam.*) 1
**presiones** *f., pl.* pressures 15
**prestado/a** *adj.* borrowed
**préstamo** *m.* loan 14
**prestar** *v.* to lend; to loan 6
**primavera** *f.* spring 5
**primer, primero/a** *adj.* first 5
**primo/a** *m., f.* cousin 3
**principal** *adj. m., f.* main 8
**prisa** *f.* haste 3
**darse prisa** *v.* to hurry; to rush 15
**probable** *adj. m., f.* probable 13
**Es probable.** It's probable. 13
**No es probable.** It's not probable. 13
**probar (o:ue)** *v.* to taste; to try 8
**probarse (o:ue)** *v.* to try on 7
**problema** *m.* problem 1
**profesión** *f.* profession 3; 16
**profesor(a)** *m., f.* teacher 1, 2
**programa** *m.* 1
**programa de computación** *m.* software 11
**programa de entrevistas** *m.* talk show 17
**programador(a)** *m., f.* programmer 3
**prohibir** *v.* to prohibit 10; to forbid
**pronombre** *m.* pronoun
**pronto** *adv.* soon 10
**propina** *f.* tip 9
**propio/a** *adj.* own 16
**proteger** *v.* to protect 13
**proteína** *f.* protein 15
**próximo/a** *adj.* next 16
**prueba** *f.* test; quiz 2
**psicología** *f.* psychology 2
**psicólogo/a** *m., f.* psychologist 16
**publicar** *v.* to publish 17
**público** *m.* audience 17
**pueblo** *m.* town 4
**puerta** *f.* door 2
**Puerto Rico** *m.* Puerto Rico 1
**puertorriqueño/a** *adj.* Puerto Rican 3
**pues** *conj.* well 2, 17
**puesto** *m.* position; job 16
**puesto/a** *p.p.* put 14
**puro/a** *adj.* pure 13

## Q

**que** *pron.* that; which; who 12
**¡Qué...!** How...! 3
**¡Qué dolor!** What pain!
**¡Qué ropa más bonita!** What pretty clothes! 6
**¡Qué sorpresa!** What a surprise!
**¿qué?** what? 1
**¿Qué día es hoy?** What day is it? 2
**¿Qué hay de nuevo?** What's new? 1
**¿Qué hora es?** What time is it? 1
**¿Qué les parece?** What do you (*pl.*) think?
**¿Qué pasa?** What's happening? What's going on? 1
**¿Qué pasó?** What happened? 11
**¿Qué precio tiene?** What is the price?
**¿Qué tal...?** How are you?; How is it going? 1; How is/are . . . ? 2
**¿Qué talla lleva/usa?** What size do you wear? 6
**¿Qué tiempo hace?** How's the weather? 5
**¿En qué...?** In which...? 2
**quedar** *v.* to be left over; to fit (*clothing*) 7; to be left behind; to be located 14
**quedarse** *v.* to stay; to remain 7
**quehaceres domésticos** *m., pl.* household chores 12
**quemado/a** *adj.* burned (out) 11
**quemar** *v.* to burn (a CD) 11
**querer (e:ie)** *v.* to want; to love 4
**queso** *m.* cheese 8
**quien(es)** *pron.* who; whom; that 12
**¿Quién es...?** Who is...? 1
**¿Quién habla?** Who is speaking? (*telephone*) 11
**¿quién(es)?** who?; whom? 1
**química** *f.* chemistry 2
**quince** fifteen 1
**menos quince** quarter to (time) 1
**y quince** quarter after (time) 1
**quinceañera** *f.* young woman's fifteenth birthday celebration/ fifteen-year old girl 9
**quinientos/as** *adj.* five hundred 6
**quinto/a** *adj.* fifth 5
**quisiera** *v.* I would like 17
**quitar la mesa** *v.* to clear the table 12
**quitarse** *v.* to take off 7
**quizás** *adv.* maybe 5

## R

**racismo** *m.* racism 18
**radio** *f.* radio (*medium*)
**radio** *m.* radio (set) 11
**radiografía** *f.* X-ray 10
**rápido/a** *adv.* quickly 10
**ratón** *m.* mouse 11
**ratos libres** *m., pl.* spare (free) time 4
**raya** *f.* stripe 6
**razón** *f.* reason 3
**rebaja** *f.* sale 6
**recado** *m.* (telephone) message 11
**receta** *f.* prescription 10
**recetar** *v.* to prescribe 10
**recibir** *v.* to receive 3
**reciclaje** *m.* recycling 13
**reciclar** *v.* to recycle 13
**recién casado/a** *m., f.* newlywed 9
**recoger** *v.* to pick up 13
**recomendar (e:ie)** *v.* to recommend 8, 12
**recordar (o:ue)** *v.* to remember 4
**recorrer** *v.* to tour an area
**recurso** *m.* resource 13
**recurso natural** *m.* natural resource 13
**red** *f.* network; Web 11
**reducir** *v.* to reduce 13
**refresco** *m.* soft drink 8
**refrigerador** *m.* refrigerator 12
**regalar** *v.* to give (a gift) 9
**regalo** *m.* gift 6
**regatear** *v.* to bargain 6
**región** *f.* region; area 13
**regresar** *v.* to return 2
**regular** *adj. m., f.* so so.; OK 1
**reído** *p.p.* laughed 14
**reírse (e:i)** *v.* to laugh 9
**relaciones** *f., pl.* relationships
**relajarse** *v.* to relax 9
**reloj** *m.* clock; watch 2
**renunciar (a)** *v.* to resign (from) 16
**repetir (e:i)** *v.* to repeat 4
**reportaje** *m.* report 18
**reportero/a** *m., f.* reporter; journalist 16
**representante** *m., f.* representa-

tive 18
**reproductor de DVD** *m.* DVD player 11
**resfriado** *m.* cold (*illness*) 10
**residencia estudiantil** *f.* dormitory 2
**resolver (o:ue)** *v.* to resolve; to solve 13
**respirar** *v.* to breathe 13
**respuesta** *f.* answer
**restaurante** *m.* restaurant 4
**resuelto/a** *p.p.* resolved 14
**reunión** *f.* meeting 16
**revisar** *v.* to check 11
  **revisar el aceite** *v.* to check the oil 11
**revista** *f.* magazine 4
**rico/a** *adj.* rich 6; *adj.* tasty; delicious 8
**ridículo** *adj.* ridiculous 13
**río** *m.* river 13
**riquísimo/a** *adj.* extremely delicious 8
**rodilla** *f.* knee 10
**rogar (o:ue)** *v.* to beg; to plead 12
**rojo/a** *adj.* red 6
**romántico/a** *adj.* romantic 17
**romper (con)** *v.* to break up (with) 9
**romper(se)** *v.* to break 10
  **romperse la pierna** *v.* to break one's leg 10
**ropa** *f.* clothing; clothes 6
  **ropa interior** *f.* underwear 6
**rosado/a** *adj.* pink 6
**roto/a** *adj.* broken 10, 14
**rubio/a** *adj.* blond(e) 3
**ruso/a** *adj.* Russian 3
**rutina** *f.* routine 7
  **rutina diaria** *f.* daily routine 7

## S

**sábado** *m.* Saturday 2
**saber** *v.* to know; to know how 8
**sabrosísimo/a** *adj.* extremely delicious 8
**sabroso/a** *adj.* tasty; delicious 8
**sacar** *v.* to take out
  **sacar fotos** to take photos 5
  **sacar la basura** to take out the trash 12
  **sacar(se) una muela** to have a tooth removed 10
**sacudir** *v.* to dust 12
  **sacudir los muebles** to dust the furniture 12
**sal** *f.* salt 8
**sala** *f.* living room 12; room
  **sala de emergencia(s)** emergency room 10
**salario** *m.* salary 16
**salchicha** *f.* sausage 8
**salida** *f.* departure; exit 5
**salir** *v.* to leave 4; to go out
  **salir (con)** to go out (with); to date 9
  **salir de** to leave from
  **salir para** to leave for (*a place*)
**salmón** *m.* salmon 8
**salón de belleza** *m.* beauty salon 14
**salud** *f.* health 10
**saludable** *adj.* healthy 10
**saludar(se)** *v.* to greet (each other) 11
**saludo** *m.* greeting 1
  **saludos a...** greetings to... 1
**sandalia** *f.* sandal 6
**sandía** *f.* watermelon 8
**sándwich** *m.* sandwich 8
**sano/a** *adj.* healthy 10
**se** *ref.pron.* himself, herself, itself, *form.* yourself, themselves, yourselves 7
**se** *impersonal* one 10
  **Se nos dañó...** The... broke down. 11
  **Se hizo...** He/she/it became...
  **Se nos pinchó una llanta.** We had a flat tire. 11
**secadora** *f.* clothes dryer 12
**secarse** *v.* to dry (oneself) 7
**sección de (no) fumar** *f.* (non) smoking section 8
**secretario/a** *m., f.* secretary 16
**secuencia** *f.* sequence
**sed** *f.* thirst 3
**seda** *f.* silk 6
**sedentario/a** *adj.* sedentary; related to sitting 15
**seguir (e:i)** *v.* to follow; to continue 4
**según** according to
**segundo/a** *adj.* second 5
**seguro/a** *adj.* sure 5
**seis** six 1
**seiscientos/as** *adj.* six hundred 6
**sello** *m.* stamp 14
**selva** *f.* jungle 13
**semana** *f.* week 2
  **fin** *m.* **de semana** weekend 4
  **semana** *f.* **pasada** last week 6
**semestre** *m.* semester 2
**sendero** *m.* trail; trailhead 13
**sentarse (e:ie)** *v.* to sit down 7
**sentir(se) (e:ie)** *v.* to feel 7; to be sorry; to regret 13
**señor (Sr.); don** *m.* Mr.; sir 1
**señora (Sra.)** *f.* Mrs.; ma'am 1
**señorita (Srta.)** *f.* Miss 1
**separado/a** *adj.* separated 9
**separarse (de)** *v.* to separate (from) 9
**septiembre** *m.* September 5
**séptimo/a** *adj.* seventh 5
**ser** *v.* to be 1
  **ser aficionado/a (a)** to be a fan (of) 4
  **ser alérgico/a (a)** to be allergic (to) 10
  **ser gratis** to be free of charge 14
**serio/a** *adj.* serious
**servilleta** *f.* napkin 12
**servir (e:i)** *v.* to serve 8; to help 5
**sesenta** sixty 2
**setecientos/as** *adj.* seven hundred 6
**setenta** seventy 2
**sexismo** *m.* sexism 18
**sexto/a** *adj.* sixth 5
**sí** *adv.* yes 1
**si** *conj.* if 4
**SIDA** *m.* AIDS 18
**sido** *p.p.* been 15
**siempre** *adv.* always 7
**siete** seven 1
**silla** *f.* seat 2
**sillón** *m.* armchair 12
**similar** *adj. m., f.* similar
**simpático/a** *adj.* nice; likeable 3
**sin** *prep.* without 2, 13
  **sin duda** without a doubt
  **sin embargo** however
  **sin que** *conj.* without 13
**sino** but (rather) 7
**síntoma** *m.* symptom 10
**sitio** *m.* **web;** website 11
**situado/a** *p.p.* located
**sobre** *m.* envelope 14; *prep.* on; over 2
**sobrino/a** *m., f.* nephew; niece 3
**sociología** *f.* sociology 2
**sofá** *m.* couch; sofa 12
**sol** *m.* sun 4; 5; 13
**solar** *adj. m., f.* solar 13
**soldado** *m., f.* soldier 18
**soleado/a** *adj.* sunny
**solicitar** *v.* to apply (*for a job*) 16
**solicitud (de trabajo)** *f.* (job) application 16
**sólo** *adv.* only 3;
  **solo** *adj.* alone
**soltero/a** *adj.* single 9
**solución** *f.* solution 13
**sombrero** *m.* hat 6
**Son las dos.** It's two o'clock. 1
**sonar (o:ue)** *v.* to ring 11
**sonreído** *p.p.* smiled 14
**sonreír (e:i)** *v.* to smile 9
**sopa** *f.* soup 8
**sorprender** *v.* to surprise 9
**sorpresa** *f.* surprise 9
**sótano** *m.* basement; cellar 12
**soy** I am 1
  **Soy yo.** That's me. 1
  **Soy de...** I'm from... 1
**su(s)** *poss. adj.* his; her; its; *form.* your; their; 3
**subir(se) a** *v.* to get on/into

(*a vehicle*) 11
**sucio/a** *adj.* dirty 5
**sucre** *m.* Former Ecuadorian currency 6
**sudar** *v.* to sweat 15
**suegro/a** *m., f.* father-in-law; mother-in-law 3
**sueldo** *m.* salary 16
**suelo** *m.* floor 12
**sueño** *n.* sleep 3
**suerte** *f.* luck 3
**suéter** *m.* sweater 6
**sufrir** *v.* to suffer 10
  **sufrir muchas presiones** to be under a lot of pressure 15
  **sufrir una enfermedad** to suffer an illness 10
**sugerir (e:ie)** *v.* to suggest 12
**supermercado** *m.* supermarket 14
**suponer** *v.* to suppose 4
**sur** *m.* south 14
**sustantivo** *m.* noun
**suyo(s)/a(s)** *poss.* (of) his/her; (of) hers; (of) its; (of) *form.* your, (of) yours, (of) their 11

## T

**tal vez** *adv.* maybe 5
**talentoso/a** *adj.* talented 17
**talla** *f.* size 6
  **talla grande** *f.* large 6
**taller** *m.* **mecánico** garage; mechanic's repairshop 11
**también** *adv.* also; too 2; 7
**tampoco** *adv.* neither; not either 7
**tan** *adv.* so
  **tan pronto como** as soon as 13
  **tan... como** as... as 8
**tanque** *m.* tank 11
**tanto** *adv.* so much
  **tanto... como** as much... as 8
  **tantos/as... como** as many... as 8
**tarde** *adv.* late 7
  **tarde** *f.* afternoon; evening; P.M. 1
**tarea** *f.* homework 2
**tarjeta** *f.* (post) card 4
**tarjeta de crédito** *f.* credit card 6
**tarjeta postal** *f.* postcard 4
**taxi** *m.* taxi 5
**taza** *f.* cup 12
**te** *fam. pron.* you 6
  **Te presento a...** I would like to introduce you to... 1
  **¿Te gustaría?** Would you like to? 17
  **¿Te gusta(n)... ?** Do you like... ? 2
**té** *m.* tea 8
  **té helado** *m.* iced tea 8
**teatro** *m.* theater 17
**teclado** *m.* keyboard 11
**técnico/a** *m., f.* technician 16
**tejido** *m.* weaving 17
**teleadicto/a** *m., f.* couch potato 15
**teléfono (celular)** *m.* (cell) telephone 11
**telenovela** *f.* soap opera 17
**teletrabajo** *m.* telecommuting 16
**televisión** *f.* television 11
**televisión por cable** *f.* cable television 11
**televisor** *m.* television set 11
**temer** *v.* to fear 13
**temperatura** *f.* temperature 10
**temprano** *adv.* early 7
**tenedor** *m.* fork 12
**tener** *v.* to have 3
  **tener... años** to be... years old 3
  **Tengo... años.** I'm... years old. 3
  **tener (mucho) calor** to be (very) hot 3
  **tener (mucho) cuidado** to be (very) careful 3
  **tener dolor** to have a pain 10
  **tener éxito** to be successful 16
  **tener fiebre** to have a fever 10
  **tener (mucho) frío** to be (very) cold 3
  **tener ganas de (+ *inf.*)** to feel like (*doing something*) 3
  **tener (mucha) hambre** *f.* to be (very) hungry 3
  **tener (mucho) miedo (de)** to be (very) afraid (of); to be (very) scared (of) 3
  **tener miedo (de) que** to be afraid that
  **tener planes** *m., pl.* to have plans 4
  **tener (mucha) prisa** to be in a (big) hurry 3
  **tener que (+ *inf.*)** *v.* to have to (*do something*) 3
  **tener razón** *f.* to be right 3
  **tener (mucha) sed** *f.* to be (very) thirsty 3
  **tener (mucho) sueño** to be (very) sleepy 3
  **tener (mucha) suerte** to be (very) lucky 3
  **tener tiempo** to have time 4
  **tener una cita** to have a date; to have an appointment 9
**tenis** *m.* tennis 4
**tensión** *f.* tension 15
**tercer, tercero/a** *adj.* third 5
**terminar** *v.* to end; to finish 2
  **terminar de (+*inf.*)** *v.* to finish (*doing something*) 4
**terremoto** *m.* earthquake 18
**terrible** *adj. m., f.* terrible 13
**ti** *prep., obj. of prep., fam.* you
**tiempo** *m.* time 4; weather 5
  **tiempo libre** free time 4
**tienda** *f.* shop; store 6
  **tienda de campaña** tent
**tierra** *f.* land; soil 13
**tinto/a** *adj.* red (wine) 8
**tío/a** *m., f.* uncle; aunt 3
**tíos** *m.* aunts and uncles 3
**título** *m.* title
**tiza** *f.* chalk 2
**toalla** *f.* towel 7
**tobillo** *m.* ankle 10
**tocadiscos compacto** *m.* compact-disc player 11
**tocar** *v.* to play (*a musical instrument*) 17; to touch 13
**todavía** *adv.* yet; still 5
**todo** *m.* everything 5
  **en todo el mundo** throughout the world 13
  **Todo está bajo control.** Everything is under control. 7
  **todo derecho** straight (ahead) 14
  **¡Todos a bordo!** All aboard! 1
**todo/a** *adj.* all 4; whole
**todos** *m., pl.* all of us; *m., pl.* everybody; everyone
**todos los días** *adv.* every day 10
**tomar** *v.* to take; to drink 2
  **tomar clases** *f., pl.* to take classes 2
  **tomar el sol** to sunbathe 4
  **tomar en cuenta** take into account
  **tomar fotos** *f., pl.* to take photos 5
  **tomar la temperatura** to take someone's temperature 10
**tomate** *m.* tomato 8
**tonto/a** *adj.* silly; foolish 3
**torcerse (o:ue) (el tobillo)** *v.* to sprain (one's ankle) 10
**torcido/a** *adj.* twisted; sprained 10
**tormenta** *f.* storm 18
**tornado** *m.* tornado 18
**tortilla** *f.* kind of flat bread 8
  **tortillas de maíz** flat bread made of corn flour 8
**tos** *f., sing.* cough 10
**toser** *v.* to cough 10
**tostado/a** *adj.* toasted 8
**tostadora** *f.* toaster 12
**trabajador(a)** *adj.* hard-working 3
**trabajar** *v.* to work 2
**trabajo** *m.* job; work 16
**traducir** *v.* to translate 8
**traer** *v.* to bring 4
**tráfico** *m.* traffic 11
**tragedia** *f.* tragedy 17
**traído/a** *p.p.* brought 14
**traje** *m.* suit 6
  **traje (de baño)** *m.* (bathing) suit 6
**tranquilo/a** *adj.* calm; quiet 15
  **Tranquilo.** Don't worry.; Be

cool. 7
**transmitir** to broadcast 18
**tratar de (+ *inf.*)** *v.* to try (*to do something*) 15
**Trato hecho.** You've got a deal. 17
**trece** thirteen 1
**treinta** thirty 1, 2
**y treinta** thirty minutes past the hour (time) 1
**tren** *m.* train 5
**tres** three 1
**trescientos/as** *adj.* three hundred 6
**trimestre** *m.* trimester; quarter 2
**triste** *adj.* sad 5
**tú** *fam. sub. pron.* you 1
**Tú eres...** You are... 1
**tu(s)** *fam. poss. adj.* your 3
**turismo** *m.* tourism 5
**turista** *m., f.* tourist 1
**turístico/a** *adj.* touristic
**tuyo(s)/a(s)** *fam. poss. pron.* your; (of) yours 11

## U

**Ud.** *form. sing.* you 1
**Uds.** *form., pl.* you 1
**último/a** *adj.* last
**un, uno/a** *indef. art.* a; one 1
**uno/a** *m., f., sing. pron.* one
**a la una** at one o'clock 1
**una vez más** one more time 9
**una vez** once; one time 6
**único/a** *adj.* only 3
**universidad** *f.* university; college 2
**unos/as** *m., f., pl. indef. art.* some 1
**unos/as** *pron.* some 1
**urgente** *adj.* urgent 12
**usar** *v.* to wear; to use 6
**usted (Ud.)** *form. sing.* you 1
**ustedes (Uds.)** *form., pl.* you 1
**útil** *adj.* useful
**uva** *f.* grape 8

## V

**vaca** *f.* cow 13
**vacaciones** *f. pl.* vacation 5
**valle** *m.* valley 13
**vamos** let's go 4
**vaquero** *m.* cowboy 17
**de vaqueros** *m., pl.* western (genre) 17
**varios/as** *adj. m. f., pl.* various 8
**vaso** *m.* glass 12
**veces** *f., pl.* times 6
**vecino/a** *m., f.* neighbor 12
**veinte** twenty 1
**veinticinco** twenty-five 1
**veinticuatro** twenty-four 1
**veintidós** twenty-two 1
**veintinueve** twenty-nine 1
**veintiocho** twenty-eight 1
**veintiséis** twenty-six 1
**veintisiete** twenty-seven 1
**veintitrés** twenty-three 1
**veintiún, veintiuno/a** *adj.* twenty-one 1
**vejez** *f.* old age 9
**velocidad** *f.* speed 11
**velocidad máxima** *f.* speed limit 11
**vendedor(a)** *m., f.* salesperson 6
**vender** *v.* to sell 6
**venir** *v.* to come 3
**ventana** *f.* window 2
**ver** *v.* to see 4
**ver películas** *f., pl.* to see movies 4
**a ver** *v.* let's see 2
**verano** *m.* summer 5
**verbo** *m.* verb
**verdad** *f.* truth
**¿verdad?** right? 1
**verde** *adj., m. f.* green 6
**verduras** *pl., f.* vegetables 8
**vestido** *m.* dress 6
**vestirse (e:i)** *v.* to get dressed 7
**vez** *f.* time 6
**viajar** *v.* to travel 2
**viaje** *m.* trip 5
**viajero/a** *m., f.* traveler 5
**vida** *f.* life 9
**video(casete)** *m.* video (cassette) 11
**videocasetera** *f.* VCR 11
**videoconferencia** *f.* videoconference 16
**vidrio** *m.* glass 13
**viejo/a** *adj.* old 3
**viento** *m.* wind 5
**viernes** *m., sing.* Friday 2
**vinagre** *m.* vinegar 8
**vino** *m.* wine 8
**vino blanco** *m.* white wine 8
**vino tinto** *m.* red wine 8
**violencia** *f.* violence 18
**visitar** *v.* to visit 4
**visitar monumentos** *m., pl.* to visit monuments 4
**visto/a** *p.p.* seen 14
**vitamina** *f.* vitamin 15
**viudo/a** *adj.* widower/widow 9
**vivienda** *f.* housing 12
**vivir** *v.* to live 3
**vivo/a** *adj.* bright; lively; living
**volante** *m.* steering wheel 11
**volcán** *m.* volcano 13
**vóleibol** *m.* volleyball 4
**volver (o:ue)** *v.* to return 4
**volver a ver(te, lo, la)** *v.* to see (you, him, her) again 18
**vos** *pron.* you
**vosotros/as** *form., pl.* you 1
**votar** *v.* to vote 18
**vuelta** *f.* return trip
**vuelto/a** *p.p.* returned 14
**vuestro(s)/a(s)** *poss. adj.* your 3; (of) yours *fam.* 11

## W

***walkman*** *m.* walkman 11

## Y

**y** *conj.* and 1
**y cuarto** quarter after (time) 1
**y media** half-past (time) 1
**y quince** quarter after (time) 1
**y treinta** thirty (minutes past the hour) 1
**¿Y tú?** *fam.* And you? 1
**¿Y usted?** *form.* And you? 1
**ya** *adv.* already 6
**yerno** *m.* son-in-law 3
**yo** *sub. pron.* I 1
**Yo soy...** I'm... 1
**yogur** *m.* yogurt 8

## Z

**zanahoria** *f.* carrot 8
**zapatería** *f.* shoe store 14
**zapatos (de tenis)** *m., pl.* (tennis) shoes, sneakers 6

# English-Spanish

## A

a **un/a** *m., f., sing.; indef. art.* 1
@ (*symbol*) **arroba** *f.* 11
A.M. **mañana** *f.* 1
able: be able to **poder (o:ue)** *v.* 4
aboard **a bordo** 1
accident **accidente** *m.* 10
accompany **acompañar** *v.* 14
account **cuenta** *f.*14
on account of **por** *prep.* 11
accountant **contador(a)** *m., f.* 16
accounting **contabilidad** *f.* 2
ache **dolor** *m.* 10
acid **ácido/a** *adj.* 13
acid rain **lluvia ácida** 13
acquainted: be acquainted with **conocer** *v.* 8
action (genre) **de acción** *f.* 17
active **activo/a** *adj.* 15
actor **actor** *m.*, **actriz** *f.* 16
addict (*drug*) **drogadicto/a** *adj.* 15
additional **adicional** *adj.*
address **dirección** *f.* 14
adjective **adjetivo** *m.*
adolescence **adolescencia** *f.* 9
adventure (genre) **de aventura** *f.* 17
advertise **anunciar** *v.* 18
advertisement **anuncio** *m.* 16
advice **consejo** *m.* 6
give advice **dar consejos** 6
advise **aconsejar** *v.* 12
advisor **consejero/a** *m., f.* 16
aerobic **aeróbico/a** *adj.* 15
to do aerobics **hacer ejercicios aeróbicos** 15
aerobics class **clase de ejercicios aeróbicos** 15
affected **afectado/a** *adj.* 13
be affected (by) **estar** *v.* **afectado/a (por)** 13
affirmative **afirmativo/a** *adj.*
afraid: be (very) afraid (of) **tener (mucho) miedo (de)** 3
be afraid that **tener miedo (de) que**
after **después de** *prep.* 7; **después de que** *conj.* 14
afternoon **tarde** *f.* 1
afterward **después** *adv.* 7
again **otra vez**
age **edad** *f.* 9
agree **concordar** *v.*
agree **estar** *v.* **de acuerdo** 16
I agree (completely). **Estoy (completamente) de acuerdo.** 16
I don't agree. **No estoy de acuerdo.** 16
agreement **acuerdo** *m.* 16
AIDS **SIDA** *m.* 18
air **aire** *m.* 13
air pollution **contaminación del aire** 13
airplane **avión** *m.* 5
airport **aeropuerto** *m.* 5
alarm clock **despertador** *m.* 7
alcohol **alcohol** *m.* 15
to consume alcohol **consumir alcohol** 15
alcoholic **alcohólico/a** *adj.* 15
all **todo/a** *adj.* 4
All aboard! **¡Todos a bordo!** 1
all of us **todos** 1
all over the world **en todo el mundo**
allergic **alérgico/a** *adj.* 10
be allergic (to) **ser alérgico/a (a)** 10
alleviate **aliviar** *v.*
almost **casi** *adv.* 10
alone **solo/a** *adj.*
along **por** *prep.* 11
already **ya** *adv.* 6
also **también** *adv.* 2; 7
alternator **alternador** *m.* 11
although *conj.* **aunque**
aluminum **aluminio** *m.* 13
(made of) aluminum **de aluminio** 13
always **siempre** *adv.* 7
American (*North*) **norteamericano/a** *adj.* 3
among **entre** *prep.* 2
amusement **diversión** *f.*
and **y** 1, **e** (*before words beginning with i or hi*) 4
And you? **¿Y tú?** *fam.* 1; **¿Y usted?** *form.* 1
angry **enojado/a** *adj.* 5
get angry (with) **enojarse** *v.* **(con)** 7
animal **animal** *m.* 13
ankle **tobillo** *m.* 10
anniversary **aniversario** *m.* 9
(wedding) anniversary **aniversario** *m.* **(de bodas)** 9
announce **anunciar** *v.* 18
announcer (*TV/radio*) **locutor(a)** *m., f.* 18
annoy **molestar** *v.* 7
another **otro/a** *adj.* 6
answer **contestar** *v.* 2; **respuesta** *f.*
answering machine **contestadora** *f.* 11
antibiotic **antibiótico** *m.* 10
any **algún, alguno/a(s)** *adj.* 7
anyone **alguien** *pron.* 7
anything **algo** *pron.* 7
apartment **apartamento** *m.* 12
apartment building **edificio de apartamentos** 12
appear **parecer** *v.*
appetizers **entremeses** *m., pl.*
applaud **aplaudir** *v.* 17
apple **manzana** *f.* 8
appliance (electric) **electrodoméstico** *m.* 12
applicant **aspirante** *m., f.* 16
application **solicitud** *f.* 16
job application **solicitud de trabajo** 16
apply (*for a job*) **solicitar** *v.* 16
apply for a loan **pedir** *v.* **préstamo** 14
appointment **cita** *f.* 9
have an appointment **tener** *v.* **una cita** 9
appreciate **apreciar** *v.* 17
April **abril** *m.* 5
aquatic **acuático/a** *adj.*
archaeologist **arqueólogo/a** *m., f.* 16
architect **arquitecto/a** *m., f.* 16
area **región** *f.* 13
arm **brazo** *m.* 10
armchair **sillón** *m.* 12
army **ejército** *m.* 18
around **por** *prep.* 11
around here **por aquí** 11
arrange **arreglar** *v.* 11
arrival **llegada** *f.* 5
arrive **llegar** *v.* 2
art **arte** *m.* 2
(fine) arts **bellas artes** *f., pl.* 17
article *m.* **artículo** 18
artist **artista** *m., f.* 3
artistic **artístico/a** *adj.* 17
arts **artes** *f., pl.* 17
as **como** 8
as... as **tan... como** 8
as a child **de niño/a** 10
as many... as **tantos/as... como** 8
as much... as **tanto... como** 8
as soon as **en cuanto** *conj.* 13; **tan pronto como** *conj.* 13
ask (*a question*) *v.* **preguntar** *v.* 2
ask for **pedir (e:i)** *v.* 4
asparagus **espárragos** *m., pl.* 8
aspirin **aspirina** *f.* 10
at **a** *prep.* 1
at + *time* **a la(s) +** *time* 1
at home **en casa** 7
at least **por lo menos** 10
at night **por la noche** 7
at the end (of) **al fondo (de)** 12
At what time...? **¿A qué hora...?** 1
At your service. **A sus órdenes.** 11
ATM **cajero automático** *m.* 14
attend **asistir (a)** *v.* 3
attic **altillo** *m.* 12
attract **atraer** *v.* 4
audience **público** *m.* 17
August **agosto** *m.* 5
aunt **tía** *f.* 3
aunts and uncles **tíos** *m., pl.* 3
automatic **automático/a** *adj.*

automobile **automóvil** *m.* 5; **carro** *m.*; **coche** *m.* 11
autumn **otoño** *m.* 5
avenue **avenida** *f.*
avoid **evitar** *v.* 13
award **premio** *m.* 17

## B

backpack **mochila** *f.* 2
bad **mal, malo/a** *adj.* 3
It's bad that... **Es malo que...** 12
It's not at all bad. **No está nada mal.** 5
bag **bolsa** *f.* 6
bakery **panadería** *f.* 14
balanced **equilibrado/a** *adj.* 15
to eat a balanced diet **comer una dieta equilibrada** 15
balcony **balcón** *m.* 12
ball **pelota** *f.* 4
banana **banana** *f.* 8
band **banda** *f.* 17
bank **banco** *m.* 14
bargain **ganga** *f.* 6; **regatear** *v.* 6
baseball (*game*) **béisbol** *m.* 4
basement **sótano** *m.* 12
basketball (*game*) **baloncesto** *m.* 4
bathe **bañarse** *v.* 7
(bathing) suit **traje** *m.* **(de baño)** 6
bathroom **baño** *m.* 7; **cuarto de baño** *m.* 7
be **ser** *v.* 1; **estar** *v.* 2
be... years old **tener... años** 3
beach **playa** *f.* 5
beans **frijoles** *m., pl.* 8
beautiful **hermoso/a** *adj.* 6
beauty **belleza** *f.* 14
beauty salon **peluquería** *f.* 14; **salón** *m.* **de belleza** 14
because **porque** *conj.* 2
because of **por** *prep.* 11
become (+ *adj.*) **ponerse (+ *adj.*)** 7; **convertirse** *v.*
bed **cama** *f.* 5
go to bed **acostarse (o:ue)** *v.* 7
bedroom **alcoba** *f.*, **dormitorio** *m.* 12; **recámara** *f.*
beef **carne de res** *f.* 8
beef soup **caldo de patas** 8
been **sido** *p.p.* 15
beer **cerveza** *f.* 8
before **antes** *adv.* 7; **antes de** *prep.* 7; **antes (de) que** *conj.* 13
beg **rogar (o:ue)** *v.* 12
begin **comenzar (e:ie)** *v.* 4; **empezar (e:ie)** *v.* 4
behalf: on behalf of **de parte de** 11
behind **detrás de** *prep.* 2
believe (in) **creer** *v.* **(en)** 3; **creer** *v.* 13
not to believe **no creer** 13
believed **creído/a** *p.p.* 14
bellhop **botones** *m., f. sing.* 5
below **debajo de** *prep.* 2
belt **cinturón** *m.* 6
benefit **beneficio** *m.* 16
beside **al lado de** *prep.* 2
besides **además (de)** *adv.* 10
best **mejor** *adj.*
the best **el/la mejor** *m., f.* 8 **lo mejor** *neuter* 18
better **mejor** *adj.* 8
It's better that... **Es mejor que...** 12
between **entre** *prep.* 2
beverage **bebida** *f.*
alcoholic beverage **bebida alcohólica** *f.* 15
bicycle **bicicleta** *f.* 4
big **gran, grande** *adj.* 3
bill **cuenta** *f.* 9
billion: billion **mil millones**
biology **biología** *f.* 2
bird **ave** *f.* 13; **pájaro** *m.* 13
birth **nacimiento** *m.* 9
birthday **cumpleaños** *m., sing.* 9
birthday cake **pastel de cumpleaños** 9
have a birthday **cumplir** *v.* **años** 9
biscuit **bizcocho** *m.*
black **negro/a** *adj.* 6
blackberry **mora** *f.* 8
blackboard **pizarra** *f.* 2
blanket **manta** *f.* 12
block (city) **cuadra** *f.* 14
blond(e) **rubio/a** *adj.* 3
blouse **blusa** *f.* 6
blue **azul** *adj. m., f.* 6
boarding house **pensión** *f.*
boat **barco** *m.* 5
body **cuerpo** *m.* 10
bone **hueso** *m.* 10
book **libro** *m.* 2
bookcase **estante** *m.* 12
bookshelves **estante** *m.* 12
bookstore **librería** *f.* 2
boot **bota** *f.* 6
bore **aburrir** *v.* 7
bored **aburrido/a** *adj.* 5
be bored **estar** *v.* **aburrido/a** 5
get bored **aburrirse** *v.* 17
boring **aburrido/a** *adj.* 5
born: be born **nacer** *v.* 9
borrow **pedir prestado** 14
borrowed **prestado/a** *adj.*
boss **jefe** *m.*, **jefa** *f.* 16
bother **molestar** *v.* 7
bottle **botella** *f.* 9
bottle (of wine) **botella (de vino)** 9
bottom **fondo** *m.*
boulevard **bulevar** *m.*
boy **chico** *m.* 1; **muchacho** *m.* 3
boyfriend **novio** *m.* 3
brakes **frenos** *m., pl.*
bread **pan** *m.* 8
break **romper** *v.* 10
break (one's leg) **romperse (la pierna)** 10
break down **dañar** *v.* 10
The... broke down. **Se nos dañó el/la...** 11
break up (with) **romper** *v.* **(con)** 9
breakfast **desayuno** *m.* 2, 8
have breakfast **desayunar** *v.* 2
breathe **respirar** *v.* 13
bring **traer** *v.* 4
broadcast **transmitir** *v.* 18; **emitir** *v.* 18
brochure **folleto** *m.*
broken **roto/a** *adj.* 10, 14
be broken **estar roto/a** 10
brother **hermano** *m.* 3
brother-in-law **cuñado** *m., f.* 3
brothers and sisters **hermanos** *m., pl.* 3
brought **traído** *p.p.* 14
brown **café** *adj.* 6; **marrón** *adj.* 6
brunet(te) **moreno/a** *adj.* 3
brush **cepillar** *v.* 7
brush one's hair **cepillarse el pelo** 7
brush one's teeth **cepillarse los dientes** 7
build **construir** *v.* 4
building **edificio** *m.* 12
bump into (*something accidentally*) **darse con** 10; (*someone*) **encontrarse** *v.* 11
burn (a CD) **quemar** *v.* 11
burned (out) **quemado/a** *adj.* 11
bus **autobús** *m.* 1
bus station **estación** *f.* **de autobuses** 5
business **negocios** *m. pl.* 16
business administration **administración** *f.* **de empresas** 2
business-related **comercial** *adj.* 16
businessperson **hombre** *m.* **/mujer** *f.* **de negocios** 16
busy **ocupado/a** *adj.* 5
but **pero** *conj.* 2; (rather) **sino** *conj.* (*in negative sentences*) 7
butcher shop **carnicería** *f.* 14
butter **mantequilla** *f.* 8
buy **comprar** *v.* 2
by **por** *conj.* 11; **para** *prep.* 11
by means of **por** *prep.* 11
by phone **por teléfono** 11
by plane **en avión** 5
by way of **por** *prep.* 11
bye **chau** *interj. fam.* 1

## C

cabin **cabaña** *f.* 5
cable television **televisión** *f.* **por cable** *m.* 11
café **café** *m.* 4

cafeteria **cafetería** *f.* 2
caffeine **cafeína** *f.* 15
cake **pastel** *m.* 9
(chocolate) cake **pastel (de chocolate)** *m.* 9
calculator **calculadora** *f.* 11
call **llamar** *v.* 11
call on the phone **llamar por teléfono**
be called **llamarse** *v.* 7
calm **tranquilo/a** *adj.* 15
calorie **caloría** *f.* 15
camera **cámara** *f.* 11
camp **acampar** *v.* 5
can **lata** *f.* 13
can **poder (o:ue)** *v.* 4
Canadian **canadiense** *adj.* 3
candidate **aspirante** *m. f.* 16; candidate **candidato/a** *m., f.* 18
candy **dulces** *m., pl.* 9
capital city **capital** *f.* 1
car **coche** *m.* 11; **carro** *m.* 11; **auto(móvil)** *m.* 5
caramel **caramelo** *m.* 9
card **tarjeta** *f.* 4; (*playing*) **carta** *f.* 5
care **cuidado** *m.* 3
take care of **cuidar** *v.* 13
Take care! **¡Cuídense!** *v.* 15
career **carrera** *f.* 16
careful: be (very) careful **tener** *v.* **(mucho) cuidado** 3
caretaker **ama** *m., f.* **de casa** 12
carpenter **carpintero/a** *m., f.* 16
carpet **alfombra** *f.* 12
carrot **zanahoria** *f.* 8
carry **llevar** *v.* 2
cartoons **dibujos** *m, pl.* **animados** 17
case: in case (that) **en caso (de) que** 13
cash (a check) **cobrar** *v.* 14; cash **(en) efectivo** 6
cash register **caja** *f.* 6
pay in cash **pagar** *v.* **al contado** 14; **pagar en efectivo** 14
cashier **cajero/a** *m., f.*
cat **gato** *m.* 13
CD-ROM **cederrón** *m.* 11
celebrate **celebrar** *v.* 9
celebration **celebración** *f.*
young woman's fifteenth birthday celebration **quinceañera** *f.* 9
cellar **sótano** *m.* 12
cellular **celular** *adj.* 11
cellular telephone **teléfono celular** *m.* 11
cereal **cereales** *m., pl.* 8
certain **cierto** *m.*; **seguro** *m.* 13
It's (not) certain. **(No) Es cierto/seguro.** 13
chalk **tiza** *f.* 2
champagne **champán** *m.* 9
change **cambiar** *v.* **(de)** 9
channel (*TV*) **canal** *m.* 17
character (*fictional*) **personaje** *m.* 17
(main) character *m.* **personaje (principal)** 17
chat **conversar** *v.* 2
chauffeur **conductor(a)** *m., f.* 1
cheap **barato/a** *adj.* 6
check **comprobar** *v.*; **revisar** *v.* 11; (*bank*) **cheque** *m.* 14
check the oil **revisar el aceite** 11
checking account **cuenta** *f.* **corriente** 14
cheese **queso** *m.* 8
chef **cocinero/a** *m., f.* 16
chemistry **química** *f.* 2
chest of drawers **cómoda** *f.* 12
chicken **pollo** *m.* 8
child **niño/a** *m., f.* 3
childhood **niñez** *f.* 9
children **hijos** *m., pl.* 3
Chinese **chino/a** *adj.* 3
chocolate **chocolate** *m.* 9
chocolate cake **pastel** *m.* **de chocolate** 9
cholesterol **colesterol** *m.* 15
choose **escoger** *v.* 8
chop (*food*) **chuleta** *f.* 8
Christmas **Navidad** *f.* 9
church **iglesia** *f.* 4
citizen **ciudadano/a** *adj.* 18
city **ciudad** *f.* 4
class **clase** *f.* 2
take classes **tomar clases** 2
classical **clásico/a** *adj.* 17
classmate **compañero/a** *m., f.* **de clase** 2
clean **limpio/a** *adj.* 5; **limpiar** *v.* 12
clean the house *v.* **limpiar la casa** 12
clear (*weather*) **despejado/a** *adj.*
clear the table **quitar la mesa** 12
It's (very) clear. (*weather*) **Está (muy) despejado.**
clerk **dependiente/a** *m., f.* 6
climb **escalar** *v.* 4
climb mountains **escalar montañas** 4
clinic **clínica** *f.* 10
clock **reloj** *m.* 2
close **cerrar (e:ie)** *v.* 4
closed **cerrado/a** *adj.* 5
closet **armario** *m.* 12
clothes **ropa** *f.* 6
clothes dryer **secadora** *f.* 12
clothing **ropa** *f.* 6
cloud **nube** *f.* 13
cloudy **nublado/a** *adj.* 5
It's (very) cloudy. **Está (muy) nublado.** 5
coat **abrigo** *m.* 6
coffee **café** *m.* 8
coffee maker **cafetera** *f.* 12
cold **frío** *m.* 5;
(*illness*) **resfriado** *m.* 10
be (*feel*) (very) cold **tener (mucho) frío** 3
It's (very) cold. (*weather*) **Hace (mucho) frío.** 5
college **universidad** *f.* 2
collision **choque** *m.* 18
color **color** *m.* 6
comb one's hair **peinarse** *v.* 7
come **venir** *v.* 3
comedy **comedia** *f.* 17.
comfortable **cómodo/a** *adj.* 5
commerce **negocios** *m., pl.* 16
commercial **comercial** *adj.* 16
communicate (with) **comunicarse** *v.* **(con)** 18
communication **comunicación** *f.* 18
means of communication **medios** *m. pl.* **de comunicación** 18
community **comunidad** *f* .1
compact disc (CD) **disco** *m.* **compacto** 11
compact disc player **tocadiscos** *m. sing.* **compacto** 11
company **compañía** *f.* 16; **empresa** *f.* 16
comparison **comparación** *f.*
completely **completamente** *adv.* 16
composer **compositor(a)** *m., f.* 17
computer **computadora** *f.* 1
computer disc **disco** *m.*
computer monitor **monitor** *m.* 11
computer programmer **programador(a)** *m., f.* 3
computer science **computación** *f.* 2
concert **concierto** *m.* 17
conductor (*musical*) **director(a)** *m., f.* 17
confirm **confirmar** *v.* 5
confirm a reservation **confirmar una reservación** 5
confused **confundido/a** *adj.* 5
congested **congestionado/a** *adj.* 10
Congratulations! (*for an event such as a birthday or anniversary*) **¡Felicidades!** 9; (*for an event such as an engagement or a good grade on a test*) *f., pl.* **¡Felicitaciones!** 9
conservation **conservación** *f.* 13
conserve **conservar** *v.* 13
considering **para** *prep.* 11
consume **consumir** *v.* 15
contact lenses **lentes** *m. pl.* **de contacto** 6
container **envase** *m.* 13
contamination **contaminación** *f.*
content **contento/a** *adj.* 5
contest **concurso** *m.* 17
continue **seguir (e:i)** *v.* 4

control **control** *m.*; **controlar** *v.* 13
be under control **estar bajo control** 7
conversation **conversación** *f.* 1
converse **conversar** *v.* 2
cook **cocinar** *v.* 12; **cocinero/a** *m., f.* 16
cookie **galleta** *f.* 9
cool **fresco/a** *adj.* 5
It's cool. (*weather*) **Hace fresco.** 5
corn **maíz** *m.* 8
corner **esquina** *m.* 14
cost **costar (o:ue)** *v.* 6
cotton **algodón** *f.* 6
(made of) cotton **de algodón** 6
couch **sofá** *m.* 12
couch potato **teleadicto/a** *m., f.* 15
cough **tos** *f.* 10; **toser** *v.* 10
counselor **consejero/a** *m., f.* 16
count (on) **contar** *v.* **(con)** 4, 12
country (*nation*) **país** *m.* 1
countryside **campo** *m.* 5; **paisaje** *m.* 5
(married) couple **pareja** *f.* 9
course **curso** *m.* 2; **materia** *f.* 2
courtesy **cortesía** *f.*
cousin **primo/a** *m., f.* 3
cover **cubrir** *v.*
covered **cubierto** *p.p.*
cow **vaca** *f.* 13
crafts **artesanía** *f.* 17
craftsmanship **artesanía** *f.* 17
crater **cráter** *m.* 13
crazy **loco/a** *adj.* 6
create **crear** *v.*
credit **crédito** *m.* 6
credit card **tarjeta** *f.* **de crédito** 6
crime **crimen** *m.* 18
cross **cruzar** *v.* 14
culture **cultura** *f.* 17
cup **taza** *f.* 12
currency exchange **cambio** *m.* **de moneda**
current events **actualidades** *f., pl.* 18
curtains **cortinas** *f., pl.* 12
custard (*baked*) **flan** *m.* 9
custom **costumbre** *f.* 1
customer **cliente/a** *m., f.* 6
customs **aduana** *f.* 5
customs inspector **inspector(a)** *m., f.* **de aduanas** 5
cybercafé **cibercafé** *m.* 11
cycling **ciclismo** *m.* 4

## D

dad **papá** *m.* 3
daily **diario/a** *adj.* 7
daily routine **rutina** *f.* **diaria** 7
damage **dañar** *v.* 10
dance **bailar** *v.* 2; **danza** *f.* 17; **baile** *m.* 17
dancer **bailarín/bailarina** *m. f.* 17
danger **peligro** *m.* 13
dangerous **peligroso/a** *adj.* 18
date (*appointment*) **cita** *f.* 9; (*calendar*) **fecha** *f.* 5; (*someone*) **salir** *v.* **con (alguien)** 9
date: have a date **tener una cita** 9
daughter **hija** *f.* 3
daughter-in-law **nuera** *f.* 3
day **día** *m.* 1
day before yesterday **anteayer** *adv.* 6
deal **trato** *m.* 17
You've got a deal! **¡Trato hecho!** 17
It's not a big deal. **No es para tanto.** 12
death **muerte** *f.* 9
decaffeinated **descafeinado/a** *adj.* 15
December **diciembre** *m.* 5
decide **decidir** *v.* **(+ *inf.*)** 3
decided **decidido/a** *adj. p.p.* 14
declare **declarar** *v.* 18
deforestation **deforestación** *f.* 13
delicious **delicioso/a** *adj.* 8; **rico/a** *adj.* 8; **sabroso/a** *adj.* 8
delighted **encantado/a** *adj.* 1
dentist **dentista** *m., f.* 10
deny **negar (e: ie)** *v.* 13
not to deny **no dudar** 13
department store **almacén** *m.* 6
departure **salida** *f.* 5
deposit **depositar** *v.* 14
describe **describir** *v.* 3
described **descrito/a** *p.p.* 14
desert **desierto** *m.* 13
design **diseño** *m.*
designer **diseñador(a)** *m., f.* 16
desire **desear** *v.* 2
desk **escritorio** *m.* 2
dessert **postre** *m.* 9
destroy **destruir** *v.* 13
develop **desarrollar** *v.* 13
diary **diario** *m.* 1
dictatorship **dictadura** *f.* 18
dictionary **diccionario** *m.* 1
die **morir (o:ue)** *v.* 8
died **muerto/a** *p.p.* 14
diet **dieta** *f.* 15; **alimentación**
balanced diet **dieta equilibrada** 15
be on a diet **estar a dieta** 15
difficult **difícil** *adj. m., f.* 3
digital camera **cámara** *f.* **digital** 11
dining room **comedor** *m.* 12
dinner **cena** *f.* 2, 8
have dinner **cenar** *v.* 2
direct **dirigir** *v.* 17
directions **direcciones** *f., pl.* 14
give directions **dar direcciones** 14
director **director(a)** *m., f.* 17
dirty **ensuciar** *v.*; **sucio/a** *adj.* 5
get (something) dirty **ensuciar** *v.* 12
disagree **no estar de acuerdo**
disaster **desastre** *m.* 18
discover **descubrir** *v.* 13
discovered **descubierto** *p.p.* 14
discrimination **discriminación** *f.* 18
dish **plato** *m.* 8; 12
main dish *m.* **plato principal** 8
dishwasher **lavaplatos** *m., sing.* 12
disk **disco** *m.*
disorderly **desordenado/a** *adj.* 5
dive **bucear** *v.* 4
divorce **divorcio** *m.* 9
divorced **divorciado/a** *adj.* 9
get divorced (from) **divorciarse** *v.* **(de)** 9
dizzy **mareado/a** *adj.* 10
do **hacer** *v.* 4
do aerobics **hacer ejercicios aeróbicos** 15
do household chores **hacer quehaceres domésticos** 12
do stretching exercises **hacer ejercicios de estiramiento** 15
(I) don't want to. **No quiero.** 4
doctor **doctor(a)** *m., f.* 3; **médico/a** *m., f.* 3
documentary (*film*) **documental** *m.* 17
dog **perro** *m.* 13
domestic **doméstico/a** *adj.*
domestic appliance **electrodoméstico** *m.*
done **hecho/a** *p.p.* 14
door **puerta** *f.* 2
dormitory **residencia** *f.* **estudiantil** 2
double **doble** *adj.* 5
double room **habitación** *f.* **doble** 5
doubt **duda** *f.* 13; **dudar** *v.* 13
not to doubt 13
There is no doubt **No cabe duda de** 13; **No hay duda de** 13
Down with... ! **¡Abajo el/la...!**
download **descargar** *v.* 11
downtown **centro** *m.* 4
drama **drama** *m.* 17
dramatic **dramático/a** *adj.* 17
draw **dibujar** *v.* 2
drawing **dibujo** *m.* 17
dress **vestido** *m.* 6
get dressed **vestirse (e:i)** *v.* 7
drink **beber** *v.* 3; **bebida** *f.* 8; **tomar** *v.* 2
Do you want something to drink? **¿Quieres algo de tomar?**

drive **conducir** *v.* 8; **manejar** *v.* 11
driver **conductor(a)** *m., f.* 1
drug *f.* **droga** 15
drug addict **drogadicto/a** *adj.* 15
dry (oneself) **secarse** *v.* 7
due to **por** *prep.*
due to the fact that **debido a**
during **durante** *prep.* 7; **por** *prep.* 11
dust **sacudir** *v.* 12
dust the furniture **sacudir los muebles** 12
DVD player **reproductor** *m.* **de DVD** 11
dying: I'm dying to (for)... **me muero por...**

## E

each **cada** *adj. m., f.* 6
eagle **águila** *f.*
ear (outer) **oreja** *f.* 10
early **temprano** *adv.* 7
earn **ganar** *v.*
earthquake **terremoto** *m.* 18
ease **aliviar** *v.*
east **este** *m.* 14
to the east **al este** 14
easy **fácil** *adj. m., f.* 3
eat **comer** *v.* 3
ecology **ecología** *f.* 13
economics **economía** *f.* 2
ecotourism **ecoturismo** *m.* 13
Ecuador **Ecuador** *m.* 1
Ecuadorian **ecuatoriano/a** *adj.* 3
effective **eficaz** *adj. m., f.*
egg **huevo** *m.* 8
eight **ocho** 1
eight hundred **ochocientos/as** 6
eighteen **dieciocho** 1
eighth **octavo/a** 5
eighty **ochenta** 2
either... or **o... o** *conj.* 7
eldest **el/la mayor** 8
elect **elegir** *v.* 18
election **elecciones** *f. pl.* 18
electric appliance **electrodoméstico** *m.* 12
electrician **electricista** *m., f.* 16
electricity **luz** *f.* 12
elegant **elegante** *adj. m., f.* 6
elevator **ascensor** *m.* 5
eleven **once** 1
e-mail **correo** *m.* **electrónico** 4
e-mail address **dirección** *f.* **electrónica** 11
e-mail message **mensaje** *m.* **electrónico**
read e-mail **leer** *v.* **el correo electrónico** 4
embarrassed **avergonzado/a** *adj.* 5
embrace (each other) **abrazar(se)** *v.* 11
emergency **emergencia** *f.* 10
emergency room **sala** *f.* **de emergencia** 10
employee **empleado/a** *m., f.* 5
employment **empleo** *m.* 16
end **fin** *m.* 4; **terminar** *v.* 2
end table **mesita** *f.* 12
energy **energía** *f.* 13
engaged: get engaged (to) **comprometerse** *v.* **(con)** 9
engineer **ingeniero/a** *m., f.* 3
English (*language*) **inglés** *m.* 2; **inglés, inglesa** *adj.* 3
enjoy **disfrutar** *v.* **(de)** 15
enough **bastante** *adv.* 10
entertainment **diversión** *f.* 4
entrance **entrada** *f.* 12
envelope **sobre** *m.* 14
environment **medio ambiente** *m.* 13
equality **igualdad** *f.* 18
equipped **equipado/a** *adj.* 15
erase **borrar** *v.* 11
eraser **borrador** *m.* 2
errand *f.* **diligencia** 14
establish **establecer** *v.*
evening **tarde** *f.* 1
event **acontecimiento** *m.* 18
every day **todos los días** 10
everybody **todos** *m., pl.*
everything **todo** *m.* 5
Everything is under control. **Todo está bajo control.** 7
exactly **en punto** 1
exam **examen** *m.* 2
excellent **excelente** *adj.* 5
excess **exceso** *m.* 15
in excess **en exceso** 15
exchange **intercambiar** *v.*
in exchange for **por** 11
exciting **emocionante** *adj. m., f.*
excursion **excursión** *f.*
excuse **disculpar** *v.*
Excuse me. (*May I?*) **Con permiso.** 1; (*I beg your pardon.*) **Perdón.** 1
exercise **ejercicio** *m.* 15
**hacer ejercicio** 15
exit **salida** *f.* 5
expensive **caro/a** *adj.* 6
experience **experiencia** *f.* 18
explain **explicar** *v.* 2
explore **explorar** *v.*
expression **expresión** *f.*
extinction **extinción** *f.* 13
extremely delicious **riquísimo/a** *adj.* 8
extremely serious **gravísimo** *adj.* 13
eye **ojo** *m.* 10

## F

fabulous **fabuloso/a** *adj* 5
face **cara** *f.* 7
facing **enfrente de** *prep.* 14
fact: in fact **de hecho**
fall (down) **caerse** *v.* 10
fall asleep **dormirse (o:ue)** *v.* 7
fall in love (with) **enamorarse** *v.* **(de)** 9
fall (season) **otoño** *m.* 5
fallen **caído** *p.p.* 14
family **familia** *f.* 3
famous **famoso/a** *adj.* 16
fan **aficionado/a** *adj.* 4
be a fan (of) **ser aficionado/a (a)** 4
far from **lejos de** *prep.* 2
farewell **despedida** *f.*
fascinate **fascinar** *v.* 7
fashion **moda** *f.* 6
be in fashion **estar de moda** 6
fast **rápido/a** *adj.*
fat **gordo/a** *adj.* 3; **grasa** *f.* 15
father **padre** *m.* 3
father-in-law **suegro** *m.* 3
favorite **favorito/a** *adj.* 4
fax (machine) ***fax*** *m.* 11
fear **miedo** *m.* 3; fear **temer** *v.* 13
February **febrero** *m.* 5
feel **sentir(se) (e:ie)** *v.* 7
feel like (*doing something*) **tener ganas de (+ *inf.*)** 3
festival **festival** *m.* 17
fever **fiebre** *f.* 10
have a fever **tener** *v.* **fiebre** 10
few **pocos/as** *adj. pl.*
fewer than **menos de** (+ *number*) 8
field: major field of study **especialización** *f.*
fifteen **quince** 1
young woman's fifteenth birthday celebration **quinceañera** *f.* 9
fifteen-year-old girl **quinceañera** *f.*
fifth **quinto/a** 5
fifty **cincuenta** 2
fight (for/against) **luchar** *v.* **(por/contra)** 18
figure (*number*) **cifra** *f.*
file **archivo** *m.* 11
fill **llenar** *v.* 11
fill out (a form) **llenar (un formulario)** 14
fill the tank **llenar** *v.* **el tanque** 11
finally **finalmente** *adv.* 15; **por último** 7; **por fin** 11
find **encontrar (o:ue)** *v.* 4
find (each other) **encontrar(se)** *v.*
(fine) arts **bellas artes** *f., pl.* 17
fine **multa** *f.*
That's fine. **Está bien.** 11
finger **dedo** *m.* 10
finish **terminar** *v.* 2

finish (*doing something*) **terminar** *v.* **de (+*inf.*)** 4
fire **incendio** *m.*18; **despedir (e:i)** 16
firefighter **bombero/a** *m., f.* 16
firm **compañía** *f.* 16; **empresa** *f.* 16
first **primer, primero/a** *adj.* 5
fish (*food*) **pescado** *m.* 8; **pescar** *v.* 5; (*live*) **pez** *m.* 13
fish market **pescadería** *f.* 14
fisherman **pescador** *m.*
fisherwoman **pescadora** *f.*
fishing **pesca** *f.* 5
fit (*clothing*) **quedar** *v.* 7
five **cinco** 1
five hundred **quinientos/as** 6
fix (*put in working order*) **arreglar** *v.* 11
fixed **fijo/a** *adj.* 6
flag **bandera** *f.*
flank steak **lomo** *m.* 8
flat tire: We had a flat tire. **Se nos pinchó una llanta.** 11
flexible **flexible** *adj.* 15
flood **inundación** *f.* 18
floor (*of a building*) **piso** *m.* 5; **suelo** *m.* 12
ground floor **planta baja** *f.* 5
top floor **planta** *f.* **alta**
flower **flor** *f.* 13
flu **gripe** *f.* 10
fog **niebla** *f.* 5
foggy: It's (very) foggy. **Hay (mucha) niebla.** 5
folk **folklórico/a** *adj.* 17
follow **seguir (e:i)** *v.* 4
food **comida** *f.* 8; **alimento**
foolish **tonto/a** *adj.* 3
foot **pie** *m.* 10
football **fútbol** *m.* **americano** 4
for **para** *prep.* 11; **por** *prep.* 11
for example **por ejemplo** 11
for me **para mí** 8
forbid **prohibir** *v.*
foreign **extranjero/a** *adj.* 17
foreign languages **lenguas** *f. pl.* **extranjeras** 2
forest **bosque** *m.* 13
forget **olvidar** *v.* 10
fork **tenedor** *m.* 12
form **formulario** *m.* 14
forty **cuarenta** *m.* 2
four **cuatro** 1
four hundred **cuatrocientos/as** 6
fourteen **catorce** 1
fourth **cuarto/a** *m., f.* 5
free **libre** *adj. m., f.* 4
be free (of charge) **ser gratis** 14
free time **tiempo libre** 4; spare (free) time **ratos libres** 4
freedom **libertad** *f.* 18
freezer **congelador** *m.* 12
French **francés, francesa** *adj.* 3
French fries **papas** *f., pl* **fritas** 8 **patatas** *f., pl* **fritas** 8
frequently **frecuentemente** *adv.* 10; **con frecuencia** *adv.* 10
Friday **viernes** *m., sing.* 2
fried **frito/a** *adj.*8
fried potatoes **papas** *f., pl.* **fritas** 8; **patatas** *f., pl.* **fritas** 8
friend **amigo/a** *m., f.* 3
friendly **amable** *adj. m., f.* 5
friendship **amistad** *f.* 9
from **de** *prep.* 1; **desde** *prep.* 6
from the United States **estadounidense** *m., f. adj.* 3
from time to time **de vez en cuando** 10
He/She/It is from... **Es de...**; I'm from... **Soy de...** 1
fruit **fruta** *f.* 8
fruit juice **jugo** *m.* **de fruta** 8
fruit store **frutería** *f.* 14
full **lleno/a** *adj.* 11
fun **divertido/a** *adj.* 7
fun activity **diversión** *f.* 4
have fun **divertirse (e:ie)** *v.* 9
function **funcionar** *v.*
furniture **muebles** *m., pl.* 12
furthermore **además (de)** *adv.* 10
future **futuro** *adj.* 16; **porvenir** *m.* 16
Here's to the future! **¡Por el porvenir!** 16
in the future **en el futuro** 16

## G

gain weight **aumentar** *v.* **de peso** 15; **engordar** 15
game **juego** *m.*; (*match*) **partido** *m.* 4
game show **concurso** *m.* 17
garage (*in a house*) **garaje** *m.* 12; **garaje** *m.* 11; **taller (mecánico)** 12
garden **jardín** *m.* 12
garlic **ajo** *m.* 8
gas station **gasolinera** *f.* 11
gasoline **gasolina** *f.* 11
geography **geografía** *f.* 2
German **alemán, alemana** *adj.* 3
get **conseguir (e:i)** *v.* 4; **obtener** *v.* 16
get along well/badly with **llevarse bien/mal con** 9
get bored **aburrirse** *v.* 17
get off (a vehicle) **bajar(se)** *v.* **(de)** 11
get on/into (a vehicle) **subir(se)** *v.* **a** 11
get out of (a vehicle) **bajar(se)** *v.* **(de)** 11
get up **levantarse** *v.* 7
gift **regalo** *m.* 6
girl **chica** *f.* 1; **muchacha** *f.* 3
girlfriend **novia** *f.* 3
give **dar** *v.* 6, 9;
(*as a gift*) **regalar** 9
glass (*drinking*) **vaso** *m.* 12; **vidrio** *m.* 13
(made of) glass **de vidrio** 13
glasses **gafas** *f., pl.* 6
(sun)glasses **gafas** *f., pl.* **(oscuras/de sol)** 6
gloves **guantes** *m., pl.* 6
go **ir** *v.* 4
go away **irse** 7
go by boat **ir en barco** 5
go by bus **ir en autobús** 5
go by car **ir en auto(móvil)** 5
go by motorcycle **ir en motocicleta** 5
go by plane **ir en avión** 5
go by subway **ir en metro** 5
go by taxi **ir en taxi** 5
go by the bank **pasar por el banco** 14
go by train **ir en tren** 5
go down; **bajar(se)** *v.*
go fishing **ir** *v.* **de pesca** 5
go on a hike (in the mountains) **ir de excursión (a las montañas)** 4; **hacer una excursión** 5
go out **salir** *v.* 9
go out (with) **salir** *v.* **(con)** 9
go through customs **pasar** *v.* **por la aduana** 5
go up **subir** *v.*
go with **acompañar** *v.* 14
Let's go. **Vamos.** 4
goblet **copa** *f.* 12
going to: be going to (*do something*) **ir a (+ *inf.*)** 4
golf **golf** *m.* 4
good **buen, bueno/a** *adj.* 3, 6
Good afternoon. **Buenas tardes.** 1
Good evening. **Buenas noches.** 1
Good idea. **Buena idea.** 4
Good morning. **Buenos días.** 1
Good night. **Buenas noches.** 1
It's good that... **Es bueno que...** 12
good-bye **adiós** *m.* 1
say good-bye (to) **despedirse** *v.* **(de) (e:i)** 7
good-looking **guapo/a** *adj.* 3
government **gobierno** *m.* 13
graduate (from/in) **graduarse** *v.* **(de/en)** 9
grains **cereales** *m., pl.* 8
granddaughter **nieta** *f.* 3
grandfather **abuelo** *m.* 3
grandmother **abuela** *f.* 3
grandparents **abuelos** *m. pl.* 3
grandson **nieto** *m.* 3
grape **uva** *f.* 8
grass **césped** *m.* 13; **hierba** *f.* 13
grave **grave** *adj.* 10
gray **gris** *adj. m., f.* 6
great **fenomenal** *adj. m., f.* 5

great-grandfather **bisabuelo** *m.* 3
great-grandmother **bisabuela** *f.* 3
green **verde** *adj. m., f.* 6
greet (each other) **saludar(se)** *v.* 11
greeting **saludo** *m.* 1
Greetings to... **Saludos a...** 1
grilled (*food*) **a la plancha** 8
grilled flank steak **lomo a la plancha** 8
ground floor **planta baja** *f.* 5
guest (*at a house/hotel*) **huésped** *m., f.* 5 (*invited to a function*) **invitado/a** *m., f.* 9
guide **guía** *m., f.* 13
gymnasium **gimnasio** *m.* 4

## H

hair **pelo** *m.* 7
hairdresser **peluquero/a** *m., f.* 16
half **medio/a** *adj.* 3
half-brother **medio hermano** 3;
half-sister **media hermana** 3
half-past... (*time*) **...y media** 1
hallway **pasillo** *m.* 12
ham **jamón** *m.* 8
hamburger **hamburguesa** *f.* 8
hand **mano** *f.* 1
Hands up! **¡Manos arriba!**
handsome **guapo/a** *adj.* 3
happen **ocurrir** *v.* 18
Happy birthday! **¡Feliz cumpleaños!** 9
happy **alegre** *adj.* 5; **contento/a** *adj.* 5; **feliz** *adj. m., f.* 5
be happy **alegrarse** *v.* **(de)** 13
hard **difícil** *adj. m., f.* 3
hard-working **trabajador(a)** *adj.* 3
hardly **apenas** *adv.* 10
haste **prisa** *f.* 3
hat **sombrero** *m.* 6
hate **odiar** *v.* 9
have **tener** *v.* 3
have time **tener tiempo** 4
have to (*do something*) **tener que (+ *inf.*)** 3; **deber (+ *inf.*)**
have a tooth removed **sacar(se) una muela** 10
he **él** 1
head **cabeza** *f.* 10
headache **dolor de cabeza** *m.* 10
health **salud** *f.* 10
healthy **saludable** *adj. m., f.* 10; **sano/a** *adj.* 10
lead a healthy lifestyle **llevar** *v.* **una vida sana** 15
hear **oír** *v.* 4
heard **oído** *p.p.* 14
hearing: sense of hearing **oído** *m.* 10
heart **corazón** *m.* 10
heat **calor** *m.* 5
Hello. **Hola.** 1; (*on the telephone*) **Aló.** 11; **¿Bueno?** 11; **Diga.** 11
help **ayudar** *v.* 12; **servir (e:i)** *v.* 5
help each other **ayudarse** *v.* 11
her **su(s)** *poss.* 3; (of) hers **suyo(s)/a(s)** *poss.* 11
here *adv.* **aquí** 1
Here it is. **Aquí está.** 5
Here we are at/in... **Aquí estamos en...** 2
Hi. **Hola.** 1
highway **autopista** *f.* 11; **carretera** *f.*11
hike **excursión** *f.* 4
go on a hike **hacer una excursión** 5; **ir de excursión** 4
hiker **excursionista** *m., f.* 4
hiking **de excursión** 4
hire **contratar** *v.* 16
his **su(s)** *poss. adj.* 3; (of) his **suyo(s)/a(s)** *poss. pron.* 11
history **historia** *f.* 2
hobby **pasatiempo** *m.* 4
hockey **hockey** *m.* 4
holiday **día** *m.* **de fiesta** 9
home **casa** *f.* 2
home page **página** *f.* **principal** 11
homework **tarea** *f.* 2
hood **capó** *m.* 11; **cofre** *m.* 11
hope **esperar** *v.* **(+ *inf.*)** 2; **esperar** *v.* 13
I hope (that) **Ojalá (que)** 13
horror (genre) **de horror** *m.* 17
hors d'oeuvres **entremeses** *m., pl.* 8
horse **caballo** *m.* 5
hospital **hospital** *m.* 10
hot: be (*feel*) (very) hot **tener (mucho) calor** 3
It's (very) hot **Hace (mucho) calor** 5
hotel **hotel** *m.* 5
hour **hora** *f.* 1
house **casa** *f.* 2
household chores **quehaceres** *m. pl.* **domésticos** 12
housekeeper **ama** *m., f.* **de casa** 12
housing **vivienda** *f.* 12
How... ! **¡Qué...!** 3
how **¿cómo?** *adv.* 1
How are you? **¿Qué tal?** 1
How are you?**¿Cómo estás?** *fam.* 1
How are you?**¿Cómo está usted?** *form.* 1
How can I help you? **¿En qué puedo servirles?** 5
How did it go for you...? **¿Cómo le/les fue...?** 15
How is it going? **¿Qué tal?** 1
How is/are...? **¿Qué tal...?** 2
How is the weather like? **¿Qué tiempo hace?** 15
How many? **¿Cuánto(s)/a(s)?** 1
How much does... cost? **¿Cuánto cuesta...?** 6
How old are you? **¿Cuántos años tienes?** *fam.* 3
however **sin embargo**
hug (each other) **abrazar(se)** *v.* 11
humanities **humanidades** *f., pl.* 2
hunger **hambre** *f.* 3
hundred **cien, ciento** *m.* 2, 6
hungry: be (very) hungry **tener** *v.* **(mucha) hambre** 3
hunt **cazar** *v.* 13
hurricane **huracán** *m.* 18
hurry **apurarse** *v.* 15; **darse prisa** *v.* 15
be in a (big) hurry **tener** *v.* **(mucha) prisa** 3
hurt **doler (o:ue)** *v.* 10
It hurts me a lot... **Me duele mucho...** 10
husband **esposo** *m.* 3

## I

I **Yo** 1
I am... **Yo soy...** 1
I hope (that) **Ojalá (que)** *interj.* 13
I wish (that) **Ojalá (que)** *interj.* 13
ice cream **helado** *m.* 9
ice cream shop **heladería** *f.* 14
iced **helado/a** *adj.* 9
iced tea **té** *m.* **helado** 8
idea **idea** *f.* 4
if **si** *conj.* 4
illness **enfermedad** *f.* 10
important **importante** *adj.* 3
be important to **importar** *v.* 7
It's important that... **Es importante que...** 12
impossible **imposible** *adj.* 13
It's impossible. **Es imposible.** 13
improbable **improbable** *adj.* 13
It's improbable. **Es improbable.** 13
improve **mejorar** *v.* 13
in **en** *prep.* 2; **por** *prep.* 11
in the afternoon **de la tarde** 1; **por la tarde** 7
in a bad mood **de mal humor** 5
in the direction of **para** *prep.* 1;
in the early evening **de la tarde** 1
in the evening **de la noche** 1; **por la tarde** 7
in a good mood **de buen humor** 1
in the morning **de la mañana** 1; **por la mañana** 7
in love (with) **enamorado/a (de)** 5
in search of **por** *prep.* 11
in front of **delante de** *prep.* 2
increase **aumento** *m.* 16

incredible **increíble** *adj.* 5
inequality **desigualdad** *f.* 18
infection **infección** *f.* 10
inform **informar** *v.* 18
injection **inyección** *f.* 10
give an injection *v.* **poner una inyección** 10
injure (oneself) **lastimarse** 10
injure (one's foot) **lastimarse** *v.* **(el pie)** 10
inner ear **oído** *m.* 10
inside **dentro** *adv.*
insist (on) **insistir** *v.* **(en)** 12
installments: pay in installments **pagar** *v.* **a plazos** 14
intelligent **inteligente** *adj.* 3
intend to **pensar** *v.* **(+** ***inf.*****)** 4
interest **interesar** *v.* 7
interesting **interesante** *adj.* 3
be interesting to **interesar** *v.* 7
(inter)national **(inter)nacional** *adj. m., f.* 18
Internet **Internet** *m.* 11
interview **entrevista** *f.* 16; interview **entrevistar** *v.* 16
interviewer **entrevistador(a)** *m., f.* 16
introduction **presentación** *f.*
I would like to introduce (name) to you... **Le presento a...** *form.* **Te presento a...** *fam.*
invest **invertir (i:ie)** *v.* 16
invite **invitar** *v.* 9
iron (clothes) **planchar** *v.* **la ropa** 12
Italian **italiano/a** *adj.* 3
its **su(s)** *poss. adj.* 3, **suyo(s)/a(s)** *poss. pron.* 11
It's me. **Soy yo.** 1

## J

jacket **chaqueta** *f.* 6
January **enero** *m.* 5
Japanese **japonés, japonesa** *adj.* 3
jeans **bluejeans** *m., pl.* 6
jewelry store **joyería** *f.* 14
job **empleo** *m.* 16; **puesto** *m.* 16; **trabajo** *m.* 16
job application **solicitud** *f.* **de trabajo** 16
jog **correr** *v.*
journalism **periodismo** *m.* 2
journalist **periodista** *m., f.* 3; **reportero/a** *m., f.* 16
joy **alegría** *f.* 9
give joy **dar** *v.* **alegría** 9
joyful **alegre** *adj.* 5
juice **jugo** *m.* 8
July **julio** *m.* 5
June **junio** *m.* 5
jungle **selva, jungla** *f.* 13
just **apenas** *adv.*
have just (*done something*) **acabar de (+** ***inf.*****)** 6

## K

key **llave** *f.* 5
keyboard **teclado** *m.* 11
kilometer **kilómetro** *m.* 11
kind: That's very kind of you. **Muy amable.** 5
kiss **beso** *m.* 9; (each other) **besar(se)** *v.* 11
kitchen **cocina** *f.* 12
knee **rodilla** *f.* 10
knife **cuchillo** *m.* 12
know **saber** *v.* 8; **conocer** *v.* 8
know how **saber** *v.* 8

## L

laboratory **laboratorio** *m.* 2
lack **faltar** *v.* 7
lake **lago** *m.* 13
lamp **lámpara** *f.* 12
land **tierra** *f.* 13
landlord **dueño/a** *m., f.* 8
landscape **paisaje** *m.* 5
language **lengua** *f.* 2
laptop (computer) **computadora** *f.* **portátil** 11
large (*clothing size*) **talla grande** 6
last **durar** *v.* 18; **pasado/a** *adj.* 6; **último/a** *adj.*
last name **apellido** *m.* 3
last night **anoche** *adv.* 6
last week **semana** *f.* **pasada** 6
last year **año** *m.* **pasado** 6
late **tarde** *adv.* 7
later **más tarde** 7
See you later. **Hasta la vista.** 1; **Hasta luego.** 1
laugh **reírse (e:i)** *v.* 9
laughed **reído** *p.p.* 14
laundromat **lavandería** *f.* 14
law **ley** *f.* 13
lawyer **abogado/a** *m., f.* 16
lazy **perezoso/a** *adj.*
learn **aprender** *v.* **(a+** ***inf.*****)** 3
least, at **por lo menos** *adv.* 10
leave **salir** *v.* 4; **irse** *v.* 7
leave a tip **dejar una propina** 9
leave for (*a place*) **salir para**
leave from **salir de**
leave behind **dejar** *v.* 16
left **izquierdo/a** *adj.* 2
be left over **quedar** *v.* 7
to the left of **a la izquierda de** 2
leg **pierna** *f.* 10
lemon **limón** *m.* 8
lend **prestar** *v.* 6
less **menos** *adv.* 10
less... than **menos... que** 8
less than **menos de (+** ***number*****)**
lesson **lección** *f.* 1
let **dejar** *v.* 12
let's see **a ver** 2
letter **carta** *f.* 4, 14
lettuce **lechuga** *f.* 8
liberty **libertad** *f.* 18
library **biblioteca** *f.* 2
license (*driver's*) **licencia** *f.* **de conducir** 11
lie **mentira** *f.* 4
life **vida** *f.* 9
of my life **de mi vida** 15
lifestyle: lead a healthy lifestyle **llevar una vida sana** 15
lift **levantar** *v.* 15
lift weights **levantar pesas** 15
light **luz** *f.* 12
like **como** *prep.* 8; **gustar** *v.* 7
I like... **Me gusta(n)...** 2
like this **así** *adv.* 10
like very much *v.* **encantar** 7
Do you like...? **¿Te gusta(n)...?** 2
likeable **simpático/a** *adj.* 3
likewise **igualmente** *adv.* 1
line **línea** *f.* 4; **cola** (*queue*) *f.* 14
listen (to) **escuchar** *v.* 2
Listen! (*command*) **¡Oye!** *fam., sing.*1; **¡Oigan!** *form., pl.*
listen to music **escuchar música** 2
listen (to) the radio **escuchar la radio** 2
literature **literatura** *f.* 2
little (*quantity*) **poco/a** *adj.* 5; **poco** *adv.* 10
live **vivir** *v.* 3
living room **sala** *f.* 12
loan **préstamo** *m.* 14; **prestar** *v.* 6, 14
lobster **langosta** *f.* 8
located **situado/a** *adj.*
be located **quedar** *v.* 14
long (in length) **largo/a** *adj.* 6
look (at) **mirar** *v.* 2
look for **buscar** *v.* 2
lose **perder (e:ie)** *v.* 4
lose weight **adelgazar** *v.* 15
lost **perdido/a** *adj.* 14
be lost **estar perdido/a** 14
lot, a **muchas veces** *adv.* 10
lot of, a **mucho/a** *adj.* 2, 3
love (*another person*) **querer (e:ie)** *v.* 4; (*inanimate objects*) **encantar** *v.* 7 ; **amor** *m.* 9
in love **enamorado/a** *adj.* 5
I loved it! **¡Me encantó!** 15
luck **suerte** *f.* 3
lucky: be (very) lucky **tener (mucha) suerte** 3
luggage **equipaje** *m.* 5
lunch **almuerzo** *m.* 8
have lunch **almorzar (o:ue)** *v.* 4

## M

ma'am **señora (Sra.)** *f.* 1

mad **enojado/a** *adj.* 5
magazine **revista** *f.* 4
magnificent **magnífico/a** *adj.* 5
mail **correo** *m.* 14; **enviar** *v.*, **mandar** *v.* 14
mail carrier **cartero** *m.* 14
mailbox **buzón** *m.* 14
main **principal** *adj. m., f.* 8
maintain **mantener** *v.* 15
major **especialización** *f.* 2
make **hacer** *v.* 4
make the bed **hacer la cama** 12
make-up **maquillaje** *m.* 7
to put on make-up **maquillarse** *v.* 7
man **hombre** *m.* 1
manager **gerente** *m., f.* 16
many **mucho/a** *adj.* 3
many times **muchas veces** 10
map **mapa** *m.* 2
March **marzo** *m.* 5
margarine **margarina** *f.* 8
marinated fish **ceviche** *m.* 8
lemon-marinated shrimp **ceviche** *m.* **de camarón** 8
marital status **estado** *m.* **civil** 9
market **mercado** *m.* 6
(open air) market **mercado (al aire libre)** 6
marriage **matrimonio** *m.* 9
married **casado/a** *adj.* 9
get married (to) **casarse** *v.* **(con)** 9
marvelous **maravilloso/a** *adj.* 5
marvelously **maravillosamente** *adv.* 18
massage **masaje** *m.* 15
masterpiece **obra maestra** *f.* 17
match (*sports*) **partido** *m.* 4
match **hacer** *v.* **juego (con)** 6
mathematics **matemáticas** *f., pl.* 2
matter **importar** *v.* 7
maturity **madurez** *f.* 9
maximum **máximo/a** *m.* 11
May **mayo** *m.* 5
maybe **tal vez** 5; **quizás** 5
mayonnaise **mayonesa** *f.* 8
(to, for) me **me** *pron.* 6
meal **comida** *f.* 8
means of communication **medios** *m. pl.* **de comunicación** 18
meat **carne** *f.* 8
mechanic **mecánico/a** *m., f.* 11
mechanic's repair shop **taller mecánico** 11
media **medios** *m., pl.* **de comunicación** 18
medical **médico/a** *adj.* 10
medication **medicamento** *m.* 10
medicine **medicina** *f.* 10
medium **mediano/a** *adj.*
meet (each other) **encontrar(se)** *v.* 11; **conocerse(se)** *v.* 8
meeting **reunión** *f.* 16
menu **menú** *m.* 8
message (*telephone*) **recado** *m.* 11, **mensaje** *m.*
Mexican **mexicano/a** *adj.* 3
Mexico **México** *m.* 1
microwave **microonda** *f.*12
microwave oven **horno** *m.***de microondas** 12
middle age **madurez** *f.* 9
midnight **medianoche** *f.* 1
mile **milla** *f.* 11
milk **leche** *f.* 8
million **millón** *m.* 6
million of **millón de** *m.* 6
mine **mío(s)/a(s)** *poss.* 11
mineral **mineral** *m.* 15
mineral water **agua** *f.* **mineral** 8
minute **minuto** *m.* 1
mirror **espejo** *m.* 7
Miss **señorita (Srta.)** *f.* 1
miss **perder** *v.* 4
mistaken **equivocado/a** *adj.*
modem **módem** *m.*
modern **moderno/a** *adj.* 17
molar **muela** *f.* 10
mom **mamá** *f.*
Monday **lunes** *m., sing.* 2
money **dinero** *m.* 6
monitor **monitor** *m.* 11
month **mes** *m.* 5
monument **monumento** *m.* 4
moon **luna** *f.* 13
more **más**
more... than **más... que** 8
more than **más de (+ *number*)** 8
morning **mañana** *f.* 1
mother **madre** *f.* 3
mother-in-law **suegra** *f.* 3
motor **motor** *m.*
motorcycle **motocicleta** *f.* 5
mountain **montaña** *f.* 4
mouse **ratón** *m.* 11
mouth **boca** *f.* 10
move (*from one house to another*) **mudarse** *v.* 12
movie **película** *f.* 4
movie star **estrella** *f.* **de cine** 17
movie theater **cine** *m.* 4
Mr. **señor (Sr.)** *m.* 1
Mrs. **señora (Sra.)** *f.* 1
much **mucho/a** *adj.* 2, 3
very much **muchísimo/a** *adj.* 2
municipal **municipal** *adj. m., f.*
murder **crimen** *m.* 18
muscle **músculo** *m.* 15
museum **museo** *m.* 4
mushroom **champiñón** *m.* 8
music **música** *f.* 2, 17
musical **musical** *adj.* 17
musician **músico/a** *m., f.* 17
must **deber** *v.* **(+ *inf.*)** 3
It must be... **Debe ser...**6
my **mi(s)** *poss. adj.* 3; **mío(s)/a(s)** *poss. pron.* 11

## N

name **nombre** *m.* 1
in the name of **a nombre de** 5
last name *m.* **apellido**
My name is... **Me llamo...** 1
be named **llamarse** *v.* 7
napkin **servilleta** *f.* 12
national **nacional** *adj. m., f.*
nationality **nacionalidad** *f.* 1
natural **natural** *adj. m., f.* 13
(natural) disaster **desastre** *m.* **(natural)** 18
natural resource **recurso** *m.* **natural** 13
nature **naturaleza** *f.* 13
nauseated **mareado/a** *adj.* 10
near **cerca de** *prep.* 2
neaten **arreglar** *v.* 12
necessary **necesario/a** *adj.* 12
It is necessary that... **Hay que...** 12, 14
neck **cuello** *m.* 10
need **faltar** *v.* 7; **necesitar** *v.* 2
negative **negativo/a** *adj.*
neighbor **vecino/a** *m., f.* 12
neighborhood **barrio** *m.* 12
neither... nor **ni... ni** *conj.* 7; neither **tampoco** *adv.* 7
nephew **sobrino** *m.* 3
nervous **nervioso/a** *adj.* 5
network **red** *f.* 11
never **nunca** *adj.* 7; **jamás** 7
new **nuevo/a** *adj.* 6
newlywed **recién casado/a** *m., f.* 9
news **noticias** *f., pl.* 18; **actualidades** *f., pl.* 18
newscast **noticiero** *m.* 18
newspaper **periódico** 4; **diario** *m.* 18
next **próximo/a** *adj.* 16
next to **al lado de** *prep.* 2
nice **simpático/a** *adj.* 3; **amable** *adj. m., f.* 5
niece **sobrina** *f.* 3
night **noche** *f.* 1
night stand **mesita** *f.* **de noche** 12
nine **nueve** 1
nine hundred **novecientos/as** 6
nineteen **diecinueve** 1
ninety **noventa** 2
ninth **noveno/a** 5
no **no** 1; **ningún, ninguno/a(s)** *adj.* 7
no one **nadie** *pron.* 7
No problem. **Ningún problema.** 7
no way **de ninguna manera** 16
nobody **nadie** 7

none **ningún, ninguno/a(s)** *adj.* 7
noon **mediodía** *m.* 1
nor **ni** *conj.* 7
north **norte** *m.* 14
  to the north **al norte** 14
nose **nariz** *f.* 10
not **no** 1
  not any **ningún, ninguno/a(s)** *adj.* 7
  not anyone **nadie** *pron.* 7
  not anything **nada** *pron.* 7
  not bad at all **nada mal** 5
  not either **tampoco** *adv.* 7
  not ever **nunca** *adv.* 7; **jamás** *adv.* 7
  not very well **no muy bien** 1
  not working **descompuesto/a** *adj.* 11
notebook **cuaderno** *m.* 1
nothing **nada** 1; 7
noun **sustantivo** *m.*
November **noviembre** *m.* 5
now **ahora** *adv.* 2
nowadays **hoy día** *adv.*
nuclear **nuclear** *adj. m., f.* 13
  nuclear energy **energía nuclear** 13
number **número** *m.* 1
nurse **enfermero/a** *m., f.* 10
nutrition **nutrición** *f.* 15
nutritionist **nutricionista** *m., f.* 15

## O

o'clock: It's... o'clock **Son las...** 1
  It's one o'clock. **Es la una.** 1
obey **obedecer (c:zc)** *v.* 18
obligation **deber** *m.* 18
obtain **conseguir (e:i)** *v.* 4; **obtener** *v.* 16
obvious **obvio/a** *adj.* 13
  it's obvious **es obvio** 13
occupation **ocupación** *f.* 16
occur **ocurrir** *v.* 18
ocean **océano** *m.* 5
October **octubre** *m.* 5
of **de** *prep.* 1
  Of course. **Claro que sí.** 16; **Por supuesto.** 16
offer **oferta** *f.* 12; **ofrecer (c:cz)** *v.* 8
office **oficina** *f.* 12
  doctor's office **consultorio** *m.* 10
often **a menudo** *adv.* 10
Oh! **¡Ay!**
oil **aceite** *m.* 8
OK **regular** *adj.* 1
  It's okay. **Está bien.**
old **viejo/a** *adj.* 3; old age **vejez** *f.* 9
older **mayor** *adj. m., f.* 3
  older brother, sister **hermano/a mayor** *m., f.* 3
oldest **el/la mayor** 8
on **en** *prep.* 2: **sobre** *prep.* 2
  on behalf of **por** *prep.* 11
  on the dot **en punto** 1
  on time **a tiempo** 10
  on top of **encima de** 2
once **una vez** 6
one **un, uno/a** *m., f., sing. pron.* 1
  one hundred **cien(to)** 6
  one million **un millón** *m.* 6
  one more time **una vez más** 9
  one thousand **mil** 6
  one time **una vez** 6
  one way (*travel*) **ida** *f.*
onion **cebolla** *f.* 8
only **sólo** *adv.* 3; **único/a** *adj.* 3
  only child **hijo/a único/a** *m., f.* 3
open **abierto/a** *adj.* 5, 14; **abrir** *v.* 3
open-air **al aire libre** 6
opera **ópera** *f.* 17
operation **operación** *f.* 10
opposite **en frente de** *prep.* 14
or **o** *conj.* 7
orange **anaranjado/a** *adj.* 6; **naranja** *f.* 8
orchestra **orquesta** *f.* 17
order **mandar** 12; (*food*) **pedir (e:i)** *v.* 8
  in order to **para** *prep.* 11
orderly **ordenado/a** *adj.* 5
ordinal (*numbers*) **ordinal** *adj.*
other **otro/a** *adj.* 6
our **nuestro(s)/a(s)** *poss. adj.* 3; *poss. pron.* 11
out of order **descompuesto/a** *adj.* 11
outside **fuera** *adv.*
outskirts **afueras** *f., pl.* 12
oven **horno** *m.* 12
over **sobre** *prep.* 2
own **propio/a** *adj.* 16
owner **dueño/a** *m., f* 8

## P

p.m. **tarde** *f.* 1
pack (one's suitcases) **hacer** *v.* **las maletas** 5
package **paquete** *m.* 14
page **página** *f.* 11
pain **dolor** *m.* 10
  have a pain **tener** *v.* **dolor** 10
paint **pintar** *v.* 17
painter **pintor(a)** *m., f.* 16
painting **pintura** *f.* 12, 17
pair **par** *m.* 6
pants **pantalones** *m., pl.* 6
pantyhose **medias** *f., pl.* 6
paper **papel** *m.* 2; (*report*) **informe** *m.* 18
  paper money **billete** *m.*
paragraph **párrafo** *m.*
Pardon me. (*May I?*) **con permiso** 1; (*Excuse me.*) Pardon me. **Perdón.** 1
parents **padres** *m., pl.* 3; **papás** *m., pl.* 3
park **estacionar** *v.* 11; **parque** *m.* 4
parking lot **estacionamiento** *m.* 14
partner (*one of a married couple*) **pareja** *f.* 9
party **fiesta** *f.* 9
passed **pasado/a** *p.p.*
passenger **pasajero/a** *m., f.* 1
passport **pasaporte** *m.* 5
past **pasado/a** *adj.* 6
pastime **pasatiempo** *m.* 4
pastry shop **pastelería** *f.* 14
patient **paciente** *m., f.* 10
patio **patio** *m.* 12
pay **pagar** *v.* 6
pay in cash **pagar** *v.* **al contado; pagar en efectivo** 14
pay in installments **pagar** *v.* **a plazos** 14
pay the bill **pagar la cuenta** 9
pea **arveja** *m.* 8
peace **paz** *f.* 18
peach **melocotón** *m.* 8
pear **pera** *f.* 8
pen **pluma** *f.* 2
pencil **lápiz** *m.* 1
penicillin **penicilina** *f.* 10
people **gente** *f.* 3
pepper (*black*) **pimienta** *f.* 8
per **por** *prep.* 11
perfect **perfecto/a** *adj.* 5
perhaps **quizás; tal vez**
permission **permiso** *m.*
person **persona** *f.* 3
pharmacy **farmacia** *f.* 10
phenomenal **fenomenal** *adj.* 5
photograph **foto(grafía)** *f.* 1
physical (*exam*) **examen** *m.* **médico** 10
physician **doctor(a), médico/a** *m., f.* 3
physics **física** *f. sing.* 2
pick up **recoger** *v.* 13
picture **cuadro** *m.* 12; **pintura** *f.* 12
pie **pastel** *m.* 9
pill (tablet) **pastilla** *f.* 10
pillow **almohada** *f.* 12
pineapple **piña** *f.* 8
pink **rosado/a** *adj.* 6
place **lugar** *m.* 4; **poner** *v.* 4
plaid **de cuadros** 6
plans **planes** *m., pl.* 4
  have plans **tener planes** 4
plant **planta** *f.* 13
plastic **plástico** *m.* 13
  (made of) plastic **de plástico** 13

plate **plato** *m.* 12
platter of fried food **fuente** *f.* **de fritada**
play **drama** *m.* 17; **comedia** *f.* 17; **jugar (u:ue)** *v.* 4; (*a musical instrument*) **tocar** *v.* 17; (*a role*) **hacer el papel de** 17; (*cards*) **jugar a (las cartas)** 5; (*sports*) **practicar deportes** 4
player **jugador(a)** *m., f.* 4
playwright **dramaturgo/a** *m., f.* 17
plead **rogar (o:ue)** *v.* 12
pleasant **agradable** *adj. m., f.*
Please. **Por favor.** 1
Pleased to meet you. **Mucho gusto.** 1; **Encantado/a.** *adj.* 1
pleasing: be pleasing to **gustar** *v.* 7
pleasure **gusto** *m.* 1; **placer** *m.* 15
It's a pleasure to... **Gusto de** (*+ inf.*) 18
It's been a pleasure. **Ha sido un placer.** 15
The pleasure is mine. **El gusto es mío.** 1
poem **poema** *m.* 17
poet **poeta** *m., f.* 17
poetry **poesía** *f.* 17
police (force) **policía** *f.* 11
police officer **policía** *m.*, **mujer policía,** *f.*
political **político/a** *adj.* 18
politician **político/a** *m., f.* 16
politics **política** *f.* 18
polka-dotted **de lunares** 6
poll **encuesta** *f.* 18
pollute **contaminar** *v.* 13
polluted **contaminado/a** *m., f.* 13
be polluted **estar contaminado/a** 13
pollution **contaminación** *f.* 13
pool **piscina** *f.* 4
poor **pobre** *adj.* 6
population **población** *f.* 13
pork **cerdo** *m.* 8
pork chop **chuleta** *f.* **de cerdo** 8
portable **portátil** *adj.* 11
portable computer **computadora** *f.* **portátil** 11
position **puesto** *m.* 16
possessive **posesivo/a** *adj.* 3
possible **posible** *adj.* 13
It's (not) possible. **(No) Es posible.** 13
post office **correo** *m.* 14
postcard **postal** *f.* 4; **tarjeta postal** *f.* 4
poster **cartel** *m.* 12
potato **papa** *f.* 8; **patata** *f.* 8
pottery **cerámica** *f.* 15
practice **entrenarse** *v.* 15; **practicar** *v.* 2
prefer **preferir (e:ie)** *v.* 4
pregnant **embarazada** *adj. f.* 10
prepare **preparar** *v.* 2
preposition **preposición** *f.*
prescribe (*medicine*) **recetar** *v.* 10
prescription **receta** *f.* 10
present **regalo** *m.*; **presentar** *v.* 17
pressure **presión** *f.*
be under a lot of pressure **sufrir muchas presiones** 15
pretty **bonito/a** *adj.* 3; **bastante** *adv.* 13
price **precio** *m.* 6
(fixed, set) price **precio** *m.* **fijo** 6
print **estampado/a** *adj.*; **imprimir** *v.* 11
printer **impresora** *f.* 11
private (*room*) **individual** *adj.*
prize **premio** *m.* 17
probable **probable** *adj.* 13
It's (not) probable. **(No) Es probable.** 13
problem **problema** *m.* 1
profession **profesión** *f.* 3; 16
professor **profesor(a)** *m., f.*
program **programa** *m.* 1
programmer **programador(a)** *m., f.* 3
prohibit **prohibir** *v.* 10
promotion (*career*) **ascenso** *m.* 16
pronoun **pronombre** *m.*
protect **proteger** *v.* 13
protein **proteína** *f.* 15
provided (that) **con tal (de) que** *conj.* 13
psychologist **psicólogo/a** *m., f.* 16
psychology **psicología** *f.* 2
publish **publicar** *v.* 17
Puerto Rican **puertorriqueño/a** *adj.* 3
Puerto Rico **Puerto Rico** *m.* 1
pull a tooth **sacar una muela**
purchases **compras** *f., pl.* 5
pure **puro/a** *adj.* 13
purple **morado/a** *adj.* 6
purse **bolsa** *f.* 6
put **poner** *v.* 4; **puesto/a** *p.p.* 14
put (a letter) in the mailbox **echar (una carta) al buzón** 14
put on (*a performance*) **presentar** *v.* 17
put on (*clothing*) **ponerse** *v.* 7
put on makeup **maquillarse** *v.* 7

## Q

quality **calidad** *f.* 6
quarter **trimestre** *m.* 2
quarter after (*time*) **y cuarto** 1; **y quince** 1
quarter to (*time*) **menos cuarto** 1; **menos quince** 1
question **pregunta** *f.* 2
quickly **rápido** *adv.* 10
quiet **tranquilo/a** *adj.* 15
quit **dejar** *v.* 16
quiz **prueba** *f.* 2

## R

racism **racismo** *m.* 18
radio (*medium*) **radio** *f.* 2
radio (set) **radio** *m.* 11
rain **llover (o:ue)** *v.* 5; **lluvia** *f.* 13
It's raining. **Llueve.** 5
raincoat **impermeable** *m.* 6
rainforest **bosque** *m.* **tropical** 13
raise (*salary*) **aumento de sueldo** 16
rather **bastante** *adv.* 10
read **leer** *v.* 3; **leído/a** *p.p.* 14
read e-mail **leer correo electrónico** 4
read a magazine **leer una revista** 4
read a newspaper **leer un periódico** 4
ready **listo/a** *adj.*
(Are you) ready? **¿(Están) listos?** 15
reap the benefits (of) *v.* **disfrutar** *v.* **(de)** 15
reason **razón** *f.*
receive **recibir** *v.* 3
recommend **recomendar (e:ie)** *v.* 8; 12
record **grabar** *v.* 11
recreation **diversión** *f.* 4
recycle **reciclar** *v.* 13
recycling **reciclaje** *m.* 13
red **rojo/a** *adj.* 6
red-haired **pelirrojo/a** *adj.* 3
reduce **reducir** *v.* 13
reduce stress/tension **aliviar el estrés/la tensión** 15
refrigerator **refrigerador** *m.* 12
region **región** *f.* 13
regret **sentir (e:ie)** *v.* 13
related to sitting **sedentario/a** *adj.* 15
relationships **relaciones** *f., pl.*
relatives **parientes** *m., pl.* 3
relax **relajarse** *v.* 9
remain **quedarse** *v.* 7
remember **acordarse (o:ue)** *v.* **(de)** 7; **recordar (o:ue)** *v.* 4
remote control **control remoto** *m.* 11
rent **alquilar** *v.* 12; (payment) **alquiler** *m.* 12
repeat **repetir (e:i)** *v.* 4
report **informe** *m.* 18; **reportaje** *m.* 18
reporter **reportero/a** *m., f.* 16
representative **representante** *m., f.* 18
request **pedir (e:i)** *v.* 4
reservation **reservación** *f.* 5
resign (from) **renunciar (a)** *v.* 16

resolve **resolver (o:ue)** *v.* 13
resolved **resuelto/a** *p.p.* 14
resource **recurso** *m.* 13
responsibility **deber** *m.* 18 **responsabilidad** *f.*
rest **descansar** *v.* 2
the rest **lo/los/las demás** *pron.*
restaurant **restaurante** *m.* 4
résumé **currículum** *m.* 16
retire (from work) **jubilarse** *v.* 9
return **regresar** *v.* 2; **volver (o:ue)** *v.* 4
return trip **vuelta** *f.*
returned **vuelto/a** *p.p.* 14
rice **arroz** *m.* 8
rich **rico/a** *adj.* 6
ride a bicycle **pasear** *v.* **en bicicleta** 4
ride a horse **montar** *v.* **a caballo** 5
ridiculous **ridículo/a** *adj.* 13
It's ridiculous. **Es ridículo.** 13
right **derecha** *f.* 2;
right away **enseguida** *adv.* 9
right here **aquí mismo** 11
right now **ahora mismo** 5
right there **allí mismo** 14
be right **tener razón** 3
to the right of **a la derecha de** 2
right? (*question tag*) **¿no?** 1; **¿verdad?** 1
rights **derechos** *m.* 18
ring (*a doorbell*) **sonar (o:ue)** *v.* 11
river **río** *m.* 13
road **camino** *m.*
roast **asado/a** *adj.* 8
roast chicken **pollo** *m.* **asado** 8
rollerblade **patinar en línea** *v.*
romantic **romántico/a** *adj.* 17
room **habitación** *f.* 5; **cuarto** *m.* 7; 13
living room **sala** *f.* 12
roommate **compañero/a** *m., f.* **de cuarto** 2
roundtrip **de ida y vuelta** 5
roundtrip ticket **pasaje** *m.* **de ida y vuelta** 5
routine **rutina** *f.* 7
rug **alfombra** *f.* 12
run **correr** *v.* 3
run errands **hacer diligencias** 14
run into (*have an accident*) **chocar (con)** *v.*; (*meet accidentally*) **encontrar(se) (o:ue)** *v.* 11; (*run into some thing*) **darse (con)** 10
run into (each other) **encontrar(se) (o:ue)** *v.* 11
rush **apurarse, darse prisa** *v.* 15
Russian **ruso/a** *adj.* 3

## S

sad **triste** *adj.* 5; 13
It's sad. **Es triste.** 13
said **dicho/a** *p.p.* 14
sake: for the sake of **por**
salad **ensalada** *f.* 8
salary **salario** *m.* 16; **sueldo** *m.* 16
sale **rebaja** *f.* 6
salesperson **vendedor(a)** *m., f.* 6
salmon **salmón** *m.* 8
salt **sal** *f.* 8
same **mismo/a** *adj.* 3
sandal **sandalia** *f.* 6
sandwich **sándwich** *m.* 8
Saturday **sábado** *m.* 2
sausage **salchicha** *f.* 8
save (*on a computer*) **guardar** *v.* 11;
save (money) **ahorrar** *v.* 14
savings **ahorros** *m.* 14
savings account **cuenta** *f.* **de ahorros** 14
say **decir** *v.* 4
say (that) **decir (que)** *v.* 4, 9
say the answer **decir la respuesta** 4
scarcely **apenas** *adv.* 10
scared: be (very) scared (of) **tener (mucho) miedo (de)** 3
schedule **horario** *m.* 2
school **escuela** *f.* 1
science *f.* **ciencia** 2
science fiction **ciencia ficción** *f.* 17
scientist **científico/a** *m., f.* 16
scuba dive **bucear** *v.* 4
screen **pantalla** *f.* 11
sculpt **esculpir** *v.* 17
sculptor **escultor(a)** *m., f.* 17
sculpture **escultura** *f.* 17
sea **mar** *m.* 5
season **estación** *f.* 5
seat **silla** *f.* 2
second **segundo/a** *adj.* 5
secretary **secretario/a** *m., f.* 16
sedentary **sedentario/a** *adj.* 15
see **ver** *v.* 4
see (you, him, her) again **volver a ver(te, lo, la)** 18
see movies **ver películas** 4
See you. **Nos vemos.** 1
See you later. **Hasta la vista.** 1; **Hasta luego.** 1
See you soon. **Hasta pronto.** 1
See you tomorrow. **Hasta mañana.** 1
seem **parecer** *v.* 8
seen **visto/a** *p.p.* 14
sell **vender** *v.* 6
semester **semestre** *m.* 2
send **enviar; mandar** *v.* 14
separate (from) **separarse** *v.* **(de)** 9
separated **separado/a** *adj.* 9
September **septiembre** *m.* 5
sequence **secuencia** *f.*
serious **grave** *adj.* 10
serve **servir (e:i)** *v.* 8
set (*fixed*) **fijo** *adj.* 6
set the table **poner la mesa** 12
seven **siete** 1
seven hundred **setecientos/as** 6
seventeen **diecisiete** 1
seventh **séptimo/a** 5
seventy **setenta** 2
sexism **sexismo** *m.* 18
shame **lástima** *f.* 13
It's a shame. **Es una lástima.** 13
shampoo **champú** *m.* 7
shape **forma** *f.* 15
be in good shape **estar en buena forma** 15
stay in shape **mantenerse en forma** 15
share **compartir** *v.* 3
sharp (*time*) **en punto** 1
shave **afeitarse** *v.* 7
shaving cream **crema** *f.* **de afeitar** 7
she **ella** 1
shellfish **mariscos** *m., pl.* 8
ship **barco** *m.*
shirt **camisa** *f.* 6
shoe **zapato** *m.* 6
shoe size **número** *m.* 6
shoe store **zapatería** *f.* 14
tennis shoes **zapatos** *m., pl.* **de tenis** 6
shop **tienda** *f.* 6
shopping, to go **ir de compras** 5
shopping mall **centro comercial** *m.* 6
short (*in height*) **bajo/a** *adj.* 3; (*in length*) **corto/a** *adj.* 6
short story **cuento** *m.* 17
shorts **pantalones cortos** *m., pl.* 6
should (*do something*) **deber** *v.* **(+ *infin.*)** 3
show **espectáculo** *m.* 17; **mostrar (o:ue)** *v.* 4
game show **concurso** *m.* 17
shower **ducha** *f.* 7; **ducharse** *v.* 7; **bañarse** *v.* 7
shrimp **camarón** *m.* 8
siblings **hermanos/as** *pl.* 3
sick **enfermo/a** *adj.* 10
be sick **estar enfermo/a** 10
get sick **enfermarse** *v.* 10
sightseeing: go sightseeing **hacer turismo** 5
sign **firmar** *v.* 14; **letrero** *m.* 14
silk **seda** *f.* 6; (made of) **de seda** 6
silly **tonto/a** *adj.* 3
silverware **cubierto** *m.*
since **desde** *prep.*
sing **cantar** *v.* 2

singer **cantante** *m., f.* 17
single **soltero/a** *adj.* 9
single room **habitación** *f.* **individual** 5
sink **lavabo** *m.* 7
sir **señor (Sr.)** *m.* 1
sister **hermana** *f.* 3
sister-in-law **cuñada** *f.* 3
sit down **sentarse (e:ie)** *v.* 7
six **seis** 1
six hundred **seiscientos/as** 6
sixteen **dieciséis** 1
sixth **sexto/a** 5
sixty **sesenta** 2
size **talla** *f.* 6
shoe size *m.* **número** 6
skate (in-line) **patinar (en línea)** 4
skateboard **andar en patineta** *v.* 4
ski **esquiar** *v.* 4
skiing **esquí** *m.* 4
water-skiing **esquí** *m.* **acuático** 4
skirt **falda** *f.* 6
sky **cielo** *m.* 13
sleep **dormir (o:ue)** *v.* 4; **sueño** *m.* 3
go to sleep **dormirse (o:ue)** *v.* 7
sleepy: be (very) sleepy **tener (mucho) sueño** 3
slender **delgado** *adj.* 3
slim down **adelgazar** *v.* 15
slippers **pantuflas** *f.* 7
slow **lento/a** *adj.* 11
slowly **despacio** *adv.* 10
small **pequeño/a** *adj.* 3
smart **listo/a** *adj.* 5
smile **sonreír (e:i)** *v.* 9
smiled **sonreído** *p.p.* 14
smoggy: It's (very) smoggy. **Hay (mucha) contaminación.** 4
smoke **fumar** *v.* 8, 15
(not) to smoke **(no) fumar** 15
smoking section **sección** *f.* **de fumar** 8
(non) smoking section *f.* **sección de (no) fumar** 8
snack **merendar** *v.* 15; afternoon snack **merienda** *f.* 15
have a snack **merendar** *v.*
sneakers **los zapatos de tenis** 6
sneeze **estornudar** *v.* 10
snow **nevar (e:ie)** *v.* 5; **nieve** *f.*
snowing: It's snowing. **Nieva.** 5
so (*in such a way*) **así** *adv.* 10; **tan** *adv.*
so much **tanto** *adv.*
so so **regular** 1, **así así**
so that **para que** *conj.* 13
soap **jabón** *m.* 7
soap opera **telenovela** *f.* 17
soccer **fútbol** *m.* 4
sociology *f.* **sociología** 2
sock **calcetín** *m.* 6
sofa **sofá** *m.* 12

soft drink **refresco** *m.* 8
software **programa** *m.* **de computación** 11
soil **tierra** *f.* 13
solar **solar** *adj., m., f.* 13
solar energy **energía solar** 13
solution **solución** *f.* 13
solve **resolver (o:ue)** *v.* 13
some **algún, alguno/a(s)** *adj.* 7; **unos/as** *pron./ m., f., pl; indef. art.* 1
somebody **alguien** *pron.* 7
someone **alguien** *pron.* 7
something **algo** *pron.* 7
sometimes **a veces** *adv.* 10
son **hijo** *m.* 3
song **canción** *f.* 17
son-in-law **yerno** *m.* 3
soon **pronto** *adv.* 10
See you soon. **Hasta pronto.** 1
sorry: be sorry **sentir (e:ie)** *v.* 13
I'm sorry. **Lo siento.** 1
I'm so sorry. **Mil perdones.; Lo siento muchísimo.** 4
soup **caldo** *m.* 8; **sopa** *f.* 8
south **sur** *m.* 14
to the south **al sur** 14
Spain **España** *f.* 1
Spanish (*language*) **español** *m.* 2; **español(a)** *adj.* 3
spare (free) time **ratos libres** 4
speak **hablar** *v.* 2
specialization **especialización** *f.*
spectacular **espectacular** *adj. m., f.* 15
speech **discurso** *m.* 18
speed **velocidad** *f.* 11
speed limit **velocidad** *f.* **máxima** 11
spelling **ortografía** *f.*, **ortográfico/a** *adj.*
spend (*money*) **gastar** *v.* 6
spend time **pasar tiempo** 4
spoon (*table or large*) **cuchara** *f.* 12
sport **deporte** *m.* 4
sports-related **deportivo/a** *adj.* 4
spouse **esposo/a** *m., f.* 3
sprain (one's ankle) **torcerse (o:ue)** *v.* **(el tobillo)** 10
sprained **torcido/a** *adj.* 10
be sprained **estar torcido/a** 10
spring **primavera** *f.* 5
(city or town) square **plaza** *f.* 4
stadium **estadio** *m.* 2
stage **etapa** *f.* 9
stairs **escalera** *f.* 12
stairway **escalera** *f.* 12
stamp **estampilla** *f.* 14; **sello** *m.* 14
stand in line **hacer** *v.* **cola** 14
star **estrella** *f.* 13
start (*a vehicle*) **arrancar** *v.* 11; **establecer** *v.* 16
state **estado** *m.*
station **estación** *f.* 5

statue **estatua** *f.* 17
status: marital status **estado** *m.* **civil** 9
stay **quedarse** *v.* 7
stay in shape **mantenerse en forma** 15
steak **bistec** *m.* 8
steering wheel **volante** *m.* 11
step **etapa** *f.*
stepbrother **hermanastro** *m.* 3
stepdaughter **hijastra** *f.* 3
stepfather **padrastro** *m.* 3
stepmother **madrastra** *f.* 3
stepsister **hermanastra** *f.* 3
stepson **hijastro** *m.* 3
stereo **estéreo** *m.* 11
still **todavía** *adv.* 5
stockbroker **corredor(a)** *m., f.* **de bolsa** 16
stockings **medias** *f., pl.* 6
stomach **estómago** *m.* 10
stone **piedra** *f.* 13
stop **parar** *v.* 11
stop (*doing something*) **dejar de (+ *inf.*)** 13
store **tienda** *f.* 6
storm **tormenta** *f.* 18
story **cuento** *m.* 17; **historia** *f.* 17
stove **cocina, estufa** *f.* 12
straight **derecho** *adj.* 14
straight (ahead) **derecho** 14
straighten up **arreglar** *v.* 12
strange **extraño/a** *adj.* 13
It's strange. **Es extraño.** 13
strawberry **frutilla** *f.* 8, **fresa**
street **calle** *f.* 11
stress **estrés** *m.* 15
stretching **estiramiento** *m.* 15
to do stretching exercises **hacer ejercicios** *m. pl.* **de estiramiento** 15
strike (*labor*) **huelga** *f.* 18
stripe **raya** *f.* 6
striped **de rayas** 6
stroll **pasear** *v.* 4
strong **fuerte** *adj.* 15
struggle (for) **luchar** *v.* **(por)** 18
student **estudiante** *m., f.* 1, 2; **estudiantil** *adj.* 2
study **estudiar** *v.* 2
stuffed-up (*sinuses*) **congestionado/a** *adj.* 10
stupendous **estupendo/a** *adj.* 5
style **estilo** *m.*
suburbs **afueras** *f., pl.* 12
subway **metro** *m.* 5
subway station **estación** *f.* **del metro** 5
success **éxito** *m.* 16
successful: be successful **tener éxito** 16
such as **tales como**
suddenly **de repente** *adv.* 6
suffer **sufrir** *v.* 10
suffer an illness **sufrir una enfermedad** 10

sufficient **bastante** *adj.*
sugar **azúcar** *m.* 8
suggest **sugerir (e:ie)** *v.* 12
suit **traje** *m.* 6
suitcase **maleta** *f.* 1
summer **verano** *m.* 5
sun **sol** *m.* 5; 13
sunbathe **tomar** *v.* **el sol** 4
Sunday **domingo** *m.* 2
(sun)glasses **gafas** *f., pl.* **(oscuras/de sol)** 6; **lentes** *m. pl.* **(de sol)** 6
sunny: It's (very) sunny. **Hace (mucho) sol.** 5
supermarket **supermercado** *m.* 14
suppose **suponer** *v.* 4
sure **seguro/a** *adj.* 5
  be sure **estar seguro/a** 5
surf (*the Internet*) **navegar** *v.* **(en Internet)** 11
surprise **sorprender** *v.* 9; **sorpresa** *f.* 9
survey **encuesta** *f.* 18
sweat **sudar** *v.* 15
sweater **suéter** *m.* 6
sweep the floor **barrer el suelo** 12
sweets **dulces** *m., pl.* 9
swim **nadar** *v.* 4
swimming **natación** *f.* 4
  swimming pool **piscina** *f.* 4
symptom **síntoma** *m.* 10

## T

table **mesa** *f.* 2
tablespoon **cuchara** *f.* 12
tablet (*pill*) **pastilla** *f.* 10
take **tomar** *v.* 2; **llevar** *v.* 6;
  take care of **cuidar** 13
  take someone's temperature **tomar la temperatura** 10
  take (*wear*) a shoe size *v.* **calzar** 6
  take a bath **bañarse** *v.* 7
  take a shower **ducharse** *v.* 7
  take into account **tomar** *v.* **en cuenta**
  take off **quitarse** *v.* 7
  take out (the trash) *v.* **sacar (la basura)** 12
  take photos **tomar fotos** 5; **sacar fotos** 5
talented **talentoso/a** *adj.* 17
talk *v.* **hablar** 2
  talk show **programa** *m.* **de entrevistas** 17
tall **alto/a** *adj.* 3
tank **tanque** *m.* 11
tape (audio) **cinta** *f.*
  tape recorder **grabadora** *f.* 1
taste **probar (o:ue)** *v.* 8
tasty **rico/a** *adj.* 8; **sabroso/a** *adj.* 8
tax **impuesto** *m.* 18
taxi **taxi** *m.* 5
tea **té** *m.* 8
teach **enseñar** *v.* 2
teacher **profesor(a)** *m., f.* 1; **maestro/a** *m., f.* 16
team **equipo** *m.* 4
technician **técnico/a** *m., f.* 16
telecommuting **teletrabajo** *n.* 16
telephone **teléfono** *m.* 11
  cellular telephone **teléfono** *m.* **celular** 11
television **televisión** *f.* 11
  television set **televisor** *m.* 11
tell **contar** *v.*; **decir** *v.* 4
tell (that) **decir** *v.* **(que)** 4, 9
  tell the truth **decir la verdad** 4
  tell lies **decir mentiras** 4
temperature **temperatura** *f.* 10
ten **diez** 1
tennis **tenis** *m.* 4
  tennis shoes **zapatos** *m., pl.* **de tenis** 6
tension **tensión** *f.* 15
tent **tienda** *f.* **de campaña**
tenth **décimo/a** 5
terrible **terrible** *adj. m., f.* 13
  It's terrible. **Es terrible.** 13
terrific **chévere** *adj.*
test **prueba** *f.* 2; **examen** *m.* 2
Thank you. *f., pl.* **Gracias.** 1
  Thank you (very much). **(Muchas) gracias.** 1
  Thank you very, very much. **Muchísimas gracias.** 9
  Thanks (a lot). **(Muchas) gracias.** 1
  Thanks again. (lit. Thanks one more time.) **Gracias una vez más.** 9
  Thanks for everything. **Gracias por todo.** 9, 15
that **que, quien, lo que** *pron.* 12
  that (one) **ése, ésa, eso** *pron.* 6; **ese, esa,** *adj.* 6
  that (*over there*) **aquél, aquélla, aquello** *pron.* 6; **aquel, aquella** *adj.* 6
  that which **lo que** *conj.* 12
  That's not the way it is. **No es así.** 16
  that's why **por eso** 11
the **el** *m.*, **la** *f. sing.*, **los** *m.*, **las** *f. pl.*
theater **teatro** *m.* 17
their **su(s)** *poss. adj.* 3; **suyo(s)/a(s)** *poss. pron.* 11
then **después** (*afterward*) *adv.* 7; **entonces** (*as a result*) *adv.* 7; **luego** (*next*) *adv.* 7; **pues** *adv.* 15
there **allí** *adv.* 5
  There is/are... **Hay...** 1;
  There is/are not... **No hay...** 1
therefore **por eso** 11
these **éstos, éstas** *pron.* 6; **estos, estas** *adj.* 6
they **ellos** *m.*, **ellas** *f. pron.*
thin **delgado/a** *adj.* 3
thing **cosa** *f.* 1
think **pensar (e:ie)** *v.* 4; (believe) **creer** *v.*
  think about **pensar en** *v.* 4
third **tercero/a** 5
thirst **sed** *f.* 3
thirsty: be (very) thirsty **tener (mucha) sed** 3
thirteen **trece** 1
thirty **treinta** 1, 2; thirty (*minutes past the hour*) **y treinta; y media** 1
this **este, esta** *adj.*; **éste, ésta, esto** *pron.* 6
  This is... (*introduction*) **Éste/a es...** 1
  This is he/she. (*on telephone*) **Con él/ella habla.** 11
those **ésos, ésas** *pron.* 6; **esos, esas** *adj.* 6
those (over there) **aquéllos, aquéllas** *pron.* 6; **aquellos, aquellas** *adj.* 6
thousand **mil** *m.* 6
three **tres** 1
three hundred **trescientos/as** 6
throat **garganta** *f.* 10
through **por** *prep.* 11
throughout: throughout the world **en todo el mundo** 13
throw **echar** *v.*
Thursday **jueves** *m., sing.* 2
thus (*in such a way*) **así** *adj.*
ticket **boleto** *m.* 17; **pasaje** *m.* 5
tie **corbata** *f.* 6
time **vez** *f.* 6; time **tiempo** *m.* 4
  buy on time **comprar a plazos** *m., pl.*
  have a good/bad time **pasarlo bien/mal** 9
  We had a great time. **Lo pasamos de película.** 18
  What time is it? **¿Qué hora es?** 1
  (At) What time...? **¿A qué hora...?** 1
times **veces** *f., pl.* 6
  many times **muchas veces** 10
  two times **dos veces** 6
tip **propina** *f.* 9
tire **llanta** *f.* 11
tired **cansado/a** *adj.* 5
  be tired **estar cansado/a** 5
title **título** *m.*
to **a** *prep.* 1
toast (*drink*) **brindar** *v.* 9
  toast **pan** *m.* **tostado**
toasted **tostado/a** *adj.* 8
  toasted bread **pan tostado** *m.* 8
toaster **tostadora** *f.* 12
today **hoy** *adv.* 2
  Today is... **Hoy es...** 2
together **juntos/as** *adj.* 9
toilet **inodoro** *m.* 7

tomato **tomate** *m.* 8
tomorrow **mañana** *f.* 1
See you tomorrow. **Hasta mañana.** 1
tonight **esta noche** *adv.* 4
too **también** *adv.* 2; 7
too much **demasiado** *adv.* 6; **en exceso** 15
tooth **diente** *m.* 7; tooth **muela** *f.*
toothpaste **pasta** *f.* **de dientes** 7
tornado **tornado** *m.* 18
tortilla **tortilla** *f.* 8
touch **tocar** *v.* 13, 17
tour an area **recorrer** *v;* **excursión** *f.* 4
go on a tour **hacer una excursión** 5
tourism **turismo** *m.* 5
tourist **turista** *m., f.* 1; **turístico/a** *adj.*
toward **hacia** *prep.* 14; **para** *prep.* 11
towel **toalla** *f.* 7
town **pueblo** *m.* 4
trade **oficio** *m.* 16
traffic **circulación** *f.* 11; **tráfico** *m.* 11
traffic signal **semáforo** *m.*
tragedy **tragedia** *f.* 17
trail **sendero** *m.* 13
trailhead **sendero** *m.* 13
train **entrenarse** *v.* 15; **tren** *m.* 5
train estation **estación** *f.* **(de) tren** *m.* 5
trainer **entrenador/a** *m., f.* 15
translate **traducir** *v.* 8
trash **basura** *f.* 12
travel **viajar** *v.* 2
travel agency **agencia** *f.* **de viajes** 5
travel agent **agente** *m., f.* **de viajes** 5
travel documents **documentos** *pl. m.* **de viaje**
traveler **viajero/a** *m., f.* 5
(traveler's) check **cheque (de viajero)** 14
treadmill **cinta caminadora** *f.* 15
tree **árbol** *m.* 13
trillion **billón** *m.*
trimester **trimestre** *m.* 2
trip **viaje** *m.* 5
take a trip **hacer un viaje** 5
tropical forest **bosque** *m.* **tropical** 13
truck **camión** *m.*
true **verdad** *adj.* 13
It's (not) true **(No) Es verdad** 13
trunk **baúl** *m.* 11
truth **verdad** *f.*
try **intentar** *v.;* **probar (o:ue)** *v.* 8
try (*to do something*) **tratar de** (+ *inf.*) 15
try on **probarse (o:ue)** *v.* 7

t-shirt **camiseta** *f.* 6
Tuesday **martes** *m., sing.* 2
tuna **atún** *m.* 8
turkey *m.* **pavo** 8
turn **doblar** *v.* 14
turn off (*electricity/appliance*) **apagar** *v.* 11
turn on (*electricity/appliance*) **poner** *v.* 11; **prender** *v.* 11
twelve **doce** 1
twenty **veinte** 1
twenty-eight **veintiocho** 1
twenty-five **veinticinco** 1
twenty-four **veinticuatro** 1
twenty-nine **veintinueve** 1
twenty-one **veintiún, veintiuno/a** 1
twenty-seven **veintisiete** 1
twenty-six **veintiséis** 1
twenty-three **veintitrés** 1
twenty-two **veintidós** 1
twice **dos veces** 6
twin **gemelo/a** *m., f.* 3
twisted **torcido/a** *adj.* 10; be twisted **estar torcido/a** 10
two **dos** 1
two hundred **doscientos/as** 6
two times **dos veces**

## U

ugly **feo/a** *adj.* 3
uncle **tío** *m.* 3
under **bajo** *adv.* 7; **debajo de** *prep.* 2
understand **comprender** *v.* 3; **entender (e:ie)** *v.* 4
underwear **ropa interior** 6
unemployment **desempleo** *m.* 18
United States **Estados Unidos** *m. pl.* 1
university **universidad** *f.* 2
unless **a menos que** *adv.* 13
unmarried **soltero/a** *adj.*
unpleasant **antipático/a** *adj.* 3
until **hasta** *prep.* 6; **hasta que** *conj.* 13
up **arriba** *adv.* 15
urgent **urgente** *adj.* 12
It's urgent that... **Es urgente que...** 12
us **nosotros,** (to, for) us *pl. pron.* 6
use **usar** *v.* 6
used for **para** *prep.* 11
useful **útil** *adj. m., f.*

## V

vacation **vacaciones** *f. pl.* 5
be on vacation **estar de vacaciones** 5
go on vacation **ir de vacaciones** 5

vacuum **pasar** *v.* **la aspiradora** 12
vacuum cleaner **aspiradora** *f.* 12
valley **valle** *m.* 13
various **varios/as** *adj. m., f. pl.* 8
VCR **videocasetera** *f.* 11
vegetables **verduras** *pl., f.* 8
verb **verbo** *m.*
very **muy** *adv.* 1
very much **muchísimo** *adv.* 2
(Very) well, thank you. **(Muy) bien gracias.** 1
vest **chaleco** *m.*
video **video** *m.*
video camera **cámara** *f.* **de video** 11
video(cassette) **video(casete)** *m.* 11
videoconference **videoconferencia** *f.* 16
vinegar **vinagre** *m.* 8
violence **violencia** *f.* 18
visit **visitar** *v.* 4
visit monuments **visitar monumentos** 4
vitamin **vitamina** *f.* 15
volcano **volcán** *m.* 13
volleyball **vóleibol** *m.* 4
vote **votar** *v.* 18

## W

wait for **esperar** *v.* 2
waiter **camarero/a** *m., f.* 8
wake up **despertarse (e:ie)** *v.* 7
walk **caminar** *v.* 2
take a walk **pasear** *v.* 4; walk around **pasear por** 4
walkman ***walkman*** *m.* 11
wall **pared** *f.* 12
wallet **cartera** *f.* 6
want **querer (e:ie)** *v.* 4
war **guerra** *f.* 18
warm (oneself) up **calentarse** *v.* 15
wash **lavar** *v.* 12
wash one's face/hands **lavarse la cara/las manos** 7
wash oneself *v.* **lavarse** 7
washing machine **lavadora** *f.* 12
wastebasket **papelera** *f.* 2
watch **mirar** *v.* 2; **reloj** *m.* 2
watch television **mirar (la) televisión**
water **agua** *f.* 8
water pollution **contaminación del agua** 13
water-skiing *m.* **esquí acuático** 4
way **manera** *f.* 16
we **nosotros(as)** *m., f.* 1
weak **débil** *adj. m., f.* 15
wear **llevar** *v.* 6; **usar** 6
weather **tiempo** *m.*
The weather is bad. **Hace mal**

**tiempo.** 5
The weather is good. **Hace buen tiempo.** 5
weaving **tejido** *m.* 17
Web **red** *f.* 11
website **sitio** *m.* **web** 11
wedding **boda** *f.* 9
Wednesday **miércoles** *m., sing.* 2
week **semana** *f.* 2
weekend **fin** *m.* **de semana** 4
weight **peso** *m.* 15
lift weights **levantar** *v.* **pesas** *f., pl.* 15
welcome **bienvenido(s)/a(s)** *adj.* 12
well **pues** *adv.* 2, 17; **bueno** *adv.* 2, 17; (Very) well, thanks. **(Muy) bien, gracias.**
well-being **bienestar** *m.* 15
well organized **ordenado/a** *adj.*
west **oeste** *m.* 14
to the west **al oeste** 14
western (*genre*) **de vaqueros** 17
what **lo que** 12
what? **¿qué?** 1;
At what time...? **¿A qué hora...?** 1
What a... ! **¡Qué...!**
What a pleasure to... ! **¡Qué gusto (+ *inf.*)...** 18
What a surprise! **¡Qué sorpresa!**
What day is it? **¿Qué día es hoy?** 2
What did you say? **¿Cómo?**
What do you think? **¿Qué le/les** *form.* **parece?**
What happened? **¿Qué pasó?** 11
What is the date (today)? **¿Cuál es la fecha (de hoy)?** 5
What is the price? **¿Qué precio tiene?**
What pain! **¡Qué dolor!**
What pretty clothes! **¡Qué ropa más bonita!** 6
What size do you take? **¿Qué talla lleva (usa)?** 6
What time is it? **¿Qué hora es?** 1
What's going on? **¿Qué pasa?** 1
What's happening? **¿Qué pasa?** 1
What's. . . like? **¿Cómo es...?** 3
What's new? **¿Qué hay de nuevo?** 1
What's the weather like? **¿Qué tiempo hace?** 5
What's wrong? **¿Qué pasó?** 11
What's your name? **¿Cómo se llama usted?** *form.* 1
What's your name? **¿Cómo te llamas (tú)?** *fam.* 1
when **cuando** *conj.* 7; 13
When? **¿Cuándo?** 2
where **donde**
where? (*destination*) **¿adónde?** 2; (*location*) **¿dónde?** 1
Where are you from? **¿De dónde eres (tú)?** (*fam.*) 1; **¿De dónde es (usted)?** (*form.*) 1
Where is...? **¿Dónde está...?** 2
(to) where? **¿adónde?** 2
which **que** *pron.*
which? **¿cuál?** 2; **¿qué?** 2
which one(s)? **¿cuáles?** 2
while **mientras** *adv.* 10
white **blanco/a** *adj.* 6
white wine **vino blanco** 8
who **que** *pron.* 12; **quien(es)** *pron.* 12
who? **¿quién(es)?** 1
Who is...? **¿Quién es...?** 1
Who is calling? (*on telephone*) **¿De parte de quién?** 11
Who is speaking? (*on telephone*) **¿Quién habla?** 11
whom **quien(es)** *pron.*
whole **todo/a** *adj.*
whose **¿de quién(es)?** 1
why? **¿por qué?** 2
widower/widow **viudo/a** *adj.* 9
wife **esposa** *f.* 3
win **ganar** *v.* 4
wind **viento** *m.* 5
window **ventana** *f.* 2
windshield **parabrisas** *m., sing.* 11
windy: It's (very) windy. **Hace (mucho) viento.** 5
wine **vino** *m.* 8
red wine **vino tinto** 8
white wine **vino blanco** 8
wineglass **copa** *f.* 12
winter **invierno** *m.* 5
wish **desear** *v.* 2; **esperar** *v.* 13
I wish (that) **Ojalá (que)** 13
with **con** *prep.* 2
with me **conmigo** 4, 9
with you **contigo** *fam.* 9
within (ten years) **dentro de (diez años)** *prep.* 16
without **sin** *prep.* 2, 13, 15; **sin que** *conj.* 13
without a doubt **sin duda**
woman **mujer** *f.* 1
wool **lana** *f.*6
(made of) wool **de lana** 6
word **palabra** *f.* 1
work **trabajar** *v.* 2; **funcionar** *v.* 11; **trabajo** *m.* 16
work (*of art, literature, music, etc.*) **obra** *f.* 17
work out **hacer gimnasia** 15
world **mundo** *m.* 13
worldwide **mundial** *adj. m., f.*
worried (about) **preocupado/a (por)** *adj.* 5
worry (about) **preocuparse** *v.* **(por)** 7
Don't worry. **No se preocupe.** *form.* 7; **Tranquilo.** *adj.;* **No te preocupes.** *fam.* 7
worse **peor** *adj. m., f.* 8
worst **el/la peor, lo peor** 8, 18
Would you like to...? **¿Te gustaría...?** *fam.* 4
write **escribir** *v.* 3
write a letter/post card/e-mail message **escribir una carta/(tarjeta) postal/mensaje electrónico** 4
writer **escritor(a)** *m., f* 17
written **escrito/a** *p.p.* 14
wrong **equivocado/a** *adj.* 5
be wrong **no tener razón** 3

## X

X-ray **radiografía** *f.* 10

## Y

yard **jardín** *m.* 12; **patio** *m.* 12
year **año** *m.* 5
be... years old **tener... años** 3
yellow **amarillo/a** *adj.* 6
yes **sí** *interj.* 1
yesterday **ayer** *adv.* 6
yet **todavía** *adv.* 5
yogurt **yogur** *m.* 8
You **tú** *fam.* **usted (Ud.)** *form. sing.* **vosotros/as** *m., f. fam.* **ustedes (Uds.)** *form.* 1; (to, for) you *fam. sing.* **te** *pl.* **os** 6; *form. sing.* **le** *pl.* **les** 6
You don't say! **¡No me digas!** *fam.;* **¡No me diga!** *form.* 11
You are. . . **Tú eres...** 1
You're welcome. **De nada.** 1; **No hay de qué.** 1
young **joven** *adj.* 3
young person **joven** *m., f.* 1
young woman **señorita (Srta.)** *f.*
younger **menor** *adj. m., f.* 3
younger: younger brother, sister *m., f.* **hermano/a menor** 3
youngest **el/la menor** *m., f.* 8
your **su(s)** *poss. adj. form.* 3
your **tu(s)** *poss. adj. fam. sing.* 3
your **vuestro/a(s)** *poss. adj. form. pl.* 3
your(s) *form.* **suyo(s)/a(s)** *poss. pron. form.* 11
your(s) **tuyo(s)/a(s)** *poss. fam. sing.* 11
your(s) **vuestro(s)/a(s)** *poss. fam.* 11
youth *f.* **juventud** 9

## Z

zero **cero** *m.* 1

## F



## G



## H



## I



## J



## L



## M



## N



## Ñ

## Text Credits

**416–417** © Gloria Fuertes. Reprinted by permission of Fundación Gloria Fuertes.
**444–445** © Marco Denevi. Falsificaciones, Buenos Aires, Corregidor, 1999. Reprinted by permission of Editorial Corregidora.
**472–473** © Giaconda Belli. Reprinted by permission of the author.
**500–501** © Antonio Skármeta, 1985. Reprinted by permission of Agencia Literaria Carmen Balcells, S. A.
**530–531** © By Octavio Paz. from COLLECTED POEMS 1957–1987, copyright © 1987 by Octavio Paz. Reprinted by permission of New Directions Publishing Corp.

## Fine Art Credits

67 Diego Velázquez. *Las meninas.* 1656. Derechos reservados © Museo Nacional del Prado, Madrid.

101 Oswaldo Guayasamín. *Madre y niño en azul.* 1986. Cortesía Fundación Guayasamín. Quito, Ecuador.

132 Frida Kahlo. *Autorretrato con mono.* 1938. Oil on masonite, overall 16 X12" (40.64 x 30.48 cms). Albright-Knox Art Gallery, Buffalo, New York. Bequest of A. Conger Goodyear, 1966

539 José Antonio Velásquez. *San Antonio de Oriente.* 1957. Colección: Art Museum of the Americas, Organization of American States. Washington D.C.

## Illustration Credits

**Hermann Mejía:** 5, 12, 13, 15, 16, 20, 21, 48, 55, 59, 73, 81 (b), 84, 92, 93, 113, 117, 124, 139, 150, 155, 159, 173, 191, 204, 205, 212, 222, 245, 259, 272, 280, 301, 311, 316, 317, 344, 347, 350, 351, 376, 385, 390, 410, 420, 443, 465, 467, 470, 525, 534, 558–559.

**Pere Virgili:** 2–3, 36–37, 56, 70–71, 81 (t), 104–105, 106, 136–137, 138, 151, 154, 164, 170–171, 202–203, 234–235, 236, 270–271, 298–299, 330–331, 332, 362–363, 364, 396–397, 398, 426–427, 428, 452–455, 456, 482–483, 512–513, 542–543.

**Yayo:** 9, 43, 77, 111, 145, 177, 209, 243, 277, 337, 369, 403, 433, 450–451, 461, 489, 519, 549.

## Photography Credits

**Martín Bernetti:** 1, 2, 3, 4, 6 (b), 10, 14, 17, 28, 30, 31, 31 (b), 38, 40 (b), 46, 51, 52, 60, 61, 62, 64, 65, 71, 72, 74 (b), 80, 82, 85, 87 (r), 88, 94, 95, 98, 99, 100, 101 (t, ml, b), 105, 107, 108 (b), 120, 125, 126, 128, 130, 131, 132 (b), 149, 162, 183, 187, 188, 189, 194, 196, 197, 206 (b), 211, 213, 216, 217, 228, 229, 230 (tl, tr, tm), 231 (tl, br), 239, 262, 264, 273, 288 (t), 290, 302 (b), 309, 313, 322, 324, 334 (b), 341, 346, 365, 366 (b), 388, 432 (b), 439, 446, 448, 449, 457, 474, 476, 485, 486 (b), 502, 504, 505, 522, 532, 552.
**Corbis: cover** (tr) © Galen Rowell, (far lm) © Macduff Everton, (ml) © Danny Lehman, (rmc) © Douglas Peebles, (far rm) © Don Mason, (b) © Francesc Muntada. iii © Chuck Savage. **32** (tr) © Robert Holmes. **33** (tr) © Tony Arruza, (ml) © Owen Franken. **66** (tl, tr) © Patrick Ward, (m) © Elke Stolzenberg, (b) © Reuters/Heino Kalis. **67** (tl) © Paul Almasy, (tr) © Jean-Pierre Lescourret, (mr) © Tony Arruza, (br) © Dave G. Houser. **69** © Ariel Skelley. **87** (l) Warren Morgan. **96** © Tom & Dee Ann McCarthy. **101** (br) © Pablo Corral V. **103** © Jon Feingersh. **127** © AFP/Juan Barreto. **132** (tl) © George D. Lepp, (br) © Peter Guttman,

**133** (tr) © Bettmann, (br) © Brian A. Vikander. **135** © Gary Kufner. **166** (b) Dave G. Houser. **167** (tr) © Steve Chenn. **199** (tr) © Richard Bickel, (bl) © Stephanie Maze, (br) © Ariel Ramerez. **201** © Michael Prince. **226** © Michael Pole. **230** (bm) © Charles & Josette Lenars, (lm) © Richard Smith, (b) © Yann Arthus-Bertrand. **231** (bl) ©Jeremy Horner. **233** © SIE Productions. **240** (b) © Owen Franken. **246** © José Luis Peleaz, Inc. **266** (t) © Bob Winsett, (ml, mr, b) © Dave G. Houser. **267** (tl) © Reuters NewMedia Inc./Jorge Silva, (tr) © Michael & Patricia Fogden, (bl) © Jan Butchofsky-Houser, (br) © Paul W. Liebhardt. **274** (b) ©Anders Ryman. **288** (b) © Pablo Corral V. **289** © Patrick Ward. **293** © AFP/Chris Bouroncle. **294** (tl) © Dave G. Houser, (tr, mtr) © Macduff Everton, (ml) © Pablo Corral V, (mbr) ©AFP/Macarena Minguell, (bl, br) © Bettmann. **295** (tl) © Wolfgang Kaehler, (bl) © Roger Ressmeyer, (br) © Charles O'Rear. **322** © Stuart Hughes. **325** © Stephanie Maze. **326** (tl) © Martin Rogers, (tr, m) Jan Butchofsky-Houser, (ml) © Bill Gentile, (mr) © Dave G. Houser, (b) © Bob Winsett. **327** (r, b) © Martin Rogers, (ml) © Jacques M. Chenet. **329** © PictureNet. **345** © Martin Bydalek Photography. **353** © Laurence Kesterson. **354** © Michael Prince. **357** © Kevin Fleming. **358** (t, b) © Pablo Corral V, (ml) © Arvind Garg, (m, mr) © Galen Rowell. **359** (t, b) © Pablo Corral V, (r) © Massimo Mastrorillo, (ml) © Tibor Bognár. **361** © José Luis Pelaez. **386** © Danny Lehman. **391** © Tim Page. **392** (tl) © Kevin Schafer, (tr, b) © Danny Lehman. **393** (tl) © Danny Lehman, (r) © Peter Guttman, (ml) © Ralph A. Clevenger, (b) © José Fuste Raga. **395** © Michael DeYoung. **397** (tl) © Richard Cummins, (tr) © Stephanie Maze, (bl) © Ray Juno, (br) © Paul A. Souders. 400 (b) © Staffan Widstrand. **406** © Carl & Ann Purcell. **416–417** © Japack Company. **420** © Ric Ergenbright. **421** © Kennan Ward. **422** (tr) © Carl & Ann Purcell, (ml, mr) © Jeremy Horner, (b) © Adam Woolfitt. **423** (tl) © Gianni Dagli Orti, (r) © Stringer/Mexico/Reuters, (bl) © Jeremy Horner. **425** © Macduff Everton. **450** (t) © John Madere, (mt) © Kevin Schafer, (mb) © Buddy Mays, (b) © Peter Guttman. **451** (tl) © Reuters NewMedia Inc./Kimberly White, (bl, br) © Pablo Corral V. **453** © Peter Barrett. 458 (b) © Pablo San Juan. **466** (b) © Pablo San Juan. **468** © Michael Keller. **472** © George H. H. Huey. **477** © Robert Weight. **478** (tl) © Anders Ryman, (m) Reuters NewMedia Inc./Sergio Moraes, (b) Pablo Corral V. **479** (tl) © Hubert Stadler, (r) AFP Photo/Gonzalo Espinoza, (bl) © Wolfgang Kaehler. **481** © Peter Beck. **498** © LWA-Stephen Welstead. **499** © Bill Gentile. **506** (tl) © Jeremy Horner, (tr, m) © Bill Gentile, (b) © Stephen Frink. **507** (tl) © Brian A. Vikander, (r) © Reuters NewMedia Inc./Claudia Daut, (bl) © Gary Braasch. **508** (tr) © Reinhard Eisele, (m) © Richard Bickel. **509** (tl) © Jeremy Horner, (r) © Reuters NewMedia Inc./Marc Serota, (bl) © Lawrence Manning. **516** (b) © Anna Clopet. **523** © Sygma. **530** © William Coupon. **536** (tl) © José F. Poblete, (tr) Peter Guttman, (ml) © Leif Skoogfors, (mr) © Lake County Museum. **537** (l) © Guy Motil. **538** (tl) © Stuart Westmorland, (tr, ml) © Macduff Everton, (mr) © Tony Arruza. **539** (tl) © Macduff Everton, (tr) © Owen Franken. **541** © Douglas Kirkland. **545** (t) © Owen Franken, (b) © Reuters NewMedia Inc./Andrew Winning. **557** (l) © Dave G. Houser. **560** © Layne Kennedy. **562** © John Lund. **564** (t) © Peter Guttman, (ml) © Paul Almasy, (b) © Carlos Carrion. **565** (r) © Joel Creed; Ecoscene. **566** (tl) © Bettmann, (tr) © Reuters/Andres Stapff, (m) © Diego Lezama Orezzoli, (b) © Tim Graham. **567** (tl) © Stephanie Maze, (r) © SI/Simon Bruty, (ml) © Reuters/Andres Stapff, (bl) © Wolfgang Kaehler.
DDB Stock: **565** (tl) Chris R. Sharp, (bl) Francis E. Caldwell.
**Dominicanada: 33** (br).
**Carlos Gaudier: 160, 161, 165, 166** (tl, tr, ml, mr), **167** (tl, bl).
**Index Stock Imagery, Inc.: 269** © Network Productions. **511** © Leslie Harris.
**Latin Focus: 35** © Jimmy Dorantes. **297** © Jimmy Dorantes.
**PhotoDisc: 33** (tl), **167** (tr), **198** (t, b), **295** (tr),
**Odyssey/Chicago: 198** (tl, mbr) © Robert Frerck. **199** (tl) © Robert Frerck.

106 Reprinted by permission of Juana Macías Alba.
515 Reprinted by permission of Julia Solomonoff.

## About the Authors

**José A. Blanco** founded Vista Higher Learning in 1998. A native of Barranquilla, Colombia, Mr. Blanco holds degrees in Literature and Hispanic Studies from Brown University and the University of California, Santa Cruz. He has worked as a writer, editor, and translator for Houghton Mifflin and D.C. Heath and Company and has taught Spanish at the secondary and university levels. Mr. Blanco is also the co-author of several other Vista Higher Learning programs: **Panorama** at the introductory level, **Ventanas, Facetas,** and **Enfoques** at the intermediate level, and **Revista** at the advanced conversation level.

**Philip Redwine Donley** received his M.A. in Hispanic Literature from the University of Texas at Austin in 1986 and his Ph.D. in Foreign Language Education from the University of Texas at Austin in 1997. Dr. Donley taught Spanish at Austin Community College, Southwestern University, and the University of Texas at Austin. He published articles and conducted workshops about language anxiety management, and the development of critical thinking skills, and was involved in research about teaching languages to the visually impaired. Dr. Donley was also the co-author of **Aventuras** and **Panorama,** two other introductory college Spanish textbook programs published by Vista Higher Learning.

## About the Illustrators

**Yayo**, an internationally acclaimed illustrator, was born in Colombia. He has illustrated children's books, newspapers, and magazines, and has been exhibited around the world. He currently lives in Montreal, Canada.

**Pere Virgili** lives and works in Barcelona, Spain. His illustrations have appeared in textbooks, newspapers, and magazines throughout Spain and Europe.

Born in Caracas, Venezuela, **Hermann Mejía** studied illustration at the *Instituto de Diseño de Caracas.* Hermann currently lives and works in the United States.

Mar Caribe
Barranquilla
Maracaibo
Caracas
Puerto España
Trinidad y Tobago
Venezuela
R. Orinoco
Georgetown
Guyana
Paramaribo
Cayena
Surinam
Guayana Francesa
Colombia
Medellín
Bogotá
Cali
R. Magdalena
Pasto
Quito
Ecuador
Guayaquil
Iquitos
Perú
R. Negro
R. Amazonas
Manaus
Belém
R. Madeira
Recife
Cordillera de los Andes
Lima
Cuzco
Lago Titicaca
Arequipa
La Paz
Bolivia
Sucre
Arica
Iquique
Brasil
Brasilia
Salvador
R. Paraguay
R. Paraná
Belo Horizonte
Océano Pacífico
Paraguay
Asunción
Antofagasta
Salta
São Paulo
Santos
Río de Janeiro
Chile
R. Uruguay
Córdoba
R. Paraná
Porto Alegre
Valparaíso
Mendoza
Rosario
Santiago
Buenos Aires
Uruguay
Montevideo
Concepción
Argentina
Bahía Blanca
Océano Atlántico
Puerto Montt
Cordillera de los Andes
N
O
E
S
Estrecho de Magallanes
Punta Arenas
Islas Malvinas
Tierra del Fuego
América del Sur
Islas Galápagos
Océano Pacífico
Isla Pinta
Isla Marchena
Isla Genovesa
Isla Isabela
Línea Ecuatorial
ECUADOR
Volcán Darwin
Isla Santiago
(San Salvador)
Isla Fernandina
Puerto Ayora
Isla San Cristóbal
Isla Santa Cruz
Santo Tomás
Puerto Barquerizo Moreno
Isla Santa María
Isla Española